Zu diesem Buch

Seit 1975 ist die Zahl der Arbeitslosen der westlichen Industrieländer nahezu konstant: Die Wirtschaftspolitik in den Industriestaaten ist nicht mehr in der Lage, Vollbeschäftigung trotz Wachstum zu erreichen.

Die meisten Unternehmen weisen dagegen in ihren Geschäftsberichten nach, daß sie gerade in den Jahren der Rezession «weltweit sehr erfolgreich gearbeitet» haben. Sie investieren nicht in der Heimat, sondern expandieren in den Entwicklungsländern.

Dort wächst die Zahl der Arbeitslosen in den übervölkerten Slums und Elendsvierteln. Dort sind Millionen Menschen gezwungen, Arbeit um jeden Preis und zu den unwürdigsten Bedingungen zu suchen. In dieser unerschöpflichen Quelle billigster und fast beliebig ausbeutbarer Arbeitskraft ist der entscheidende Grund für den Prozeß der neuartigen Industrialisierung der Entwicklungsländer zu sehen. Diese Industrialisierung zielt fast ausschließlich auf die Exportmärkte. Die Menschen der Dritten Welt sind zu arm, um das bei ihnen Produzierte zu kaufen.

Die Autoren des vorliegenden Bandes treten der vorherrschenden Meinung entgegen, die derzeitige Krise sei Ausdruck weltkonjunktureller Schwankungen. In jahrelanger Arbeit haben sie umfangreiches empirisches Material zusammengetragen, mit dem sie ihre These, die derzeitigen Krisenerscheinungen seien Ausdruck eines säkulären Trends zu einer neuen internationalen Arbeitsteilung als Ergebnis veränderter Rahmenbedingungen der Weltwirtschaft, belegen. Die internationale Arbeitsteilung verändert sich derzeit von Grund auf. Viele Unternehmen sehen sich gezwungen, ihre Anlagen und damit ihre Beschäftigtenzahlen in den Industrieländern zu verringern und in den Entwicklungsländern zu erhöhen.

Folker Fröbel, Jürgen Heinrichs und Otto Kreye sind Mitarbeiter des Max-Planck-Instituts zur Erforschung der Lebensbedingungen der wissenschaftlich-technischen Welt, Starnberg.

Folker Fröbel / Jürgen Heinrichs / Otto Kreye

Die neue internationale Arbeitsteilung

Strukturelle Arbeitslosigkeit in den Industrieländern und die Industrialisierung der Entwicklungsländer

rororo

Rowohlt

rororo aktuell – Herausgegeben von Freimut Duve

Originalausgabe

Veröffentlicht im Rowohlt Taschenbuch Verlag GmbH,
Reinbek bei Hamburg, September 1977

Umschlagentwurf Werner Rebhuhn (Foto: dpa)
Satz Aldus (Linotron 505 C)
Gesamtherstellung Clausen & Bosse, Leck/Schleswig
Printed in Germany
1080-ISBN 3 499 14185 x

Dem Andenken an
György Ádám (1911–1974)
und
Stephen Hymer (1935–1974)

Inhaltsverzeichnis

Vorwort 19

Einleitung 20

Kapitel 1
Die neue internationale Arbeitsteilung in der Weltwirtschaft 20
1.1. Erscheinungsformen 21
1.2. Eine zentrale Entwicklungstendenz der heutigen Weltwirtschaft 27
1.3. Empirische Untersuchung ausgewählter Teilbereiche 32
1.4. Soziale und politische Auswirkungen 38

Kapitel 2
Die neue internationale Arbeitsteilung als Entwicklungsphase des kapitalistischen Weltsystems 42
2.1. Formen der Kapitalverwertung 42
2.2. Kapitalistische Entwicklung 49
2.3. Bedingungen der Kapitalverwertung heute 51
2.4. Die Tendenz zu einer neuen internationalen Arbeitsteilung 61

Teil I
Die neue internationale Arbeitsteilung am Beispiel der Entwicklung des Textil- und Bekleidungsgewerbes der Bundesrepublik Deutschland 67

Vorbemerkung 69

Kapitel 1
Gewicht und Entwicklungstendenzen der weltweiten industriellen Produktion und Beschäftigung im Bereich der Textil- und Bekleidungsindustrie sowie des Welthandels in Textilien und Bekleidung: Ein Überblick 71
1.1. Weltweite industrielle Produktion und Beschäftigung im Bereich der Textil- und Bekleidungsindustrie: 1960 bis 1975 71
1.2. Welthandel in Textilien und Bekleidung: 1960 bis 1975 73
1.3. Weltwirtschaftliche Verflechtung im Bereich der Textil- und Bekleidungsindustrie: 1960 bis 1975 74
1.4. Rückgang der Beschäftigtenzahl in der Textil- und Beklei-

dungsindustrie der EG und der Bundesrepublik Deutschland: 1960 bis 1975 75
1.5. Zusammenfassung: Grobgliederung der Fallstudie 76

Kapitel 2
Außenwirtschaftsbedingte strukturelle Arbeitslosigkeit im Textil- und Bekleidungsgewerbe der Bundesrepublik Deutschland 80
2.1. Der Rückgang der Beschäftigtenzahl des Textil- und Bekleidungsgewerbes der Bundesrepublik Deutschland: Das Zusammenwirken der Faktoren Inlandsverbrauch, Außenhandelssaldo und Umsatz pro Beschäftigten: 1967 bis 1975 80
2.2. Außenhandel der Bundesrepublik Deutschland in Textilien und Bekleidung nach Ländern und Ländergruppen (1962 bis 1975) sowie nach Waren und Warengruppen (1970 bis 1976) 84
2.3. Struktur der Beschäftigung und des Beschäftigungsrückgangs im Textil- und Bekleidungsgewerbe der Bundesrepublik Deutschland: 1960 bis 1975 86

Kapitel 3
Exportorientierte Industrialisierung von Entwicklungs- und Staatshandelsländern im Bereich der Textil- und Bekleidungsindustrie 91
3.1. Entwicklung der Textil- und Bekleidungsausfuhren und der Produktion und Beschäftigung in der Textil- und Bekleidungsindustrie ausgewählter Länder: 1960 bis 1975 91
3.2. Exportorientierte Industrialisierung im Bereich der Textil- und Bekleidungsindustrie: Ein Ansatz zur komplexen Industrialisierung von Entwicklungsländern? 93
3.3. Fortgeschrittene exportorientierte Industrialisierung unter Bedingungen des *laissez faire*-Kapitalismus: Das Beispiel Hongkong 97
3.4. Bedingungen, die der Weltmarkt für Waren und Produktionsstandorte einer exportorientierten Industrialisierung auferlegt: Das Beispiel des Staatshandelslandes Ungarn 104

Kapitel 4
Produktionsverlagerung von Unternehmen der Textil- und Bekleidungsindustrie der Bundesrepublik Deutschland ins Ausland 114
4.1. Vorbemerkungen (Methodik, Quellen, Auswahlkriterien, vermutliche Erfassungsquote, Präsentation des gesammelten Materials) 114

4.2. Exkurs: Die passiven Veredelungsverkehre (PV) 116
4.3. Auslandsproduktion von Unternehmen der Textil- und Bekleidungsindustrie der Bundesrepublik Deutschland: Zusammenfassende Übersicht (1974/75) 122
4.4. Ausgewählte Angaben zur Auslandsfertigung einiger Unternehmen der Textil- und Bekleidungsindustrie der Bundesrepublik Deutschland 127
4.5. Einige Details zur Auslandsproduktion je eines bundesdeutschen Textil- und Bekleidungsunternehmens in einem Niedriglohnland 151

Kapitel 5
Determinanten der Entwicklung des Weltmarktes für Produktionsstandorte 155
5.1. Das Babbage-Prinzip: Beispiele seiner Auswirkung in der Textil- und Bekleidungsindustrie 155
5.2. Arbeitszeiten, Löhne, Produktivität und Intensität der Arbeit in der Textil- und Bekleidungsindustrie ausgewählter Länder 158
5.3. Transportwesen 162
5.4. Kriterien der Standortwahl im Ausland: Ein Beispiel der Unternehmensberatung von Firmen der Bekleidungsindustrie der Bundesrepublik Deutschland 165
5.5. Entscheidungsgründe für eine Standortwahl im Ausland bzw. im Inland 172
5.6. Die wichtigsten Determinanten der Produktionsverlagerung der Textil- und Bekleidungsindustrie der Bundesrepublik Deutschland ins Ausland: Zusammenfassung 177

Kapitel 6
Die neue internationale Arbeitsteilung: Steuerung durch Reaktion von Institutionen der traditionellen Industrieländer 179
6.1. Nationale und supranationale Außenwirtschaftspolitik (Außenwirtschaftsgesetz; Einfuhrbeschränkungen; Welttextilabkommen) 179
6.2. Reaktion von Interessenverbänden (Außenhandelsvereinigung des Deutschen Einzelhandels, Gesamttextil, Bundesverband Bekleidungsindustrie, Gewerkschaft Textil-Bekleidung) 184
6.3. Struktur- und Entwicklungspolitik der Bundesrepublik Deutschland im Bereich der Textil- und Bekleidungsindustrie 195
6.4. Die Deutsche Entwicklungsgesellschaft als Promotor der neuen internationalen Arbeitsteilung 199
Schlußbemerkung 208

Teil II
Die Durchsetzung der neuen internationalen Arbeitsteilung: Auslandsbeschäftigung durch Industrieunternehmen der Bundesrepublik Deutschland 259

Vorbemerkung 261

Kapitel 1
Neue internationale Arbeitsteilung und Auslandsbeschäftigung durch Industrieunternehmen der Bundesrepublik 263
1.1. Begründung der Anlage der empirischen Untersuchung und eine Zusammenfassung ihrer Ergebnisse 263
1.2. Abschätzung der gesamten Auslandsbeschäftigung 276
1.3. Anlage und Durchführung der Datenerhebung 282

Kapitel 2
Auslandsproduktion und -beschäftigung nach Regionen – Verlagerung der Schwerpunkte 289
2.1. Überblick über die regionale Verteilung der Auslandsproduktion und -beschäftigung 289
2.2. Charakteristika der einzelnen Regionen 297
2.3. Auslandsproduktion und Auslandsbeschäftigung in einzelnen Ländern 325

Kapitel 3
Einige Strukturmerkmale der Auslandsproduktion und Auslandsbeschäftigung 352
3.1. Auslandsproduktion und Auslandsbeschäftigung nach Industriezweigen 352
3.2. Anstieg der Auslandsproduktion im Erhebungszeitraum 1961 bis 1976 373
3.3. Altersstruktur, Geschlechterverteilung und Staatsangehörigkeit der Beschäftigten im Ausland 375

Kapitel 4
Ökonomische und politische Determinanten und Konsequenzen der verstärkten Auslandsproduktion 382
4.1. Einige Bemerkungen zu den Bestimmungsgründen für Auslandsproduktion 382
4.2. Die Förderung von Investitionen im Ausland 384
4.3. Verlagerung inländischer Arbeitsplätze 389
4.4. Entwicklungsperspektiven der Auslandsproduktion 396

Teil III
Weltmarktorientierte Industrialisierung unterentwickelter Länder: Freie Produktionszonen und Weltmarktfabriken 479

Vorbemerkung 480

Kapitel 1
Freie Produktionszonen in Asien, Afrika und Lateinamerika: Eine Bestandsaufnahme 483
1.1. Die neuen Produktionsstandorte: Freie Produktionszonen 483
1.2. Transnationale Organisation der Produktion: Weltmarktfabriken 491
1.3. Freie Produktionszonen und Weltmarktfabriken in Asien, Afrika und Lateinamerika 1975: Regionale Verteilung und Beschäftigung 492
1.4. Investitionsbedingungen und Investitionsanreize 501

Kapitel 2
Struktur der Produktion in freien Produktionszonen und Weltmarktfabriken 508
2.1. Die industrielle Nutzung billiger Arbeitskraft als Hauptdeterminante der Produktionsstruktur in freien Produktionszonen und Weltmarktfabriken 508
2.2. Industrielle Monostrukturen 515
2.3. Produktionsverlagerungen in der elektrotechnischen Industrie: Das Beispiel der Produktion von Bauelementen für die Elektronik 517

Kapitel 3
Arbeitsmarkt und Arbeitsbedingungen 523
3.1. Arbeitslosigkeit und Unterbeschäftigung in unterentwickelten Ländern 523
3.2. Struktur der Beschäftigung in freien Produktionszonen und Weltmarktfabriken 529
3.3. Die Überausbeutung der Arbeitskraft 535
3.4. Die Durchsetzung der besonderen Arbeitsbedingungen in freien Produktionszonen und Weltmarktfabriken 544

Kapitel 4
Auswirkungen der weltmarktorientierten Industrialisierung auf die sozio-ökonomische Entwicklung der unterentwickelten Länder 552
4.1. Deklarierte Ziele und tatsächliche Ergebnisse der weltmarkt-

orientierten Industrialisierung 552
4.2. Übereignung von Grund und Boden, Verbrauch von Kapital und Arbeitskraft 566
4.3. Minimale (inländische) volkswirtschaftliche Erträge, maximale (ausländische) betriebswirtschaftliche Gewinne 569
4.4. Abhängige und ungleiche Entwicklung 574
4.5. Mobilität der Unternehmen, Konkurrenz der Länder 578

Kapitel 5
Berichte von Managern, Beschäftigten und Gewerkschaftssekretären 583
Schlußbemerkung 595

Tabellenverzeichnis

I–1 a) Anteil von Bevölkerung, industrieller Produktion, industrieller Beschäftigung und Ausfuhr an den entsprechenden weltweiten Werten: Ausgewählte Ländergruppen 1970 213
b) Durchschnittliche jährliche Wachstumsraten von Bevölkerung, industrieller Produktion, industrieller Beschäftigung und Ausfuhr ausgewählter Ländergruppen: 1960 bis 1975 213
c) Anteil der verarbeitenden Industrie, Textilindustrie und Bekleidungs-, Leder- und Schuhindustrie an der industriellen Produktion und Beschäftigung insgesamt; Anteil der Ausfuhr von Erzeugnissen der verarbeitenden Industrie, Textilien und Bekleidung an der Ausfuhr insgesamt: ausgewählte Ländergruppen 1970 214
I–2 Anteil der Ausfuhr der Entwicklungsländer und der Staatshandelsländer an der weltweiten Ausfuhr nach Warengruppen: 1963, 1968, 1970 bis 1975 216
I–3 Anteil der Bundesrepublik Deutschland am Welthandel insgesamt und am Welthandel in Erzeugnissen der verarbeitenden Industrie, in Textilien und Bekleidung: 1970 bis 1974 218
I–4 Beschäftigte in der Textil- und Bekleidungsindustrie ausgewählter Länder: 1963, 1968 bis 1973 220
I–5 Beschäftigung und Arbeitsmarkt im Bereich des Textil- und Bekleidungsgewerbes der Bundesrepublik Deutschland: 1960 bis 1976 222
I–6 Inlandsproduktion, Inlandsmarkt und Außenhandelsverflechtung des Textil- und Bekleidungsgewerbes der Bundesrepublik Deutschland: 1960, 1965 bis 1975 224
I–7 a) Umsatz aus Inlandsproduktionen des Textil- und Bekleidungsgewerbes der Bundesrepublik Deutschland und Inlandsmarkt der Bundesrepublik Deutschland für Textilien und Bekleidung in konstanten Preisen von 1970: 1960, 1965 bis 1975 225
b) Potentielles Nettoproduktionsvolumen der verarbeitenden Industrie der Textil- und der Bekleidungsindustrie der Bundesrepublik Deutschland: 1960, 1965, 1970, 1975
I–8 Anteil ausgewählter Ländergruppen an der Textil- und Bekleidungsausfuhr der Bundesrepublik Deutschland: 1962, 1965, 1970 bis 1975 226
I–9 Anteil ausgewählter Ländergruppen an der Textil- und Bekleidungseinfuhr der Bundesrepublik Deutschland: 1962, 1965, 1970 bis 1975 228
I–10 Außenhandel der Bundesrepublik Deutschland in Textilien und Bekleidung nach ausgewählten Ländern: 1974, 1975 230
I–11 Außenhandel der Bundesrepublik Deutschland in Textilien und Bekleidung nach Warenuntergruppen: 1970 bis 1976 232
I–12 Inlandsproduktion, Inlandsmarkt und Außenhandelsverflechtung (darunter: passiver Veredelungsverkehr) für ausgewählte Teilbranchen der Textil- und Bekleidungsindustrie der Bundesrepublik Deutschland: 1974 234

I–13	Beschäftigte Arbeitnehmer insgesamt und beschäftigte ausländische Arbeitnehmer: alle Wirtschaftsabteilungen, verarbeitendes Gewerbe (ohne Baugewerbe), Textilgewerbe, Bekleidungsgewerbe der Bundesrepublik Deutschland: 1962 bis 1976	236
I–14	Anteil der Beschäftigten nach der Stellung im Betrieb an der Gesamtbeschäftigtenzahl in der Industrie, Textilindustrie und Bekleidungsindustrie der Bundesrepublik Deutschland sowie jeweiliger Anteil der weiblichen Beschäftigten: Ende September 1962, 1974	238
I–15	Änderung der Beschäftigtenstruktur der Bekleidungsindustrie der Bundesrepublik Deutschland nach Stellung der Beschäftigten im Betrieb und nach Leistungsgruppen der beschäftigten Arbeiter: 1973 bis 1975	239
I–16	Textil- und Bekleidungsausfuhr ausgewählter Länder (darunter: Ausfuhr in die Bundesrepublik Deutschland); Textil- und Bekleidungseinfuhr der Bundesrepublik Deutschland aus diesen Ländern: 1968 bis 1975	240
I–17	Anteil der Textil- und Bekleidungsausfuhr ausgewählter Länder an der gesamten Ausfuhr dieser Länder und an der Weltausfuhr von Textilien und Bekleidung: 1968 bis 1975	242
I–18	Ausfuhr der Bundesrepublik Deutschland von Textilien und Bekleidung nach Warenuntergruppen und ausgewählten Ländern: 1970, 1975	243
I–19	Einfuhr der Bundesrepublik Deutschland von Textilien und Bekleidung nach Warenuntergruppen und ausgewählten Ländern: 1970, 1975	244
I–20	Durchschnittliche jährliche Wachstumsraten von Produktion und Beschäftigung in der Industrie, verarbeitenden Industrie, Textilindustrie und Bekleidungsindustrie ausgewählter Länder: 1964 (1966) bis 1973 (1975) Gewicht der verarbeitenden Industrie, Textilindustrie und Bekleidungsindustrie für Produktion und Beschäftigung in der Industrie ausgewählter Länder: 1970	245
I–21	Außenhandel der Bundesrepublik Deutschland in Textil-, Lederverarbeitungs- und Nähmaschinen nach Ländergruppen: 1970, 1975	246
I–22	a) Weltproduktion von Synthesefasern nach Regionen: 1970, 1973, 1975	247
	b) Weltproduktion von Chemiefasern nach Regionen: 1970 bis 1976	247
I–23	Außenhandel der Bundesrepublik Deutschland in Textilien und Bekleidung (darunter: passiver Veredelungsverkehr) nach Warengruppen: 1968 bis 1975	248
I–24	Außenhandel der Bundesrepublik Deutschland in Textilien und Bekleidung (darunter: passiver Veredelungsverkehr) nach Warenuntergruppen: 1975	250
I–25	Außenhandel der Bundesrepublik Deutschland in Textilien und Bekleidung (darunter: passiver Veredelungsverkehr) nach ausgewählten Ländern und Warengruppen: 1974	252

I–26	Auslandsproduktion von Unternehmen der Textil- und Bekleidungsindustrie der Bundesrepublik Deutschland	
	a) Beschäftigungszahl ausländischer Betriebe der Textil- und Bekleidungsindustrie der Bundesrepublik Deutschland: 1966, 1970, 1974/75	253
	b) Regionale Gliederung: 1974/75	253
	c) Gliederung nach Umsatzgrößenklassen: 1974/75	254
	d) Gliederung der Beschäftigten nach Geschlecht und Altersgruppen: 1974	255
I–27	Durchschnittliche Arbeitszeiten und Löhne in der Textil- und Bekleidungsindustrie ausgewählter Länder: 1975	256
I–28	a) Entwicklung der Textillohnkosten in der Bundesrepublik Deutschland und im Ausland: 1955, 1960, 1965, 1970 bis 1976	
	b) Lohnkosten je Arbeiterstunde in der Textilindustrie ausgewählter Länder: 1975, 1976	257
II–1	Zahl der Unternehmen, Beteiligungsverhältnisse und Betriebe nach Wirtschaftszweigen (Erhebungszeitraum 1961 bis 1976)	268
II–2	Unternehmen in Größenklassen (nach Anzahl der Beteiligungsverhältnisse) nach Wirtschaftszweigen (Erhebungszeitraum 1961 bis 1976)	269
II–3 a	Nachgewiesene Beteiligungsverhältnisse (I) und Beschäftigte (II) nach Wirtschaftszweigen und Regionen (Erhebungszeitraum 1961 bis 1975/76)	270
II–3 b	Geschätzte Anteile der Industriezweige an den Beschäftigten (nach Regionen) 1975	272
II–3 c	Geschätzte Anteile der Regionen an den Beschäftigten (nach Industriezweigen) 1975	272
II–4	Rangfolge der Wirtschaftszweige nach a) Zahl der im Ausland produzierenden Unternehmen; b) Zahl der Beteiligungsverhältnisse; c) Zahl der Beschäftigten in Beteiligungsverhältnissen	273
II–5	a) Höhe der Beteiligung nach Regionen (Erhebungszeitraum 1961 bis 1976)	274
	b) Höhe der Beteiligung, ausgewählte Länder (Erhebungszeitraum 1961 bis 1966)	275
II–6	Zahl der Beschäftigten im Inland und Ausland, 149 Unternehmen, 1974	278
II–7	Gesamtzahl der Beschäftigten, Beschäftigte im Ausland, im Inland beschäftigte Ausländer, 1961, 1966, 1971, 1974	280
II–8	Nachgewiesene Beteiligungsverhältnisse und Beschäftigte nach Regionen und Ländern (Erhebungszeitraum 1961 bis 1976, Beschäftigte 1975)	290
II–9	Zahl der Beteiligungsverhältnisse nach Wirtschaftszweigen, 1961, 1966, 1971, 1974 und 1961 bis 1976	293
II–10-1	Beteiligungsverhältnisse und Beschäftigte nach Wirtschaftszweigen, 1961, 1966, 1971, 1973, 1974, 1975, 1976: Industrieländer (ohne EG)	294
II–10-2	Beteiligungsverhältnisse und Beschäftigte nach Wirtschaftszweigen, 1961, 1966, 1971, 1973, 1974, 1975, 1976: Entwicklungsländer	295

II–10-3 Beteiligungsverhältnisse und Beschäftigte nach Wirtschaftszweigen, 1961, 1966, 1971, 1973, 1974, 1975, 1976: westeuropäische Industrieländer 300
II–10-4 Beteiligungsverhältnisse und Beschäftigte nach Wirtschaftszweigen, 1961, 1966, 1971, 1973, 1974, 1975, 1976: nichteuropäische Industrieländer 301
II–10-5 Beteiligungsverhältnisse und Beschäftigte nach Wirtschaftszweigen, 1961, 1966, 1971, 1973, 1974, 1975, 1976: Mittelmeerländer 307
II–10-6 Beteiligungsverhältnisse und Beschäftigte nach Wirtschaftszweigen, 1961, 1966, 1971, 1973, 1974, 1975, 1976: Lateinamerika 310
II–10-7 Beteiligungsverhältnisse und Beschäftigte nach Wirtschaftszweigen, 1961, 1966, 1971, 1973, 1974, 1975, 1976: Afrika 314
II–10-8 Beteiligungsverhältnisse und Beschäftigte nach Wirtschaftszweigen, 1961, 1966, 1971, 1973, 1974, 1975, 1976: Westasien 317
II–10-9 Beteiligungsverhältnisse und Beschäftigte nach Wirtschaftszweigen, 1961, 1966, 1971, 1973, 1974, 1975, 1976: Süd- und Südostasien 318
II–11-1 Übersicht über die Beteiligungsverhältnisse: Industrieländer 298
II–11-2 Übersicht über die Beteiligungsverhältnisse: Mittelmeerländer 308
II–11-3 Übersicht über die Beteiligungsverhältnisse: Lateinamerika 311
II–11-4 Übersicht über die Beteiligungsverhältnisse: Afrika 315
II–11-5 Übersicht über die Beteiligungsverhältnisse: Süd- und Südostasien 319
II–12-1 Beteiligungsverhältnisse und Beschäftigte nach Wirtschaftszweigen, 1961, 1966, 1971, 1973, 1974, 1975, 1976: Brasilien 327
II–12-2 Beteiligungsverhältnisse und Beschäftigte nach Wirtschaftszweigen, 1961, 1966, 1971, 1973, 1974, 1975, 1976: Indien 338
II–12-3 Beteiligungsverhältnisse und Beschäftigte nach Wirtschaftszweigen, 1961, 1966, 1971, 1973, 1974, 1975, 1976: Jugoslawien 342
II–12-4 Beteiligungsverhältnisse und Beschäftigte nach Wirtschaftszweigen, 1961, 1966, 1971, 1973, 1974, 1975, 1976: USA 345
II–12-5 Beteiligungsverhältnisse und Beschäftigte nach Wirtschaftszweigen, 1961, 1966, 1971, 1973, 1974, 1975, 1976: Österreich 350
II–13 Übersicht über die Zweige der verarbeitenden Industrie nach Regionen 354
II–14 Übersicht über Auslandsproduktion im Straßenfahrzeugbau 364
II–15 Zahl der erfaßten Unternehmen mit Auslandsproduktion, ihrer Beteiligungsverhältnisse, Jahr des Beginns der Produktion nach Wirtschaftszweigen 374
II–16 Zahl der Beteiligungsverhältnisse nach Wirtschaftszweigen und Regionen, 1961, 1966, 1971, 1974 376
II–17 Anteil der Altersgruppen nach Wirtschaftszweigen 378
II–18 Weibliche Beschäftigte nach Wirtschaftszweigen 379
II–19 Deutsche und sonstige Ausländer nach Wirtschaftszweigen und Regionen 380
II–A 1 Liste der in der Erhebung erfaßten Unternehmen und ihrer Produktionsländer 398

II–A 2 Zahl der Beschäftigten, Inland und Ausland, 1961 bis 1974, 87 Unternehmen 473
II–A 3 Liste von in der Erhebung nicht erfaßten Unternehmen, die ab 1976 eigene Produktion außerhalb der EG aufnehmen 476
III–L 1 Liste der in die Untersuchung einbezogenen Länder 599
III–1 Freie Produktionszonen in Asien, Afrika und Lateinamerika: 1975 600
III–2 Freie Produktionszonen nach Regionen: 1975 606
III–3 Standorte von Weltmarktfabriken (außerhalb von freien Produktionszonen) in Asien, Afrika und Lateinamerika: 1975 606
III–4 Standorte von Weltmarktfabriken (außerhalb von freien Produktionszonen) nach Regionen: 1975 607
III–5 Standorte von freien Produktionszonen und Weltmarktfabriken (außerhalb von freien Produktionszonen) nach Regionen: 1975 607
III–6 Unterentwickelte Länder in Asien, Afrika und Lateinamerika: freie Produktionszonen, Weltmarktfabriken, Bevölkerung, Pro-Kopf-Bruttosozialprodukt: 1974, 1975 608
III–7 Freie Produktionszonen in Betrieb in Asien, Afrika und Lateinamerika: Jahr der Betriebsaufnahme, Zahl der Beschäftigten 611
III–8 Beschäftigte in freien Produktionszonen und in Weltmarktfabriken in Asien, Afrika und Lateinamerika: Letztes verfügbares Jahr 613
III–9 Freie Produktionszonen in Betrieb in Asien, Afrika und Lateinamerika, Infrastruktureinrichtungen: 1975 614
III–10 Freie Produktionszonen in Betrieb in Asien, Afrika und Lateinamerika, Investitionsbedingungen und Investitionsanreize: 1975 617
III–11 Freie Produktionszonen in Asien, Afrika und Lateinamerika, Struktur der industriellen Produktion nach ISIC-Hauptgruppen: 1975 623
III–12 Struktur der industriellen Produktion in Weltmarktfabriken an sonstigen Standorten (außerhalb von freien Produktionszonen) nach ISIC-Hauptgruppen: 1975 625
III–13 Freie Produktionszonen in ausgewählten Ländern, Anteil der Beschäftigung in den Industriezweigen Textilien und Bekleidung und Elektrotechnik an der Gesamtbeschäftigung in den Zonen: 1975 627
III–14 Standorte von Weltmarktfabriken wichtiger Unternehmen der Elektronikindustrie und Zahl der Beschäftigten: 1971 und 1974 628
III–15 Die Struktur der Weltmarktproduktion eines großen Unternehmens der Halbleiterindustrie 631
III–16 Vorläufige Schätzungen der Arbeitslosigkeit und Unterbeschäftigung in Entwicklungsländern nach Weltregionen: 1976 632
III–17 Stundenlöhne in der verarbeitenden Industrie, Asien, Afrika und Lateinamerika, ausgewählte Länder: Letztes verfügbares Jahr 633
III–18 Durchschnittliche Arbeitszeiten in der verarbeitenden Industrie, Asien, Afrika und Lateinamerika, ausgewählte Länder: Letztes verfügbares Jahr 635
III–Ü 1 Freie Produktionszonen und Weltmarktfabriken in Asien, Afrika

	und Lateinamerika, Betriebsaufnahme, Größe, Industriestruktur, Beschäftigte, Auslandskapital: Letztes verfügbares Jahr	636
III–K 1	Übersichtskarte Westasien, Südasien, Südostasien: 1975	652
III–K 2	Übersichtskarte Afrika: 1975	653
III–K 3	Übersichtskarte Lateinamerika: 1975	654

Vorwort

In diesem Buch vertreten die Verfasser die These, daß eine neue internationale Arbeitsteilung die bisherige internationale Arbeitsteilung ablöst. Dieser Prozeß hat weitreichende Folgen für die Arbeits- und Lebensbedingungen der Menschen in allen Teilen der Welt.

Die These von der Tendenz zu einer neuen internationalen Arbeitsteilung wird in der Einleitung in einem theoretischen Ansatz begründet und in den Teilen I bis III durch empirische Untersuchungen belegt. Der Charakter dieser empirischen Untersuchungen hat die Verfasser veranlaßt, auf eine explizite Auseinandersetzung mit einschlägiger Literatur weitgehend zu verzichten, um statt dessen eine breitere Auswahl und eingehendere Analyse des systematisch gesammelten und ausgewerteten Originalmaterials bieten zu können. Um einen möglichst unmittelbaren Eindruck zu vermitteln, sind zahlreiche Texte im Original zitiert; fremdsprachige Textzitate sind von den Verfassern ins Deutsche übertragen worden.

Das Quellenmaterial, das den Untersuchungen zugrunde liegt, wurde von zahllosen Stellen in fast allen Ländern der Erde zur Verfügung gestellt. Das war nur möglich durch die Hilfsbereitschaft einerseits von Mitarbeitern der befragten Unternehmen, Institute, Behörden, Kammern etc., andererseits der Mitarbeiter des Max-Planck-Instituts zur Erforschung der Lebensbedingungen der wissenschaftlich-technischen Welt, die zu dieser Untersuchung über mehrere Jahre beigetragen haben. Ihnen allen sind die Verfasser zu Dank verpflichtet.

Starnberg, 1. Mai 1977

Einleitung

Kapitel 1
Die neue internationale Arbeitsteilung in der Weltwirtschaft

«Mit zwei fundamentalen Problemen sieht sich das Konzernmanagement im Jahre 1977 konfrontiert:
- Die Nachkriegsära eines ungewöhnlich raschen wirtschaftlichen Wachstums ist vermutlich beendet.
- Die Nachkriegsära einer beispiellosen weltweiten wirtschaftlichen und politischen Zusammenarbeit ist vermutlich abgeschlossen.

Das Ende dieser Ära könnte das Konzernmanagement möglicherweise zur Revision seiner Pläne und Strategien zwingen, der radikalsten und schmerzhaftesten seit Menschengedenken ... Wachstum, umgesetzt in verbesserte Lebensbedingungen, ist zu einer Grunderwartung aller Menschen auf der Welt geworden, die ärmsten eingeschlossen. Solche Erwartungen müssen heute offensichtlich enttäuscht werden. Zwar hofft man, die jüngste weltweite Rezession werde sich lediglich als eine besonders ernste Rezession erweisen; aber ebensogut könnte das Jahr 1977 an den Tag bringen, daß die Rezession eine außergewöhnliche Periode der Weltwirtschaftsgeschichte beendet hat ... In vielen Nationen könnten sich die sozialen Spannungen, die aus einer anhaltenden Periode verschwindenden oder geringen Wachstums resultieren, letzten Endes explosiv entladen ... Die heftigen Auseinandersetzungen innerhalb von Nationen und zwischen Nationen auf Grund der enttäuschten Erwartungen der Massen könnten Revolution und Krieg zur Folge haben.»

(Business International Corporation, *Business International – Weekly Report to Managers of Worldwide Operations*, 7. Januar 1977, S. 1f)

«Ein heute veröffentlichtes Modell einer neuen Wirtschaftsära benennt tiefgreifende Änderungen der Lebensgewohnheiten, die in den nächsten fünf Jahren erforderlich sein könnten, um kapitalistische Gesellschaften wieder auf den Weg eines anhaltenden Wachstums zurückzubringen. – Die bedeutendste Änderung ist ein Übergang vom konsumorientierten Wachstum der Nachkriegszeit zu einem Modell, das eher den Ländern des kommunistischen Blocks entspricht, mit Schwergewicht auf der Verbesserung und Erweiterung der ökonomischen Basis ... Zu einem Teil würde dieser Übergang durch verringerte Reallöhne und begrenztes Wachstum des Lebensstandards erreicht werden. Eine Arbeitslosenrate, die deutlich über den Nachkriegsnormen liegt, wenn auch unter den Spitzenwerten der jüngsten Rezession, wäre eines der Hauptwerkzeuge, um diese Änderungen herbeizuführen ... Dieses Modell stammt von der OECD, der ökonomischen Beobachtungszentrale der 24 größten Industriestaaten außerhalb des kommunistischen Blocks ... Die OECD bemerkt, daß es ‹verlockend wäre, ein attraktiveres Szenario in Betracht zu ziehen ... Leider besteht wenig Grund für die Annahme, ein solches attraktiveres Szenario könnte eine realistische Alternative sein, wenn sich die Wirtschaftspolitik nicht als weit effektiver als in der Vergangenheit erweist›.»

(Changes in West Life-Styles Expected. OECD Sees Tough Capitalist Road. In:

Herald Tribune, 28. Juli 1976. Siehe auch: OECD, *Economic Outlook*, 19. Juli 1976, Special Supplement: A Growth Scenario to 1980).

1.1. Erscheinungsformen

Business International Corporation ist eine der größten Unternehmensberatungsfirmen der Welt. Die OECD ist eine supranationale Institution der westlichen Industrieländer zur Beobachtung und Koordinierung ihrer Wirtschaften. Was veranlaßt diese beiden Institutionen zu den einleitend wiedergegebenen Prognosen?

In den westlichen *Industrieländern* hat die Arbeitslosenrate ihren höchsten Stand seit vielen Jahren erreicht. Die offiziell ausgewiesene Arbeitslosenrate, die das wahre Ausmaß der Arbeitslosigkeit nur unvollständig erfaßt, betrug 1975 im Durchschnitt der OECD-Länder etwa 5 Prozent (USA = 8,6 Prozent, Japan = 1,9 Prozent, Bundesrepublik Deutschland = 4,2 Prozent) und hält sich seitdem auf diesem hohen Niveau. In den OECD-Ländern waren im Oktober 1975 ungefähr 15 Millionen Menschen offiziell als arbeitslos registriert, in der Bundesrepublik Deutschland in den Jahren 1975, 1976 und vermutlich auch 1977 nie wesentlich weniger als 1 Million Menschen.

Aus einer zunehmenden Zahl von industriellen Branchen der westlichen Industrieländer werden Produktionsrückgänge, Überkapazitäten, Kurzarbeit und Massenentlassungen gemeldet. Zum Beispiel haben die Chemiefaser-, Textil- und Bekleidungsindustrien der höchstindustrialisierten Länder ihre Beschäftigtenzahlen in den letzten Jahren nahezu ausnahmslos drastisch reduziert, weil die Produktion an den traditionellen Standorten in den Industrieländern in zunehmendem Ausmaß auf dem Weltmarkt nicht mehr konkurrenzfähig ist. Von der elektrotechnischen Industrie ausgehend ist mit dem Übergang von elektromechanischen zu elektronischen Bauteilen eine Rationalisierungs- und Automatisierungswelle ausgelöst worden, die viele Beschäftigte zahlreicher Branchen sowohl mit Entlassung als auch mit der Entwertung ihrer beruflichen Qualifikationen bedroht.

Die Inlandsinvestitionen in den größten Industrieländern (USA, Japan, Bundesrepublik Deutschland, Großbritannien, Frankreich) haben in der ersten Hälfte der siebziger Jahre, bezogen auf das Bruttoinlandsprodukt, im großen und ganzen stagniert oder sind, wie in Japan und in der Bundesrepublik Deutschland, sogar zurückgegangen. Etwa in der Bundesrepublik Deutschland hat dabei in den letzten Jahren der Anteil der Rationalisierungsinvestitionen zugenommen, deren Ziel es ist, den Personalbedarf bei Aufrechterhaltung der Produktionskapazität zu verringern. Die Unternehmen der westlichen Industrieländer begründen diese ihre inländische Investitionspolitik mit der zurückgehenden Rentabilität ihrer Inlandsinvestitionen und mit der Einschätzung, daß sich hieran auch in der vorhersehbaren Zukunft nichts ändern werde.

Im Gegensatz hierzu haben die Auslandsinvestitionen der westlichen Industrieländer seit Jahren eine steigende Tendenz. Ein wachsender Anteil dieser Auslandsinvestitionen geht in Entwicklungsländer. Auslandsinvestitionen zum Zweck der Produktionsverlagerung aus Industrieländern in andere Industrieländer und in Entwicklungsländer gewinnen dabei an Gewicht.

Produktionsrückgänge, Kurzarbeit und Massenentlassungen in zahlreichen industriellen Branchen der Industrieländer gehen aber nicht notwendig mit Produktionsrückgängen und sinkenden Beschäftigtenzahlen auf der Ebene einzelner Unternehmen einher. Für viele, und gerade auch die großen Unternehmen der Industrieländer ist vielmehr zu beobachten, daß ihre Investitionen, Produktionskapazitäten und Beschäftigtenzahlen im Inland stagnieren oder zurückgehen, während sie im Ausland und insbesondere auch in Entwicklungsländern seit Jahren beständig expandieren.

Der Vorrang, den Rationalisierungsinvestitionen vor Ersatz- und Erweiterungsinvestitionen in den westlichen Industrieländern haben, bedeutet erhöhte «Mobilität» für die Beschäftigten. Das heißt, immer mehr Beschäftigte verlieren durch Rationalisierungsinvestitionen ihren Arbeitsplatz und gleichzeitig auch ihren erlernten Beruf. Sie müssen versuchen, auf dem Arbeitsmarkt eine neue Beschäftigung zu finden, für die sie keine berufliche Ausbildung mitbringen, so daß sie ihre Arbeitskraft in der Regel zu wesentlich verschlechterten Bedingungen, als un- oder angelernte Arbeitskräfte, verkaufen müssen. Angesichts dieser erhöhten beruflichen «Mobilität», die den Arbeitskräften durch die wirtschaftliche Entwicklung aufgezwungen ist, das heißt, angesichts der rasch wechselnden Anforderungen an die spezifischen Qualifikationen der benötigten Arbeitskraft ist es nicht verwunderlich, wenn der Sinn und Nutzen einer beruflichen Ausbildung immer fragwürdiger wird einerseits und wenn umfassende betriebliche Ausbildung immer weniger zur Verfügung steht andererseits. Mit anderen Worten: Immer mehr Beschäftigte stehen unter immer stärkerem Druck, den Wert ihrer Arbeitskraft durch rasche und psychisch belastende Anpassung an die rasch und weitgehend unvorhersehbar wechselnden Anforderungen des Arbeitsmarktes zu erhalten.

Hinzu kommt eine Finanzkrise des Staates. Kurzarbeit und hohe Arbeitslosenzahlen bedeuten höhere Ausgaben des Staates, inländische Produktionsrückgänge bedeuten verringerte Besteuerungsmöglichkeiten der Unternehmen und geringere Einnahmen des Staates. Es wird zunehmend schwierig, die Renten- und Krankenversicherung zu finanzieren. Sozialausgaben aller Art werden reduziert. Höhere Steuern und Sozialabgaben bedrohen die Lohnabhängigen mit sinkenden Realeinkommen. Andererseits sieht sich der Staat gezwungen, immer höhere Vorleistungen für die private Wirtschaft zu erbringen, damit die Unternehmen auf diese Weise zu erhöhten Inlandsinvestitionen stimuliert werden, welche, so hofft man, die Arbeitslosenrate und damit mittelfristig die Gefahr explosiver sozialer Spannungen verringern sollen. Diese Politik freilich, Standorte im Inland durch verringerte Reallöhne und massive staatliche Förderung von sogenannten Wachstumsbranchen für die Unternehmen (wieder) attraktiv zu machen, hat bislang keine nennenswerten Erfolge gezeitigt: «Die Pferde, die man an die Tränke geführt hat, trinken nicht.»

Diesen wirtschaftlichen, sozialen und politischen Problemen auf der Ebene der einzelnen Industrieländer stehen auf der Ebene einzelner Unternehmen der Industrieländer weltweit höhere Umsätze und Erträge gegenüber. Die Geschäftsberichte der weit überwiegenden Zahl der Großunternehmen der Industrieländer weisen aus, daß diese Unternehmen gerade in den Jahren der Rezession «weltweit sehr erfolgreich gearbeitet haben».

In bemerkenswertem Gegensatz hierzu erreicht die Wirtschaftspolitik der Industrieländer ihr als vorrangig deklariertes Ziel, die weitgehende Beseitigung der Arbeitslosigkeit, offensichtlich nicht. Das Allheilmittel der letzten Jahrzehnte, hohe Wachstumsraten des Bruttosozialprodukts, scheint nicht mehr mobilisierbar. (Daß weitgehende Beseitigung der Arbeitslosigkeit ernstlich das vorrangige Ziel der Wirtschaftspolitik der Industrieländer sei, ist freilich angesichts des einleitend zitierten Szenarios der OECD so gänzlich unbezweifelbar nicht.) Man fragt sich: Sind die Politiker unfähig, oder haben sich vielleicht die Strukturen nationaler Wirtschaften während der letzten Jahre so geändert, daß dem Problem anhaltend hoher Arbeitslosigkeit heute weniger denn je beizukommen ist? Wir werden auf diese Frage zurückkommen.

In den *Entwicklungsländern* ist die Zahl der Arbeitslosen und der Unterbeschäftigten noch viel höher. Es gibt dort eine ungeheure Masse von Menschen, die entweder (noch) nicht oder nur unvollkommen unmittelbar in produktive Arbeit des sogenannten modernen Sektors einbezogen sind, ein Reservoir potentieller Arbeitskräfte, das nach Hunderten von Millionen von Menschen zählt. Es sind nicht die in den unterentwickelten Ländern traditionell schlechten Lebensbedingungen des Großteils der Bevölkerung schlechthin, die heute einen immer stärker anschwellenden Strom arbeit- und verdienstsuchender Menschen vom Land in die Stadt, den potentiellen Standort arbeit- und verdienstgewährender Industrie, treiben; scheinbar paradoxerweise ist es gerade die Modernisierung der Landwirtschaft, die ihr deklariertes Ziel, die Lebensmittelproduktion zu steigern, nur durch Vernichtung der kleinen, traditionellen Landwirtschaft und damit der bescheidenen Existenzgrundlage eines Großteils der Landbevölkerung erreicht, Menschen, die, in die Stadt abgedrängt, dort in der Regel kein Einkommen erhalten, das ihnen einen menschenwürdigen Lebensunterhalt gestattete.

Es sind diese proletarisierten Menschen, die heute die Slums und vergleichbare Elendsviertel der Städte der unterentwickelten Länder übervölkern. (Anfang der siebziger Jahre lebten in mindestens zehn Städten der sogenannten Dritten Welt jeweils über eine Million Menschen in solchen Elendsquartieren.) Es sind diese proletarisierten Menschen, die um des nackten Überlebens willen gezwungen sind, Arbeit um jeden Preis und unter den menschenunwürdigsten Bedingungen zu suchen. Es sind diese proletarisierten Menschen, die in den unterentwickelten Ländern heute eine nahezu unerschöpfliche Quelle billigster und nahezu beliebig ausbeutbarer Arbeitskraft bilden.

Andererseits ist heute in zahlreichen Entwicklungsländern ein Prozeß der Industrialisierung zu beobachten. Dieser Prozeß bedient sich der größten «natürlichen» Ressource der Entwicklungsländer, der ungeheuren industriellen Reservearmee billigster Arbeitskraft. Nur in wenigen Fällen freilich absorbiert dieser Prozeß merkliche Teile der lokalen Arbeitskraft. Diese Industrialisierung ist exportorientiert, weil die zahlungsfähige (!) Nachfrage – die Kaufkraft – der Masse der Bevölkerung zu gering ist, um die Produkte der Industrie des eigenen Landes kaufen zu können. Die Absatzmärkte für diese exportorientierte Industrie liegen daher ganz überwiegend im Ausland, vor allem in den traditionellen Industrieländern.

Diese exportorientierte Industrialisierung ist freilich weitestgehend von ausländischen Unternehmen abhängig, und sie ist eine sehr fragmentierte Industrialisierung. Im besten Fall und nur in wenigen Entwicklungsländern kommt es dabei zu einem einigermaßen vollständigen Aufbau einzelner industrieller Branchen (Beispiel: Textil- und Bekleidungsindustrie, allenfalls ergänzt um Chemiefaserproduktion). Es ist nicht zu erkennen, daß sich um diese – im besten Fall – wenigen Kristallisationspunkte von Industrie eine komplexe Industriestruktur entwickelt, welche die Entwicklungsländer allmählich etwa von der Investitionsgütereinfuhr aus traditionellen Industrieländern einigermaßen unabhängig machen könnte.

In der Regel kommt es aber noch nicht einmal zu Ansätzen einer solchen, wenigstens isolierte Branchen entwickelnden Industrialisierung; vielmehr beschränkt sich die industrielle Fertigung auf sehr spezialisierte Teilfertigungen: Vorprodukte kommen ins Land, werden von der lokalen Arbeitskraft in «Weltmarktfabriken» verarbeitet (Nähen, Löten, Zusammensetzen, Prüfen etc.) und verlassen das Land wieder in bearbeiteter Form. Es handelt sich hier also um industrielle Enklaven, die mit der lokalen Volkswirtschaft lediglich durch die Nutzung billigster Arbeitskraft und vielleicht einiger Zulieferungen (Infrastruktur) verbunden, im übrigen aber von der lokalen Volkswirtschaft total isoliert sind. Die Arbeitskräfte werden für die Produktion in diesen industriellen Enklaven kurzfristig (wenige Wochen) angelernt, eine für die Unternehmen optimale Zeitspanne lang ausgenutzt und sodann wieder durch neue, unverbrauchte Arbeitskräfte ersetzt. Eine Ausbildung der lokalen Arbeitskraft findet unter solchen Umständen nicht oder jedenfalls nur in ganz geringem Ausmaß statt. Dasselbe gilt für den vielbeschworenen Technologietransfer: Die in solchen Weltmarktfabriken eingesetzte Technologie, vielfach obendrein relativ simpel, ist von der Expertise ausländischer Spezialisten abhängig und überdies für die Zwecke einer den Lebensbedürfnissen der einheimischen Bevölkerung dienenden Industrialisierung weitgehend unbrauchbar.

Eine Verbesserung der sozialen Lage, insbesondere auch nur der elementarsten Lebensbedingungen (Essen, Kleidung, Gesundheit, Wohnung, Bildung) der großen Masse der Bevölkerung der Entwicklungsländer ist durch die exportorientierte Industrialisierung bisher nicht feststellbar und in der vorhersehbaren Zukunft auch nicht zu erwarten, eher das Gegenteil. Die sozialen Spannungen und Auseinandersetzungen zwischen der kleinen privilegierten Minderheit, die von dieser exportorientierten Industrialisierung profitiert, und den Bevölkerungsmassen, die dabei leer ausgehen, werden daher in Zukunft allenfalls zunehmen. Es sind solche vorhersehbaren Entwicklungen, die Business International Corporation veranlassen, Revolution und Krieg in vielen Ländern ins Kalkül zu ziehen. Die zunehmende Militarisierung der sogenannten Dritten Welt ist ein deutliches Zeichen, daß es zunehmender Gewalt bedarf, um diese sozialen Spannungen an der Entladung zu hindern. Thailand (nach dem Coup der Militärs, der lokalen Oberklasse und ihrer interessierten ausländischen Freunde) und Südafrika sind nur zwei besonders bekannte Beispiele. Die «präventive Konterrevolution» (H. Marcuse) ist aber nahezu überall in der sogenannten Dritten Welt (und nicht nur dort) im Gange.

Nach Jahrzehnten und Jahrhunderten der Unterentwicklung der sogenannten Entwicklungsländer bietet auch die exportorientierte Industrialisierung der Entwicklungsländer kaum Aussicht, daß in absehbarer Zeit die Lebensbedingungen der Masse der Bevölkerung verbessert werden. Es besteht zudem, wie erwähnt, in zahlreichen Entwicklungsländern auch keinerlei Anlaß anzunehmen, die Verbesserung der materiellen Lebensbedingungen der Masse der Bevölkerung sei das vorrangige Ziel der Politik ihrer Regierungen. Aber auch in jenen Entwicklungsländern, wo dies der Fall ist (zu sein scheint), sind Fortschritte in Richtung auf dieses Ziel nur in Ausnahmefällen erkennbar. Man fragt sich: Sind die Politiker dieser Entwicklungsländer unfähig oder sind die wirtschaftlichen und sozialen Strukturen der Entwicklungsländer (extreme soziale Gegensätze im Innern, Abhängigkeit nach außen) so rigide, daß das Ziel einer Verbesserung der Lebensbedingungen der Masse der Bevölkerung unter den gegebenen Verhältnissen gar nicht zu erreichen ist? Wir werden auf diese Frage zurückkommen.

Auch die skizzenhafteste Beschreibung der *Weltwirtschaft* Mitte der siebziger Jahre kann sich nicht damit begnügen, lediglich die Situation der Industrieländer einerseits, der Entwicklungsländer andererseits in ihrer künstlichen Isolierung voneinander zu betrachten. (Die «sozialistischen» Länder werden in unserer Untersuchung nur soweit berücksichtigt, als sie in den Weltmarkt integriert sind.) Die Weltwirtschaft ist nicht das Ergebnis einer Summe von Volkswirtschaften, die im wesentlichen ihren je eigenen Gesetzen gemäß funktionieren und nur marginal, etwa durch den Außenhandel, miteinander in Beziehung treten. Vielmehr sind diese Volkswirtschaften organische Bestandteile eines einzigen umfassenden Systems der Weltwirtschaft, nämlich der einen kapitalistischen Weltökonomie. Wie bereits der bisherige flüchtige Überblick gezeigt hat, sind die Strukturänderungen einzelner Volkswirtschaften im Rahmen dieser einen kapitalistischen Weltökonomie gegenseitig aufeinander bezogen.

Der augenfälligste Ausdruck der Weltwirtschaft ist der Welthandel. Gut 15 Prozent aller Waren und Dienstleistungen, die jährlich in den westlichen Industrie- und Entwicklungsländern produziert und konsumiert werden, gehen über die Ländergrenzen hinweg in den Welthandel ein, und dieser Anteil ist in den letzten fünfzehn Jahren beständig gestiegen. Dies ist ein erster oberflächlicher Hinweis darauf, daß die weltwirtschaftliche Verflechtung wächst.

70 Prozent des Welthandels entfallen auf die Industrieländer, nur 20 Prozent auf die Entwicklungsländer. Jeweils 70 Prozent der Ausfuhren der Industrie- und der Entwicklungsländer gehen in Industrieländer, 20 Prozent in Entwicklungsländer. Während die Industrieländer also überwiegend ihren Außenhandel untereinander abwickeln, ist der Außenhandel der Entwicklungsländer weit überwiegend Außenhandel mit Industrie- und nicht mit Entwicklungsländern. Dies ist ein erster oberflächlicher Ausdruck der wirtschaftlichen Abhängigkeit der Entwicklungsländer von den Industrieländern.

Die Ausfuhren der Entwicklungsländer in die Industrieländer sind weit überwiegend Ausfuhren von Rohstoffen, während umgekehrt die Ausfuhren der Industrieländer in die Entwicklungsländer weit überwiegend Ausfuhren von Fertigerzeugnissen sind. Bemerkenswert ist freilich, daß in den letzten Jahren der Anteil verarbeiteter Erzeugnisse an den Ausfuhren der Entwicklungsländer in die Industrieländer langsam, aber stetig zunimmt. Dies ist ein erster wichtiger Hinweis auf einen möglichen Strukturwandel des Welthandels und weiter der Weltwirtschaft. Besonders ausgeprägt ist dieser Wandel in der rasch zunehmenden Ausfuhr von Textilien und Bekleidung aus Entwicklungsländern in Industrieländer.

Die zunehmende weltwirtschaftliche Verflechtung ist aber durch Angaben über den Welthandel und die industrielle Weltproduktion nur sehr unzureichend zu erfassen. Der Welthandel ist nämlich heute zunehmend Warenverkehr zwischen Betrieben ein und desselben Unternehmens, die über die ganze Welt verstreut sind, oder doch Warenverkehr zwischen Unternehmen und ihren Kontraktfirmen (zum Beispiel in der Form, daß das bundesdeutsche Unternehmen A Halbprodukte zur weiteren Verarbeitung zeitweilig an seine Kontraktfirma B im Ausland liefert, um die verarbeiteten Produkte anschließend wieder in die Bundesrepublik Deutschland bringen zu lassen). Hier ist der Außenhandel nicht schlicht Warenaustausch zwischen zwei Volkswirtschaften, sondern viel konkreter Ausdruck der von einem Unternehmen bewußt geplanten und genutzten internationalen Arbeitsteilung.

Ein, wenn auch unvollkommener, Ausdruck dieser von einzelnen Unternehmen organisierten internationalen Arbeitsteilung sind die Auslandsinvestitionen. Speziell für die Bundesrepublik Deutschland gilt, daß die Investitionen bundesdeutscher Unternehmen im Ausland neuerdings die Investitionen ausländischer Unternehmen in der Bundesrepublik Deutschland übertreffen. Zusammen mit der erwähnten Tatsache, daß in der Bundesrepublik Deutschland selbst seit einigen Jahren Rationalisierungsinvestitionen dominieren, bedeutet dies, daß die Bundesrepublik Deutschland offenbar als Standort industrieller Produktion neuerdings weniger «interessant» wird. (Dies wäre vermutlich noch viel deutlicher zahlenmäßig zu belegen, wären Angaben über die Entwicklung des Anlagevermögens – unter Einschluß reinvestierter Gewinne – bundesdeutscher Unternehmen im In- und Ausland verfügbar.)

Vielleicht der deutlichste Ausdruck fundamentaler Strukturänderungen der Weltwirtschaft, wie wir sie Mitte der siebziger Jahre beobachten, sind aber die Produktionsverlagerungen. Eine Form dieser Produktionsverlagerungen (neben anderen, nicht minder wichtigen Formen) besteht in der Aufgabe bestimmter Fertigungen in bundesdeutschen Betrieben und ihrer gleichzeitigen Aufnahme in ausländischen Betrieben desselben bundesdeutschen Unternehmens. Am bekanntesten sind solche Produktionsverlagerungen in der Textil- und Bekleidungsindustrie der Bundesrepublik Deutschland. Hosen für den bundesdeutschen Markt werden dann zunehmend nicht mehr zum Beispiel in Mönchengladbach gefertigt, sondern im tunesischen Betrieb desselben bundesdeutschen Unternehmens. Es gibt Dutzende solcher Beispiele. Aber auch in zahlreichen anderen Branchen mehren sich die Fälle solcher Produktionsverlagerungen. Einspritzpumpen werden von einer bundesdeutschen Firma in Indien für den bundesdeutschen Markt gefertigt, Fernsehgeräte von einer anderen Firma in Taiwan, Autoradios in Malaysia, Getriebe in Brasilien, Uhren in Hongkong, elektronische Bauelemente in Singapur und Malaysia usw. usf.

Der Arbeiter in der Bundesrepublik Deutschland, der durch Produktionsverlagerung seinen Arbeitsplatz verliert, ist durch einen Kollegen in einem ausländischen Betrieb «seines» Unternehmens ersetzt worden.

1.2. Eine zentrale Entwicklungstendenz der heutigen Weltwirtschaft

Wir sind von der Frage ausgegangen, welches die weltweite wirtschaftliche Situation Mitte der siebziger Jahre ist, die jene an den Anfang gestellten Prognosen der OECD und von Business International Corporation veranlaßt hat. Dazu haben wir nacheinander die wirtschaftliche Situation der westlichen Industrieländer und die wirtschaftliche Situation der Entwicklungsländer skizziert. Es ließ sich selbst bei dieser skizzenhaften Darstellung offensichtlich nicht ganz vermeiden, immer wieder auf den jeweiligen «Rest der Welt» Bezug zu nehmen. Wir haben dann versucht, dieses ein wenig unbefriedigende Verfahren dadurch zu korrigieren, daß wir nachträglich einige der wechselseitigen Beziehungen und Abhängigkeiten der Wirtschaft der Industrieländer und der Wirtschaft der Entwicklungsländer als Bestandteile der einen Weltökonomie erwähnt haben. Wir haben dieses etwas bedenkliche, *aufsammelnd-beschreibende* Verfahren zur Einführung gewählt, um nach Möglichkeit nicht mehr Informationen benutzen zu müssen, als sie jeder politisch und wirtschaftlich interessierte Zeitungsleser haben kann.

Wir wollen jetzt im nächsten Schritt im wesentlichen dieselben beobachtbaren Erscheinungen von vornherein *als Ausdruck der Entwicklung der einen Weltökonomie systematisch verständlich machen.* (In Kapitel 2 dieser Einleitung werden wir schließlich versuchen, diese Entwicklung der einen Weltökonomie seit fünfhundert Jahren *als notwendigen Ausdruck der Entwicklung des kapitalistischen Weltsystems zu begreifen.*)

Die Weltwirtschaft, wie wir sie heute kennen, hat ihren Ursprung im 16. Jahrhundert. Ihre Herausbildung war unlösbar mit der gleichzeitigen Herausbildung einer weltweiten regionalen Arbeitsteilung verbunden; dabei wurden in verschiedenen Regionen der Welt für verschiedene Typen von Produktionen verschiedene Formen der Organisation der Arbeit benutzt oder auch von außen installiert. Wir geben einige charakteristische Beispiele:

16. bis 18. Jahrhundert

a) Verarbeitendes Gewerbe in Westeuropa (Textilgewerbe, Metallverarbeitung, Schiffbau, Waffenproduktion), teils auf der Grundlage selbständigen Handwerks, teils auf der Grundlage der Heimarbeit (Verlagssystem), teils aber auch schon auf der Grundlage von Lohnarbeit in einzelnen gewerblichen Großbetrieben;

b) Silberbergbau in Peru und Mexiko, Zuckerplantagen in Brasilien und auf den westindischen Inseln, betrieben durch die europäischen Kolonialherren auf der Grundlage von Sklaven- oder Zwangsarbeit; Musselinproduktion in Indien (autochthon, durch Welthandel zunächst stimuliert); Kernproduktion in Osteuropa auf der Grundlage von Fronarbeit («Zweite Leibeigenschaft», intensiviert durch die westeuropäische Nachfrage nach Korn).

18. bis 19. Jahrhundert

a) «Industrielle Revolution» von England ausgehend auf der Grundlage von Lohnarbeit (Baumwollindustrie, Dampfmaschine, Eisenbahnen);

b) Produktion von Rohbaumwolle in Westindien und den Südstaaten der USA auf der Grundlage von Sklavenarbeit; Zerstörung der Baumwollindustrie Indiens; «Öffnung» Chinas und Japans für den Welthandel (Opiumkriege).

Erste Hälfte des 20. Jahrhunderts

a) Verarbeitende Industrie Europas, der USA und Japans;

b) Exportorientierte Rohstoffproduktion in Enklaven Lateinamerikas, Afrikas und Asiens (Kaffee in Brasilien, Salpeter und Kupfer in Chile, Gold und Diamanten in Südafrika); partielle import-substituierende Industrialisierung einiger Entwicklungsländer.

Gebiete Lateinamerikas, Asiens und Afrikas waren also zum Teil jahrhundertelang ganz überwiegend als Produzenten agrarischer und mineralischer Rohstoffe und bisweilen auch von Arbeitskräften (afrikanische Sklaven) in die sich herausbildende Weltwirtschaft einbezogen. Wo immer möglich und notwendig, wurde diese Einbeziehung durch die seit dem 16. Jahrhundert zunehmende militärische, technologische und ökonomische Überlegenheit der westeuropäischen Nationen und ihrer Herren erzwungen.

Die Länder der sogenannten Dritten Welt wurden in diesem Prozeß der Herausbildung der «klassischen» internationalen Arbeitsteilung im Rahmen der einen Weltökonomie, einem Prozeß der ungleichen Entwicklung, in die abhängige Rolle unterindustrialisierter Länder gedrängt. Nicht Mangel an oder verspätete Industrialisierung («Modernisierung») charakterisiert sie, sondern positive Behinderung der Industrialisierung oder allgemeiner einer autonomen Entwicklung. In diesem Sinn hat Andre Gunder Frank den Begriff der Entwicklung der Unterentwicklung geprägt.

Unter sehr speziellen Bedingungen ist in einigen Ländern der sogenannten Dritten Welt eine schwache import-substituierende Industrialisierung möglich gewesen, zum Beispiel in Teilen Lateinamerikas zur Zeit der partiellen Desintegration der Weltwirtschaft zwischen 1930 und 1945. In dieser Zeit konnte sich unter dem Schutz von Importverboten (und weil die mächtigsten Industrienationen zu dieser Zeit zu sehr mit ihren «eigenen» Problemen befaßt waren, um intervenieren zu können) zur Versorgung des sehr beschränkten Binnenmarktes einiger unterentwickelter Länder eine bescheidene rentable lokale Industrie entfalten, die aber sehr schnell an die Grenzen der inländischen Kaufkraft stieß. Da diese Industrie auf dem Weltmarkt nicht konkurrenzfähig war, fiel sie in der Nachkriegszeit regelmäßig in Stagnation, ja Agonie (Beispiel: Argentinien).

Unsere beschreibende Skizze einiger charakteristischer Erscheinungen der heutigen Weltwirtschaft hat schon darauf hingedeutet, daß die alte oder «klassische» internationale Arbeitsteilung heute zur Disposition gestellt ist. Das entscheidende Argument für diese Vermutung ist die Tatsache, daß Entwicklungsländer heute zunehmend zu Standorten verarbeitender Industrie werden, deren Produktion auf dem Weltmarkt wettbewerbsfähig ist. In den drei Fallstudien, die den Hauptteil dieses Buches bilden, wird diese weltmarktorientierte Produktion der verarbeitenden Industrie an neuen Standorten, insbesondere auch an Standorten in Entwicklungsländern, ausführlich belegt.

Diese heute in zahlreichen Entwicklungsländern einsetzende weltmarktorientierte Industrialisierung ist nicht das Ergebnis einer Willensentscheidung einzelner Regierungen oder einzelner Unternehmen. Industrie entsteht nämlich in der Weltwirtschaft, wie sie seit fünfhundert Jahren sich entwickelt hat, nur an Standorten, die rentable Produktion gewährleisten. In den Jahrhunderten der «klassischen» internationalen Arbeitsteilung gab es solche Standorte für verarbeitende Industrie im wesentlichen nur in Westeuropa und später in den Vereinigten Staaten und in Japan. Was, so müssen wir fragen, hat sich heute geändert, wenn heute offenbar zunehmend Standorte für verarbeitende Industrie in Entwicklungsländern rentable Produktion für den Weltmarkt gestatten?

Drei Bedingungen zusammengenommen scheinen uns entscheidend zu sein.

Erstens hat sich im Laufe der Zeit in den Entwicklungsländern ein praktisch unerschöpfliches Potential disponibler Arbeitskräfte herausgebildet. Diese Arbeitskraft ist sehr billig; kann praktisch alle Stunden des Jahres zur Produktion mobilisiert werden (Schicht-, Nacht- und Feiertagsarbeit); kann in vielen Fällen nach kurzer Anlernung eine Arbeitsproduktivität entwikkeln, die derjenigen in vergleichbaren Produktionen der traditionellen Industrieländer vergleichbar ist; kann schneller ausgelaugt werden, da Ersatz jederzeit leicht beschaffbar ist; und kann schließlich angesichts des großen Überangebots Arbeit suchen müssender Menschen sehr spezifisch ausgewählt werden (nach Alter, Geschlecht, Qualifikation, Disziplin etc.).

Zweitens erlaubt eine hinreichend weit getriebene Fragmentierung des Produktionsprozesses, daß die meisten dieser Fragmente von niedrig qualifizierter Arbeitskraft (im Sinne kurzer benötigter Anlernzeiten) ausgeführt werden können.

Drittens ermöglicht die Entwicklung der Transport- und Kommunikationstechnologie in vielen Fällen, Voll- oder Teilfertigungen an beliebigen Standorten weltweit vornehmen zu lassen, ohne daß dies durch Transport- oder Steuerungsprobleme technisch, organisatorisch oder kostenmäßig unmöglich gemacht würde.

Das Zusammenkommen dieser drei Bedingungen (zu denen weitere, weniger zentrale, kommen) hat einen Weltmarkt für Arbeitskraft, eine wirklich weltweite industrielle Reservearmee, und einen Weltmarkt für Produktionsstandorte entstehen lassen. Auf dem Weltmarkt für Arbeitskraft müssen heute Arbeiter und Arbeiterinnen der traditionellen Industrieländer (etwa der Bundesrepublik Deutschland) mit ihren Kolleginnen und Kollegen in den Entwicklungsländern um ihren Arbeitsplatz konkurrieren. Auf dem Weltmarkt für Produktionsstandorte müssen heute die traditionellen Industrieländer und die Entwicklungsländer unter- und gegeneinander um Standorte für industrielle Produktion konkurrieren.

Mit anderen Worten: Erstmals in der Geschichte der Weltwirtschaft seit fünfhundert Jahren kann heute in großem und wachsendem Umfang auch in Entwicklungsländern im Bereich der verarbeitenden Industrie rentabel für den Weltmarkt produziert werden. Darüber hinaus wird die Warenproduktion immer stärker in Teilfertigungen aufgespalten, die weltweit der jeweils günstigsten Kombination von Kapital und Arbeitskraft zugeordnet werden.

Diese qualitativ neue Entwicklung der Weltwirtschaft nennen wir «neue internationale Arbeitsteilung».

Die Verlagerung von Teilen der Produktion der verarbeitenden Industrie in Länder mit großen industriellen Reservearmeen und niedrigen Löhnen begann in Länder mit engen geographischen und handelsmäßigen Beziehungen zu existierenden industriellen Zentren. Die US-amerikanische Industrie verlagerte Produktionen in erster Linie nach Westeuropa und in Länder *south of the border*; westeuropäische Firmen verlagerten Produktionen in Länder wie Irland, Portugal, Spanien, Süditalien und Griechenland; die japanische Industrie verlagerte hauptsächlich nach Südkorea und Taiwan. Gleichzeitig rekrutierte die Industrie Arbeitskräfte in Ländern mit hohen Arbeitslosenzahlen und transferierte sie an die traditionellen Standorte der Industrieproduktion: «Gastarbeiter» in Westeuropa, *immigrant labour* (Mexikaner, Puertoricaner) in den Vereinigten Staaten.
Inzwischen stellen nicht allein die Randregionen Westeuropas, nicht allein Mittelamerika, Nordafrika, Südafrika und Südostasien, sondern in wachsendem Ausmaße auch Osteuropa, Südamerika, Zentralafrika und Südasien Standorte für verlagerte verarbeitende Industrien dar. Nicht allein mehr oder weniger arbeitsintensive, sondern auch rohstoff-, energie- und pollutionsintensive sowie – allen Vormeinungen zum Trotz – sogar kapitalintensive Produktionen werden an Standorte billiger Arbeitskraft transferiert, wenn diese Standorte eine vorteilhafte Kombination von Produktionsbedingungen aufweisen. Schließlich werden nicht allein Investitionen, Kapazitäten und Fertigungen an neuen Standorten erhöht, sondern zur selben Zeit existierende Produktionen an Standorten eingestellt, die für eine rentable Produktion obsolet geworden sind.

Die Unternehmen sind heute also – nahezu unabhängig von ihrer Größe – angetreten, um ihres Überlebens willen die transnationale Produktion gemäß den qualitativ neuen Bedingungen zu reorganisieren.

Das mit Abstand wichtigste Mittel, das Überleben eines Unternehmens immer neu zu sichern, waren bislang «Rationalisierungen» der Produktion durch Einführung effizienterer Maschinen und Verringerung der Zahl und Qualifikation der benötigten Arbeitskräfte. Dieses Mittel (und mit ihm andere «klassische» Mittel) reicht heute nicht mehr aus. Reorganisation der transnationalen Produktion unter den Bedingungen der neuen internationalen Arbeitsteilung bedeutet heute in zunehmendem Maße, daß das Überleben eines Unternehmens nur noch mit dem Mittel der Verlagerung der Produktion an neue Standorte, die Standorte billiger und disziplinierter Arbeitskraft, gewährleistet werden kann.

1.3. Empirische Untersuchung ausgewählter Teilbereiche

Wir haben bisher die Tendenz zu einer neuen internationalen Arbeitsteilung als Ausdruck der Entwicklung der einen Weltökonomie verständlich zu machen gesucht und wir werden – in Kapitel 2 dieser Einleitung – diese Entwicklung als notwendigen Ausdruck des Prozesses weltweiter Kapitalverwertung zu begreifen suchen. Welchen Stand der Durchsetzung diese Tendenz zu einer neuen internationalen Arbeitsteilung heute bereits erreicht hat, läßt sich freilich nicht im einzelnen aus dem theoretischen Verständnis der Entwicklung der Weltökonomie herleiten. Zu diesem Zweck sind empirische Untersuchungen anzustellen.

Aus einer langen Liste hierzu geeigneter möglicher Fallstudien wurden unter Berücksichtigung der Materiallage und der Durchführbarkeit mit vorhandenen Kapazitäten folgende drei ausgewählt:

I. Der außenwirtschaftsbedingte Strukturwandel der Textil- und Bekleidungsindustrie der Bundesrepublik Deutschland.

II. Die Auslandsproduktion und -beschäftigung (außerhalb der EG) der verarbeitenden Industrie der Bundesrepublik Deutschland (ohne Textil- und Bekleidungsindustrie).

III. Neue Produktionsstandorte für weltmarktorientierte Industrie in unterentwickelten Ländern: Freie Produktionszonen.

Auf diese Weise werden entscheidende strukturelle Veränderungen in einem Industriezweig behandelt (I), für die Industrie eines größeren traditionellen Industrielandes die weltweite Neuverteilung ihrer Produktionsstandorte ermittelt (II) und exemplarisch das Entstehen neuer Industrien in unterentwickelten Ländern aufgezeigt (III). In den Fallstudien wurde angestrebt, die jeweiligen Bereiche vollständig zu erfassen und nicht nur beliebige Ausschnitte zu untersuchen.

In diesen Fallstudien werden systematisch Informationen über die Struktur des Weltmarkts für Arbeitskraft und des Weltmarkts für Produktionsstandorte, über die Neuverteilung dieser Standorte und über ihre Bedingungen und Folgen gesammelt und interpretiert. Zwar untersuchen die Fallstudien je für sich nur einen kleinen Ausschnitt des Gesamtprozesses. Zusammengenommen aber sind sie geeignet, wesentliche Erscheinungsformen und Bestimmungsgründe der neuen internationalen Arbeitsteilung empirisch zu belegen und aufzuklären.

Neue Standorte industrieller Produktion und die Zahl der dort Beschäftigten werden ausführlich belegt. Dasselbe gilt für die bestehenden Lohnkostendifferenzen und die Unterschiede in den sonstigen, nicht minder wichtigen Arbeitsbedingungen. Die weltweite Reorganisation der Produktion wird für die Industriezweige eines größeren Industrielandes und für weltmarktorientierte Produktionen in unterentwickelten Ländern erfaßt. Die Aufgabe von Produktionen an traditionellen Standorten, die direkte Verlagerung von Produktionen und damit verbundene Veränderungen in der Struktur des Welthandels werden untersucht. Das Wechselspiel zwischen Rationalisierung und Verlagerung als Mittel zur Sicherung der Wettbewerbsfähigkeit von Unternehmen wird an zwei Beispielen (Textil- und Bekleidungsindustrie, Produktion von Bauelementen für die Elektronik) erläutert.

Andere Fragen können nur vorläufig oder teilweise beantwortet werden, da sie nicht im Mittelpunkt der empirischen Untersuchungen standen. Das gilt beispielsweise für die Auswirkungen auf Höhe und Struktur der Gesamtbeschäftigung einzelner Länder, für die Änderungen in der Qualifikationsstruktur der an verschiedenen Standorten Beschäftigten und für die Auswirkungen neuer Fertigungstechnologien.

Nur gestreift, aber nicht eigentlich behandelt werden die sozialen und politischen Konsequenzen einschließlich der Veränderungen der internationalen Abhängigkeitsstrukturen und der Reproduktion der weltweiten industriellen Reservearmee. Für alle diese Fragen sind weitergehende Analysen erforderlich.

Die Ergebnisse der empirischen Untersuchungen sind in den Fallstudien I bis III ausführlich dargestellt. Wenn hier einige Resultate zusammengefaßt angeführt werden, so nur mit dem entschiedenen Verweis auf die Analysen in den Fallstudien selbst, ohne die allzuleicht irrige Folgerungen aus den zusammenfassenden Angaben gezogen werden könnten. Die Zahlen sollen zunächst nur einen Eindruck von der quantitativen Größenordnung vermitteln, welche die neue internationale Arbeitsteilung nach Ausweis unserer Fallstudien heute erreicht hat.

In *Fallstudie I* wurden 214 Unternehmen der Textilindustrie und 185 Unternehmen der Bekleidungsindustrie der Bundesrepublik Deutschland erfaßt. Diese Unternehmen (Unternehmensgruppen) hatten im Jahre 1974 hinsichtlich Umsatz und Beschäftigtenzahl einen Anteil von etwa 60 Prozent an der Textilindustrie und einen Anteil von gut 40 Prozent an der Bekleidungsindustrie der Bundesrepublik Deutschland. Für je etwa hundert dieser Unternehmen konnte nachgewiesen werden, daß sie 1974/75 in eigenen oder Beteiligungsunternehmen im Ausland produzierend tätig waren. Hinzu kommt noch eine beträchtliche Zahl von Auslandsproduktionen in Kooperation mit kapitalmäßig unabhängigen Auslandsfirmen, vor allem passive Veredelungsverkehre mit osteuropäischen Firmen. Zum Vergleich sei angeführt, daß Untersuchungen von anderer Stelle im Jahre 1966 je etwa 30 und im Jahre 1970 je etwa 40 im Ausland in eigenen oder Beteiligungsunternehmen produzierend tätige Unternehmen der Textil- und Bekleidungsindustrie der Bundesrepublik Deutschland nachgewiesen haben.

Bei regionaler Gliederung konzentrierte sich 1974 die Auslandsfertigung der untersuchten Unternehmen in eigenen oder Beteiligungsunternehmen hinsichtlich der Zahl der Auslandsbetriebe und der Zahl der Beschäftigten einerseits auf traditionelle Industrieländer (vor allem EG, Österreich und Schweiz: 50 bis 60 Prozent), andererseits auf Afrika in der Textilindustrie und auf die Mittelmeerländer sowie Asien in der Bekleidungsindustrie.

Hinsichtlich der Zahl der Beschäftigen *in eigenen oder Beteiligungsunternehmen* der Textil- und Bekleidungsindustrie der Bundesrepublik Deutschland im Ausland gilt folgendes: In der Textilindustrie ist diese Zahl von mindestens 8000 im Jahre 1966 über mindestens 14200 im Jahre 1970 auf mindestens 29500 im Jahre 1974/75 gestiegen; in der Bekleidungsindustrie von mindestens 15000 im Jahre 1966 über mindestens 24800 im Jahre 1970 auf mindestens 31000 im Jahre 1974/75. Das waren in der Textilindustrie 1966 etwa 1,5 Prozent, 1970 etwa 2,8 Prozent und 1974/75 etwa 7,5 Prozent der Inlandsbeschäftigten, in der Bekleidungsindustrie 1966 etwa 3,7 Prozent, 1970 etwa 6,5 Prozent und 1974/75 etwa 10 Prozent der Inlandsbeschäftigten.

Der Anteil der Zahl der Auslandsbeschäftigten in bundesdeutschen Betrieben in «Niedriglohnländern» an der Gesamtzahl der Auslandsbeschäftigten der bundesdeutschen Textil- und Bekleidungsindustrie ist zwischen 1966 und 1974/75 von etwa 25 Prozent auf etwa 45 Prozent gestiegen.

Aus der Gliederung der Auslandsbeschäftigten nach Geschlecht und Altersgruppen geht ein außergewöhnlich hoher Prozentsatz junger Arbeiterinnen in den bundesdeutschen Auslandsbetrieben der Bekleidungsindustrie in «Niedriglohnländern» hervor: Etwa 43 Prozent der Beschäftigten sind jünger als zwanzig Jahre, über 90 Prozent sind Frauen.

Bei Einbeziehung auch der passiven Veredelungsverkehre mit ausländischen Betrieben ohne bundesdeutsche Kapitalbeteiligung ergibt sich, daß die Textil- und Bekleidungsindustrie der Bundesrepublik Deutschland im Ausland mindestens 69000 Arbeitskräfte in eigenen Betrieben und in PV-Produktionen beschäftigte, wahrscheinlich sogar bedeutend mehr; eine Zahl von über 80000 Auslandsbeschäftigten der Textil- und Bekleidungsindustrie der Bundesrepublik Deutschland im Jahre 1974/75 ist nicht unwahrscheinlich.

Damit hat sich die Auslandsbeschäftigtenzahl der bundesdeutschen Textil- und Bekleidungsindustrie zwischen 1966 und 1974/75 mehr als verdoppelt, während gleichzeitig ihre Inlandsbeschäftigtenzahl um etwa ein Viertel zurückgegangen ist. Inzwischen (Anfang 1977) dürften auf je hundert Inlandsbeschäftigte deutlich mehr als zehn Auslandsbeschäftigte der Textil- und Bekleidungsindustrie der Bundesrepublik Deutschland kommen.

Etwa 30000 Beschäftigte in ausländischen Produktionsstätten der Textil- und Bekleidungsindustrie der Bundesrepublik Deutschland produzierten 1974/75 überwiegend oder ausschließlich für den bundesdeutschen Markt. Dies ist ein Hinweis auf den Umfang, in dem bundesdeutsche Firmen der

Textil- und Bekleidungsindustrie Produktion für den Markt der Bundesrepublik Deutschland aus dem Inland in das Ausland verlagert haben.

Im einzelnen analysiert die Fallstudie folgende Indikatoren für die neue internationale Arbeitsteilung im Bereich der Textil- und Bekleidungsindustrie: Den drastisch angestiegenen negativen Außenhandelssaldo der Bundesrepublik für Textilien und Bekleidung, die außenwirtschaftsbedingte strukturelle Arbeitslosigkeit in den traditionellen Industriezentren, die exportorientierte Industrialisierung zahlreicher Entwicklungsländer, die vermittelnden Produktionsverlagerungen aus dem «Zentrum» in die «Peripherie» und die zunehmende Aufspaltung des Produktionsprozesses auf verschiedene Teilfertigungen weltweit. Die Entwicklung dieser Indikatoren in den letzten zehn bis fünfzehn Jahren im Bereich der Textil- und Bekleidungsindustrie ist ein unübersehbarer Hinweis darauf, daß die ökonomischen Zwänge des Weltmarkts für Arbeitskraft und des Weltmarkts für Produktionsstandorte die Unternehmen zur weltweiten Reorganisation der Produktion zwingen. Rationalisierung im In- und Ausland einerseits, Produktionsverlagerung ins Ausland (insbesondere in Niedriglohnländer) andererseits gehen dabei Hand in Hand.

Dieser Prozeß bedeutet für die betroffenen Menschen zunächst und vor allem: Arbeitslosigkeit und Entwertung der bestehenden beruflichen Qualifikationen in den traditionellen Industrieländern; armselige, menschenunwürdige Arbeitsbedingungen in den Entwicklungsländern: ohne Hoffnung auf Besserung in der vorhersehbaren Zukunft. Dieser Prozeß bedeutet darüber hinaus, daß die arbeitenden Menschen auch in Zukunft mit der Degradierung und Disziplinierung zu Anhängseln der Maschine bedroht sind.

In der *Fallstudie II* wurden – ohne Textil- und Bekleidungsindustrie – 602 Unternehmen der verarbeitenden Industrie der Bundesrepublik Deutschland gezählt, die in wenigstens einem Land außerhalb der Europäischen Gemeinschaft im Erhebungszeitraum 1961 bis 1976 produzieren. Sie weisen zusammen 1760 produzierende Beteiligungsverhältnisse (Beteiligung des Unternehmens der Bundesrepublik zwischen 25 Prozent und 100 Prozent) außerhalb der EG auf, wobei 339 Unternehmen nur eines dieser Beteiligungsverhältnisse und 528 von den 602 Unternehmen bis zu vier Beteiligungsverhältnisse halten, während zwölf Konzerne zwanzig und mehr dieser Beteiligungsverhältnisse aufweisen. Die erfaßten Beteiligungsverhältnisse verteilen sich auf 77 Länder (außerhalb der EG), wobei auf Brasilien, Spanien, die USA und Österreich je über hundert Beteiligungsverhältnisse entfallen. 335 Unternehmen weisen 709 Beteiligungsunternehmen in den erfaßten Industrieländern und 444 Unternehmen 1051 Beteiligungsunternehmen in Entwicklungsländern auf.

Bei 1178 Beteiligungsunternehmen konnte die Beschäftigtenzahl ermittelt werden, bei ihnen sind (1975) 560788 Beschäftigte nachgewiesen. Auf der Basis selbst erhobener Beschäftigtenzahlen läßt sich unter Einbeziehung der EG-Länder sowie der Textil- und Bekleidungsindustrie eine Auslandsbeschäftigtenzahl der verarbeitenden Industrie der Bundesrepublik Deutschland von (1975) gut 1,5 Millionen schätzen. Damit liegt die direkte Auslandsbeschäftigung bei 20 Prozent der Inlandsbeschäftigung der verarbeitenden Industrie. Diese durchweg konservativ geschätzte Zahl, die nicht alle Teile der Auslandsbeschäftigung erfaßt, liegt erheblich über den bisher bekannten Schätzzahlen.

Die Auslandsproduktion ist über die Industriezweige breit gestreut. Die Zahl der beteiligten Unternehmen der Bundesrepublik ist im Maschinenbau am höchsten, während die chemische Industrie die meisten Auslandsbeteiligungsverhältnisse aufweist und bei der elektrotechnischen Industrie die meisten Auslandsbeschäftigten nachgewiesen werden konnten. Das Material weist deutlich aus: Fast alle Industriezweige sind an Auslandsfertigung und an Produktionsverlagerungen in einem relevanten Ausmaß beteiligt.

Die Zahl der Auslandsbeteiligungsverhältnisse der erfaßten Unternehmen hat sich von 1961 bis 1976 etwa vervierfacht, wobei der Hauptteil des Zuwachses erst seit dem Ende der sechziger Jahre zu verzeichnen ist. Die Zahl der Arbeitskräfte im Ausland hat noch wesentlich stärker zugenommen, da viele der bestehenden Auslandsbetriebe Produktion und Beschäftigung im Berichtszeitraum erweitert haben. Für eine Teilmenge der erfaßten Unternehmen der Bundesrepublik Deutschland liegen vollständige Angaben vor, denen zufolge die Zahl ihrer Beschäftigten im Ausland von 1961 bis 1974 um 505 Prozent zugenommen hat.

Obwohl diese Erhebung auf Vollständigkeit angelegt ist, repräsentieren die genannten Zahlen nur einen Teil der Auslandsproduktion der Industrie der Bundesrepublik. Das liegt nicht so sehr daran, daß der erreichte Erfassungsgrad niedrig wäre; viel stärker fällt der Teil der Auslandsproduktion ins Gewicht, der nicht erhoben wurde, weil er nicht mit einer formalen Kapitalbeteiligung oder nur mit einer geringen (unter 25 Prozent) verbunden ist. Die Nutzung von Produktionskapazitäten im Ausland im Rahmen der weltweiten Neuverteilung der Produktionsstandorte ist auch ohne Kapitalbeteiligung auf vielfältige Weise möglich; dazu gehören Lohnveredelung, Lizenz-, Management- und Lieferverträge und andere Kooperationsverträge. Der Umfang dieses Teils der Auslandsproduktion ist statistisch überhaupt nicht erfaßt und nur schwer abzuschätzen. Mindestens in einigen Regionen (darunter Osteuropa und Indien) übertrifft er den Umfang der Auslandsproduktion, die über Kapitalbeteiligung kontrolliert wird.

Diese Zusammenhänge sind auch bei jedem Versuch zu berücksichtigen, das Ausmaß der Produktionsverlagerungen aus dem Inland ins Ausland abzuschätzen. Auf der Ebene der einzelnen Unternehmen sind alle entsprechenden Veränderungen von Produktionsstandorten für die gesamte durch das Unternehmen organisierte Produktion zu zählen. Auf der Ebene von Industriezweigen kommen zusätzlich noch Verlagerungsprozesse hinzu, die nicht allein durch inländische Unternehmen organisiert sind (wenn beispielsweise Produktionen im Inland eingeschränkt oder eingestellt werden, weil die Produkte nunmehr von nichtbundesdeutschen Unternehmen aus ausländischer Produktion bezogen werden).

Nur eine weltweite Abschätzung der Neuverteilung der Standorte industrieller Produktion ermöglicht ein Urteil über die Verlagerungstendenzen und damit über strukturelle Änderungen der Weltökonomie und ihrer Teilökononien.

Die im Teil II dargestellten Untersuchungsergebnisse zeigen am Beispiel der Industrie eines größeren Industrielandes, daß die veränderten Randbedingungen der Kapitalverwertung weltweit von Industrieunternehmen jeder Größenordnung und jedes Industriezweigs eine Neuorganisation der Produktion erzwingen, was in einer zunehmenden Zahl von Fällen zu einer Einbeziehung von Auslandsproduktion nötigt. Die Ergebnisse lassen sich so zusammenfassen: In der Änderung der weltweiten Verteilung der Produktionsstandorte der Industrieunternehmen der Bundesrepublik Deutschland setzt sich die Tendenz zu einer neuen internationalen Arbeitsteilung durch. Die auf hohem Niveau fortdauernde strukturelle Arbeitslosigkeit wird wesentlich durch die weltweite Neuverteilung industrieller Beschäftigung bestimmt.

In der *Fallstudie III* ist Material aus 103 Ländern Asiens, Afrikas und Lateinamerikas ausgewertet worden. Während Mitte der sechziger Jahre so gut wie keine für die Märkte der Industrieländer produzierende verarbeitende Industrie in unterentwickelten Ländern existierte, waren zehn Jahre später, Mitte der siebziger Jahre, in mindestens 39 unterentwickelten Ländern, davon in fünfzehn Ländern Asiens, in acht Ländern Afrikas und in sechzehn Ländern Lateinamerikas, Tausende von Fabriken im Bereich der verarbeitenden Industrie in Betrieb, in denen fast ausschließlich für die Märkte der Industrieländer produziert wurde. Diese Entwicklung ist mit der Entstehung eines neuen Typus von Industriestandorten – freie Produktionszonen – und der Errichtung einer neuen Form von Fabriken – Weltmarktfabriken – verbunden.

Freie Produktionszonen sind für weltmarktorientierte Industrie an Standorten billiger Arbeitskraft angelegte abgegrenzte Industriegebiete; Weltmarktfabriken sind an diesen, aber auch an anderen Standorten um der industriellen Nutzung der Arbeitskraft willen errichtete und überwiegend für die Märkte der Industrieländer produzierende Fabriken. 1975 waren in 25 unterentwickelten Ländern, davon in elf Ländern Asiens, in fünf Ländern Afrikas und in neun Ländern Lateinamerikas insgesamt 79 freie Produktionszonen in Betrieb.

In mindestens vierzehn weiteren Ländern waren Weltmarktfabriken an sonstigen Standorten (außerhalb von freien Produktionszonen) in Betrieb. Im gleichen Jahr waren in 21 Ländern insgesamt 39 freie Produktionszonen im Aufbau, darunter in elf Ländern, in denen freie Produktionszonen bis 1975 nicht in Betrieb waren. In der Untersuchung wurde für 1975 eine Beschäftigung von 725000 Arbeitskräften in Weltmarktfabriken in freien Produktionszonen und an sonstigen Standorten nachgewiesen, darunter eine Beschäftigung von ungefähr 500000 Arbeitskräften in freien Produktionszonen.

Die Struktur der Produktion ist einerseits gekennzeichnet durch Fertigungen in fast allen Zweigen der verarbeitenden Industrie. Andererseits zeichnet sich auf der Ebene einzelner Zonen und einzelner Länder die Herausbildung industrieller Monostrukturen ab. Auf Fertigungen für die Erzeugnisgruppen Textilien und Bekleidung sowie elektrotechnische Erzeugnisse entfiel 1975 der überwiegende Teil der Produktion. In einem hohen Maß ist die Produktion in den vorwiegend vertikal-transnational integrierten Weltmarktfabriken nichtkomplex; pro Erzeugnis oder pro Erzeugnisgruppe finden vorwiegend nur Teilfertigungen – nur Teilefertigung oder nur Teilemontage oder nur Endmontage – statt. Ansätze zur komplexen Fertigung zeichnen sich nur bei wenigen Erzeugnisgruppen – insbesondere Textilien und Bekleidung – und nur in wenigen Ländern ab.

Die Beschäftigungsstruktur in freien Produktionszonen und Weltmarktfabriken ist außerordentlich unausgewogen. Aus einem praktisch unbegrenzten Angebot unbeschäftigter Arbeitskräfte wird von den Weltmarktfabriken in freien Produktionszonen und an sonstigen Standorten eine spezifische Arbeitskraft ausgewählt: vorwiegend Frauen der jüngeren Altersgruppen. Die Selektionskriterien sind eindeutig: Es wird die Arbeitskraft beschäftigt, für die der geringste Lohn zu zahlen ist, es wird die leistungsfähigste Arbeitskraft beschäftigt (unverbrauchte Arbeitskraft, von der die höchste Arbeitsintensität zu erwarten ist) und es wird vorwiegend ungelernte/angelernte Arbeitskraft beschäftigt.

Im einzelnen wird versucht, eine Antwort darauf zu geben, ob die mit der weltmarktorientierten Industrialisierung verbundenen entwicklungspolitischen Ziele – Beseitigung von Arbeitslosigkeit, Ausbildung von Fachkräften und Zugang zu moderner Technologie, Steigerung der Deviseneinnahmen – erreicht werden. Die bisher vorliegenden Erfahrungen wie auch die sich abzeichnenden Entwicklungen lassen im Hinblick auf alle drei Teilaspekte nur eine negative Antwort zu.

1.4. Soziale und politische Auswirkungen

Die Überlegungen dieser Einleitung zusammen mit den Ergebnissen der empirischen Untersuchungen (Teil I bis III) nötigen zu der Annahme, daß sich die Tendenz zu einer neuen internationalen Arbeitsteilung gegen mögliche Gegentendenzen, welche diesen Prozeß verlangsamen könnten, auch in Zukunft durchsetzen wird. Wir gehen mit anderen Worten davon aus, daß die gegenwärtige «Krise» nicht in eine Phase massiven nationalen Protektionismus, interimperialistischer Kriege usw. einmünden wird. Es ist zuzugeben, daß sich diese Annahme in Zukunft als falsch erweisen könnte. Gegenläufige Annahmen freilich, die besagen, daß die unbestreitbare Tendenz zu einer neuen internationalen Arbeitsteilung in der vorhersehbaren Zukunft gestoppt oder gar in ihr Gegenteil verkehrt wird, haben die Schwierigkeit, hinreichend starke Gegentendenzen namhaft zu machen. Wir werden daher bei den folgenden Bemerkungen davon ausgehen, daß sich die neue internationale Arbeitsteilung weiter fortsetzt, ohne laufend Vorbehalte hinsichtlich abstrakt vorstellbarer Alternativen zu machen.

Einige ökonomische Konsequenzen der weltweiten Reorganisation der industriellen Produktion sind: Partielle exportorientierte Industrialisierung der unterentwickelten Länder Asiens, Afrikas und Lateinamerikas, welche diese Länder jedoch hinsichtlich Technologie, Ausrüstung, Management-Techniken etc. von den traditionellen Industriezentren abhängig erhält; relative Deindustrialisierung der traditionellen Industriezentren; transnationale Dezentralisierung der Fertigungsprozesse durch Fertigung der verschiedenen Teile einer Ware an verschiedenen Standorten weltweit einerseits und Zentralisation der Fertigungsprozesse durch Konzentration der Herstellung einer Ware für den Weltmarkt an einem einzigen Standort andererseits; Zunahme der Beschäftigtenzahlen an einigen Standorten und gleichzeitige Zunahme der Arbeitslosigkeit und des Drucks auf Reallöhne und Arbeitsbedingungen an diesen und anderen Standorten; weitere Intensivierung der bestehenden Konkurrenz zwischen Unternehmen, die ihre transnationalen Aktivitäten ausweiten, und Entstehen neuer Konkurrenzverhältnisse zwischen Unternehmen, die früher nur indirekt in Konkurrenz zueinander standen; beschleunigte transnationale Konzentration und Zentralisation auf Grund der Intensivierung der transnationalen Konkurrenz zugunsten der multinationalen Konzerne, die unter den Bedingungen der transnationalen Reproduktion am flexibelsten operieren, ungeachtet aller nationalen und internationalen Restriktionen und Deklarationen mit dem Ziel, ihre Aktivitäten zu kontrollieren.

In dem Maße, wie die geographische Flexibilität und sogar Mobilität der industriellen Produktion eine Realität wird, werden die bislang bekannten regionalen Aufteilungen der Welt in industrialisierte Zentren und nicht-industrialisierte Peripherien durch Aufteilungen ersetzt werden, die für gewisse Standorte anspruchsvolle Produktionen (Entwicklung fortgeschrittener Technologien, Software etc.) und für andere Standorte industrielle Produktionen unter Anwendung bekannter Technologien bedeuten. Standorte der letzteren Art werden mit einer bislang unbekannten Geschwindigkeit entstehen und niedergehen. Das Kapital, das heute von einer Region angezogen wird, mag morgen wieder verschwinden, nur um möglicherweise übermorgen wieder zurückzukehren.

Diese extreme Mobilität des Kapitals und der Standorte industrieller

Produktion ist eine Funktion der Erfordernisse der Verwertung und Akkumulation des Kapitals, ohne Rücksicht auf die Folgen für die davon betroffenen Bevölkerungen. Im Gegenteil, in vielen Fällen mag die Entwicklung oder Erweiterung und Intensivierung von Produktionsbedingungen, welche nicht die Reproduktion der Arbeitskraft gewährleisten, ein wesentlicher Aspekt dieser weltweiten Kapitalverwertung sein, was zugleich die – repressiven – politischen Institutionen und Gesellschaftsformationen erfordert und erzeugt, welche diesen Prozeß ermöglichen und unterstützen. Dieser Prozeß wird instrumentalisiert und verstärkt gerade durch die Nötigung, der verschiedene Teile der Welt heute ausgesetzt sind, miteinander im Angebot der vorteilhaftesten lokalen Bedingungen für die Verwertung des Kapitals zu wetteifern. Das Kapital braucht und benutzt den Staat für seine Verwertung und Akkumulation; aber es ist dafür nicht auf irgendeinen bestimmten Staat angewiesen.

Angesichts dieser Zwänge weltweiter Kapitalverwertung sind Versuche, durch staatliche Stimulierung von Investitionen in sogenannten Wachstumsbranchen die Arbeitslosigkeit ohne gleichzeitige massive Verschlechterung der Arbeits- und Lebensbedingungen zu verringern, bestenfalls ein Wettlauf mit anderen Ländern, die dasselbe Ziel zu erreichen versuchen (müssen), mit höchst ungewissen und allenfalls temporären Erfolgsaussichten. Die immensen Lasten dieser Anarchie der Kapitalverwertung hat die große Mehrheit der Bevölkerung in einer großen, zunehmend großen Zahl von Ländern der Erde zu tragen. Über den Tribut hinaus, den Hunger, Krankheit und Krieg fordern, muß die potentielle und aktuelle Arbeitskraft angemessen präpariert, diszipliniert und mobilisiert werden, um ihre Rolle im Prozeß weltweiter Kapitalverwertung spielen zu können. Dies setzt Schul- und Ausbildungssysteme voraus, die dem größten Teil der künftigen Arbeitskraft die erforderten Qualifikationen vermitteln können; nicht Bildung als Voraussetzung der Selbstbestimmung, sondern Abrichtung für die Fabrikarbeit. Dies ist eine der Aufgaben des Staates in vielen «neuen» Ländern, so wie es eine Aufgabe des Staates in den «alten» Ländern gewesen ist. Eine andere Aufgabe des Staates im Prozeß weltweiter Kapitalverwertung ist es, die Arbeiterschaft und andere Teile der Bevölkerung durch die Installierung korporativer Institutionen, durch massive Propaganda zugunsten höheren «Verständnisses» für die Erfordernisse der Kapitalverwertung und -akkumulation und, natürlich, durch Vorsorge für die allenfalls erforderliche physische Unterdrückung der Bevölkerung zu disziplinieren.

Gewerkschaften, sofern sie zugelassen sind und überhaupt die Interessen der Beschäftigten wahrnehmen können, haben sich darauf einzustellen, daß das Kapital heute weltweit mobil ist. Ihre Möglichkeiten dazu sind aber sehr begrenzt. Sie sind traditionell auf nationaler Ebene organisiert; internationale Zusammenschlüsse aber haben sich bislang noch als wenig wirksam erwiesen, alte und neue Fraktionierungen durch den Prozeß der Kapitalverwertung aufzuheben, aufzuheben im Interesse solidarischer Aktionen.

Unter diesen Umständen kann man sich kaum der Schlußfolgerung entziehen, daß nicht organisierte politische Aktion auf der Tagesordnung einer Welt steht, die vom Prozeß weltweiter Verwertung und Akkumulation des Kapitals bestimmt ist, sondern Hungerrevolten, soziales Aufbegehren und Krieg in vielen Teilen der Welt.

Kapitel 2
Die neue internationale Arbeitsteilung als Entwicklungsphase des kapitalistischen Weltsystems

2.1. Formen der Kapitalverwertung

Die wirtschaftliche, soziale und politische Entwicklung der letzten fünfhundert Jahre hat in der weltweiten Herausbildung der kapitalistischen Gesellschaftsformation bestanden. Sie ist von der Bewegung des Kapitals bestimmt worden, wie sehr auch immer die beherrschten Klassen, zum Beispiel in der russischen, chinesischen oder kubanischen Revolution, für eine bewußte Rekonstitution der Gesellschaft kämpften. Verwertung und Akkumulation sind der objektive Inhalt der Bewegung des Kapitals; wachsende Aneignung des abstrakten Reichtums ist das allein treibende Motiv der Operationen der Kapitalisten, insofern sie diese Bewegung des Kapitals personifizieren.

Die Analyse der kapitalistischen Entwicklung hat demnach mit Marx vom Prozeß der Kapitalverwertung und -akkumulation und seinen Determinanten, das heißt von seinen Erfordernissen, Möglichkeiten und Hindernissen auszugehen, und nicht zum Beispiel von der Entwicklung des Lohnarbeit-Kapital-Verhältnisses oder von der Entwicklung der Produktivkräfte, nicht zu sprechen von Entwicklungen in Glaubens-, Wert- oder Ideensystemen («Geist des Kapitalismus»). Mit anderen Worten: Die Schaffung einer freien Arbeitskraft und die Entfaltung der Produktivkräfte sind lediglich spezielle Mittel neben anderen, wenn auch unter spezifischen Bedingungen entscheidende Mittel, zur Sicherung der Verwertung und Akkumulation des Kapitals. Das Kapital entwickelt das Lohnarbeit-Kapital-Verhältnis ebenso wie die Produktivkräfte nur, wenn a) die Widerstände – häufig außerökonomischer Art – überwunden werden können, die eine weitere Herausbildung der Lohnarbeit und der Produktivkräfte behindern, *und* wenn b) auf diese Weise größere Profite gemacht werden können.

So war es in der Frühgeschichte des Kapitalismus (bis ungefähr 1700) unter den damaligen Randbedingungen der Verwertung und Akkumulation des Kapitals in der Regel zwingend, Geld in Handelsunternehmen, Luxusproduktionen oder auch in Massenproduktionen (zum Beispiel Korn, Tuch, Zucker) zu investieren, *ohne* dabei in größerem Ausmaß auf freie Lohnarbeit zurückzugreifen; vielmehr bediente sich das Kapital weitgehend der Arbeitskraft von kleinen Warenproduzenten (oft in der Form des Verlages), von Leibeigenen oder von Sklaven. Es bedurfte einer langen Phase der sogenannten ursprünglichen Akkumulation mit ihren sozialen und politischen Umwälzungen, ehe Verwertung und Akkumulation des Kapitals auf der Grundlage freier Lohnarbeit in großem Maßstab zugleich möglich und notwendig wurde. In anderen Worten: Die bestimmende Kraft hinter der kapitalistischen Entwicklung ist die Verwertung und Akkumulation des Kapitals, nicht eine vermeintliche absolute Tendenz zu einer Verbreiterung und Vertiefung des Lohnarbeit-Kapital-Verhältnisses oder zu einer Entfaltung der Produktivkräfte.[1]

Angesichts der Tatsache, daß die Verwertung und Akkumulation des Kapitals verschiedene Formen annehmen kann und historisch auch angenommen hat, ist es für eine historische Analyse der kapitalistischen Entwicklung unerläßlich, zunächst einmal Klarheit über die verschiedenen Formen der Kapitalverwertung und -akkumulation zu erhalten. Diese verschiedenen Formen ihrerseits stützen sich wieder auf verschiedene Produktionsweisen: sie erhaltend, auflösend, anpassend und kombinierend, je nachdem wie es die Erfordernisse, Möglichkeiten und Hindernisse der Kapitalverwertung und -akkumulation unter gegebenen oder selbsterzeugten Bedingungen verlangen.

Um die unbeschränkte Aneignung des abstrakten Reichtums und die Verwertung und Akkumulation des Kapitals zu gewährleisten, setzt die kapitalistische Gesellschaftsformation Prozeduren und Mechanismen voraus, welche die ökonomischen, sozialen und politischen Randbedingungen vor- und nicht-kapitalistischer Gesellschaftsformationen und der sich entwickelnden kapitalistischen Gesellschaftsformation selbst derart verändern und entwickeln, daß die Voraussetzungen kontinuierlicher Kapitalverwertung und -akkumulation systematisch und beständig reproduziert werden; es genügt nicht, daß Aneignung abstrakten Reichtums nur bei dieser oder jener günstigen Gelegenheit ermöglicht wird. In ziemlich schematischer Weise und unter vorläufiger Vernachlässigung von Zwischenformen kann

1 Es ist schwierig, geradehin zu «beweisen», daß Verwertung und Akkumulation (erweiterte Reproduktion) das absolute Gesetz des Kapitals ist. Deshalb müssen die obigen Behauptungen sehr dogmatisch erscheinen. In einem bestimmten Sinn lassen sie sich nur durch ihre Fähigkeit rechtfertigen, eine kohärentere Interpretation der Geschichte der kapitalistischen Entwicklung zu ermöglichen als etwa Interpretationen auf der Grundlage von Annahmen über das Zusammenfallen von Kapitalismus und freier Lohnarbeit oder von Annahmen über eine autonome Entwicklung der Produktivkräfte. Siehe Immanuel Wasserstein, The Rise and Future Demise of the World Capitalist System: Concepts for Comparative Analysis. In: Comparative Studies in Society and History, Vol. 16, No. 4 (1974), S. 387–415 (gegen Ernesto Laclau[h], Feudalism and Capitalism in Latin America. In: New Left Review 67 (Mai/Juni 1971), S. 19–38).

Eine weitergehende Analyse sollte zeigen können, wie die Verfolgung des Eigeninteresses durch individuelle Aktoren oder selbst die schiere Notwendigkeit ökonomischen Überlebens *unter spezifischen Bedingungen* (vor allem unter den Bedingungen einer politisch nicht geeinten Weltökonomie im Gegensatz zu einem politisch geeinten Weltreich) eine beständige Jagd nach Extraprofiten erzwingt und damit ein System der erweiterten Reproduktion des Kapitals heraufführt.

man zwei Hauptformen unterscheiden, welche dies gewährleisten:

1. Es werden Nicht-Lohnarbeitsbeziehungen der Subsumtion unter das Kapital hergestellt und aufrechterhalten (hauptsächlich auf Grund «außerökonomischen» Zwangs, der zum Beispiel durch Sklavenhalter, «Feudal»-herren oder den Staat ausgeübt wird), die der Kapitalistenklasse die permanente Aneignung eines Teils oder des ganzen Mehrprodukts der unmittelbaren Produzenten erlauben.

2. Die unmittelbaren Produzenten werden ihrer Produktionsmittel beraubt (= ursprüngliche Akkumulation/ursprüngliche Exploitation; Kommerzialisierung des Landes und Proletarisierung der Arbeitskraft) und sind von da an, scheinbar durch «den stummen Zwang der ökonomischen Verhältnisse» allein, gezwungen, ihre Arbeitskraft auf dem Arbeitsmarkt immer wieder von neuem an die Besitzer der Produktionsmittel zu verkaufen, um ihren Lebensunterhalt zu gewinnen (= Kapitalakkumulation im engeren Sinn auf der Grundlage des spezifisch kapitalistischen Produktionsverhältnisses/Exploitation des freien Lohnarbeiters).

Zu den Formen der Kapitalverwertung und -akkumulation im Sinne von Alternative 1 gehören die profitorientierte Nutzung von Sklavenarbeit, von Fronarbeit und von Kontraktarbeit «nicht-kapitalistischer» Ökonomien. Einer etablierten Terminologie zufolge werden die Produktionsweisen, welche diesen Formen der Kapitalverwertung zugrunde liegen, als «nicht-kapitalistische» Produktionsweisen bezeichnet. Historische Untersuchungen legen freilich die Prozeduren, Mechanismen und Kräfte bloß, durch welche diese ursprünglichen Produktionsweisen unter geeigneten Bedingungen derart modifiziert werden, daß sie zur Verwertung und Akkumulation des Kapitals beitragen. Dies ist der Fall nicht nur bei der Entstehung des Kapitalismus im Innern der westeuropäischen feudalen Gesellschaft, sondern auch bei der Subsumtion (Inkorporation) nicht-kapitalistischer Gesellschaftsformationen durch den bereits voll ausgebildeten Kapitalismus. Bezüglich aller Einzelheiten muß auf die Literatur verwiesen werden.[2]

Von der Analyse des Kapitals im engeren Sinne her gesehen sind diese Untersuchungen «historisch», insofern die Analyse des Kapitalismus für die

2 Unter Absehung von der im engeren Sinn historischen Literatur seien insbesondere genannt: Stephen Hymer, Robinson Crusoe and the Secret of Primitive Accumulation. In: Monthly Review, Vol. 23, No. 4 (1971), S. 11–36; Samir Amin, Le développement inégal. Essai sur les formations sociales du capitalisme périphérique, Paris 1973; Parry Anderson, Lineages of the Absolutist State, London 1974; Andre Gunder Frank, Accumulating Exploitation. Vol. I: To the Industrial Revolution. Maschinenschrift 1974; Immanuel Wallerstein, The Modern World-System. Capitalist Agriculture and the Origins of the European World-Economy in the Sixteenth Century, New York–London 1974.

«Sobald aber Völker, deren Produktion sich noch in den niedrigeren Formen der Sklavenarbeit, Fronarbeit usw. bewegt, hineingezogen werden in einen durch die kapitalistische Produktionsweise beherrschten Weltmarkt, der den Verkauf ihrer

Punkte des Übergangs vom Feudalismus zum Kapitalismus oder für die Punkte der Inkorporation älterer Gesellschaftsformationen in die kapitalistische lediglich die kontingente Existenz der Vorbedingungen für die Verwertung und Akkumulation des Kapitals voraussetzt, während die Analyse der Freisetzung gewisser Elemente oder Prozesse, welche die Integration der alten Gesellschaftsformation in die kapitalistische bewirken, kein Bestandteil der Analyse des Kapitals *sensu stricto* ist. Es ist also eine sekundäre Frage, ob diese Freisetzung durch einen endogenen Prozeß geschieht, wie vermutlich in der westeuropäischen feudalen Gesellschaft, oder von außen durch Handel, Krieg oder ähnliches stimuliert ist, wie in vielen Regionen der «Dritten Welt», oder durch eine Wechselwirkung dieser beiden Bestimmungsgründe zustande kommt, wie wahrscheinlich in Japan.[3] Natürlich ist es nicht erforderlich anzunehmen, daß die Protagonisten dieser Freisetzungsprozesse subjektiv auf die Entwicklung des Kapitalismus *per se* zielten.[4] Es ist die objektive Funktion für die Verwertung und Akkumulation des Kapitals, nicht das subjektive Motiv, was allein hier zählt.

Bei Alternative 2 hat man mit den Übergangsformen der Kapitalverwer-

Produkte ins Ausland zum vorwiegenden Interesse entwickelt, wird den barbarischen Greueln der Sklaverei, Leibeigenschaft usw. der zivilisierte Greuel der Überarbeit aufgepropft. Daher bewahrte die Negerarbeit in den südlichen Staaten der amerikanischen Union einen gemäßigt patriarchalischen Charakter, solange die Produktion hauptsächlich auf den unmittelbaren Selbstbedarf gerichtet war. In dem Grade aber wie der Baumwollexport zum Lebensinteresse jener Staaten, ward die Überarbeitung des Negers, hier und da die Konsumtion seines Lebens in sieben Arbeitsjahren, Faktor eines berechneten und berechnenden Systems. Es galt nun der Produktion des Mehrwertes selbst. Ähnlich mit der Fronarbeit, zum Beispiel in den Donaufürstentümern» (Karl Marx, Das Kapital, Erster Band [1867, [2]1873]. In: Karl Marx/Friedrich Engels, Werke [MEW], Band 23, Berlin 1972, S. 250. Vergleiche auch: Ebd., S. 316, 328, 533).

3 Siehe zum Beispiel: Maurice Dobb, Studies in the Development of Capitalism, London 1946, und die anschließende kritische Diskussion durch Paul Sweezy, Maurice Dobb, Kohachiro Takahashi, Rodney Hilton, Christopher Hill, Georges Lefebvre, Giuliano Procacci, Eric Hobsbawm, John Merrington, wiederabgedruckt in: Rodney Hilton (Hg.), The Transition from Feudalism to Capitalism, London 1976; Eric J. Hobsbawm, The Crisis of the Seventeenth Century. Neudruck in: Trevor Aston (Hg.), Crisis in Europe 1560–1660, London 1969; Immanuel Wallerstein, From Feudalism to Capitalism: Transition or Transitions. In: Social Forces, Vol. 55, No. 2 (1976), S. 273–283.

4 Die Analyse des Kapitalismus als einer eigenständigen Form des gesellschaftlichen Produktionsprozesses mit spezifischen Merkmalen und die Propaganda für ihn setzen auf breiter Front ganz grob um das Jahr 1800 ein (Quesnay, Turgot, Smith, Ricardo, Babbage, Ure usw.), obwohl es natürlich auch in dieser Hinsicht einzelne Vorläufer gegeben hat, zum Beispiel den unbekannten Verfasser der *Considerations on the East-India Trade* von 1701, wiederabgedruckt in: J. R. McCulloch (Hg.), Early English Tracts on Commerce, London 1970, S. 541–629. Es ist hier selbstverständlich nicht die Rede von all jenen Geschäftsleuten und Politikern, die schon lange zuvor

tung und -akkumulation zu beginnen, in denen erstmals Geld in der Form des Kaufmannskapitals, das «nicht-kapitalistische» Produktionsweisen parasitär benutzt, in industrielles Kapital transformiert wird, also in die unbeschränkte Bewegung des Kapitals auch im Bereich der Produktion. Dieser Prozeß der ursprünglichen Akkumulation/ursprünglichen Exploitation verwandelt in großem Maßstab Land in eine (ver)käufliche Ware, bringt einen Massenmarkt für die Lebensmittel der Lohnarbeiter hervor und schafft vor allem die Voraussetzungen für die weitere Verwertung und Akkumulation des Kapitals scheinbar allein durch «den stummen Zwang der ökonomischen Verhältnisse», indem er eine Klasse «freier» Lohnarbeiter erzeugt.[5] Das Verlagssystem stellt ein Beispiel dar, das System der Einhegungen (*enclosures*) ein anderes. Widerstand und nackte Gewalt, kulturelle Degradierung, soziale Unsicherheit und sehr häufig Verelendung begleiteten den Prozeß der Schaffung und Stabilisierung dieser Voraussetzungen.[6]

Ist erst einmal eine Klasse «freier» Lohnarbeiter geschaffen, dann wird weitere Verwertung und Akkumulation des Kapitals durch wachsende Verlängerung des Arbeitstages möglich, solange das Kapital nicht durch gesetzliche Vorschriften beschränkt wird, die ein Ergebnis sowohl der Stärke von Arbeiterorganisationen als auch der Einsicht der Kapitalisten in die abnehmenden Erträge zu langer Arbeitstage sind. Natürlich ist diese mögliche Quelle des Profits durch die maximale Zahl gleichzeitig exploitierbarer Arbeitstage begrenzt, die unter «gegebenen» Umständen verfügbar sind. Durch Vergrößerung der Produktivität der Arbeit und, folglich, Erhöhung der «Rate der Exploitation» entzieht sich das Kapital weitgehend der Begrenzungen von Verwertung und Akkumulation auf der Basis aller bisher genannten Formen der Kapitalverwertung und -akkumulation. Die Teilung

objektiv zur Entwicklung kapitalistischer Elemente im Rahmen der feudalen Gesellschaftsformation Westeuropas beigetragen haben (Fugger, Colbert usw.), oder von ihren intellektuellen Helfern (Peutinger, Mandeville, Defoe usw.).

5 Nach Eric Hobsbawms Interpretation der Ursprünge der «industriellen Revolution» Englands gaben der stabile Inlandsmarkt hauptsächlich für Massenkonsumartikel die breite Grundlage und die ungeheuer expansionsfähigen Exporte (systematisch und aggressiv von der Regierung gefördert) den auslösenden Funken für eine verallgemeinerte industrielle Ökonomie (Eric J. Hobsbawm, Industry and Empire. Harmondsworth 1969).

6 Siehe zum Beispiel: Josef Kulischer, Allgemeine Wirtschaftsgeschichte des Mittelalters und der Neuzeit (1928/29), Neudruck Darmstadt 1971, Band 2, S. 113–137 (für «Verlagssystem»); Karl Marx, op. cit., Kapitel 24 («Die sogenannte ursprüngliche Akkumulation»); Paul Mantoux, The Industrial Revolution in the Eighteenth Century, Revised Edition, London 1964; Karl Polanyi, The Great Transformation. The Political and Economic Origins of our Time (1944), Boston/Mass. 1957; Christopher Hill, Reformation to Industrial Revolution, Harmondsworth 1968; Edward P. Thompson, The Making of the English Working Class, Harmondsworth [2]1968; Stephen Hymer op. cit.; William Lazonick, Karl Marx and Enclosures in England. In: The Review of Radical Political Economics, Vol. 6, No. 2 (1974), S. 1–59.

des Arbeitsprozesses in Elemente, die einer jeweils spezifisch geeigneten oder angepaßten Arbeitskraft zugewiesen werden, und die Einführung immer verbesserter Maschinerie sind die beiden wichtigsten Methoden zur Steigerung der Produktivität der Arbeit.[7]

Die epochemachende Funktion dieser spezifisch kapitalistischen Produktionsweise besteht unter anderem in folgendem (vorausgesetzt natürlich und in dem Ausmaß, daß die jeweiligen Randbedingungen Kapitalverwertung und -akkumulation auf der Grundlage der spezifisch kapitalistischen Produktionsweise ermöglichen oder erzwingen):

a) Die Produktivkräfte (nicht nur Produktionsmittel, sondern zum Beispiel auch Wissenschaft, Transport-, Kommunikations- und Managementtechniken) werden in einem nie dagewesenen Tempo entwickelt.

b) Es wird ein nie dagewesener materieller Reichtum produziert, freilich mit einer ungleichen Verteilung intra- als auch international, bis hin zur absoluten (nicht allein relativen) Verelendung von etwa zwei Dritteln der Bevölkerung in der «Peripherie» (kapitalistische Produktion ist Produktion für *zahlungsfähige* Nachfrage, nicht für Nachfrage [Bedarf] schlechthin).

c) Es werden Mittel geschaffen, welche die relativen Proportionen der aktiven und der Reservearmee von Arbeitern innerhalb gewisser Grenzen disponibel machen, das heißt veränderlich um maximaler Profite willen, zum Beispiel durch Verhinderung des Anstiegs des «historischen» oder «moralischen» Elements des Konsumtionsfonds der Arbeiter[8], und dies sogar unter Bedingungen, wo die Schaffung zusätzlicher Lohnarbeiter durch den Prozeß der ursprünglichen Akkumulation/ursprünglichen Exploitation unüberwindliche demographische oder soziale Grenzen erreicht hat.

7 Neben Adam Smiths *Wealth of Nations* vergleiche vor allem die Kapitel über die Produktion des absoluten und des relativen Mehrwerts bei Marx, op. cit. Siehe auch: Charles Babbage, On the Economy of Machinery and Manufactures ([4]1835), Neudruck New York 1971; Andrew Ure, The Philosophy of Manufactures. Or an Exposition of the Scientific, Moral, and Commercial Economy of the Factory System of Great Britain (1835), Neudruck London 1967; Frederick Winslow Taylor, Scientific Management (1903, 1911, 1912), Neudruck Westport/Conn. 1976; Sidney Pollard, The Genesis of Modern Management. A Study of the Industrial Revolution in Great Britain, London 1965; Harry Braverman, Labor and Monopoly Capitalism. The Degradation of Work in the Twentieth Century, New York–London 1974.

8 Man muß sich davor hüten, das historisch-moralische Element des Konsumtionsfonds der Arbeiter in heutigen entwickelten kapitalistischen Ländern zu überschätzen. Vermutlich ist ein hoher Prozentsatz der Massenkonsum-(Lohn-)Güter unter den gegebenen Bedingungen absolut notwendig (nicht substituierbar) für die Reproduktion der Arbeitskraft. Vergleiche: Utz-Peter Reich, Philipp Sonntag, Hans-Werner Holub, Arbeit-Konsum-Rechnung. Axiomatische Kritik und Erweiterung der Volkswirtschaftlichen Gesamtrechnung. Eine problem-orientierte Einführung mit einem Kompendium wichtiger Begriffe der Arbeit-Konsum-Rechnung, Köln 1977.

Schließlich ist als eine Form der Verwertung und Akkumulation des Kapitals ein Mechanismus zu nennen, der die Alternativen 1 und 2 verbindet. Subsidien, einschließlich Subsidien in Form von Arbeitskräften, die aus «nicht-kapitalistischen», «traditionellen», «informellen», «rückständigen» Sektoren gezogen werden einerseits und exzessive Nutzung menschlicher Arbeitskraft zeitweilig sogar über die Grenzen der individuellen physischen Reproduktion hinaus andererseits ermöglichen innerhalb gewisser Grenzen sogar die Verwandlung eines Teils des notwendigen Konsumtionsfonds der Arbeiter in einen Akkumulationsfonds für das Kapital.[9] Die eigentliche Produktion im Gegensatz zur Produktion der Arbeitskraft und (eines Teils) ihrer Subsistenzmittel wird hier im Rahmen des spezifischen Produktionsverhältnisses von Lohnarbeit und Kapital vollzogen. Die Arbeitskraft selbst und/oder ein Teil ihrer Subsistenzmittel werden in «nicht-kapitalistischen» usw. Sektoren produziert, die überdies häufig die «Alters»versorgung der ausgepumpten Arbeiter zu übernehmen haben. Vom im engeren Sinn kapitalistischen Sektor her gesehen sind daher die Kosten für die Arbeitskraft weitgehend externalisiert: Der tägliche Lohn deckt nur die unmittelbaren Kosten der täglichen Wiederherstellung der Arbeitsfähigkeit, nicht aber die Kosten der «Aufzucht» einer neuen Generation unverbrauchter Arbeiter und der Versorgung der entlassenen «alten» oder invalide gewordenen Arbeitskraft. Diese «traditionellen» usw. Sektoren jedoch sind nicht-kapitalistisch nur insofern, als sich ihre materielle Reproduktion (einschließlich der Produktion der Arbeitskraft und von Teilen ihrer Subsistenzmittel zum Vorteil des im engeren Sinn kapitalistischen Sektors) nicht in der spezifisch kapitalistischen Produktionsweise abspielt oder doch auf der Grundlage niedriger Kapitalintensität (verglichen mit der weltweiten kapitalistischen Produktion im engeren Sinn) erfolgt. Die prekäre Existenz dieser «traditionellen» Sektoren ist an gesteigerte physische Ausbeutung der beschäftigten Arbeitskraft – lange Arbeitstage, hohe Arbeitsintensität – und an größte Armut ihrer Angehörigen geknüpft. Es sind diese Subsidiärfunktionen, um derentwillen diese «nicht-kapitalistischen» Sektoren in den weltweiten Verwertungs- und Akkumulationsprozeß des Kapitals einbezogen und um derentwillen sie bisweilen ganz bewußt konserviert werden.[10] Trotz der politischen Strategien, die exakt zu diesem Zweck verfolgt werden, hat allerdings die Anarchie der Kapitalverwertung die Tendenz, diese «traditionellen» Sektoren zu zerstören.

9 Marx, op. cit., S. 626; siehe zum Beispiel auch S. 281f (Rekrutierung von Arbeitskraft aus «nicht-kapitalistischen» Sektoren).

10 Siehe zum Beispiel: Giovanni Arrighi, Labour Supplies in Historical Perspective: A Study of the Proletarianisation of the African Peasantry in Rhodesia (1969), Neudruck in: Giovanni Arrighi, John S. Saul, Essays on the Political Economy of Africa, New York–London 1973, S. 180–234; Harold Wolpe, Capitalism and Cheap Labour Power in South Africa: From Segregation to Apartheid. In: Economy and Society, Vol. 1, No. 4 (1972), S. 425–456; Ruy Mauro Marini, Dialéctica de la

2.2. Kapitalistische Entwicklung

In all diesen Formen möglicher Verwertung und Akkumulation des Kapitals organisiert das individuelle Kapital die Produktion des gesellschaftlichen Reichtums (*wealth of nations*), indem es den direkten Produzenten das Mehrprodukt möglichst weitgehend entzieht und es – vorausgesetzt, die Realisierung ist geglückt – zum großen Teil wieder kapitalisiert. Von der Produktion des abstrakten Reichtums zu unterscheiden sind alle Formen der Umverteilung des bereits irgendwie und irgendwo produzierten abstrakten Reichtums. Dazu gehören alle Methoden der Bereicherung durch Betrug, Wucher, Spekulation, Raub usw., alle umverteilenden Maßnahmen des Staates, die Prämien, die für die Sicherung der Voraussetzungen der weiteren Kapitalverwertung zu zahlen sind, alle Formen von Monopolrenten auf Grund natürlicher Monopole oder von Monopolen, die dem Besitz von Patenten, der schieren Größe des Einzelkapitals oder ähnlichem zu verdanken sind.

Die Weltgeschichte der vergangenen fünfhundert Jahre ist somit – in dem Maße, in dem sie von Menschen gemacht worden ist – das Resultat

a) der historischen Spezifizität verschiedener Gesellschaftsformationen,

b) der inhärenten Logik der Kapitalverwertung und -akkumulation mit ihrer totalisierenden Tendenz und

c) der Versuche in Richtung auf eine bewußte Rekonstitution der Gesellschaft.

Um freilich den gegenwärtigen Stand der kapitalistischen Gesellschaftsformation zureichend analysieren zu können, hat man zusätzlich die von der Natur aufgezwungenen Restriktionen in Rechnung zu stellen, nämlich die Begrenzung und ungleiche Verteilung natürlicher Ressourcen einerseits und die natürlichen Grenzen für eine unbeschränkte Entfaltung der gesellschaftlichen Produktivkräfte andererseits. Vermutlich ist der Kapitalismus wegen der inhärenten Logik der von Konkurrenz bestimmten Kapitalakkumulation strukturell unfähig, diese Begrenzungen konsistent ins Kalkül zu ziehen.

Eine Geschichte der kapitalistischen Entwicklung hätte also im Detail aufzuzeigen, in welcher Verbindung von Formen und warum, wann und wo sich die Verwertung und Akkumulation des Kapitals entfaltet. Mit anderen Worten: Gefordert ist nicht allein eine detaillierte Beschreibung, wann und wo welche Formen der Kapitalverwertung und -akkumulation vorherrsch-

dependencia. México 1973; Claude Meillassoux, Femmes, greniers et capitaux, Paris 1975.

Hausarbeit und Kinderbetreuung durch Frauen, ein anderes, offenbar sehr wichtiges Beispiel dieser Art, ist auch in vor- oder nicht-kapitalistischen Gesellschaftsformationen weit verbreitet und daher von der Analyse des Kapitals her allein wohl nicht angemessen interpretierbar.

ten, sondern zugleich eine Erklärung dafür, warum diese Struktur und Entwicklung (unter gebührender Berücksichtigung der vorherrschenden Beschränkungen, der selbsterzeugten Bedingungen und des Klassenkonflikts) sowohl möglich wie auch für die Einzelkapitalien am profitabelsten war und daher – gemäß dem vorliegenden Ansatz – notwendig.

Selbstverständlich kann all das hier nicht geleistet werden.[11] Es sei lediglich auf einige Momente hingewiesen, deren Entfaltung für die kapitalistische Gesellschaftsformation zentral ist:

1. Die Aufspaltung der kapitalistischen Gesellschaftsformation in «Zentrum», «Peripherie» und möglicherweise «Semi-Peripherie», sowohl intra- als auch international, also die Herausbildung einer internationalen Arbeitsteilung mit verschiedenen Formen der Kontrolle der Arbeit für verschiedene Typen der Produktion in verschiedenen Regionen der kapitalistischen Weltökonomie («ungleiche Entwicklung»).

2. Die kurz-, mittel- und langfristigen Zyklen, die dem Prozeß der Verwertung und Akkumulation des Kapitals inhärent sind, und die Rolle, die dabei Realisierungs-, Überakkumulations- usw. Krisen spielen, eingeschlossen Krisen auf Grund umwälzender technologischer, arbeitsorganisatorischer und institutioneller Innovationen («ungleichmäßige Entwicklung»).

3. Die Entwicklung der Klassenstrukturen, insbesondere die spezifische Rolle der Lohnarbeit im spezifisch kapitalistischen Sektor des «Zentrums» im Gegensatz zur Arbeitskraft, die zeitweilig aus den subsidiierenden «traditionellen» Sektoren gezogen wird, für die sowohl ökonomische wie politische Stabilisierung der Verwertung und Akkumulation des Kapitals.

4. Die Rolle der verschiedenen Typen von Staaten für die Schaffung und Aufrechterhaltung der Vorbedingungen von Kapitalverwertung und -akkumulation, kulminierend im bürgerlich-liberalen Staat auf der einen und in der Kolonialverwaltung auf der anderen Seite oder im sozialdemokratisch-interventionistischen Staat auf der einen und im autoritär-repressiven Staat auf der anderen Seite, je nachdem welche Funktionen die verschiedenen Territorien in einer bestimmten Phase der weltweiten kapitalistischen Entwicklung in der weltweiten Arbeitsteilung zum Zweck der Verwertung und Akkumulation des Kapitals erfüllen konnten oder erfüllen mußten, aber auch je nach dem Kräfteverhältnis im (nationalen) Klassenkonflikt.

Kapitalistische Entwicklung ist also die Entfaltung jener Kombinationen der verschiedenen Formen der Kapitalverwertung und -akkumulation, die unter den «gegebenen» Bedingungen (weltweit!) für die jeweiligen Einzelkapitalien die maximalen Profite abwerfen. Das bedeutet unter anderem und

11 Einige Andeutungen hierzu im ersten Kapitel dieser Einleitung. Im übrigen siehe zum Beispiel die zitierten Arbeiten von Amin, Anderson, Dobb, Frank, Hobsbawm und Wallerstein.

vorrangig, daß die Verwertung und Akkumulation des Kapitals von Anfang an transnational ist (selbst wenn das Kapital sogar heute noch damit beschäftigt ist, geographisch und demographisch weiße Flecken des Globus unter seine totale Kontrolle zu bringen). Was als nationale Reproduktion des Kapitals erscheinen könnte, stellt sich bei genauerem Zusehen als eine Reproduktion unter Bedingungen heraus, welche die Kapitalverwertung und -akkumulation zu diesem Zeitpunkt an dieser bestimmten Stelle am profitabelsten machen.

2.3. Bedingungen der Kapitalverwertung heute

Eine Vielzahl leicht zu beobachtender Erscheinungen in der kapitalistischen Weltökonomie legt die Vermutung nahe, daß die heutigen Randbedingungen der Verwertung und Akkumulation des Kapitals fundamentale qualitative Änderungen erfahren haben. Solche Erscheinungen sind beispielsweise die weitreichenden Verlagerungen von verarbeitender Industrie innerhalb des «Zentrums» und zur «Peripherie», stagnierende oder abnehmende Investitionsraten sowie steigende strukturelle Arbeitslosigkeit in industriellen Branchen des «Zentrums», steigende exportorientierte Industrialisierung in der «Peripherie».

Wir geben im folgenden eine Liste von Bedingungen, von der wir zeigen wollen, daß sie für eine Haupttendenz heutiger Kapitalverwertung und -akkumulation (die unter anderem in den gerade genannten Erscheinungen zum Ausdruck kommt) ausschlaggebend ist. Wir unterstellen dabei, daß eine Geschichte der kapitalistischen Entwicklung, deren kategoriales Grundgerüst oben programmatisch skizziert wurde, diese Bedingungen als das Resultat der bisherigen kapitalistischen Entwicklung erweisen könnte.

a) Die Entwicklung eines weltweiten Reservoirs potentieller Arbeitskräfte. Dieses Reservoir ist praktisch unerschöpflich, insofern das Kapital in Asien, Afrika und Lateinamerika und sogar in gewisser Weise in den «sozialistischen» Ländern auf einige hundert Millionen Arbeitskräfte zurückgreifen kann. Der größte Teil dieses Reservoirs besteht aus der latenten «Überbevölkerung» der ländlichen Regionen, die unter dem Einfluß der Kapitalisierung der Landwirtschaft («Grüne Revolution» etc.) einen ununterbrochenen Strom von einkommenslosen arbeitsuchenden Menschen in die städtischen Agglomerate und Slums entläßt. Ein anderer Teil dieses Reservoirs besteht aus Arbeitskräften, die über Kontraktproduktionen (Lohnveredelung, industrielle Kooperation usw.) in «sozialistischen» Ländern in den Produktionsprozeß des Kapitals eingegliedert sind. Vermittelt über die Entwicklung der Transport- und Kommunikationstechnologie und die zunehmende Fragmentierung der Arbeitsprozesse (siehe unten) hat sich damit – terminologisch exakt – eine weltweite industrielle Reservearmee herausgebildet, weil – und in dem Maße wie – alle diese potentiellen Arbeitskräfte auf dem weltweiten Arbeitsmarkt den Arbeitern in den traditionellen Industriezentren «erfolgreich» Konkurrenz machen (müssen). Diese weltweite industrielle Reservearmee ist durch folgende, die ökonomischen Bedingungen ihrer potentiellen Nutzung im Verwertungsprozeß bezeichnenden Eigenschaften charakterisiert:

1. Die vom Kapital tatsächlich zu bezahlenden Löhne (einschließlich Lohnnebenkosten) betragen in Niedriglohnländern grob 10 bis 20 Prozent der Löhne in den traditionellen kapitalistischen Industrieländern. Hauptsächlich auf Grund der oben erwähnte Subsidiär-Mechanismen decken diese Löhne oft noch nicht einmal die Kosten der täglichen Wiederherstellung der Arbeitskraft während ihrer tatsächlichen, in der Regel kurzen, Beschäftigungsdauer.

2. Der Arbeitstag (die Arbeitswoche, das Arbeitsjahr) ist in der Regel beträchtlich länger als in den traditionellen Industrieländern, vor allem auf Grund weitverbreiteter Schicht-, Nacht- und Feiertagsarbeit, was «optimale» Nutzung des fixen Kapitals erlaubt.

3. Für vergleichbare Produktionsprozesse entspricht die Produktivität im allgemeinen derjenigen in der Industrie der traditionellen Industrieländer.

4. Die Arbeitskraft kann nahezu beliebig angeheuert und wieder abgestoßen werden. Das bedeutet unter anderem, daß höhere Intensität der Arbeit durch schnellere Auslaugung der Arbeitskraft erzwungen werden kann: Die ausgelaugte Arbeitskraft kann fast nach Belieben durch eine unverbrauchte ersetzt werden.

5. Die Größe der verfügbaren industriellen Reservearmee erlaubt eine «optimale» Auswahl der jeweils besonders geeigneten Arbeitskraft (zum Beispiel junge Frauen).

Bislang ist es den Gewerkschaften im großen und ganzen gelungen zu verhindern, daß solch niederschmetternde Bedingungen wieder Eingang ins «Zentrum» finden. Die Konkurrenz auf dem Weltmarkt für Arbeitskraft und die hohe strukturelle Arbeitslosigkeit in den traditionellen Industrieländern als Teilergebnis hiervon stellen freilich diese (gemessen an systemimmanenten Erfolgskriterien) relativen Errungenschaften bereits zunehmend in Frage.

b) Die Entwicklung und Verfeinerung von Technologie und Arbeitsorganisation zur Zerlegung komplexer Produktionsprozesse in elementare Einheiten derart, daß selbst ungelernte Arbeitskräfte ohne Schwierigkeit in kurzer Zeit so angelernt werden können, daß sie die fragmentierten Tätigkeiten auszuüben vermögen. Auf diese Weise wird die Arbeitskraft von Facharbeitern mit relativ hohen Löhnen durch ein entsprechendes Vielfaches an Arbeitskraft un- oder angelernter Arbeiter mit relativ niedrigen Löhnen (soweit sie vom Kapital zu zahlen sind) ersetzt. Unter geeigneten Bedingungen, vor allem, wenn es ökonomisch nicht möglich ist, die fragmentierten Tätigkeiten durch Maschinen ausüben zu lassen, ermöglicht so die Nutzung einer sehr billigen, relativ niedrig qualifizierten Arbeitskraft eine bessere Verwertung des Kapitals (Prinzip von Babbage). Die Fragmentierung der Tätigkeiten ist inzwischen so weit entwickelt, insbesondere in der verarbeitenden Industrie, daß die Ausführung der jeweiligen Elemente technisch hochkomplizierter Prozesse heute in sehr vielen Fällen nur noch eine Anlernzeit von wenigen Wochen erfordert. Das Kapital sichert sich auf diese Weise außerdem das Monopol des Wissens, um jeden Schritt des Arbeitsprozesses und seiner Ausführung der Planung und Kontrolle durch die Arbeiter entziehen zu können, mit der Folge unter anderem der kulturellen Degradierung der Arbeiter: Die Maschine (in der sich die unter Kontrolle des Kapitals entwickelte Technologie und Arbeitsorganisation verkörpert) wendet den Arbeiter an, nicht der Arbeiter wendet die Maschine an. Die disziplinierende Wirkung dieser Degradierung der Arbeiter ist besonders von Ure und Taylor hervorgehoben und als ein Kampfmittel des Kapitals gegen die «Launen» von Facharbeitern gepriesen und systematisch entwikkelt worden. Unterstützt wird diese Disziplinierung durch bürgerliche Institutionen wie das traditionelle Schulsystem, das kapitalistische Tugenden wie Unterwürfigkeit, Pflichtbewußtsein und Pünktlichkeit erzeugt.[12]

c) Die Entwicklung einer Technologie, die industrielle Standortwahl und Steuerung der Produktion selbst zunehmend weniger von geographischen Entfernungen abhängig macht. Dazu gehört die moderne Transporttechnologie für schnellen und relativ billigen Transport zwischen den Orten der Zwischen- oder Endproduktion und den Orten der Konsumtion sowohl für Massengüter als auch für empfindliche und leicht verderbliche Waren: Massengutfrachter, Container, Luftfracht. Dazu gehören ebenso Telekommunikationssysteme, Datenverarbeitungssysteme und andere Organisationsmittel.

Wir unternehmen hier keinen Versuch, eine vollständige Liste aller jener wichtigeren Bedingungen aufzustellen, die heute die Kapitalverwertung und -akkumulation bestimmen. Eine solche vollständigere Liste müßte zum Beispiel (!) die Entwicklung von Technologien zur Ausbeutung vormals aus ökonomischen oder technischen Gründen unzugänglicher Rohstoffe einschließen (Nutzung von Erzen mit geringem Metallgehalt, Meeresbergbau usw.).[13] Wir beschränken uns hier auf die Untersuchung der Konsequenzen der oben gegebenen eingeschränkten Liste von – in ihrem Zusammenkommen qualitativ neuen – Randbedingungen heutiger Kapitalverwertung und -akkumulation.

12 Auf die mit den Namen Babbage und Ure verbundenen Prinzipien der Kapitalverwertung gehen wir in einem Exkurs am Ende dieses Abschnitts etwas ausführlicher ein.

13 Vergleiche etwa: Dorothea Mezger, Konflikt und Allianz in der internationalen Rohstoffwirtschaft: das Beispiel Kupfer, Bonn–Bremen 1977.

Diese in der Liste aufgeführten grundlegenden Entwicklungen haben der Entwicklung eines internationalen Kapitalmarktes zur weltweiten Mobilisierung des Kapitals sowie, allgemeiner, der Entwicklung von Elementen eines internationalen Überbaus zusätzliche Anstöße gegeben. Damit werden auf einer transnationalen Ebene Funktionen wahrgenommen, die für die Reproduktion des Kapitals unentbehrlich sind, die aber das Einzelkapital entweder nicht selbst übernehmen kann oder die es zur Vermeidung von Wettbewerbsnachteilen durch nationale oder internationale öffentliche Institutionen wahrnehmen läßt. Mit anderen Worten: Welche Vorteile auch immer die Verwertung und Akkumulation des Kapitals aus nationalen Disparitäten (von Infrastruktur, Besteuerung, Lohnniveau, Arbeitsrecht usw.) zieht, so erfordert die Ausdehnung und Vertiefung der Reproduktion des Kapitals doch gewisse Elemente eines internationalen Überbaus. Dazu zählen zum Beispiel die Rudimente institutionalisierter multilateraler oder bilateraler Zusammenarbeit in der Währungs- und Handelspolitik (IMF, GATT), Steuerabkommen zur Vermeidung der Doppelbesteuerung, Kapitalschutzabkommen, zunehmende Abstimmung (Komplementarität) der Ausbildungssysteme, internationale militärische Kooperation, «neutrale» internationale Organisationen, die dem Kapital unter dem Deckmantel technischer und managementmäßiger Expertise für «Entwicklung» den Weg bereiten (Weltbank, UNIDO, FAO).[14]

Exkurs: Babbage und Ure über die Vorteile der Arbeitsteilung für das Kapital: Verbilligung und Kontrolle der Arbeitskraft

Die Teilung der Arbeit, deren erster großer wissenschaftlicher Advokat Adam Smith gewesen ist, hat für den Kapitalisten mehrere entscheidende Vorteile. Erstens steigert die Annexion des Arbeiters an eine Detailverrichtung die Produktivität der Arbeit. Häufig auch lassen sich solche Detailverrichtungen Maschinen übertragen, mit demselben Ergebnis einer Steigerung der Produktivität. Zweitens ermöglicht die Arbeitsteilung dem Kapitalisten, die Kontrolle über den Arbeitsprozeß (Planung und Art der Ausführung) zu usurpieren, die bis dahin ein eifersüchtig gehütetes Monopol der Handwerker gewesen war. Auf einen dritten entscheidenden Vorteil der Arbeitsteilung (*most important and influential cause of the advantage resulting from the division of labour*) hat Charles Babbage hingewiesen, derselbe Babbage, der auch schon ganz klar die Möglichkeit der Arbeitsteilung auch im Bereich intellektueller Arbeit gesehen und der als erster einen programmgesteuerten Rechenautomaten konzipiert hat[15]:

14 Siehe zum Beispiel: Erich H. Jacoby, The Problem of Transnational Corporations within the United Nations System, Mimeo 1976.

15 Charles Babbage, On the Economy of Machinery and Manufactures ([4]1835), Neudruck New York 1971. Babbage schildert an einem konkreten historischen Beispiel (Erstellung umfangreicher mathematischer Tafeln) die Arbeitsteilung (Trennung zwischen Konzeption und Ausführung) zwischen einigen wenigen «System-

«Obwohl all das wichtige Gründe sind, deren jeder das Resultat beeinflußt, habe ich doch den Eindruck, daß jede Erklärung der Wohlfeilheit industriell gefertigter Artikel auf Grund der Teilung der Arbeit unvollständig wäre, ließe man folgendes Prinzip außer acht:

Wenn der Fabrikherr die auszuführende Arbeit in mehrere verschiedene Operationen zerlegt, deren jede verschiedene Grade von Geschick oder Kraft erfordert, kann er genau das für jede Teiloperation unbedingt notwendige Quantum an Geschick und Kraft kaufen. Wäre hingegen die ganze Arbeit von einem einzigen Arbeiter auszuführen, dann müßte dieser eine Arbeiter genügend Geschick für die diffizilste und genügend Kraft für die kräfteraubendste dieser Teiloperationen in seiner Person vereinigen.»[16]

Babbage erläutert dieses Prinzip am Beispiel der englischen Stecknadel-Manufaktur. In einer Liste führt er die Elemente des Produktionsprozesses von Stecknadeln unter Angabe des jeweils angewandten Typs von Arbeiter (Alter, Geschlecht, Lohnhöhe) auf[17]:

Drawing Wire	Man	3s.3d. per day
Straightening Wire	Woman	1s.0d.
	Girl	0s.6d.
Pointing	Man	5s.3d.
Twisting and Cutting Heads	Boy	0s.4½d.
	Man	5s.4½d.
Heading	Woman	1s.3d.
Tinning or Whitening	Man	6s.0d.
	Woman	3s.0d.
Papering	Woman	1s.6d.

Wäre der Minimallohn für einen Handwerker, der alle diese Elementaroperationen ausführen kann, so hoch wie der höchste Lohnsatz dieser Liste und würden ausschließlich solche Handwerker eingesetzt, dann vervierfachten sich nahezu die Lohnkosten für die Herstellung einer bestimmten Menge von Stecknadeln, selbst bei derselben Teilung der Arbeit und unterstellt auch, die Handwerker entwickelten dieselbe Arbeitsgeschwindigkeit wie die spezialisierten Detailarbeiter.

analytikern», mehreren «Programmierern» und einer Vielzahl bloßer Rechengehilfen. Letztere müssen (und sollen) lediglich die simpelsten Rechenoperationen beherrschen, die sie nach einem genauestens festgelegten Programm mit vorgegebenen Zahlen auszuführen haben. Zu hohe intellektuelle Fähigkeiten sind erfahrungsgemäß – laut Babbage – zur schnellen und präzisen Erledigung dieser mechanischen Rechenarbeiten nur hinderlich. Babbage sah voraus, daß man diese mechanischen Rechenarbeiten eines Tages Maschinen würde übertragen können (Babbage, op. cit., S. 191–202).

16 Ebd., S. 175f.

17 Ebd., S. 176–186.

Harry Braverman, der im Anschluß an Babbage, Ure, Marx (der in *diesem* Punkt weitgehend Babbage und Ure ausschlachtet) und Taylor den Zusammenhang von Arbeits- und Verwertungsprozeß und die resultierende Degradierung der Arbeit analysiert hat, folgert unter anderem:

«Das Babbage-Prinzip ist für die Entwicklung der Arbeitsteilung in der kapitalistischen Gesellschaft fundamental. Es betont den gesellschaftlichen, nicht den technischen Aspekt der Arbeitsteilung. Soweit der Arbeitsprozeß zerlegt werden kann, kann er in Elemente unterschiedlicher Einfachheit zerlegt werden, Elemente aber, deren jedes für sich genommen einfacher als das Ganze ist. In Begriffen des Marktes bedeutet dies, daß die Arbeitskraft zur Ausführung des Arbeitsprozesses billiger in getrennten Elementen als in Form der Arbeitsfähigkeit eines einzigen Arbeiters gekauft werden kann.»[18]

Die Zerlegung des Produktionsprozesses einer Ware in einzelne Elemente ermöglicht es also dem Unternehmer, genau die für das einzelne Element gerade noch hinreichend qualifizierte und damit billigstmögliche Arbeitskraft zu kaufen, wodurch sich die Herstellungskosten einer Ware senken lassen. Er kann sich damit weitgehend von den «überspitzten» Ansprüchen und den «rappelköpfigen» Launen der Facharbeiter unabhängig machen.

Der Zwang der Konkurrenz macht diese Möglichkeit zu einer Notwendigkeit. Warum die Arbeitskraft der Detailarbeiter in der Regel den Kapitalisten sehr viel weniger kostet, ist nicht pauschal zu beantworten. Der Hinweis, daß Handwerker eine umfassendere und längere Ausbildung haben, daß somit ihre «Herstellungskosten» höher als die von Detailarbeitern sind und sie «deswegen» höher entlohnt werden (müssen), ist für sich genommen als Erklärung unzureichend, allein schon, weil diese «Herstellungskosten» häufig weitgehend von der Gesellschaft getragen werden und also deswegen dem Facharbeiter nicht über einen höheren Lohn wieder erstattet werden müssen. Zudem steht in der Regel das durch das bürgerliche Ausbildungssystem vermittelte etwas höhere Fachwissen des Facharbeiters in keinem Verhältnis zu seiner höheren Entlohnung, insbesondere wenn das Gegengewicht effektiv auf Egalität hin wirkender Gewerkschaften fehlt. Den entscheidenden Grund haben bereits Babbage und Ure unmißverständlich ausgesprochen: Die Arbeiter müssen sich – zumindest beim Fehlen effektiver Arbeiterorganisationen – auf dem überfüllten Arbeitsmarkt für un- und angelernte Arbeitskraft gegenseitig lohndrückende Konkurrenz machen, und genau dies ist der mächtigste Beweggrund für die beständig erneuerten Versuche der Kapitalisten, komplizierte Arbeit in eine Vielzahl unkomplizierter Verrichtungen aufzuspalten.

Dieses Babbagesche Prinzip der Kapitalverwertung, das von Marx und Braverman als allgemeines Gesetz der kapitalistischen Arbeitsteilung in

18 Harry Braverman, Labor and Monopoly Capital. The Degradation of Work in the Twentieth Century, New York–London 1974, S. 81.

seinen ökonomischen und sozialen Auswirkungen in entwickelten kapitalistischen Ländern untersucht worden ist, gewinnt heute angesichts der entstandenen weltweiten industriellen Reservearmee eine neue Aktualität. Denn unter dem Imperativ der Kapitalverwertung ist heute die Produktion aller solcher Waren *weltweit* neu zu organisieren, deren Produktionsprozeß derart in Elemente zerlegt werden kann, daß einzelne dieser Elemente an neuen Standorten (zum Beispiel in Entwicklungsländern) so viel billiger produziert werder können, daß die Extrakosten der Produktionsverlagerung: eventuell höhere Transportkosten, Zölle, höherer administrativer Aufwand, Kosten für Betriebsstillegungen an den alten Standorten (Sozialpläne etc.), selbst einschließlich der kapitalisierten Kosten eines höheren Risikos in «politisch instabilen» Gebieten usw. überkompensiert werden. In «Niedriglohnländern» aber mit ihrer großen, gewerkschaftlich in der Regel kaum oder nicht organisierten industriellen Reservearmee ist (relativ niedrig qualifizierte) Arbeitskraft extrem billig zu kaufen. Angesichts der großen zur Verfügung stehenden Auswahl kann sich das Kapital sogar die bestgeeigneten (unter Umständen sogar relativ hochqualifizierten) Arbeitskräfte aussuchen, ohne dafür (merklich) höhere Löhne zahlen zu müssen.

Das Babbagesche Prinzip in seiner eben gegebenen, den weltweiten Kontext explizit einbeziehenden Formulierung darf nicht allein auf die Aussage beschränkt werden, daß bei einer *vorgegebenen spezifischen* Aufspaltung des Produktionsprozesses einer Ware in Elementaroperationen für jedes einzelne Element weltweit nach dem kostengünstigsten Produktionsstandort gesucht werden muß, und zwar derart, daß das Zusammenwirken dieser verschiedenen Produktionsstandorte die Herstellungskosten der fertigen Ware weitestmöglichst verringert. Vielmehr ist das Babbagesche Prinzip von vorneherein so zu verstehen, daß *alle möglichen* Aufspaltungen des Produktionsprozesses kostenmäßig verglichen werden müssen, um jene Aufspaltung herauszufinden und gegebenenfalls die entsprechende Fertigungstechnologie zu entwickeln, bei der die Herstellungskosten bei *weltweiter Optimierung* am geringsten ausfallen. In dieser allein angemessenen Fassung des Babbageschen Prinzips ist als Variationsparameter zum Beispiel die für die jeweilige Elementaroperation eingesetzte Technologie zugelassen. Da die Einführung verbesserter Maschinerie im kapitalistischen Produktionsprozeß in aller Regel davon abhängt, ob die hierdurch für die Maschinenbeschaffung entstehenden Kosten durch die Ersparnis an Löhnen für die bei der Einführung der verbesserten Maschinerie freigesetzten oder dequalifizierten Arbeitskräfte mindestens kompensiert werden, kann eine entsprechende Kalkulation im *weltweiten* Kontext dazu führen, daß die Ersetzung von Arbeitskraft durch verbesserte Maschinen angesichts der billigen Arbeitskraft in «Niedriglohnländern» unter gewissen Bedingungen nicht rentabel ist, während sie bei der (heute hypothetischen!) Kalkulation lediglich im *nationalen* Rahmen rentabel wäre. (Bereits zur Zeit der «industriellen Revolution» in England wußte man, daß *zu* billige Arbeitskraft die

Einführung verbesserter Maschinerie im kapitalistischen Produktionsprozeß verhindern kann.) Die spezifische Wahl der Technologie ist freilich nur *ein* Variationsparameter unter vielen; andere Variationsparameter sind solche, ländermäßig unterschiedlichen, Bestimmungsgrößen wie Steuern, Subsidien, Zölle, Transportkosten, Verfügbarkeit von Arbeitskraft der benötigten Qualifikation und Disziplin, Leichtigkeit von Entlassungen, «politische Stabilität», die vorhersehbare Dauer und Höhe der Nachfrage nach dem Produkt.

Die Tatsache, daß auf Grund effizienter Transport- und Kommunikationsmittel, einer weltweit disponiblen industriellen Reservearmee usw. im Gegensatz zu früher heute in der Regel auch im Bereich der verarbeitenden Industrie (nicht nur, wie ehedem, im Bereich des Bergbaus und der Plantagenwirtschaft) von vornherein im *weltweiten* Kontext über die Standorte der Produktion entschieden werden muß, macht es verständlich, wenn Unternehmer von der Notwendigkeit der «Rückbesinnung auf das echte Unternehmertum» sprechen und davon, daß die Entwicklung der heutigen Weltwirtschaft «nicht nur auf neuen und andersartigen Techniken basiert, sondern auf einer anderen Wissenschaft, einer anderen Logik, einer anderen Vorstellungswelt ... Das führt zurück zur ersten Phase der Entwicklung [gemeint ist offenbar: der ersten Phase der kapitalistischen Entwicklung; d. Verf.], in der das erfinderische Unternehmertum die Grundlage für die industrielle Sicherung war.»[19] Die Analogie mit dem Schumpeterschen Unternehmer ist unverkennbar.

Zusammenfassend ist festzuhalten, daß das Babbagesche Prinzip – ein wesentlicher Ausdruck der kapitalistischen Bewegungsgesetze – die möglichst weitgehende Ersetzung qualifizierter Arbeitskraft verlangt, wenn dadurch die Kosten der Arbeitskraft reduziert werden – um einer *weltweit* organisierten Zuweisung der Elemente des Herstellungsprozesses einer Ware an die jeweils kostengünstigste geeignete oder angepaßte Arbeitskraft willen.

Der zweite oben genannte entscheidene Vorteil der Arbeitsteilung für das Kapital, die Kontrolle über den Arbeitsprozeß, ist insbesondere von Andrew Ure und später von Frederick Winslow Taylor hervorgehoben worden.[20] Ure, jener «Pindar der automatischen Fabrik», unterschied zwischen der

19 Gerrit von Delden jr. nach: Frankfurter Allgemeine Zeitung/Blick durch die Wirtschaft, 3. Juli 1975 («Die Textilindustrie von morgen – Zukunftsvisionen eines Unternehmens»).

20 Andrew Ure, The Philosophy of Manufactures. Or an Exposition of the Scientific, Moral and Commercial Economy of the Factory System of Great Britain (1835), Neudruck London 1967; Frederick Winslow Taylor, Scientific Management (1903, 1911, 1912), Neudruck Westport/Conn. 1976. Der Sache nach findet sich das Babbagesche Prinzip auch bei Ure und Taylor, wenn auch nicht in der Babbageschen exemplarischen Klarheit herausgearbeitet.

mechanischen und der moralischen Maschinerie der Fabrik. Von seiten der mechanischen Maschinerie der Fabrik hatte bereits «das edle Werk Arkwrights» das Seine getan. Die Hauptschwierigkeit, sagt Ure, hatte vor allem darin bestanden, «Menschen so zu trainieren, daß sie ihre unregelmäßigen Arbeitsgewohnheiten ablegen und sich mit der unveränderlichen Regelmäßigkeit des komplexen Automaten identifizieren. Einen den Notwendigkeiten der Fabrik entsprechenden Disziplinarkodex zu entwerfen und erfolgreich zu praktizieren, war das herkulische Unterfangen, die edle Errungenschaft Arkwrights. Selbst heute, wo das System perfekt organisiert und seine Arbeit auf das Äußerste erleichtert ist, stellt es sich als nahezu unmöglich heraus, Personen nach der Pubertät, unabhängig davon, ob sie aus landwirtschaftlichen oder handwerklichen Beschäftigungen abgezogen sind, in nützliche Fabrikarbeiter zu verwandeln.»[21] Die Errungenschaft Arkwrights, des Konstrukteurs verschiedener Spinnmaschinen, hatte es den Fabrikherren ermöglicht, das handwerkliche Geschick und die körperliche Kraft von Handwerkern in hohem Ausmaß durch un- und angelernte Arbeitskraft, vor allem von Frauen und Kindern, zu ersetzen und damit die «rebellischen» Handwerker zur Unterwerfung zu zwingen.

Damit ist aber, nach Ure, noch nicht alles getan. Es genügt nicht, die Arbeiter in degradierte Anhängsel der Maschinerie verwandelt zu haben, nein: Die Arbeiter müssen diese Unterwerfung auch innerlich akzeptieren, um wahrhaft nützliche Glieder des Maschinensystems sein zu können. Mit anderen Worten, auch die moralische Maschinerie der Fabrik muß in Ordnung gebracht werden:

«Fabriken vereinen natürlicherweise viele Menschen auf engstem Raum; sie erleichtern auf jede Weise geheime Umtriebe und gemeinschaftliche Aktionen der Arbeiter; sie vermitteln dem einfachen Mann Intelligenz und Durchsetzungsvermögen . . . Personen ohne moralische und religiöse Unterweisung werden auf Grund des Hangs der menschlichen Natur zum Bösen notwendig Gefangene des Vorurteils und des Lasters; sie können die Dinge nur von der einen Seite sehen, die ihnen eine finstere Selbstsucht zeigt; sie werden von geschickten Demagogen leicht zur Auflehnung aufgereizt, und sie neigen dazu, ihre besten Wohltäter, den unternehmenden und enthaltsamen Kapitalisten, mißgünstig und feindselig anzusehen.»[22]

Die Folgerung liegt für Ure auf der Hand:

«Es ist daher für jeden Fabrikherren von höchster Wichtigkeit, seine moralische Maschinerie nach gleich soliden Prinzipien wie seine ökonomische Maschinerie zu organisieren, denn sonst wird er nie über die stetigen Hände, aufmerksamen Augen und die prompte Kooperation verfügen, die für qualitätsvolle Produktion erforderlich sind.»[23]

21 Ure, op. cit., S. 15.
22 Ebd., S. 407.
23 Ebd., S. 417.

Wie kann man die moralische Maschinerie der Fabrik verbessern? Durch gute Schulen:

«In solchen Unterweisungsstätten kann man sicher sein, daß die Kinder lernen, gehorsam und ordentlich zu sein und ihre Leidenschaften zu bezähmen ... 150 Kinder zwischen drei und neun Jahren hatten jahrelang eine Erziehung genossen, mit den glücklichsten Ergebnissen. Die Spinner, selbst die rohesten und ungebildetsten, die keine sehr feinen Unterscheidungen machen, bevorzugen stets Kinder, die auf einer Schule gewesen sind, weil diese Kinder die gehorsamsten und gelehrigsten sind ... Das ist der unbestreitbarste Beweis der Nützlichkeit dieser Schulen, gleich erfreulich für Fabrikherren und Eltern.»[24]

Das gegenwärtige Leben der Fabrikarbeiter mag, trotz seiner von Ure gerühmten Vorzüge, nicht das allerangenehmste sein, aber:

«Die erste große Lektion, die Philosophie und Religion gleichermaßen vermitteln, ist, daß der Mensch sein größtes Glück nicht in der Gegenwart, sondern in einem zukünftigen Leben erwarten muß.»[25]

Mit einer adäquaten mechanischen und moralischen Maschinerie der Fabrik (Maschinen und Arbeitsteilung, Schulen) war damit für Ure endlich in Erfüllung gegangen, was sich ein unbekannter englischer Autor des Jahres 1701 von der vollen Entfaltung das Kapitalismus versprochen hatte:

«Der Ostindien-Handel wird unseren englischen Fabriken wahrscheinlich mehr Arbeiter und mehr Ordnung und Regelmäßigkeit verschaffen; er wird den nutzlosesten und unprofitabelsten dieser Fabriken ein Ende bereiten; die in ihnen Beschäftigten werden in andere Fabriken abwandern, und zwar in solche mit den einfachsten und leichtesten Tätigkeiten oder in solche, wo sie sich auf einzelne Fragmente der verschiedenartigsten Fertigungen beschränken. Denn einfache und leichte Arbeit läßt sich am schnellsten erlernen, und die Arbeiter sind dabei akkurater und effizienter. Und so mag der Ostindien-Handel die Ursache dafür sein, daß geeignete Fragmente unterschiedlichster Fertigungen jeweils einzelnen geeigneten Arbeitern zugewiesen werden, so daß nicht allzuviel dem handwerklichen Geschick einzelner Personen überlassen bleibt. Das ist mit der Einführung größerer Ordnung und Regelmäßigkeit in unsere englischen Fabriken gemeint.»[26]

Verbilligung der Arbeitskraft und Kontrolle der Arbeiter: Das ist also nach Babbage und Ure das Prinzip der Arbeitsteilung im kapitalistischen Produktions- und Verwertungsprozeß und die Funktion der Unterweisung von Kindern (den künftigen Arbeitskräften) in Schulen, die ihre Aufgabe der

24 Ure, op. cit., S. 423.

25 Ebd.

26 Considerations on the East-India Trade (1701). In: J. R. McCulloch (Hg.), Early English Tracts on Commerce, London 1970, S. 590f. Der unbekannte Autor plädiert gegen protektionistische Bestrebungen für den freien Welthandel.

Reproduktion einer geeigneten, angepaßten Arbeitskraft erfüllen.[27]

Die arbeitenden Menschen werden zu Anhängseln der Maschine degradiert, und sie sollen diese Degradierung auch noch bejahen.

2.4. Die Tendenz zu einer neuen internationalen Arbeitsteilung

Es war weitgehend das Kapital selbst, das in seiner jahrhundertelangen Bewegung den oben genannten *Satz* von Randbedingungen seiner eigenen Verwertung und Akkumulation *hervorgebracht* hat, also insbesondere eine weltweite industrielle Reservearmee, die weitgehende Zerlegbarkeit des Produktionsprozesses in Fragmente und eine effiziente Transport- und Kommunikationstechnologie. Natürlich hatten sich einzelne *Elemente* dieses Satzes von Randbedingungen in der einen oder anderen Form bereits seit langer Zeit herausgebildet. Solange aber dieser Satz von Randbedingungen nicht *voll* ausgebildet war, brachte der Reproduktionsprozeß des Kapitals lediglich die «klassische» internationale Arbeitsteilung als eines seiner wesentlichen Ergebnisse hervor: Einigen im wesentlichen kapital- und konsumgüterproduzierenden Industrieländern stand die große Mehrheit der unterentwickelten Länder gegenüber, die im wesentlichen als Lieferanten von Rohstoffen in die kapitalistische Weltökonomie einbezogen waren. Das heißt, unter den «klassischen» Randbedingungen einiger hundert Jahre konnte sich das von Anfang an weltweit operierende Kapital, das sich von Westeuropa und später von Nordamerika und Japan aus verbreitete, in den Ländern Asiens, Afrikas und Lateinamerikas nur in der Produktion mineralischer und landwirtschaftlicher Rohstoffe in einigem Ausmaß verwerten, nicht aber in der Produktion von Waren der verarbeitenden Industrie.

Unsere Hauptthese ist nun, daß dieser volle Satz neuer Randbedingungen der Verwertung und Akkumulation des Kapitals erstmals in den sechziger Jahren dieses Jahrhunderts bestimmend wurde. Er hat einen Weltmarkt für Arbeitskraft und einen Weltmarkt für Produktionsstandorte hervorgebracht, der nun erstmals die traditionellen Industrieländer und die unterentwickelten Länder gleichermaßen umfaßt. Die Einzelkapitalien, welche die-

27 Vergleiche hierzu außer Braverman, op. cit., auch: Samuel Bowles, Herbert Gintis, Schooling in Capitalist America. Educational Reform and the Contradictions of Economic Life, New York 1976; William Lazonick, The Appropriation and Reproduction of Labor. In: Socialist Revolution 33, Vol. 7, No. 3 (1977), S. 109–127 (Besprechung der beiden eben zitierten Bücher); Edward P. Thompson, Time, Work-discipline and Industrial Capitalism. In: Past and Present 38 (1967), S. 56–97. – Inwieweit das Schul- und Ausbildungssystem heutiger Entwicklungsländer diese günstigen Voraussetzungen für die moralische Maschinerie der Fabriken schafft, ist in den Fallstudien dieses Buches nicht systematisch untersucht worden; zufällig gewonnene Hinweise deuten aber in der Tat in diese Richtung.

sen Satz von Randbedingungen *vorfinden*, können bei entsprechender Neuorganisation ihrer Produktion Extraprofite erzielen, indem sie durch geeignete Aufspaltung des Produktionsprozesses die industrielle Reservearmee mittels entwickelter Transport- und Kommunikationstechnologien *weltweit* nutzbar machen. Der Zwang der Konkurrenz macht diese Möglichkeit, durch weltweite Neuorganisation der Produktion Extraprofite zu erzielen, zu einer Notwendigkeit der Sicherung der Verwertung des Einzelkapitals. In vielen Fällen heißt dies, daß nun erstmals in der Geschichte des Kapitalismus Standorte in Entwicklungsländern für Teil- oder Vollproduktionen im Bereich der verarbeitenden Industrie profitabel und auf dem Weltmarkt konkurrenzfähig sind, und das heißt: genutzt werden müssen. Angesichts der durch die Entwicklung des kapitalistischen Weltsystems selbst hervorgebrachten sehr begrenzten *zahlungsfähigen* Nachfrage in diesen Ländern sind diese Produktionen weitgehend Produktionen für den Export.

Diese Tendenz, welche

a) die traditionelle Aufspaltung der Welt in einige wenige Industrieländer einerseits, den großen Rest lediglich als Rohstofflieferanten in die kapitalistische Weltökonomie einbezogener Entwicklungsländer andererseits zur Disposition stellt und welche

b) zur zunehmenden Aufspaltung von Fertigungsprozessen in verschiedene Teilfertigungen an verschiedenen Standorten weltweit zwingt,

bezeichnen wir als die neue internationale Arbeitsteilung (Arbeitsteilung verstanden im Sinne eines laufenden Prozesses und nicht im Sinne eines fertigen Resultats).

Es mag nützlich sein, sich diese Tendenz durch einen in manchen Hinsichten analogen Vorgang aus der Geschichte des Kapitalismus zu verdeutlichen. Während der frühen Neuzeit Westeuropas war eines der entscheidenden Hindernisse der Verwandlung des städtischen Kaufmannskapitals in industrielles Kapital die Rigidität der Zunftorganisation in den Städten und der (im engeren Sinne) feudalen Gesellschaftsformation auf dem Lande, die dem Kaufmannskapital sehr lange und an vielen Stellen eine *direkte* Einflußnahme auf den Produktionsprozeß verwehrte. In dem Maße aber, wie die Krise der feudalen Gesellschaftsformation hierfür Möglichkeiten eröffnete, entschädigte sich das Kaufmannskapital durch Nutzung billiger Arbeitskraft auf dem flachen Lande, welche die Erosion der feudalen Gesellschaft dort freisetzte (Entstehung einer ländlichen Industrie, meist in der Form des Verlages, etwa zur Herstellung der *New Draperies*, die nicht auf hochqualifizierte Arbeitskräfte angewiesen war).[28] Diese ländliche Arbeitskraft war ver-

28 Siehe zum Beispiel: Hans Medick, The proto-industrial family economy: the structural function of household and family during the transition from peasant society to industrial capitalism. In: Social History 3 (1976), S. 291–315.

gleichsweise billig vor allem aus zwei Gründen. Erstens wurde die ländliche Industrie häufig als Nebengewerbe betrieben, das heißt auf der Grundlage einer teilweisen Selbstversorgung der Arbeitskraft. Zweitens erschwerte die ländliche Zersplitterung der Arbeitskraft eine effiziente Organisation gegenüber dem monolithischen Kaufmannskapital. Während sich aber damals das Kaufmannskapital den Produktionsprozeß nur formal subsumierte – Technologie und Arbeitsorganisation wurden im großen und ganzen in der vorgefundenen Form übernommen –, ist heute die Subsumtion der Produktion in den entstehenden verarbeitenden Industrien in Entwicklungsländern von Anfang an real, das heißt, Technologie und Organisation der Arbeit werden sofort den Bedingungen der spezifisch kapitalistischen Produktionsweise unterworfen, freilich wiederum vielfach unter Nutzung von Subsidien an Arbeitskraft und Teilen ihrer Subsistenzmittel aus «nicht-kapitalistischen» Sektoren.[29]

Mit anderen Worten: Wir interpretieren die heute zu beobachtenden weltweiten Verlagerungen der industriellen Produktion (sowohl innerhalb der traditionellen Industrieländer wie in die Entwicklungsländer) und die zunehmende Aufspaltung der Fertigungsprozesse in verschiedene Teilfertigungen weltweit als Ergebnis einer qualitativen Änderung der Randbedingungen der Verwertung und Akkumulation des Kapitals, die eine neue internationale Arbeitsteilung erzwingt. Diese neue internationale Arbeitsteilung ist also eine «institutionelle» Innovation des Kapitals selbst, erzwungen durch die neuen Randbedingungen und nicht etwa das Ergebnis geänderter Entwicklungsstrategien einzelner Länder oder willkürlicher Entschlüsse sogenannter multinationaler Konzerne. Daß heute die verschiedenen Länder und die Unternehmen gezwungen sind, ihre Politik bzw. ihre Verwertungsstrategie den geänderten Randbedingungen (sprich: den Anforderungen des Weltmarktes für Produktionsstandorte) anzupassen, ist Folge, nicht Ursache dieser neuen Randbedingungen.

Von unserer Analyse her beurteilt, wäre es ganz unangemessen, diese neue internationale Arbeitsteilung auf einen Fall der Profitrate in den tradi-

29 Bekanntlich vermittelte die Erosion der feudalen Gesellschaftsformation auf dem Lande und die Entstehung einer ländlichen Industrie in der «Krise des 17. Jahrhunderts» zwischen der Blüte des Kaufmannskapitals im Rahmen der «alteuropäischen» Gesellschaftsformation im 15. und 16. Jahrhundert einerseits und der «industriellen Revolution» des 18. und 19. Jahrhunderts andererseits (vergleiche etwa die oben zitierten Arbeiten von Christopher Hill und Eric Hobsbawm). Wenn wir hier eine – begrenzte – Analogie zwischen der Entstehung einer ländlichen Industrie im westeuropäischen 17. Jahrhundert und der heutigen exportorientierten Industrialisierung von Entwicklungsländern konstatiert haben, so wollen wir damit aber nicht suggerieren, daß die exportorientierte Industrialisierung von unterentwickelten Ländern ihr Analogon in einer zu erwartenden «industriellen Revolution» dieser Länder nach dem westeuropäischen Modell haben wird.

tionellen Industrieländern zurückzuführen, die das Kapital zwingt, seine Produktion an neue Standorte zu verlagern. Es geht nicht darum, die mögliche Existenz eines solchen Falls der Profitrate in Frage zu stellen. Die Frage aber, die vorrangig beantwortet werden muß – und die in der Tat durch die weltweiten Wanderungen des Kapitals beantwortet wird –, lautet ganz einfach, ob Produktion an den traditionellen Standorten oder Produktion an neuen Standorten eine bessere und das heißt letzten Endes: überhaupt eine Verwertung und Akkumulation des Kapitals unter den «gegebenen» Bedingungen erlaubt.[30]

Die gegenwärtig zu beobachtenden krisenhaften Erscheinungen im «Zentrum» – wachsende Arbeitslosigkeit, steigende Zahl von Konkursen und Fusionen selbst größerer Firmen, stagnierende oder zurückgehende Investitionen, im Verhältnis zu den Anforderungen zunehmend unzureichende Einnahmen der öffentlichen Haushalte usw. –, die bisweilen als Ausdruck einer weltweiten zyklischen Rezession beschrieben werden, sollten demnach auf Grund des vorgeschlagenen Interpretationsschemas als das Ergebnis des Trends zu einer neuen internationalen Arbeitsteilung erklärt werden. Die Geschwindigkeit, mit der sich dieser Trend durchsetzt, wird von einigen Hindernissen begrenzt. Dazu gehören der Zwang, vorhandene Anlagen so lange wie ökonomisch gerade noch möglich zu nutzen, Konzessionen des Staates und der Gewerkschaften der traditionellen Industrieländer, um das Kapital zum Bleiben zu bewegen; «politische Instabilität» in einigen Regionen der «Peripherie»; in manchen Fällen die Möglichkeit, durch verstärkte «Rationalisierung» im «Zentrum» – mit der Folge erhöhter technologischer Arbeitslosigkeit – dieselben Gewinne zu erzielen wie bei einer Verlagerung der Produktion.[31]

30 Dies ist natürlich *cum grano salis* zu nehmen. Selbst wenn man annimmt, daß die Jagd nach maximalen und nicht «normalen», «ausreichenden», «legitimen» etc. Profitraten das absolute Gesetz auf Konkurrenz beruhender Kapitalverwertung und -akkumulation ist, können doch nationale Protektionsmaßnahmen (oder ihre drohende Möglichkeit) das Kapital zwingen, weniger profitable Produktionsstandorte zur Sicherung potentieller Märkte oder künftig besonders profitabler Produktion zu besetzen.

31 Sogenannte technologische Arbeitslosigkeit sowie Entwertung bestehender Qualifikationen der «freigesetzten» Beschäftigten auf Grund verstärkter «Rationalisierungen» können also unmittelbare Folge der Zwänge sein, die von der Tendenz zu einer neuen internationalen Arbeitsteilung ausgehen, auch wenn sich diese neue internationale Arbeitsteilung in der betreffenden industriellen Branche oder in den betreffenden Teilfertigungen (noch) nicht durch massive Produktionsverlagerungen auch dem flüchtigen Beobachter bemerklich gemacht haben sollte.

Die empirischen Untersuchungen des vorliegenden Buches konzentrieren sich auf die zunehmende Aufspaltung des Produktionsprozesses und die weltweite Neuverteilung der Standorte industrieller Produktion (Produktionsverlagerungen). Die «Rationalisierungen» der Fertigung vor allem in Industrieländern und die resultierende Arbeitslosigkeit und Dequalifizierung der Beschäftigten im Kontext der neuen inter-

Diese Krise des «Zentrums» ist nicht gleichbedeutend mit einer ebenso tiefen Krise des weltweit operierenden Kapitals. Selbstverständlich hat eine institutionelle Innovation der Kapitalverwertung und -akkumulation von der Größenordnung einer neuen internationalen Arbeitsteilung den Zusammenbruch zahlreicher Einzelkapitalien und tiefgreifende Adaptationen der überlebenden Einzelkapitalien zur Folge. Aber ebenso wie die «Krise des 17. Jahrhunderts» bei genauerem Zusehen nur den Niedergang Mittel- und Südeuropas als Zentren der Kapitalverwertung und -akkumulation besiegelte, dagegen gleichzeitig den Aufstieg Hollands und vor allem Englands als neue Zentren der Kapitalverwertung vollendete, so könnten heute die ersten deutlichen Ansätze zu einer neuen internationalen Arbeitsteilung eine Phase der Stagnation der Kapitalverwertung im «Zentrum» und des absoluten und relativen Anstiegs der Kapitalverwertung und -akkumulation in Teilen der «Peripherie» einleiten. Mit anderen Worten: Diese Verlagerung der Schwerpunkte der Kapitalverwertung aus den traditionellen Zentren in die bisherige Peripherie (wachsende Investitionen, exportorientierte Industrialisierung, zunehmende Nutzung der Arbeitskraft usw.) ist um so viel weniger notwendig eine existenzbedrohende Krise des weltweit operierenden Kapitals selbst, als es gerade dieses Kapital ist, das sich in diesen Verlagerungen den geänderten Randbedingungen seiner Verwertung und Akkumulation anpaßt (was nicht etwa nur einschließt, sondern sogar notwendigerweise voraussetzt, daß einzelne Kapitalien und – in übertragenem Sinn – einzelne Länder dabei auf der Strecke bleiben).

Es versteht sich von selbst, daß dieser ökonomische Vorgang der neuen internationalen Arbeitsteilung im Rahmen der Entwicklung des kapitalistischen Weltsystems rücksichtslos in bezug auf die sozialen Belange der betroffenen Bevölkerungen ist.

nationalen Arbeitsteilung sowie die Struktur und regionale Verteilung der weltweiten industriellen Reservearmee als Voraussetzung und Resultat des weltweiten Kapitalverwertungsprozesses sind Gegenstand laufender Untersuchungen von Anne-Marie Münster und Barbara Stuckey (Max-Planck-Institut zur Erforschung der Lebensbedingungen der wissenschaftlich-technischen Welt, Starnberg).

Teil I

Die neue internationale Arbeitsteilung am Beispiel der Entwicklung des Textil- und Bekleidungsgewerbes der Bundesrepbulik Deutschland

Vorbemerkung

Ziel dieser Fallstudie ist es, die Tendenz zu einer neuen internationalen Arbeitsteilung am Beispiel der Entwicklung des Textil- und Bekleidungsgewerbes der Bundesrepublik Deutschland im Zeitraum von 1960 bis 1975 zu belegen.

Diese Tendenz zu einer neuen internationalen Arbeitsteilung ist notwendiges Ergebnis der Entwicklung der Weltökonomie. Sie stellt die traditionelle Aufteilung der von der Entwicklung der kapitalistischen Produktionsweise beherrschten Welt in – im wesentlichen – einige wenige Industrieländer einerseits und eine Vielzahl rohstoffproduzierender Entwicklungsländer andererseits zur Disposition.

Indikatoren für diese neue internationale Arbeitsteilung (Arbeitsteilung verstanden im Sinne eines laufenden Prozesses und nicht im Sinne eines fertigen Resultats) sind im Bereich des Textil- und Bekleidungsgewerbes der drastisch angestiegene negative Außenhandelssaldo der Bundesrepublik Deutschland und anderer traditioneller Industrieländer, die außenwirtschaftsbedingte strukturelle Arbeitslosigkeit in den traditionellen Industriezentren, die exportorientierte Industrialisierung zahlreicher Entwicklungsländer, die vermittelnden Produktionsverlagerungen auf dem «Zentrum» in die «Peripherie» (sowohl intra- wie international) und die zunehmende Aufspaltung des Produktionsprozesses vieler Waren auf verschiedene Teilfertigungen an verschiedenen Standorten weltweit. Die Entwicklung dieser Indikatoren in den letzten zehn bis fünfzehn Jahren ist ein unübersehbarer Hinweis darauf, daß sich ökonomische Zwänge des Weltmarkts für Arbeitskraft und des Weltmarkts für Produktionsstandorte durchsetzen und steht daher im Zentrum der Analysen der vorliegenden Fallstudie.

Daneben wird in dieser Fallstudie wenigstens angedeutet, was der bereits erreichte Stand dieser neuen internationalen Arbeitsteilung im Bereich des Textil- und Bekleidungsgewerbes für die betroffenen Bevölkerungsgruppen hinsichtlich der materiellen Versorgung, der Arbeitsbedingungen, der politischen Disziplinierung etc., kurz der allgemeinen Lebensbedingungen bereits bewirkt hat und was die weitere Durchsetzung der neuen internationalen Arbeitsteilung in der vorhersehbaren Zukunft vermutlich bewirken wird. Diese Auswirkungen nämlich, die der Prozeß der neuen internationalen Arbeitsteilung bereits hat und in Zukunft verstärkt haben wird, gehören ihrerseits zu den Randbedingungen, welche die weitere Entwicklung des kapitalistischen Weltsystems entscheidend bestimmen werden.

Dagegen ist es nicht die Absicht dieser Fallstudie, eine kurzgefaßte monographische Darstellung des Textil- und Bekleidungsgewerbes der Bundesrepublik Deutschland oder eine Abhandlung über den Strukturwandel des Textil- und Bekleidungsgewerbes der Bundesrepublik Deutschland in allen seinen wichtigeren Dimensionen oder Empfehlungen für oder gegen eine bestimmte Außenwirtschafts-, Entwicklungs- und Strukturpolitik der Bundesrepublik Deutschland und der EG mit Auswirkungen im Textil- und Bekleidungsgewerbe zu geben.

Die vorliegende Fallstudie verzichtet auch weitgehend darauf, die Außenwirtschafts-, Entwicklungs- und (sektorale, regionale und qualifikationsspezifische) Strukturpolitik insbesondere der traditionellen Industrieländer im einzelnen zu analysieren. Diese Politik zielt im wesentlichen darauf ab, die Konsequenzen der Tendenz zu einer neuen internationalen Arbeitsteilung so zu kanalisieren, daß das möglichst krisenfreie Funktionieren der kapitalistischen Weltökonomie und ihrer national abgegrenzten Teilökonomien im vorgegebenen Rahmen sichergestellt wird. Schließlich verzichtet die Fallstudie aber auch gänzlich darauf, Entwicklungen oder Strategien zu diskutieren, die alternativ zur neuen internationalen Arbeitsteilung – mit anderen Worten: alternativ zur kapitalistischen Weltökonomie – sind. Dieser Verzicht resultiert nicht allein aus der forschungstechnisch notwendig begrenzten Themenweite einer Fallstudie, sondern auch aus der Überzeugung, daß eine Analyse und Bewertung dieser komplexeren Fragen ganz unzulänglich ausfallen müßte, wenn nicht zuvor die Bedingungen, der Stand und die Auswirkungen der neuen internationalen Arbeitsteilung ausreichend untersucht worden sind.

(Lesern, die sich rasch einen kursorischen Überblick über die vorliegende Fallstudie verschaffen wollen, sei zunächst die Lektüre der Abschnitte 4.3, 4.4 (Firmenberichte Delden, Nino, Triumph), 4.5, des Kapitels 5 und der Schlußbemerkung empfohlen.)

Kapitel 1
Gewicht und Entwicklungstendenzen der weltweiten industriellen Produktion und Beschäftigung im Bereich der Textil- und Bekleidungsindustrie sowie des Welthandels in Textilien und Bekleidung: Ein Überblick

1.1. Weltweite industrielle Produktion und Beschäftigung im Bereich der Textil- und Bekleidungsindustrie: 1960 bis 1975

Im Jahre 1970 betrug der Anteil der Textil- und Bekleidungsindustrie (einschließlich Leder- und Schuhindustrie) an der gesamten industriellen Weltproduktion etwa 8,3 Prozent. Im selben Jahr waren ungefähr 20,5 Prozent der weltweit in der Industrie Beschäftigten allein in der Textil- und Bekleidungsindustrie (einschließlich Leder- und Schuhindustrie) beschäftigt.[1]

Die entsprechenden Werte für die verschiedenen Ländergruppen (traditionelle Industrieländer, Entwicklungsländer, zentrale Planwirtschaften) weichen deutlich von diesen weltweiten Durchschnittswerten ab; an dem relativ hohen Gewicht der Textil- und Bekleidungsindustrie (einschließlich Leder- und Schuhindustrie) für die gesamte industrielle Produktion und Beschäftigung ändert sich dabei aber nichts Entscheidendes.[2]

Der Anteil der Entwicklungsländer an der weltweiten Produktion der Textil- und Bekleidungsindustrie (einschließlich Leder- und Schuhindustrie) läßt sich für das Jahr 1970 auf etwa 15 Prozent schätzen, der entsprechende Anteil der osteuropäischen zentralen Planwirtschaften (einschließlich Jugoslawien) auf etwa 23 Prozent.[3]

1 Siehe Tabelle I–1 (Welt ohne zentrale Planwirtschaften Ostasiens). – Hier und in einigen anderen Fällen sind Angaben für die Bekleidungsindustrie nur einschließlich Leder- und Schuhindustrie verfügbar, nicht für die Bekleidungsindustrie allein. – Aus pragmatischen Gründen werden in der vorliegenden Fallstudie in der Regel die Abgrenzungen und Zuordnungen der benutzten Quellen übernommen. Ein Beispiel ist die Abgrenzung der drei großen Ländergruppen: Traditionelle Industrieländer, Entwicklungsländer, zentrale Planwirtschaften (= Staatshandelsländer) und die Zuordnung einzelner Länder zu einer dieser Ländergruppen. Selbstverständlich wurde angestrebt, die für die Argumentation zentralen Aussagen invariant gegenüber der spezifischen Wahl solcher bisweilen äußerst problematischen Abgrenzungen und Zuordnungen (zum Beispiel der Zuordnung von Ländern wie Südafrika, Israel, Jugoslawien, Türkei zu einer dieser Ländergruppen) zu machen.

2 Siehe Tabelle I–1.

3 Eigene Schätzung auf Grund der Angaben in: UN, Statistical Yearbook 1975. New York 1976, Tabellen 3, 4, 9.

Für die Beschäftigtenzahl in der verarbeitenden Industrie der Welt im Jahre 1970 liegt folgende Schätzung vor:

in Tausend

	verarbeitende Industrie	darunter Textilindustrie	darunter Bekleidungs-, Leder-, Schuhindustrie
Welt (ohne soz. Länder Asiens, Albanien)	183 036	22 520	19 131
darunter			
Entw. Marktwirtschaften (einschl. Israel)	76 550	5 281	7 397
Entwicklungsländer	64 270	13 294	7 753
Soz. Länder Osteuropas (ohne Albanien)	42 714	3 734	4 276

Quelle: UNCTAD, Handbook of International Trade and Development Statistics, New York 1976, S. 386 f

Danach lag also der Anteil der Entwicklungsländer an der weltweiten Beschäftigung in der Textil- und Bekleidungsindustrie (einschließlich Leder- und Schuhindustrie) im Jahre 1970 bei etwa 51 Prozent, der Anteil der zentralen Planwirtschaften Osteuropas bei etwa 19 Prozent.[4]

Bemerkenswert sind die ländergruppenspezifisch divergierenden Wachstumsraten für die industrielle Produktion und Beschäftigung. Wie Tabelle I–1 zeigt, ist im Zeitraum von 1960 bis 1975 (1973) das Gewicht der Textilindustrie in den traditionellen Industrieländern relativ zur gesamten Industrie sowohl hinsichtlich der Produktion wie hinsichtlich der Beschäftigung zurückgegangen; darüber hinaus ist hier die Beschäftigung auch absolut zurückgegangen. Für die Bekleidungsindustrie (einschließlich Leder- und Schuhindustrie) gilt im wesentlichen dasselbe, nur ist hier die Beschäftigtenzahl absolut genommen noch leicht gestiegen. In der Gruppe der Entwicklungsländer ist im selben Zeitraum das Gewicht der Textilindustrie relativ zur gesamten Industrie sowohl hinsichtlich der Produktion wie hinsichtlich der Beschäftigung zurückgegangen; absolut hat hier aber die Beschäftigung noch zugenommen. Das relative Gewicht der Bekleidungsindustrie (einschließlich Leder- und Schuhindustrie) ist hier bezüglich der Produktion leicht zurückgegangen, bezüglich der Beschäftigung deutlich ge-

4 Die Anteile der regionalen Beschäftigungszahlen der Textil- und Bekleidungs-, Leder- und Schuhindustrie an den regionalen Beschäftigungszahlen der verarbeitenden Industrie, berechnet einerseits nach obiger Tabelle, andererseits nach Tabelle I–1, weichen in Einzelfällen bis um etwa 20 Prozent voneinander ab. Solche Diskrepanzen geben einen Hinweis, mit welcher größenordnungsmäßigen Genauigkeit man bei gewissen globalen Statistiken allenfalls rechnen kann.

wachsen. In absoluten Zahlen ist hier die Beschäftigung besonders stark angestiegen. Die Gruppe der zentralen Planwirtschaften nimmt in allen diesen Bereichen eine Mittelstellung ein.

1.2. Welthandel in Textilien und Bekleidung: 1960 bis 1975

Der Anteil der weltweiten Ausfuhr von Textilien und Bekleidung an der weltweiten Ausfuhr insgesamt betrug im Jahre 1970 etwa 6 Prozent.

Die entsprechenden Anteile der Ausfuhr von Textilien und Bekleidung an der Ausfuhr insgesamt weichen für die verschiedenen Ländergruppen (traditionelle Industrieländer, Entwicklungsländer, Staatshandelsländer) nur unerheblich von diesem weltweiten Durchschnittswert ab.[5]

Der Anteil der Entwicklungsländer an der weltweiten Ausfuhr von Textilien und Bekleidung lag im Jahre 1970 bei etwa 17,9 Prozent, der entsprechende Anteil der Staatshandelsländer (ohne Jugoslawien) bei etwa 9 Prozent.

Verglichen mit den entsprechenden Anteilen anderer großer Produktgruppen der verarbeitenden Industrie (ohne NE-Metalle) ist der Anteil der aus Entwicklungsländern stammenden Textil- und Bekleidungsausfuhr an der gesamten entsprechenden Weltausfuhr herausragend hoch und überdies kräftig wachsend: Stammten 1963 etwa 15,2 Prozent der weltweiten Textil- und Bekleidungsausfuhr aus Entwicklungsländern, so 1974 bereits etwa 22,8 Prozent. Der entsprechende Anteil der Staatshandelsländer (ohne Jugoslawien) lag in diesem Zeitraum immer bei etwa 9 Prozent.[7]

Deutlicher noch wird ein hier angelegter Trend erkennbar, wenn man den Anteil der Textil- und Bekleidungsausfuhr aus Entwicklungs- und Staatshandelsländern in die traditionellen Industrieländer an der weltweiten Textil- und Bekleidungsausfuhr in die traditionellen Industrieländer unter Ausschluß des Intra-EG-Handels und unter Einbeziehung der südeuropäischen Länder (ohne EG) in die Gruppe der Entwicklungsländer betrachtet. Der so bestimmte Anteil ist von 34,7 Prozent im Jahre 1970 auf 48,9 Prozent im Jahre 1974 gestiegen.[8]

5 Siehe Tabelle I–1.

6 Siehe Tabelle I–2. – Der Anteil der Bundesrepublik Deutschland an der weltweiten Ein- und Ausfuhr von Textilien lag in der ersten Hälfte der siebziger Jahre bei etwa 12 Prozent, ihr Anteil an der Welteinfuhr von Bekleidung bei fast 20 Prozent (mit steigender Tendenz), ihr Anteil an der Weltausfuhr von Bekleidung bei etwa 7 Prozent (stagnierend) (siehe Tabelle I–3). 1974 war die Bundesrepublik Deutschland weltweit größter Im- und Exporteur von Textilien sowie weltweit größter Importeur von Bekleidung. Weltweit größter Exporteur von Bekleidung war 1974 Hongkong (siehe UN, Yearbook of International Trade Statistics 1974, New York 1975).

7 Siehe Tabelle I–2.

8 Bei Textilien (SITC 65) von 27,2 Prozent auf 36,8 Prozent, bei Bekleidung (SITC

1.3. Weltwirtschaftliche Verflechtung im Bereich der Textil- und Bekleidungsindustrie: 1960 bis 1975

Im Zeitraum von 1960 bis 1975 betrug die durchschnittliche jährliche Wachstumsrate des Volumens der Weltausfuhr insgesamt etwa 7 Prozent, darunter bei landwirtschaftlichen Erzeugnissen etwa 3,4 Prozent, bei Mineralien, Öl, und NE-Metallen etwa 5,2 Prozent und bei Erzeugnissen der verarbeitenden Industrie etwa 9,2 Prozent. Hiermit zu vergleichen ist die durchschnittliche jährliche Wachstumsrate des Volumens der weltweiten Warenproduktion im selben Zeitraum: Insgesamt etwa 4,9 Prozent, darunter bei landwirtschaftlichen Erzeugnissen etwa 2,5 Prozent, bei bergbaulichen Erzeugnissen etwa 4,4 Prozent und bei Erzeugnissen der verarbeitenden Industrie etwa 5,7 Prozent.[9]

Nach Ausweis dieser Zahlen waren also in diesem Zeitraum für die genannten großen Produktgruppen die Wachstumsraten des Außenhandels ausnahmslos deutlich höher als die Wachstumsraten der Produktion. Mit anderen Worten: Die weltwirtschaftliche Verflechtung, soweit sie durch die Proportionen zwischen Außenhandel und industrieller Produktion erfaßbar ist, ist zwischen 1960 und 1975 für jede dieser großen Produktgruppen kräftig gewachsen.

Für den Teilbereich von Textilien und Bekleidung liegen entsprechend aufbereitete Angaben nicht vor. Angesichts der quantitativ dominierenden Rolle der traditionellen Industrieländer für die weltweite industrielle Produktion und den weltweiten Außenhandel (vergleiche Tabelle I–1) bietet die Entwicklung ihrer Import- und Exportquoten hierfür einen ausreichenden Ersatz.[10]

Die Import- und Exportquoten für Textilien und Bekleidung sind zwischen 1960 und 1975 für die traditionellen Industrieländer, von kleineren Ausnahmen abgesehen, deutlich gestiegen. Unter den großen Industrieländern zeichnen sich dabei die Bundesrepublik Deutschland durch relativ hohe, die USA und Japan durch relativ niedrige Quoten aus. Für die kleineren Industrieländer sind diese Quoten im allgemeinen besonders hoch.[11]

84) von 46,6 Prozent auf 65,2 Prozent. Berechnet nach: GATT, Recent Trends in Production and Trade in Textiles and Clothing. Genf 1975, Tabelle 3.

9 Berechnet nach: GATT, International Trade 1975/76, Genf 1976, Tabelle 1.

10 Importquote: Verhältnis von Einfuhr zu Inlandsproduktion plus Einfuhr minus Ausfuhr; Exportquote: Verhältnis von Ausfuhr zu Inlandsproduktion (alle Größen ausgedrückt in Werten).

11 Vergleiche Ifo-Institut für Wirtschaftsforschung, Verhältnis der Einfuhren an Textilien und Bekleidung zur entsprechenden Inlandsproduktion und zum Inlandsverbrauch in der EG und den wichtigsten Industrieländern. München 1974 (Abgrenzung: Textilien = SITC 65 + 841,4; Bekleidung = SITC 84 ohne 841,4). Speziell für die Bundesrepublik Deutschland vergleiche Tabelle I–6 (Abgrenzung nach dem Warenverzeichnis für die Industriestatistik).

Für die Bundesrepublik Deutschland betrug die Importquote Anfang der siebziger Jahre bei Textilien grob 30 Prozent, bei Bekleidung grob 20 Prozent. Die Exportquote lag bei Textilien bei grob 25 Prozent, bei Bekleidung bei grob 10 Prozent. Während die Exportquote der Bundesrepublik Deutschland bei Textilien zwischen 1960 und 1975 einigermaßen parallel mit der Importquote angestiegen ist, ist sie im selben Zeitraum bei Bekleidung deutlich hinter dem Anstieg der Importquote zurückgeblieben.[12]

Die weltwirtschaftliche Verflechtung ist demnach, soweit sie durch die Entwicklung von Import- und Exportquoten erfaßbar ist, offenbar auch auf dem Gebiet von Textilien und Bekleidung zwischen 1960 und 1975 manifest gewachsen. Speziell für die Bundesrepublik Deutschland ist festzustellen, daß dem wachsenden Anteil der Einfuhr am Inlandsmarkt für Bekleidung keine vergleichbare Ausweitung der Ausfuhr von Bekleidung gegenübersteht.

1.4. Rückgang der Beschäftigtenzahl in der Textil- und Bekleidungsindustrie der EG und der Bundesrepublik Deutschland: 1960 bis 1975

Tabelle I–1 weist für die traditionellen Industrieländer insgesamt zwischen 1960 und 1973 einen Beschäftigungsrückgang im Bereich der Textilindustrie aus.[13]

In der EG («Sechs» plus Vereinigtes Königreich) ist zwischen 1965 und 1974 die Beschäftigtenzahl in der Textil- und Bekleidungsindustrie um etwa 762000 oder etwa 18 Prozent (von 4215000 auf 3453000) zurückgegangen.[14]

In der Bundesrepublik Deutschland hat die Beschäftigtenzahl in der Textil- und Bekleidungsindustrie zwischen 1960 und 1976 um etwa 357000 oder etwa 37 Prozent (von 976000 auf 619000) abgenommen.[15] Verglichen mit

12 Siehe Tabelle I–6.

13 Tabelle I–4 gibt für eine Reihe ausgewählter Länder Beschäftigungszahlen der Textil- und Bekleidungsindustrie zwischen 1963 und 1973.

14 Siehe Comité international de la rayonne et des Fibres synthétiques (CIRFS), The Future of the Man-Made Fibres Industry in Western Europa, Paris 1976. Vergleiche auch Textil-Wirtschaft 52 (1976), S. 22. – Beschäftigungsangaben für die Textil- und Bekleidungsindustrie der EG aus verschiedenen Quellen (zum Beispiel UN, Co-ordination Committee for the Textile Industry in the EEC (Comitextil), Association européenne des industries de l'habillement (AEIH, CIRFS), zeigen erstaunliche Abweichungen voneinander. Dies dürfte sich in der Regel durch unterschiedliche Abgrenzungen der erfaßten Beschäftigten erklären. Die hier und an anderen Stellen aufgezeigten Entwicklungstrends sind aber jedenfalls invariant gegenüber solchen Divergenzen zwischen verschiedenen Quellen.

15 Siehe Tabelle I–5.

der relativen Änderung der Beschäftigtenzahl aller anderen von der Beschäftigtenzahl her gesehen bedeutenderen Industriezweige der verarbeitenden Industrie der Bundesrepublik Deutschland (Maschinenbau, elektrotechnische Industrie, chemische Industrie, Straßenfahrzeugbau, Ernährungsindustrie) in diesem Zeitraum ist dieser Prozentsatz weit überproportional.[16]

Tabelle I–5 gibt ein detailliertes Bild von Arbeitsmarkt und Beschäftigung im Bereich des Textil- und Bekleidungsgewerbes[17] der Bundesrepublik Deutschland zwischen 1960 und 1976. Betrug danach der Beschäftigtenanteil der Textilindustrie an der Gesamtbeschäftigung der Industrie der Bundesrepublik Deutschland im Jahre 1960 noch 7,7 Prozent, so im Jahre 1976 nur noch 4,6 Prozent. Für die Bekleidungsindustrie lauten die entsprechenden Werte 4,4 Prozent (1960) und 3,7 Prozent (1976). Während zwischen 1960 und 1976 die durchschnittliche jährliche prozentuale Änderung der Beschäftigtenzahl in der Industrie insgesamt –0,5 Prozent betrug, lauten die entsprechenden Werte für die Textilindustrie –3,6 Prozent und für die Bekleidungsindustrie –1,6 Prozent.[18]

Dabei zeigt sich, daß der Rückgang der Beschäftigtenzahl in der Textilindustrie bereits Anfang der sechziger Jahre einsetzt, mit einer Beschleunigung ab 1971. In der Industrie insgesamt und in der Bekleidungsindustrie setzt der Rückgang erst Anfang der siebziger Jahre ein. Der Beschäftigungsrückgang des Rezessionsjahres 1967 war in der Industrie der Bundesrepublik Deutschland insgesamt innerhalb von drei Jahren wieder mehr als ausgeglichen; in der Textil- und Bekleidungsindustrie dagegen ist es in den Folgejahren nicht mehr zu einem Ausgleich gekommen («die Konjunktur als Exekutor des strukturellen Wandels»).

1.5. Zusammenfassung: Grobgliederung der Fallstudie

Der bisherige summarische Überblick hat gezeigt, welch gewichtige Rolle die Textil- und Bekleidungsindustrie für die weltweite industrielle Produktion und Beschäftigung sowie für den Weltwandel spielt. Es leuchtet ohne weiteres ein, daß bestimmte strukturelle Entwicklungen einer so gewichtigen Industriegruppe einen gravierenden Einfluß insbesondere auch auf die regionale Verteilung der industriellen Produktion und Beschäftigung weltweit

16 Siehe Statistisches Bundesamt, Lange Reihen zur Wirtschaftsentwicklung 1976. Stuttgart–Mainz 1976, Tabelle 5.2.2.

17 In der bundesdeutschen Statistik gehören zum Gewerbe außer der Industrie (einschließlich industrielle Kleinbetriebe mit 1 bis 9 Beschäftigten) noch das produzierende Handwerk und das sonstige produzierende Gewerbe (einschließlich Heimarbeiter).

18 Für den Zeitraum des letzten konjunkturellen Zyklus (1967 bis 1975) lauten die entsprechenden Werte: Industrie insgesamt = –0,4 Prozent; Textilindustrie = –3,9 Prozent; Bekleidungsindustrie = –3,1 Prozent.

haben können. Eine solche strukturelle Entwicklung sind die Produktionsverlagerungen[19], wie sie seit einer Reihe von Jahren in der Textil- und Bekleidungsindustrie zu beobachten sind. Bereits der obige Überblick hat Hinweise dafür gegeben, daß sich diese Produktionsverlagerungen, soweit sie aus traditionellen Industrieländern in Entwicklungs- und Staatshandelsländer erfolgen, schon heute in ländergruppenspezifisch divergierenden Wachstumsraten für die industrielle Produktion und Beschäftigung in der Textil- und Bekleidungsindustrie und in einem Strukturwandel des Welthandels in Textilien und Bekleidung äußern.

Diese Hinweise zusammen mit den in der Einleitung dieses Buches skizzierten Überlegungen zur Entwicklung der heutigen kapitalistischen Weltökonomie führen zur These, daß die gegenwärtige Entwicklung des Textil- und Bekleidungsgewerbes der Bundesrepublik Deutschland ein Beispiel für die Auswirkungen der strukturellen Tendenz zu einer neuen internationalen Arbeitsteilung ist.

Um diese These zu belegen, wird im folgenden *erstens* der heute erreichte Stand der neuen internationalen Arbeitsteilung am Beispiel des Textil- und Bekleidungsgewerbes der Bundesrepublik Deutschland an drei Indikatoren dokumentiert:

a) Außenwirtschaftsbedingte strukturelle Arbeitslosigkeit im Textil- und Bekleidungsgewerbe der Bundesrepublik Deutschland.

b) Exportorientierte Industrialisierung von Entwicklungsländern auf dem Gebiet der Textil- und Bekleidungsindustrie.

c) Produktionsverlagerungen von Unternehmen der Textil- und Bekleidungsindustrie der Bundesrepublik Deutschland ins Ausland, insbesondere in sogenannte Niedriglohnländer.

Zweitens werden die Randbedingungen analysiert, welche die neue internationale Arbeitsteilung bestimmen:

a) Determinanten der Entwicklung des Weltmarktes für Produktionsstandorte vor allem in Entwicklungsländern.

b) Steuerung der neuen internationalen Arbeitsteilung durch politische Institutionen vor allem der traditionellen Industrieländer, oder: Reaktion dieser Institutionen auf die Herausbildung dieser Randbedingungen.

Die nähere Untersuchung der Bedingungsgründe der neuen internationalen Arbeitsteilung am Beispiel der Textil- und Bekleidungsindustrie wird aber auch einige Hinweise darauf liefern, ob bzw. unter welchen Bedingungen auch für andere Industriegruppen oder für Teilfertigungen innerhalb anderer Industriegruppen analoge Entwicklungen zu erwarten sind.

Eine Abschätzung der Einflüsse freilich, die von der Tendenz zu einer

19 Der Terminus «Produktionsverlagerung» bedeutet in dieser Fallstudie die Aufgabe einer Fertigung an einem Ort *und* ihre Aufnahme an einem anderen Ort. *Sofern* der Terminus ohne weitere Einschränkung verwandt wird, ist es dabei irrelevant, ob die Aufgabe einer Fertigung an einem Ort *und* ihre Aufnahme an einem anderen Ort durch *ein und dasselbe* Unternehmen erfolgt.

neuen internationalen Arbeitsteilung etwa auf die Gesamtbeschäftigung in der Bundesrepublik Deutschland in der vorhersehbaren Zukunft zu erwarten sind, oder gar eine Arbeitsmarktprognose für die Bundesrepublik Deutschland unter Einbeziehung aller anderen möglicherweise relevanten Bestimmungsgründe darf von der vorliegenden Fallstudie nicht erwartet werden.

Abbildung 1
Absatz und Außenhandel von Erzeugnissen des Bekleidungsgewerbes der Bundesrepublik Deutschland: 1955 bis 1975

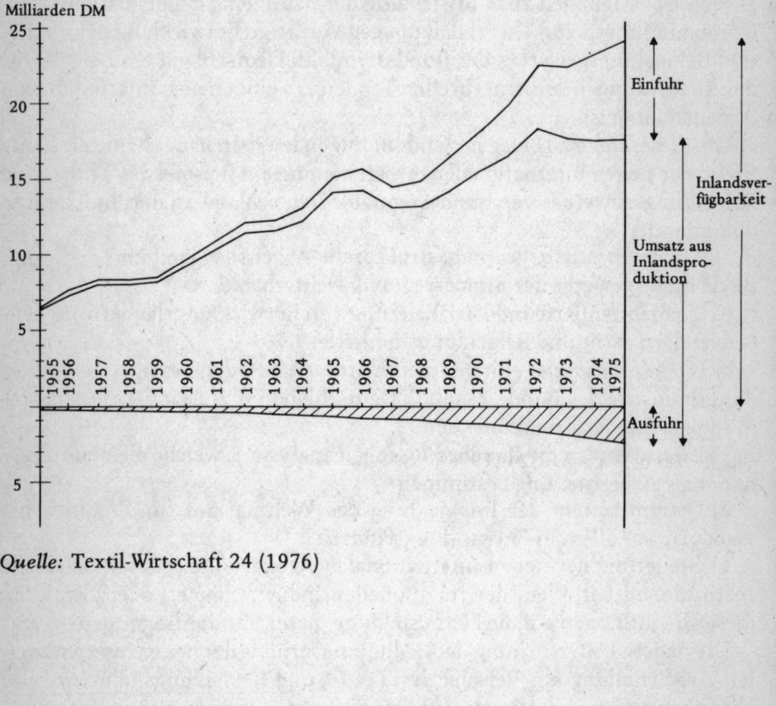

Quelle: Textil-Wirtschaft 24 (1976)

Abbildung 2
Absatz und Außenhandel von Erzeugnissen des Textilgewerbes der Bundesrepublik Deutschland: 1955 bis 1975

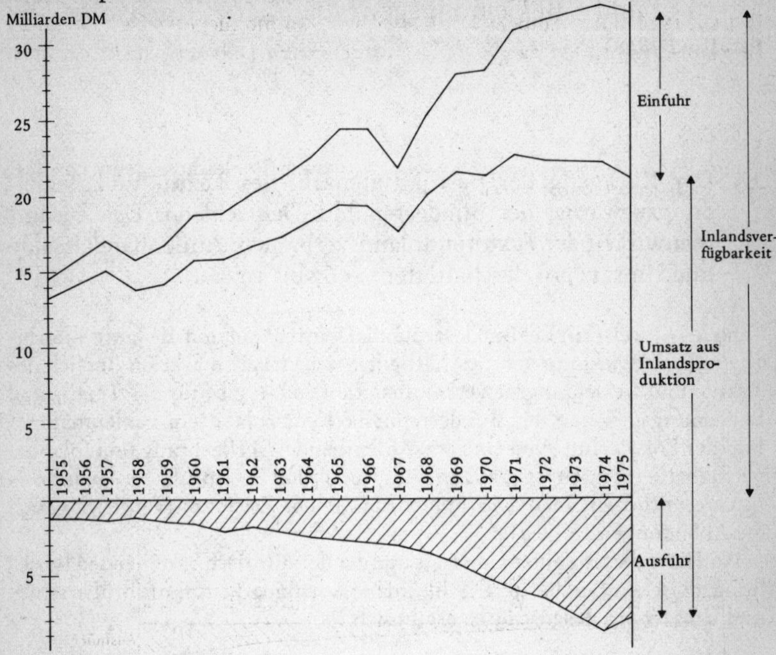

Quelle: Textil-Wirtschaft 24 (1976)

Kapitel 2
Außenwirtschaftsbedingte strukturelle Arbeitslosigkeit im Textil- und Bekleidungsgewerbe der Bundesrepublik Deutschland

2.1. Der Rückgang der Beschäftigtenzahl des Textil- und Bekleidungsgewerbes der Bundesrepublik Deutschland: Das Zusammenwirken der Faktoren Inlandsverbrauch, Außenhandelssaldo und Umsatz pro Beschäftigten: 1967 bis 1975

Tabelle I–5 weist für die Bundesrepublik Deutschland und die Jahre 1960 bis 1976 die Entwicklung von Beschäftigung und Arbeitsmarkt im Bereich des Textil- und Bekleidungsgewerbes aus. Tabelle I–6 gibt für das Textil- und Bekleidungsgewerbe der Bundesrepublik Deutschland ein zahlenmäßiges Bild der Entwicklung von Umsatz, Außenhandelsverflechtung und Inlandsverfügbarkeit (= Umsatz aus Inlandsproduktion + Einfuhr − Ausfuhr = [im wesentlichen] Inlandsverbrauch) in diesem Zeitraum (vergleiche auch die Abbildungen 1 und 2).

An Hand dieses Zahlenmaterials und der definitorisch bestehenden Beziehung zwischen Beschäftigtenzahl, Inlandsverfügbarkeit, Einfuhrüberschuß und Umsatz pro Beschäftigten ergibt sich:

1. Die drastische Abnahme der Beschäftigtenzahl des Bekleidungsgewerbes der Bundesrepublik Deutschland zwischen 1967 und 1975 ist – für das Bekleidungsgewerbe als Ganzes genommen, nicht notwendig für jeden Teilzweig des Bekleidungsgewerbes – neben der Steigerung der Produktivität (gemessen am Umsatz pro Beschäftigten) vor allem auch auf das rasche Anwachsen des Einfuhrüberschusses der Bundesrepublik Deutschland für Bekleidung zurückzuführen; die Auswirkungen dieser beiden Faktoren wurden nicht durch ein in seinen Beschäftigungswirkungen vergleichbares Anwachsen des Inlandsverbrauchs von Bekleidung kompensiert.

2. Die drastische Abnahme der Beschäftigtenzahl des Textilgewerbes der Bundesrepublik Deutschland zwischen 1967 und 1975 ist – für das Textilgewerbe als Ganzes genommen, nicht notwendig für jeden Teilzweig des Textilgewerbes – in erster Linie auf die Steigerung der Produktivität (gemessen am Umsatz pro Beschäftigten), daneben in untergeordnetem Ausmaß auf einen Anstieg des Einfuhrüberschusses der Bundesrepublik Deutschland für Textilien zurückzuführen; die Auswirkungen dieser beiden Faktoren wurden nicht durch ein in seinen Beschäftigungswirkungen vergleichbares Anwachsen des Inlandsverbrauchs von Textilien kompensiert.

Zu 1.:

Zwischen 1960 und 1975 ist der Einfuhrüberschuß der Bundesrepublik Deutschland für Bekleidung von nahezu Null (1960) über 0,46 Milliarden DM (1967) auf 4,23 Milliarden DM (1975) gestiegen; er ist somit gegen Ende des betrachteten Zeitraums nicht mehr gegenüber dem Umsatz aus Inlandsproduktion vernachlässigbar. Die Beschäftigung des inländischen Bekleidungsgewerbes ist also in diesem Zeitraum zusätzlich zum Einfluß erhöhter Produktivität wesentlich auch durch die erhöhten Einfuhrüberschüsse eingeschränkt worden. Das jährliche reale Wachstum des Inlandsverbrauchs von Bekleidung war mit (1967 bis 1975) durchschnittlich etwa 3 Prozent zu gering, um diese negativen Beschäftigungswirkungen zu kompensieren.[20]

Eine grobe quantitative Abschätzung des Beschäftigungsrückgangs, der direkt den erhöhten Einfuhrüberschüssen zuzurechnen ist, wird beispielsweise durch die Aufspaltung des relativen Beschäftigungsrückgangs in die Summe dreier Faktoren möglich, die näherungsweise den Beitrag der Änderung des Inlandsverbrauchs, der Änderung des Einfuhrüberschusses (beide bezogen auf den Umsatz aus Inlandsproduktion) und der relativen Änderung des Umsatzes pro Beschäftigten in dem betrachteten Zeitraum angeben.[21] Auf diese Weise läßt sich abschätzen, daß von dem Beschäftigungsrückgang des Bekleidungsgewerbes der Bundesrepublik Deutschland zwischen 1967 und 1975 in Höhe von 153000 Beschäftigten etwa die Hälfte (knapp 78000) den erhöhten Einfuhrüberschüssen direkt zuzurechnen ist. Um die Bedeutung dieser Zahlen beurteilen zu können, hat man sich die Beschäftigtenzahl des Bekleidungsgewerbes der Bundesrepublik Deutschland im Jahre 1967 vor Augen zu halten: etwa 504000.

Zu 2.:

Der Einfuhrüberschuß der Bundesrepublik Deutschland für Textilien hat

20 Selbstverständlich darf diese Feststellung nicht umstandslos in die Aussage umgemünzt werden, ein höheres jährliches reales Wachstum des Inlandsverbrauches von Bekleidung sei wegen der dann vermeintlich zu erwartenden «positiven Beschäftigungseffekte» für die Bekleidungsindustrie in der Bundesrepublik Deutschland wünschenswert.

21 Ist B die Beschäftigtenzahl eines Wirtschaftszweiges, U sein Umsatz aus Inlandsproduktion, I die Inlandsverfügbarkeit von Erzeugnissen dieses Wirtschaftszweiges und E-A der entsprechende Einfuhrüberschuß (alle Größen auf ein bestimmtes Jahr bezogen), so gilt definitionsgemäß: $B = (I - [E\text{-}A])/(U/B)$. Man bildet die logarithmische Ableitung dieser Beziehung ($d \log B =$ usw.), ersetzt die auftretenden Differentiale näherungsweise durch die entsprechenden Differenzen für den betrachteten Zeitraum und verwendet statt der sonstigen, auf ein bestimmtes Jahr bezogenen nichtdifferenzierten Größen näherungsweise ihr arithmetisches Mittel für den betrachteten Zeitraum. (Der Zeitraum 1967 bis 1975 wurde gewählt, weil er den letzten Konjunkturzyklus abdeckt.) – Eine unter etwas verschiedenen Ausgangsannahmen vorgenommene Abschätzung der Zeitschrift Textil-Wirtschaft 26 (1976) kommt zu grob vergleichbaren Ergebnissen.

sich zwischen 1960 und 1975 – verglichen mit dem Umsatz aus Inlandsproduktion – immer in relativ bescheidenen Dimensionen gehalten. Die drastische Abnahme der Beschäftigtenzahl des Textilgewerbes der Bundesrepublik Deutschland ist also in dem betrachteten Zeitraum weit überwiegend der Steigerung der Produktivität direkt zuzurechnen. Das jährliche reale Wachstum des Inlandsverbrauchs von Textilien war mit (1967 bis 1975) durchschnittlich etwa 2 Prozent zu gering, um diese negativen Beschäftigungswirkungen zu kompensieren.

Eine der vorigen analoge grobe quantitative Abschätzung erlaubt die Aussage, daß von dem Beschäftigungsrückgang des Textilgewerbes der Bundesrepublik Deutschland zwischen 1967 und 1975 in Höhe von 148000 Beschäftigten nur knapp ein Viertel (knapp 35000) den erhöhten Einfuhrüberschüssen direkt zuzurechnen ist.[22] Diese Zahlen sind wieder in Relation zur Beschäftigtenzahl des Textilgewerbes der Bundesrepublik Deutschland im Jahre 1967 zu setzen: etwa 538000.

Da es hier nur darum geht, Größenordnungen aufzuzeigen, sei darauf verzichtet, diese Abschätzungen durch rechnerische Berücksichtigung der Input-Output-Struktur der bundesdeutschen Wirtschaft zu vervollkommnen.[23] Auch ohne das lassen sich freilich die bisherigen Überlegungen in zweifacher Weise qualitativ verfeinern.

Für das Textilgewerbe ist zu beachten, daß sein größter Abnehmer, das inländische Bekleidungsgewerbe, auf Grund erhöhter Einfuhrüberschüsse

22 Wie ein Blick auf Tabelle I–6 lehrt, ist unter allen denkbaren längeren Zeiträumen aus der Periode der Jahre 1960 bis 1975 der gewählte Zeitraum 1967 bis 1975 derjenige, in dem erhöhte Einfuhrüberschüsse der Bundesrepublik Deutschland für Textilien bei einer Abschätzung des Beitrags der einzelnen Faktoren (Änderung des Inlandsverbrauchs, Änderung des Einfuhrüberschusses, Änderung des Umsatzes pro Beschäftigten) zum beobachteten Beschäftigungsrückgang am stärksten zu Buche schlagen. Für alle anderen längeren Zeiträume aus der Periode 1960 bis 1975 würde also der Anteil des Beschäftigungsrückganges des Textilgewerbes der Bundesrepublik Deutschland, der erhöhten Einfuhrüberschüssen direkt zuzurechnen ist, noch niedriger als ein Viertel sein.

23 Vergleiche Dieter Schumacher, Verstärkter Handel mit der Dritten Welt: Eher Umsetzung als Freisetzung deutscher Arbeitskräfte. In: DIW-Wochenbericht 5 (1977), wo in einer Modellrechnung unter einigen Annahmen die direkten und die indirekten Beschäftigungseffekte erhöhter Einfuhren aus Entwicklungsländern auf der Basis der Input-Output-Tabelle 1972 des DIW berechnet werden. Da einige dieser Annahmen recht problematisch sind (zum Beispiel die Annahme einer gleichbleibenden Warenstruktur der Exporte der Bundesrepublik Deutschland in Entwicklungsländer bei gleich großer Erhöhung der Import- und Exportwerte der Bundesrepublik Deutschland im Außenhandel mit Entwicklungsländern), scheint uns die Prognose «Eher Umsetzung als Freisetzung deutscher Arbeitskräfte» auf recht schwachen Füßen zu stehen. Über die Entwertung der Qualifikationen der «umzusetzenden» Arbeitskräfte und ihre sozialen Folgen verliert diese Studie kein Wort.

für Bekleidung bei gleichzeitig nur mäßiger Expansion des inländischen Bekleidungsverbrauchs (mit der Folge eines in den letzten Jahren real kaum noch wachsenden Umsatzes aus Inlandsproduktion, vergleiche Tabelle I–7 a) in seiner inländischen Produktionsausweitung beschränkt worden ist – und damit indirekt auch das inländische Textilgewerbe.[24] Wie Tabelle I–7 b zeigt, ist das potentielle Nettoproduktionsvolumen (Nettoproduktionsvolumen bei voller Kapazitätsauslastung) der Bekleidungsindustrie der Bundesrepublik Deutschland (nur inländische Betriebe!) seit 1970 immer stärker zurückgegangen; in einiger zeitlicher Verzögerung gilt dasselbe auch für die Textilindustrie.[25] Auf diese indirekt außenwirtschaftsbedingte Weise ist somit der Inlandsmarkt für Textilien beschränkt. Andererseits werden die Ausfuhren des Textilgewerbes der Bundesrepublik Deutschland in einem immerhin nicht vernachlässigbaren Ausmaß von der steigenden Auslandsproduktion des Bekleidungsgewerbes der Bundesrepublik Deutschland oder allgemeiner von der steigenden Produktion des Bekleidungsgewerbes anderer Länder profitieren.[26]

Zweitens ist zu beachten, daß beschleunigte Rationalisierung[27] vor allem im Bereich der Textilindustrie in der Bundesrepublik Deutschland ein Mittel ist, auf dem Weltmarkt wettbewerbsfähig zu bleiben. Insofern enthalten die Zahlen der formal den Produktivitätssteigerungen zuzurechnenden freigesetzten Beschäftigten des Bekleidungs- und vor allem Textilgewerbes der

24 Analoges gilt – eine Stufe «höher» – im Verhältnis von Textil- und Chemiefaserindustrie. Vergleiche CIRFS, The Future of the Man-Made Fibres Industry in Western Europa, Paris 1976.

25 Vergleiche VWD-Textil, 18. September 1976: «Die deutsche Textilindustrie verzeichnete im Juli 1976 einen Zuwachs im Auftragseingang von 12 Prozent gegenüber dem Vergleichsmonat des Vorjahres, wobei die Entwicklung der Bestellungen aus dem Aus- und Inland sehr unterschiedlich war. Wie der Gesamtverband der Textilindustrie in der Bundesrepublik Deutschland – Gesamttextil – (Frankfurt am Main) am 18. September mitteilte, lag das Plus im Auftragseingang im Inlandsgeschäft nur bei 5 Prozent, während das Ausland 50 Prozent mehr bestellte ... Der Auftragseingang bei der Bekleidungsindustrie, dem größten Kunden der Textilindustrie, verlief ... in den ersten sieben Monaten 1976 (plus 23 Prozent) günstig, jedoch führten den Angaben zufolge diese Aufträge nicht zu einer erhöhten Produktion. Diese ging ... in den ersten sieben Monaten 1976 um 1 Prozent (zurück). Da es auch nicht zu entsprechenden Bestellungen bei der Textilindustrie gekommen sei, liege es nach Gesamttextil nahe, ‹die Erklärung in einer verstärkten Ausführung der Bekleidungsaufträge in Produktionsstätten im Ausland zu suchen›.»

26 Vergleiche zum Beispiel das später zu den passiven Veredelungsverkehren Gesagte.

27 Zwischen 1970 und 1975 betrug die durchschnittliche jährliche Wachstumsrate der Arbeitsproduktivität (gemessen am Produktionsergebnis je Beschäftigten) in der Textilindustrie der Bundesrepublik Deutschland weit überdurchschnittliche 6,8 Prozent (zum Vergleich: verarbeitende Industrie insgesamt 3,1 Prozent, Bekleidungsindustrie 4,2 Prozent). Berechnet nach: Statistisches Bundesamt, Statistisches Jahrbuch für die Bundesrepublik Deutschland 1976, Stuttgart–Mainz 1976, S. 252.

Bundesrepublik Deutschland wiederum einen Anteil indirekt außenwirtschaftsbedingt freigesetzter Beschäftigter.

Die bisherigen Überlegungen dürfen nicht dahingehend mißverstanden werden, als sei mit ihnen eine «Erklärung» der direkt oder indirekt außenwirtschaftsbedingten (insofern «strukturellen») Arbeitslosigkeit im Textil- und Bekleidungsgewerbe der Bundesrepublik Deutschland gegeben. Eine sinnvolle Erklärung kann nur darin bestehen, daß ausgewiesen wird, warum in welchem Umfang für welche Waren oder Teilfertigungen die Produktion von Textilien und Bekleidung unter den Bedingungen des Weltmarkts für Produktionsstandorte in den vergangenen fünfzehn Jahren in der Bundesrepublik Deutschland zunehmend nicht mehr profitabel ist.

2.2. Außenhandel der Bundesrepublik Deutschland in Textilien und Bekleidung nach Ländern und Ländergruppen (1962 bis 1975) sowie nach Waren und Warengruppen (1970 bis 1976)

Die Tabellen I–8 und I–9 geben einen Überblick über die längerfristige Entwicklung der Anteile einiger Ländergruppen an der Aus- und Einfuhr von Textilien und Bekleidung aus der bzw. in die Bundesrepublik Deutschland.[28] Danach ist der Anteil der EG-Länder («Neun») an den Textil- und Bekleidungseinfuhren der Bundesrepublik Deutschland zwischen 1962 und 1975 deutlich zurückgegangen, während der Anteil der Entwicklungs- und Staatshandelsländer in diesem Zeitraum bei Textilien von etwa 15 Prozent auf etwa 28 Prozent, bei Bekleidung von etwa 24 Prozent auf etwa 61 Prozent gestiegen ist. Die Bekleidungseinfuhren aus Entwicklungsländern stammen dabei ganz überwiegend aus den Mittelmeerländern und aus Südost- und Ostasien.

In Tabelle I–10 ist der Außenhandel der Bundesrepublik in Textilien und Bekleidung für die Jahre 1974 und 1975 nach einer breiten Auswahl von Ländern ausgewiesen. Unter Ausklammerung der EG-Länder waren 1975 die bedeutendsten Handelspartner der Bundesrepublik Deutschland (gemäß dem wertmäßigen Volumen in absteigender Reihenfolge angeordnet; un-

28 Abgrenzung nach dem Warenverzeichnis für die Industriestatistik (WI). Wegen gelegentlicher Änderungen des WI im betrachteten Zeitraum sind die in den Tabellen aufgeführten Zahlen strenggenommen nicht durchgehend voll vergleichbar. Für den vorliegenden Zweck – Angabe von Größenordnungen, Trends und Proportionen – dürfte dies ohne ins Gewicht fallende Bedeutung sein. (Insbesondere die Ausfuhrwerte für Textilien etwa der Jahre 1973 und 1974 sind vom Statistischen Bundesamt gegenüber der ersten als «endgültig» gekennzeichneten Veröffentlichung zu einem späteren Zeitpunkt erheblich revidiert worden. Nach telefonischer Auskunft des Statistischen Bundesamts sind die Angaben in Fachserie G, Reihe 7/S, Jahrgang 1975, für das Jahr 1974 auf Grund der Verwendung eines falschen Programmbandes fehlerhaft; korrekt sind die Angaben des Jahrgangsheftes 1974).

tere Abschneidegrenze jeweils 100 Millionen DM):

Ausfuhr von Textilien: Österreich, Jugoslawien, Schweiz, Griechenland, Ungarn, Schweden, Polen, DDR;

Ausfuhr von Bekleidung: Schweiz, Österreich, Griechenland;

Einfuhr von Textilien: Griechenland, Iran, DDR, Hongkong, Schweiz, Österreich, Jugoslawien, USA, Taiwan, Brasilien, Südkorea, Japan;

Einfuhr von Bekleidung: Hongkong, Jugoslawien, Griechenland, Südkorea, DDR, Taiwan, Polen, Ungarn, Türkei, Österreich, Spanien.

Bemerkenswert sind unter anderem die hohen Zuwachsraten der Bekleidungseinfuhren der Bundesrepublik 1974/75 aus Griechenland und Südkorea, aber auch (bei relativ niedriger absoluter Höhe der Einfuhren) die Zuwachsraten der Bekleidungseinfuhren aus Malta und Tunesien. Die sieben einfuhrmäßig für die Bundesrepublik Deutschland wichtigsten Entwicklungsländer (einschließlich Jugoslawien) vereinigten 1975 bei Textilien 70 Prozent und bei Bekleidung fast 85 Prozent der Einfuhren aus Entwicklungsländern auf sich.[29]

Tabelle I–11 gliedert für die Jahre 1970 bis 1976 den Außenhandel der Bundesrepublik Deutschland für Textilien und Bekleidung nach Warenuntergruppen auf.

Tabelle I–12 gibt für das Jahr 1974 und für ausgewählte Waren und Warengruppen ein zusammenfassendes Bild der Proportionen von inländischer industrieller Produktion, Außenhandel und Inlandsverfügbarkeit, der Import- und Exportquoten sowie des Anteils der passiven Veredelungsverkehre.[30] Angesichts der weit differierenden Importquoten, Anteile der Einfuhren nach passiver Veredelung etc. verschiedener Teilbranchen der Textil- und Bekleidungsindustrie der Bundesrepublik Deutschland, wie sie diese Tabelle ausweist, liegt es auf der Hand, daß bei der Untersuchung, welche (Teil-)Produktionen für eine Verlagerung besonders «anfällig» sind, in hinreichend tiefer Gliederung anzusetzen ist: Es genügt nicht, die Textil- und Bekleidungsindustrie als undifferenziertes Ganzes zu betrachten.

29 Berechnung und Anordnung nach Tabelle I–10.

30 Zu den passiven Veredelungsverkehren vergleiche Abschnitt 4.2.

Aussagen über den Anteil der Eigenimporte der inländischen Textil- und Bekleidungsindustrie an den gesamten Textil- und Bekleidungs*importen* (über die passiven Veredelungsverkehre hinaus) sind kaum zu erhalten. Schätzungen aus verschiedenen Quellen schwanken zwischen 15 Prozent für Textilien (Gesamttextil 1975) und 60 Prozent für Textilien und Bekleidung (Gewerkschaft Textil-Bekleidung 1973). Nach Schätzungen des Haka-Verbandes (zitiert in Süddeutsche Zeitung, 3. März 1977) kommen gegenwärtig (Anfang 1977) 10 bis 15 Prozent der bundesdeutschen *Produktion* von Herrenbekleidung über Lohnveredelungsaufträge aus dem Ausland.

2.3. Struktur der Beschäftigung und des Beschäftigungsrückgangs im Textil- und Bekleidungsgewerbe der Bundesrepublik Deutschland: 1960 bis 1975

Nach Ausweis der Arbeitsstättenzählungen von 1961 und 1970 ist zwischen 1961 und 1970 die Zahl der Arbeitsstätten und der Beschäftigten in nahezu allen Teilbranchen des Textil- und Bekleidungsgewerbes der Bundesrepublik Deutschland deutlich zurückgegangen, besonders drastisch in der Maßschneiderei. In einzelnen Teilbranchen hat freilich die eine oder andere dieser Zahlen auch zugenommen, zum Beispiel in der Fell- und Pelzverarbeitung und in der Serienfertigung von Damenoberbekleidung.[31] Daß sich der Beschäftigungsrückgang seit 1970 in Industrie, Handwerk und Heimarbeit verstärkt hat, ist bereits durch Tabelle I–5 ausreichend belegt.

Tabelle I–13 gestattet eine Aussage über den Anteil der beschäftigten ausländischen Arbeitnehmer an den beschäftigten Arbeitnehmern insgesamt. Dieser Anteil betrug in der gesamten Wirtschaft der Bundesrepublik Deutschland im Jahre 1975 etwa 10 Prozent, darunter im verarbeitenden Gewerbe (ohne Baugewerbe) etwa 15 Prozent, im Textilgewerbe etwa 21 Prozent und im Bekleidungsgewerbe etwa 12 Prozent.

Der Anteil der beschäftigten weiblichen Arbeitnehmer an den beschäftigten Arbeitnehmern insgesamt betrug 1975 in der gesamten Wirtschaft der Bundesrepublik Deutschland etwa 38 Prozent, darunter im verarbeitenden Gewerbe (ohne Baugewerbe) etwa 29 Prozent, im Textilgewerbe etwa 53 Prozent und im Bekleidungsgewerbe etwa 81 Prozent.[32]

Bei diesem (traditionell) hohen Anteil an billiger Arbeitskraft (Ausländer, Frauen) ist es nicht verwunderlich, daß die Lohn- und Gehaltssumme pro Beschäftigten in der Textil- und Bekleidungsindustrie der Bundesrepublik Deutschland 1975 nur etwa 77 Prozent bzw. etwa 63 Prozent des Durchschnitts der Industrie insgesamt betrug.[33]

Bei den zunehmenden Produktionsverlagerungen von Unternehmen des Textil- und Bekleidungsgewerbes der Bundesrepublik Deutschland ins Aus-

31 Statistisches Bundesamt, Fachserie C (Unternehmen und Arbeitsstätten), Arbeitsstättenzählung vom 27. Mai 1970, Heft 3 und Heft 9, Stuttgart–Mainz 1972/73.

32 Tabelle I–14 gibt entsprechende Zahlen für die Industrie, Textil- und Bekleidungsindustrie.

33 Berechnet nach: Statistisches Bundesamt, Statistisches Jahrbuch für die Bundesrepublik Deutschland 1976. Stuttgart–Mainz 1976, S. 236, 244. – Der Anteil der niedrig bewerteten Tätigkeiten ist – verglichen mit dem industriellen Durchschnitt – in der Textil- und Bekleidungsindustrie besonders hoch, das heißt, das Angebot potentieller Arbeitskräfte für diese Tätigkeiten ist besonders groß. Dies und die angesichts drohender Produktionsverlagerungen zusätzlich verringerte Verhandlungsstärke der zuständigen Gewerkschaft dürften die beiden wichtigsten Gründe für die in der Textil- und Bekleidungsindustrie der Bundesrepublik weit unterdurchschnittliche Lohn- und Gehaltssumme pro Beschäftigten sein.

land, vor allem (nicht ausschließlich) in «Niedriglohnländer», auf die in Kapitel 4 näher eingegangen wird, werden vor allem solche Fertigungen verlagert, die relativ niedrige Qualifikationsanforderungen an die Arbeitskraft stellen (zum Beispiel Näherei im passiven Veredelungsverkehr). Aus diesem *spezifischen* Grund und nicht wegen einer *unspezifischen*, etwa dem technischen Fortschritt als solchem fälschlicherweise unterstellten generellen Höherqualifizierungstendenz müßte man erwarten, daß sich vor allem in dem von Produktionsverlagerungen besonders stark betroffenen Bekleidungsgewerbe der Bundesrepublik Deutschland in den letzten Jahren eine Tendenz zur relativen Zunahme solcher Arbeitsplätze abzeichnet, die höhere Qualifikationsanforderungen an die Arbeitskraft stellen.[34]

Das in diesem Zusammenhang auf Bundesebene verfügbare statistische Material entstammt in erster Linie den Gehalts- und Lohnstrukturerhebungen von 1951, 1957, 1962, 1966 und 1972 und den laufenden Verdiensterhebungen. Bei diesen Erhebungen handelt es sich nicht um Statistiken der Qualifikation der Beschäftigten (Qualifikation hier verstanden als in der Person des Beschäftigten liegende, durch Erziehung, Ausbildung, berufliche Erfahrung oder sonstwie erworbene Fähigkeiten, die im Arbeitsprozeß eingesetzt werden können), sondern um Statistiken der Arbeitsplätze nach Merkmalen bestimmter Qualifikationsanforderungen an die Arbeitskraft. Die Einstufungen in eine bestimmte Leistungsgruppe werden also tätigkeitsspezifisch und nicht qualifikationsspezifisch vorgenommen: Ein vollausgebildeter Handwerker kann etwa den Arbeitsplatz eines ungelernten Arbeiters einnehmen und zählt dann statistisch als ungelernter Arbeiter.

Die im vorliegenden Zusammenhang wichtigsten Aussagen zur Arbeitsplatzstruktur können grob folgendermaßen charakterisiert werden[35]:

Im *produzierenden Gewerbe* insgesamt und in der Industrie insgesamt zeichnet sich für den Zeitraum 1960 bis 1976 bei den Arbeitern eine leichte relative Zunahme der höher bewerteten Tätigkeiten (LG1) ab, in erster Linie

34 Der Zusammenhang zwischen der Entwicklung von Technik und Arbeitsorganisation einerseits, Qualifikationsanforderungen an die Arbeitskraft andererseits ist im Kontext und zeitlichen Wandel isoliert betrachteter kapitalistischer Volkswirtschaften häufig untersucht worden. Dieser Zusammenhang ist durch die Entstehung eines Weltmarktes für Arbeitskraft und eines Weltmarktes für Produktionsstandorte grundlegend modifiziert worden. Vergleiche hierzu die Einleitung des vorliegenden Buches («Babbage-Prinzip»).

35 Leistungsgruppe 1 = Facharbeiter; Leistungsgruppe 2 = angelernte Arbeiter; Leistungsgruppe 3 = ungelernte Arbeiter. – Die Arbeitsplatzstruktur ist definiert durch die prozentualen Anteile der drei Leistungsgruppen (LG 1 – LG 2 – LG 3). – Die Angaben zur Arbeitsplatzstruktur sollen lediglich größenordnungsmäßige Proportionen zum Ausdruck bringen. Kleinere Abweichungen zwischen den Werten für das Gewerbe einerseits, für die Industrie andererseits können daher im folgenden außer Betracht bleiben.

bei den männlichen Arbeitern. Die Arbeitsplatzstruktur liegt für die Arbeiter insgesamt in runden Zahlen gegen Ende des betrachteten Zeitraums bei 45–35–20 (männliche Arbeiter 60–30–10, weibliche Arbeiter 5–45–50).

Im *Textilgewerbe* und in der Textilindustrie zeichnet sich für den selben Zeitraum eine leichte relative Abnahme der höher bewerteten Tätigkeiten ab. Die Arbeitsplatzstruktur beträgt hier gegen Ende des betrachteten Zeitraums für die Arbeiter insgesamt in runden Zahlen 25–55–20 (männliche Arbeiter 45–45–10, weibliche Arbeiter 10–65–25).

Im *Bekleidungsgewerbe* und in der Bekleidungsindustrie zeichnet sich eine leichte Polarisierung ab: Sowohl die höher bewerteten Tätigkeiten (LG1) wie die niedriger bewerteten Tätigkeiten (LG3) gewinnen im Zeitraum 1960 bis 1976 gegenüber den durchschnittlich bewerteten Tätigkeiten (LG2) leicht an Gewicht. Die Arbeitsplatzstruktur beträgt hier gegen Ende des betrachteten Zeitraums für die Arbeiter insgesamt in runden Zahlen 20–65–15 (männliche Arbeiter 55–30–15, weibliche Arbeiter 15–70–15).

In allen betrachteten Wirtschaftszweigen eindeutig ist der Trend zur Zunahme höher bewerteter Tätigkeiten im Angestelltenbereich. Überdies nimmt der Anteil der Angestellten an den Beschäftigtenzahlen insgesamt zu.[36]

Dieser grobe Überblick macht unter anderem folgendes deutlich. Erstens ist, verglichen mit dem produzierenden Gewerbe insgesamt, der Anteil der Facharbeitertätigkeiten im Textil- und Bekleidungsgewerbe der Bundesrepublik Deutschland weit unterdurchschnittlich, der Anteil der Tätigkeiten angelernter Arbeiter dagegen weit überdurchschnittlich: Ein Ergebnis «erfolgreicher Rationalisierung» des Textil- und Bekleidungsgewerbes. Zweitens zeigt sich, daß die Arbeitsplätze un- und angelernter Arbeiter in weit überproportionalem Ausmaß von Frauen eingenommen werden.[37] Diese beiden Sachverhalte können im Rahmen dieser Fallstudie nur unterstrichen, nicht aber im einzelnen analysiert werden.

36 Statistisches Bundesamt, Statistik der Bundesrepublik Deutschland, Bände 90, 91, 246; Statistisches Bundesamt, Fachserie M (Preise, Löhne, Wirtschaftsrechnungen), Reihe 15, Arbeitnehmerverdienste in Industrie und Handel: I. Arbeiterverdienste, II. Angestelltenverdienste, versch. Jg.; Statistisches Bundesamt, Fachserie M (Preise, Löhne, Wirtschaftsrechnungen), Reihe 17, Gehalts- und Lohnstrukturerhebungen: I. Gewerbliche Wirtschaft und Dienstleistungsbereich: Arbeiterverdienste, II. Gewerbliche Wirtschaft und Dienstleistungsbereich: Angestelltenverdienste, versch. Jg.; Statistisches Bundesamt, Wirtschaft und Statistik 7 (1953), 6 (1959), 7 (1959), 5 (1965), 3 (1969), 6 (1969), 11 (1975).

37 Analoges gilt für die ausländischen Arbeiter. Im April 1972 betrug die Arbeitsplatzstruktur für ausländische Arbeiter in der Textilindustrie der Bundesrepublik Deutschland: Männer = 14–56–30, Frauen = 5–65–30; in der Bekleidungsindustrie der Bundesrepublik Deutschland: Frauen = 13–63–24. Siehe Bundesanstalt für Arbeit, Beschäftigung ausländischer Arbeitnehmer – Repräsentativuntersuchung '72, Nürnberg 1974, S. 81 f.

Unter Benutzung des soeben charakterisierten Materials ist die Tabelle I–15 der Beschäftigungsrückgang der Bekleidungsindustrie der Bundesrepublik Deutschland zwischen 1973 und 1975 untergliedert nach der Stellung der Beschäftigten im Betrieb und nach Leistungsgruppen der beschäftigten Arbeiter. Relativ am stärksten geschrumpft ist in diesem Zeitraum die Zahl der ungelernten Arbeiter (um etwa 24 Prozent), während die Zahl der Inhaber und Angestellten relativ am schwächsten (um etwa 14 Prozent) zurückgegangen ist.[38] Bei einer anders vorgenommenen Untergliederung zeigt sich, daß die relative Abnahme der Zahl der Inhaber, Angestellten und Facharbeiter mit etwa 18 Prozent schwächer ist als die relative Abnahme der Zahl der un- und angelernten Arbeiter mit etwa 21 Prozent. Komplementär hierzu dominieren in den Auslandsbetrieben der bundesdeutschen Bekleidungsindustrie zahlenmäßig offenbar gerade die Tätigkeiten un- und angelernter Arbeiter weit über das entsprechende Maß in den inländischen Betrieben.[39]

Die Zunahme des Anteils der Inhaber, Angestellten und Facharbeiter an der Gesamtbeschäftigtenzahl, wie sie – aus hier nicht untersuchbaren Gründen – auch in anderen Industriezweigen der Bundesrepublik Deutschland beobachtbar ist[40], dürfte also im Falle der Bekleidungsindustrie der Bundesrepublik Deutschland wesentlich durch den Prozeß der Produktionsverlagerung ins Ausland (mit)bedingt sein.[41] Was als eine Höherqualifizierungstendenz der im Inland verbleibenden Arbeitsplätze erscheint (im Sinne der Qualifikationsbeschreibungen des Statistischen Bundesamts), darf natürlich nicht vergessen machen, daß in den letzten Jahren die Beschäftigtenzahlen ausnahmslos aller Beschäftigtenkategorien in der Bekleidungsindustrie in der Bundesrepublik Deutschland drastisch zurückgegangen sind.

Es ist im Rahmen dieser Fallstudie nicht möglich, die Übertragbarkeit dieser an einer einzelnen Branche gewonnenen Aussagen auf andere Wirt-

38 Angesichts des absoluten Beschäftigungsrückgangs auch im Bereich der Facharbeitertätigkeiten ist es nicht verwunderlich, wenn der auf die jeweilige Beschäftigtenzahl des Textil- und Bekleidungsgewerbes der Bundesrepublik Deutschland bezogene Anteil der Lehrlinge in betriebsgebundener Ausbildung in Textil- und Bekleidungsberufen zurückgeht: Von 3 Prozent im Jahre 1969 auf 2,4 Prozent im Jahre 1975 (berechnet nach: Bundesministerium für Bildung und Wissenschaft/Statistisches Bundesamt, Berufliche Aus- und Fortbildung, versch. Jg.).

39 Vergleiche Kapitel 4.

40 Siehe Tabelle I–14 (mit einer allerdings unterschiedlichen Untergliederung der Beschäftigten).

41 Vergleiche Textil-Wirtschaft 38 (1975), S. 20: «(Der Anteil der Angestellten an der Gesamtzahl der Beschäftigten in der Textil- und Bekleidungsindustrie der Bundesrepublik Deutschland erhöhte sich 1972 bis 1975 von 18,9 Prozent auf 21,9 Prozent.) Darin kommt nicht nur die stärkere Automatisierung (mehr Meister) zum Ausdruck, sondern auch die Tatsache, daß bei Produktionsverlagerungen ins Ausland zwar draußen gefertigt wird, Planung, Vertrieb und ähnliche Funktionen jedoch weiterhin in Deutschland (von Angestellten) wahrgenommen werden.»

schaftszweige der Bundesrepublik Deutschland zu behandeln. Immerhin sollte deutlich geworden sein, in welcher Weise und in welchem Umfang die Entwicklung von Beschäftigtenzahl und Arbeitsplatzstruktur der Wirtschaft der Bundesrepublik Deutschland mitbedingt ist durch die Tatsache, daß diese Wirtschaft ein nur höchst prekär isolierbares Element der einen kapitalistischen Weltökonomie ist.

Kapitel 3
Exportorientierte Industrialisierung von Entwicklungs- und Staatshandelsländern im Bereich der Textil- und Bekleidungsindustrie

3.1. Entwicklung der Textil- und Bekleidungsausfuhren und der Produktion und Beschäftigung in der Textil- und Bekleidungsindustrie ausgewählter Länder: 1960 bis 1975

In Abschnitt 2.2 ist gezeigt worden, daß in den letzten Jahren die Einfuhr von Textilien und Bekleidung in die Bundesrepublik Deutschland aus Ländern außerhalb der EG überwiegend und in steigendem Ausmaß aus Entwicklungsländern des Mittelmeerraums und Südost- und Ostasiens sowie aus den Staatshandelsländern Osteuropas stammt. Um dieser außenhandelsmäßig engen Verknüpfung mit der Bundesrepublik Deutschland willen sind dem folgenden Überblick exemplarisch einige Länder aus diesen drei Ländergruppen zugrunde gelegt, und zwar Ungarn, Jugoslawien, Griechenland, Malta, Hongkong und Südkorea.[42] Es soll im folgenden untersucht werden, ob und gegebenenfalls in welchem Sinne man für diese Länder in den letzten zehn bis fünfzehn Jahren von einer wesentlich auch durch die Entwicklung der Textil- und Bekleidungsindustrie getragenen exportorientierten Industrialisierung sprechen kann.

Tabelle I–16 gibt die Ausfuhrzahlen dieser Länder für Textilien und Bekleidung im Zeitraum von 1968 bis 1975. In Tabelle I–17 sind diese Ausfuhrzahlen noch in Relation zur gesamten Ausfuhr der jeweiligen Länder sowie zur Weltausfuhr von Textilien und Bekleidung gesetzt. Man entnimmt diesen Tabellen unter anderem, daß Südkorea, Hongkong und Malta im Jahre 1974 etwa ein Drittel bis über die Hälfte ihrer gesamten Ausfuhren allein durch die Ausfuhr von Textilien und vor allem Bekleidung bestritten, Ungarn, Jugoslawien und Griechenland grob 10 Prozent (zum Vergleich: Bundesrepublik Deutschland, Japan, USA nur 2 bis 6 Prozent). Gemessen an der gesamten entsprechenden Weltausfuhr ragen Hongkong und Südkorea durch relativ hohe Anteile bei den Bekleidungsausfuhren heraus (1974: 11,3 bzw. 6,4 Prozent). Durch besonders hohe Zuwachsraten ihrer Textil- und vor allem Bekleidungsausfuhren zeichnen sich Griechen-

42 Während die restlichen Länder auf Grund ihres zahlenmäßig bedeutenden Gewichts im Außenhandel mit Textilien und Bekleidung ausgewählt worden sind, wurde Malta wegen seiner hohen Zuwachsraten in Verbindung mit der Ansiedlung verlagerter bundesdeutscher Textil- und Bekleidungsbetriebe einbezogen.

land, Malta und Südkorea aus. (Bei den Ausfuhrzahlen Jugoslawiens und Ungarns ist zu beachten, daß sie die zahlenmäßig stark ins Gewicht fallenden Veredelungsverkehre nicht oder [Ungarn] nur teilweise enthalten. Bei Einbeziehung dieser Veredelungsverkehre würden diese beiden Länder weniger aus dem Rahmen der übrigen ausgewählten Länder hinsichtlich der Zuwachsraten ihrer Textil- und Bekleidungsausfuhren fallen.)

Die Einfuhren der Bundesrepublik Deutschland aus den ausgewählten Ländern konzentrieren sich ganz überwiegend auf Enderzeugnisse (Kleidung einschließlich Strick- und Wirkwaren); nur bei Griechenland kommt noch ein relativ bedeutender Anteil von Garnen und Geweben hinzu. Die Bundesrepublik führt dagegen in diese Länder vornehmlich textile Rohstoffe (synthetische Fasern), Halbwaren (Garne) und Vorerzeugnisse von Fertigwaren (Gewebe, Gewirke) aus (vergleiche Tabellen I–18 und I–19).[43]

Tabelle I–20 vermittelt ein Bild von der Entwicklung der industriellen Produktion und Beschäftigung in der Textil- und Bekleidungsindustrie der ausgewählten Länder. Von einigen kleineren Ausnahmen abgesehen sind die *Wachstumsraten* dieser beiden Größen in den ausgewählten Ländern während der letzten zehn Jahre verglichen mit dem weltweiten Durchschnitt über-, zum Teil weit überdurchschnittlich gewesen. Der *Anteil* der industriellen Wertschöpfung der Textil- und Bekleidungsindustrie an der gesamten industriellen Wertschöpfung dieser Länder lag Anfang der siebziger Jahre zwischen etwa 8 Prozent (Ungarn) und über 40 Prozent (Hongkong) und damit in der Regel weit über den entsprechenden Werten der traditionellen Industrieländer. Analoges gilt für den Anteil der industriellen Beschäftigung in der Textil- und Bekleidungsindustrie an der gesamten industriellen Beschäftigung dieser Länder (zwischen gut 13 Prozent [Ungarn] und gut 45 Prozent [Hongkong]).

Darüber hinaus zeigt sich, daß die industrielle Beschäftigung in der Bekleidungsindustrie der ausgewählten Länder (Ausnahme: Südkorea) und in der Textilindustrie Griechenlands und Maltas stärker als die Gesamtbeschäftigung der verarbeitenden Industrie dieser Länder gewachsen ist. Der Anteil der Bekleidungsausfuhren an den gesamten Ausfuhren dieser Länder ist weit höher als der Anteil der Bekleidungsindustrie an der gesamten industriellen Wertschöpfung dieser Länder (Ausnahme: Griechenland). Für die Textilindustrie gilt eine analoge Aussage nicht, was ein Hinweis darauf ist, daß die Textilindustrie dieser Länder primär eine Zulieferfunktion für die jeweilige (exportorientierte) Bekleidungsindustrie erfüllt.

Die Feststellungen der beiden letzten Absätze rechtfertigen die Aussage,

43 Die zunächst überraschend hoch erscheinenden Ausfuhrziffern von textilen Enderzeugnissen aus der Bundesrepublik Deutschland nach Jugoslawien und Griechenland sind durch die Veredelungsverkehre insbesondere bei Damenfeinstrumpfhosen aufgebläht (Konfektionierung aus der Bundesrepublik Deutschland gelieferter Rohlinge in diesen beiden Ländern und Reexport in die Bundesrepublik Deutschland).

daß die Industrialisierung der ausgewählten Länder, soweit dafür die für diese Länder quantitativ überdurchschnittlich ins Gewicht fallende Textil- und Bekleidungsindustrie verantwortlich ist, eine *exportorientierte* Industrialisierung ist, das heißt, die industrielle Produktion ist im internationalen Vergleich überdurchschnittlich stark direkt (Bekleidungsindustrie) oder indirekt (Textilindustrie) und zudem zunehmend für die Ausfuhr und weniger für den Binnenmarkt bestimmt.[44]

Von der exportorientierten Industrialisierung, wie sie für die hier ausgewählten Länder vorliegt, zu unterscheiden sind Ansätze zu einer anderen Erscheinungsform exportorientierter Industrialisierung, die sich (noch) nicht notwendig in überproportional hohen Wachstumsraten der industriellen Produktion und Beschäftigung der Textil- und Bekleidungsindustrie und in einem überproportional hohen Anteil der industriellen Wertschöpfung der Textil- und Bekleidungsindustrie an der gesamten industriellen Wertschöpfung des betreffenden Landes ausdrücken müssen. Ein Beispiel für einen solchen Ansatz zu einer exportorientierten Industrialisierung im Bereich der Textil- und Bekleidungsindustrie sind neuentstehende Weltmarktfabriken der Textil- und Bekleidungsindustrie in Ländern, wo die industrielle Produktion und Beschäftigung solcher Weltmarktfabriken gegenüber der sonstigen industriellen Produktion und Beschäftigung quantitativ (noch) nicht ins Gewicht fallen. Ein denkbares Beispiel wären Weltmarktfabriken der Textil- und Bekleidungsindustrie in freien Produktionszonen Ägyptens (vergleiche hierzu Teil III des vorliegenden Buches).

3.2. Exportorientierte Industrialisierung im Bereich der Textil- und Bekleidungsindustrie: Ein Ansatz zur komplexen Industrialisierung von Entwicklungsländern?

Es stellt sich die Frage, ob die heute beobachtbare exportorientierte Industrialisierung einer zunehmenden Zahl von Entwicklungsländern in diesen Ländern eine komplexe Industriestruktur entstehen läßt. Einige Hinweise deuten darauf hin, daß diese Frage mit «nein» zu beantworten ist.

Einer dieser Hinweise ist die zunehmende Abhängigkeit zahlreicher Ent-

44 Eine analoge Aussage gilt darüber hinaus für die gesamte Volkswirtschaft dieser Länder: Der Anteil der Ausfuhren von Waren und Dienstleistungen am gesamten Bruttoinlandsprodukt der ausgewählten Länder ist in den letzten zehn bis fünfzehn Jahren nahezu durchgängig deutlich gestiegen (besonders drastisch in Südkorea), und zwar beschleunigt in der ersten Hälfte der siebziger Jahre und im internationalen Vergleich überproportional. Die absolute Höhe dieses Anteils ist unter den großen traditionellen Industrieländern nur im Falle der Bundesrepublik Deutschland mit den entsprechenden Werten der ausgewählten Entwicklungs- und Staatshandelsländer vergleichbar. Vergleiche UN, Yearbook of National Account Statistics 1975, Volume III: International Tables, New York 1976.

wicklungsländer von der Investitionsgüter-Einfuhr aus traditionellen Industrieländern. Im vorliegenden Zusammenhang interessieren insbesondere die Einfuhren von Textilmaschinen. Da die Bundesrepublik Deutschland mit Abstand das bedeutendste Exportland für Textilmaschinen ist[45], reicht es an dieser Stelle, allein den Außenhandel der Bundesrepublik Deutschland in Textilmaschinen zu betrachten (Tabelle I–21). Es zeigt sich, daß im Jahre 1975 auf die Gruppe der Entwicklungs- und Staatshandelsländer wertmäßig bereits die Hälfte der gesamten Ausfuhren von Textilmaschinen aus der Bundesrepublik Deutschland entfielen (bei deutlich steigender Tendenz dieses Anteils). In folgende Länder aus der Gruppe der Entwicklungs- und Staatshandelsländer exportierte die Bundesrepublik Deutschland 1975 für mehr als 25 Millionen US-$ Textilmaschinen: Spanien (45), Jugoslawien (59), Griechenland (40), Türkei (64), DDR (etwa 36), Sowjetunion (36), Polen (34), Bulgarien (31), Mexiko (28), Brasilien (77), Iran (91).[46]

Dem Einfuhrüberschuß der Bundesrepublik Deutschland bei Textilien und Bekleidung in Höhe von (1975) etwa 2,9 Milliarden US-$ stand im selben Jahr allein bei Textilmaschinen ein Ausfuhrüberschuß von etwa 1,5 Milliarden US-$ gegenüber. Im Handelsverkehr der Bundesrepublik Deutschland mit den Entwicklungsländern allein lauten die entsprechenden Zahlen: etwa 1,5 bzw. etwa 0,7 Milliarden US-$.[47]

Ein anderer Hinweis ist die große und wahrscheinlich weiter wachsende Bedeutung der Veredelungsverkehre. Hier ist die Produktion einer Ware in eine Mehrzahl von Teilproduktionen aufgespalten, die in verschiedenen Ländern nach dem Kriterium vorgenommen werden, das Endprodukt möglichst rentabel zu fertigen. Zum Beispiel werden Gewebe in der Bundesrepublik Deutschland hergestellt und eventuell zugeschnitten, zur Weiterverarbeitung (etwa Nähen) in ein «Niedriglohnland» gebracht und schließlich zum Absatz wieder in die Bundesrepublik Deutschland eingeführt (verglei-

45 1973 betrug der Anteil der Bundesrepublik Deutschland an den weltweiten Ausfuhren von Textilmaschinen (SITC 717) im Bereich der Marktwirtschaften etwa 34 Prozent (siehe UN, Yearbook of International Trade Statistics 1974, New York 1975).

46 Siehe Statistisches Bundesamt, Fachserie G (Außenhandel), Reihe 5: Special Trade according to the Classification for Statistics and Tariffs (CST), 4th Quarter an Year 1975, Stuttgart–Mainz 1976.

47 Es ist nützlich, sich solche Zahlen vor Augen zu halten, wenn Sprecher der bundesdeutschen Textil- und Bekleidungsindustrie auf einen annähernden Ausgleich der Handesbilanz der Bundesrepublik Deutschland im Textil- und Bekleidungsaußenhandel mit einzelnen osteuropäischen Ländern dringen. Solche Forderungen sind angesichts der hohen Exportüberschüsse der Bundesrepublik Deutschland (zum Beispiel bei Textilmaschinen) und angesichts der Tatsache, daß etwa zwei Drittel des Außenhandels der Bundesrepublik Deutschland in Geweben, Gewirken und Bekleidung mit osteuropäischen Staatshandelsländern (ohne DDR, mit Jugoslawien) über passive Veredelungsverkehre direkt von der bundesdeutschen Industrie selbst abgewickelt werden (siehe Tabelle I–25), recht eigenartig.

che Kapitel 4). Offensichtlich erschwert die zunehmende Bedeutung solcher Teilfertigungen für ein einzelnes «Niedriglohnland» den Aufbau einer komplexen Industrie, weil das betreffende Land den Status einer verlängerten Werkbank erhält, die in Abhängigkeit von den wechselnden Verwertungschancen, die ein einzelnes «Niedriglohnland» in Konkurrenz mit anderen solchen Ländern auf dem Weltmarkt für Arbeitskraft und Produktionsstandorte bietet, genutzt *oder auch nicht* genutzt wird.[48]

Aus solchen und ähnlichen Hinweisen ließe sich aber dann kein zwingendes Argument gegen eine zukünftige allmähliche Verbreiterung und Vertiefung der industriellen Basis einzelner «Niedriglohnländer» ableiten, falls gerade dieser Prozeß der zunehmenden Aufspaltung der industriellen Fertigung gerade auch in einzelnen «Niedriglohnländern» neue Verwertungschancen durch Diversifizierung eröffnen sollte, die nach der Logik der Kapitalverwertung genutzt werden müssen. Im Bereich der Textil- und Bekleidungsindustrie scheint es nun aber in der Tat bereits Ansätze zu einer derartig bestimmten komplexen Industrialisierung einzelner «Niedriglohnländer» zu geben. Zwei dieser Ansätze mögen hier erwähnt werden.

Der Anteil der Entwicklungsländer an der Weltproduktion von Synthesefasern, einem der wichtigsten Ausgangsmaterialien der Textil- und Bekleidungsindustrie, ist von 7,9 Prozent im Jahre 1970 auf 13,8 Prozent im Jahre 1975 gestiegen (siehe Tabelle I–22 a). Darüber hinaus beweist eine Liste der Projekte der Ingenieurfirmen im Chemiefaser-Anlagenbau, in welch überwältigendem Ausmaß in den nächsten Jahren neue Produktionsstätten für Chemiefasern in den Entwicklungs- und Staatshandelsländern und nicht in den traditionellen Industrieländern aufgebaut werden.[49] Offensichtlich ist es

48 Man vergleiche hiermit die Pufferrolle, welche die ländlichen Verlagsarbeiter in der Geschichte des Kapitalismus gespielt haben (zum Beispiel die *handloom weavers* Englands in der ersten Hälfte des 19. Jahrhunderts). – Auf die vieldiskutierte Frage, ob etwa multinationale Firmen auf diese Weise gezielt eine komplexe Industrialisierung etwa von Entwicklungsländern hintertreiben, um ein künftiges Ausbrechen einzelner solcher Länder aus dem kapitalistischen Weltsystem zu erschweren, kann im Rahmen dieser Fallstudie nicht eingegangen werden.

49 Vergleiche die Übersicht «Projekte der Ingenieurfirmen im Chemiefaser-Anlagenbau». In: chemiefasern – textil-industrie 6 (1975), S. 482, 484.

«1971 waren in Deutschland Kapazitäten für 680000 Tonnen Synthetics pro Jahr installiert. Bis Ende 1976 nahmen sie um 260000 Tonnen . . . auf 940000 Tonnen zu. In [Südkorea und Taiwan] stieg die Kapazität im gleichen Zeitraum von 140000 Tonnen um 650000 Tonnen auf 790000 Tonnen» (Textil-Wirtschaft 6 [1977], S. 21). Die Industrievereinigung Chemiefaser erklärt, daß auch in den nächsten zwei bis drei Jahren in ganz Europa das Angebot an Chemiefasern größer sein wird als die Nachfrage und daß damit eine Anpassung der (europäischen) Kapazitäten an die Absatzmöglichkeiten wohl zwingend sei (Süddeutsche Zeitung, 24. Mai 1976). Nach Berechnungen der IVC verursacht allein der Einfuhrüberschuß bei Halb- und Fertigwaren aus nichtwesteuropäischen Ländern den bundesdeutschen Chemiefaserherstellern einen jährlichen Absatzverlust von etwa 120000 Tonnen (Textil-Wirtschaft 19 [1976]).

rentabel, Synthesefasern an den neuentstandenen Standorten für Textil- und Bekleidungsexportproduktion zu produzieren, statt sie über die halbe Welt aus den traditionellen Industriezentren an die neuen Standorte für exportorientierte Textil- und Bekleidungsfabrikation zu liefern.

Diese Tendenz von Zulieferindustrien, über kurz oder lang den primär verlagerten Produktionen an die neuen Standorte zu folgen (zum Beispiel aus Transport- und Lohnkostengründen), ist nicht auf einzelne Beispiele beschränkt (vergleiche hierzu vor allem Teil II). Speziell im Bereich der Textil- und Bekleidungsindustrie mehren sich die Fälle, in denen Unternehmen der bundesdeutschen Textilindustrie Produktionen in solchen Ländern aufnehmen, in denen weltmarktorientierte Bekleidungsfertigung bereits eine wichtige Rolle spielt oder doch zu spielen beginnt.[50]

Zweitens seien in diesem Zusammenhang die zahlreichen in jüngster Zeit in Betrieb genommenen oder geplanten «integrierten» Textilfabriken in zahlreichen Ländern vor allem Afrikas erwähnt, die, teilweise unter bundesdeutscher Beteiligung, teils zunächst für den jeweiligen Binnenmarkt, teils von vornherein für Weltmarktproduktion konzipiert worden sind.[51]

Solche Indizien reichen aber wohl nicht aus, um die Feststellung zu erlauben, in einer Reihe von Entwicklungsländern zeichne sich heute eine volkswirtschaftlich komplexe Industrialisierung ab. Erstens handelt es sich bei ihnen in der Regel lediglich um eine branchenmäßig zentrierte industrielle Erweiterung, die per se keinen Schluß auf eine beginnende komplexe Industrialisierung ganzer unterentwickelter «Volks»wirtschaften zuläßt. Etwa schon die Ausrüstung mit Textilmaschinen beläßt die Entwicklungsländer von Einfuhren aus den traditionellen Industrieländern (oder allenfalls in Zukunft von Einfuhren aus Weltmarktfabriken in einzelnen Entwicklungsländern, die unter der Kontrolle von Unternehmen der traditionellen Industrieländer stehen) abhängig. Diese traditionelle Abhängigkeit der Entwicklungsländer, Resultat der bisherigen, jahrhundertealten ungleichen

50 Siehe zum Beispiel die Firmenberichte Delden und Nino in Abschnitt 4.4.

51 Zwei Beispiele: «Die Unternehmen Cotonnière Ivoirienne (Cotivo) und Société des Impressions sur Tissus (Icodi) bilden ein integriertes Textilprojekt, das von der Verarbeitung einheimischer Baumwolle bis zur teilweisen Weiterverarbeitung der erzeugten Stoffe zu Jeans und Arbeitskleidung reicht ... In der Endstufe werden 70 Prozent der Gesamtproduktion der Cotivo exportiert. Nach Erreichung der Vollproduktion bestehen rund 1400 Dauerarbeitsplätze. Der bisherige Import von Rohgeweben wird ersetzt.» An diesen beiden Unternehmen ist die Deutsche Entwicklungsgesellschaft beteiligt (DEG-Geschäftsbericht 1974, S. 24ff). – Das Unternehmen Industrie Dahomeenne des Textiles (Idatex), an dem die bundesdeutsche Firma Arbatex beteiligt ist, bildet einen industriellen Komplex von der Spinnerei bis zur Konfektion. Die Produktion wird zu 95 Prozent exportiert, vor allem in die Bundesrepublik Deutschland (zum Beispiel Arbeitsanzüge, Frotteehandtücher, Unterwäsche). Es werden 2340 (nach einer anderen Quelle 700) Arbeitskräfte beschäftigt (L'industrie africaine en 1975. Sonderheft der Zeitschrift L'Afrique noire, S. 11 des Abschnittes «Dahomey»).

Entwicklung des kapitalistischen Weltsystems, beschränkt sich aber nicht allein auf die Belieferung der Entwicklungsländer mit Investitionsgütern aus traditionellen Industrieländern – sie bedeutet viel mehr: Nahezu totale Abhängigkeit der Wirtschaft der Entwicklungsländer bezüglich Technologie, Arbeitsorganisation, Produktstruktur, Management, Marketing, Finanzierung etc. von Entscheidungen in den Unternehmenszentralen traditioneller Industrieländer, selbst bei der imaginären Annahme einer im technischen Sinn relativ komplexen Industriestruktur einzelner Entwicklungsländer. Zweitens, und das ist das allgemeinere und entscheidende Argument, widerspricht die generelle Tendenz der heutigen kapitalistischen Weltökonomie, industrielle Fertigungen in Teilprozesse aufzuspalten, die unter dem Gesichtspunkt optimaler Rentabilität weltweit auf die jeweils geeignetsten Produktionsstandorte verteilt werden, einer Entwicklung unterentwickelter «Volks»wirtschaften in Richtung auf eine komplexe Industrialisierung, welche diese Länder nicht an strategisch entscheidenden Punkten ihrer industriellen Struktur vom Rest der Welt abhängig erhielte; dies um so mehr, als diese generelle Tendenz sogar zu einer partiellen Deindustrialisierung und steigenden weltwirtschaftlichen Abhängigkeit der traditionellen Industrieländer mit ihrer vergleichsweise immer noch relativ komplexen Industriestruktur führt.[52]

3.3 Fortgeschrittene exportorientierte Industrialisierung unter Bedingungen des *laissez faire*-Kapitalismus: Das Beispiel Hongkong

Die exportorientierte Industrialisierung Hongkongs hat von Anfang an unter den Bedingungen des uneingeschränkten Freihandels und einer Politik des expliziten *laissez faire* gestanden. Wie die Geschichte lehrt, besteht in einem solchen System eine besonders unverhüllte Tendenz, den Arbeiter lediglich als Anhängsel der Maschine zu betrachten, als einen bloßen Produktionsfaktor, der nur insofern ins Kalkül gezogen wird, als es notwendig ist, um Profit zu machen.

Investoren in Hongkong erwarten, daß sie in der Regel nach fünf Jahren das Zwei- oder Dreifache ihrer Investition erwirtschaftet haben. Die großen Geschäftsbanken Hongkongs, die den Großteil der Investitionen finanzieren, wollen ihre Kredite nach dieser Zeit wieder zurückbezahlt bekommen. Fertigungen, deren Aufnahme leicht ist, werden unbekümmert wieder aufgegeben, wenn sich anderweitig bessere Profitmöglichkeiten eröffnen. Die Mentalität des «schnellen Dollar» (*fast buck*) durchzieht Hongkong. Oder,

52 Zur Frage einer komplexen Industrialisierung von Entwicklungsländern im Zuge der neuen internationalen Arbeitsteilung siehe auch die Teile II und vor allem III dieses Buches.

wie sich die chinesischen Geschäftsleute Hongkongs etwas graziöser auszudrücken belieben: «Pflücke die Blume, solange sie blüht.»[53]

Exportorientierte Produktion von Bekleidung (einschließlich Maschenware) ist seit zwei Jahrzehnten die Hauptsäule der Wirtschaft Hongkongs. Ihre Stellung ist heute hauptsächlich von zwei Seiten bedroht: Erstens von den Importbeschränkungen der traditionellen Industrieländer; zweitens von Ländern wie Taiwan, Südkorea, den Philippinen, Malaysia, Singapur und anderen, deren Arbeitskraft wesentlich – zum Teil um das Zwei- bis Vierfache – billiger ist.[54]

Reaktionen auf die erste Bedrohung sind industrielle Diversifikation (Elektronik, Spielzeug, Uhren, Lederwaren, Büromaschinen, Haushaltsartikel); der Versuch, neue Absatzmärkte für Bekleidung außerhalb der traditionellen Industrieländer zu erschließen; vor allem aber ein Ausweichen in höhere Qualitäten (zu höheren Preisen), um auf den durch Selbstbeschränkungsabkommen nur mengenmäßig geschützten traditionellen Bekleidungsmärkten doch noch expandieren zu können.[55]

Allerdings haben die Hongkong auferlegten Selbstbeschränkungsabkommen nach Artikel 4 des Welttextilabkommens[56] in Hongkong zu Schwierigkeiten bei der Verteilung und Überwachung der Quoten geführt. Eingeführte Herstellerfirmen erhalten Quoten in einer Höhe, die durch die Exporte der Firma in einer voraufgegangenen Referenzperiode bestimmt sind. Unvollständige Ausnutzung zugeteilter Quoten wirkt sich in einer verringerten Neuzuteilung aus.[57] Neue Bewerber für Quoten, die zunächst bei diesem Verfahren nur ungenügend mit den begehrten Quoten bedient werden, können sich Quoten von Firmen kaufen, die ihre Zuteilung nicht ausnutzen.[58] Die «Tageskurse» auf diesem Quotenmarkt werden in der interessierten Presse auch in Europa notiert.[59] Zur Ausschaltung von «Quota-Farmers», «Quota-Parasiten» oder «Quota-Vampyren», die sich weitgehend

53 Joe England, John Rear, Chinese Labour under British Rule. A Critical Study of Labour Relations and Law in Hong Kong, Hongkong 1975, S. 34, 60.

54 Textil-Wirtschaft 38 (1976), S. 18 («Hongkong – Letzter Freihandelsplatz der Welt»; Interview mit T. K. Ann und Len Dunning, Präsident und Generaldirektor des Hongkong Trade Development Council).

55 Ebd.

56 Vergleiche Abschnitt 6.1.

57 Textiles Export Control System Hong Kong des Commerce and Industry Department vom 5. November 1975.

58 Vergleiche Textil-Wirtschaft 12 (1976), S. 24; Nachrichten für Außenhandel (BfA/NfA) 30. April 1976; Financial Times, 17. Mai 1976; Far Eastern Economic Review, 24. September 1976, S. 60.

59 Vergleiche Textil-Wirtschaft 29 (1976), S. 20 («Quotenpreise drücken Jeans-Produktion»); Textil-Wirtschaft 33 (1976), S. 18: «Die Quotas für Strickwaren werden mit etwa 45 Hongkong-Dollar per Dutzend gehandelt gegenüber 55 Dollar vor einigen Wochen» (1 HK-$ entspricht etwa DM 0,50).

auf einen Handel mit zugeteilten Quoten beschränkt hatten, ohne ernsthaft eigene Exportproduktion anzustreben, sind mittlerweile einige Modifikationen am Quota-Vergabesystem vorgenommen worden.[60]

Im großen und ganzen ist die Bekleidungsindustrie Hongkongs mit den Selbstbeschränkungsabkommen im Vergleich zu konkurrierenden Ländern ganz gut gefahren, weil diese Abkommen den einmal erreichten, im Falle Hongkongs relativ hohen Stand der Exportmöglichkeiten festschreiben, mit einer kleinen jährlichen Zuwachsrate von mengenmäßig etwa 6 Prozent. Auch die neuesten verfügbaren Exportzahlen Hongkongs auf dem Bekleidungssektor weisen deutlich nach oben; der Übergang zu modischeren Artikeln ist dabei unverkennbar.[61]

Die Importbeschränkungen der traditionellen Industrieländer haben demnach die Bekleidungsexporte Hongkongs bislang nicht gravierend getroffen. Es bleibt die Frage, wieso sich die Bekleidungsfertigung in Hongkong vor der Konkurrenz von Ländern hat halten können, die wesentlich billigere Arbeitskraft auf dem Weltmarkt anbieten. Mit anderen Worten: Worauf gründet sich die Zuversicht, daß «Textilien auch in Zukunft eine dominierende Rolle (in der Wirtschaft Hongkongs) spielen werden, weil Hongkong Bekleidung günstiger als jeder konkurrierende andere Platz der Welt herstellen kann»?[62]

Eine mögliche Antwort auf diese Frage wäre, daß die Produktivität der Arbeit in den Betrieben Hongkongs vergleichsweise sehr hoch ist. In der Tat kann man zum Beispiel lesen:

«Geschäftsleute klagen, daß Hongkongs Entwicklung aus einem bloßen Stapelplatz in einen industrialisierten Stadtstaat durch billigere Fertigungen aus Singapur, Südkorea und Taiwan bedroht sei. In Augenblicken der Aufrichtigkeit räumen diese Geschäftsleute freilich ein, daß sie trotz allem ganz gut über die Runden kommen, sei doch die Produktivität des Arbeiters in Hongkong höher als die von billigeren Arbeitskräften anderswo.

Ein indischer Geschäftsmann sagt, daß ihm seine vierzig Maschinen in Hongkong täglich dreitausend Hemden produzieren; seine Fabrik in Bombay bringt ihm aber mit derselben Zahl von Maschinen lediglich tausend Hemden pro Tag. Ein anderer Industrieller urteilt, seine Fabrik in Singapur sei bloß halb so produktiv wie sein Betrieb in Hongkong, obwohl in Singapur modernere Maschinen laufen und die Produktion dort weiter rationalisiert sei.»[63]

60 Siehe Textil-Wirtschaft 42 (1976), S. 28; Der Spiegel 44 (1976), S. 177–179.

61 Siehe Textil-Wirtschaft 12 (1976), S. 24f; 38 (1976), S. 18; 51 (1976), S. 21; 15 (1977), S. 1, 21; Nachrichten für Außenhandel (BfA/NfA), 6. Mai 1976, 16. Juni 1976; Handelsblatt, 7. April 1976.

62 «Textiles will continue to play a dominant role because Hongkong ‹can make garments more competitively than any other place in the world›» (Len Dunning, zitiert nach: Asia Research Bulletin, 31. Mai 1976, S. 204).

63 The Times, 8. Mai 1973.

Die häufig geäußerte Behauptung, daß bei weltmarktorientierter Produktion der «Vorteil» niedriger Löhne durch den Nachteil entsprechend niedriger Produktivität aufgehoben werde, ist nun freilich eindeutig falsch. Es läßt sich zeigen (vergleiche Abschnitt 5.2 sowie Teil III, Abschnitt 3.2), daß die Produktivität in weltmarktorientierten Produktionsstätten von «Niedriglohnländern» bei vergleichbaren Fertigungen durchaus derjenigen in traditionellen Industrieländern vergleichbar ist. In diesem Rahmen ist allerdings immer noch genügend Spielraum für gewisse Produktivitätsunterschiede und vor allem für unterschiedlich niedrige Löhne. Die Lohndifferenz in der Bekleidungsindustrie Hongkongs einerseits, eines Landes wie Südkorea andererseits ist freilich zu groß, der Produktivitätsunterschied in weltmarktorientierten Bekleidungsbetrieben beider Länder zu gering, um erklären zu können, warum sich die Bekleidungsindustrie Hongkongs bisher der Konkurrenz etwa Südkoreas hat einigermaßen erwehren können.

Demnach sind es offenbar doch im wesentlichen die vergleichsweise hohen Quoten Hongkongs auf Grund der Selbstbeschränkungsabkommen und die vergleichsweise niedrigen Quoten konkurrierender Länder, welche die bislang anhaltende «Konkurrenzfähigkeit» der Bekleidungsproduktion Hongkongs garantieren.

An dem Faktum der vergleichsweise hohen Arbeitsproduktivität in der Bekleidungsindustrie Hongkongs ändert sich damit natürlich nichts. Wenn man sich dabei nicht mit ideologiebeladenen Aussagen wie: «Der Arbeiter Hongkongs ist geschickt, sorgfältig und anpassungsfähig» zufriedengeben will, stellt sich dann aber die Frage, unter welchen Bedingungen die Arbeitsproduktivität in Ländern wie Hongkong ihren vergleichsweise hohen Stand hat erreichen können. Dazu sollen im folgenden einige Angaben über Arbeitszeiten, Tätigkeits- und Altersstruktur der Beschäftigten, Kinderarbeit, allgemeine Arbeitsbedingungen und die Rolle der Gewerkschaften Hongkongs gemacht werden.

Nach dem amtlichen ‹*Hong Kong Population and Housing Census 1971*› arbeiteten von den Personen im Alter von zehn und mehr Jahren, die in der Woche vor dem Zensus mindestens fünfzehn Stunden in produktiver Arbeit standen, fast die Hälfte mehr als 54 Stunden pro Woche. Die durchschnittliche Arbeitszeit betrug im verarbeitenden Gewerbe 56,1 Stunden pro Woche. 23 Prozent der Beschäftigten arbeiteten 55 bis 64 Stunden, 13,5 Prozent 65 bis 67 Stunden, 7,7 Prozent 75 bis 84 Stunden und 3,3 Prozent 85 und mehr Stunden pro Woche.[64] In absoluten Zahlen ausgedrückt arbeiteten 174439 Arbeiter mindestens 75 Stunden und 13792 mindestens 105 Stunden pro Woche.[65]

80 Prozent der Tätigkeiten fallen in die Kategorie «ungelernt» bzw.

64 England/Rear, op. cit.; Financial Times, 4. Februar 1974.

65 Robin Porter, Child Labour in Hong Kong and Related Problems: a Brief Review. In: International Labour Review, Vol. 111, No. 5 (Mai 1975), S. 436.

«angelernt». Aufstiegsmöglichkeiten sind sehr begrenzt. Die Arbeiter beginnen im Werkraum, und sie bleiben dort. Ein Drittel der Vollzeitbeschäftigten war 1971 unter 25 Jahre alt. Die physische Leistungsfähigkeit dieser Arbeitskraft ist deshalb hoch.[66]

1971 waren, laut amtlicher Statistik, 35 925 Kinder im Alter von zehn bis vierzehn Jahren «ökonomisch aktiv». Aus dieser Gruppe waren 24 545 (darunter 18 411 Mädchen) in Vollzeitbeschäftigung. 12 449 dieser Kinder waren im Textil- und Bekleidungsgewerbe tätig (die meisten von ihnen wieder Mädchen). Alle diese Zahlen beziehen sich auf legale Kinderarbeit; die illegale Beschäftigung von Kindern dürfte viel verbreiteter sein. Die Strafen, die den «Arbeitgebern» auferlegt werden, wenn in ihren Betriebsstätten tatsächlich einmal illegale Kinderarbeit festgestellt wird, sind außerordentlich milde.[67]

Bis 1973 stiegen die Löhne schneller als die Preise für Konsumgüter. Diese Preise wuchsen unter anderem deswegen nicht übermäßig schnell, weil die Volksrepublik China, um Devisen zu erwirtschaften, Wasser, Lebensmittel und andere Grundbedarfsartikel immer etwas billiger lieferte als die entsprechenden Anbieter in Hongkong selbst.[68] Ab 1972 hat sich das geändert; die Volksrepublik China berechnete von da an die jeweiligen Weltmarktpreise. Zusammengenommen mit dem drastischen Anstieg der Ölpreise führte das zu einem steilen Anwachsen der Preise in Hongkong; ab 1973 sind die Reallöhne merklich zurückgegangen. Trotz des Reallohnanstiegs bis 1973 ist aber der Anteil an der Wertschöpfung in der verarbeitenden Industrie, der auf die abhängig Beschäftigten entfiel, deutlich gesunken. Die Hauptnutznießer des wirtschaftlichen Wachstums sind also die Kapitalbesitzer gewesen.[69] Seit 1975 scheinen die Reallöhne wieder etwas zu steigen; im März 1976 hatten sie aber immer noch nicht ihren bisherigen Höchststand vom März 1973 erreicht.[70] Nach einer Erhebung des Internationalen Arbeitsamtes betrugen im Oktober 1975 die Stundenlöhne erwachsener Arbeiter im Textil- und Bekleidungsgewerbe durchschnittlich (ohne Berücksichtigung von Überstundenbezahlung) zwischen 3,28 (Näherinnen) und 3,90 HK-$ (Weber).[71]

66 England/Rear, Chinese Labour under British Rule, S. 62 f.

67 Ebd., S. 63, 139–145; Porter, op. cit.

68 1971 kamen knapp 50 Prozent aller Lebensmitteleinfuhren Hongkongs aus der Volksrepublik China.

69 England/Rear, op. cit., S. 35, 41 f.

70 Far Eastern Economic Review, 17. September 1976, S. 97.

71 ILO, Bulletin of Labour Statistics, 1976, 2nd Quarter, S. 119. Teuerungszuschläge und Prämien sind in den Zahlen eingeschlossen. – In der Literatur wird hervorgehoben, daß in Hongkong die Gesamthöhe des Einkommens einer Arbeiterfamilie die unabhängige Variable sei, von der die Überstundenzahl und die Zahl der arbeitenden Familienangehörigen (einschließlich Kinder) bestimmt sei. Siehe Far Eastern Economic Review, 17. September 1976, S. 97; Porter, op. cit. (Man erinnere

«Es gibt noch andere Vorteile in dieser Gesellschaft, die ihren Geschäftsleuten gegenüber so großzügig ist. Dem Arbeiter in Hongkong können unterdurchschnittliche Arbeitsbedingungen und nachlässig gehandhabte Sicherheitsvorkehrungen zugemutet werden. Die Unternehmer müssen nur in relativ bescheidenem Ausmaß direkt oder (über Steuern) indirekt zu Sozialleistungen beitragen, ganz zu schweigen von Beiträgen zu Sozialfonds . . .

Nur 619684 der insgesamt 1500000 Arbeiter sind in den 21386 amtlich registrierten Industriebetrieben (das heißt Betriebe mit zwanzig und mehr Beschäftigten) beschäftigt. Insgesamt 136300 sind selbständig; der Rest betreibt kleine Familienbetriebe oder arbeitet in kleinen Betrieben, die gewöhnlich in einem einzigen Raum in einem der Hochhäuser der Slums untergebracht sind. Das Brandrisiko ist hoch; vornehmlich diese Kleinbetriebe sind für die täglich sieben Feuersbrünste Hongkongs verantwortlich . . .

Der Alptraum der Arbeitsinspektoren ist die Apathie und Gleichgültigkeit vieler Unternehmer, was die Sicherheit am Arbeitsplatz anlangt. Typisch erscheint ihnen die Reaktion eines Unternehmers, der sagt, daß ‹Sicherheitsvorkehrungen zusätzliche Kosten verursachen. Kein Fabrikant in Hongkong liebt es, seine Profite geschmälert zu sehen.› Mit nur fünf Arbeitsinspektoren sind Verletzungen der Bestimmungen schwer aufzudecken.»[72]

Unter solchen Umständen, die hier nicht in größerem Detail beschrieben werden können[73], ist es schwer vorstellbar, daß die Arbeiter in Hongkong im großen und ganzen zufrieden seien (*largely contented*), ja daß sie im Überfluß lebten (*the Hong Kong worker is affluent*).[74] Folgendes Indiz für die erbärmlichen Lebensverhältnisse scheint glaubwürdiger zu sein:

«Westliche Länder waren in den frühen Stadien ihrer Industrialisierung durch weitverbreitete Trunksucht gekennzeichnet: Alkohol war das Mittel, der harten Wirklichkeit zeitweilig zu entrinnen. Dem entspricht in Hongkong die Flucht in Glücksspiele und Narkotika. Die Kolonie hat die weltweit höchste Rate der Drogenabhängigkeit: Über 100000 Drogenabhängige oder ein Drogenabhängiger auf zehn männliche Beschäftigte . . . wenigstens 70000 sollen heroinsüchtig sein. Drogenabhängigkeit scheint direkt mit folgenden Merkmalen des Arbeiterdaseins in Hongkong verknüpft zu sein: Auflösung von Familien bei der Flucht aus China und der damit verbundene Verlust traditioneller sozialer Kontrollen; das Problem der Anpassung an die Fabrikdisziplin; das Fehlen von Aufstiegsmöglichkeiten und von Altersversorgung; die Überfüllung Hongkongs mit Menschen. Heroin gibt darüber hinaus Gelegenheitsarbeitern ‹die zusätzliche Energie für solche Zeiten, wo sie ihrer am meisten

sich an die Frühstadien der sogenannten industriellen Revolution Westeuropas, als eines der Hauptprobleme der Durchsetzung der kapitalistischen Produktionsweise darin bestand, die Arbeitskräfte zu einer geregelten und möglichst langen Arbeitszeit zu zwingen.)

72 The Times, 8. Mai 1973 («Worker lives only for today»).

73 Vergleiche weiter England/Rear, op. cit.; Far Eastern Economic Review, 18. März 1977, S. 33–80. – 1971 lebten in Hongkong in 90000 Wohnungen durchschnittlich mehr als fünf Menschen in einem einzigen Raum (Porter, op. cit., S. 436).

74 The Times, 8. Mai 1973.

bedürfen, und verschafft ihnen eine entspannende und anfänglich billige Lebensweise, wenn sie nicht in Arbeit sind›. ‹Die ärmeren Arbeiter haben keine Zukunft – und wenige glauben an ein Dasein danach. Für solche Menschen ist Heroin, falls verfügbar, ein ziemlich billiges Mittel, um die Gegenwart zu genießen und die Zukunft zu vergessen. Es ist eine rationale Antwort auf eine präzise Diagnose ihres Lebens und ihrer Zukunft.›»[75]

Gewerkschaften spielen in Hongkong keine ins Gewicht fallende Rolle. Im März 1971 hatte die Bekleidungsindustrie Hongkongs 101 390 Arbeiter; im gleichen Monat wiesen die drei Bekleidungsgewerkschaften insgesamt 1965 Mitglieder auf.[76] Einer der Gründe für den niedrigen Organisationsgrad scheint die geringe durchschnittliche Zahl von Arbeitern pro Betrieb zu sein (etwa 25), mit der Folge paternalistischer Abhängigkeitsbeziehungen im Betrieb.[77] Andererseits scheinen die zahllosen kleinen rivalisierenden Gewerkschaften Hongkongs unter den herrschenden Umständen unfähig zu sein, effizient für die Belange der Arbeiter einzutreten.[78]

Diese Hinweise mögen genügen, um anzudeuten, unter welchen Bedingungen die Produktivität der Industrie Hongkongs ihren relativ hohen Stand hat erreichen können. Sollten sich eines Tages in Teilbereichen der Bekleidungsindustrie Hongkongs (zum Beispiel bei Standardkleidung) die Verwertungsbedingungen entscheidend verschlechtern (in erster Linie wohl auf Grund einer möglicherweise in naher Zukunft veränderten Struktur der Importbeschränkungen der traditionellen Industrieländer)[79], so hat das einheimische und ausländische Kapital Hongkongs darauf schon längst die angemessene Antwort vorbereitet: Die Produktion wird dann eben in andere Niedrig-Niedriglohnländer verlagert.[80] Auch dies ist eine rationale Antwort auf eine präzise Diagnose – rational diesmal vom Standpunkt des Kapitals, nicht vom Standpunkt des Arbeiters.

Zweifellos ist Hongkong gegenwärtig der Extremfall einer fortgeschrittenen exportorientierten Industrialisierung und ihren ökonomischen und sozialen Auswirkungen. Es stellt sich daher die Frage, wie repräsentativ dieser

75 England/Rear, op. cit., S. 67.
76 Ebd., S. 89.
77 The Times, 8. Mai 1973.
78 England/Rear, op. cit., passim.
79 Ein denkbares Beispiel wäre die Einführung globaler Importquoten durch die traditionellen Industrieländer statt der bisher auf der Grundlage der *past performance* bilateral ausgehandelten Selbstbeschränkungsabkommen einzelner Entwicklungsländer mit einzelnen traditionellen Industrieländern bzw. der EG.
80 TAL (Textile Alliance Ltd.) hat zum Beispiel Betriebe in Malaysia, Indonesien, Singapur, Taiwan, Thailand, Mauritius, Nigeria. Über Mauritius (Bekleidung, 600 Nähmaschinen) und Nigeria (Spinnweberei) hat TAL, von dessen insgesamt 40 000 Beschäftigten bereits 20 000 außerhalb der Kronkolonie tätig sind, zoll- und importrestriktionsfreien Zugang zum EG-Markt. Siehe Textil-Wirtschaft 8 (1975), S. 20.

Fall für andere Entwicklungsländer ist, die unter den Bedingungen weltweiter Kapitalverwertung heute mehr und mehr in die neue internationale Arbeitsteilung einbezogen werden. Unsere These ist, daß der Weltmarkt für Arbeitskraft und der Weltmarkt für Produktionsstandorte, auf dem sich die Entwicklungsländer gegenseitig Konkurrenz machen (müssen), in allen jenen Entwicklungsländern vergleichbare ökonomische und soziale Auswirkungen hervorrufen wird, die sich in dieser Konkurrenz «erfolgreich» behaupten. Der Modellfall einer solchen Einbeziehung von Entwicklungsländern in die neue internationale Arbeitsteilung durch exportorientierte Industrialisierung sind die freien Produktionszonen und sonstige Formen von Weltmarktfabriken. Ihre ökonomischen und sozialen Auswirkungen, soweit sie bereits heute faßbar sind, werden in Teil III dieses Buches behandelt. Die dort analysierten Auswirkungen dieser besonderen, modellhaften Form der exportorientierten Industrialisierung machen deutlich, daß Hongkong und die Lebensbedingungen seiner arbeitenden Bevölkerung nicht die exzeptionelle Ausnahme, sondern lediglich das besonders fortgeschrittene Beispiel einer Entwicklung sind, die in der vorhersehbaren Zukunft immer größere Teile der Bevölkerung in den Entwicklungsländern erfassen wird.

3.4. Bedingungen, die der Weltmarkt für Waren und Produktionsstandorte einer exportorientierten Industrialisierung auferlegt: Das Beispiel des Staatshandelslandes Ungarn

In Abschnitt 3.1 ist für einige Entwicklungs- und Staatshandelsländer gezeigt worden, daß Tendenzen zu ihrer – unter anderem auf die Entwicklung der Textil- und Bekleidungsindustrie gestützten – exportorientierten Industrialisierung bestehen. Eine solche exportorientierte Industrialisierung ist unter den heutigen Randbedingungen des kapitalistischen Weltsystems in all jenen kapitalistischen Ländern die einzig mögliche Form der (weiteren) Industrialisierung, die einen engbegrenzten Binnenmarkt aufweisen, weil die zahlungsfähige (!) Nachfrage der Masse der Bevölkerung nach Lohngütern (also Gütern, die von Lohnarbeitern nachgefragt werden) zu gering ist, um einen hinreichend großen Absatz der inländischen industriellen Produktion zu gewährleisten. Ein engbegrenzter Binnenmarkt für Lohngüter ist aber gerade das charakteristische Ergebnis der (teilweise mehrhundertjährigen) Integration der Entwicklungsländer in das kapitalistische Weltsystem (Verelendung der Masse der Bevölkerung). Die Absatzmärkte der Industrie solcher Länder müssen im wesentlichen im Ausland, und das heißt: im wesentlichen in den traditionellen Industrieländern gesucht werden. Lediglich für den immer sehr begrenzten Teil der zahlungskräftigen inländischen Bevölkerung kann ein Teil der Produktion von Luxusgütern im Binnenland abgesetzt werden (Beispiel: Kraftwagen in Brasilien). Angesichts der niedrigen Einkommen der Masse der Bevölkerung in den meisten Entwicklungsländern muß vermutlich auch ein großer Teil der Erzeugnisse der Textil- und Bekleidungsindustrie dieser Länder zu dieser Kategorie von Waren gezählt werden, die nur auf dem Wege des Exports und/oder an die relativ wenigen inländischen Bezieher hoher Einkommen abgesetzt werden können.

Insofern diese Form der exportorientierten Industrialisierung die aktive Unterstützung des jeweiligen Staates findet – und dies ist praktisch ausnahmslos in allen kapitalistischen Entwicklungsländern der Fall –, wird diese aktive Unterstützung, das heißt: möglichst weitgehende Erfüllung der Anforderungen an einen möglichst profitablen Standort für Weltmarktproduktion, in der Regel offiziell begründet oder legitimiert mit folgenden Erwartungen: Es werde auf diese Weise eine zunehmende Zahl von industriellen Arbeitsplätzen geschaffen; die soziale Lage der Bevölkerung werde verbessert; die Zahlungsbilanz werde ausgeglichener gestaltet; das Land erhalte Technologie und Know-how usw. Daß diese und ähnliche Erwartungen (unterstellt, sie waren ehrlich gemeint) bislang in aller Regel eklatant enttäuscht worden sind und daß sich hieran angesichts der gegenseitigen Konkurrenz der kapitalistischen Entwicklungsländer auf dem Weltmarkt für Produktionsstandorte auch mittelfristig nichts ändern dürfte, ist wesentliches Ergebnis einer anderen Fallstudie dieses Buches (vergleiche Teil III; siehe auch den vorstehenden Abschnitt 3.3).

Es soll nun im folgenden untersucht werden, ob sich der bestimmende Einfluß des Weltmarktes für Waren und Produktionsstandorte auch in zentralen Planwirtschaften (Staatshandelsländern) durchsetzt, soweit sie eine Strategie der exportorientierten Industrialisierung verfolgen. Auch in solchen Ländern muß nämlich die Planung der außenwirtschaftlichen Beziehungen den Erfolgskriterien auf dem Weltmarkt Rechnung tragen. Es kann hier nicht untersucht werden, welche Gründe im einzelnen dazu geführt haben, daß eine Reihe von Staatshandelsländern in den letzten Jahren zu einer Strategie der exportorientierten Industrialisierung (= wachsenden Integration in die internationale Arbeitsteilung innerhalb des kapitalistischen Weltsystems) übergegangen ist. Das in offiziellen Verlautbarungen häufigste Argument hierfür besagt, daß die weitere Industrialisierung auf den Import von Investitionsgütern, Technologie, Know-how, managementmäßiger Expertise etc. aus den traditionellen kapitalistischen Industrieländern angewiesen sei; ihr Erwerb soll durch die Devisenerlöse exportorientierter Industrien ermöglicht werden. (Dahinter steht der Mythos, Technologie als solche sei ein zugleich zentrales und neutrales Werkzeug, um den angestrebten Übergang in eine kommunistische Gesellschaft zu ermöglichen.)

Am Beispiel Ungarns soll nun näher ausgeführt werden, in welcher Weise eine Strategie der exportorientierten Industrialisierung auch einer zentralen Planwirtschaft Imperative des (kapitalistischen) Weltmarktes auferlegt. Der Klarheit halber seien die Ergebnisse der Analyse vorwegnehmend aufgeführt. Unter den Bedingungen der heutigen kapitalistischen Weltökonomie bedeutet eine exportorientierte Industrialisierung für eine zentrale Planwirtschaft:

1. Die industrielle Produktion muß in ihrer Produkt-, Qualitäts- und Preisstruktur auf die Herstellung solcher Waren umgestellt werden, die auf dem Weltmarkt konkurrenzfähig sind, mit anderen Worten, die Auswahl der exportorientierten Produktionen muß sich an den Nischen des kapitalistischen Weltmarkts orientieren, oder: Die industrielle Produktion muß sich in die internationale Arbeitsteilung einfügen; komplementär muß die Produktion unrentabler Waren eingeschränkt oder ganz eingestellt werden; die produzierenden Firmen müssen einzelwirtschaftlich motiviert, das heißt an einzelwirtschaftlicher Rentabilität orientiert sein.

2. Um dies zu erreichen, müssen – verglichen mit der Gesamtwirtschaft – überproportionale Investitionen in den exportorientierten Industrien vorgenommen werden; das kann bedeuten, daß der inländische Konsum unterproportional zur Steigerung des Nationaleinkommens wächst.

3. Um die benötigte Technologie, Marktkenntnis, die benötigten Absatzkanäle (angesichts der Importkontingentierungen der traditionellen Industrieländer) zu erhalten, muß in der Regel mit Unternehmen der kapitalistischen Länder kooperiert werden; die mit ausländischen Unternehmen kooperierenden inländischen Betriebe müssen bei der Kreditvergabe etc. bevorzugt werden; die ausländischen Partnerunternehmen müssen an solchen Kooperationen durch ökonomische Anreize interessiert werden: relativ billige, hinreichend qualifizierte und disziplinierte Arbeitskraft, Einhaltung gewisser qualitativer Normen und von Lieferterminen, bereitwilliges Eingehen auf Wünsche hinsichtlich der Art zu produzierender Waren, Ermöglichung des Zugangs zu osteuropäischen Märkten.

4. Die Außenhandelspolitik muß darauf abgestellt sein, die Importrestriktionen der wichtigsten Handelspartner durch entsprechende eigene Zugeständnisse abzubauen (Wichtigkeit der GATT-Mitgliedschaft).

5. In der Regel sind arbeitsintensive Produktionen zu bevorzugen (zum Beispiel Maschinenbau, Bekleidungsindustrie), weil hier die Rentabilitätsaussichten angesichts der «Faktorausstattung» besonders günstig sind.[81]

Die vorstehende Liste ist das Ergebnis einer Durchsicht fast ausschließlich offizieller ungarischer Quellen; in der Regel handelt es sich dabei um Publikationen, deren Zweck darin besteht, Unternehmen kapitalistischer Länder auf mögliche Vorteile einer Kooperation mit ungarischen Betrieben aufmerksam zu machen. Im folgenden werden einige Auszüge aus diesen Quellen gegeben, um die Aussagen der Liste zu belegen.

81 Man beachte die weitgehende Übereinstimmung dieser Liste mit analogen, die für kapitalistische Entwicklungsländer aufgestellt worden sind; vergleiche zum Beispiel Abschnitt 6.4 (DEG) oder Teil III (zum Beispiel Listen der UNIDO).

Zu 1.:
«Die wirtschaftspolitischen Zielsetzungen des am 1. Januar 1976 begonnenen fünften Fünfjahrplans sind auch für die Außenwirtschaftspartner Ungarns von Interesse, da sie eine steigende Teilnahme an der internationalen Arbeitsteilung vorsehen. Die im Mittelpunkt stehende wichtigste Aufgabe der Wirtschaftspolitik besteht gegenwärtig darin, geeignete Maßnahmen zur Erhöhung der Wettbewerbsfähigkeit und zur Förderung des Exports zu treffen ... Die Ausnutzung der Kapazitäten und damit die Entwicklungsmöglichkeiten der Unternehmen hängen in steigendem Maße davon ab, in welchem Tempo es den Unternehmen gelingt, ihr Angebot von wettbewerbsfähigen Produkten auf den Märkten der Länder mit konvertibler Währung zu erhöhen ... Die Pläne in einer ausgeglichenen Entwicklung machen es erforderlich, die entsprechende Produktenstruktur nach den Markterfordernissen auszubauen, die einzelnen Sparten der Industrie differenziert zu entwickeln und die Einstellung der Produktion unrentabler Waren zu beschleunigen.»[82]

«... letzten Endes ist die Motivation der Unternehmensleitungen tatsächlich systemgebunden. In der Praxis sind die ungarischen Firmen bei der Kooperation jedoch ebenfalls einzelwirtschaftlich motiviert – unter Beachtung wirtschaftspolitischer Zielsetzungen. Sie genießen auch die entsprechende Entscheidungskompetenz.»[83]

«Für die ungarische Wirtschaft ist seit Beendigung des Zweiten Weltkrieges die immer intensivere Beteiligung am internationalen Handel charakteristisch. Der Außenhandelsumsatz erhöhte sich auch während des 1975 beendeten fünften Fünfjahrplans rascher als das Gesamtsozialprodukt ... In der Konzeption der Wirtschaftsentwicklung für den fünften Fünfjahrplan (1976 bis 1980) verlagert sich der Hauptakzent unter anderem auf einen Ausgleich in der Handelsbilanz ... Neben dem bilanzmäßigen Volumenzuwachs der für Exportzwecke frei werdenden Warenfonds wird auch der Entwicklung und Strukturveränderung große Aufmerksamkeit gewidmet, die die internationale Wettbewerbsfähigkeit ungarischer Produkte erhöhen sollen. Entwicklung und Ausnutzung der vorhandenen Leistungsbasen den Ansprüchen des Weltmarkts anzupassen, sind die Richtlinien, die bei der weiteren Verbesserung des inländischen Preissystems, der Devisenkurse, der Besteuerung sowie des Interessensystems der Zentral- bzw. der Unternehmensleitung in erster Linie beachtet wurden. Im Grunde genommen handelt es sich also um die zunehmende Exportorientierung der Wirtschaftspolitik. Die Verflechtungen zwischen Produktion und Verbrauch sowie das weiterentwickelte Interessensystem sind auf die Ausweitung der Exporte nach den nichtsozialistischen Ländern ausgerichtet ... Angesichts der nicht in ausreichender Zahl zur Verfügung stehenden Arbeitskräfte ist es erforderlich, die unzeitgemäße Produktion von Maschinenbauerzeugnissen geringerer Rentabilität einzuschränken. Die dadurch ausfallenden Erzeugnisse sind durch Importe zu ersetzen ... Bei der Bestimmung, welche Produkte in der Landwirtschaft zu produzieren sind, wird die Nachfrage auf dem Weltmarkt weitgehend berücksichtigt.»[84]

82 Gerd Biró (Generaldirektor der Ungarischen Handelskammer), «Stellung auf dem Weltmarkt wird stärker ausgebaut», Handelsblatt, 23. März 1976, S. 21.

83 Károly Ravasz (Marketing-Direktor der Intercooperation Handelsförderungs-AG Budapest), Kontroverse zum HWWA-Bericht. In: Cooperation 3 (1974), S. 32.

84 Hungaropress, Voraussichtliche Tendenzen im ungarischen Außenhandel im V. Fünfjahrplan 1976 bis 1980. In: Cooperation 2 (1976), Ungarische Sonderbeilage, S. VIIf.

Zu 2.:

«Unter Berücksichtigung dieser Zielsetzung [Ausgleich der Handelsbilanz; d. Verf.] wünscht der Plan vor allem, die inländischen Verbrauchsproportionen zu ändern. In fünf Jahren ist – gegenüber der 30- bis 32prozentigen Erhöhung des Nationaleinkommens – bei dem inländischen Verbrauch nur ein 23- bis 25prozentiger Zuwachs vorgesehen. Die ‹Mäßigung› beim Verbrauch konzentriert sich vorwiegend auf die Investitionen; es ist jedoch auch auf dem Gebiet des Konsums mit einer gewissen Verlangsamung zu rechnen.»[85]

«Bei einer Erhöhung der Industrieproduktion um 33 bis 35 Prozent soll die Vermarktung im Inland nur um 25 bis 27 Prozent steigen, während sich die Ausfuhren in Rubelrelationen um 44 bis 48 Prozent und in die Staaten mit konvertibler Währung um 65 bis 70 Prozent erhöhen sollen.»[86]

Zu 3.:

«Den Unternehmen wird ... für solche Entwicklungen Kredit gewährt, die sich innerhalb von fünf Jahren aus den Nettodeviseneinkommen amortisieren und zu gewinnbringenden Ausfuhren führen.»[87]

«... Im Beispiel Bundesrepublik besteht zum Beispiel einer der wesentlichsten Vorteile darin, daß Exporte im Rahmen der Kooperation außerhalb des Kontingents getätigt werden können ... Geschäftsleuten in der Bundesrepublik dürfte auch bekannt sein, daß die ungarischen Finanzbehörden einen bedeutenden Kreditrahmen zwecks Finanzierung der im fünften Fünfjahrplan zu realisierenden Investitionen eingebaut haben ... Es ist offensichtlich, daß, insofern der Bewerber einen verläßlichen, anerkannten westlichen Kooperationspartner in Aussicht stellt, der Konzeption eine viel größere Beachtung gewidmet wird. In Ungarn vertritt man nämlich die Auffassung, daß die technische Entwicklung durch die Beteiligung eines ausländischen Partners besser gesichert wird als bei einem Geschäft, das mit dem Verkauf der Einrichtungen an den ungarischen Partner als beendet gilt. Der ungarische Partner hat daher größere Chancen, die für die Entwicklung vorgesehene Summe zu erhalten, falls er den Kredit im Rahmen einer Kooperation beantragt. Dies ist ein weiterer Grund für den ungarischen Partner, das zu Kooperation bereite westliche Unternehmen zu bevorzugen.»[88]

«Die Kooperationsverträge haben zur Erhöhung des technischen Niveaus der ungarischen Industrie wesentlich beigetragen und dadurch auch die ungarischen Exporte erleichtert. Andererseits haben sie die Konkurrenzfähigkeit der bundesdeutschen Firmen erhöht und ihnen oft geholfen, auf den Märkten der sozialistischen Länder mit Hilfe von Kooperationen Absatz zu finden.»[89]

«Konkrete Gründe, die Firmen aus Berlin (West) veranlassen, Kooperationsbeziehungen mit ost- und südosteuropäischen Betrieben einzugehen, sind der Ausgleich

85 Hungaropress, Voraussichtliche Tendenzen ..., a. a. O.

86 Gerd Biró, op. cit., Handelsblatt, 23. März 1976, S. 21.

87 Ebd.

88 Iván Toldy-Ösz (Direktor der Intercooperation AG für Handelsförderung, Budapest), «Wachsender Export durch Kooperation», Handelsblatt, 23. März 1976, S. 22.

89 Hungaropress, Entwicklung der Wirtschaftsbeziehungen zwischen der Ungarischen Volksrepublik und der Bundesrepublik Deutschland. In: Cooperation 2 (1976), Ungarische Sonderbeilage, S. VI.

des Arbeitskräftemangels, der gerade in der West-Berliner Wirtschaft eine Rolle spielt, kostengünstigere Lieferungen infolge niedrigeren Lohnniveaus, stabile Preise durch Vereinbarungen auf längere Zeit, größere Umsätze durch Auslastung der Kapazitätsreserven im jeweiligen Staatshandelsland und unter Berücksichtigung der jeweiligen Anlaufzeiten für das vorgesehene Produkt eine gute Qualitätsarbeit. Darüber hinaus ist es häufig der Wunsch von West-Berliner Unternehmen, die eigene Position im Bereich der Comecon-Länder auszubauen sowie eine enge Zusammenarbeit beim gemeinsamen Vertrieb auf Märkten in Drittländern anzustreben.»[90]

Zu 4.:
«Wir sind uns dessen bewußt, daß unsere wichtigste Aufgabe in der Steigerung der Exportfähigkeit ungarischer Waren besteht ... Es darf jedoch nicht unbeachtet bleiben, daß die Steigerung der ungarischen Exporte derzeit noch durch erhebliche handelspolitische Restriktionen, in zahlreichen Fällen durch diskriminierende Maßnahmen, gehemmt wird. Trotz unserer GATT-Mitgliedschaft beträgt die Zahl der quantitativen Beschränkungen unterliegenden ungarischen Exportartikel 500 Waren, die etwa 20 Prozent unserer Ausfuhren ausmachen. Die Ausweitung der mengenmäßig beschränkten Exporte war 1975 überhaupt nicht möglich. 1976 können sie voraussichtlich im Durchschnitt um 6 Prozent erhöht werden ... Der Großteil der betroffenen Produkte unterliegt der im voraus unberechenbaren Regelung der EG-Vorschriften, und dies verursacht unseren Exporteuren ständig größere Probleme.»[91]

«Seit September 1973 ist Ungarn Vollmitglied des GATT. Daraus ergibt sich die Möglichkeit, an multilateralen Verhandlungen mit den GATT-Vertragsparteien, einschließlich der EG und ihren Mitgliedstaaten, teilzunehmen. Diese Verhandlungen betreffen die grundlegenden Elemente des Handels. Sie können unter anderem den stufenweisen Abbau diskriminatorischer Kontingente vorsehen.»[92]

Zu 5.:
«Einer expansiven Ausfuhr wird beim Maschinenbau eine strukturbestimmende Wichtigkeit im Plan zugeschrieben. Dies folgt einerseits aus dem hohen Anteil des Maschinenbaus an der Gesamtindustrie; andererseits ist es damit zu erklären, daß dieser Zweig die arbeitsintensivsten Produkte herstellt, das heißt Fabrikate, bei denen relativ hohe ungarische Arbeitsaufwendungen erforderlich sind. Sie können daher zur Ausgestaltung einer ökonomisch effektiven und auch auf die Handelsbilanz positiv auswirkenden Exportstruktur einen bedeutenden Beitrag leisten.»[93]

Daß diese Berichte nicht für potentielle westliche Kooperationspartner ge-

90 L. Großkopf, Berlin als Partner in der Ost-West-Kooperation. In: Cooperation 3 (1974), S. 34.

91 László P. Tóth (Handelsrat der ungarischen Botschaft in der Bundesrepublik Deutschland), «Gewichte im Handel müssen gleichmäßiger verteilt werden», Handelsblatt, 23. März 1976, S. 24.

92 Bundesstelle für Außenhandelsinformation, Ungarische Handelskammer, Institut für Konjunktur- und Marktforschung (Köln/Budapest), Handbuch der Kooperation zwischen Unternehmen in der Bundesrepublik Deutschland und in der Volksrepublik Ungarn, Köln/Budapest 1975, S. 22f.

93 Hungaropress, Voraussichtliche Tendenzen ... In: Cooperation 2 (1976), Ungarische Sonderbeilage, S. VIIf.

schönt sind, mögen einige Passagen aus dem fünften Fünfjahrplan der Ungarischen Volksrepublik schlaglichtartig bekräftigen:

«. . . Steigerung der Exportfähigkeit der Erzeugnisse . . . Intensivierung unserer Teilnahme an der internationalen Arbeitsteilung . . . Festigung der Selbständigkeit und Eigenverantwortlichkeit der Produktionseinheiten . . .

. . . soll der inländische Verbrauch des Nationaleinkommens . . . in langsamerem Tempo als das Nationaleinkommen . . . zunehmen . . . die Rentabilität der Produktion ist zu erhöhen . . . rasche Steigerung der Erzeugung moderner, auf dem Weltmarkt konkurrenzfähiger und wirtschaftlich herstellbarer Produkte . . .

Im Rahmen der Investitionen der produzierenden Zweige sind insbesondere die Anteile jener der energetischen Industrie sowie jener zu erhöhen, die die Steigerung der Exportfähigkeit bezwecken . . .

In raschem Tempo ist die Tätigkeit jener weiterverarbeitenden Industriezweige anzukurbeln, durch die sich der Anteil der auf verschiedensten Märkten absetzbaren Produkte erhöhen und die rentable Ausfuhr steigern läßt . . .

Die Entwicklung der Bekleidungsindustrie soll die Befriedigung des Inlandsbedarfs und die Ausweitung der Ausfuhr ermöglichen. Durch Fortsetzung der Rekonstruktion ist die Erzeugung im Inland gefragter und auf den Auslandsmärkten wettbewerbsfähiger Artikel zu steigern . . . Auf Grund des Prinzips der Respektierung der gegenseitigen Vorteile und Interessen sind die Wirtschaftsbeziehungen zu den entwickelten kapitalistischen Ländern zu vertiefen. Über die nötige Steigerung des Warenaustausches hinaus sind die Kooperations- und jene Beziehungen zu festigen, die den Erwerb von entwickeltem Know-how ermöglichen . . .

Exportinteressiertheit . . . durch Steigerung der Effizienz und durch die raschere Umstrukturierung der Ausfuhren muß die regelmäßige und kräftige Zunahme der Exporte sowie die Erhöhung ihrer Rentabilität erreicht werden . . .

Die wirtschaftlichen Regulatoren sind so zu entwickeln, daß sich in den Preisen die als dauerhaft aufscheinenden Austauschverhältnisse auf dem Weltmarkt getreuer spiegeln, daß die Gewinnverhältnisse die Effektivitätsunterschiede verläßlicher zum Ausdruck bringen, daß sich das System der Fondsbildung und -verwendung bei den Unternehmen elastischer gestalte . . . Das Preissystem ist derart fortzuentwickeln, daß die Preise, die auch durch die internationalen Preisverhältnisse begründeten gesellschaftlichen Zuschüsse zunehmend zum Ausdruck bringen und geeignete Grundlagen für die effizientere Wirtschaftsführung bilden. Auch durch die behördliche Modifikation der Produzentenverkaufspreise soll erreicht werden, daß die Unternehmen in ihren ökonomischen Entscheidungen die dauerhaften Preistendenzen auf den Auslandsmärkten besser als bisher in Betracht ziehen. Die Haushaltsmittel sollen die Ausgestaltung der rentablen Produktionsstruktur und die Zurückdrängung der unrentablen Produktion fördern . . . insbesondere sollen der Anteil der Verlustvergütungen herabgesetzt, die für die Entwicklung der rentablen Produktion gewährten Subventionen hingegen erhöht werden . . .

Die Kreditpolitik . . . den rentablen Absatz sowie die einträglichen Entwicklungsvorhaben (fördern) . . . Entwicklungskredite . . . besonders mit dem Blick auf die Erweiterung der für Exportzwecke produzierenden Kapazitäten . . .

Das Einkommen der Unternehmen ist zusammen mit der Regelung der Produktions- und Aufkaufspreise so zu ordnen, daß sich die Lage des Haushalts verbessere und daß sich in den Gewinnen die im Nutzeffekt der Wirtschaftstätigkeit erkennbaren Unterschiede deutlicher niederschlagen. Den Unternehmen steht es frei, darüber zu entscheiden, ob sie den Gewinn der Erhöhung der persönlichen Einkommen bzw. Entwicklungszwecken zuwenden . . .

Die Produktionsbetriebe sind an den rentablen Ausfuhren und an der Erfüllung der zwischenstaatlichen Verpflichtungen interessiert zu machen . . .

Die Selbständigkeit der Unternehmen (ist) zu wahren und zu festigen und die Eigenverantwortlichkeit der Wirtschaftseinheiten für ihre ökonomischen Entscheidungen und für den ökonomischen Nutzeffekt ihrer Tätigkeit zu erhöhen . . .

(Das Parlament) ersucht die Gewerkschaften und alle anderweitigen gesellschaftlichen Organisationen, durch Mobilisierung der Werktätigen die Durchführung des Gesetzes und die Verwirklichung der im Plan gesteckten Ziele zu unterstützen.»[94]

Es soll hier nicht auf jene Teile des Fünfjahrplans eingegangen werden, die sich mit der materiellen Versorgung der ungarischen Bevölkerung befassen. Im vorliegenden Zusammenhang kam es zunächst einmal darauf an, ausreichend zu belegen, wie weitgehend eine Strategie der exportorientierten Industrialisierung auch einer zentralen Planwirtschaft Imperative des (kapitalistischen) Weltmarkts auferlegt.

Die westliche Geschäftswelt verfolgt denn auch mit großer Aufmerksamkeit die Anreize, die ungarischen Unternehmen durch den ungarischen Staat eingeräumt werden, wenn sie Kooperationsabkommen mit westlichen Partnern abschließen; denn «diese Anreize kommen indirekt auch dem westlichen Partner zugute»[95]. Inzwischen hat sich eine Art Börse oder Markt gebildet, auf dem ungarische Unternehmen Kooperationen anbieten. Einige neuere Angebote auf dieser Börse lauten:

«Der Kooperationspartner soll die notwendige Ausrüstung für die neue, auf die Herstellung von Flachstrickwaren spezialisierte Fabrik sowie das technische Know-how zur Verfügung stellen; außerdem soll er den Produktionsablauf organisieren sowie einen vereinbarten Anteil – etwa 50 Prozent – der Produktion übernehmen.

Die Aufgabe des ungarischen Partners besteht in der Errichtung der Fabrikgebäude, dem Kauf der Ausrüstung und der Bereitstellung der Arbeitskräfte.»[96]

«Kooperation bei der Herstellung von Socken und Strümpfen. – Ein ungarisches Unternehmen der Textilindustrie sucht einen Kooperationspartner für die Herstellung von Damen-, Herren- und Kinderstrümpfen. Der ungarische Partner könnte, je nach Bedarf des anderen Partners, jährlich ungefähr 2 bis 2,5 Millionen Paar halbfertiger (gestrickter) Artikel weiterverarbeiten. Der ausländische Partner soll die Konfektions-, Verarbeitungs- und Packmaschinen bereitstellen. Außerdem die Zusatzmaterialien für die Produktion.

94 Aus: Der Fünfte Fünfjahrplan der Ungarischen Volkswirtschaft (1976–1980) (Vollständiger Wortlaut des Textes). In: Hungaropress Wirtschaftsinformationen – Informationsdienst der Ungarischen Handelskammer, 1976, Nr. 1–2.

95 «These incentives indirectly benefit the Western partner as well.» Business International, Eastern Europe Report, Hungary Offers Incentives for Cooperation Ventures. In: Business Eastern Europe – A Weekly Report to Managers of East European Operations, Vol. 5, No. 22 (4. Juni 1976).

96 Cooperation 2 (1974), S. 67.

Die verarbeiteten Produkte würden dem ausländischen Partner überlassen werden.»[97]

«Bekleidungsindustrie. – Die ungarische Fertigkleidungsindustrie mit ihren Hauptbranchen Damen-, Herren- und Kinderkleidung wäre an einer Kooperation interessiert, in deren Rahmen durch Übernahme von Maschinen ein Zuwachs an Kapazität und Arbeitsproduktivität erreicht werden könnte.

Zusätzlich zu Spezialmaschinen würden die ungarischen Unternehmen vom ausländischen Partner Know-how für die Herstellungstechnologie und Organisation übernehmen.

Eine Kooperation auf diesem Gebiet wäre für einen ausländischen Partner erfolgversprechend, der die auf diese Weise erhöhte Kapazität für drei bis fünf Jahre teilweise oder ganz nutzen würde.»[98]

«Kooperation bei der Herstellung bestickter Kinder- und Damenkleidung sowie Damenblusen. – Wir suchen einen Partner, der bei der Herstellung von hand- oder maschinenbestickter Kinder- und Damenkleidung mit uns kooperiert.

Der ungarische Partner bietet moderne Konfektionskapazitäten sowie gelernte Arbeitskräfte.

Der ausländische Partner soll das Grundmaterial, die Maschinen und die Vorlagen bereitstellen.

Die in Kooperation gefertigten Artikel würden vom ausländischen Partner übernommen werden.»[99]

Über die Anreize für westliche Partner und für die ungarischen Unternehmen sagt der stellvertretende Direktor der Intercooperation AG (staatliche ungarische Koordinationsstelle für Kooperationen):

«Dr. Toldy-Ösz zeigte an Beispielen von Kooperationen mit westlichen Partnern im industriellen Bereich, daß der westliche Partner zu Beginn der Kooperation Anlagen und/oder technisches Wissen nach Ungarn lieferte und in den ersten Jahren der Vertragsabwicklung auch Ersatzteile in großem Umfang, während der ungarische Partner zunehmend die Herstellung dieser Ersatzteile, in einzelnen Fällen sogar die komplette Fertigung verschiedener Typen eines Produktionsprogramms übernommen hat. *Der Anreiz für den westlichen Partner bestehe in geringeren Produktionskosten, Inanspruchnahme des ungarischen Betriebes als verlängerter Werkbank und in marktstrategischen Vorteilen. Der ungarische Partner erreiche durch die Kooperation eine beschleunigte technische Entwicklung, eine Verbesserung der Außenhandelsmöglichkeiten und die Auslastung freier Kapazitäten.* Von ungarischen Unternehmen seien gegenwärtig zwischen 400 und 700 Kooperationsverträge abgeschlossen, je nachdem, ob bloße Lohnfertigungen hinzugezählt würden oder nicht. 40 Prozent dieser Verträge sind mit Firmen in der Bundesrepublik Deutschland abgeschlossen worden.»[100]

97 New Hungarian Exporter, Vol 25, No. 6 (Juni 1975), S. 21.

98 New Hungarian Exporter, Vol. 25, No. 9 (September 1975), S. 10.

99 Ebd.

100 Cooperation 6 (1975), S. 58 (Hervorhebung nicht im Original, d. Verf.) – Die ungarische Bekleidungsindustrie hat in letzter Zeit mit mehr als 30 Firmen der Bundesrepublik Deutschland Kooperationsverträge geschlossen. Siehe New Hungarian Exporter (1977), Sonderausgabe, S. 5.

Es ist fast überflüssig zu betonen, daß auch die ungarische Textil- und Bekleidungsindustrie unter diesen Gesichtspunkten reorganisiert wird:

«Wir beabsichtigen, das Volumen der Exporte der Leichtindustrie nach den sozialistischen Ländern um 34, die Exporte nach den anderen Ländern hingegen um 100 Prozent zu erhöhen . . .

Die Umstellungen in der Produktions- und Produktenstruktur (der Bekleidungsindustrie) werden darauf ausgerichtet sein, den Ausstoß von Erzeugnissen hohen Gebrauchswerts zu forcieren, die auf allen Märkten gut verwertet und rentabel hergestellt werden können. Besondere Aufmerksamkeit wird die Rekonstruktion . . . der Einschaltung der auf ihrem Gebiet bzw. in ihrem Umkreis vorhandenen, in organisierter Arbeit noch nicht tätigen Arbeitskräfte in die Produktion schenken.»[101]

Diese Auszüge aus kompetenten ungarischen Quellen mögen hinreichen für den Nachweis, daß (und in welchem Umfang) eine Strategie der exportorientierten (weiteren) Industrialisierung die Planung eines Staatshandelslandes wie Ungarn zunehmend durch marktwirtschaftliche Mechanismen ersetzt.

Man wünscht den ungarischen Arbeitern, daß sie bei ihrer «Einschaltung» in die «organisierte Arbeit» zur Herstellung rentabel verwertbarer Produkte nicht in jene «rasende sinnentleerte Maschine» verwandelt werden, als welche sich ein Stücklöhner in einer ungarischen Fabrik empfindet: «Der Stücklohn . . . ist keine grundsätzliche Institution des Sozialismus. Er ist sogar mit dem Sozialismus unvereinbar.»[102]

101 Frau J. Keserü (Ministerin für Leichtindustrie) auf einer Pressekonferenz im Juli 1976, zitiert nach: Hungaropress Wirtschaftsinformationen – Informationsdienst der Ungarischen Handelskammer (1976), Nr. 15–16, S. 3.

102 «Machine emballée, vide de toute idée» – «. . . le salaire au rendement . . . n'est pas une institution fondamentale du socialisme. Ce n'est même pas une institution socialiste du tout.» Miklos Haraszti, Salaire aux piéces. Ouvrier dans un pays socialiste. Collection «Combats», Editions du Seuil, zitiert nach: Le Monde, 24. August 1976.

Weiteres Material zur Ost-West-Kooperation (insbesondere Ungarn–Bundesrepublik Deutschland) mag man folgenden Publikationen entnehmen: Handbuch der Kooperation . . . (oben zitiert); Klaus Bolz, Peter Plötz, Erfahrungen aus der Ost-West-Kooperation, Hamburg 1974; Bundesstelle für Außenhandelsinformation, Einfache und erweiterte Ost-West-Kooperation, Köln 1973; sowie den Zeitschriften: Cooperation; The Hungarian Economy – A Quarterly Economic and Business Review; Ungarischer Außenhandel; New Hungarian Exporter – Periodical of the Hungarian Chamber of Commerce; Hungaropress Wirtschaftsinformationen – Informationsdienst der Ungarischen Handelskammer; Marketing in Ungarn – Vierteljahrzeitschrift der Ungarischen Handelskammer; Business Eastern Europe – A Weekly Report to Managers of East European Operations.

Kapitel 4
Produktionsverlagerung von Unternehmen der Textil- und Bekleidungsindustrie der Bundesrepublik Deutschland ins Ausland

4.1. Vorbemerkungen (Methodik, Quellen, Auswahlkriterien, vermutliche Erfassungsquote, Präsentation des gesammelten Materials)

In der Bundesrepublik Deutschland existiert keine öffentlich zugängliche Aufstellung aller jener Unternehmen der Textil- und Bekleidungsindustrie, die in der einen oder anderen Form Auslandsfertigungen unterhalten.[103] Es mußte daher versucht werden, aus einer Vielzahl unspezifischer Quellen Hinweise auf Auslandsfertigungen der bundesdeutschen Textil- und Bekleidungsindustrie zu gewinnen. Hilfreicher Ausgangspunkt hierfür waren zwei Aufstellungen der Zeitschrift *Textil-Wirtschaft* aus den Jahren 1966 und 1970.[104] Des weiteren wurden über einen Zeitraum von zwei bis drei Jahren die Wirtschaftsteile einiger Tageszeitungen (insbesondere *Süddeutsche Zeitung, Frankfurter Allgemeine Zeitung* mit *Blick durch die Wirtschaft*), das *Handelsblatt*, der Nachrichtendienst *VWD-Textil* und einige Fachzeitschriften (insbesondere *Textil-Wirtschaft*) diesbezüglich ausgewertet. Daneben wurden das *Hoppenstedt'sche Handbuch der Großunternehmen* und, in geringerem Ausmaß, das *ABC der deutschen Wirtschaft* herangezogen. Geschäftsberichte spielten als Quelle nur eine untergeordnete Rolle, unter anderem, weil ein großer Teil der in Frage kommenden Firmen nicht publizitätspflichtig ist. In einigen Fällen gaben Auslandshandelskammern Hinweise.

103 Die amtliche Publikation: United States Tariff Commission, Economic Factors Affecting the Use of Items 807.00 and 806.30 of the Tariff Schedules of the United States, TC Publication 339, Washington, D. C., 1970, nennt dagegen immerhin aggregierte Beschäftigungszahlen für bestimmte Typen von Auslandsfertigungen US-amerikanischer Firmen. – Die neuen Meldevorschriften nach § 56a Außenwirtschaftsverordnung (AWV) über Höhe und Struktur des Vermögens Gebietsansässiger in fremden Wirtschaftsgebieten (vergleiche Anlage K 3 zum AWV) bezeichnen die Angabe der Beschäftigtenzahl von Auslandsfirmen als erwünscht, aber nicht obligatorisch. Es bleibt abzuwarten, ob eines fernen Tages einmal aggregierte Beschäftigungsangaben bundesdeutscher Auslandsproduktionsstätten in hinreichend tiefer regionaler und branchenmäßiger Untergliederung aus diesen Unterlagen öffentlich zugänglich gemacht werden.

104 Textil-Wirtschaft 41 (1966): «Deutsche Produktion im Ausland»; Textil-Wirtschaft 42 (1970): «Sollen wir im Ausland produzieren?».

Diese und eine Reihe weiterer, weniger wichtiger Quellen reichten aber bei weitem nicht aus, um einen auch nur halbwegs zureichenden Überblick über die Auslandsfertigung der Textil- und Bekleidungsindustrie der Bundesrepublik Deutschland zu erhalten. Daher wurden etwa 330 Unternehmen der Textil- und Bekleidungsindustrie gebeten (zum Teil mehrmals), auf einem Datenblatt über ihre Auslandsfertigungen – soweit bestehend – einige Auskünfte zu geben. Um die Chancen für eine möglichst große Zahl von Antworten nicht von vornherein entscheidend zu verringern, war der Kreis der Fragen bewußt auf ein Minimum begrenzt.[105]

Der Kreis der befragten Firmen war so gewählt, daß erstens – soweit möglich und bekannt – *alle* diejenigen umsatzmäßig größten Unternehmen der Textil- und Bekleidungsindustrie erfaßt wurden, die zusammengenommen etwa 50 Prozent des Umsatzes der jeweiligen Teilbranche in der Bundesrepublik Deutschland auf sich vereinigen, und daß zweitens *zusätzlich* auch noch solche kleineren Firmen befragt wurden, bei denen auf Grund obiger Quellen vermutet werden konnte, daß sie eine Auslandsfertigung unterhalten. Daß in der Regel nur Unternehmen der Textil- und Bekleidungs*industrie* und nicht zum Beispiel auch Unternehmen des (Groß-, Versand- etc.) *Handels* in den Kreis der Untersuchung einbezogen wurden, hat im wesentlichen zwei Gründe. Erstens war aus Gründen beschränkter Arbeitskapazität eine Eingrenzung erforderlich; zweitens sollte – irgendeine solche Eingrenzung einmal aufgenötigt – bevorzugt herausgefunden werden, in welcher Weise der Weltmarkt für Produktionsstandorte die einheimischen Produzenten veranlaßt oder zwingt, ihre Produktion weltweit neu zu organisieren.

Auf der Basis des gesammelten Materials – und vorbehaltlich später anzumerkender Spezifikationen – ergibt sich, daß *nachweisbar* etwa 45 Prozent der in die Untersuchung *einbezogenen* Unternehmen der Textilindustrie und *nachweisbar* etwa 70 Prozent der in die Untersuchung *einbezogenen* Unternehmen der Bekleidungsindustrie der Bundesrepublik Deutschland in irgendeiner Form eine Auslandsfertigung unterhalten. Eine verläßliche Abschätzung, mit welchem Grad an Vollständigkeit die Auslandsferti-

105 An dieser Stelle sei allen Firmen und ihren zuständigen Sachbearbeitern gedankt, die sich an der Umfrage beteiligt haben (etwa 200 der etwa 330 angeschriebenen Firmen). An der Verläßlichkeit ihrer Angaben ist – von vereinzelten Ausnahmen abgesehen – kein Zweifel erlaubt. In zahlreichen Fällen bestand die Antwort natürlich in einer Fehlanzeige, das heißt die Firma unterhält keine Auslandsfertigung. Es hat den Anschein, als hätten sich die Firmen ohne Auslandsfertigung überproportional an der Umfrage beteiligt. In einigen Fällen wurde vertrauliche Behandlung der Angaben zur Auflage gemacht. Für jene anderen Firmen, die nicht geantwortet haben oder die erst nach der Umfrage (Spätsommer 1975) in die Untersuchung einbezogen wurden (im letzteren Fall etwa 70 Firmen), war ausschließlich auf anderweitige Quellen zurückzugreifen, deren Verläßlichkeit nicht in jedem einzelnen Fall in vergleichbarer Weise sichergestellt werden konnte.

gung *aller* Unternehmen der Textil- und Bekleidungsindustrie der Bundesrepublik Deutschland durch das beschriebene Verfahren erfaßt wurde, ist leider nicht möglich. Gelegentlich möglich gewesene indirekte Kontrollen deuten darauf hin, daß, gemessen an der Zahl der Auslandsbetriebe, etwa 50 bis 75 Prozent der Auslandsfertigungen der Textil- und Bekleidungsindustrie der Bundesrepublik Deutschland (ohne passive Veredelungsverkehre mit Staatshandelsländern und ohne wirtschaftliche Veredelungsverkehre mit kapitalmäßig unabhängigen Auslandsfirmen) erfaßt worden sein könnten (Stand: 1974/75).

Alle gesammelten Informationen zur Auslandsfertigung mit den zugehörigen Quellenangaben sind für jede untersuchte Firma auf einem Datenblatt festgehalten («Datenkartei»). Aus diesen Angaben wurde eine Liste erstellt, die einen tabellarischen Überblick über die wichtigsten Kenngrößen zur Auslandsfertigung der untersuchten Firmen gibt («Firmenliste»).[106] Aus Gründen des Umfangs und, in einigen Fällen, der geforderten Vertraulichkeit ist es nicht möglich, die Datenkartei und die Firmenliste hier wiederzugeben. Statt dessen wird das vorhandene Material hauptsächlich in Form einiger aus dem Ausgangsmaterial aggregierter Tabellen und von Kurzdarstellungen der Auslandstätigkeit ausgewählter Firmen auszugsweise präsentiert.

4.2. Exkurs: Die passiven Veredelungsverkehre (PV)

Ein beachtlicher und vermutlich rasch wachsender Teil des Außenhandels zwischen Ländern ist Warenverkehr innerhalb von Unternehmen, die in verschiedenen Ländern Produktionsstätten unterhalten oder doch Warenverkehr zwischen ökonomisch voneinander abhängigen Unternehmen (Beispiel: Das inländische Unternehmen A und seine ausländische Kontraktfirma B). Hier ist der Außenhandel, konkreter erfaßt, nichts anderes als Ausdruck der von der Einzelunternehmung bewußt organisierten oder genutzten internationalen Arbeitsteilung. So kommt zum Beispiel ein beträchtlicher Teil der Ausfuhr von Strumpfhosen aus der Bundesrepublik Deutschland nach Jugoslawien und Griechenland und ein ebenso beträchtlicher Teil der Einfuhr von Strumpfhosen aus Jugoslawien und Griechenland in die Bundesrepublik Deutschland dadurch zustande, daß die bundesdeut-

106 Die Firmenliste ist ähnlich aufgebaut wie die beiden Listen in Textil-Wirtschaft 41 (1966), 42 (1970). Soweit bekannt, werden folgende Angaben ausgewiesen: Bundesdeutsche Firma: Umsatz und inländische Beschäftigtenzahl; ausländische Produktionsbetriebe der bundesdeutschen Firma: Name, Ort, Land, Höhe der Kapitalbeteiligung der bundesdeutschen Firma, Umsatz, Beschäftigtenzahl, Produktionsprogramm, Absatzmärkte, gegebenenfalls bestehende Veredelungsverkehre mit der bundesdeutschen Firma (alle Angaben für 1974/75).

schen Firmen A_1, A_2 . . . Strumpfhosen als Rohlinge den jugoslawischen oder griechischen Kontraktfirmen B_1, B_2 . . . liefern (ob B Tochtergesellschaft von A ist oder nicht, kann unbeachtet bleiben), daß die Firmen B_1, B_2 . . . die Rohlinge konfektionieren und in der veredelten Form wieder an die Firmen A_1, A_2 . . . in die Bundesrepublik Deutschland liefern.

Es leuchtet an Beispielen dieser Art unmittelbar ein, daß die Kenntnis der Handlungen und Strategien einzelner Unternehmen für das Verständnis von Struktur und Entwicklung des Welthandels unentbehrlich ist. Selbstverständlich sind diese Handlungen und Strategien ihrerseits nur aus den sich beständig ändernden Imperativen zu erklären, welche die Entwicklung der Weltökonomie den Einzelunternehmen bei Strafe des Untergangs auferlegt.

Es wäre deshalb sehr erwünscht, wenn die Außenhandelsstatistik[107] weitere Merkmalsgliederungen über die in diesem Zusammenhang in der Regel ziemlich unergiebigen Merkmale «Waren» und «Länder» hinaus aufwiese, um Rückschlüsse auf Struktur und Entwicklung solcher faktischen Inter- oder Intra-Unternehmenstransaktionen zu erlauben. In einer groben Form könnte dies etwa durch die Angabe der Anteile von Industrie und Handel am Außenhandel mit den einzelnen Warenarten erfolgen. Die zusätzlichen Gliederungen der bundesdeutschen Außenhandelsstatistik geben allerdings in dieser Hinsicht nicht viel her, mit einer – im Falle von Textilien und Bekleidung wichtigen – Ausnahme, den Veredelungsverkehren.

Unter Veredelung wird in der bundesdeutschen Statistik in diesem Zusammenhang «jedes wirtschaftlich sinnvolle Bearbeiten, Verarbeiten und Ausbessern von Waren» verstanden. Im Rahmen der Außenhandelsstatistik und des Außenwirtschaftsverkehrs wird nur die sogenannte Transitveredelung betrachtet, also eine Veredelung in der Arbeitsteilung zwischen ver-

107 Vergleiche K. H. Schlüter, Außenhandel und Statistik, Mainz 1967.

Das Warenverzeichnis für die Außenhandelsstatistik (WA) des Statistischen Bundesamts, die detaillierteste warenmäßige Untergliederung der bundesdeutschen Statistik, enthält gegenwärtig (1977) 8678 Positionen (= Warennummern), das Länderverzeichnis für die Außenhandelsstatistik 190 Positionen (= Länder, Teilgebiete, Inseln und dergleichen) (siehe Statistisches Bundesamt, Systematische Verzeichnisse: Warenverzeichnis für die Außenhandelsstatistik, Ausgabe 1977, Stuttgart–Mainz 1976 (= WA 1977). Diese Positionen sind in den veröffentlichten Statistiken zu mehr oder weniger weiten Waren- bzw. Ländergruppen zusammengefaßt (vergleiche die bisherige Fachserie G (Außenhandel), Reihe 1 bis 7, des Statistischen Bundesamts).

Besonders wichtig ist für die vorliegende Fallstudie die Zusammenfassung zu den 5901 Warenarten und den 36 Warengruppen des Warenverzeichnisses für die Industriestatistik (Stand 1975 = WI 1975), die Zusammenfassung zu den Warengruppen und -untergruppen der Ernährungswirtschaft und der Gewerblichen Wirtschaft sowie zu den Gliederungen des Internationalen Warenverzeichnisses für den Außenhandel (SITC). Bei Zusammenfassungen der Länder zu Ländergruppen ist häufig (insbesondere hinsichtlich der Mittelmeerländer) eine Aufteilung sinnvoll, die von der Praxis des Statistischen Bundesamts abweicht.

schiedenen Ländern. Im internationalen Sprachgebrauch werden diese Veredelungsverkehre als *contract processing, international subcontracting* oder ähnlich bezeichnet. *Aktive* Veredelung ist im wesentlichen die vorübergehende Einfuhr ausländischer (Nicht-EG-)Waren zur Veredelung im bundesdeutschen Zollgebiet und ihre anschließende Wiederausfuhr, während bei *passiver* Veredelung inländische (EG-)Waren zur Veredelung vorübergehend ins Ausland (Nicht-EG) verbracht und anschließend wieder in die Bundesrepublik Deutschland (EG) eingeführt werden. Da für die Textil- und Bekleidungsindustrie der Bundesrepublik Deutschland in erster Linie die passiven Veredelungsverkehre wichtig sind, sollen im folgenden ausschließlich diese behandelt werden.

In der Außenhandelsstatistik werden nur solche (Transit-)Veredelungsverkehre als «Darunter-Position» gesondert ausgewiesen, die zollamtlich bewilligt sind; zollamtlich nicht bewilligte Veredelungsverkehre (sogenannte wirtschaftliche Veredelung) sind dagegen ohne gesonderten Nachweis in den Ein- und Ausfuhrziffern enthalten.[108] Methodisch gesehen ist das Bestehen von Zöllen zwischen der Bundesrepublik Deutschland und einem anderen Land in der Regel notwendig und häufig hinreichend dafür, daß PV-Verkehre in der Außenhandelsstatistik nachgewiesen werden. Die beteiligten Firmen werden nämlich in der Regel bei gegebenen Voraussetzungen zollamtlich bewilligte Veredelungsverkehre (Ausfuhr zur passiven Veredelung/Einfuhr nach passiver Veredelung) normalen Ein- und Ausfuhren (bzw. Ausfuhr zur wirtschaftlichen Veredelung/Einfuhr nach wirtschaftlicher Veredelung) vorziehen, um in den Genuß der Zollbegünstigung zu kommen (Differenzzoll, das heißt, bei der Einfuhr der veredelten Waren werden Zoll und Einfuhrumsatzsteuer nicht auf den vollen Grenzübergangswert, sondern im wesentlichen nur auf das Veredelungsentgelt erhoben). Die Abwicklung eines passiven Veredelungsverkehrs ist an eine Reihe von – zum Teil wechselnden – Bedingungen des Außenwirtschafts- und des Zollrechts geknüpft, die für den Bereich von Textilien und Bekleidung kurz charakterisiert werden mögen.

108 In den Verwaltungsunterlagen des Zolls liegt ein Datenmaterial vor, das relativ einfach für die Außenhandelsstatistik, insbesondere den gesonderten Ausweis der zollamtlich zu bewilligenden und überwachenden PV-Verkehre genutzt werden kann. Seit 1975 wird in den Ein- und Ausfuhranmeldungen auch der wirtschaftliche (nicht zollamtlich bewilligte) Veredelungsverkehr erfragt (die Angaben der Ein- und Ausführer dürften hier freilich schwer zu kontrollieren sein). Zur Zeit ist freilich im Tabellenprogramm der Außenhandelsstatistik der gesonderte Ausweis der wirtschaftlichen Veredelungsverkehre maschinell nicht vorgesehen; die Angaben liegen hier im Statistischen Bundesamt nur nach einzelnen siebenstelligen Warennummern vor. Eine Zusammenfassung dieser Ergebnisse etwa zu Warenuntergruppen der Ernährungswirtschaft und der gewerblichen Wirtschaft ist dem Statistischen Bundesamt aus personellen Gründen nicht möglich (vergleiche aber Anmerkung 3 zu Tabelle I–16).

«Einfuhrgenehmigungen nach Außenwirtschaftsverordnung» zur Einfuhr im passiven Veredelungsverkehr nach Lohnveredelung in osteuropäischen Ländern und Jugoslawien können nach Maßgabe der im *Bundesanzeiger* veröffentlichten Einfuhrausschreibungen des Bundesamts für gewerbliche Wirtschaft (für Textilien und Bekleidung Zuständigkeitsbereich 09) beantragt werden. Einfuhrausschreibungen bezeichnen das Einkaufs- und Ursprungsland, die in Frage kommenden Warennummern des Warenverzeichnisses für die Außenhandelsstatistik und den zum Antrag zugelassenen Firmenkreis, der Einfuhrgenehmigungen bis zur Erschöpfung des von der Bundesregierung oder der EG festgesetzten Einfuhrwertes erhalten kann. Einfuhrgenehmigungen erhalten im PV-Verkehr mit Staatshandelsländern in der Regel nur im Handelsregister eingetragene Unternehmen, welche Artikel derselben Art auch im eigenen inländischen Betrieb herstellen und denen ein entsprechender PV-Verkehr zollamtlich bewilligt worden ist. Diese zollamtliche Bewilligung ist im wesentlichen davon abhängig, ob das Unternehmen ordnungsgemäß kaufmännische Bücher führt, regelmäßige Abschlüsse erstellt und nach dem Ermessen der Zollverwaltung vertrauenswürdig ist, also zum Beispiel sich nicht schon einmal eines Zollvergehens schuldig gemacht hat. Der Grenzübergangswert der Einfuhren im PV-Verkehr darf für das betreffende Jahr in den betreffenden Warengruppen zum Beispiel 30 Prozent des Umsatzes aus Waren der betreffenden Art aus der Produktion der inländischen Betriebe des Unternehmens in einem einjährigen Referenzzeitraum nicht übersteigen. Der PV-Verkehr muß innerhalb eines bestimmten, zum Beispiel neunmonatigen Zeitraums abgewickelt werden und ist häufig in zeitlich gestaffelte Tranchen aufgeteilt.[109]

Durch bestimmte Nämlichkeitsmittel[110] stellen die Zollbehörden sicher, daß im PV-Verkehr tatsächlich nur die ausgeführten Waren im be- oder verarbeiteten Zustand wieder eingeführt werden. Die zur passiven Veredelung ausgeführten Waren müssen sich im freien Verkehr der EG (eventuell nach Einfuhr aus Drittländern) befunden haben (Zollrecht); zusätzlich wird aber in der Regel zur Auflage gemacht, daß die Vorerzeugnisse auch in der EG erzeugt worden sein müssen (Außenwirtschaftsrecht).

Diese Erläuterungen zum Verfahren der passiven Veredelung mögen für den Zweck dieser Untersuchung ausreichen. Für Details hätte man sich an

109 Diese detaillierten Regulationen privilegieren offenbar (und mit voller Absicht) die inländischen Unternehmen der Textil- und Bekleidungsindustrie vor – zum Beispiel – reinen Handelsunternehmen: ein bedeutsamer Fall einer «strukturpolitisch», «beschäftigungspolitisch» oder wie auch immer motivierten Wahrnehmung der im Außenwirtschaftsrecht der Bundesregierung (bzw. dem EG-Ministerrat) eingeräumten weitgehenden Kompetenz zum Erlaß von Rechtsverordnungen, die den Außenwirtschaftsverkehr regulieren.

110 Zum Beispiel durch Entnahme von Stoffproben bei der PV-Ausfuhr und Vergleich mit der nach PV eingeführten Fertigkleidung oder durch sogenannte Auskunftsblätter.

die gesetzlichen und verwaltungsmäßigen Grundlagen (AWG, AWV, ZG, AZO, VSF usw.), an die Ausschreibungen des Bundesamts für gewerbliche Wirtschaft sowie an die zuständigen Sachbearbeiter der Hauptzollämter zu halten.[111]

Wie aus diesen Erläuterungen hervorgeht, bieten die PV-Verkehre, wie sie in der Außenhandelsstatistik der Bundesrepublik Deutschland nachgewiesen werden, die Möglichkeit, wenigstens einen kleinen Teil der transnationalen Inter- und Intra-Unternehmensarbeitsteilung zahlenmäßig zu erfassen.[112] Die in der Statistik nachgewiesenen PV-Verkehre betreffen im wesentlichen den Außenwirtschaftsverkehr der Bundesrepublik Deutschland mit jenen Waren und Ländern,

1. für welche die EG Zölle erhebt,
2. wenn es für die betreffenden Unternehmen lohnend ist, in der EG hergestellte Vorerzeugnisse (zum Beispiel Gewebe) in eines dieser Länder zu exportieren, um sie dort weiterverarbeiten und anschließend (zum Beispiel als Fertigkleidung) wieder zollbegünstigt in die EG importieren zu lassen,
3. sofern dem keine quantitativen Einfuhrbeschränkungen im Wege stehen (bzw. diese etwa im sogenannten Kooperationsverkehr entfallen).

Insgesamt treffen diese Bedingungen nur auf einen recht kleinen Ausschnitt des Spezialhandels der Bundesrepublik Deutschland zu; so betrug 1975 der Anteil der Einfuhren nach passiver Veredelung an den gesamten Einfuhren der Bundesrepublik Deutschland nur 1,3 Prozent, bei Bekleidung (II C b 1–9: Warengruppen und -untergruppen der Ernährungswirtschaft und der gewerblichen Wirtschaft) allerdings gut 14 Prozent.

Untergliedert nach Ländern entfielen 1975 etwa 69 Prozent aller Einfuhren der Bundesrepublik Deutschland nach passiver Veredelung auf die Staatshandelsländer und auf die Entwicklungsländer des Mittelmeerraums und Ostasiens, darunter auf Jugoslawien allein 28 Prozent. Untergliedert nach Waren entfielen 1975 52 Prozent aller Einfuhren der Bundesrepublik Deutschland nach passiver Veredelung allein auf Kleidung, der nächste

111 Wir danken Herrn Hausberger vom Hauptzollamt München (Landsberger Straße) sowie Herrn Kretschmer und Herrn Zissel vom Bundesamt für gewerbliche Wirtschaft für bereitwillig erteilte Auskünfte. Vergleiche auch Dieter Fraedrich, Aktive und passive Veredelungsverkehre, Berlin 1975. – Am Rande sei erwähnt, daß den PV-Verkehren der Bundesrepublik Deutschland in vielen anderen traditionellen Industrieländern analoge Verfahren entsprechen, etwa in den USA die «Imports under Special Customs Provisions (Tariff Items 806.30 und 807.00)». Vergleiche United States Tariff Commission, Economic Factors Affecting the Use of Items 807.00 and 806.30 of the Tariff Schedules of the United States, TC Publication 339, Washington, D. C., 1970, und Michael Sharpston, International Subcontracting. In: World Development (1976), Vol. 4, No. 4, S. 333–337 (neueste Zahlen der 806.30-, 807.00-Importe der USA).

112 Zur ökonomischen Rationalität der PV-Verkehre vergleiche Abschnitt 5.1.

größere Posten auf elektrotechnische Erzeugnisse mit 16 Prozent. Demnach entfällt auf Textilien und Bekleidung einerseits, die Staatshandelsländer Osteuropas (ohne DDR, Sowjetunion, Albanien) und die Entwicklungsländer des Mittelmeerraums (einschließlich Jugoslawien) und Ostasiens andererseits mit großem Abstand der wichtigste Teil der PV-Verkehre der Bundesrepublik Deutschland.[113]

Tabelle I–23 zeigt, daß 1975 (mit im allgemeinen seit 1969 steigender Tendenz) fast 14 Prozent aller Gewebe- und etwa 6 Prozent aller Kleidungsausfuhren der Bundesrepublik Deutschland Ausfuhren zur PV sowie gut 14 Prozent aller Kleidungseinfuhren der Bundesrepublik Deutschland Einfuhren nach PV waren.[114] In diesem Umfang war also die Produktion von Textilien und Bekleidung für den Markt der Bundesrepublik (EG) – nachweislich unterteilt in die Herstellung von gewissen Vorerzeugnissen im EG-Bereich und ihre Weiterverarbeitung in – ganz überwiegend den genannten «Niedriglohnländern». Auf Grund der oben beschriebenen Regulationen für die Erteilung von Einfuhrgenehmigungen zur Einfuhr nach passiver Veredelung in osteuropäischen Staatshandelsländern und Jugoslawien läßt sich weiterhin sagen, daß zumindest im Außenhandel mit diesen Ländern die PV-Einfuhren von Textilien und Bekleidung Einfuhren durch Unternehmen der Textil- und Bekleidungsindustrie der Bundesrepublik Deutschland (in Arbeitsteilung mit Betrieben jener Länder) waren. Allein auf diese wenigen Länder (Polen, Tschechoslowakei, Ungarn, Rumänien, Bulgarien, Jugoslawien) entfielen aber im Jahre 1974 über 85 Prozent aller Einfuhren der Bundesrepublik Deutschland von Bekleidung nach passiver Veredelung.

Nach Ausweis von Tabelle I–25 betrug 1974 der Anteil der genannten osteuropäischen Länder (*ohne* Jugoslawien) an den Kleidungseinfuhren der Bundesrepublik Deutschland nach passiver Veredelung über 30 Prozent. Zwei Drittel der Ausfuhr von Geweben und Gewirken und ein Drittel der Ausfuhren von Bekleidung der Bundesrepublik Deutschland in diese Länder sowie zwei Drittel der Kleidungseinfuhren der Bundesrepublik Deutschland aus diesen Ländern werden im passiven Veredelungsverkehr abgewickelt. Mit Abstand das wichtigste Partnerland der Bundesrepublik Deutschland im passiven Veredelungsverkehr ist freilich Jugoslawien. Laut Tabelle exportierte die Bundesrepublik Deutschland 1974 im PV-Verkehr für 254 Millionen DM Gewebe und Gewirke und für 130 Millionen Kleidung nach Jugoslawien und importierte von dort für 561 Millionen DM Kleidung im PV-Verkehr. Etwa 70 Prozent der Ausfuhren von Geweben und Gewirken und 85

113 Die Zahlenwerte der beiden letzten Absätze wurden übernommen bzw. berechnet aus: Statistisches Bundesamt, Fachserie G (Außenhandel), Reihe 1: Zusammenfassende Übersichten 1975, Stuttgart–Mainz 1976.

114 Tabelle I–24 differenziert die PV-Verkehre nach Warenuntergruppen der Ernährungswirtschaft und der gewerblichen Wirtschaft.

Prozent der Kleidungsausfuhren der Bundesrepublik Deutschland nach Jugoslawien sowie etwa 90 Prozent der Kleidungseinfuhren der Bundesrepublik Deutschland aus Jugoslawien wurden im Rahmen des PV-Verkehrs abgewickelt.[115]

4.3. Auslandsproduktion von Unternehmen der Textil- und Bekleidungsindustrie der Bundesrepublik Deutschland: Zusammenfassende Übersicht (1974/75)

In der Untersuchung wurden 214 Unternehmen(sgruppen) der Textilindustrie und 185 Unternehmen(sgruppen) der Bekleidungsindustrie der Bundesrepublik Deutschland erfaßt.[116] Um einer besseren Vergleichbarkeit mit den beiden Aufstellungen der Zeitschrift *Textil-Wirtschaft* für die Jahre 1966 und 1970 willen sind in den Kreis der untersuchten Unternehmen die Deutsche Entwicklungsgesellschaft (DEG) und, in unbedeutendem Umfang, einige Handelsfirmen einbezogen.

Die untersuchten Unternehmen hatten 1974 hinsichtlich des Umsatzes einen Anteil von gut 60 Prozent an der Textil- und von etwa 45 Prozent an der Bekleidungsindustrie der Bundesrepublik Deutschland. Hinsichtlich der Beschäftigtenzahl betrug ihr Anteil 1974 knapp 60 Prozent in der Textil- und etwa 40 Prozent in der Bekleidungsindustrie der Bundesrepublik Deutschland.

Von den untersuchten Unternehmen waren 1974/75 *nachweislich* etwa 100 (= etwa 45 Prozent) aus der Textil- und etwa 125 (= etwa 70 Prozent) aus der Bekleidungsbranche im Ausland produzierend tätig.[117] Hierunter ist sowohl eine Auslandsfertigung in eigenen oder Beteiligungsunternehmen zu verstehen als auch eine Auslandsfertigung über eine Kooperation mit

115 Es sei nochmals betont, daß der Beitrag der sogenannten wirtschaftlichen Veredelungsverkehre zur transnationalen Inter- und Intra-Unternehmens-Arbeitsteilung, von Einzelfällen abgesehen (vergleiche Anmerkung 3 zu Tabelle I–16), vom Statistischen Bundesamt «aus personellen Gründen» nicht ausgewiesen werden kann, also bis auf weiteres im dunkeln bleiben muß.

116 In der Zeit seit Durchführung der Untersuchung konnte noch eine Reihe weiterer Auslandsfertigungen von Unternehmen der Textil- und Bekleidungsindustrie der Bundesrepublik Deutschland ermittelt werden; die nachfolgenden zahlenmäßigen Aussagen basieren aber auf der Untersuchung jener ursprünglich ausgewählten 399 Unternehmen(sgruppen).

117 Vergleiche ifo-schnelldienst 7 (1975), wonach 58 Prozent der im November 1974 befragten Firmen der bundesdeutschen Bekleidungsindustrie Produktionsstätten im Ausland besaßen, gegenüber 29 Prozent im Durchschnitt der verarbeitenden Industrie. Siehe auch Ifo-Schnelldienst 35 (1976), S. 16–25 (Axel J. Halbach, «Produktionsverlagerungen in Entwicklungsländer. Zum Ergebnis einer Ifo-Umfrage»). Diese Studie kommt – in dem Bereich, wo Überschneidungen vorliegen – zu ganz ähnlichen Ergebnissen wie die vorliegende Fallstudie.

kapitalmäßig unabhängigen Auslandsunternehmen (in erster Linie PV-Verkehre mit osteuropäischen Ländern).

Ein Vergleich mit den beiden Aufstellungen der Zeitschrift *Textil-Wirtschaft* zeigt, daß die Zahl der nachgewiesenermaßen im Ausland produzierenden bundesdeutschen Firmen der Textil- und Bekleidungsindustrie von 1966 über 1970 auf 1974/75 manifest angestiegen ist, sowohl in absoluten Zahlen wie erst recht relativ zur schrumpfenden Zahl der inländischen Unternehmen: Von je dreißig Firmen der Textil- und der Bekleidungsindustrie im Jahre 1966 über je etwa vierzig Firmen im Jahre 1970 auf je etwa hundert Firmen im Jahre 1974/75 (wenn man der Vergleichbarkeit halber in allen Jahren reine PV-Beziehungen ohne Kapitalbeteiligung ausklammert).

Tabelle I–26 a ergänzt die beiden Aufstellungen der Zeitschrift *Textil-Wirtschaft* für die Jahre 1966 und 1970 durch die Ergebnisse der vorliegenden Untersuchung für 1974/75. Auf die Berechnung des Umsatzes der Auslandsbetriebe der bundesdeutschen Textil- und Bekleidungsindustrie wurde angesichts zu vieler Unsicherheitsfaktoren verzichtet. In der Tabelle sind für 1974/75 nur solche Auslandsbetriebe berücksichtigt, die eine mindestens fünfundzwanzigprozentige bundesdeutsche Kapitalbeteiligung aufweisen (also zum Beispiel ohne die osteuropäischen PV-Partnerbetriebe). Analog zur Untersuchung der Zeitschrift *Textil-Wirtschaft* wurden auf die ausgezählten Beschäftigungszahlen 20 Prozent für nicht erfaßte Fälle oder Fälle ohne Beschäftigungsangaben aufgeschlagen.[118] Dies ist, zumindestens für 1974/75, mit Sicherheit ein äußerst zurückhaltender Aufschlagsatz.

Wie die Tabelle zeigt, ist die in der angegebenen Weise nachgewiesene Beschäftigtenzahl in bundesdeutschen Produktionsbetrieben im Ausland wie folgt gestiegen: In der Textilindustrie von etwa 8000 (1966) über etwa 14200 (1970) auf etwa *29500* (1974/75); in der Bekleidungsindustrie von etwa 15000 (1966) über etwa 24800 (1970) auf etwa *31000* (1974/75). Das waren in der Textilindustrie 1966 etwa 1,5 Prozent, 1970 etwa 2,8 Prozent und 1974/75 etwa 7,5 Prozent der Inlandsbeschäftigten, in der Bekleidungsindustrie 1966 etwa 3,7 Prozent, 1970 etwa 6,5 Prozent und 1974/75 etwa 10 Prozent der Inlandsbeschäftigten.

Dieses relativ und absolut kräftige Wachstum der Auslandsbeschäftigung durch Unternehmen der Textil- und Bekleidungsindustrie der Bundesrepublik Deutschland während dieser acht Jahre hat also inzwischen dazu geführt, daß 1974/75 auf je hundert Inlandsbeschäftigte der Textilindustrie nachweislich fast acht und auf je hundert Inlandsbeschäftigte der Bekleidungsindustrie nachweislich zehn Auslandsbeschäftigte entfielen; dabei sind nur ausländische Betriebe mit mindestens fünfundzwanzigprozentiger

118 In einigen Fällen wurden beim Fehlen von Beschäftigungsangaben für das Jahr 1974 vorhandene Beschäftigungsangaben aus anderen Jahren des Zeitraums 1970 bis 1975 ersatzweise verwandt, wenn kein Anlaß bestand, gravierende Änderungen der Beschäftigungszahlen während dieses Zeitraums zu vermuten.

bundesdeutscher Kapitalbeteiligung gezählt.

Etwa 20 Prozent der Auslandsproduktion bundesdeutscher Unternehmen der Textil- und Bekleidungsindustrie entfallen auf die Länder der EG, weitere 30 bis 40 Prozent auf die sonstigen traditionellen Industrieländer (gemessen an der Zahl der Beteiligungsverhältnisse und der Zahl der Beschäftigten). In den großen Rest teilen sich vorrangig die Entwicklungsländer des Mittelmeerraumes[119] und die Entwicklungsländer Afrikas (Textilindustrie) sowie die Entwicklungsländer Asiens (Bekleidungsindustrie). Der Anteil der Zahl der Auslandsbeschäftigten in bundesdeutschen Betrieben von «Niedriglohnländern» an der Gesamtzahl der Auslandsbeschäftigten der bundesdeutschen Textil- und Bekleidungsindustrie ist zwischen 1966 und 1974/75 von etwa 25 Prozent auf etwa 45 Prozent gestiegen, und zwar einigermaßen gleichmäßig für die Textil- und die Bekleidungsindustrie.[120]

Die Gliederung nach Umsatzgrößenklassen zeigt einerseits, daß die umsatzstarken bundesdeutschen Unternehmen der Textil- und Bekleidungsindustrie relativ stärker zur Auslandsbeschäftigung beitragen, als ihrem Anteil an der inländischen Beschäftigtenzahl entspricht.[121] Andererseits ist aber nicht zu übersehen, daß auch die umsatzschwächeren Unternehmen in beachtlichem Umfang zur Auslandsbeschäftigung beitragen. Dies ist ein Beleg für die These, daß – anders als es eine auf multinationale Konzerne fixierte weitverbreitete Diskussion wahrhaben will – die heute erreichte Phase der Entwicklung des kapitalistischen Weltsystems die Unternehmen bei Strafe des Untergangs tendenziell unabhängig von ihrer Größe zu einer weltweiten Neuorganisation der industriellen Fertigung zwingt, also in zahlreichen Fällen zu Produktionsverlagerungen innerhalb der traditionellen Industrieländer und in die Entwicklungs- und Staatshandelsländer. Größere Unternehmen haben dabei freilich auf Grund ihrer schieren Größe, das heißt ihrer größeren Dispositionsmassen, ihrer häufig schon bestehenden weltweiten Verbindungen usw., eher die Möglichkeit, diesem Zwang entsprechend zu verfahren.

Aus der Gliederung der Auslandsbeschäftigten nach Geschlecht und Altersgruppen (siehe Tabelle I–26 d) geht insbesondere der außergewöhnlich hohe Prozentsatz junger Arbeiterinnen in den bundesdeutschen Auslandsbetrieben der Bekleidungsindustrie in «Niedriglohnländern» hervor: Etwa 43 Prozent der Beschäftigten sind jünger als zwanzig Jahre, über 90 Prozent sind Frauen.

119 Nach der Zahl der Beteiligungsverhältnisse fallen besonders Tunesien (etwa dreißig), Griechenland (über zwanzig) und Malta (acht) ins Gewicht.

120 Berechnet nach der Firmenliste in Textil-Wirtschaft 41 (1966) und der (hier nicht wiedergegebenen) Firmenliste der vorliegenden Untersuchung.

121 Der weit überproportional hohe Anteil der umsatzstärksten Firmen der Bekleidungsindustrie an der Auslandsbeschäftigung ist weitgehend auf die exzeptionell hohe Auslandsbeschäftigung durch die Firma Triumph International zurückzuführen.

Wie die Auskünfte zahlreicher Firmen nahezu übereinstimmend besagen, handelt es sich bei den Auslandsbeschäftigten ganz überwiegend um ungelernte Arbeitskräfte, die von der Firma angelernt wurden.

Die typische Arbeitskraft eines bundesdeutschen Bekleidungsbetriebs in einem «Niedriglohnland» ist also die junge Frau (etwa fünfzehn bis fünfundzwanzig Jahre alt), die von der Firma angelernt wurde und als Näherin vermutlich an einer simplen Nähmaschine sitzt, die vielleicht in den bundesdeutschen Betrieben der Firma ausrangiert und in das «Niedriglohnland» geschafft wurde.[122]

Bisher wurde in diesem Abschnitt im wesentlichen nur die Auslandsbeschäftigung in Betrieben mit mindestens fünfundzwanzigprozentiger deutscher Kapitalbeteiligung betrachtet. Eine Auszählung der vorliegenden Angaben ergibt darüber hinaus, daß 1974/75 in ausländischen Betrieben mit PV-Beziehungen zu Unternehmen der Textil- und Bekleidungsindustrie der Bundesrepublik Deutschland ohne kapitalmäßige Verflechtung anteilsmäßig mindestens 2650 Beschäftigte für die Textil- und mindestens 4250 Beschäftigte für die Bekleidungsindustrie der Bundesrepublik Deutschland produzierten. Bei einem Aufschlagsatz von wiederum 20 Prozent für nicht erfaßte Fälle oder Fälle ohne Beschäftigungsangaben ergeben sich Zahlen von etwa *320* bzw. *5100* Auslandsbeschäftigten in (vor allem osteuropäischen) PV-Produktionen der Textil- und Bekleidungsindustrie der Bundesrepublik Deutschland. Der Aufschlagsatz von 20 Prozent ist hier ganz besonders niedrig angesetzt.[123]

Mit diesen beiden großen Gruppen: Beschäftigte in Auslandsbetrieben mit mindestens fünfundzwanzigprozentiger bundesdeutscher Kapitalbeteiligung sowie Beschäftigte in kapitalmäßig unabhängigen PV-Partnerbetrieben sind freilich nur zwei, wenn auch zwei besonders wichtige Kategorien für eine Abschätzung der von der Textil- und Bekleidungsindustrie der

122 «Die tunesischen Arbeiterinnen kommen am besten mit den einfachsten Nähmaschinen zurecht», heißt es in einem Bericht. Was solche Berichte nicht sagen, ist, daß die «Kombination» angelernter tunesischer Näherinnen mit in der Bundesrepublik Deutschland wertlos gewordenen Maschinen rentabel ist.

123 Der Außenhandelssaldo der Bundesrepublik Deutschland in PV-Verkehren (weit überwiegend mit Staatshandelsländern Osteuropas einschließlich Jugoslawien) mit Textilien und Bekleidung betrug 1974 knapp minus 400 Millionen DM. Unterstellt man ein durchschnittliches Veredelungsentgelt von jährlich 25000 DM pro Beschäftigten in osteuropäischen PV-Partnerbetrieben, so würde sich eine anteilige Beschäftigtenzahl von etwa 16000 für die osteuropäischen Produktionen der Textil- und Bekleidungsindustrie der Bundesrepublik Deutschland ergeben. (Vermutlich ist ein durchschnittliches Veredelungsentgelt von 25000 DM in diesem Zusammenhang immer noch zu hoch angesetzt; darauf scheinen die Angaben einiger Firmen über anteilige Beschäftigten- und Umsatzzahlen ihrer PV-Produktionen hinzudeuten. Die soeben abgeleitete Zahl von 16000 anteilig in osteuropäischen PV-Partnerbetrieben der bundesdeutschen Textil- und Bekleidungsindustrie Beschäftigten ist also sogar noch eher als untere Grenze zu betrachten.)

Bundesrepublik Deutschland im Ausland in der Produktion von Textilien und Bekleidung Beschäftigten erfaßt. Kooperationsabkommen (soweit nicht zu PV-Verkehren zählend) mit osteuropäischen Betrieben, sogenannte wirtschaftliche Veredelungsverkehre und sonstige «Eigenimporte» der bundesdeutschen Textil- und Bekleidungsindustrie, müßten zusätzlich berücksichtigt werden. Dies ist mangels ausreichender Informationen nicht möglich.

Zusammengefaßt ergibt sich, daß die Textil- und Bekleidungsindustrie der Bundesrepublik Deutschland im Jahre 1974/75 im Ausland vermutlich mindestens *69 000* Arbeitskräfte in eigenen Betrieben und in PV-Produktionen beschäftigte, wahrscheinlich aber bedeutend mehr; eine Zahl von über 80 000 Auslandsbeschäftigten der Textil- und Bekleidungsindustrie der Bundesrepublik Deutschland ist nicht unwahrscheinlich. Der Korrektheit halber sei aber festgehalten, daß in der vorliegenden Untersuchung durch Addition quellenmäßig abgesicherter Beschäftigungsangaben für 1974/75 nur etwas über 57 000 Auslandsbeschäftigte der Textil- und Bekleidungsindustrie nachgewiesen wurden.

Damit hat sich die nachgewiesene Auslandsbeschäftigtenzahl der bundesdeutschen Textil- und Bekleidungsindustrie in den vergangenen acht bis neun Jahren mehr als verdoppelt, während gleichzeitig die Inlandsbeschäftigtenzahl dieser Industriegruppe um etwa ein Viertel zurückgegangen ist. Inzwischen (Anfang 1977) dürften auf je hundert Inlandsbeschäftigte deutlich mehr als zehn Auslandsbeschäftigte der Textil- und Bekleidungsindustrie der Bundesrepublik Deutschland kommen.

Ein Ergebnis der Erhebungen der vorliegenden Fallstudie ist schließlich, daß 1974/75 knapp die Hälfte der ausländischen Produktionsstätten der bundesdeutschen Textilindustrie mit etwa *11 000* Beschäftigten und über zwei Drittel der ausländischen Produktionsstätten der bundesdeutschen Bekleidungsindustrie mit etwa *18 500* Beschäftigten überwiegend oder ausschließlich für den Markt der Bundesrepublik Deutschland produzierten. Diese (Mindest-)Zahlen geben eine grobe Vorstellung von dem Umfang, in dem bundesdeutsche Firmen der Textil- und Bekleidungsindustrie Produktion für den Markt der Bundesrepublik Deutschland aus dem Inland ins Ausland verlagert haben.[124]

124 Abschließend sei hervorgehoben, daß in diesem Abschnitt im wesentlichen nur Produktionsverlagerungen durch die bundesdeutsche Textil- und Bekleidungsindustrie selbst betrachtet wurden. Damit ist nur ein Teil der Produktionsverlagerungen der Textil- und Bekleidungsindustrie aus der Bundesrepublik Deutschland heraus erfaßt. Diese Produktionsverlagerungen aus der Bundesrepublik heraus, die nicht von bundesdeutschen Unternehmen der Textil- und Bekleidungsindustrie selbst vorgenommen worden sind, die aber, wie eine Analyse der international unterschiedlichen Wachstumsraten von industrieller Produktion und Beschäftigung im Bereich der Textil- und Bekleidungsindustrie sowie der Entwicklungstendenzen des Welthandels in Textilien und Bekleidung zeigen würde, einen nicht unbedeutenden Umfang haben, sind in der vorliegenden Fallstudie nicht im einzelnen untersucht worden.

4.4. Ausgewählte Angaben zur Auslandsfertigung einiger Unternehmen der Textil- und Bekleidungsindustrie der Bundesrepublik Deutschland

Die Firma Walter *Dahl* Gmbh & Co KG, Baesweiler, meldete für 1974 einen Umsatz von 11,7 Millionen und eine inländische Beschäftigtenzahl von 45. In Tunesien hält sie eine siebzigprozentige Beteiligung an einem Bekleidungsbetrieb von 200 Beschäftigten. Gefertigt werden Herren- und Kinderhosen sowie Damenröcke. Drei Beschäftigte sind Deutsche, elf Beschäftigte sind Männer. Achtzig Beschäftigte sind unter zwanzig Jahre alt, der Rest hat ein Alter zwischen zwanzig und vierzig.

«Ganz im Gegensatz zu Müller-Wipperfürth ist die Firma Walter Dahl Jülich, die in Sousse unter dem Namen SINUTEX arbeitet, in ihren Auskünften sehr entgegenkommend. Sie führt den Gast durch sämtliche Räume des Betriebes und läßt sogar fotografieren. Die Fabrikhalle ist selbst gebaut. Zur Zeit werden 180 Mädchen beschäftigt, der Betrieb ist aber expansionsfähig und könnte bis zur Zahl von 250 Arbeitskräften gehen. Produziert werden Hosen und Röcke, die zum großen Teil an die Firma ‹C & A› in Deutschland gehen. Die Stoffe und Garne stammen von der deutschen Firma Kandler. Die industrielle Ausrüstung kommt ebenfalls aus Deutschland: Pfaff-Nähmaschinen und die großen Zuschneidemaschinen für Hosen. Deutsche Mechaniker überwachen sie. Da Tunesien der EG assoziiert ist, gibt es sowohl bei der Einfuhr von Ausrüstung und Rohwaren wie bei der Ausfuhr der Fertigwaren kein Zollproblem. Allerdings wird der Betrieb ständig durch einen eigens dafür angestellten (und von der Firma bezahlten) Zollbeamten auf Mißbrauch dieser Zollfreiheiten überwacht. So dürfen nicht einmal Stoffabfälle an Betriebsangehörige verschenkt werden. Abfälle sind zu Reißwolle zu verarbeiten oder zu verbrennen. Die Mädchen arbeiten 46½ Stunden in der Woche für einen Stundennettolohn von umgerechnet 0,84 DM. Dazu kommen Leistungsprämien bei Übererfüllung des Solls und sonstige gesetzliche Vergünstigungen. So tritt bei Krankheit die Krankenversicherung ein. Nur bei kürzerem Fortbleiben fällt der Verdienst fort. Die Arbeitsdisziplin und das Betriebsklima machen einen guten Eindruck. Im Verladeraum stehen die Container für den Lufttransport der Exportware nach Europa bereit. Der Lufttransport ist zwar teuer (pro Container werden 25000 DM gerechnet), doch wird er wegen der langen Dauer des Lkw-Transports (zwölf bis vierzehn Tage hin und zurück) vorgezogen. Im übrigen werden . . . bestätigt: Sicherung von Kapitalanlage, Steuererleichterungen, Gewinntransfer.»[125]

125 Alard v. Schack, Privatwirtschaftliche Investitionen in Entwicklungsländern – Am Beispiel von fünf deutschen Betrieben in Tunesien. In: Afrika-Forum, 11. Jg., Nr. 9/10 (1975), S. 490–493 (hier: S. 491 f).

Die Delden-Gruppe, Gronau/Westfalen, eine der größten und expansivsten Unternehmensgruppen der europäischen Textilindustrie, hatte 1974 einen Umsatz von 643 Millionen DM und 6295 Beschäftigte (nur inländische Betriebe). Sie besitzt drei ausländische Produktionsstätten in Österreich, Brasilien und den USA, die 1974 mit 514 Beschäftigten einen Umsatz von 41 Millionen DM erzielten, obwohl die Betriebe in Brasilien und den USA ihre Fertigung gerade erst aufgenommen haben. In einem mehrseitigen Inserat anläßlich des hundertjährigen Bestehens der Gruppe werden die Grundsätze der Unternehmensstrategie für die nächsten 25 (!) Jahre entwickelt:

«Die Delden-Gruppe arbeitet nach dem Prinzip der Dezentralisation. Das bedeutet: Die Zentrale bestimmt die generelle Geschäftspolitik. In ihren Händen liegen Zukunftsplanung, Koordination, Kontrolle und die Wahrnehmung von Gemeinschaftsaufgaben. Die Divisions operieren als weitgehend autonome Renditezentren ... Ihr Konzept beruht auf sieben Grundsätzen:

1. Die Delden-Fertigung konzentriert sich auf die großindustrielle Mengenfertigung.

2. Die Delden-Gruppe hält an ihrer Chemiefaser-Orientierung fest.

3. Die Delden-Gruppe richtet ihr Programm auf wenige, aber breit einsetzbare Produkte im Mittelpreisbereich aus. Jedes Produkt muß die Marktführerschaft auf seinem Gebiet erreichen.

4. ...

5. ...

6. Die Delden-Gruppe operiert international.

7. Die Delden-Gruppe sieht in der Textilindustrie eine Wachstumsindustrie erster Qualität. Sie wird deshalb ihre Aktivitäten auf den Textilsektor ausrichten. Eine Diversifikation in nichttextile Bereiche ist nicht beabsichtigt ...

Parallel dazu werden an den zukunftsreichsten Plätzen der Welt neue Unternehmen aufgebaut ... Die Internationalisierung ist eine der wichtigsten Aufgaben für die nächsten 25 Jahre. Warum ist es notwendig, weltweit zu operieren?

Allen Prognosen nach steuern wir in eine Zeit der großen Wirtschaftsblöcke. Nur wer innerhalb dieser Blöcke produziert und verkauft, kann in Zukunft konkurrieren. Dazu kommt ein weiteres Moment: Das wirtschaftliche Wachstum in den hochentwickelten Industrieländern verlangsamt sich. Dagegen ist in den jungen Industrieländern mit einer beispiellosen Expansion zu rechnen. Als Folge davon wächst auch die Textilnachfrage überproportional. Die Delden-Gruppe muß sich auf die kommende Entwicklung einstellen, wenn sie wettbewerbsfähig bleiben will.

In der Öffentlichkeit ist immer wieder vermutet worden, die deutsche Textilindustrie ginge der niedrigen Lohnkosten wegen in die Welt. Diese Vermutung ist absolut falsch. Ohne Frage besteht zur Zeit noch ein erhebliches Lohngefälle. Indessen: Das ist die Situation von heute. In den nächsten

25 Jahren werden sich die Lohnkosten in den alten und jungen Industrieländern weitgehend angleichen. Wer neue Unternehmen aufbaut, muß von vornherein mit einer Lohnkostenangleichung rechnen. Aus diesem Grund sind die relativ kurzfristigen Unterschiede bei einem langfristigen Internationalisierungsprogramm ohne Bedeutung.

Für die langfristige Entwicklung sind andere Faktoren wesentlich. Die wichtigsten: Frachtkosten, Vertriebskosten und Schutzzölle. Sie sind so gravierend, daß es unmöglich ist, die Welt von Europa aus zu beliefern. Auch die Risikoabsicherung ist ein Faktor, der zählt. Durch die Internationalisierung wird die Risikoabsicherung innerhalb der Delden-Gruppe erheblich verbessert. Jetzt wird es möglich, Konjunktureinbrüche in einem Teil der Welt abzufangen und auszugleichen. Das bedeutet mehr Sicherheit für das Unternehmen. Das bedeutet auch zugleich mehr Sicherheit für jeden Arbeitsplatz. Schließlich wird mit der Internationalisierung eine intensive Know-how-Nutzung möglich . . .

Die Delden-Gruppe hat das Konzept für das Internationalisierungsprogramm fertiggestellt. Statt in Ländern wird zukünftig in kontinentalen Operationsräumen gedacht. Die derzeitigen Operationsräume sind Europa, Nordamerika und Südamerika. Die Möglichkeiten für den Aufbau weiterer Operationsräume werden zur Zeit untersucht . . . Südamerika . . . Curitiba . . . wurde Anfang 1973 damit begonnen, die Cicade Industrial wortwörtlich aus dem Busch zu stampfen. Die Cicade Industrial, eine Industriestadt neuen Typs, ist fünfzehn Kilometer lang, zwei bis drei Kilometer breit und hat eine Fläche von 43 Quadratkilometern. Sie wurde nach modernsten Gesichtspunkten geplant und direkt vom Reißbrett realisiert. Bisher haben sich 45 Unternehmen aus aller Welt entschlossen, dort zu produzieren. Sie werden zunächst 12000 Mitarbeiter beschäftigen. Die Delden-Gruppe war eines der ersten Unternehmen, das sich für die Cicade Industrial entschied. Die Gronau SA Indústria Têxteis wurde in der Rekordzeit von zwölf Monaten fertiggestellt. . . . Sie wird nach Abschluß der ersten drei Ausbaustufen 1000 Mitarbeiter beschäftigen und einen Umsatz von 120 Millionen DM erreichen.

Die Mitarbeiter sind fast ausschließlich Brasilianer. 20 Prozent der heutigen Belegschaft erhielten eine Spezialistenausbildung in den deutschen Werken der Delden-Gruppe. Die Ausbildungsaktion war die größte, die bisher in Europa für Brasilianer durchgeführt wurde.

Die Pläne der Delden-Gruppe sind mit der Indienststellung der Gronau SA noch keinesfalls zu Ende. Sie arbeitet zur Zeit daran, eine international wettbewerbsfähige Konfektionsindustrie in die Cicade Industrial zu ziehen. Mit der Realisierung dieses Projekts könnten Tausende von Arbeitsplätzen geschaffen werden.»[126]

Dies ist die Sprache eines transnationalen Unternehmens: In dem, was

126 Textil-Wirtschaft 26 (1975).

gesagt, und in dem, was nicht gesagt wird.

«Die künftige Entwicklung in der Weltwirtschaft und die sich abzeichnenden strukturellen Veränderungen erfordern eine ‹Rückbesinnung auf das echte Unternehmertum› . . . Gerrit van Delden junior . . .:

Beginnen wir mit dem Bereich Bekleidung. Die verschiedenen Stufen sind die Garnherstellung, die Flächengebildeherstellung, die Konfektion, der Handel. In der Garn- und Flächengebildeherstellung zeichnen sich bereits heute neue Technologien ab. Ich erwähne nur Open-end-Spinnereien, Water Jet-Looms und ähnliche Techniken, die eine technologische Weiterentwicklung und damit Kostenreduzierung in der Produktion ermöglichen werden. Was aber ist mit der Konfektion? Die Konfektion hat heute noch einen Lohnanteil am Umsatz von 35 bis 50 Prozent. Es zeichnet sich bisher keine Entwicklung ab, die von seiten der Technologie eine grundlegende Neuerung und damit Kostenreduzierung möglich macht. Das heißt also, daß selbst modernst und bestgeführte Unternehmen der Garn- und Flächengebildeherstellung dann nicht existieren können, wenn der Markt – die Konfektion – nicht mehr vorhanden ist . . .

Unsere Ansicht ist, daß die Konfektion mehr und mehr international operieren wird. Wir sind demgegenüber aber auch der Meinung, daß es möglich ist, auf Grund der immer günstiger werdenden Frachtmöglichkeiten die qualitativ einwandfreien Waren, die in den hochindustrialisierten Ländern hergestellt werden, in die Entwicklungsländer zu bringen. Das gilt aber wiederum nur für begrenzte Arten von Textilien. Wir glauben, daß alle Textilien, die aus Baumwolle hergestellt werden, mehr und mehr direkt in den Ländern produziert werden, wo die Baumwolle angebaut wird. Ich nenne nur Ägypten, Türkei, Griechenland. Das heißt, daß ein großer Teil der heutigen Textilindustrie, die für diese Bereiche produziert, sich mehr und mehr mit dieser scharfen Konkurrenz wird auseinandersetzen müssen.

Die Chance für die Textilindustrie der hochentwickelten Länder liegt meines Erachtens eindeutig – ich möchte beinahe sagen ausschließlich – in der Verwendung von Chemiefasern . . .

Zusammengefaßt zum Bereich Bekleidung: 1. Internationalisierungstendenzen in außerordentlich starkem Maße. 2. Immer mehr direkte Produktion von Baumwollgarnen und Baumwollflächengebilden in den Anbauländern und 3. immer stärker werdender Einsatz der Chemiefasern in den hochindustrialisierten Ländern . . .

Zusammengefaßt zum Bereich Heimtextilien: 1. Der Heimtextiliensektor ist mit Ausnahme des Teppichbereichs ein Zweig für Spezialitäten. 2. Auch in Zukunft wird dieser Bereich wegen des erforderlichen hohen Know-how in hochindustrialisierten Ländern produzieren können. 3. Großunternehmen werden sich mit diesem Sektor wohl sehr schwer auseinandersetzen können, weil die Philosophie eine andere ist als bei der Massenproduktion. 4. Der größte Sektor innerhalb des Heimtextilienbereichs, die Teppichindustrie, hat weiter enorme Chancen für die Zukunft – nicht zuletzt durch eine ständige zukunftsträchtige Weiterentwicklung der Technologie . . .

Zusammengefaßt zum Bereich technische Textilien: Eine außerordentlich hohe Anforderung an das technische Know-how wird für die Zukunft die Entwicklung dieses Bereichs in den hochindustrialisierten Ländern garantieren.»[127]

«Die van Delden-Gruppe legt im Ausland eine bemerkenswerte Aktivität an den Tag . . . Das US-Geschäft habe sich . . . ganz ausgezeichnet entwikkelt. Deshalb werde die Produktion der Delden Fabrics Inc. in das neue Werk Lindhurst/New Jersey verlegt. In Lindhurst soll die Produktion auf 70000 m Stoff täglich verdoppelt werden. Für 1976 ist ein US-Umsatz von 42 Millionen DM geplant. Auch in Brasilien steht eine Erweiterung bevor.»[128]

«Nachdem man die Anlaufphase hinter sich hat, beabsichtigt man, die Produktion bei der Gronau SA Indústrias Têxteis in Curitiba zu erweitern. Die Fertigungskapazität soll um 25 Prozent ausgebaut werden. Die Erweiterungsmaßnahmen sind bereits in Angriff genommen worden. Neben dem Produktionsschwerpunkt, Damenoberbekleidungsstoffe, möchte man in Brasilien mit Hemden- und Hosenstoffen einen zweiten Schwerpunkt aufbauen. Alles in allem erwartet man überdurchschnittlich gute Absatzmöglichkeiten. Vor allem will Delden hier die Zusammenarbeit mit der brasilianischen Konfektion intensivieren. Der Umsatz der Gronau SA Indústrias Têxteis ist für 1976 auf etwa 33 Millionen DM geplant.»[129]

Gerrit van Delden junior bemerkt, daß die Entwicklung der heutigen Weltwirtschaft «nicht nur auf neuen und andersartigen Techniken basiert, sondern auf einer anderen Wissenschaft, einer anderen Logik, einer anderen Vorstellungswelt . . . Das führt zurück zur ersten Phase der Entwicklung, in der das erfinderische Unternehmertum die Grundlage für die industrielle Sicherung war.»[130]

Insgesamt sind diese ausführlichen Zitate eine an Klarheit kaum zu übertreffende Bestätigung dafür, mit welcher Bewußtheit von Unternehmerseite her die qualitative Änderung des kapitalistischen Weltsystems: Internationalisierung von Kapital und Arbeitskraft, neue internationale Arbeitsteilung, Weltmarkt für Produktionsstandorte, wahrgenommen und im unternehmerischen Interesse in eine weltweite Neuorganisation der industriellen Fertigung umgesetzt wird. Wie es um die Interessen der Bevölkerung (die nicht an den Sozialfonds der Delden-Gruppe teilhaben wird) bestellt sein wird, bleibt freilich im Überschwang der Diagnose der Morgenröte eines neuen Zeitalters mit seinen Analogien zum Frühkapitalismus unerörtert.

Als wichtige Details seien festgehalten die unterschiedlichen Einschätzun-

127 Frankfurter Allgemeine Zeitung/Blick durch die Wirtschaft, 3. Juli 1975 («Die Textilindustrie von morgen – Zukunftsvisionen eines Unternehmens»). Vergleiche auch Textil-Wirtschaft 34 (1976), S. 24.

128 Süddeutsche Zeitung, 19. Mai 1976 («Delden hat im Ausland viel vor»).

129 VWD-Textil, 17. Mai 1976 («Umsatz der Delden-Gruppe zieht spürbar an»).

130 Frankfurter Allgemeine Zeitung/Blick durch die Wirtschaft, 3. Juli 1975.

gen der Möglichkeiten von Lohnkostenreduktionen durch neue Technologien: Im wesentlichen positiv im Bereich der Textilindustrie, im wesentlichen negativ im Bereich der Bekleidungsindustrie; die Vermutung, daß für Spezialitäten auch in Zukunft in den traditionellen Industrieländern rentable Produktionen möglich sein werden, gerade in der Textilindustrie; die Meinung, zunehmender Einsatz von Chemiefasern werde auch in Zukunft – anders als der Einsatz von Baumwolle – rentable Massenproduktion in den traditionellen Industrieländern zulassen.

Hinsichtlich der letzteren Meinung sei freilich kritisch an das erinnert, was in Abschnitt 3.2 über die Expansion der Chemiefaserindustrie in Entwicklungsländern gesagt worden ist. Sollten etwa «Flächengebilde» aus Chemiefasern eine Ausnahme von der in der Jubiläumsannonce geäußerten Behauptung bilden, zum Beispiel Frachtkosten machten es auf Dauer unmöglich, «die Welt von Europa aus zu beliefern»?

Daß Lohnkostendifferenzen für Produktionsverlagerungen der bundesdeutschen Textilindustrie ins Ausland praktisch keine Rolle spielen (eine andere Behauptung der Jubiläumsannonce), ist ebenfalls kaum glaubhaft. Erstens ist diese Behauptung für wichtige Zweige der bundesdeutschen und internationalen Textilindustrie (nicht etwa nur Maschenindustrie) eindeutig falsch, wie eine Reihe in dieser Fallstudie angeführter konkreter Beispiele belegt. Zweitens widersprechen dieser Behauptung zahlreiche Äußerungen des zuständigen Industrieverbandes (Gesamttextil), der nicht müde wird, auf die ungünstigen Auswirkungen der relativ hohen Lohnkostenbelastung der bundesdeutschen Textilindustrie für ihre internationale Konkurrenzfähigkeit hinzuweisen. Oder sollten solche Äußerungen lediglich eine taktische Finte von Gesamttextil angesichts von Tarifverhandlungen sein?

Die Württembergische Frottierweberei Lustnau GmbH, Tübingen («Egeria»), hatte Ende 1975 etwa tausend Inlandsbeschäftigte und 1974/75 einen Umsatz von etwa 62 Millionen DM.

«In der mittelfristigen Unternehmensplanung sind 4 bis 5 Millionen DM an jährlichen Investitionen vorgesehen. Als Schwerpunkt wird die Weberei genannt.

Die Mittel dienen ausnahmlos der Rationalisierung, an eine Kapazitätserweiterung im Inland ist nicht gedacht. So scheint es nicht verwunderlich, daß sich Egeria im Ausland engagiert: An einer dieser Tage anlaufenden Frottierweberei in Mauritius wurde eine Schachtelbeteiligung erworben. Die anteiligen Investitionen belaufen sich auf 0,5 Millionen DM.»[131]

«Das Unternehmen, das zu den drei größten deutschen Frottierwarenherstellern gehört und durch seine Marke ‹Egeria› bekannt ist, hat sich angesichts der zunehmenden Importe am deutschen Markt und des Angebots-

131 Handelsblatt, 19. September 1974 («Egeria erhofft ein gutes Herbst/Wintergeschäft – Engagement in Mauritius – Hoher Export»).

drucks aus Überkapazitäten ‹sehr anstrengen müssen›, wie Geschäftsführer Hubertus C. Starp auf der Heimtextilienmesse in Frankfurt sagte. Wie Starp meinte, habe es keinen Zweck, vor dieser Marktentwicklung die Augen zu verschließen oder zu klagen, man müsse sich auf die Tatsachen einstellen.

Die Fertigung von Egeria in der Bundesrepublik wird dazu umstrukturiert und mit einem großen Investitionsstoß weiter rationalisiert. In diesem Zusammenhang ist bereits die Zahl der Beschäftigten mit einem großen Schnitt um rund 20 Prozent auf tausend Mitarbeiter verringert worden.

Gleichzeitig wird der Betrieb auf der Insel Mauritius im Indischen Ozean, an dem die Württembergische Frottierweberei mit 25 Prozent beteiligt ist und der Standardfrottierartikel herstellt, wie vorgesehen ausgebaut. In der zweiten Stufe wird dieses Werk eine Spinnerei mit 8000 Spindeln und eine Weberei mit 76 (statt bisher 24) Webstühlen haben.»[132]

Über die Fertigung «problemloser» Haushaltswäsche in Mauritius hinaus werden von Egeria nicht unerhebliche Mengen Frottierwaren zur Ergänzung der eigenen Fertigung aus Brasilien bezogen. Festzuhalten ist, daß Egeria, wie viele andere Unternehmen der bundesdeutschen Textil- und Bekleidungsindustrie, die Inlandskapazitäten nicht weiter ausbaut, sondern neue Kapazitäten in Niedriglohnländern aufbaut. Die Firma war nicht in der Lage, nähere Einzelheiten der Mauritius-Fertigung bekanntzugeben.

Die *Elbeo*-Gruppe, Augsburg, hatte 1974 einen Umsatz von 112 Millionen DM und etwa 2200 Inlandsbeschäftigte. Sie besitzt Auslandsbetriebe in Großbritannien, Frankreich, Belgien und der Schweiz. Die Tochtergesellschaft Elbeo Fashion Knitwear, Internationale Strickwaren GmbH, ließ zeitweilig nach Vorlagen von Elbeo bei ausgesuchten Fabrikanten im In- und Ausland produzieren, unter anderem bei Herstellern in Italien. Die Fertigungskapazitäten von Elbeo sollen vor allem im Ausland ausgebaut werden. Von der Bundesrepublik Deutschland aus wird nur noch in geringem Umfang exportiert, während etwa 25 Prozent der britischen Fertigung exportiert werden. Die *Financial Times* erörtert unter anderem am Beispiel von Elbeo die Vor- und Nachteile Großbritanniens als Produktionsstandort:

«Elbeo sah sich in der Tat inzwischen gezwungen, seine in Großbritannien gefertigten Produkte nach Westdeutschland zu importieren, um konkurrenzfähig zu bleiben ...

Es war weit einfacher, einen englischen Arbeiter als einen deutschen zu entlassen.»[133]

132 Frankfurter Allgemeine Zeitung, 16. Januar 1976 («Hohe Rationalisierungsinvestitionen – Württ. Frottierweberei baut den Betrieb auf Mauritius aus»).

133 «Indeed Elbeo was now being forced to import its British made products to W. Germany to remain competitive ... It was much easier to fire an English worker than a German one.» Financial Times, 6. Juni 1975 («German bosses on British workers»); siehe auch Handelsblatt, 4. Juni 1975 («London umwirbt deutsche Investoren –

Verglichen mit der Bundesrepublik Deutschland ist für Elbeo das Investitionsklima in Großbritannien günstiger. Man sieht an diesem und ähnlichen Beispielen, daß die neue internationale Arbeitsteilung unzulänglich charakterisiert wäre, setzte man sie mit Produktionsverlagerungen aus den traditionellen Industrieländern in Entwicklungsländer gleich. Es kann in diesem Prozeß der neuen internationalen Arbeitsteilung vielmehr dazu kommen, daß auch Produktionsstandorte in traditionellen Industrieländern wieder «interessant», das heißt profitabel werden. So ist neuerdings auch wieder eine verstärkte Investitionstätigkeit auch ausländischer Unternehmen in den USA zu beobachten. Das heißt, die wesentlich auch durch die neue internationale Arbeitsteilung und durch die mit ihr verknüpften Produktionsverlagerungen (innerhalb der traditionellen Industrieländer und in Entwicklungsländer) in den traditionellen Industrieländern hervorgerufene strukturelle Arbeitslosigkeit übt inzwischen bereits einen manifesten Druck auf die Arbeitsbedingungen, Löhne etc. aus, derart, daß die Arbeiter in den traditionellen Industrieländern mehr und mehr gezwungen werden, trotz gleichzeitiger hoher Arbeitslosenrate massiv Überstunden zu machen, Reallohnverluste hinzunehmen, selbst bei Krankheit möglichst nicht dem Arbeitsplatz fernzubleiben oder Kuraufenthalte zu beantragen, Entlassungen zu akzeptieren usw. usf. Die Unternehmen dagegen können glaubwürdig darauf verweisen, daß Widerstand der Arbeiter, der Gewerkschaften und selbst des Staates mit verstärkter Produktionsverlagerung beantwortet werden würde.

Die *Ergee*-Gruppe, Sonthofen, beschäftigt in elf Werken, davon vier im Ausland (Österreich, Frankreich, Schweiz, Malaysia) etwa fünftausend Personen. Ihr Umsatz beträgt etwa 350 Millionen DM (1974). 70 Prozent der Gesamtproduktion werden in der Bundesrepublik Deutschland erstellt. Der Exportanteil aus bundesdeutscher Produktion ist innerhalb von zehn Jahren von etwa 30 Prozent auf etwa 8 Prozent zurückgegangen. In einem Bericht über die zur Ergee-Gruppe gehörende Michael Lohs KG heißt es zwar unter Angabe von Gründen, daß «. . . auf eine Produktion in kostengünstigen Ländern verzichtet (wird)», zwei Wochen vorher suchte aber die Ergee-Gruppe in derselben Zeitschrift per Annonce einen Textilingenieur für eine neue Produktionsstätte in Westmalaysia.[134] In einer Anzeige der Consulting-Firma Guthries hieß es zwei Jahre davor:

«Lassen Sie sich von der KIM Strickwaren-Fabrik anregen, einer deutschen Firma der Spitzenklasse, die modische Strickwaren herstellt. KIM hatte große Sorgen wegen der Auswirkungen billiger Importe auf die euro-

Unternehmer berichten über Erfahrungen in Großbritannien»). – Man sollte freilich aus diesen Angaben nicht schließen, daß die Bundesrepublik Deutschland im internationalen Vergleich der kapitalistischen Industrieländer dasjenige Land sei, in dem es für die Unternehmen am schwierigsten ist, Arbeiter zu entlassen.

134 Textil-Wirtschaft 29 (1975), S. 15; Textil-Wirtschaft 27 (1975), S. 43.

päischen Absatzmärkte ihrer deutschen Betriebe. Nach sorgfältigen Untersuchungen des Investitionsklimas und des Arbeitskraft-Potentials im Fernen Osten wählte KIM mit Guthries' Hilfe einen Standort etwa vierzig Meilen von Kuala Lumpur, der Hauptstadt Malaysias. Guthries Management Services ist kürzlich mit dem Aufbau des Projekts und seinem anschließenden Management beauftragt worden; eine malaysische Firma – KIM Fashion Knitwear (Malaysia) SDN. BHD. – ist gegründet worden, und nach Genehmigung durch die Federal Development Authority sollte KIM Fashion im Januar 1974 die Produktion aufnehmen und im Juni 1974 die volle Produktionskapazität erreichen. Fürwahr eine gedrängte Planung – Guthries macht es möglich!»[135]

Eine Frist von etwa einem Jahr zwischen der Entscheidung zur Produktionsverlagerung und der vollen Produktionsaufnahme, wie sie hier vermutlich vorliegt, ist heute im Bereich von Bekleidung (und zum Beispiel auch Elektronik) schon als eher überdurchschnittlich zu bezeichnen.

Der Textilbereich der *Greiling*-Gruppe, Mannheim («Felina»), hatte 1974/75 einen Umsatz von etwa 97 Millionen DM bei etwa 1500 Beschäftigten. Sie verfügt über eigene Werke oder Kontraktfirmen (PV-Verkehre) in Österreich, Griechenland, Jugoslawien, Polen, der Tschechoslowakei und Ungarn; darüber hinaus bestehen offenbar Pläne für Fertigungen in anderen Erdteilen. Ein Unternehmen der Gruppe äußert sich hochzufrieden über die Arbeitsqualität und Pünktlichkeit der PV-Produktionen (Überwachung durch deutsche Techniker); die Lohnminute sei 40 Prozent billiger als in der Bundesrepublik Deutschland.

«Nach Schließung zweier Betriebe in Steinau (Pompadour) und Worms (Felina) verringert sich die Beschäftigtenzahl bis Jahresende wahrscheinlich auf 1000 . . .

In den letzten Wochen sind zwei neue Produktionsstätten in Jugoslawien und Griechenland eröffnet worden, die Unterwäsche und Bademoden teilweise auch für den Inlandsabsatz im Bundesgebiet fertigen. Angesichts der Zuwachsraten im Vorderen Orient und in Afrika sollen unter Umständen dort weitere Produktionsstätten folgen, die den neuen Markt beliefern.»[136]

«. . . erstmals seit zwei Jahren wieder einen Gewinn erwirtschaftet. Er geht in erster Linie auf Rationalisierungsmaßnahmen wie beispielsweise Personalabbau in unproduktiven Bereichen und Produktionsverlagerungen zu Vertragslieferanten im Ausland zurück. Das Unternehmen fertigt außerhalb Deutschlands an verschiedenen Plätzen im Ostblock und in einem eigenen Zweigwerk in Österreich. Der Personalabbau auf jetzt 1000 (nach 1150) Mitarbeiter gilt inzwischen als abgeschlossen.»[137]

135 The Times, 31. August 1973.
136 Frankfurter Allgemeine Zeitung, 9. Mai 1975.
137 Frankfurter Allgemeine Zeitung, 23. Oktober 1975.

«Felina strebt heute an, den gegenwärtigen Produktionsstand in den deutschen Werken zu erhalten, den Produktionszuwachs aber über die ausländischen Vertragswerke zu realisieren. Einziger Grund hierfür ist das Lohngefälle zwischen den eigenen deutschen Produktionsstätten und den Lohnveredlern in Jugoslawien, der Tschechoslowakei, Ungarn und Italien, die für Felina um rund ein Drittel günstiger produzieren. Zur Zeit werden noch 55 Prozent der Teile in deutschen Werken hergestellt, während 45 Prozent aus dem Felina-Werk in Österreich und aus der Lohnfertigung stammen. Die ausländische Lohnfertigung wird kontinuierlich weiter ausgebaut ... Die Ertragslage der Gruppe hat sich nach den durchgreifenden Straffungsmaßnahmen der letzten Jahre, die bei einem Beschäftigtenstand von tausend Mitarbeitern im Inland und dreihundert im Ausland jetzt als abgeschlossen gelten, weiter verbessert.»[138]

Die Hosenfabrik Dieter *Janssen* & Co., Mönchengladbach, beschäftigte 1974 rund sechshundert Personen bei einem Umsatz von etwa 35 Millionen DM.

«Um auch in der Fertigung die Weichen auf Wachstum zu stellen, hat sich Janssen in Tunesien engagiert und läßt dort seit September 1973 in einem eigenen Betrieb mit 66 Mitarbeitern Näharbeiten ausführen, die besonders kostenintensiv sind. Der Anteil der Auslandsfertigung, der heute etwa 8 Prozent ausmacht, soll sukzessive erhöht werden, wobei vor allem die Qualitätsanforderungen das Tempo bestimmen werden.»[139]

«Jüngstes Kind ist Janssens eigener Betrieb in Tunesien, in den etwa 0,5 Millionen DM investiert wurden. Extra hinübergeschafft wurden für 150000 DM ausrangierte Maschinen aus den deutschen Betrieben. Kommentar: ‹Die tunesischen Arbeiterinnen kommen am besten mit den einfachsten Nähmaschinen zurecht.› Schon kommen etwa 8 Prozent der Janssen-Hosen aus Tunesien. Sie werden in Deutschland zugeschnitten, in Tunesien zusammengenäht und wieder nach Deutschland zurückgeschickt. Beschäftigt werden 66 Mitarbeiter. Für die Zukunft ist geplant, mit einer Investitionssumme von 5 Millionen DM die Zahl der Arbeitsplätze auf über dreihundert zu erweitern. Dann soll jede vierte Hose aus Tunesien kommen.»[140]

Von der Firma war auf zweimalige Anfrage nur eine «Fehlanzeige» zu erhalten.

Die Jute-Spinnerei und Weberei Bremen, Delmenhorst («*Bremer Jute*»), und die Braunschweigische AG für Jute- und Flachs-Industrie, Braunschweig («Braune Jute»), beide zur Günther-Gruppe, Hamburg, gehörend, verzeichneten in den letzten Jahren einen starken Rückgang ihrer Inlandsbe-

138 Frankfurter Allgemeine Zeitung, 18. November 1976.
139 Frankfurter Allgemeine Zeitung, 24. Januar 1975.
140 Handelsblatt, 21./22. Februar 1975.

schäftigtenzahl (1973 zusammen noch etwa fünfhundert Beschäftigte). Sie sind mit je 50 Prozent an der Mauritius Industriebeteiligungs GmbH, Braunschweig, beteiligt.

«Nach Ansicht von Brabant werde langfristig eine Juteproduktion in der Bundesrepublik nicht mehr möglich sein ... Das gemeinsam mit der Braunschweigischen AG für Jute- und Flachsindustrie eingegangene Engagement in der Juteindustrie der Insel Mauritius habe gleichfalls gut eingeschlagen. Über die gemeinsame Tochtergesellschaft ‹Mauritius Industriebeteiligungs-GmbH› (Stammkapital 20000 DM) sind beide Unternehmen mit zusammen 38 Prozent an der Mauritius Jute and Textile Industries Ltd. beteiligt; weitere 45 Prozent werden von der Regierung von Mauritius und die restlichen 12 Prozent von lokalen Partnern gehalten. In Mauritius sollen mit modernen Maschinen aus Braunschweig und Bremen bei niedrigem Lohnniveau Juteerzeugnisse hergestellt werden, für die man Absatzmärkte in Afrika, Australien und in Nord- und Südamerika zu finden hofft.»[141]

«Die Gesellschaft rechnet damit, daß Ende 1974 wieder die Rentabilitätsschwelle in der Juteweberei erreicht werden kann. Die Erwartung gründet sich darauf, daß ... dann mit billigen Löhnen produzierte Jutegarne aus Mauritius zur Verfügung stehen werden.»[142]

«Der Vorstand betont, daß die neuen Fertigungsprogramme (Filze, Garndruckanlage) erst ein halbes bis ein Jahr später als geplant anlaufen konnten. Gleichzeitig wurde die Kapazität der früheren Jutespinnerei und -weberei in ein Entwicklungsprojekt auf der Insel Mauritius verlagert.»[143]

«(Die Erträge) enthalten unter anderem Buchgewinn aus nach Übersee verkauften Maschinen (705000 DM) und eine steuerfreie Investitionszulage für Investitionen in den Jahren 1972/73 (189000 DM) ... Die Investitionen machten 0,94 (3,24) Millionen DM aus. Mit der 38prozentigen Beteiligung an der Mauritius Jute and Textile Industries Ltd. waren Maschinenlieferungen nach Mauritius von rund 2,4 Millionen DM verbunden, wobei bisher Buchgewinne von 0,43 Millionen DM entstanden und weitere zu erwarten sind.»[144]

«Unabhängig davon setzt die Verwaltung auch auf den Handel mit den textilen Juteerzeugnissen aus Mauritius. Die Fabrik auf Mauritius, in der große Teile der Jutefertigung aus Bremen und Braunschweig in einer neu errichteten, 16000 Quadratmeter großen Produktionshalle fusioniert worden sind und an der die Jute-Spinnerei und Weberei Bremen beteiligt ist, hat in den letzten Tagen die erste größere Sendung verschifft.

Auf Grund der bisher gesammelten Erfahrungen wurde beschlossen, in Mauritius Erweiterungen vorzunehmen. Aus diesem Grund wurde von den Beteiligten der

141 Frankfurter Allgemeine Zeitung/Blick durch die Wirtschaft, 7. August 1974.
142 Frankfurter Allgemeine Zeitung/Blick durch die Wirtschaft, 29. August 1974.
143 Handelsblatt, 11. November 1974.
144 Handelsblatt, 25./26. Juli 1975.

Mauritius Jute and Textile Industries & Co. das Kapital von 7 auf 10 Millionen Rupien (etwa 4 Millionen DM) erhöht. Wie der Vorstand mitteilt, erhalten die deutschen Kommanditisten wieder steuerliche Vorteile, die zusammen mit dem neuen Entwicklungsländersteuergesetz über 200 Prozent der Einlage ausmachen. Der Staat Mauritius, der an diesem größten Projekt des Landes mit über 25 Prozent beteiligt ist, gewährt zusätzliche Förderung um weitere zehn Jahre Steuerfreiheit.»[145]

«Die Beteiligung (20 Prozent) an den drei Jute- und Synthetikproduktionsstätten auf Mauritius entwickelt sich den Angaben zufolge planmäßig. Die Beschäftigtenzahl liege bei 700 und werde Ende dieses Jahres noch weiter ansteigen.»[146]

«Zuversichtlich beurteilt der Vorstand auch die künftige Entwicklung in dem Produktionsbereich, der nach Mauritius verlagert hat. Schon heute liefere die Fabrik recht interessante Ergebnisse.»[147]

Die Jute-Industrie ist für ihre besonders gesundheitsgefährdenden Arbeitsbedingungen bekannt. Entwicklungs«hilfe», wie sie hier praktiziert wird, erlaubt es also, unrentabel gewordene Produktionen aus der Bundesrepublik Deutschland steuerbegünstigt zu verlagern und damit wieder rentabel zu machen; zugleich entgeht das Unternehmen möglicherweise dem Zwang, mit erhöhten Kosten verbesserte Schutzvorkehrungen für die beschäftigten Arbeiter zu treffen. Für die betroffenen deutschen Arbeiter bedeutet dies zunächst Arbeitslosigkeit; die ausländischen Arbeiter haben auf dem Weltmarkt für Arbeitskraft «erfolgreich» gegen sie konkurriert – mit staatlicher Hilfe hier wie dort.[148]

«Man habe bewußt knapp kalkuliert, um die volle Beschäftigung der 651 Mitarbeiter im Inland und die weitere Expansion der Firma zu gewährleisten. In Izmir werden zur Zeit 80 Mann beschäftigt. Der Betrieb, der nur für den Export arbeitet, soll aber auf eine Belegschaft von 200 Mann erweitert werden.»[149]

«Von der Verschiebung der Verbrauchernachfrage zu höheren Qualitäten haben vor allem die Hersteller von Damen- und Herrenbekleidung auf hohem Niveau profitiert. Die *van Laack* GmbH & Co., Mönchengladbach, die ausschließlich nach eigenen Angaben ‹internationales Luxusgenre› in Herrenhemden und Damenblusen fabriziert, teilte mit, daß der Umsatz 1975 mit 37,4 Millionen DM fast 32 Prozent über dem des Vorjahres gelegen habe. Die Stückzahlproduktion sei nur um 23 Prozent gestiegen. Die Tendenz zu immer höherwertigen Stoffen halte unvermindert an . . . exklusiver Kundenkreis . . . Der Export, der sich auf 14 Prozent vom Umsatz fast verdoppelte, soll ausgedehnt werden. Zu den Werken in der Türkei und in

145 VWD-Textil, 18. November 1975.

146 VWD-Textil, 26. April 1976.

147 VWD-Textil, 19. Juni 1976.

148 Über das – soweit bekannt – dritte bundesdeutsche Unternehmen, das neben Egeria und der gerade behandelten Firmengruppe in Mauritius produzierend tätig ist: die Kaiser & Co. Herren-Modellkleiderfabrik, Regensburg, war nichts Näheres zu erfahren.

149 Süddeutsche Zeitung, 13. März 1974.

Tunesien ist eine Fabrikation im Tessin gekommen. Insgesamt beschäftigt das Unternehmen rund 750 Personen.»[150]

Entgegen vielfach zu lesenden Behauptungen kann also auch die Produktion von Waren der höchsten Qualitätsstufe in Niedriglohnländern erfolgen. An dem türkischen Betrieb, der inzwischen zugunsten einer Niederlassung in Hongkong geschlossen worden ist[151], war unter anderem auch die DEG (zunächst mit 0,5 Millionen DM = 27 Prozent) beteiligt. Die Stoffe und ein Teil des Zubehörs kamen von örtlichen Zulieferern.[152]

«Die Bemühungen um Rationalisierung, Fertigungszentralisierung und Kostenreduzierung laufen auch bei *Lodenfrey* auf vollen Touren. Eine Maßnahme bestand dabei in der Aufgabe des Standorts Würzburg und der Übersiedlung der ... Tofana zum Orderpunkt München. ‹Wir können gewisse Preisschwellen einfach nicht überspringen›, meinte Hofmann, so daß Lodenfrey zur Mischkalkulation und daher zur Auslandsfertigung gezwungen sei. Nach zweijährigen Tests in Jugoslawien läuft die Lohnfertigung dort seit einem halben Jahr unter Anleitung deutscher Techniker und Gruppenführer recht zufriedenstellend.»[153]

«Trotz des grünen Booms wird die Münchner Lodenfabrik Frey ihre Vorjahresumsätze von rund 54 Millionen DM im laufenden Jahr nur leicht überschreiten. Zugunsten der Erträge zog es die Unternehmensleitung vor, auf unrentable Aufträge zu verzichten ... Rund 40 Prozent der Kapazitäten von Lodenfrey befinden sich in Jugoslawien und Griechenland. In München will man den Mitarbeiterstamm auf sechshundert konstant halten. Der jugoslawische Hersteller, der unter Anleitung deutscher Spezialisten ausschließlich für Frey fertigt, verkauft auch mit gutem Erfolg Lodenfrey-Artikel in Jugoslawien in Lizenz. Nachdem die Abnahme der gefertigten Stücke direkt im Land erfolgt, sieht man bei Frey in der Qualität keinen Unterschied zu den in München produzierten Artikeln.»[154]

«Durch Rationalisierung gelang es dem Unternehmen, die Lohnkostenerhöhungen weitgehend aufzufangen. Ohne Auslandsfertigung, so gibt man bei Lodenfrey unumwunden zu, ist es nicht möglich, wettbewerbsfähig zu bleiben. Rund 40 Prozent der Lodenfrey-Kapazitäten befinden sich in Jugoslawien und Griechenland ... Nachdem die Lohnkosten in Jugoslawien um rund 25 Prozent anzogen, gibt es bereits neue Überlegungen der Fertigungsverlagerung nach Tunesien oder Fernost.»[155]

150 Süddeutsche Zeitung, 27./28. März 1976.

151 Süddeutsche Zeitung, 15. März 1977. – Als Grund für die Verlagerung aus der Türkei nach Hongkong werden administrative Schwierigkeiten der türkischen Behörden angegeben, derart, daß das Produktionsprogramm immer unbeweglicher wurde: «Deshalb hat man die Fabrik zugemacht und sich in Hongkong niedergelassen.»

152 Textil-Wirtschaft 33 (1974); DEG-Geschäftsbericht 1973.

153 Handelsblatt, 26. März 1974.

154 Handelsblatt, 26. November 1974.

155 Handelsblatt, 8. April 1975.

«Die Tofana-Haka (Trachtenanzüge) wird bei der Tochtergesellschaft Lodenfrey Austria, Bad Ischl, produziert und von dieser auch in die Bundesrepublik eingeführt. Die in Österreich günstigeren Herstellkosten erlauben es, die Anzüge trotz Zoll hier um 20 DM billiger anzubieten, als das bei Fertigung in Deutschland möglich wäre.»[156]

Die Bekleidungsgruppe *Meyer Werther*, Werther, die als einer der führenden Mantelhersteller der Bundesrepublik Deutschland bezeichnet wird, beschäftigte 1975 einschließlich der italienischen Tochtergesellschaft rund 700 Personen und hatte 1974 einen Umsatz von 35 Millionen DM. Seit 1975 ist die Gruppe mit 35 000 Pfund an der MacManoel Clothing Company Ltd. in Malta beteiligt. Aus Fernost werden Parkas importiert. Die Beschäftigten des italienischen Betriebs sind zu fast 80 Prozent zwischen zwanzig und vierzig Jahre alt, während zweiundfünfzig der sechzig Beschäftigten in Malta unter zwanzig Jahre alt sind. Von den italienischen Beschäftigten wird gesagt, es handle sich vor allem um Näherinnen, die kurzfristig angelernt werden müssen; die maltesischen Beschäftigten werden durch *little knowledge* charakterisiert.

Neuerdings mehren sich die Fälle, in denen Unternehmen der Textilindustrie Produktionen in solchen Ländern aufnehmen, in denen die Bekleidungsproduktion für den Weltmarkt bereits eine wichtige Rolle spielt. Ein Beispiel aus neuerer Zeit sei stellvertretend genannt: Die *Nino* AG/Nordhorn.

«Die zu den großen europäischen Textilunternehmen gehörende Nino AG in Nordhorn folgt jetzt dem Trend zur Auslandsfertigung in der nachgelagerten Konfektionsstufe. Der längst vollzogenen Internationalisierung im Vertrieb – mit einer Exportquote von fast 50 Prozent ist Nino absatzmäßig in nahezu 100 Ländern vertreten – soll sich die Internationalisierung auch in der Produktion anschließen. Die Planungen umriß Vorstandsvorsitzender Dr. Günther Mordhorst jetzt . . . mit der Formulierung des ‹Zugriffs› auf Produktionsstätten in Übersee.

Als Modelle vorstellbar seien insbesondere Kooperationen mit bereits ansässigen Partnern, wobei die Finanzierung über den Austausch von Anteilen erfolgen könnte . . . Das Paket dessen, was Nino in solche Kooperationen einbringen will, umfaßt . . . neben dem weltweiten Vertriebspotential und der Nutzung der Marke Nino die modische Kreativität und das technische Know-how.

Als ersten Schritt für eine Produktion in Übersee hat Nino die Nino Far East mit Sitz in Hongkong gegründet, an der Nino (über die Schweizerische Nino Verwaltungs AG) mit 85 Prozent und mit dem Rest der bisherige einheimische Vertriebspartner beteiligt ist. Begonnen werden soll in Hong-

156 Handelsblatt, 3./4. Oktober 1975.

kong zunächst mit der Herstellung von Einlagenstoffen, und zwar vor dem Hintergrund der Tatsache, daß die Hemden- und Blusenproduktion der Welt ihren Schwerpunkt in Fernost hat und beispielsweise knapp zwei Drittel aller deutschen Hemdenimporte aus diesem Raum kommen ...

Grundsätzlich heißt es zum Thema Übersee, daß der Standort Nordhorn keineswegs ‹ausgehungert›, sondern vielmehr abgesichert werden soll. Der Personaleinsparungsprozeß werde zwar weitergehen, jedoch nicht mehr so drastisch ausfallen wie bisher. So wird Nino bis zum Ende des laufenden Geschäftsjahres 1975/76 (31. März) die Belegschaft in der Gruppe gegenüber dem bisherigen Höchststand Ende 1972 um 1600 Mitarbeiter oder allein 25 Prozent abgebaut haben ...

Die notwendige Ertragsverbesserung werde jedoch allein über die weitere unternehmensinterne Kostenbeeinflussung wahrscheinlich nicht erreichbar sein ... Dies läßt andererseits erkennen, wie bedeutsam die Überseeplanungen für die Zukunft des Unternehmens sind. Sie stellen, so heißt es, die mit Abstand wichtigste, zugleich aber auch ertragskräftigste Zukunftsaufgabe dar.»[157]

In einem «Brief aus Irland» anläßlich der Grundsteinlegung für die neue Spinnerei der Nino AG in Wexford/Irland heißt es unter der Überschrift «Wettbewerb der Industrieansiedler»:

«... das ausgesprochen gute Klima in diesem Land zumindest für den ausländischen Investor ... bestätigen. Dieses Klima wird nicht nur durch den Katalog der beträchtlichen ‹Incentives› – der Förderanreize, mit denen um neue industrielle Arbeitsplätze geworben wird – gekennzeichnet, sondern auch durch die psychologische Stütze, die ein Projekt wie die Nino-Spinnerei von der Industrial Development Authority (IDA) erhält. Da sprach an diesem Tag zum Beispiel nach dem Minister und dem Bürgermeister der 12 000-Einwohner-Stadt der Geschäftsführer der IDA, Mr. Swan, zu den hier versammelten Honoratioren des Ortes – den Stadträten, Beamten, Wirtschaftsvertretern bis hin zu den Kirchenmännern und Schulleitern: ‹Ihr habt gehört›, sagte er sinngemäß, ‹daß das deutsche Unternehmen die jetzt begonnene erste Baustufe dieser Fabrik in Wexford von zunächst 120 Beschäftigten mit weiteren Baustufen, auch durch Erweiterung um eine Weberei, auf 550 Beschäftigte ausbauen will. Dieser Expansionsplan hängt aber nicht allein von der Konjunktur ab, sondern ebenso auch davon, inwieweit ihr Leute in Wexford gewillt seid, mit diesem Unternehmen zusammenzuarbeiten. Ihr könnt euch glücklich preisen, daß ihr ein solches Unternehmen wie dieses nach hier bekommen habt, nicht zuletzt wegen der vorgesehenen größten Ausbildungsintensität aller ausländischen Investoren. Immerhin

157 VWD-Textil, 16. Oktober 1975 («Nino will ‹Zugriff› auf Produktion in Übersee»).

müßt ihr euch auch vor Augen halten, daß wir heute mit vielen anderen Ländern der Welt um neue Industrien konkurrieren, und überall gibt es Entwicklungsgesellschaften. Wir müssen daher jeden, der zu uns kommt, davon überzeugen, daß er hier eine Umgebung vorfindet, die ihn erfolgreich werden lassen kann . . .›

Die Republik Irland mit ihren nur drei Millionen Einwohnern hat bei einem Arbeitskräftepotential von insgesamt 1,2 Millionen Menschen immer noch 9 Prozent Arbeitslose; sie steht mitten im Umstrukturierungsprozeß vom Agrarland zum Auch-Industrie-Staat. Mister Swans Appell trifft daher auf offene Ohren und breites Verständnis. So hat seine Behörde, die IDA, keine Schwierigkeiten gehabt, auch die einflußreiche Kirche davon zu überzeugen, daß Nino in Wexford an sieben Wochentagen jeweils 24 Stunden arbeiten kann; das bedeutet Vier-Schicht-Betrieb mit insgesamt 168 Wochenstunden (wegen des Schichtbetriebes sollen fast nur Männer beschäftigt werden). In Nordhorn könnten die kapitalintensiven Anlagen dagegen nur im Drei-Schicht-Betrieb an 120 Wochenstunden und mit Überstunden höchstens 126 Stunden gefahren werden.

Ganz besonders zugkräftiges Argument der IDA bei der Anwerbung ausländischer Investoren ist neben den Investitionszuschüssen, die entweder nach der Zahl der Arbeitsplätze oder der Summe des investierten Kapitals bemessen werden (und im Falle Nino nicht geringer sein dürften, als wenn in einem westdeutschen strukturschwachen Gebiet mit öffentlicher Förderung gebaut würde), die Steuerfreiheit für Exportgewinne – und das für fünfzehn Jahre. Nimmt man den stabilen politischen Rahmen im Freistaat Irland hinzu und vergegenwärtigt man sich die mannigfachen Hilfen der IDA-Organisation, die den Weg von allen behördlichen Steinen freimacht, dann wird der Erfolg der Iren in ihrer Industrieansiedlungspolitik begreiflich . . .

Notabene sollen von hier (Irland) nicht etwa – zunächst jedenfalls nicht – neue Märkte erobert werden, sondern es sollen die eigenen Webereibetriebe in Nordhorn und im benachbarten Holland beliefert werden. Schon dieses Beispiel läßt erkennen, in welch ungleichem Wettbewerb sich die heimischen Industrieansiedler bei ihrem werbenden Bemühen um neue Industriebetriebe und Branchen befinden – im ungleichen Wettbewerb zum Beispiel mit Standorten auf der ‹Grünen Insel›.»[158]

Abgesehen von dieser modellhaften Schilderung des Wettbewerbs von Ländern auf dem Weltmarkt für Produktionsstandorte interessiert an diesem Bericht ganz besonders der Hinweis, daß Länder wie Irland gerade für die kapitalintensivsten Produktionen vorteilhaft sind – wegen der Möglichkeit, die Anlagen, anders als etwa in der Bundesrepublik Deutschland ununterbrochen laufen lassen zu können (Schicht-, Nacht- und Feiertagsarbeit). Man muß diesen Punkt gegen die These betonen, die Niedriglohnländer seien im wesentlichen nur bei arbeitsintensiven Produktionen «interessant».

158 Frankfurter Allgemeine Zeitung/Blick durch die Wirtschaft, 6. März 1975.

«Die Firma J. C. *Runken* (Achim) wird – da sie mit einem weiteren Kostenanstieg auf Grund staatlicher Maßnahmen rechnet – ihre Investitionen in der Bundesrepublik zurücknehmen und dafür ihre Auslandsaktivitäten verstärken. So soll die portugiesische Tochterfirma Intexta-Confeccoes Lda. weiter vergrößert und die Kooperation mit anderen ausländischen Betrieben verstärkt werden.»[159]

Runken hatte 1974 in der Bundesrepublik Deutschland 344 Beschäftigte (im Vorjahr noch 505); der Umsatz der inländischen Betriebe betrug knapp 21 Millionen DM. Die portugiesische Tochtergesellschaft hatte 1974 126 Beschäftigte (darunter 116 weibliche), im gewerblichen Bereich großenteils angelernte Kräfte; der Umsatz betrug 0,72 Millionen DM (Lohnfertigung von Kinder- und Damenoberbekleidung). Die Beschäftigten sind hier wieder weit überwiegend zwischen zwanzig und vierzig Jahre alt. Außerdem unterhält die Firma nach eigenen Angaben Beziehungen zu Lohnveredelungsbetrieben in Fernost (insbesondere Hongkong, Südkorea, Macao, Singapur und der Volksrepublik China) mit einem Umsatzvolumen (anteilig für die Runken-Produktion) von ca. 6 Millionen DM.

Die *Seidensticker*-Gruppe, Bielefeld, hatte 1974 einen Umsatz von 235 Millionen DM bei (Ende 1973) weltweit 3733 Beschäftigten. Sie besitzt eigene Betriebe in Österreich und Portugal (früher auch in Spanien).

«Der Ertrag war nicht überall befriedigend. Deshalb ist die Unternehmenskonzeption in zwei entscheidenden Punkten geändert worden. Produktionsstätten, die zu teuer arbeiten, werden nicht mehr durch Fabriken subventioniert, die preisgünstiger kalkulieren können. Entweder erhalten die zu teuer gewordenen Fabriken Programme, die sich rentabel fertigen lassen, oder sie werden verkleinert und geschlossen. Zum anderen will Seidenstikker auf Umsätze verzichten, die auf mittlere Sicht keine ausreichende Rentabilität versprechen. Ein großer Teil der Hemden und Herrenwäsche kommt aus eigenen Fabriken im Ausland. Deshalb wendet man sich in Bielefeld energisch gegen alle Bestrebungen, die Einfuhr solcher Textilien zu erschweren. Für den Verbraucher hätte das höhere Preise zur Folge, und den Wäscheherstellern werde es erschwert, Auslandsproduktionen aufzubauen. Damit würden sie einen wesentlichen Teil ihrer Rentabilität und damit ihrer Existenzmöglichkeit verlieren.»[160]

«Seit kurzem hat die Seidensticker-Gruppe eine neue Tochter: die Seidensticker (Overseas) Ltd., eine eigene Import- und Exportfirma mit Sitz in Kowloon/Hongkong. Für Seidensticker ist Hongkong kein Neuland. Die Gruppe kauft bereits seit rund zehn Jahren in Hongkong ein. Da allerdings die Bedeutung Hongkongs für Seidensticker noch mehr gewachsen ist, hat

159 Textil-Wirtschaft 33 (1974).
160 Süddeutsche Zeitung, 27./28. März 1975.

man sich jetzt zur Gründung einer eigenen Gesellschaft entschlossen.»[161]

«Wie das Bielefelder Unternehmen am 16. April 1975 weiter mitteilte, ist Seidensticker Overseas auch als Anbieter für Produzenten und Einzelhandelsunternehmen aus aller Welt tätig. Das Angebot umfaßt hochwertige Herrenhemden, Pyjamas und Blusen. Ein Freizeit-Oberbekleidungsprogramm ist in Vorbereitung.

Die ersten Verkäufe lassen, so wird ergänzt, eine optimistische Prognose für dieses Handelshaus zu. Der Vorteil für die Abnehmer besteht nach Ansicht der Muttergesellschaft darin, daß der gleiche qualitative Standard wie in den europäischen Seidensticker-Betrieben garantiert wird.»[162]

Zweierlei verdient hier festgehalten zu werden: Erstens wird die Vorstellung zerstört (die man aus den Aussagen der Industrieverbände der deutschen Textil- und Bekleidungsindustrie gewinnen müßte), daß die inländischen Unternehmer der Textil- und Bekleidungsindustrie nahezu bedingungslos gegen eine Lockerung der Importbeschränkungen für Textilien und Bekleidung eintreten («Dumping-Einfuhren», «unfairer Handel» etc.), eine Vorstellung, die angesichts der expandierenden Auslandsproduktion der deutschen Textil- und Bekleidungsindustrie freilich von vornherein keine Überzeugungskraft besitzt, nicht viel mehr als die Beteuerungen des Interesses an hoher Inlandsbeschäftigung in der eigenen Branche (angesichts des absolut dominierenden Interesses an Rentabilität); zweitens zeigen die Aktivitäten von Seidensticker Overseas, wie übrigens auch zahlreiche andere Beispiele (vergleiche Firmenliste, vor allem die PV-Verkehre und ähnliches), daß im Bereich der Textil- und vor allem Bekleidungsindustrie heute eine gewisse Tendenz besteht, das direkte Engagement in der Produktion zugunsten einer stärkeren Konzentration auf den Distributionssektor zu reduzieren (vergleiche das Verlagssystem aus der Frühgeschichte des Kapitalismus).

«An ihren Beteiligungsgesellschaften hatte die *Schiesser AG* (Radolfzell) wenig Freude. Deren Situation hat sich im letzten Jahr sichtbar gebessert. Bei den Hudson-Textilwerken, an denen Schiesser noch mit 36 Prozent beteiligt ist, endete das verkürzte Geschäftsjahr 1974 wieder mit einem kleinen Gewinn. Aus den roten Zahlen ist Hudson dank höherer Abgabepreise, Kosteneinsparung und Verlagerung lohnintensiver Fertigungsphasen nach Griechenland herausgekommen . . .

Nach der Fertigstellung des Hochregallagers, das in Radolfzell mit einem Kostenaufwand von 20 Millionen DM errichtet wurde, stehen für die nächste Zeit im Inland keine größeren Investitionen an. Die Investitionstätigkeit wird sich vielmehr auf einen weiteren Ausbau der Konfektionsstufe in kostengünstigeren Ländern beschränken.»[163]

161 Textil-Wirtschaft 17 (1975).
162 BfA/Nachrichten für Außenhandel, 21. April 1975.
163 Textil-Wirtschaft 13 (1975).

«HUDSON HELLAS HILFT KOSTEN IM ZAUM HALTEN. Die Kostenstruktur des Stuttgarter Unternehmens wurde nicht zuletzt durch die Gründung von Hudson-Hellas, einer selbständigen Tochtergesellschaft in Athen unter deutscher Leitung, wieder ins Lot gebracht. Hudson-Hellas arbeitet seit dem Sommer 1974 mit 700 Beschäftigten. Der Athener Betrieb übernimmt etwa 50 Prozent der in den deutschen Hudson-Werken Berlin, Hof und Mosbach produzierten Rohlinge; sie werden in Griechenland ausgerüstet, konfektioniert und kommen versandfertig verpackt in das Hudson-Zentrallager Horb. Die maschinenintensiven Arbeitsvorgänge, wie das Stricken der Rohlinge und die Veredelung hochwertiger Spezialartikel, werden auch weiterhin in der Bundesrepublik ausgeführt.»[164]

«Arwa Vertriebsgesellschaft mbH, Stuttgart. Der Strumpfhersteller, der über die Hudson-Textilwerke zum Schiesser-Konzern gehört, wird ab Anfang nächsten Jahres mit einem eigenen Unterwäscheprogramm in den Lebensmittelhandel und in Verbrauchermärkte und andere Großbetriebsformen gehen ...

Die Unterwäsche wird von Arwa mit Kooperationspartnern vor allem im Ausland hergestellt. Sie stammt nicht ... aus Schiesser-Betrieben und ist weder vom Preis noch von der Qualität her mit Schiesser-Produkten vergleichbar.»[165]

«Zu den großen drei der Branche der Strumpfhosenproduzenten gehört auch das Tochterunternehmen der deutschen Arwa-Gruppe, Arwa Stockings (Pty) Ltd. Parys (Südafrika).»[166]

«Von Radolfzell aus werden etwa 10 Prozent der Produktion exportiert. Die Ausfuhr hat eine stark steigende Tendenz ... Steigende Tendenz hat auch die Auslandsfertigung. Sie beschränkt sich auf den Standardbereich.»[167]

«Mit Besorgnis registriert die Geschäftsleitung bei stagnierendem Verbrauch das schnelle Anwachsen der Importe aus Niedriglohn- und Staatshandelsländern sowie eine zunehmende Verlagerung des Unterwäscheverkaufs zum Nichtfachhandel ...

Der Schwerpunkt der Produktion wird weiterhin in der Bundesrepublik bleiben. Die ausländischen Schwestergesellschaften in Griechenland und Irland beschränken sich auf die Zulieferung von Standardartikeln und großen Serien. Ihr Anteil an der Gesamterzeugung liegt bei etwa 35 Prozent. Er wird auch künftig nur noch unwesentlich steigen. Eine stärkere Verlagerung der Produktion ins Ausland ist nicht vorgesehen.»[168]

Die Schiesser-Gruppe hatte 1974 bei ca. 7200 Beschäftigten einen Umsatz

164 Textil-Wirtschaft 46 (1974).
165 Frankfurter Allgemeine Zeitung, 1. Oktober 1975.
166 Frankfurter Allgemeine Zeitung/Blick durch die Wirtschaft, 15. Juli 1975.
167 Textil-Wirtschaft 33 (1974).
168 Textil-Wirtschaft 50 (1975).

von ca. 480 Millionen DM. Über die Beschäftigten in den Auslandsbetrieben heißt es, sie seien ungelernte Arbeitskräfte, die entsprechend ihren Fähigkeiten angelernt werden; nach intensiver Einarbeitung bzw. Anlernung werden ihnen ausreichende bis gute Qualifikationen als Näherinnen, Zuschneider bzw. Verpackerinnen attestiert. Für einen Auslandsbetrieb liegen Angaben über die Altersstruktur vor: danach sind ca. 60 Prozent der Beschäftigten unter zwanzig Jahre alt.

Mit Abstand die bedeutendste Auslandsfertigung eines deutschen Textil- und Bekleidungsunternehmens unterhält die *Triumph International*-Gruppe, München. Sie besitzt in über zwanzig Ländern eigene Produktionsstätten (bzw. ist an solchen maßgeblich beteiligt).

«Nach Jahren der Stagnation – der weiblichen Jugend ist Miederware vielfach lästig geworden – konnte die Triumph International AG, München, den Umsatz 1975 weltweit kräftig um reichlich 10 Prozent auf 750 Millionen DM erhöhen. Der Ertrag (i. V. 15 Millionen DM) dürfte noch etwas mehr als um 10 Prozent zugenommen haben. Rationalisierung und Produktionsverlagerung in das Ausland mit seinen niedrigeren Lohnkosten zahlten sich aus. Im Inland wurden dagegen laufend kleine Betriebe geschlossen; die Werke Kötzting und Wegscheid werden noch in diesen Monaten zugemacht. Nicht wenige dieser Fabriken waren mit staatlicher Hilfe erstellt worden.

In Wegscheid, wo die Fabrik mit 123 Beschäftigten Ende März aufgegeben wird, ist der Vertrag mit einem Nachfolgeunternehmen allerdings bereits fertig. Weniger günstig sieht es in Kötzting (75 Beschäftigte) aus, wo noch niemand gefunden wurde, der die Anlage weiterführen wollte. 1975 hat Triumph, wie die Vorstände G. Spiesshofer und Dr. L. Sickinger vor der Presse mitteilten, zahlreiche inländische, meist kleinere Fertigungsstätten aufgegeben. So wurde in Ulm (60 Beschäftigte) die Wäschefertigung eingestellt, ohne daß sich ein Interessent für den Betrieb fand. Dagegen werden die Fabriken Tittling (95 Beschäftigte) und Landau (64) von anderer Seite weitergeführt (Produktion meistens von Jeans und Hemden). Um Heubach wurden fünf kleinere Stätten mit 36 und 66 Beschäftigten geschlossen, in Heubach selbst eine Fabrik mit 200. Das Werk Donauwörth mit 120 Mitarbeitern wurde nach Monheim verlegt, wo jetzt 200 Leute arbeiten . . .

Die Aufgliederung des Umsatzes zeigt, daß namentlich die Fertigung in Übersee (Japan, Hongkong, Brasilien) vordringt, die im Inland stagniert. So entfielen 1975 vom Konzernumsatz 330 (i. V. 329) Millionen DM auf das Inland, 258 (239) Millionen DM auf Europa und 160 (109) Millionen DM auf Übersee. Für 1976 rechnet man bei 800 Millionen DM Umsatz im Inland mit einer Schrumpfung um 2 bis 4 Prozent, in Europa mit einem Plus von 8 Prozent und in Übersee mit einem von 20 bis 30 Prozent. Von den 17900 Betriebsangehörigen arbeiteten Ende 1975 noch 5200 (gleiche Vorjahrszeit über 6000) im Inland, 5900 (6300) in Europa, aber 6800 (5300) in Übersee . . .

Allerdings hat Triumph nicht nur die Produktion ins Ausland verlegt – es konnten auch neue Märkte aufgebaut werden ... Japan und Brasilien sind hier am interessantesten. Im europäischen Ausland liegen die größten Fertigungsstätten in Österreich, gefolgt von Frankreich und Griechenland, England, Italien, Spanien. Dabei sind selbst im Vergleich zu Österreich die Löhne in der Bundesrepublik (wo sie in den letzten zehn Jahren um 153 Prozent stiegen) immer noch doppelt so hoch. Deshalb wächst auch der Importanteil innerhalb des Konzerns ...

Zusammenfassend: Wer die Misere von vor wenigen Jahren mit dem Ergebnis von 1975 vergleicht, kann vermuten, daß man bei Triumph etwas triumphiert.»[169]

«Nachdem der Miederwarenriese auch im laufenden Jahr den harten Konsolidierungskurs beibehält, werden die Investitionen in der Gruppe nicht über die Abschreibungen (1974: 5,8 Millionen DM) hinausgehen. ‹Hierzulande bewegt sich das Investitionsvolumen sogar leicht darunter› ...

Die ausländischen Fertigungsstätten tragen einschließlich der Lohnfertiger im Ostblock zu etwa 20 bis 25 Prozent zum deutschen Miederwarenabsatz bei. Relativ gering ist dabei der Anteil der Ware, die aus Fernost kommt. Bei Wäsche dürfte der Anteil der Eigenimporte – hier handelt es sich vor allem um Lohnveredelung – etwas höher liegen als bei Miederwaren. Im laufenden Jahr will der Triumph-Konzern auch im Ausland keine nennenswerten zusätzlichen Kapazitäten aufbauen.»[170]

«Die Verlagerung der Produktion ist nicht nur durch das hohe Lohnniveau in der Bundesrepublik bedingt. Sie hängt auch mit der Erschließung neuer Absatzmärkte zusammen ...

An der Entwicklung der Mitarbeiterzahl von Triumph in Deutschland wird die ganze Strukturkrise der deutschen Textilindustrie deutlich: 1970 waren noch 11400 Mitarbeiter in den verschiedensten Betrieben beschäftigt; ihre Zahl wurde seitdem jedes Jahr um einige hundert abgebaut, so daß Ende 1975 nur noch 5200 auf den Lohn- und Gehaltslisten von Triumph stehen. Damit ist die Entwicklung noch nicht abgeschlossen. Weitere kleine Betriebe werden geschlossen werden, wobei jeweils versucht wird, ein Nachfolgeunternehmen zu finden, das die Mitarbeiter weiterbeschäftigen kann. Gelingt dies nicht, so muß von Triumph jeweils ein Sozialplan aufgestellt werden; die Aufwendungen dafür haben sich bei 6000 DM je Beschäftigten eingependelt. Doch innerhalb eines Jahres, so rechnet Spiesshofer vor, ‹spielen wir bei einer Verlagerung der Produktion im Ausland den Betrag wieder ein›. Für die betroffenen deutschen Arbeitnehmer ist die Abfindung nach dem Sozialplan meist nur ein kleiner Trost. Einige Triumph-Betriebsstätten sind in strukturschwachen Gebieten wie im Bayerischen Wald oder in der Oberpfalz, wo vor allem für Frauen nur schwer Arbeitsplätze zu finden sind.

169 Süddeutsche Zeitung, 17. Februar 1976.
170 Handelsblatt, 17. Februar 1976.

Nicht umsonst hatte Triumph für Betriebsstätten in diesen Gegenden staatliche Fördermittel erhalten.

Die Triumph-Geschäftsführung verteidigt die Betriebsschließungen und Entlassungen mit den wirtschaftlichen Notwendigkeiten: seit 1970 sei das Lohnniveau in der Bundesrepublik um 153 Prozent gestiegen. Der Mitarbeiterabbau wäre aber zum großen Teil auch durch Rationalisierungen und Produktänderungen zu erklären. So wäre 1970 für das Nähen eines BH eine Zeit von 24 Minuten kalkuliert gewesen, heute jedoch von nur 10 Minuten. Diese Veränderungen und auch die Erhöhung des Pro-Kopf-Umsatzes in dieser Zeit von 30500 auf 41700 DM gleichen die Vorteile der Auslandsfertigung aber nicht aus . . .

Nicht zuletzt im Hinblick auf anstehende Tarifverhandlungen wird augenblicklich über die Höhe des Jahresüberschusses, der 1974 für die Gruppe mit 15 Millionen DM angegeben worden war, zurückhaltend gesagt, daß er 1975 ‹nicht schlechter› gewesen ist. Er ist, so wird schließlich von der Geschäftsleitung zugegeben, stärker als der Umsatz gestiegen, auch dazu hat das Auslandsgeschäft kräftig beigetragen.»[171]

«Über zwei Drittel der diesjährigen Investitionen von 14,2 Millionen DM entfallen auf den Bereich Übersee, und zwar vorwiegend auf die neuen Werke in Manila und Bangkok und den brasilianischen Betrieb mit 2200 Beschäftigten. Während sich die Zahl der ausländischen Fabrikationsstätten (mit 60 Prozent Kapazitätsanteil) auf 32 vermehrt hat, strebt man hierzulande einen Abbau von 25 (Ende 1974: 28) auf 21 Werke an . . .

Hausner begründet die seit Jahren anhaltende Verlagerung der Kapazitäten ins Ausland mit Strukturveränderungen. Manches Produktionsverfahren ließ sich nach seiner Darstellung vereinfachen. Die Herstellung sei nicht mehr so arbeitsintensiv wie früher. Die durchschnittliche Nähzeit für ein Miederteil habe sich mit nunmehr 10,4 Minuten in den vergangenen neun Jahren in etwa halbiert. Andererseits sei der Durchschnittsverdienst einer Näherin von 3,06 pro Stunde im Jahre 1966 auf 7,74 DM gestiegen. Nicht zuletzt wegen der Lohnkosten sieht Hausner eine verstärkte Expansion der ausländischen Produktion voraus: ‹Wir stehen erst am Anfang›.»[172]

«Anläßlich der zehnten Jahreswende des Abschlusses ihrer ersten Vereinbarung einigten sich das Ungarische Genossenschaftliche Außenhandelsunternehmen Hungarocoop und die Triumph International Holdinggesellschaft, München, in Budapest im September auf die Erneuerung der Zusammenarbeit für weitere fünf Jahre. Nach der neuen Vereinbarung werden ungarische Genossenschaften in den Jahren 1976/80 Triumph-Modelle für jährlich 5 Millionen DM herstellen, von welcher Summe je 50 Prozent auf Kooperationsposten bzw. auf Lohnarbeiten entfallen werden. Die an solchen

171 Frankfurter Allgemeine Zeitung, 17. Februar 1976.
172 Süddeutsche Zeitung, 23./24. August 1975.

Arbeiten schon seit Jahren beteiligten kleingewerblichen Genossenschaften Westungarns werden auf der vom deutschen Partner zur Verfügung gestellten Ausrüstung und nach seiner Technologie Damenwäsche, Büstenhalter, Badekleider, Mieder und Frotteemäntel sowie Badehosen für Herren nähen. Von den 200 verschiedenen Triumph-Artikeln werden nahezu 100 in Ungarn hergestellt. Die in der Konfektionsbranche gebräuchlichen Basismaschinen werden von den ungarischen Genossenschaften gekauft, die für die Triumph-Einzelmodelle benötigten Spezialmaschinen jedoch von der Münchner Gesellschaft im Zollvormerkverfahren nach Ungarn geliefert und den Genossenschaften für jeweils drei Jahre leihweise überlassen. Die Triumph-Gesellschaft bringt jährlich drei Millionen Büstenhalter auf den Markt. Von diesen werden 450000 Stück, von den Frotteemänteln hingegen 42 verschiedene Modelle in Ungarn hergestellt.»[173]

«Die Erkenntnisse wurden zur Strategie: Eine Auslandsproduktionsstätte nach der anderen wurde eröffnet, zuerst in Europa, später in Übersee. Da die Fertigungsmethoden nicht kompliziert, sondern leicht erlernbar sind, keine große Infrastruktur für das Aufstellen von Nähmaschinen und ähnlich simpler Maschinen gebraucht wird, ging die Rechnung auf. Der Inlandsumsatz ging von 375 Millionen Mark 1965 – mit Schwankungen – auf 334 Millionen 1975 zurück; er dürfte im letzten Jahr weiter gesunken sein. In dieser Zeitspanne stieg jedoch der Auslandsumsatz von 116 auf 424 Millionen Mark. Damit liegt er nicht nur höher als der Inlandsumsatz, sondern sorgt auch dafür, daß das Gesamtunternehmen in einer schrumpfenden Branche wieder wächst. – Parallel mit dieser Produktionsverlagerung verlief die Personalentwicklung. 1965 wurden im Inland 13200 Mitarbeiter beschäftigt, 1976 nur noch 4400. Im Ausland stieg dagegen die Mitarbeiterzahl von 4800 auf 13500, so daß die Gesamtmitarbeiterzahl nahezu konstant blieb. Die Tendenz wird weitergehen: Aus Lohnkostengründen gibt es neue Arbeitsplätze nur im Ausland.»[174]

Diesen Presseberichten (von der Firma direkt waren Auskünfte nicht zu erhalten) ist nur noch hinzuzufügen, daß die Deutsche Entwicklungsgesellschaft (DEG) an Triumph-Betrieben in Israel, Thailand und den Philippinen beteiligt ist, ganz im Sinne jener Empfehlung, welche die DEG für «gewinnbringende unternehmerische Arbeit» gibt: «Kapitalintensive Rationalisierungsinvestitionen werden im Heimatland vollzogen, arbeitsintensive Erweiterungsinvestitionen in Entwicklungsländer verlagert.»[175]

173 Hungaropress – Informationsdienst der Ungarischen Handelskammer – Wirtschaftsinformationen (1975), Nr. 18, S. 6.

174 Die Zeit, 25. Februar 1977 (H. Kerlikowsky, «Wandern die Arbeitsplätze aus?»).

175 DEG-Geschäftsbericht 1973, S. 10.

«Tono Volmary, Münster, bekannt als Importeur und Produzent von Hemden und Schürzen im Billig-Genre (Jahresumsatz rund 53 Millionen DM), hat ... das Vergleichsverfahren beantragt. – Tono Volmary, der ursprünglich groß im Ostgeschäft war, zählt sich heute nicht mehr zu den Manipulanten. Er hat einen eigenen Betrieb in Malta und ist in Malaysia an einer Hemdenfabrik mitbeteiligt ... Moniert wurden bei Volmary in jüngster Zeit vor allem die großen Verzögerungen bei der Hemdenauslieferung aus Malaysia. Dazu Tono Volmary: ‹Da müssen wir Ihnen leider recht geben. Unsere Kapazitäten in Malaysia sind nicht schnell genug mitgewachsen. Zudem hatten wir mit Streiks zu kämpfen. So waren Schiffe mit Meterware vierzehn Tage und länger im Hafen blockiert.›»[176]

«... wurde das Konkursverfahren eröffnet ... Über den Zeitpunkt für die Vorlage eines Konkursstatus könne heute noch nichts Konkretes gesagt werden, da hohe Darlehensforderungen an Unternehmen in Malaysia und Malta bestünden. Die Realisierungschancen für diese Forderungen sieht Dobrick als sehr gering an ... Während die rund hundert Mitarbeiter in Zierenberg ebenso wie die etwa sechzig Mitarbeiter in Verwaltung, Versand und Zentrallager ihren Arbeitsplatz verlieren, werden die rund achtzig Mitarbeiter der zweiten Produktionsstätte von einer anderen Gesellschaft übernommen. Das in Malaysia bestehende Unternehmen ist von dem Konkurs nicht tangiert.»[177]

Es ist nicht das erste Mal, daß eine bundesdeutsche Bekleidungsfirma nach Aufbau einer Auslandsproduktion in der Bundesrepublik Deutschland in Konkurs geht. Natürlich drängt sich dem Außenstehenden die Frage auf, warum einerseits hohe Darlehensforderungen an das Unternehmen in Malaysia bestehen, andererseits aber gerade dieses Unternehmen nicht vom Konkurs tangiert ist.

«Zu den wenigen Firmen, die in jüngster Zeit den Weg von Auslandsfertigung zurück nach Deutschland gegangen sind, gehört *Wiedekind*, Sprendlingen ... Warum die Produktion vom Fernen Osten zurückverlagert wurde, erklärte Friedrich Wiedekind so: ‹Es kam immer wieder zu Lieferverzögerungen, jetzt können die Lücken aufgefüllt werden, Nachlieferungen und kurzfristiges Eingehen auf aktuelle Trends werden eher möglich. Zudem hatte sich die Ware immer mehr verteuert durch laufend steigende Luftfrachtkosten, denn modische Ware kann man heute nicht mehr mit dem Schiff transportieren. Wenn man einen Frachtkostenanteil von über 2 DM pro Hose und die Kosten für das Handling rechnet, kostete ein Paar Jeans auch aus Asien 25 bis 38 DM.› Durch die Rückverlagerung wurden deshalb bei gleichen Formen nur Preiserhöhungen von 5 bis 10 Prozent nötig.

Der neue Jeans-Betrieb wurde mit neuesten Maschinen bestückt und

176 Textil-Wirtschaft 42 (1975).
177 VWD-Textil, 13. November 1975.

vollkommen neu organisiert. Die Näherinnen wurden auf ein ‹Montage-System› umgeschult, denn man muß hier ... industriell denken. ‹Die Produktion von Jeans kann viel mehr automatisiert werden als die Hosenproduktion, was einen erheblichen Kostenvorteil ergibt.› ... In einem Punkt allerdings muß Wiedekind der Auslandsfertigung treu bleiben: bei aufwendigen Dingen wie Flechtgürteln, die nur in Handarbeit herzustellen sind. Gesteigert wurde der Anteil der Auslandsfertigung auch noch im Bereich der normalen Hosen. Allerdings bleibt man hier in Europa.

Nicht nur kommerzielle Gesichtspunkte wie Kosten und Schnelligkeit führten zu der Entscheidung, die Jeans-Produktion zurückzuholen. Friedrich Wiedekind sieht auch die politische Seite. ‹ Man muß hier Investitionswillen zeigen, wenn es weitergehen soll.›»[178]

Zeitweilig obsolet gewordene Produktionsstandorte können, wie dieses – freilich nicht typische – Beispiel zeigt, im Verlauf der Entwicklung wieder rentabel werden, wenn gewisse Bedingungen eintreten (neue Technologie, veränderte Frachtkosten, Extraprofite für modische Schnellschüsse etc.). Dann kann man es sich – im buchstäblichen Sinn – leisten, politisch möglicherweise brisante Konsequenzen einer allzu raschen massiven Produktionsverlagerung aus den Massenmärkten *neben* dem ökonomischen Kalkül in Betrachtzuziehen. Insgesamt ein Paradefall einer weltweit planenden Nutzung der Chancen, welche die neue internationale Arbeitsteilung bietet. Auf die Frage, ob neue Technologien in der Bekleidungsfertigung eines Tages den Standort Bundesrepublik Deutschland wieder auf breiter Basis «interessant» machen könnten, wird an späterer Stelle eingegangen (vergleiche Abschnitte 5.5 und 5.6).

4.5. Einige Details zur Auslandsproduktion je eines bundesdeutschen Textil- und Bekleidungsunternehmens in einem Niedriglohnland

Im folgenden werden einige Angaben zur Auslandsfertigung zweier bundesdeutscher Unternehmen der Textil- bzw. Bekleidungsindustrie gemacht, welche auf Betriebsbesichtigungen und Gesprächen eines der Autoren mit den Managern dieser Auslandsbetriebe beruhen (1974).[179]

Der erste dieser beiden Auslandsbetriebe wurde von einem bundesdeutschen Textilunternehmen errichtet, dessen europäische Abnehmer in zunehmendem Maße billige Ware von südostasiatischen Anbietern kauften,

178 Textil-Wirtschaft 52 (1975).

179 Da die folgenden Informationen nicht aus öffentlich zugängliche Quellen oder aus schriftlichgegebenen Antworten der betreffenden Firmen stammen, wurde darauf verzichtet, die Namen des Landes und der Firmen anzuführen.

nachdem das deutsche Unternehmen nicht mehr in der Lage war, diese Ware aus bundesrepublikanischer Produktion zu konkurrenzfähigen Preisen anzubieten; um den Markt nicht völlig zu verlieren und um alte Marktanteile zurückzugewinnen, entschloß man sich zur Produktionsverlagerung in ein außereuropäisches «Niedriglohnland». Einige ursprünglich in Betracht gezogene europäische und überseeische Standorte wurden fallengelassen (Streikgefahr in einem Land, Sprachschwierigkeiten in einem anderen). Der schließlich gewählte neue Standort empfahl sich dem deutschen Unternehmen unter anderem wegen seines Angebots an guter und billiger Arbeitskraft und wegen seiner ausreichenden Infrastruktur (insbesondere Energieversorgung).

Die Produktionsaufnahme erfolgte etwa zehn Monate nach Baubeginn. Der neue Betrieb hat etwa denselben rechtlichen Status wie ein Betrieb in einer freien Produktionszone; um das Fabrikgebäude zieht sich ein Zollzaun. Mit ca. dreihundert Beschäftigten werden Strickwaren produziert. Dabei wurden aus den europäischen Betrieben des Unternehmens jeweils nur Teile der verschiedenen Produktionsbereiche verlagert; die Produktion exklusiver Qualitätswaren aus den einzelnen Produktionsbereichen verbleibt in Europa. In der Endstufe sind in dem Niedriglohnland einige Tausend Beschäftigte in insgesamt vier Betrieben vorgesehen.

Die Mehrzahl der Beschäftigten sind junge Frauen; Männer werden für körperlich besonders schwere Tätigkeiten und zur Bedienung der komplizierten Maschinen eingesetzt. Für letzteres benötigt man technisch ausgebildete Arbeitskräfte (Autoschlosser, Flugzeugmechaniker etc.).[180] Knapp zwanzig deutsche Fachkräfte wurden zur Aufstellung, Justierung usw. der Maschinen und zur Ausbildung der einheimischen Arbeitskräfte herangezogen.

Die Anlernzeit beträgt an den einfacheren Maschinen ungefähr drei Monate; an den komplizierteren Maschinen dauert es bis zu einem Jahr, ehe eine Produktivität erreicht ist, welche derjenigen eines gelernten Arbeiters in der Bundesrepublik Deutschland entspricht. Für weibliche Arbeitskräfte betragen die Anlernkosten (immer nach Angaben des Firmenmanagers) rund 10 Prozent der entsprechenden Kosten in der Bundesrepublik Deutschland. Drei Monate nach Produktionsbeginn hat sich bereits gezeigt, daß Qualitätsarbeit geleistet wird.

Die ungelernten einheimischen Arbeitskräfte erhalten vom ersten Tag an (umgerechnet) etwa 4 DM Lohn pro Tag (in der Bundesrepublik Deutschland etwa 5 bis 6 DM pro Stunde). Das sind in dem betreffenden Niedriglohnland schon überdurchschnittliche Löhne; man erhofft sich so ein gutes Betriebsklima; im übrigen, so wird von dem Manager gesagt, seien etwa

180 Man beachte, in welchen Berufszweigen offensichtlich im Land Facharbeiter vorhanden sind. Es handelt sich um Berufe, die für die Bedürfnisse der lokalen Oberklasse, nicht für die Bedürfnisse der Masse der Bevölkerung wichtig sind.

3 DM pro Tag einfach zuwenig. Die männlichen Autoschlosser, welche man zur Bedienung der komplizierteren Automaten benötigt, sind dagegen nicht für unter etwa 400 DM pro Monat zu erhalten.

Die Arbeitsbedingungen scheinen – im Vergleich mit anderen Betrieben des betreffenden Landes – überdurchschnittlich gut zu sein. Andererseits fällt bei einer Betriebsbesichtigung die hohe Arbeitsintensität in die Augen.

Die meisten Maschinen sind als gebrauchte Maschinen aus den deutschen Betrieben des Unternehmens gekommen. Nach einer Anfangsphase arbeiten sie inzwischen außerordentlich zuverlässig. Die Betriebshallen sind klimatisiert, weil die Maschinen sonst schnell Rost ansetzen würden.

Das Rohmaterial kam zunächst aus der Bundesrepublik Deutschland. Inzwischen wird es in näher gelegenen Ländern gekauft. Das ist nämlich bei gleicher Qualität billiger, wobei auch die Frachtkosten eine Rolle spielen. In Zukunft kann das Rohmaterial vielleicht sogar im Lande selber günstig eingekauft werden.

Insgesamt ist eine Textilfabrik entstanden, die zu einer weitgehend eigenständigen Produktion fähig ist. Langfristig werden Aufstellung, Justierung, Wartung, Bedienung usw. der Maschinen, auch der komplizierteren, von einheimischen Arbeitskräften ohne ausländische Mithilfe übernommen werden können. Für die technische Leitung, die Produktionsplanung usw. dagegen werden – wenigstens vorläufig – noch keine einheimischen Fachkräfte ausgebildet.

Die deutsche Muttergesellschaft ist mit dem neuen Betrieb offenbar sehr zufrieden; es scheint – obwohl das natürlich nicht gesagt wird –, als könne langfristig mit hohen Gewinnen gerechnet werden.

Der zweite dieser beiden Auslandsbetriebe wurde von einem bundesdeutschen Unternehmen der Bekleidungsindustrie in einem «Niedriglohnland» errichtet, weil die osteuropäischen Lohnveredelungsfirmen, mit denen man zuvor kooperiert hatte, nur sehr unpünktlich lieferten, und weil die Löhne in dem gewählten «Niedriglohnland» sehr «attraktiv» sind. Außerdem hatte sich die Gelegenheit geboten, in dem betreffenden «Niedriglohnland» eine in Schwierigkeiten geratene Firma zu übernehmen.

In dem neuen Betrieb werden mit knapp fünfhundert Beschäftigten (darunter 95 Prozent Frauen) in zwei Schichten Hemden produziert, welche zum Teil im containerisierten Direktversand an die Kunden, zum Beispiel unter einem Phantasie-Markennamen an ein bundesdeutsches Versandhaus, geliefert werden. Die Frachtkosten pro Hemd betragen beim Transport per See-Container (etwa 21 Tage) etwa 0,60 DM, bei Luftfracht (in eiligeren Fällen) etwa eine DM. Bei Bedarf könnte die Produktionskapazität so weit gesteigert werden, daß die gesamte Hemden-, eventuell sogar auch die sonstige Kleidungsproduktion der deutschen Muttergesellschaft in den neuen Betrieb verlagert werden könnte.

Es wird angestrebt, sämtliche Vormaterialien für die Hemdenproduktion ausschließlich aus dem Inland zu beziehen, weil in diesem Fall auf Grund des Einfuhrrechts der Bundesrepublik Deutschland die bundesdeutschen Importzölle für Hemden (17 Prozent) entfallen würden, was zwar angesichts der «attraktiven» Löhne nicht besonders ins Gewicht fällt, aber doch genutzt werden soll.

Die angewendete Technologie ist im Prinzip dieselbe wie in der Bundesrepublik Deutschland. Da, wo es sich angesichts der billigen Arbeitskraft lohnt (zum Beispiel bei der Knopflochnäherei), substituiert man aber «natürlich» die automatische Maschine durch Arbeitskraft.

Die Anlernzeit für die Arbeiterinnen beträgt bis zu einem Monat (kaum wesentlich länger als in der Bundesrepublik Deutschland). «In der Anlernzeit stellt sich heraus, ob die Arbeitskraft was taugt, oder man wird sich wieder von ihr trennen müssen.»

Das Management ist von Zeit- auf Leistungslohn übergegangen, um einen Ausstoß zu erreichen, welcher der Produktivität entspricht, die in der Bundesrepublik Deutschland erzielt wird. Bei einem Teil der Arbeiterinnen, so wird gesagt, habe sich der Erfolg bereits eingestellt: sie haben ihre Leistung sehr rasch gesteigert. Ein anderer Teil der Arbeiterinnen freilich habe noch nicht begriffen, daß sich Leistung lohne, daß man statt (umgerechnet) etwa 3 DM Zeitlohn pro Tag im Leistungslohn jetzt 3,20, 3,30, ja 3,50 bis 4 DM pro Tag verdienen könne. Bei den Normen für den Leistungslohn ist man von den bundesdeutschen Normen ausgegangen, hat diese aber für eine Übergangszeit etwas reduziert. Es werde, so wird gesagt, zwar zugegebenermaßen auch jetzt schon ganz schön flott gearbeitet, aber es müsse noch schneller werden. Die Räume sind zum Teil klimatisiert, weil man sich davon eine höhere Arbeitsintensität verspricht.

In ihren örtlichen Entscheidungen ist die Betriebsführung autonom; Grundsatzentscheidungen (Produktionsprogramm, Designs, Absatz usw.) werden bis auf weiteres in der Unternehmenszentrale in der Bundesrepublik Deutschland getroffen.

Wenn, wie erwartet wird, eines Tages (vielleicht in zehn Jahren) die Arbeitskraft bei fortschreitender Industrialisierung des Landes knapp werden sollte, wird man arbeitsintensiv produzierte Textilien in diesem Land nicht mehr rentabel fertigen können. Dann, so wird gesagt, werde man eben die Koffer wieder packen müssen, um in ein anderes Land zu gehen, wo die Arbeitskraft zu niedrigeren Löhnen vorhanden ist.

Kapitel 5
Determinanten der Entwicklung des Weltmarktes für Produktionsstandorte

5.1. Das Babbage-Prinzip: Beispiele seiner Auswirkung in der Textil- und Bekleidungsindustrie

Adam Smith hat in seiner Apotheose der Teilung der Arbeit im *Wealth of Nations* festgestellt, daß Steigerung der Produktivität durch fortschreitende Arbeitsteilung das zentrale Mittel der Kapitalverwertung ist. Das Ausmaß der Arbeitsteilung ist nach Smith durch die Größe der verfügbaren *Absatz*märkte nach oben begrenzt.

Ein besonderer und besonders wichtiger Aspekt der Arbeitsteilung als Mittel der Kapitalverwertung wurde von Charles Babbage formuliert. Fortschreitende Arbeitsteilung erlaubt es, qualifizierte Arbeitskraft durch niedriger qualifizierte zu ersetzen. Viele der durch fortschreitende Arbeitsteilung entstandenen Teiloperationen können zudem ökonomisch durch Maschinen ausgeführt werden.

Die Ersetzung qualifizierter Arbeitskraft durch niedriger qualifizierte ist in vielen Fällen ökonomisch vorteilhaft und daher notwendig, weil niedrig qualifizierte Arbeitskraft vielfach auf dem Arbeitsmarkt um ein Entscheidendes billiger zu kaufen ist als höher qualifizierte Arbeitskraft. Warum? Da es sehr viel mehr potentielle Arbeitskräfte mit niedriger Qualifikation als Arbeitskräfte mit hoher Qualifikation gibt, die ihre Arbeitskraft auf dem Arbeitsmarkt zu verkaufen gezwungen sind, machen sich die Arbeitskräfte niedriger Qualifikation auf dem Arbeitsmarkt in sehr viel höherem Maße gegenseitig lohndrückende Konkurrenz. Nach Babbage bestimmt also auch die Größe der verfügbaren *Arbeits*märkte das Ausmaß der Arbeitsteilung.

In der Phase der «klassischen» internationalen Arbeitsteilung ist es den Organisationen der Lohnarbeiterschaft in den traditionellen Industrieländern zeitweilig im großen und ganzen gelungen, lohndrückende gegenseitige Konkurrenz niedrig qualifizierter Arbeitskräfte auf dem Arbeitsmarkt zu verhindern. Das entscheidend Neue der Phase der neuen internationalen Arbeitsteilung ist die enorme Erweiterung des Arbeitsmarktes für niedrig qualifizierte Arbeitskraft. Damit wird die durch die Gewerkschaften der traditionellen Industrieländer zeitweilig im großen und ganzen verhinderte gegenseitige Konkurrenz der Lohnarbeiter mit niedrigen Qualifikationen wieder zunehmend ökonomisch wirksam. Nach Babbage bedeutet dies einen neuen mächtigen Impuls für das Ausmaß der Arbeitsteilung, nun vor allem auch in der Form einer neuen internationalen Arbeitsteilung.

Mit anderen Worten, unter den heutigen Randbedingungen weltweiter

Kapitalverwertung muß die Zuweisung der Elemente des Herstellungsprozesses einer Ware an die jeweils (in Hinblick auf das jeweilige Endprodukt) kostengünstigste Kombination von «Produktionsfaktoren» von den Unternehmen von vornherein weltweit neu kalkuliert werden – unter Berücksichtigung der neu entstandenen enormen Reservearmee niedrig qualifizierter Arbeitskräfte. In vielen Fällen ist das Ergebnis dieser Kalkulation (die eine geänderte Fertigungstechnologie mit geänderten Ansprüchen an die Zahl und Qualifikation der benötigten Arbeitskräfte als Variationsparameter einbezieht) die Verlagerung industrieller (Teil-)Fertigungen an neue Standorte, vor allem auch an Standorte in Entwicklungsländern mit ihrem praktisch unerschöpflichen Reservoir niedrig qualifizierter und extrem billiger Arbeitskraft.

Dieser Ausdruck des Babbage-Prinzips unter den heutigen Randbedingungen der Kapitalverwertung soll im folgenden an einigen Beispielen aus der Textil- und Bekleidungsindustrie belegt werden.

Große Teile des Produktionsprozesses von Bekleidung (von der Spinnstoffaufbereitung bis hin zur Verpackung des fertigen Bekleidungsstückes) sind heute bereits weitgehend mechanisiert oder automatisiert. Die Folge ist, daß die wenigen hier verbleibenden Arbeitsplätze lohnkostenmäßig nicht mehr entscheidend ins Gewicht fallen, selbst wenn sie zu einem Teil hohe Qualifikationsanforderungen an die Arbeitskraft stellen.[181] Ein hoher Anteil der gesamten Lohnkosten fällt bei der Konfektion im engeren Sinn an, insbesondere beim Nähen und ähnlichen Verrichtungen. Die Arbeit an der Nähmaschine erfordert keine besonders hohe Qualifikation und kann in kurzer Zeit erlernt werden:

> «Nach einer elementaren Einweisung in die Bedienung der Nähmaschine – und das erfordert sehr wenig Zeit – besteht der Rest des Lernprozesses darin, sukzessiv und in relativ kurzer Zeit die maximale Arbeitsgeschwindigkeit zu erreichen.»[182]

Für solche leicht zu erlernenden Tätigkeiten ist aber heute überall auf der Welt, insbesondere in «Niedriglohnländern», ein überreiches Arbeitskräftepotential vorhanden. Die Folge ist, daß speziell Näh- und ähnliche Arbeiten

181 Sogar hier setzen weitere «Rationalisierungsmaßnahmen» an, unter anderem mit dem Ziel, die Zahl der benötigten ungebührlich «anspruchsvollen» Fachkräfte zu verringern. So schreibt die Süddeutsche Baumwoll-Industrie AG, Kuchen/Württ. («esbi»), in ihrer Annoncen-Serie «Gedanken zur Zeit . . . und darüber hinaus», «daß gerade die Textilindustrie ihre Fertigungskapazität bereits ohnehin so weit rationalisiert hat, damit übermäßige Ansprüche an das Arbeitskräftemarkt-Potential der Spezialisten möglichst gering gehalten werden (können)». Man will auf diese Weise den «überspitzten Perspektiven» «arbeitsunwilliger» (!) Facharbeiter begegnen (Textil-Wirtschaft 41 [1976], S. 19).

182 NACLA's Latin America & Empire Report, Vol. XI, No. 3 (März 1977), S. 8 (Aussage der International Ladies Garment Workers Union ILGWU).

heute immer stärker aus den traditionellen Industrieländern in «Niedriglohnländer» verlegt werden. Offensichtlich ergeben die Kalkulationen immer wieder, daß diese verfügbare Arbeitskraft zu billig ist, als daß es *ökonomisch* möglich wäre, solche Teilfertigungen mit einem höheren Mechanisierungs- oder Automatisierungsgrad an den traditionellen Standorten in den Industrieländern vorzunehmen. (Die entsprechenden *technischen* Probleme scheinen dagegen im Prinzip lösbar zu sein, vergleiche Abschnitt 5.5)

Einige Beispiele. Hosenstoffe werden in der Bundesrepublik zugeschnitten, zum Nähen der Hosen nach Tunesien gebracht und schließlich in der konfektionierten Form wieder auf den Markt der Bundesrepublik Deutschland geschafft (Abschnitt 4.4: Janssen). Ein hoher Anteil des passiven Veredelungsverkehrs der Bundesrepublik Deutschland mit osteuropäischen Ländern spielt sich in der Form ab, daß in der Bundesrepublik Deutschland (EG) hergestellte und eventuell zugeschnittene Stoffe zur Lohnveredelung vorübergehend exportiert werden (Abschnitt 4.2). In der Maschenindustrie, etwa bei der Herstellung von Damenfeinstrumpfhosen, werden maschinenintensive Teile der Fertigung (zum Beispiel an Rundstrickmaschinen) in der Bundesrepublik Deutschland vorgenommen, während die Ausrüstung, Konfektionierung, Verpackung etc. in Niedriglohnländern geschieht (zum Beispiel Hudson in Griechenland, Schulte & Dieckhoff in Jugoslawien); die fertig verpackte Ware wird anschließend wieder großenteils in die Bundesrepublik Deutschland reexportiert.

Handelt es sich bei den bisher genannten Beispielen um die Verlagerung von Teilfertigungen, so beweisen andere Beispiele, daß auch Vollfertigungen (insbesondere, aber nicht ausschließlich, von «Standardartikeln») an die Standorte relativ niedrig qualifizierter und extrem billiger Arbeitskraft verlagert werden (müssen). Egeria etwa läßt in Mauritius Standardfrottierartikel herstellen; Schiesser bezieht von seiner irischen Schwestergesellschaft Standardartikel (Abschnitt 4.4). Die Tochtergesellschaft eines bundesdeutschen Strickwarenunternehmens produziert in einem Niedriglohnland mit Ausnahme exklusiver Qualitätsware über die volle Breite des Produktionsprogramms der bundesdeutschen Mutter (Abschnitt 4.5).

Teilschritte der Fertigung, die (noch) relativ hohe Qualifikationen verlangen (Design, Zuschnitt etc.), verbleiben überwiegend noch in den traditionellen Industrieländern, obwohl sich selbst hier bereits Verlagerungstendenzen abzeichnen (vergleiche Hongkong, Abschnitt 3.3). Die Mechanisierungs- und Automatisierungstendenzen sind in diesem Bereich besonders intensiv. Hier wird nicht, wie in den bisherigen Beispielen, ein *vorgefundenes* weltweites Reservoir niedrig qualifizierter und extrem billiger Arbeitskraft in der Form der neuen internationalen Arbeitsteilung *nutzbar gemacht* – es wird hier vielmehr versucht, durch Mechanisierung und Automatisierung die Anforderungen an Zahl und Qualifikation der benötigten Arbeitskräfte zu senken, mit anderen Worten, durch technologische und arbeitsorganisatorische Änderungen die *Möglichkeit des Zugangs* zum ökonomisch so vorteilhaft großen Arbeitsmarkt für niedrige Qualifikationen zu *schaffen* (oder doch die Zahl der benötigten Arbeitskräfte hoher Qualifikation zu reduzieren; vergleiche Abschnitt 5.5).

Die Anlernzeiten für die benötigte Arbeitskraft relativ niedriger Qualifikation sind in der Regel kurz: in der Größenordnung einiger Wochen (Abschnitt 5.2). Unter dem Druck der Konkurrenz auf dem Weltmarkt für Produktionsstandorte versuchen einzelne Länder bereits, den Unternehmen selbst hier noch entgegenzukommen, indem sie in staatlichen Ausbildungsstätten eine individuelle Ausbildung für den spezifischen betrieblichen Bedarf ermöglichen (zum Beispiel Tunesien, Abschnitt 6.4).

5.2. Arbeitszeiten, Löhne, Produktivität und Intensität der Arbeit in der Textil- und Bekleidungsindustrie ausgewählter Länder

An anderer Stelle dieses Buches wird ausführlich über Arbeitszeiten, Löhne und Produktivität in der exportorientierten Industrie zahlreicher Entwicklungsländer berichtet. Es genügt daher, an dieser Stelle lediglich stichwortartig die entsprechenden Werte speziell für die Textil- und Bekleidungsindustrie einiger ausgewählter Länder zu nennen und mit den Werten für traditionelle Industrieländer zu vergleichen.

In Tabelle I–27 sind nach Unterlagen des Internationalen Arbeitsamtes durchschnittliche Arbeitszeiten und Löhne in der Textil- und Bekleidungsindustrie einiger Länder angegeben; die Löhne wurden dabei zu Vergleichszwecken in Deutsche Mark umgerechnet (Stand: 1975). Im großen und ganzen sind die wöchentlichen Arbeitszeiten in den aufgeführten Staatshandelsländern und in Malta und Griechenland denen in den traditionellen Industrieländern vergleichbar; in Südkorea liegen sie deutlich höher, ebenso in Hongkong.[183] Ungleich gravierender sind die Unterschiede hinsichtlich der Löhne (zum Teil Unterschiede von mehr als 1000 Prozent). Eine Aufstellung der Deutschen Entwicklungsgesellschaft (DEG), welche die Lohnnebenkosten einbezieht, gibt für Näherinnen Mitte 1975 qualitativ dasselbe Bild (Stundenlöhne):

Bundesrepublik Deutschland: 10 DM; USA: 9 DM; Frankreich: 8,20 DM; Schweiz: 5,80 DM; Italien: 5,70 DM; England: 5 DM; Österreich: 4,75 DM; Japan: 4,60 DM; Griechenland: 3,25 DM; Portugal: 3,20 DM;

183 Hinsichtlich Hongkong vergleiche auch Abschnitt 3.3. – Wichtig ist, daß in den meisten «Niedriglohnländern» die Beschränkungen von Schicht-, Nacht- und Feiertagsarbeit weitgehend entfallen, was gerade die Verlagerung kapitalintensiver Produktionen begünstigt: Die effektiven Laufzeiten teurer Maschinerie sind in diesen Ländern häufig wesentlich höher als etwa in der Bundesrepublik Deutschland – mit betriebswirtschaftlich vorteilhaften Resultaten.

Iran: 2,10 DM; Tunesien: 1,80 DM; Brasilien: 1,15 DM; Malaysia: 1 DM; Taiwan: 1 DM; Südkorea: 0,90 DM.[184]

Wie sensibel die bundesdeutsche Bekleidungs- und (teilweise) Textilindustrie auf Änderungen der Lohndifferenzen zwischen verschiedenen Ländern reagieren, haben bereits einige an früherer Stelle zitierte Beispiele gezeigt.[185]

Der mit den Außenhandelsanteilen der Bundesrepublik Deutschland gewogene Durchschnitt der ausländischen Textillohnkosten ist nach Ausweis von Tabelle I–28 a seit 1960 etwa proportional mit den durchschnittlichen bundesdeutschen Textillohnkosten gewachsen; seit 1965 betragen diese durchschnittlichen ausländischen Textillohnkosten ungefähr 75 Prozent der inländischen.[186] Angesichts steigender Textillohnkosten in der Bundesrepublik Deutschland bedeutet dies, daß die absoluten Lohnkostendifferenzen Inland/Ausland gestiegen sind. Wenn die Textileinfuhren der Bundesrepublik Deutschland insbesondere aus «Niedriglohnländern» in den vergangenen zehn Jahren trotzdem nicht noch stärker gewachsen sind, ist das zweifelsohne in erster Linie den Importbeschränkungen der Bundesrepublik Deutschland (EG) für Textilien und Bekleidung zuzuschreiben.[187]

Die bisher genannten verschiedenartigen Lohnsätze spiegeln die Lohnkosten wider, wie sie für die *Unternehmen* bei internationalen Vergleichen der sogenannten Arbeitskosten kalkulatorisch wichtig sind. Eine andere Frage ist, was die gezahlten Löhne für den materiellen Lebensstandard der *Arbeiter* der jeweiligen Länder bedeuten. Als grober Indikator hierfür mag die Kaufkraft der jeweiligen Bruttostundenlöhne für einige ausgewählte Grundnahrungsmittel (Brot, Reis, Fisch, Milch, Butter, Bohnen, Zucker und ähnliches) dienen. Bei kleineren Abweichungen im einzelnen ergibt sich, daß diese so ermittelte Kaufkraft der Textil- und Bekleidungslöhne in den einzelnen Ländern weitgehend den unterschiedlichen, auf Deutsche Mark umgerechneten Lohnsätzen entspricht. Das heißt, hinsichtlich der Kaufkraft ste-

184 Frankfurter Allgemeine Zeitung, 10. Juni 1976 («Im Ausland produziert die Konfektion billiger»).

185 Vergleiche Abschnitte 4.4 und 4.5. Ein Beispiel: «Nachdem die Lohnkosten in Jugoslawien um rund 25 Prozent anzogen, gibt es bereits neue Überlegungen der Fertigungsverlagerung nach Tunesien oder Fernost» (Lodenfrey). Am anderen Ende des Spektrums werden neuerdings die USA unter dem Aspekt der Lohnkosten, der Arbeitsproduktivität und der Länge des Arbeitsjahres wieder zunehmend «interessant», Beispiel einer Rückwirkung der neuen internationalen Arbeitsteilung auf die Arbeitsbedingungen traditioneller Industrieländer: Angesichts hoher Arbeitslosenzahlen und drohender weiterer Produktionsverlagerungen müssen sich die US-amerikanischen Arbeiter zu Konzessionen bereitfinden. Siehe auch: NACLA's Latin America & Empire Report, Vol. XI, No. 3 (März 1977): Capital's Flight. The Apparel Industry Moves South.

186 Welch enorme absolute Lohnkostendifferenzen hinter diesen Durchschnittswerten stehen, belegt noch einmal Tabelle I–28 b.

187 Vergleiche Abschnitt 6.1.

hen die Löhne Südkoreas am unteren Ende der Skala, gefolgt von Hongkong und, in einigem Abstand, Griechenland, Jugoslawien und Ungarn; am oberen Ende der Skala finden sich Japan und, wiederum in einigem Abstand, die USA und die Bundesrepublik Deutschland.[188]

Es stellt sich die Frage, wie angesichts solcher Niedriglöhne die Reproduktion der Arbeitskraft gewährleistet werden kann. Die Antwort besteht, grob gesagt, darin, daß in Ländern wie Südkorea die Löhne allenfalls zur täglichen Wiederherstellung der Arbeitskraft ausreichen, aber weder das Aufbringen einer neuen Generation von Arbeitern noch eine ausreichende Alters-, Kranken- und Invaliditätsversorgung der Arbeitskräfte ermöglichen. Diese «Extrakosten» hat, recht oder schlecht, ein nicht im engeren Sinn kapitalistischer Sektor der Wirtschaft jener Länder zu tragen, der durch nochmals gesteigerte physische Ausbeutung seiner Angehörigen gekennzeichnet ist: längste Arbeitszeiten, höchste Arbeitsintensität, größte Armut. Dieser nicht unmittelbar in die spezifisch kapitalistische Produktionsweise des «modernen» Sektors integrierte Sektor ist häufig auch noch in der Form der Verlagsarbeit direkt in den Produktionsprozeß des im engeren Sinne kapitalistischen Sektors eingeschaltet.[189]

188 Ermittelt im wesentlichen nach der jährlichen Erhebung der ILO über Stundenlöhne und Einzelhandelsverkaufspreise ausgewählter Konsumgüter: ILO, Bulletin of Labour Statistics, 2nd Quarter 1975, 1976; ergänzt um einzelne Angaben aus ILO, Year Book of Labour Statistics 1976, Genf 1976; sowie Statistisches Bundesamt, Allgemeine Statistik des Auslandes, Länderberichte: Süd-Korea 1975, Stuttgart–Mainz 1976. Einen Überblick über die materiellen Lebensbedingungen der Bevölkerung in den Entwicklungsländern findet man in: Folker Fröbel, Jürgen Heinrichs, Otto Kreye (Hg.), Die Armut des Volkes. Verelendung in den unterentwickelten Ländern. Auszüge aus Dokumenten der Vereinten Nationen. Reinbek 1974. Bezüglich der Lebensbedingungen speziell in Hongkong siehe auch Abschnitt 3.3.

189 Verlagsarbeit für den im engeren Sinn kapitalistischen Sektor ist nicht nur in zahlreichen Städten der «Dritten Welt» verbreitet, sie spielt auch in traditionellen Industrieländern bisweilen noch eine überraschende Rolle. Das Geheimnis der in letzter Zeit (1976) in der Bundesrepublik Deutschland vielfach beklagten Billigeinfuhren italienischer Strick- und Wirkwaren (insbesondere Damenfeinstrumpfhosen) besteht weitgehend in dem Umfang der Heimarbeit für die italienische Textilindustrie. Heimarbeit aber ist wie eh und je mit niedrigen Löhnen für die Beschäftigten und geringfügigen Sozialabgaben seitens der Verleger verbunden. Vergleiche Süddeutsche Zeitung, 9. September 1976 («Die Masche der kleinen Strumpfhersteller – Heimarbeit verbilligt in Italien die Produktion – ‹Kein Dumping›»), oder Financial Times, 22. September 1976: «Under this system (outworking or ‹family working›) companies put out parts of the manufacturing process to workers at home, causing allegations of unfair competition to be levelled by other textile producers in Europe who claim Italian companies can in this way reduce costs by avoiding social and other charges accompanying full-time employment.» Vergleiche hierzu auch Handelsblatt, 9. November 1976; Textil-Wirtschaft 42 (1976), S. 27.

Für 1973 wurde geschätzt, daß in Italien neben ungefähr 910000 Beschäftigten in der Textil- und Bekleidungsindustrie (einschließlich Kleinbetriebe und Handwerk)

Zur Produktivität der Arbeit sollen im wesentlichen nur einige im übrigen Text verstreute Angaben hier zusammengestellt werden, um den weitverbreiteten Mythos zu zerstören, die privatwirtschaftlich vorteilhaft niedrigen Löhne vieler Länder würden in der Regel durch eine entsprechend niedrige Arbeitsproduktivität wieder wettgemacht.

Aus den Angaben über die beiden in Abschnitt 4.5 geschilderten Auslandsfertigungen bundesdeutscher Unternehmen der Textil- und Bekleidungsindustrie (Strickwaren und Hemden) geht hervor, daß die Arbeitsproduktivität nach einer gewissen Anlaufzeit im Auslandsbetrieb offenbar nicht merklich unter jener in den bundesdeutschen Betrieben mit vergleichbarer Produktion liegt. – Ähnliches scheint von den «Chinesen-Mädchen am Fließband» (sic!) zu gelten, denen «persönliche und fachliche Qualifikationen» nachgerühmt werden, die «in nichts» der «europäischen Mitarbeiterin» nachstehen.[190] – Die DEG schreibt über Tunesien: «So haben zum Beispiel holländische und auch deutsche Firmen innerhalb von sechs bis neun Monaten nach Anlauf des Betriebes ca. 75 bis 85 Prozent des europäischen Leistungsstandards erreicht.»[191] – In einer anderen Broschüre schreibt die DEG: «Tunesische Arbeiter können Leistungen nach europäischen Normen erzielen, wenn Unternehmensleitung, Betriebsorganisation und Arbeitsbedingungen europäischen Maßstäben entsprechen.»[192] – Die Bundesstelle für Außenhandelsinformation weiß zu berichten: «Das Lohn- und Gehaltsniveau Maltas liegt bei durchaus vergleichbarer Arbeitsleistung weit unter den west- und meisten südeuropäischen Werten . . . Eingestellt werden die Arbeitskräfte nach einem Auswahltest; Anlernlinge sind allgemein nach sechs Wochen gut verwendbar, bei anspruchsvollen Aufgaben kann nach sechs Monaten mit guten Resultaten gerechnet werden, die europäisch-industriestaatlichen Normen entsprechen.»[193]

Solche Angaben könnten leicht vermehrt werden[194]; sie zeigen, daß vor

zusätzlich noch 330000 Heimarbeiter im Textil- und Bekleidungsgewerbe tätig sind (L. Frey, Family work in the textile and clothing sector. Zitiert in: CIRFS, The Future of the Man-Made Fibres Industry in Western Europe, Paris 1976).

190 Willy Kisselmann, Errichtung von Fertigungsstätten in Niedriglohnländern – Unter besonderer Berücksichtigung der feinwerktechnischen Industrie, Köln 1975.

191 DEG, Tunesien – Herstellung von Bekleidung (Stand: 1/1976), S. 2.

192 DEG, Produzieren in Tunesien (Stand: Oktober 1973), S. 7.

193 BfA, Mitteilungen der Bundesstelle für Außenhandelsinformation, 25. Jg., Nr. 87 (Mai 1975): Merkblatt für Kapitalanlagen im Ausland – Malta, S. 10f.

194 Vergleiche zum Beispiel CIRFS, The Future of the Man-Made Fibres Industry in Western Europe. Paris 1976. Bezogen auf die Bundesrepublik Deutschland = 100 liegt danach (ohne Berücksichtigung etwaiger Qualitätsunterschiede) die Produktivität in der Bekleidungsindustrie in Hongkong, Südkorea und Taiwan bei 60 bis 80, in Portugal bei 70, in Tunesien bei 50 bis 80 (letzterer Wert in bundesdeutschen Betrieben), in Brasilien bei 40 bis 80, in Jugoslawien bei 60 bis 80, in Ungarn bei 50 bis 70, in Polen bei 70 bis 90.

allem für Anlerntätigkeiten (aber nicht nur für sie) die Arbeitsproduktivität in verlagerten Betrieben in «Niedriglohnländern» kaum derjenigen in bundesdeutschen Betrieben mit vergleichbarer Produktion nachsteht. Selbstverständlich ist dieses Ergebnis eines raschen empirischen Überblicks vorherzusehen gewesen; die massive Verlagerung von Betrieben der bundesdeutschen Textil- und Bekleidungsindustrie in Niedriglohnländer ließe sich allein auf Grund extrem niedriger Löhne in den betreffenden Ländern (und verwandter Standortvorteile) kaum erklären, würden die betriebswirtschaftlich günstigen Auswirkungen niedrigerer Löhne durch eine vergleichbar niedrigere Arbeitsproduktivität wieder ausgeglichen.

Bisher wurde in dieser Fallstudie unter «Produktivität» stillschweigend die Zahl der produzierten Einheiten pro Beschäftigtenstunde oder ähnliches verstanden. Es wäre interessant, darüber hinausgehend zwischen Produktivität der Arbeit, soweit sie durch maschinelle Ausrüstung und Organisation des Arbeitsprozesses bestimmt ist, einerseits und Intensität der Arbeit, soweit sie bei gegebener Ausrüstung und Arbeitsorganisation durch die Arbeitsgeschwindigkeit und die Weite des Tätigkeitsfeldes (etwa: Zahl der gleichzeitig von einem Arbeiter zu beaufsichtigenden Maschinen) bestimmt ist, andererseits zu unterscheiden. Leider geben die verfügbaren Unterlagen in dieser Beziehung quantitativ wenig her. Man gewinnt aber aus gelegentlichen Hinweisen den Eindruck, als sei die relativ hohe Arbeitsproduktivität (im Sinne von: Zahl der produzierten Einheiten pro Beschäftigtenstunde) in verlagerten Produktionen wenigstens zum Teil auf eine überdurchschnittlich hohe Intensität der Arbeit (im angegebenen Sinn) und eher unterdurchschnittlich auf eine dem höchsten technischen Standard entsprechende maschinelle Ausstattung zurückzuführen. Ein solcher Hinweis könnte sein, daß offenbar in verlagerten Betrieben gebrauchte – und das heißt wohl unter Umständen: technisch nicht mehr auf dem modernsten Stand befindliche – Nähmaschinen eingesetzt werden, während andererseits gleichzeitig von einer europäischen industriestaatlichen Normen vergleichbaren Arbeitsproduktivität (im Sinne von: Zahl der produzierten Einheiten pro Beschäftigtenstunde) gesprochen wird; im übrigen gewinnt man bei Betriebsbesichtigungen oft den Eindruck eines besonders hohen Arbeitstempos; der weit überproportional hohe Anteil einer jungen, noch unverbrauchten Arbeitskraft deutet in dieselbe Richtung.

5.3. Transportwesen

Die Verlagerung der Textil- und Bekleidungsfertigung aus den traditionellen Industrie- und zugleich Verbrauchsländern in andere, insbesondere «Niedriglohnländer» ist in ihrem großen Ausmaß unter anderem auch erst durch verbesserte Transport- und Kommunikationstechniken und -verbindungen möglich geworden. Schnelle und effiziente Transportsysteme wie

Luftcontainerverkehre sind ein typisches Beispiel.

Ein Überblick über den Anteil der verschiedenen Verkehrszweige an der Einfuhr von Bekleidung in die Bundesrepublik Deutschland zeigt, daß seit 1968 (dem ersten Jahr, für das es entsprechende statistische Unterlagen gibt)[195] der mengen- und wertmäßige Anteil des Eisenbahnverkehrs stark zurückgegangen ist (wertmäßiger Anteil 1975: 19,2 Prozent). Der Anteil des Straßenverkehrs dagegen hat in diesem Zeitraum wertmäßig (auf 1975: 54,9 Prozent) zugenommen. Diese beiden Verkehrszweige dürften in erster Linie für die Bekleidungseinfuhren der Bundesrepbulik aus west- und süd(ost)europäischen Ländern wichtig sein. Es gibt – um nur ein beliebiges Beispiel zu nennen – regelmäßige Lkw-Transport-Dienste für Bekleidung aus Griechenland in die Bundesrepublik Deutschland.

Dem starken Zuwachs überseeischer Bekleidungsimporte in den letzten Jahren entspricht verständlicherweise ein Zuwachs des Anteils der See- und Lufttransporte an den verschiedenen Verkehrszweigen. So kamen 1975 wertmäßig 18,3 Prozent der Bekleidungsimporte der Bundesrepublik Deutschland auf dem See- und immerhin 6,9 Prozent auf dem Luftwege. Während die (billigeren, aber auch langsameren) Seetransporte in erster Linie wohl für Stapelware eingesetzt werden, finden Lufttransporte vor allem bei modisch schneller «verderblicher» Ware statt. Selbst wenn es bei See- und Lufttransporten immer wieder einmal zu Verzögerungen kommt[196], haben diese und ähnliche Schwierigkeiten letzten Endes die Expansion der überseeischen Bekleidungsimporte der Bundesrepublik Deutschland nicht verhindert. So gibt es – um wieder nur ein beliebig herausgegriffenes Beispiel zu nennen – seit einiger Zeit regelmäßige Nur-Fracht-Flüge mit «Jumbos» (Boeing 747) aus Hongkong mit Bekleidung für den bundesdeutschen Markt.

1975 (1970) erreichten fast 15000 Tonnen (über 5000 Tonnen) Bekleidung die Bundesrepublik Deutschland auf dem Luftweg aus dem Ausland;

195 Statistisches Bundesamt, Wirtschaft und Statistik, versch. Jg., zuletzt WiSta 7 (1976), S. 455* (Abgrenzung nach Warengruppen und -untergruppen der Ernährungswirtschaft und der gewerblichen Wirtschaft: Bekleidung: C II b 1–9).

196 Vergleiche BfA/Nachrichten für Außenhandel, 16. Juni 1976, «Luftfrachtprobleme im Indien-Geschäft»; Handelsblatt, 9. Juni 1976, «Luftfracht-Run für Textilien aus Indien», wonach sich Anfang Mai 1976 in Delhi und Bombay mehr als 1000 Tonnen Bekleidung auf den Flughäfen stauten. Das Problem besteht unter anderem in unzureichend angebotener Luftfrachtkapazität: Es fehlt an entsprechender Rückfracht aus Europa; Nur-Fracht-Maschinen leer aus Europa nach Indien zu fliegen, ist bei den zu Sondertarifen beförderten Textilexporten unrentabel. – Solche Schwierigkeiten machen es verständlich, wenn für «modisch heiße» Ware in Europa gelegene Standorte der Produktion bevorzugt werden; die höheren Produktionskosten werden durch die bei «aktueller» Ware erzielbaren höheren Preise vielfach (mehr als) ausgeglichen. Bei derartigen Schwierigkeiten muß es sich aber natürlich nicht um einen Dauerzustand handeln.

das sind nicht weniger als 10 Prozent (5,4 Prozent) des gesamten Frachtaufkommens des gewerblichen Luftverkehrs aus dem Ausland.[197] Nach Herkunftsländern aufgeschlüsselt bezog die Bundesrepublik Deutschland 1975 auf dem Luftweg in der Güterhauptgruppe 96 (Textil- und Lederwaren) insgesamt 26 500 Tonnen, darunter 190 Tonnen aus Malta, 1060 Tonnen aus Griechenland, 1175 Tonnen aus der Türkei, 415 Tonnen aus Tunesien, 60 Tonnen aus Mauritius, 1650 Tonnen aus den USA, 1450 Tonnen aus Brasilien, 1020 Tonnen aus dem Iran, 1210 Tonnen aus Pakistan, 1610 Tonnen aus Indien, 305 Tonnen aus Thailand, 4060 Tonnen aus Hongkong, 445 Tonnen aus Taiwan und 600 Tonnen aus Südkorea.[198]

Um einen Anhaltspunkt für die Frachtraten zu geben, seien statt der unübersichtlichen (weil auf Gewicht bezogenen) und vielfältigen (zahlreiche Spezialtarife) Frachtraten der IATA bzw. der Seefrachtreedereien zwei konkrete Beispiele aus oben zitierten Firmenberichten gegeben. Eine Firma rechnete 1974 als Frachtkosten aus Südostasien nach der Bundesrepublik Deutschland bei Luftfracht etwa 1 DM pro Hemd, bei See-Container-Fracht etwa 0,60 DM pro Hemd; eine andere Firma rechnet als Luftfrachtkosten für eine Hose aus Südostasien in die Bundesrepublik Deutschland über 2 DM.[199] Trotz gelegentlicher Klagen über steigende Frachtkosten überwiegen aber in den meisten Fällen (vor allem bei Bekleidung) immer noch die Kostenvorteile einer Fertigung selbst in einem «Nicht-mehr-ganz-Niedriglohnland» wie Hongkong:

> «Hongkongs Löhne sind heute unter den größeren asiatischen Textilproduzierenden Ländern nach Japan die höchsten (in Japan sind die Löhne um 30 Prozent höher); auf einigen Gebieten beginnt diese Differenz bereits zu zählen. Die Bekleidungsproduzenten Hongkongs arbeiten nicht nach eigenen Vorlagen. Sie können aber nach Vorlagen amerikanischer Kaufhäuser fertigen, und diese Kleidung ist innerhalb von zwei Monaten nach Auftragserteilung in den Läden der amerikanischen Ostküste. Das ist schneller und auch billiger, als es normalerweise die Kleiderproduzenten Chicagos schaffen. So schnell kann man natürlich nur per Luftfracht liefern; Hongkong liegt aber in einem Kostenbereich, der die Extrakosten der Luftfracht gewöhnlich aufzufangen gestattet. Diese Transportform hat in den letzten beiden Jahren um praktisch 100 Prozent zugenommen.»[200]

197 Hohe Anteile stellen noch Schnittblumen, Obst und Gemüse sowie Maschinen.

198 Statistisches Bundesamt, Fachserie H (Verkehr), Reihe 3: Luftverkehr 1975. Stuttgart–Mainz 1976 (Abgrenzung nach dem Güterverzeichnis für die Verkehrsstatistik [GV], Ausgabe 1969).

199 Vergleiche Abschnitte 4.4 und 4.5.

200 Financial Times, 17. Mai 1976 (der Lohnkostenvergleich Hongkong–Japan ist zweifelhaft; vergleiche Tabellen I–27 und I–28 b). – Immerhin spielen in der Konkurrenz zwischen Niedriglohnländern mit grob vergleichbaren Stückkosten Unterschiede der Transportkosten eine Rolle; Länder mit deutlich niedrigeren Stückkosten der Produktion können erhöhte Frachtkosten leichter verkraften (Hongkong in Konkur-

Transportfragen erfreuen sich in den Anpreisungen einzelner Länder auf dem Weltmarkt für (neue) Produktionsstandorte regelmäßig besonderer Aufmerksamkeit; eine Anbindung an vorhandene oder eigens neu ins Leben gerufene Luft- oder Seefrachtlinien ist wesentlich (vergleiche Teil III). Dafür sei aus einem Bericht der DEG ein Beispiel gegeben:

«Beim Transport von größeren Mengen (ab 40 Kubikmeter pro Sendung) hat sich der Lkw-Verkehr über Fähren (Genua oder Marseille–Tunis) von Haus zu Haus als kostengünstig erwiesen. Die Laufzeit eines Lkw Deutschland–Tunis–Deutschland (Antransport des Vormaterials und Abtransport der Fertigartikel) beträgt nach den Erfahrungen der in Tunesien arbeitenden deutschen Konfektionäre zur Zeit ca. zehn bis vierzehn Tage. Die Rundfahrt eines Lastzuges mit Anhänger (83 Kubikmeter Nutzvolumen bei 20 bis 25 Tonnen möglicher Zuladung) kostet bei einer Haus-zu-Haus-Bedienung inklusive Nebenkosten 15000 bis 17000 DM. Luftfracht kann in gewissem Umfang von der Lufthansa und der Tunis Air in Passagiermaschinen mitbefördert werden. Seit kurzem bedient auch eine Frachtmaschine der Lufthansa einmal wöchentlich die Strecke Frankfurt–Tunis.»[201]

Zusammenfassend geht man wohl nicht zuweit, wenn man sagt, daß außer möglicherweise bei «modischen Schnellschüssen» ein Transport von (Textilien, zum Teil, und) Bekleidung über die halbe Welt heute in der Regel kein gravierendes technisches, organisatorisches und finanzielles Problem darstellt. Damit sind von der Transportseite her die Voraussetzungen für eine neue internationale Arbeitsteilung erfüllt.

5.4. Kriterien der Standortwahl im Ausland: Ein Beispiel der Unternehmensberatung von Firmen der Bekleidungsindustrie der Bundesrepublik Deutschland

Drei Determinanten der Entwicklung des Weltmarktes für Produktionsstandorte sind in den voraufgegangenen Abschnitten hervorgehoben worden: Die Aufspaltung des Produktionsprozesses in Elemente und die nach

renz mit Portugal und Italien bei Strick- und Wirkwaren niedriger Qualität für den europäischen Markt; Hongkong in Konkurrenz mit Brasilien und Indien bei gewebter Baumwollkleidung für den europäischen Markt). Vergleiche Asia Research Bulletin, 31. Juli 1976, S. 224f. In ähnlicher Weise erschweren oder verhindern die Transportkosten im Falle von industriellen Branchen mit weltweiten Überkapazitäten (zum Beispiel Synthesefasern) und entsprechend intensiver (preisdrückender) Konkurrenz die Belieferung weit entfernter Märkte. Vergleiche CIRFS, The Future of the Man-Made Fibres Industry in Western Europe, Paris 1976.

201 DEG, Tunesien – Herstellung von Bekleidung, S. 3 (Stand: 1/1976). – Rechnet man grob durchschnittlich zwei Stück Bekleidung pro Kilogramm, so ergibt das als Transportkosten für ein Stück Bekleidung aus Tunesien in die Bundesrepublik (einschließlich Antransport des Vormaterials) deutlich unter DM 0,50/Stück.

Wegweiser für Investitionen
Checkliste für die Standortwahl im Ausland

I. Volkswirtschaft
- Widerstandsfähigkeit gegenüber Rezessionen
- Relative Abhängigkeit von Importen/Exporten
- Devisensituation
- Zahlungsbilanz, Währungsstabilität, Konvertierbarkeit
- Transferbestimmungen und Bestimmungen über Kapitalrepatriierung
- Wirtschaftliche Ausgewogenheit (Industrie, Landwirtschaft, Handel)
- Marktvolumen für das Angebot des Unternehmens, Wachstum des Marktes
- Bevölkerungszahl, Wachstumsrate
- Pro-Kopf-Einkommen, Zuwachsrate
- Einkommensverteilung
- Gegebene oder künftige Mitgliedschaft bei einer Zollunion/Wirtschaftsgemeinschaft
- Preisniveau, Inflationsrate

II. Politische Situation
- Stabilität der Regierung
- Vorhandene Klassengegensätze
- Besondere politische, ethnische und soziale Probleme
- Einstellung zu Privat- und Auslandsinvestitionen
- Verstaatlichungsgefahr
- Vorhandene/nicht vorhandene staatliche Industrie
- Erhalten staatliche Industrien Vorzugsbehandlung?
- Sind Fiskal- u. Geldpolitik solide?
- Fehlen übermäßiger Bürokratie
- Fairness und Integrität der Verwaltungsstellen
- Grad von Ausländerdiskriminierung
- Integrität der Gerichte
- Klare und moderne Gesetzgebung hinsichtlich Privatinvestitionen
- Preiskontrollen
- Restriktive Bestimmungen über Ausländereigentum

III. Geographische Lage
- Effizienz der Transportwege
- Häfen, Freihäfen, Freizonen, Zollverschluß-Lagerhäuser
- Nähe zu Exportmärkten
- Nähe zu Lieferanten, Kunden
- Nähe zu Rohmaterialien
- Bestehende Zulieferindustrien
- Verfügbarkeit örtlicher Rohstoffe
- Verläßlichkeit der öffentlichen Versorgungsunternehmen
- Leichte Durchführung von Exporten/Importen
- Sind Grundstücke für ein Werk leicht zu bekommen?
- Kosten für geeignete Grundstücke

IV. Steuern
- Steuerraten (für Firmenerträge sowie persönliche Einkommen)
- Allgemeine Steuermoral, Fairness der Steuerbehörden
- Langfristiger Trend der Besteuerung
- Besteuerung von Exporterlösen und im Ausland verdientem Einkommen
- Steuerbegünstigungen für Neuinvestoren
- Abschreibungssätze
- Vortrag/rückwirkende Geltendmachung von Verlusten bei der Steuer (*carry back*)
- Doppelbesteuerungsabkommen
- Zoll- und Steuernachteile beim Export eingeführter Güter
- Zollschutz

V. Kapitalquellen
- Verfügbarkeit, Kosten, Bedingungen von einheimischem Kapital
- Im Land selbst verfügbare konvertierbare Devisen
- Moderneres Bankensystem
- Kredithilfen der Regierung für Neuinvestoren
- Verfügbarkeit/Kosten von Exportkreditversicherung

VI. Geschäftsklima
- Verfügbarkeit von Investitionsversicherungen des Mutterlandes
- Allgemeine Geschäftsmoral
- Sind Arbeitsweisen der Behörden einfach und effektiv?
- Übliche Profitmargen für die eigene Branche
- Konkurrenzlage der eigenen Branche, Kartelle
- Welche Anti-Trust- oder sonstige einschränkenden Bestimmungen gibt es?

VII. Arbeitskräfte
- Verfügbarkeit von Personal – Managerebene, Technik, Büro – das die eigene Arbeitssprache spricht
- Verfügbarkeit ausgebildeter Arbeitskräfte
- Verfügbarkeit angelernter und ungelernter Arbeitskräfte
- Grad der Arbeitsproduktivität
- Ausbildungseinrichtungen
- Aussichten für Verbesserung des Arbeitsangebots
- Grad von Fähigkeiten und Arbeitsmoral auf allen Ebenen
- Grad des Arbeitsfriedens
- Vorhandensein/Nichtvorhandensein militanter oder kommunistisch beeinflußter Gewerkschaften
- Grad der Mitbestimmung der Arbeitnehmerschaft beim Management
- Freizügigkeit von Anstellung/Entlassung
- Tarifliche und freiwillige Leistungen
- Sozialversicherungskosten
- Tarifliche oder gewohnheitsrechtliche Gewinnbeteiligung

Verwertungsgesichtspunkten weltweit organisierte Allokation der einzelnen Elemente zu den Arbeitskräften (Babbagesches Prinzip); ökonomische Kenndaten der weltweiten Reservearmee von Arbeitern; und die Entwicklung effizienter Transportsysteme. Diese drei Determinanten sind zentral für den Trend zu einer neuen internationalen Arbeitsteilung. Selbstverständlich aber gehen in Entscheidungen über Produktionsverlagerungen individueller Firmen noch viele weitere Gesichtspunkte ein, die an einem Beispiel erläutert werden mögen.

In einer praxisorientierten Analyse der Chancen, Möglichkeiten und Grenzen der Auslandsfertigung der bundesdeutschen Bekleidungsindustrie werden als Gründe von Auslandsinvestitionen neben «Lohnkostendruck und Rohstoffsicherung» genannt:

«Absatzsicherung, steuerliche Anreize, geringere soziale Regiekosten (Beispiel: Umlage für Ausbildungsplätze), weniger umfangreiche Mitbestimmung, Wechselkursverschiebungen usw. In der Bekleidungsindustrie dominiert eindeutig die Lohnfrage (seit niedrige Rohstoffkosten ein besonders hohes Lohnniveau – 11,30 DM/Std., 1974, einschließlich Arbeitgeberanteil – nicht mehr subventionieren).»[202]

202 E. A. Häussermann, Auslandsinvestitionen der deutschen Bekleidungsindu-

Es werden in dieser Analyse sodann verschiedene Formen des Auslandsengagements – Lizenzvergabe, passive Veredelung, Kooperationsabkommen, eigene Niederlassung im Ausland – in ihren Vor- und Nachteilen für Unternehmer der bundesdeutschen Bekleidungsindustrie gegeneinander abgewogen. Der PV-Verkehr wird dabei als das «risikoloseste und kapitalsparendste Verfahren bei Auslandsengagements» herausgehoben. Vor der Entscheidung für ein bestimmtes Auslandsengagement sollen insbesondere folgende Prüfungen vorgenommen werden:

«A) Eine Standortanalyse entsprechend der Checkliste von Business Europe (vgl. Kasten). Die Informationen sind, soweit erhältlich, etwa in drei Stufen zu quantifizieren (gut, befriedigend, schwach oder dergleichen) und *mit alternativen Standorten zu vergleichen* (zum Beispiel *Griechenland gegenüber Tunesien*).

B) ... (Vertragsgesichtspunkte, Verhaltensempfehlungen)

C) Folgende drei strategische Planungsüberlegungen:

1. rechtzeitige *Vorplanung* des Auslandsengagements *mit tatsächlichen* (PV, Vollinvestition) *und potentiellen Alternativen* (mögliche Engpässe, Schwierigkeiten). Nicht die ganze Produktion ins Ausland verlagern (!), modische Trends müssen vom Inland aus verfolgt werden.

2. *Modellmäßige Errechnung* und Darstellung von

a) Investitionsförderung (zum Beispiel Entwicklungshilfesteuergesetz) und behördliche Anmeldungen, Auflagen, Steuer-, Zoll- und Investitionsförderung usw.,

b) Investitionskosten, Materialbeschaffung,

c) Arbeitskräftebeschaffung, einschließlich Schulung,

d) Organisation und Terminplanung,

e) technischer Kundendienst, Ersatzmaschinen,

f) Transportwege und -kosten usw.

3. Es wird empfohlen, mit anderen westdeutschen Unternehmen zusammenzuarbeiten. Die Niederlassung in einem Land, in dem bereits westdeutsche Bekleidungsfirmen ihren Sitz haben, kann vorteilhaft sein. Denn: in der Gemeinschaft sind die Unternehmen im Normalfall stärker (das reicht vom Erfa-Austausch der Nachbarschaftshilfe über die Tatsache, daß sich etwa leichter der Kundendienst eines westdeutschen Nähmaschinenherstellers einstellen läßt, bis hin zu einer stärkeren Präsenz bei Behörden usw.).»[203]

Es lohnt sich, die beigegebene Checkliste für die Standortwahl im Ausland genau zu studieren, um die vielfältigen Gesichtspunkte kennenzulernen, die eine weltweite Neuorganisation der Produktion nach Einschätzung der Un-

strie – Chancen, Möglichkeiten und Grenzen. In: DOB + haka praxis 7 (1975), 8 (1975). – Wir danken Herrn Ackert vom Verband der bayerischen Bekleidungsindustrie dafür, daß er uns auf diesen Aufsatz aufmerksam gemacht hat.

203 Hervorhebung nicht im Original, d. Verf. – Die in Punkt C) 3. genannten Gründe, die Einschätzung des allgemeinen «Investitionsklimas» einzelner Länder und bisweilen geographische Faktoren (zum Beispiel Nähe der Mittelmeerländer zu zentraleuropäischen Märkten) dürften zusammengenommen im wesentlichen die beobachtbare geographische Konzentration der Auslandsproduktion der bundesdeutschen Bekleidungsindustrie auf relativ wenige Länder erklären.

ternehmer und Unternehmensberater zu berücksichtigen hat. Eine solche Liste allein reicht aus, um die ökonomistisch beschränkte herrschende Entwicklungsökonomie (die im wesentlichen nur die sogenannte Faktorausstattung mit den drei «Produktionsfaktoren» in ihre Überlegungen einbezieht) in ihrer hoffnungslosen Realitätsfremde zu offenbaren, eine Realitätsfremde, in deren ideologischem Nebel Bestimmungsgründe der neuen internationalen Arbeitsteilung wie:

Stabilität der Regierung, vorhandene Klassengegensätze, besondere politische, ethnische und soziale Probleme, Verstaatlichungsgefahr, Fairness und Integrität der Verwaltungsstellen und Gerichte, klare und moderne Gesetzgebung hinsichtlich Privatinvestitionen, Fairness der Steuerbehörden, Grad von Fähigkeiten und Arbeitsmoral auf allen Ebenen, Grad des Arbeitsfriedens, Vorhandensein/Nichtvorhandensein militanter oder kommunistisch beeinflußter Gewerkschaften, Grad der Mitbestimmung der Arbeitnehmerschaft beim Management, Freizügigkeit von Anstellung/Entlassung verschwinden oder mit zynischen oder achselzuckenden Randbemerkungen heruntergespielt werden.[204]

Die zitierte Analyse der Auslandstätigkeit bundesdeutscher Unternehmen der Bekleidungsindustrie wendet sich in ihrem zweiten Teil den konkreten Bedingungen für ein «Auslandsengagement» in einigen ausgewählten Ländern, insbesondere Tunesien, zu:

«. . . Das von der Deutschen Entwicklungsgesellschaft (DEG, Deutsche Gesellschaft für wirtschaftliche Zusammenarbeit) neben Tunesien favorisierte Marokko ist durchaus nicht unumstößlich stabil, und wie lange wird sich der Bourgismus in Tunesien halten? Eine sukzessive Erhöhung der Löhne, also ein Zeichen wirtschaftli-

204 Zwei Beispiele. «Neben diesen naturgegebenen Vorteilen scheint das enorme Angebot an Arbeitskräften, die zu vergleichsweise niedrigen Löhnen zu arbeiten bereit sind, die Entwicklungsländer zur Produktion arbeitsintensiver Industriewaren zu prädestinieren», heißt es auf der ersten Seite eines Artikels in einer renommierten Zeitschrift eines renommierten deutschen Wirtschaftsforschungsinstitutes (G. Fels, E.-J. Horn, Der Wandel der Industriestruktur im Zuge der weltwirtschaftlichen Integration der Entwicklungsländer. In: Die Weltwirtschaft 1 [1972], S. 107). Arbeitskräfte, die zu vergleichbar niedrigen Löhnen zu arbeiten *bereit* sind! Warum diese Menschen *gezwungen* sind, zu Hungerlöhnen unter oft schlimmsten Arbeitsbedingungen zu arbeiten, ist kein Thema dieser Wissenschaft. – In einem Beitrag zum Wochenbericht eines anderen renommierten deutschen Wirtschaftsforschungsinstitutes heißt es: «Grundsätzlich gilt, daß durch eine Veränderung der gütermäßigen Struktur der gesamten Endnachfrage die Beschäftigung erhöht werden kann, und zwar sowohl im Einklang mit dem Ziel eines möglichst großen Inlandprodukts als auch im Widerspruch zu ihm. Bei der inländischen Endnachfrage sind solchen Variationen in der Regel allerdings relativ enge Grenzen gesetzt» (Dieter Schumacher, Entwicklungsländer: Beschäftigungsorientierte Wachstums- und Außenhandelspolitik erforderlich. In: DIW-Wochenbericht 20 [1976], S. 198). Offensichtlich ist hier an die Relationen zwischen Luxus- und Massenkonsum in Entwicklungsländern gedacht: Der Erhöhung des Massenkonsums (= der Erhöhung der Masseneinkommen)

cher Prosperität, wird allerdings nicht beklagt werden dürfen (vergleiche Hongkong). Eines allerdings bleibt: Die deutsche Bekleidungsindustrie muß, will sie überhaupt weiterexistieren, das umfassende und unbedingte, keinesfalls aber totale Engagement im Ausland suchen. (Eine Annahme lautet: Im Laufe der achtziger Jahre werden über 50 Prozent der Bekleidung im Ausland hergestellt werden. Von einer Bekleidungsfirma werden, was den Umfang der Bekleidungsproduktion anbetrifft, noch wesentlich weitergehende Daten genannt.) Aus Gründen, die in einer größeren Arbeitslosigkeit, aber auch der Mitbestimmung in Großunternehmen usw. liegen, sind allerdings Beschränkungen des Auslandsengagements, wie etwa in Schweden, durchaus im Bereich des Möglichen.

Daß das Auslandsengagement des Herstellers auch die Stabilität der verbliebenen Bekleidungsindustrie (gegenüber den Importen) fördert (Mischkalkulation, die Regieeinrichtungen für Marketing, Technik und Organisation verbleiben ebenso wie eine modisch orientierte und in einigen Jahren vielleicht weitergehende automatisierte Produktion) soll an dieser Stelle betont werden.»

«Mischkalkulation» ist nur ein anderes Wort für das Babbagesche Prinzip (welcher Teil der Fertigung kann wo am kostengünstigsten produziert werden?). Als Gründe, warum die Verlagerung der eigentlichen Produktion (im Gegensatz zu Marketing, Technologieentwicklung, Entwicklung der Arbeitsorganisation) der Bekleidungsindustrie der Bundesrepublik Deutschland in Niedriglohnländer nicht total sein muß, werden die möglichen Extraprofite modischer «Schnellschüsse», die Denkbarkeit eines rentablen Einsatzes weiter automatisierter Fertigungsverfahren in den traditionellen Industrieländern, die der Kapitalverwertung günstigen Auswirkungen höherer Arbeitslosigkeit und protektionistische Maßnahmen in den traditionellen Industrieländern in Erwägung gezogen.

Nach einer Übersicht über Informationsquellen zur Auslandsproduktion

sind in diesen Ländern «in der Regel relativ enge Grenzen gesetzt». Daß die jahrhundertealte Entwicklung des kapitalistischen Weltsystems den materiellen Reichtum der Welt systematisch auf zwei Pole verteilt hat und immer wieder von neuem verteilt, inter- wie intranational, dieser systemimmanente Grund der beschränkten und beständig neu beschränkten «inländischen Endnachfrage» (gemeint ist natürlich die *zahlungsfähige* Nachfrage!) wird keiner Erwähnung oder auch nur Andeutung für wert gehalten, systematisch aus der ökonomischen Wirtschaft ausgeklammert und bestenfalls in andere, ihrerseits in ihrer systematischen Verengung realitätsferne Fachdisziplinen (Entwicklungssoziologie, Kulturanthropologie etc.) abgeschoben.

Geschäftsleute haben – aus Gründen *ihres ökonomischen* Interesses – immerhin eine realistischere Vorstellung von dem, was den Gegenstand der ökonomischen Wissenschaft bestimmt: «Von Monat zu Monat wächst das Interesse deutscher Hersteller an eigenen Produktionsanlagen im Ausland deutlich, wobei Niedriglohnländer, in denen außerdem die rechte Law-and-order-Einstellung herrscht, wie Spanien, Südafrika und Brasilien, bevorzugt werden. Hauptgründe für diese Entwicklung seien niedrige Löhne, Verfügbarkeit über das Eigentum und die dort nicht bestehende Mitbestimmungsproblematik. Dies teilte der Geschäftsführer der Mietfinanz GmbH, Mülheim/Ruhr, Gerd Koenig, als Ergebnis einer Umfrage seines Unternehmens mit» (Süddeutsche Zeitung, 3. April 1974).

in Tunesien werden sodann einige konkrete Umstände genannt, die bei einer Untersuchung einer möglichen Produktionsverlagerung nach Tunesien berücksichtigt werden sollten: Die Bevölkerung ist deutschfreundlich; aus klimatischen und religiösen Gründen sind drei Monate des Jahres nicht für Geschäftsreisen zu empfehlen: Politik: «Wirtschaftlich nach außen liberal, nach innen stabil, ordnend, allerdings nicht ohne Feinde, so wurden etwa vor einigen Monaten 175 Personen wegen einer linksgerichteten Verschwörung verurteilt»; hohe Arbeitslosigkeit besonders im Süden des Landes; 48-Stunden-Woche; Urlaubsanspruch in den ersten fünf Jahren eines Arbeitsverhältnisses ein Tag je Arbeitsmonat; Mutterschaftsurlaub vier Wochen (kann durch ärztliches Attest auf zwölf Wochen ausgedehnt werden); die Delegierten der Gewerkschaft spielen hinsichtlich des Betriebsklimas «eine nicht unwichtige Rolle»; wenn keine groben Verstöße vorliegen, muß bei Entlassung eine Abfindung in Höhe eines Lohntages je Arbeitsmonat bezahlt werden; «Streiks kommen so gut wie nicht vor»; Löhne im Konfektionsbereich einschließlich gesetzlicher Aufwendungen etwa 1,50 DM je Stunde; Führungspositionen sollten wenigstens teilweise mit westdeutschen Kräften besetzt werden; Textilien müssen zum Teil importiert werden; Transport nach der Bundesrepublik Deutschland noch nicht ganz problemlos (tägliche Flugverbindung geplant; Fährverbindungen); Förderung der Exportindustrie «außerordentlich weitgehend»; Einfuhr von Produktionsmitteln für Exportproduktion zollfrei; Freizügigkeit im Devisentransfer in der Exportproduktion; zehnjährige Steuerbefreiung (Gewerbeeinkommensteuer, Körperschaftsteuer), anschließend Ermäßigung der Steuer auf 10 Prozent; Grundstücke unterschiedlich teuer, in einigen Regionen kostenlos; Zollenklaven können überall im Land eingerichtet werden (plombierte Container).

«Die Einrichtung einer speziellen Investitionsförderungsbehörde ... das Investitionsförderungsabkommen mit der Bundesrepublik ... beträchtliche Förderungen für eine exportorientierte Industrie ... ein niedriges Lohnniveau, die Gewährung günstiger Kredite, stabile innenpolitische Verhältnisse, eine nicht unüberwindbare Sprachbarriere, die räumliche Nähe zu Europa und schließlich ein nicht unfreundliches Verhalten gegenüber der Bundesrepublik brachten es mit sich, daß sich eine Reihe mittlerer und größerer Bekleidungshersteller in Tunesien niederließen. Weitere Neuinvestitionen, so scheint es heute, könnten sinnvoll sein. Eine zu weitgehende Bindung kann aus Gründen des Risikos und der notwendigen Flexibilität für modisch kurzfristiger werdende Inlandsmärkte nirgendwo sinnvoll sein.»[205]

Schließlich wird noch eine stichwortartige Liste der Informationsstellen, Informationsquellen, der staatlichen Regelungen und der wirtschaftlichen Besonderheiten ausgewählter, für das Auslandsengagement der westdeut-

205 Über Tunesien als «interessanten» Anbieter auf dem Weltmarkt für Produktionsstandorte und Arbeitskraft vergleiche auch Handelsblatt, 20. Mai 1974 («Tunesien bietet Reserven an – Lohnniveau und Disziplin der Arbeitskräfte als Investitionsgründe»), sowie Abschnitt 6.4.

schen Bekleidungsindustrie interessanter Länder gegeben. Unter den wirtschaftlichen Besonderheiten figurieren an erster Stelle die Lohnkosten:

«USA: Stundenlohnkosten 10 DM (1974) gegenüber 11,30 DM in der Bundesrepublik Deutschland, in den Südstaaten oft noch ein Drittel darunter. Großer, aber schwieriger Markt ...

Irland: Erhebliche Vergünstigungen hinsichtlich Grunderwerb, Steuervergünstigungen. Die Industrial Development Authority erwähnt hier an erster Stelle 15 Jahre Steuerfreiheit für Exportgewinne, Übernahme von Ausbildungskosten für die Beschäftigten, Investitionszuschüsse für neue Arbeitsplätze.

Frankreich: Textillohnkosten je Stunde 7,43 DM (1974), im Elsaß und Lothringen teilweise deutsche Sprachkenntnisse, interessanter Absatzmarkt.

Portugal: Bevorzugtes Land für Investitionen der Bekleidungsindustrie – Lohnerhöhungen weit über normaler Entwicklung, politisch labile Situation. (Zur Zeit kaum empfehlenswert!)

Griechenland: Ähnlich wie in Portugal kurzfristig erhebliche Lohnanhebungen, vermutlich politisch stabiler als Portugal, relativ günstige Transportverbindungen. Nachhaltige Beziehungen mit der westdeutschen Bekleidungsindustrie ...

Jugoslawien: Relativ freizügiges Ostblockland (Problem: Was wird nach Titos Tod?), gute Beziehungen zur westdeutschen Bekleidungsindustrie, besonders HAKA, Wäsche, PV, Kooperationen, teilweise größere Flexibilität als in anderen Ostblockländern.

Ungarn: Aufgeschlossen für Kooperation, bereits PV ...

Der Länderkatalog ist ... nicht vollständig, man könnte noch nennen: Iran, Israel, Türkei, Malta, Marokko, Hongkong, Brasilien, Spanien, Malaysia, Thailand, Philippinen, Singapur – und die Auflistung ist immer noch nicht vollkommen. Wer sagt nicht, daß Ägypten ‹morgen› ein außerordentlich interessantes Investitionsland sein könnte? Daß die USA (Puerto Rico, eventuell auch ein Südstaat) neben Tunesien in dieser Länderliste vertreten ist, verdeutlicht, daß *auch* [Hervorhebung nicht im Original; d. Verf.] Absatzgesichtspunkte bei der Wahl des Auslandsengagements eine Rolle spielen können (im übrigen liegen die Textillohnkosten in den USA – Abstufungen hängen vom gewerkschaftlichen Organisationsgrad ab – 1 bis 4 DM unter denen Westdeutschlands).»

5.5. Entscheidungsgründe für eine Standortwahl im Ausland bzw. im Inland

In einem Bericht über das Referat des Vorstandsvorsitzenden der Enka Glanzstoff-Gruppe, H. G. Zempelin, auf dem 2. Zukunfts-Symposium-Textil des Verbandes der Textilindustrie Westfalen (30. September 1976 in Münster) heißt es:

«Wer zum Beispiel im Ausland produziert, hat zwar geringere Lohnkosten, muß aber andere Nachteile in Kauf nehmen. Oder: Freute man sich früher über einen Betrieb mit fester Stammbelegschaft und geringer Fluktuation, dann zeigt sich heute, daß in einem solchen Betrieb Personalreduzierungen besonders schwer zu realisieren sind. Eine andere Frage ist, wieweit das eigene Unternehmen oder wieweit die

Absatzmärkte der Kunden von Importen bedroht werden. Die Chemiefaserindustrie kann beispielsweise in ihrer eigenen Herstellungsstufe mit den Importen durchaus konkurrieren. Dies nützt aber wenig, wenn zunehmend Halb- und vor allem Fertigwaren importiert werden oder wenn die weiterverarbeitende Industrie ihre Produktionsstätten ins Ausland verlagert mit der Folge, daß sie bald auch die benötigten Garne oder Gewebe von dort bezieht. Ein Punkt wird bei der Diskussion meist nicht beachtet: Wenn nämlich im Hinblick auf einen hohen Automatisierungsgrad die Kapitalkosten bei der Kalkulation wichtiger werden als die Lohnkosten, dann neigt sich dadurch keineswegs die Waagschale automatisch zugunsten der Produktion in einem Industrieland. Man kann sogar sagen: je kapitalintensiver die Produktion, desto interessanter kann es sein, in anderen Ländern zu produzieren, weil es bei uns schwierig ist, Menschen für Schichtarbeit zu finden und Nacht- oder gar Sonntagsarbeit starken Einschränkungen unterliegt. Am Beispiel eines Standardartikels wie Hemden hat Enka Glanzstoff die Herstellungskosten per Kilogramm in Deutschland und in Nigeria ermittelt und kam zu folgendem Ergebnis: Bei gleicher Schichtzahl ergab sich bei einem mehrstufigen Betrieb in der Textilindustrie ein Kostenvorteil für Nigeria von 5,20 DM pro Kilogramm und bis zur Konfektion von 29,60 DM pro Kilogramm. Bei einer zusätzlichen Schicht in Nigeria stieg der Kostenvorteil des Entwicklungslandes in der Textilindustrie auf 8,20 DM und bis zur Konfektion auf 40,60 DM.»[206]

Dieser Kostenvergleich ist hier in einer Graphik wiedergegeben. Er erlaubt, die Kostenanteile in einer typischen Fertigung der Textilindustrie und in einer typischen Fertigung der Bekleidungsindustrie (einschließlich Vorleistungen) unter realistischen Annahmen zu vergleichen und insbesondere die Auswirkungen unterschiedlicher Lohnkosten und unterschiedlicher Maschinenlaufzeiten quantitativ zu erfassen. Selbst wenn man die Frachtkosten Nigeria–Bundesrepublik Deutschland einbezieht (die Kalkulation erfolgte auf f.o.b.-Basis; die vermutliche relative Höhe der Frachtkosten kann man aus den Angaben von Abschnitt 5.3 erschließen), wird deutlich, welch hohe Kostenvorteile die Fertigung in einem «Niedriglohnland» zumindest für Standardartikel aufweist, selbst bei gleicher Schichtzahl.

Inzwischen werden in der Bundesrepublik Deutschland Stimmen lauter, welche die Auslastung kapitalintensiver Ausrüstungen in der Bundesrepublik Deutschland steigern möchten. Auf dem 30. Deutschen Betriebswirtschaftertag in Berlin machte der Textilunternehmer Hendrik E. van Delden, Gronau, «scharf Front gegen DGB-Vorstellungen von der Streckung der Rationalisierungsinvestitionen. Eher sollte man sich überlegen, ob man nicht zwecks besserer zeitlicher Auslastung immer teurer werdender Maschinen zum Vierschichtenbetrieb übergehen könnte.»[207] Ein anderer Autor meint: «Die moderne Technologie ist nicht nur teuer, sondern die automatisierten Anlagen müssen auch und gerade weil sie so teuer sind, mehr Stunden als bisher genutzt werden, möglichst in Dreischichtarbeit. Maschinenlaufzeiten von 6000 bis 7000 Stunden pro Jahr, wie in den USA oder

206 Textil-Wirtschaft 41 (1976), S. 17.
207 Handelsblatt, 19. Januar 1976.

Hongkong, stehen hierzulande das Verbot der Nachtarbeit für Frauen gegenüber und die offensichtlich unüberwindliche Abneigung selbst arbeitsloser deutscher Männer, nachts an Maschinen zu arbeiten. Fast nur noch mit ausländischen Gastarbeitern kann bei uns eine dritte Schicht gefahren werden.»[208]

H. Rösner (Lauffenmühle) wird mit folgender Forderung zitiert: «Im Inland auf den Vier-Schicht-Betrieb zusteuern. Seine Verweigerung verursacht zu lange Stillstandzeiten für die immer teurer werdenden Maschinen. Es kommt entscheidend auf ihre höchstmögliche Nutzung an.»[209] Gedankengänge in der Tat aus der Zeit des «Früh»kapitalismus, die heute im Prozeß der neuen internationalen Arbeitsteilung wieder auf die Tagesordnung gesetzt werden, im Jahre 1976, in dem uns manche Analytiker glauben machen wollen, wir befänden uns in der Zeit des «Spät»kapitalismus oder gar der «postindustriellen Gesellschaft»!

Der oben wiedergegebene Kostenvergleich zeigt nun freilich, daß es mit

A: gleiche Schichtzahl

KOSTENVERGLEICH HEMDENPRODUKTION (hfl./kg; FOB)

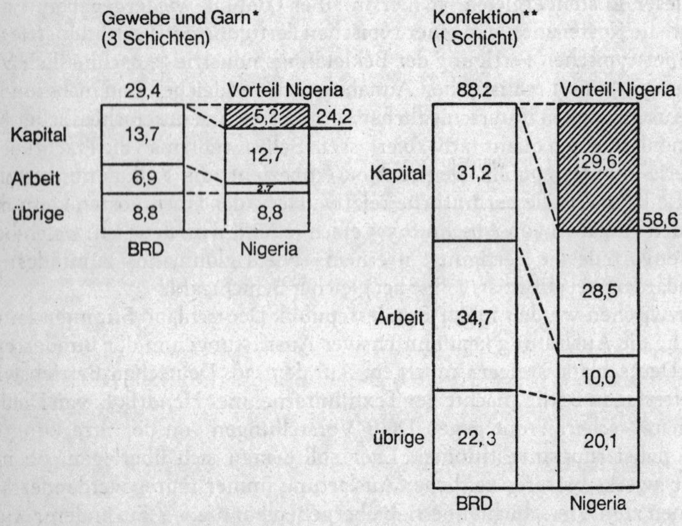

* kumulativ von Faser bis Ausrüstung
** kumulativ von Faser bis Konfektion

208 Textil-Wirtschaft 42 (1976), S. 4. – Ob wohl der Verfasser dieses Artikels geneigt wäre, jahraus, jahrein nachts an Maschinen zu arbeiten?

209 Textil-Wirtschaft 49 (1976), S. 22.

B: Zusatzschicht Nigeria

KOSTENVERGLEICH HEMDENPRODUKTION (hfl./kg; FOB)

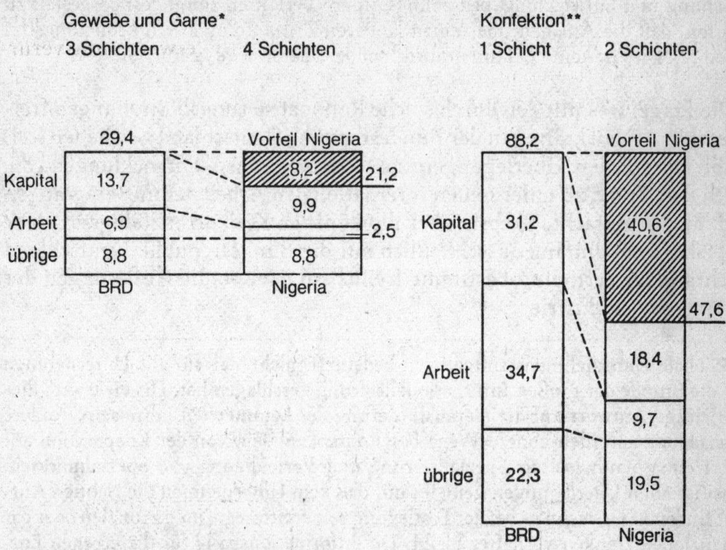

* kumulativ von Faser bis Ausrüstung

** kumulativ von Faser bis Konfektion

Quelle: Verband der Textilindustrie Westfalen, Schriftenreihe Heft 27: Zukunfts-Symposium-Textil «Unternehmen morgen» 30. IX. 1976 (Referat von H. G. Zempelin: «Auf dem Wege zu einer globalen Unternehmensstrategie»), S. 28 f

der Erhöhung der Schichtzahl in der Textil- und Bekleidungsindustrie der Bundesrepublik Deutschland allein offenbar nicht gelingen wird, die Lohnkosten«vorteile» von Niedriglohnländern wettzumachen. Die technologische Entwicklung konzentriert sich deswegen auf bedienungsfreie Anlagen:

«Die Bemühungen um Produktivitätssteigerungen müssen sich . . . vordringlich auf die lohnintensive Konfektion richten; denn von den gesamten Lohnkosten für die Fertigung eines Bekleidungsstücks entfallen auf die Konfektion 70 bis 80 Prozent . . . In der Konfektion liegen die Chancen gegenüber den Niedriglohnländern auf zwei Gebieten: 1. Herstellung modischer Produkte bei rascher Reaktion auf Marktbedürfnisse und bei hoher Qualität. 2. Verstärkte Mechanisierung und Automation. Die Bemühungen um Kostensenkungen konzentrieren sich daher auf optimale Stoffausnutzung durch rechnergestützte Schnittmustergradierung; Mechanisierung und Automation bestimmter Teilvorgänge, wie Konturautomaten und Taschenaufsetzautomaten; automatischen, rechnergesteuerten Zuschnitt; Reduzierung des Nahtanteils durch plastische Verformung. Andererseits darf bei allem Drang zur Automation nicht verkannt werden, daß dies nur eine echte Lösung ist, wenn unsere Unternehmen auch das Kapital zum Investieren haben und diese Anlagen mehr Stunden als bisher genutzt werden. Bezogen auf die gegenwärtige Arbeitszeit stehen unsere Anlagen 30 Prozent der gesamten verfügbaren Zeit still. Es ist daher Aufgabe von Forschung und Entwicklung, bedienungsärmere Verfahren zumindest dergestalt zu schaffen, daß die Anlagen über einen längeren Zeitraum praktisch bedienungsfrei laufen ... Dies ist keine Zukunftsmusik, sondern daran wird gearbeitet.»[210]

Die Frage, was mit den durch solche Rationalisierungsbestrebungen freigesetzten Arbeitskräften in der Bundesrepublik Deutschland geschehen soll, bleibt bei solchen Überlegungen zu technologischen Entwicklungen, die durch den Trend zu einer neuen internationalen Arbeitsteilung erzwungen sind, außer Betracht. Skepsis über die künftige Konkurrenzfähigkeit einer im bisherigen Umfang ausschließlich auf die Bundesrepublik Deutschland beschränkten Fertigung bestimmt freilich so oder so die Äußerungen der Vertreter der Industrie:

«Globale Unternehmensstrategie ... bedeute(t) nicht, daß für alle Unternehmen nun die Stunde der großen Internationalisierung geschlagen hat. Für viele wird dies die richtige Antwort auf die Herausforderung der kommenden Jahre sein. Andere Unternehmen werden andere Wege beschreiten müssen, von der Kooperation auf dem Heimatmarkt bis zur Spezialisierung und Verteidigung von Spezialmärkten. Dabei ist allen Überlegungen gemeinsam, daß kein Unternehmen die richtige Antwort finden kann, wenn es bei der Festlegung seiner Strategie im nationalen oder gar provinziellen Denken verhaftet bleibt. Die Informationsbasis für die eigenen Entscheidungen muß weit über die nationalen Grenzen hinausreichen. Die Änderung von Wechselkursen, der Kapitalfluß über die Grenzen, die relativen Lohnunterschiede, die Entwicklung der Ein- und Ausfuhrpreise, alles dies muß künftig auch in der Geschäftspolitik solcher Unternehmen berücksichtigt werden, die vielleicht heute noch ihre Produktions- und Absatzerwartungen auf wenige Daten der heimischen Wirtschaft gründen. Globale Unternehmensstrategie heißt in erster Linie global denken – ob globales Handeln folgen muß, ist eine Frage, die jedes Unternehmen für sich zu entscheiden hat.»[211]

«Die Textilien aus Niedrigpreisländern werden auf den Märkten der Industrieländer weiter vordringen. Durch Nutzung von technischen und ästhetischen Vorteilen werden die Produzenten in den Industrieländern jedoch die vielfach befürchtete gänzliche Verdrängung zu verhindern wissen. Textilproduktion in Zentraleuropa

210 Textil-Wirtschaft 41 (1976) (Referat von G. Egbers, Direktor des Instituts für Textiltechnik, Reutlingen, auf dem 2. Zukunfts-Symposium-Textil). Vergleiche auch CIRFS, The Future of the Man-Made Fibres Industry in Western Europe, Paris 1976, wo die Produktionskosten bei Anwendung unterschiedlicher Technologien für ausgewählte Textilfertigungen verglichen werden, untergliedert nach Kosten für Ausgangsmaterial, Abschreibung, «Overheads», Energie und Arbeitskraft.

211 Textil-Wirtschaft 41 (1976), S. 17 (Referat von H. G. Zempelin auf dem 2. Zukunfts-Symposium-Textil).

wird sich ferner im Jahre 2000 so kapitalintensiv vollziehen, daß die Lohnkosten keine entscheidende Rolle spielen ... Der erfolgreiche Textilunternehmer des Jahres 2000 (wird) sein Angebot nicht notwendigerweise gänzlich selbst produzieren, sondern unter Ausnutzung aller Kosten- und Führungsvorteile im In- und Ausland organisieren.»[212]

5.6. Die wichtigsten Determinanten der Produktionsverlagerung der Textil- und Bekleidungsindustrie der Bundesrepublik Deutschland ins Ausland: Zusammenfassung

Nachdem im vorstehenden versucht worden ist, am Beispiel der Textil- und Bekleidungsindustrie der Bundesrepublik Deutschland einen Eindruck von der Vielfalt und dem Wechselspiel möglicher Bestimmungsgründe von Produktionsverlagerungen zu geben, sollen abschließend die wesentlichsten Punkte zusammengefaßt werden.

In der Bekleidungsindustrie erschweren (nicht: verhindern) technologische Gründe eine weitergehende Automatisierung des Produktionsprozesses, vor allem die Natur der zu bearbeitenden Materialien (formelastische Stoffe) kombiniert mit der Notwendigkeit, die Produkte den relativ komplizierten Konturen des menschlichen Körpers anzupassen. Entscheidend ist aber ein ökonomischer Grund: Die Bekleidungsfertigung ist durch eine sprichwörtliche Vielfalt rasch wechselnder Produkte charakterisiert («Mode»); von einigen Teilbereichen abgesehen (zum Beispiel Jeansfertigung) erlaubt sie keine Massenfertigung exakt desselben Produkts über längere Zeiträume. Daher birgt eine weitergehende Automatisierung mit hohen Auslagen für fixes Kapital ein beträchtliches Risiko in sich. Dementsprechend ist in der Bekleidungsindustrie das Bruttoanlagevermögen je Beschäftigten vergleichsweise sehr niedrig (in der Bundesrepublik 1973 etwa 13 000 DM gegenüber 47 000 DM im Durchschnitt der verarbeitenden Industrie).[213]

Auf der anderen Seite hat es die Unterteilung des Arbeitsprozesses (Zuschneiden, Nähen, Pressen, Verpacken etc.) möglich gemacht, die Anforderungen an die Qualifikation der Arbeitskraft weitgehend zu senken. Auf Bereiche, in denen noch relativ hohe Qualifikationsanforderungen gestellt werden müssen (zum Beispiel Zuschneiden, Gradieren), konzentrieren sich denn heute ganz besonders die Automatisierungsbestrebungen. Angesichts dieser im ganzen gesehen relativ niedrigen Anforderungen an die Qualifikation ihrer Arbeitskraft steht der Bekleidungsindustrie heute auf der Welt ein nahezu unerschöpfliches Potential billiger Arbeitskräfte zur Verfügung.

Die Schlußfolgerung liegt auf der Hand:

212 Neue Zürcher Zeitung, 11. Juni 1976 («Die Zukunftschancen der Textilindustrie», Referat von W. Hardt, Präsident von Gesamttextil).

213 Siehe Ifo-Institut für Wirtschaftsforschung, Strukturdaten für die Industrie: 4. Folge 1960–1973, München 1975.

«Trotz bedeutender Fortschritte ist die Technologie der Bekleidungsfertigung noch relativ einfach; Investitionen in fixes Kapital sind im Vergleich mit den meisten anderen Industriezweigen niedrig. Leichtgewichtig und wenig voluminös lassen sich selbst 500 Nähmaschinen leichter als ein Hochofen oder ein Fließband zur Autoproduktion transportieren. Eine Kleiderfabrik kann in kürzester Zeit an einem Platz abgebaut und an einem anderen Platz wieder aufgebaut werden, praktisch ohne Verlust an fixem Kapital ... Die Umstellung auf überwiegend ungelernte Arbeitskraft hat der Abhängigkeit der Bekleidungsindustrie von einer schwindenden Zufuhr gelernter Arbeitskraft ... ein Ende gemacht ... Die Funktionstrennung von Produktion und Leitung ermöglicht ganz genauso eine räumliche Trennung. Gewisse Aufgaben im Stammhaus erfordern gelernte Arbeitskraft (Design, Schnittmuster, Zuschnitt etc.) und Marktnähe. Parallel hierzu können die Näharbeiten und die Endstadien der Produktion, die 95 Prozent der gesamten Arbeitskraft erfordern, irgendwo anders oder gar im Ausland vorgenommen werden.»[214]

Angesichts dieser extremen geographischen Mobilität der Bekleidungsfertigung müssen sich die potentiellen Produktionsstandorte gegenseitig darin überbieten, optimale Bedingungen für die Verwertung des Kapitals zu gewährleisten. Komplementär hierzu ist das Kapital auf einer beständigen Wanderung über den Erdball, auf der Suche nach immer neuen Extraprofiten durch Nutzung immer neuer, noch profitablerer Produktionsstandorte.[215]

In der Textilindustrie ist in vielen Bereichen eine relativ weitgehende Automatisierung technisch und ökonomisch möglich gewesen. In jenen Bereichen, wo dies bisher nicht möglich gewesen ist (zum Beispiel in Teilen der Maschenindustrie), gelten im wesentlichen dieselben Schlußfolgerungen wie in der Bekleidungsindustrie. In den relativ kapitalintensiven Zweigen der Textilindustrie, in denen lange Maschinenlaufzeiten ökonomisch erforderlich sind, besteht angesichts der unterschiedlichen Arbeitsgesetzgebung unterschiedlicher Länder ebenfalls eine Verlagerungstendenz aus der Bundesrepublik Deutschland. Schließlich wird auch die zunehmende Verlagerung ihres wichtigsten Abnehmers, der Bekleidungsindustrie, die Textilindustrie zunehmend zur Fertigung an neuen Standorten zwingen.

214 NACLA's Latin America & Empire Report, Vol. XI, No. 3 (März 1977), S. 8.

215 Diese Wanderungen des Kapitals über den Erdball konnten für die Textil- und Bekleidungsindustrie im Vorstehenden mehrfach gezeigt werden (vergleiche Abschnitte 3.3, 4.4 und 4.5). – «Notwendig sei ... daß die Unternehmen in ihrer Investitionspolitik und Produktionsplanung beweglicher würden ... Das gelte nicht nur für die Bundesrepublik, sondern auch für das Ausland, wo man möglicherweise schnell von Standort zu Standort wechseln müsse, um die jeweils billigsten Löhne und besten Konditionen zu nutzen» (H. Blettenberg, Unternehmensberatung Kurt Salmon Associates, Darmstadt–Düsseldorf, zitiert in: Frankfurter Allgemeine Zeitung/Blick durch die Wirtschaft, 28. April 1976).

Kapitel 6
Die neue internationale Arbeitsteilung: Steuerung durch / Reaktion von Institutionen der traditionellen Industrieländer

In den vorstehenden Kapiteln ist im wesentlichen der Einfluß des Weltmarktes für Arbeitskraft und des Weltmarktes für Produktionsstandorte auf die weltweite Neuorganisation der Textil- und Bekleidungsindustrie untersucht worden.

In diesem sechsten Kapitel soll exemplarisch gezeigt werden, in welcher Weise Institutionen der traditionellen Industrieländer (insbesondere der Bundesrepublik Deutschland) auf die Tendenz zu einer neuen internationalen Arbeitsteilung reagieren, sei es in Form der Einflußnahme, sei es in Form der Anpasssung.

6.1. Nationale und supranationale Außenwirtschaftspolitik (Außenwirtschaftsgesetz; Einfuhrbeschränkungen; Welttextilabkommen)

Trotz der grundsätzlichen Freiheit des Außenwirtschaftsverkehrs der Bundesrepublik Deutschland bietet der Beschränkungsvorbehalt des Außenwirtschaftsgesetzes (AWG) den staatlichen und überstaatlichen (EG) Behörden ein reiches Arsenal relativ gravierender Eingriffsmöglichkeiten innerhalb eines breiten Ermessensspielraums.

Im Bereich des Außenhandels mit Erzeugnissen der verarbeitenden Industrie werden diese staatlichen Eingriffsmöglichkeiten gegenwärtig am weitgehendsten bei den Einfuhren von Textilien und Bekleidung wahrgenommen.

Unter den vielfältigen Einfuhrbeschränkungen der Bundesrepublik Deutschland (EG) für Einfuhren von Textilien und Bekleidung mit Ursprung in Drittländern seien als besonders wichtig erwähnt:

1. Die Einfuhr vieler Warenarten aus zahlreichen Ländern der sogenannten Länderlisten B und C ist genehmigungsbedürftig.

2. Die Höhe der Einfuhr vieler Warenarten aus zahlreichen Ländern der Länderlisten B und C sowie aus Hongkong und Macau ist (mengen- oder wertmäßig) nach oben begrenzt.

3. Der Kreis der zugelassenen Importeure ist in vielen Fällen begrenzt, zum Beispiel auf gebietsansässige Fachhersteller im PV-Verkehr mit Staatshandelsländern.

Darüber hinaus sind die Zölle auf die eingeführten Waren im Bereich von

Textilien und Bekleidung im intersektoralen Vergleich überdurchschnittlich hoch.[216]

Die Details der Einfuhrbeschränkungen unterliegen häufigen Änderungen; in der Praxis entnimmt man sie in erster Linie der jeweils gültigen Fassung des Deutschen Gebrauchs-Zolltarifs in Verbindung mit den Einfuhrausschreibungen des Bundesamts für gewerbliche Wirtschaft im Bundesanzeiger und den einschlägigen Verordnungen und Entscheidungen des Rats und der Kommission der EG im Amtsblatt der EG.

Es ist an dieser Stelle nicht erforderlich, die Gesamtheit dieser komplizierten Bestimmungen zusammenhängend darzustellen.[217] Wegen ihrer Wichtigkeit müssen aber die sogenannten Selbstbeschränkungsabkommen erwähnt werden, die zwischen Vertragsparteien des General Agreement on Tariffs and Trade (GATT) auf der Grundlage von Artikel 4 des Arrangement Regarding International Trade in Textiles (Welttextilabkommen) bilateral ausgehandelt worden sind.

Das Welttextilabkommen sieht in Artikel 3 gewisse Regelungen für einseitige handelsbeschränkende Maßnahmen im Falle außergewöhnlicher Umstände (*highly unusual and critical circumstances*) vor. Den Vertragsparteien werden aber in der Regel bilaterale Selbstbeschränkungsabkommen nach Artikel 4 empfohlen. Hiernach sind in der Regel als untere Grenze für die jährlichen mengenmäßigen Zuwachsraten der Einfuhr von Waren, die den Beschränkungen unterliegen, Sätze von 6 Prozent vorgesehen; ausge-

216 Der Zollsollertrag der Bundesrepublik Deutschland für Einfuhren von «Spinnstoffen und Waren daraus» betrug 1975 etwa 556 Millionen DM (17,9 Prozent des Zollsollertrags sämtlicher Einfuhren) (Statistisches Bundesamt, Fachserie G [Außenhandel], Reihe 2: Spezialhandel nach Waren und Ländern. Ergänzungsheft 1975. Stuttgart–Mainz 1976). Zum Vergleich: Der Anteil der Textil- und Bekleidungseinfuhren an den gesamten Einfuhren der Bundesrepublik Deutschland betrug 1975 etwa 9,2 Prozent (Statistisches Bundesamt, Statistisches Jahrbuch für die Bundesrepublik Deutschland 1976, Stuttgart–Mainz 1976).

217 Siehe zum Beispiel: Außenwirtschaftsrecht 1976 (= VWV-Reihe zur Außenwirtschaft, Heft 1), Frankfurt a. M. o. J.; Erwin Büse, Leitfaden durch das Zollrecht (= VWV-Reihe zur Außenwirtschaft, Heft 5a), Frankfurt a. M., [3]1975; Juergen B. Donges, Gerhard Fels, Axel D. Neu u. a., Protektion und Branchenstruktur der westdeutschen Wirtschaft, Tübingen 1973, S. 16–95 (informativ, wenn auch in vielen Einzelheiten überholt); Handelskammer Hamburg, EWG und EFTA (Ausgabe 1976). Für 1977 angekündigt ist: H. W. Schmidt, E. Kratsch, Textileinfuhr. Vorschriften und Praxis, Frankfurt a. M. (Loseblatt-Sammelwerk aller amtlichen Unterlagen zum Einfuhrrecht bei Textilien und Bekleidung).

Der Deutsche Gebrauchs-Zolltarif (herausgegeben vom Bundesministerium der Finanzen für die Dienststellen der Bundeszollverwaltung) faßt alle zolltarifrechtlich bedeutsamen Einfuhrvorschriften zusammen. Die außenwirtschaftsrechtlich bedingten Einfuhrmöglichkeiten sind aus dem Deutschen Gebrauchs-Zolltarif nur unvollkommen ersichtlich.

gangen wird dabei von der tatsächlichen Höhe der Importe/Exporte während eines unmittelbar voraufgehenden Zwölf-Monate-Zeitraums.[218]

Die EG konnte, die Möglichkeit eines Rückgriffs auf unilateral handelsbeschränkende Maßnahmen (nach Artikel 3 des Welttextilabkommens) in der Hinterhand, in den meisten Fällen erreichen, daß sich die «Niedriglohnländer» mit hohen oder stark wachsenden Textil- und Bekleidungsausfuhren in die EG «freiwillig» zum Abschluß solcher Selbstbeschränkungsabkommen verstanden, insbesondere das in diesem Zusammenhang wichtigste Land, Hongkong. (Südkorea, das sich zunächst gegen den Abschluß eines solchen Abkommens hartnäckig gesträubt hatte, wurde zeitweilig mit einer Reihe unilateraler Einfuhrbeschränkungen der EG für gewisse Textilerzeugnisse aus Südkorea «bestraft».) Nach dem Stand vom 1. Januar 1977 bestanden (oder waren ausgehandelt) Selbstbeschränkungsabkommen folgender Länder mit der EG: Ägypten, Brasilien, Hongkong, Indien, Japan, Jugoslawien, Kolumbien, Südkorea, Macau, Malaysia, Pakistan, Singapur. Mit einigen anderen Ländern, wie Mexiko, Rumänien, Taiwan, Polen, Ungarn, sind Abkommen geplant.[219]

So perfektioniert die Einfuhrbeschränkungen in der Theorie entworfen sind – in der Praxis wird immer wieder (zum Teil mit Erfolg) versucht, sie zu umgehen. Dazu sei aus dem Aufsatz «Textilimporte unter falscher Flagge» der *Textil-Wirtschaft* zitiert[220]:

«. . . Die Klagen häufen sich, daß zunehmend jetzt auch Textilien und Bekleidung illegal eingeführt werden . . . Bei Textilien war zu Umgehungsgeschäften, zu illegalen Importen um so weniger Anlaß, je mehr die Einfuhr liberalisiert wurde. Die generelle Wende kam hier mit dem Welttextilabkommen, das den Textilaußenhandel mit einem immer enger werdenden Netz an Beschränkungen überzog. Nachdem zum Schutz der heimischen Industrie und der heimischen Arbeitsplätze nicht mehr aus jedem Land unbegrenzt importiert werden durfte, kamen die Umgehungsgeschäfte in Mode. War das Hongkong-Kontingent erschöpft, nahmen schlaue Importeure die Ware via Singapur oder Manila herein, da von dort die Einfuhr noch liberalisiert ist. Als das durch die 51. Verordnung zur Änderung der Einfuhrliste unterbunden wurde (Genehmigungspflicht solcher Importe mit Ursprung in Hongkong und Anrechnung auf die Hongkong-Kontingente), ließen sich einige Importeure nicht davon abhalten, nunmehr mit gefälschten Ursprungszeugnissen zu arbeiten. Hier beginnt die Krimi-

218 GATT, Arrangement Regarding International Trade in Textiles, Genf 1974.

219 VWD, Stand der Handelsabkommen. – Beilage zu Nachrichten für Außenhandel, Nr. 5 (7. Januar 1977). – Abzuwarten bleibt, welche Neufassung das Welttextilabkommen ab 1978 erhalten wird. Das Vorgeplänkel zur Abkommensänderung im Sinne der einzelnen Interessentengruppen ist bereits im vollen Gange. In der Diskussion ist sogar die Einführung globaler, sehr restriktiver Importquoten der traditionellen Industrieländer, was insbesondere die Exportmöglichkeiten Hongkongs gravierend beschneiden müßte (vergleiche Far Eastern Economic Review, 4. März 1977, S. 51).

220 Textil-Wirtschaft 27 (1976).

nalität. ‹Wir lösen Ihre Quotenprobleme›, so hieß es in Anzeigen deutscher Zeitungen, ‹aber mit Ursprungszeugnis ist es teurer und langwieriger.› Es gibt heute, verstreut über ganz Europa, Spezialistenfirmen, die mit oder ohne Ursprungszeugnis jede Ware dorthin schieben, wo sie verlangt wird.

In Hongkong, wo der Handel mit Exportquoten ganz legal ist und sich nach Angebot und Nachfrage richtet, zahlt man für Exportquoten bis zu 20 Prozent des Warenwertes und mehr. Wer es mit dem Gesetz nicht so genau nimmt, fragt sich da, warum er 20 Prozent zahlen soll, wenn er in einem südostasiatischen Staat für ein gefälschtes Ursprungszeugnis oder ein echtes Ursprungszeugnis mit falscher Aussage nur 10 Prozent zahlen muß. Die Ware geht dann von Hongkong in dieses Land – wogegen niemand etwas sagen kann – und von hier mit gefälschtem Ursprungszeugnis (als Ursprung wird das Zwischenhandelsland angegeben) nach Deutschland. Dabei werden geflissentlich solche Zwischenhandelsländer ausgewählt, aus denen liberalisiert in die Bundesrepublik eingeführt werden kann. Handelt es sich dabei um Entwicklungsländer, so kann unter Umständen noch die diesen Ländern gewährte Zollpräferenz mitgenommen werden: die Kosten für das Ursprungszeugnis kommen dabei allemal herein. Bei Importen von Drittlandware über die DDR, die dann natürlich als DDR-Ware deklariert werden müßte, würde man außer der Zollfreiheit sogar auch noch die Umsatzsteuerpräferenz kassieren.

Geschwindelt werden muß in solchen Fällen natürlich. Aber wie will man das herausbekommen, wenn beispielsweise im Zwischenhandelsland umetikettiert wird. Der Zoll wird immer nur hoffen können, durch Zufall solchen Etikettenschwindel aufzudecken. Einem T-Shirt ist sein Ursprung ja nicht anzusehen, bei Einfuhr aus sechs Ländern kommt es vielleicht in allen Fällen von der Rundstrickmaschine des gleichen Herstellers.»

Umgehungsgeschäfte sind auch mit Drittlandware innerhalb der EG möglich. Zum Beispiel kann solche Ware in einem EG-Land, dessen Kontingent (etwa gemäß einem Selbstbeschränkungsabkommen) noch nicht erschöpft ist, in den Freiverkehr der EG gebracht und anschließend in die Bundesrepublik Deutschland, deren Quote bereits erschöpft ist, weitergeleitet werden. Dagegen ermöglicht Artikel 115 der Römischen Verträge als Schutzmaßnahme, daß einzelne EG-Länder aus Drittländern stammende und in anderen EG-Ländern im freien Verkehr befindliche Waren von der Gemeinschaftsbehandlung (zollfreier Warenverkehr innerhalb der EG) ausschließen können.

«Artikel 115 kann nur greifen, daß heißt einer Drittlandware den Grenzübertritt in ein anderes EG-Land verwehren, wenn diese Ware auch als Drittlandware deklariert ist. Ist sie das immer? Die deutschen Behörden haben viel Anlaß, diese Frage zu verneinen. Sie meinen, daß auch bei Aussperrung Drittlandware dennoch hereinkommt, einfach indem beispielsweise eine ostasiatische Ware – unser bereits bekanntes T-Shirt – in eine europäische Ware umdeklariert oder umetikettiert wird. So einfach ist das, und so schwer, es herauszufinden und zu beweisen. Allerhöchste Anforderungen werden dabei an den Zoll und die Überwachungsbehörden gestellt.»

Inzwischen ist ein gravierender Fall solcher illegaler Umgehungsgeschäfte aufgedeckt worden:

«Innerhalb der vergangenen drei Jahre haben zahlreiche Textilfirmen in der Bundesrepublik Deutschland verbotenerweise Ware in hohen Millionenwerten aus dem Ostblock bezogen. Wie die Oberfinanzdirektion Münster mitteilte, wurden allein in Nordrhein-Westfalen solche Importe in einem Ausmaß von 120 Millionen DM aufgedeckt. Insgesamt rund fünfzig Firmen aus den Niederlanden, Belgien, Luxemburg und der Schweiz sollen in die Affäre verwickelt sein. Über sie laufen in fast allen Fällen die sogenannten ‹Billigimporte›, die über das vom Bundesamt für gewerbliche Wirtschaft (in Eschborn) genehmigte Kontingent hinaus erschlichen werden. Deutsche Kleiderfabriken schaffen ihre Rohstoffe in eines der anderen EG-Länder. Händler dieser Länder, die von ihrer Regierung die Genehmigung haben, Ware im Ostblock fertigen zu lassen, schicken diese Rohstoffe – so die Mitteilung aus Münster – nach Jugoslawien, Rumänien, Bulgarien oder ein anderes Land, in dem zu Billigpreisen gefertigt wird. Die Fertigware läuft sodann ordnungsgemäß in das Ausgangsland der EG zurück, meist sogar schon mit Firmenetiketten der westlichen Unternehmen. Aus den EG-Ländern kommt die Ware in die Bundesrepublik. Sie sieht dann so aus, als sei sie in den Niederlanden, Belgien, Luxemburg oder einem anderen EG-Land gefertigt. Die bisher ermittelten rund fünfzig Firmen in den westlichen Ländern, die in den Schwindel verwickelt sind, tun ein übriges, um der Ware ein ‹EG-Gesicht› zu geben. Sie stellen Rechnungen aus, die beweisen sollen, daß die Kleider in ihren Betrieben gefertigt wurden. Bisher ertappte Firmen, deren ‹Importsünden› bis zu drei Jahre zurückverfolgt werden können, haben hohe Bußgelder von bis zu 150000 DM zahlen müssen, heißt es in dem Bericht der Oberfinanzdirektion Münster abschließend.»[221]

Ohne auf weitere in der Praxis wichtige Einzelheiten einzugehen, ist bereits aus dieser Skizze klar, wie kompliziert das Einfuhrverfahren für viele Waren im Bereich von Textilien und Bekleidung ist und welch immensen Aufwand Verwaltung und Kontrolle der vielfältigen Regelungen und Beschränkungen erfordert. Dieser Aufwand wird damit gerechtfertigt, daß ohne ihn, das heißt bei weitergehender Liberalisierung der Textil- und Bekleidungseinfuhr, die Beschäftigtenzahl des bundesdeutschen Textil- und Bekleidungsgewerbes in kurzer Zeit drastisch dezimiert werden würde. Der hohe Verwaltungsaufwand und höhere Endverbrauchspreise für Textilien

221 VWD-Textil, 16. August 1976 («Bundesrepublik: Tricks mit Textilimporten aus dem Ostblock»). Siehe auch Textil-Wirtschaft 34 (1976), S. 1; 38 (1976), S. 20. – Nach Auffassung der Gewerkschaft Textil-Bekleidung sind die aufgedeckten Fälle nur die Spitze eines Eisberges. Dies ist plausibel, sind doch solche Umgehungsmöglichkeiten selbst Laien wie dem Verfasser seit langem geläufig.

Der Anteil von Drittlandware, der auf diese oder ähnliche Weise über EG-Länder oder die DDR in die Bundesrepublik geschleust wird, ohne in der Außenhandelsstatistik als Drittlandware ausgewiesen zu werden, ist unbekannt, mit hoher Wahrscheinlichkeit aber nicht unbeträchtlich. Bei Schlußfolgerungen aus der Außenhandelsstatistik muß man sich diesen Sachverhalt immer vor Augen halten.

und Bekleidung sind ein Teil des Preises, der für diese Verlangsamung des Schrumpfungs- und Anpassungsprozesses des Textil- und Bekleidungsgewerbes der Bundesrepublik Deutschland bezahlt werden muß.[222]

6.2. Reaktion von Interessenverbänden (Außenhandelsvereinigung des Deutschen Einzelhandels, Gesamttextil, Bundesverband Bekleidungsindustrie, Gewerkschaft Textil-Bekleidung)

Die außenwirtschaftsbedingten Strukturveränderungen in der Textil- und Bekleidungsindustrie, die durch die Tendenz zu einer neuen internationalen Arbeitsteilung ausgelöst sind, haben seit Jahren politische Kontroversen in den traditionellen Industrieländern hervorgerufen. In der Bundesrepublik Deutschland spiegeln sie sich vor allem in kontroversen Stellungnahmen der Verbände des Handels (insbesondere Importhandel und Großunternehmen des Einzelhandels), der zuständigen Industrieverbände und der zuständigen Gewerkschaft wider.

Die *Außenhandelsvereinigung des Deutschen Einzelhandels* schreibt in ihrem Jahresbericht 1974/75 unter anderem:

«Ein freizügiger Konsumgüterimport bildet nicht nur eine Voraussetzung dafür, den Konsumenten mit dem Besten zu versorgen, was der Weltmarkt bietet; er regt nicht nur die eigene Industrie zu neuen und höheren Leistungen an, sondern hat auch eine starke preisregulierende Wirkung ... Aus der Freiheit, die der Einzelhandel für den Bereich seiner internationalen Dispositionen erreichte, hat der Konsument also erheblichen Nutzen ziehen können. Es könnte deshalb keineswegs im Interesse des Verbrauchers, aber ebensowenig im Interesse einer weltwirtschaftlich immer stärker integrierten Industrie liegen, wenn der Handel dem Drängen einzelner Konsumgüterzweige zustimmen würde, seine internationalen Importe wieder einzuschränken ...

Wir können ... den Erzeugnissen, die von anderen Ländern billiger hergestellt werden, auf die Dauer nicht den Zugang zum deutschen Markt versperren. Es gibt keinen anderen Weg, wenn die eigene Zahlungsbilanz und die anderer Länder ausgeglichen werden soll. Nur so kann letztlich ein freier Welthandel aufrechterhalten werden. Das Prinzip der komparativen Kostenvorteile zwingt nun einmal im Interesse eines Wachstums des Ganzen zur Strukturveränderung im einzelnen ...

222 «Da die meisten EG-Länder auf dem Gebiet von Textilien und Bekleidung wesentlich protektionistischer eingestellt sind als die Bundesrepublik Deutschland, begrüßt Gesamttextil mit Genugtuung den Übergang der handelspolitischen Kompetenz von den einzelnen Mitgliedsländern auf die EG» (VWD-Textil, 14. Oktober 1976).

Der handelspolitische Eifer, den die Europäische Gemeinschaft in den zurückliegenden beiden Jahren gegenüber den Textillieferländern Ostasiens und Südamerikas entfaltet hat, um ihnen Exportbeschränkungsabkommen aufzuzwingen, hat jedermann klargemacht, wie stark Neoprotektionismus die Handelspolitik der Gemeinschaft – des größten Exporteurs der Welt – bestimmt. Was die Europäische Gemeinschaft gegenüber Südkorea, Hongkong, Taiwan, Macau, Singapur, Malaysia, Thailand, Indien, Pakistan und Brasilien gefordert bzw. erzwungen hat, steht in einem gradezu zynischen Gegensatz zum Welttextilabkommen, das die Handelsausweitung, den Abbau der Handelshemmnisse und die schrittweise Liberalisierung des Welthandels bei Textilerzeugnissen als Grundziele des internationalen Vertragswerkes nennt und das in seinen weiteren Vorschriften exakte Gebote hierzu und Verbote gegen einen willkürlichen Protektionismus festlegt. Dabei ist zudem zu berücksichtigen, daß die Vertragsgegner der Europäischen Gemeinschaft Entwicklungsländer sind und ihre Textilausfuhr oft von besonderer Bedeutung ist . . .

In diesem Zusammenhang wendet sich die Außenhandelsvereinigung gegen die Polemik, die mit Hilfe des in die wirtschaftspolitische Diskussion eingeschleusten Begriffs der ‹Niedrigpreiseinfuhren› gegen kostengünstige Einkaufsmärkte betrieben wird. Es ist doppelzüngig, wenn Industriesprecher Niedrigpreiseinfuhren verdammen, aber sich gleichzeitig solcher kostengünstiger Märkte für den Betrieb eigener Fertigungsstätten und für Lohnveredelungsgeschäfte in ständig steigendem Umfang bedienen . . .

Die AVE verfolgt die Entwicklung der Kooperationsabkommen . . . sehr genau. Sie wendet sich gegen eine Diskriminierung des konventionellen Einfuhrgeschäfts, indem Lieferungen aus Kooperationsverträgen etwa – wie angestrebt – zoll- oder einfuhrrechtlich bevorzugt werden (Zollermäßigungen, Freistellung von mengenmäßigen Beschränkungen). Es ist unvertretbar, einerseits im Interesse der Industrie Kontingentsmauern als notwendig zu verteidigen, andererseits für Warenlieferungen aus Kooperationen hohe Sonderkontingente zu gewähren.»[223]

Ganz im Geiste einer Stellungnahme eines Interessenverbands werden hier die Argumentationslücken des wirtschaftspolitischen Gegners in den Vordergrund gerückt («zynischer Gegensatz», «Doppelzüngigkeit»), dagegen zentrale Einwände gegen die eigene Position (zum Beispiel außenwirtschaftsbedingte Arbeitslosigkeit) in sehr pauschalen Formulierungen abgetan («das Prinzip der komparativen Kostenvorteile zwingt nun einmal im Interesse eines Wachstums des Ganzen zur Strukturveränderung im einzelnen»). Mutatis mutandis gilt ähnliches für die Position der Industrieverbände:

Gesamtverband der Textilindustrie in der Bundesrepublik Deutschland:

223 Außenhandelsvereinigung des Deutschen Einzelhandels e. V., Jahresbericht 1974/75 zur Mitgliederversammlung am 13. Mai 1976 in Bonn.

«Geht der Beschäftigtenrückgang in diesem Tempo weiter? Wahrscheinlich nicht. Doch hat andererseits die Beschäftigtenziffer auch ihren langfristigen Stabilitätspunkt noch nicht gefunden. Denn die Textilindustrie muß weiter rationalisieren, und das heißt in erster Linie, mit weniger Arbeitskräften auskommen ... Es galt eben, den teuren Produktionsfaktor Arbeit durch den im Verhältnis zu diesem billigeren Produktionsfaktor Kapital zu ersetzen, um so im Ergebnis zu kostengünstigeren Faktorkombinationen zu gelangen ... Verstärkter Kapitaleinsatz war also die Antwort der Textilindustrie in der Bundesrepublik auf die schnell zunehmenden Arbeitskosten. Zwar liegen die Textillöhne in der Bundesrepublik, verglichen mit anderen Industriebranchen, im unteren Teil der Rangskala, dagegen zählen im internationalen Vergleich die Arbeitskosten der bundesdeutschen Textilindustrie mittlerweile zu den höchsten der Welt ... Wo soll die Textilindustrie investieren? Bisher hat sie ihre Standorte eigentlich nur ausnahmsweise nicht in der Bundesrepublik gewählt ... Inzwischen wird bei der Investitionsplanung mit zunehmender Selbstverständlichkeit ein Standort im Ausland mit in Erwägung gezogen. Niedrigere Arbeitskosten spielen dabei vielfach eine Rolle, allerdings sind sie nicht das einzige Motiv und häufig nicht einmal das ausschlaggebende. Dies zeigen vor allem Investitionen in europäischen und US-Staaten mit hohem Lohnniveau. Die Erschließung von Absatzmärkten und das Überspringen von Handelsschranken kann gleichermaßen den Entschluß zur Auslandsinvestition bewirken. Unter dem Druck des Wettbewerbs kann dieser Schritt zur Erhaltung des Gesamtunternehmens und damit zur Sicherung der in der Bundesrepublik vorhandenen Arbeitsplätze zwingend notwendig werden ... Die Entwicklung der Textilhandelsbilanz ist einer der dominierenden Faktoren des Strukturwandels in der Textilindustrie, wenn nicht der ausschlaggebende. Die Importkonkurrenz hat die Textilindustrie zur Anpassung an die Veränderungen auf dem Markt gezwungen. Die Textilindustrie hat gleichzeitig ihre ganzen Bemühungen auf die Entwicklung ihrer Aktivitäten auf den Auslandsmärkten gerichtet ... Auf diesem Weg wird die Textilindustrie zweifellos weitergehen müssen. Darüber hinaus kann die Produktion im Ausland als ‹zweites Bein› den Anpassungsprozeß mitbestimmen. Grundsätzlich gilt: Der Standort der Textilindustrie wird durch den Markt bestimmt ... Die Wirtschaftspolitik handelt volkswirtschaftlich richtig, wenn sie den natürlichen Strukturwandel, dem selbstverständlich auch andere Branchen unterliegen, nicht zu verhindern sucht. Der Staat hat allerdings die Aufgabe, die Anpassungsprozesse erträglich zu halten.»[224]

Daß die Aufnahme von Auslandsfertigungen die in der Bundesrepublik Deutschland vorhandenen Arbeitsplätze sichert, ist selbstverständlich allen-

224 Wilhelm Hardt, Die Textilindustrie im strukturellen Wandel. Sonderdruck aus: Festschrift für Erich Selbach, Juli 1975 (W. Hardt ist Präsident von Gesamttextil).

falls für einzelne Unternehmen, keinesfalls aber für die Textilindustrie in der Bundesrepublik Deutschland insgesamt richtig. Die eigentliche Botschaft dieses Textes ist aber in den Schlußsätzen enthalten: Die Attacken von Gesamttextil[225] gegen «Niedrigpreiseinfuhren», gegen «Dumpingpraktiken», Importliberalisierungen, Präferenzzölle für «Nicht-mehr-Entwicklungsländer» (gemeint sind etwa Hongkong, Taiwan, Südkorea), «Ost-Einfuhren» usw. sollen der bundesdeutschen Textil- und Bekleidungsindustrie ausreichend Zeit und zuverlässig abschätzbare Rahmenbedingungen zur weltweiten Neuorganisation ihrer Fertigungsstätten geben. Ernstlich rechnet wohl Gesamttextil nicht mehr damit, daß mittel- und langfristig den «Niedriglohnländern» gegenüber auf dem Gebiet des Textil- und Bekleidungsaußenhandels eine protektionistische Wirtschaftspolitik realisierbar ist.

Bundesverband Bekleidungsindustrie:

«Durch das von der deutschen Handelspolitik geförderte Eindringen von Wettbewerbern aus Ländern völlig anderer Kosten- und Sozialstrukturen auf den deutschen Bekleidungsmarkt ist den heimischen Herstellern nur übriggeblieben, den risikoreichen Weg der Auslandsfertigung zu beschreiten. Er war von der Bundesregierung durch handelsvertragliche Zulassung passiver Veredelungsverkehre auch den Ländern der europäischen Ostblockstaaten geöffnet und ist von Jahr zu Jahr verbreitert worden. Nicht leichten Herzens haben sich die Unternehmer zur Nutzung dieser geschäftlichen Form entschlossen. Sie waren und sind sich vielmehr der ihr innewohnenden Gefahren bewußt. Eine Alternative gab es jedoch angesichts des wachsenden Importdrucks aus den ostasiatischen Niedrigkostenländern nicht. Immerhin

225 Vergleiche die verschiedenen Berichte über die Jahreshauptversammlungen von Gesamttextil, zum Beispiel: Gesamtverband der Textilindustrie in der Bundesrepublik Deutschland – Gesamttextil – e. V., Wirtschaft im Spannungsfeld der Politik. Reden in der Jahresversammlung von Gesamttextil am 4. Dezember 1975 in Bonn.

In der Frankfurter Allgemeinen Zeitung, 18. Januar 1977, wird aus der Rede W. Hardts anläßlich der letzten Jahresversammlung zitiert: «Damit die künftige Einfuhr aus Entwicklungsländern wenigstens ‹kalkulierbar› ist, verlangt die Textilindustrie eine Fortsetzung des Welttextilabkommens. Im Endeffekt müßten dabei die Zuwachsraten dieser Einfuhren kleiner werden. Den Umfang der nach Meinung der Textilindustrie ‹anomalen› Niedrigpreisimporte schätzte Hardt auf rund ein Viertel der Gesamteinfuhren an Textilien und Bekleidung.» – Einen «langfristigen Dispositionsspielraum» zur allmählichen Anpassung der heimischen Textil- und Bekleidungsindustrie fordert auch F. Brinkmann (Vorsitzender des Haka-Verbandes); vergleiche Süddeutsche Zeitung, 28. Februar 1977 («Warnung vor dem Textil-Protektionismus», Bericht von der Rede des EG-Kommissars W. Haferkamp bei der Eröffnung der Internationalen Herren-Mode-Woche in Köln). – Ähnliche Forderungen erheben auch die Industrieverbände der Textil- und Bekleidungsindustrie anderer traditioneller Industrieländer; etwa für die Niederlande vergleiche: Ben Evers, Industrial Adjustment in the Netherlands, with Special Emphasis on the Clothing Industry. In: OECD, Adjustment for Trade, Paris 1975.

bietet die Verlagerung von Produktionen außer in die frei zugänglichen OECD- als auch in die lohngünstigen Staatshandelsländer des Ostblocks die Möglichkeit, mit einem Teil des Umsatzes der heimischen Lohn- und Kostenexplosion auszuweichen und Mischkalkulationen zu bilden, was hierzulande Betriebsstätten erhalten und Arbeitsplätze sichern kann . . .

(In den USA) hängt man auch nicht Wunschträumen nach, Bekleidungsarbeiter mit offenen oder getarnten behördlichen Maßnahmen in Industrien einer *high sophisticated technology* umzusetzen. Angesichts rückläufiger Beschäftigtenzahlen und sinkender Gewinne der angeblich das Heil bringenden sogenannten Wachstumsindustrien würde es den deutschen Theoretikern recht schwerfallen zu sagen, welches denn nun die Industrien sind, denen man die arbeitslos gemachten Näherinnen zuführen könnte – ganz abgesehen davon, daß Umstrukturierungsprozesse viel Zeit brauchen und insbesondere in strukturschwachen Regionen keinerlei Beschäftigungsalternativen für Frauen sichtbar sind . . . Die Entwicklung im ersten Halbjahr 1975 macht wenig Hoffnung, daß der im Gang befindliche Strukturwandel . . . sein Ende finden könnte. Die Unternehmer werden damit fertig werden müssen. Wenn viele von ihnen und die um die Sicherheit der Arbeitsplätze bangenden Beschäftigten der Meinung sind, daß ein großer Teil der Verantwortung für Rezession und Strukturwandel in einer zu liberalen Außenhandels- und Importpolitik liegt, so besagt das nicht, daß Abhilfe von einer protektionistischen Politik erwartet wird. Entsprechende Forderungen wären angesichts der starken Ausfuhrabhängigkeit der deutschen Wirtschaft unrealistisch. Obwohl diese in den USA wesentlich geringer ist, wird dort der Vorwurf des Protektionismus nicht erhoben, wenn sich Bekleidungsindustrie und Gewerkschaften für ein geordnetes Wachstum des Bekleidungsaußenhandels einsetzen und die Regierung diesen Wünschen Rechnung trägt. Mehr wird im Grunde auch von der deutschen Bekleidungsindustrie nicht erwartet . . .

Es ist nicht abzusehen, in welchem Umfang der Schrumpfungsprozeß weitergehen wird, wenn nicht konkrete Maßnahmen zur Beendigung dieser Entwicklung ergriffen werden. Doch selbst wenn die nachstehenden Forderungen hinsichtlich einer einfuhrbeschränkenden Politik mit Hilfe des GATT-Textilabkommens erfüllt werden, kann bestenfalls die Flut der Bekleidungsimporte, insbesondere aus den fernöstlichen Niedrigkostenländern und den neu auftretenden Wettbewerbern aus den Entwicklungsländern, einigermaßen unter Kontrolle gehalten werden. Eine Verminderung der absoluten Importe ist nicht zu erwarten. Die bisher an die ausländische Konkurrenz verlorenen Marktanteile sind nicht mehr zurückzugewinnen.

Forderungen

Unter diesem Gesichtspunkt wird klar unterschieden zwischen Liberalisierung und Kontingenten, aber auch zwischen Vollimporten und PV-Verkehren.

Angesichts der besonderen Situation der deutschen Bekleidungsindustrie als Arbeitgeber für Frauen sowie wegen der besonderen regionalen Strukturwirkungen der Bekleidungsproduktion erscheint es nicht nur angebracht, sondern notwendig, bei handelspolitischen Maßnahmen als entscheidendes Kriterium die arbeitsmarktrelevante Wirkung der heimischen Bekleidungsproduktion zugrunde zu legen.

1. Die Einfuhrliberalisierung darf nicht über den heutigen Stand hinaus erweitert werden. Dies gilt vor allem gegenüber den Staatshandelsländern. Etwa in der EG auftretenden Wünschen, den heutigen Stand der Liberalisierung gegenüber allen, das heißt auch den Nicht-Staatshandelsländern, zu erweitern, ist entgegenzutreten.

2. Für die Beschäftigung in der Bekleidungsindustrie sind die Gefährdungen, die sich aus einer Anhebung der Einfuhrkontingente im sogenannten Vollgeschäft mit den Ostblockländern ergeben, größer als die Gefahren aus den Kontingenten für die passiven Veredelungsverkehre.

3. . . .

4. An dem durch die Initiative der Bekleidungsindustrie erreichten gegenwärtigen Zustand, daß die Ostblock-Einfuhrkontingente für passive Veredelung den Firmen der Bekleidungsindustrie vorbehalten bleiben, ist zur Erhaltung eines gesunden Verhältnisses zwischen Inlandsproduktion und Auslandsfertigung festzuhalten. Dies gilt auch für die Begrenzung der PV-Verkehre auf 30 Prozent des Warenwertes (Grenzübergangswert) der nach passiver Veredelung wieder eingeführten Erzeugnisse im Verhältnis zur Inlandsproduktion.

5. Anträge auf Genehmigung von Kooperationsverträgen zur Produktion von Fertigkleidung in Staatshandelsländern sind vom Bundeswirtschaftsministerium vor der Entscheidung den Organisationen der Bekleidungsindustrie zu unterbreiten, damit diese sich gutachterlich zur Frage der Nützlichkeit solcher Kooperationen im Interesse der gesamten Volkswirtschaft äußern können . . .»[226]

Auch in dieser Stellungnahme mit ihren teilweise recht massiv angemeldeten Forderungen ist das Bestreben unverkennbar, der heimischen Bekleidungsindustrie aus der ständig steigenden «Importflut» einen gehörigen Anteil zu garantieren (PV-Verkehre, Kooperationen). Im Einzelfall mag die 30-Prozent-Klausel dazu beitragen, Teilproduktionen in der Bundesrepublik ökonomisch möglich zu erhalten; insgesamt betrachtet stellt sie natürlich einen zusätzlichen Anreiz dar, Teilfertigungen ins Ausland zu verlagern. Dabei müssen notwendigerweise Arbeitsplätze im Inland verlorengehen. Immerhin wird aber auf diese Weise der inländischen Industrie das Privileg einer gewissen Einflußmöglichkeit auf die Produktionsverlagerung ins Ausland – mit betriebswirtschaftlich vorteilhaften Konsequenzen für das betref-

226 Bundesverband Bekleidungsindustrie e. V., Die Bekleidungsindustrie in der Bundesrepublik Deutschland im Jahre 1974.

fende Unternehmen – eingeräumt. Für die in der Bundesrepublik Deutschland «freigesetzten» Arbeiter ist dies freilich kein Trost: Wenn die Unternehmer für sich in Anspruch nehmen, mit dem Strukturwandel «fertig werden (zu) müssen» – um wie sehr viel mehr gilt das für die Beschäftigten, auf deren Rücken in erster Linie sich dieser Strukturwandel vollzieht!

Die Interessenvertretung der großen Mehrheit der von der neuen internationalen Arbeitsteilung im Bereich der Textil- und Bekleidungsindustrie Betroffenen kommt in den Worten ihrer internationalen Dachorganisation, der *Internationalen Textil-, Bekleidungs- und Lederarbeiter-Vereinigung* (ITBLAV), zu folgender Analyse (einer Analyse, die nach Ausweis der Untersuchungen der vorliegenden Fallstudie als realistisch bezeichnet werden muß):

«Es ist offensichtlich, daß eine Verlagerung der Textil-, Bekleidungs- und Lederindustrie aus den Industrieländern noch größere Überkapazitäten hervorrufen, die Monoindustrialisierung der Entwicklungsländer verstärken, die Konkurrenz unter ihnen aufs äußerste zuspitzen und sie gegenüber den zahlreichen, kurzfristigen und ausgeprägten Schwankungen der Branchenkonjunktur äußerst empfindlich machen würde. Die Aufrechterhaltung der Ausbeutung der Arbeitskräfte als Bedingung zur Wahrung der Konkurrenzfähigkeit wird dadurch schließlich gefördert . . .

Gemäß der Gewerkschaftsauffassung muß jede Handlung zugunsten der Entwicklungsländer darauf gerichtet sein, eine tatsächliche und ständige Verbesserung des Lebensstandards der Bevölkerung zu erreichen. Eine zu begrenzte und vor allem zu einseitige Industrialisierung dieser Länder, welche den Beschäftigten einen nur äußerst niedrigen Lebensstandard vermittelt, ist reine Ausbeutung und hat mit sozialer und ökonomischer Entwicklungshilfe nichts zu tun. Die Industriellen, welche ihre Produktion von einem industrialisierten Land nach einem Entwicklungsland verlegen, müssen sich den Vorwurf gefallen lassen, mit ihrem Vorgehen nur eine Gewinnmaximierung zu beabsichtigen . . .

In vielen Ländern wird die Textil-, Bekleidungs- und Lederindustrie von multinationalen Unternehmen dominiert. Es gibt Staaten, die eine technisch hochentwickelte Textil-, Bekleidungs- und Lederindustrie haben, aber wo die arbeitenden Menschen niemals ihren Teil der wachsenden Reichtümer bekommen. Die Profite gehen zu denen, die für das Kapital stehen. Die, welche ihre Arbeitskraft einsetzen, können nur bekräftigen, wie die Profite, die sie zusammengearbeitet haben, aus dem Land geführt werden. Das ist ein Unrecht, das wir nicht akzeptieren können . . .

Die großen Unterschiede in Arbeitskosten und Arbeitsbedingungen zwischen den einzelnen Nationen machen es notwendig, daß Länder, die im Welthandel tätig sind, Mindestbeschäftigungsbedingungen einhalten sollten. Wir schlagen die Bekanntmachung eines internationalen Arbeitskodex für gerechte Mindestbedingungen vor, die mit der wirtschaftlichen Fähigkeit der betreffenden Länder, dem Wunsch für die Hebung des Lebensstandards und der Benötigung eines gerechten internationalen Wettbewerbs verbunden sind. Solche Verhaltensregeln könnten im GATT niedergelegt werden sowie im Übereinkommen betreffend den internationalen Handel in Textilien.»[227]

Die Sozialklausel, die zur Aufnahme ins GATT vorgeschlagen wird, umfaßt: Beschäftigungsgarantie, Einkommensgarantie, gerechte Arbeitsnormen, öffentliche Kontrolle sozialer und wirtschaftlicher Umstellungen, vorbeugende strukturelle Anpassungsmaßnahmen, Arbeits- und Gesundheitsschutz, Schaffung einer Kontrollkommission. Im Gegensatz zu der oben zitierten Analyse der gegenwärtigen Situation sind freilich die zur Aufnahme in eine Sozialklausel des GATT vorgeschlagenen Punkte recht vage gehalten.[228] Lediglich die Forderung auf Einkommensgarantie, die nach Lage der Dinge wohl auf die Textil-, Bekleidungs- und Lederarbeiter in den traditionellen Industrieländern zu beziehen ist, erhält eine unmißverständliche Formulierung – sie nennt vermutlich die Bedingung, unter der die Gewerkschaften der traditionellen Industrieländer die neue internationale Arbeitsteilung zu akzeptieren bereit sind: «Es ist die Pflicht der vertragschließenden Parteien, allen freigesetzten Arbeitskräften das Einkommen und die Sozialleistungen . . . vollumfänglich zu erhalten.»

Der Vorsitzende der deutschen Gewerkschaft Textilbekleidung sagt:

«In dem Maße, in dem der Lebensstandard in den Entwicklungsländern steigt, wächst auch der Textil- und Bekleidungsverbrauch. Damit erhöhen sich gleichzeitig auch Produktion und Beschäftigung. Unsere Forderung nach besseren Arbeitsbedingungen in den Entwicklungsländern hat daher gleichzeitig das Ziel, die Nachfrage, die Produktion und die Beschäftigung in den Entwicklungsländern zu erhöhen und letztlich auch dort die Arbeitslosigkeit zu beseitigen.»

Falls sich dieser Anpassungsprozeß in geordneten Formen vollziehe (Welttextilabkommen), brauche man vor der Zukunft keine Angst zu haben:

«Was die Entwicklungsländer angeht, so muß jede Ausweitung der Industrialisierung mit einer tatsächlichen und ständigen Verbesserung des Lebensstandards der Bevölkerung verbunden sein. Eine zu begrenzte und vor allem zu einseitige Industrialisierung dieser Länder, die den Lebensstandard nicht oder nur ganz unwesentlich erhöht, hat mit sozialer und ökonomischer Entwicklungshilfe nichts zu tun und führt zur Ausbeutung durch Gewinnmaximierung.

227 ITBLAV, Erklärung über den internationalen Handel, Mimeo 1976.

228 Zum Beispiel «Beschäftigungsgarantie: Um . . . den Beschäftigungsstand anzuheben und zu gewährleisten, verfolgen die vertragschließenden Parteien eine aktive, international koordinierte Arbeitskraft-, Regional- und Industriepolitik».

Eine allgemeine Verbesserung des Lebensstandards verbunden mit einer Erhöhung der Kaufkraft würde auch in den Entwicklungsländern einen aufnahmefähigen Binnenmarkt schaffen, die Anfälligkeit von den Auslandsmärkten verringern und gleichzeitig die Industrien in den Industrieländern entlasten.

Hier sind wir als Gewerkschaften aufgerufen, den sozialen Fortschritt in den Entwicklungsländern voranzutreiben und zu verwirklichen. Denn die meisten Probleme, die wir heute noch in der Textil-, Bekleidungs- und Lederindustrie weltweit haben, lösen sich dann von selbst.»[229]

Bemerkenswerterweise findet sich eine ganz ähnliche Argumentation in einer *gemeinsamen «feierlichen Warnung»* von *Comitextil* (Koordinierungskommittee der Textilindustrien der EG), von *AEIH*. (Europäischer Verband der Bekleidungsindustrien) und des *Europäischen Gewerkschafts-Ausschusses Textil, Bekleidung und Leder* (25. Mai 1976):

«Die Sozialpartner der europäischen Textil- und Bekleidungsindustrien ... erinnern formell daran, daß jede wirtschaftliche Aktivität einem sozialen Endzweck dienen muß, und zwar sowohl in den industrialisierten Ländern wie in den Entwicklungsländern.

Tatsächlich waren sie schon immer der Meinung, daß die wirtschaftliche Entwicklung der entwicklungsbedürftigen Welt nicht unbedingt unserem Vorbild nachgestaltet werden sollte, sondern neu und unabhängig von wirklichen Notwendigkeiten dieser Länder überdacht werden muß.

Diese Entwicklung kann sich nicht ergeben aus einer willkürlichen und künstlichen Politik der Verlagerung gewisser Tätigkeiten der gewerblich entwickelten Länder, als Forderung aus der internationalen Arbeitsteilung.

Die Anwendung dieser Theorie hat zu einer Monoindustrialisierung Textil der entwicklungsbedürftigen Länder geführt, ohne eine annehmbare gewerbliche Entwicklung einzuleiten. Die Monoindustrialisierung macht besonders gegenüber Konjunkturschwankungen verwundbar und verzerrt die Konkurrenzbedingungen. Sie wurde Grundlage ernster Probleme sowohl für die wirklichen Entwicklungsländer wie für die industrialisierten Länder ...

Für die Entwicklungsländer ist das allerwichtigste der vorrangigen Probleme sicher das Problem einer Lösung des Hungers. Die Lösung dieses Problems erfordert die Vermehrung der Agrarerzeugung durch dringende und geeignete Maßnahmen.

An zweiter Stelle der vorrangigen Probleme steht die Schaffung einer Wirtschafts- und Sozialinfrastruktur (Häfen, Straßen, Staudämme, Deiche, Schulen, Gesundheitsdienste), die geeignet sind, die Entwicklung dieser Länder zu fördern.

229 Karl Buschmann, Die gegenwärtige Lage der Textil-, Bekleidungs- und Lederindustrien und ihre Zukunft in Industrie- und Entwicklungsländern. Referat beim ITBLAV-Kongreß im März 1976 in Dublin.

Diese verschiedenen Aktionen müssen durch eine besondere Anstrengung auf dem Gebiet der Ausbildung unterstützt werden. Dies nicht nur abgestellt auf eine intellektuelle Elite, sondern auch auf qualifizierte Arbeiter und auf kompetentes Führungspersonal. In dieser Hinsicht ist eine verstärkte Beihilfe der Industrieländer unentbehrlich.

Wenn diese Bedingungen erfüllt sind, wird eine wirkliche Industrialisierung alle Chancen haben, zu entstehen und sich zu entwickeln. (Diese Industrialisierung darf jedoch nicht systematisch, wie es heute oft der Fall ist, zum Verschwinden der traditionellen Herstellungstätigkeiten, wie zum Beispiel das Handwerkswesen, führen. Diese Produktionen sind tatsächlich geeignet, einen Teil der einheimischen Arbeitslosigkeit ... aufzufangen. Die Produkte des Handwerkswesens sind im allgemeinen in den westlichen Ländern sehr begehrt, wo ihnen Zoll- und andere Vergünstigungen eingeräumt werden.)

Diese Industrialisierung muß durch diese Länder selbst entwickelt und geplant werden, und zwar zugunsten ihrer Bevölkerung. Die Wahl muß sich ergeben aus einer gewissen Anzahl von Komponenten, die den Ländern eigen sind, und nicht aus der Suche nur nach der Befriedigung der Bedürfnisse der Industrieländer.»

Nach einer Schilderung der Probleme, die aus einer neuen internationalen Arbeitsteilung «gemäß der Theorie der komparativen Kosten» resultieren, zum Beispiel: strukturelle Arbeitslosigkeit in Industrieländern, Notwendigkeit der Aufrechterhaltung niedriger Löhne in Entwicklungsländern, hohe Kosten des Imports von Vorleistungen und Technologie, heißt es unter der Überschrift «Die Opfer der europäischen Industrien und Arbeiter müssen sich zugunsten der wirklichen Entwicklungsländer auswirken»:

«In diesen Ländern [Hongkong, Südkorea, Taiwan; d. Verf.] hat die Verwendung von äußerst modernen Maschinen, verbunden mit der Ausbeutung von unterbezahlten Arbeitskräften eine Masse Kapital angezogen, das auf der Suche nach Maximalgewinn war.»

Diese ostasiatischen Länder sowie die Staatshandelsländer beherrschten auf eine nahezu monopolistische Weise die Einfuhrmärkte Westeuropas für Bekleidungsartikel:

«Folglich haben die wirklichen Entwicklungsländer keinen Gewinn aus der Marktöffnung von seiten der Industrieländer erzielen können. Ihr Anteil an den gesamten Ausfuhren der ganzen Gruppe der sogenannten ‹Entwicklungsländer› bleibt äußerst schwach ...

Die grundlegenden Erfordernisse einer Entwicklungspolitik:

1. Ihr hauptsächliches Ziel muß die Verbesserung des Wohlstands der Völker in allen Teilen der Welt sein.

2. Sie muß entsprechend den wirklichen Bedürfnissen dieser Völker konzipiert werden.

3. Sie darf keine neuen Störungen des wirtschaftlichen und sozialen Gleichgewichts schaffen.

4. Sie darf nicht den Nutzen der Entwicklung zugunsten von nur einigen, wenigen monopolisieren.

5. Sie darf keine übertriebenen Abhängigkeitsbande zwischen Staaten schaffen.

6. Sie muß die Opfer, die sie verlangt, gerecht verteilen.»

Daran schließen sich einige konkrete Vorschläge: Handels- und Zollvorteile sollen in erster Linie den «wirklichen» Entwicklungsländern zugute kommen; Ausfuhrbeihilfen, Dumping etc. sollen verboten werden, da sie zu einer Verarmung der ausführenden Länder führen; Handelsvereinbarungen sollen stets mit einer Sozialklausel versehen sein, die sicherstellt, daß die ILO-Normen (Beschäftigungsgewährleistung, Einkommensgarantie, zumutbare Arbeitsbedingungen, Sicherheit, Hygiene und Gesundheit usw.) eingehalten werden.[230]

An die Unterzeichner dieser sich so progressiv gebenden «feierlichen Warnung» (die in der Tat eine Vielzahl vollkommen zutreffender Feststellungen enthält, Feststellungen, für deren konsequente Vertretung man heute in der Bundesrepublik Deutschland als «Radikaler» eingestuft wird und mit Berufsverboten bedroht ist) sind einige einfache Fragen zu richten:

a) Wer beutet – auf der Suche nach Maximalgewinn – unterbezahlte Arbeitskräfte aus? Kann sich dieser Vorwurf lediglich auf einige wenige Länder und auf einige wenige profitgierige Kapitalisten beziehen? Sind darunter nicht auch Unternehmen der westeuropäischen Textil- und Bekleidungsindustrie mit Produktionsstätten in «Niedriglohnländern»?

b) Wie will man verhindern, daß die vorgeschlagene zoll- und handelspolitische Begünstigung der «wirklichen» Entwicklungsländer nicht genauso zur Ausbeutung von unterbezahlten Arbeitskräften – auf der Suche nach Maximalgewinn – führt, angesichts von etwa hundert auf dem Weltmarkt für Produktionsstandorte und Arbeitskraft miteinander konkurrierenden «wirklichen» Entwicklungsländern (in denen man nach aller Erfahrung genügend Wege finden wird, die ILO-Normen etc. zu umgehen), und angesichts des Zwangs, dem jedes Unternehmen im kapitalistischen Weltsystem unterliegt, den ganzen Erdball nach den kostengünstigsten Produktionsstätten abzusuchen?

c) Welche Interessengruppierungen verhindern, daß selbst die bescheide-

230 Comitextil, Europäischer Gewerkschafts-Ausschuß Textil, Bekleidung und Leder, A.E.I.H., Die europäischen Textil- und Bekleidungsindustrien und die internationale Arbeitsteilung, Mimeo 1976.

neren der Vorschläge der «feierlichen Warnung» in die Tat umgesetzt werden?

d) Sind die geschilderten beklagenswerten Entwicklungen nicht Ausdruck des Wirkens der kapitalistischen Weltökonomie seit 500 Jahren?

e) Wo in der heutigen Welt haben entwicklungsbedürftige Völker ihre wirtschaftliche Entwicklung nicht unserem Vorbild nachgestaltet, sondern im Interesse der Masse ihrer notleidenden Bevölkerung, ganz wie es die «feierliche Warnung» skizziert, zu gestalten versucht? In der Volksrepublik China? In Kuba, Vietnam, Chile, Tansania, Äthiopien ...? Ist man bereit, solche Entwicklungen zu unterstützen oder wenigstens nicht zu diffamieren oder zu sabotieren? Warum schweigen nahezu alle politisch einflußreichen Verbände zu der systematischen Förderung oder zumindest augenzwinkernden Duldung repressiver Regime in der Dritten Welt durch Regierungen und Interessenten der traditionellen Industrieländer – um eines günstigen «Investitionsklimas» willen?

Die Unterzeichner der «feierlichen Warnung» sollten sich um der Konsequenz ihrer Argumentation willen nicht an der Beantwortung solch entscheidender Fragen vorbeidrücken. Ihre Glaubwürdigkeit wird an den Antworten auf diese und ähnliche Fragen gemessen werden müssen.

6.3. Struktur- und Entwicklungspolitik der Bundesrepublik Deutschland im Bereich der Textil- und Bekleidungsindustrie

Unter der vielsagenden Überschrift «Struktur*anpassung*» sagt die «Entwicklungspolitische Konzeption der Bundesrepublik Deutschland»:

«Die Bundesregierung ist der Auffassung, daß der Strukturwandel unerläßliche Voraussetzung gesamtwirtschaftlichen Wachstums und einer verbesserten internationalen Arbeitsteilung ist. Strukturänderungen, die durch die verstärkte Integration der Entwicklungsländer in die internationale Arbeitsteilung ausgelöst werden, dürfen nicht aufgehalten werden; sie müssen vielmehr, wenn erforderlich, durch angemessene strukturpolitische Maßnahmen unterstützt werden. Insbesondere darf die Abwanderung von Arbeitskräften und Kapital aus Wirtschaftszweigen, bei denen Anpassungen an die geänderten Marktverhältnisse notwendig sind, nicht durch Erhaltungssubventionen verhindert werden. Sozialen Härten muß im Zuge der Anpassungsprozesse rechtzeitig entgegengewirkt werden. *Auslagerungen von Produktionen* durch Auf- und Ausbau von Unternehmen oder zum Erwerb von Beteiligungen an Unternehmen sowie zum Erwerb von Unternehmen in Entwicklungsländern *werden* weiterhin durch finanzielle und steuerliche Hilfen sowie durch Übernahme von Garantien zur Absicherung politischer Risiken *unterstützt; dabei ist zu vermeiden, daß es zu schwerwiegenden Störungen bei Produktion und Beschäftigung kommt.* Die Bundesregierung fördert im Rahmen ihrer wachstumsorientierten Strukturpolitik die Anpassung der Produktion an Strukturänderungen und die Umschulung der hiervon betroffenen Arbeitskräfte auf Berufe mit besseren Chancen und trägt damit den berechtigten Belangen der Entwicklungsländer Rechnung.»[231]

Diese Konzeption wurde von Bundeskanzler Schmidt anläßlich eines Interviews mit der *Süddeutschen Zeitung* noch dahingehend pointiert, daß die Bundesrepublik Deutschland «am Horizont des Jahres 2000» nur noch «im wesentlichen Patente, Verfahrenstechniken und Blaupausen exportieren» werde.[232]

Der Paradefall eines solchen Strukturwandels ist die Textil- und Bekleidungsindustrie der Bundesrepublik Deutschland:

«*Die Textil- und Bekleidungsindustrie ist der am stärksten gegen Einfuhren aus Drittländern geschützte Bereich der gewerblichen Wirtschaft.* Im Rahmen des Welttextilabkommens und durch Festlegung von Quoten hat die Bundesregierung in den sensiblen Warenbereichen die Einfuhren mengenmäßig beschränkt. Diese *Politik* ist darauf ausgerichtet, *das Ausmaß des außenhandelsbedingten Strukturwandels in der Textil- und Bekleidungsindustrie in Grenzen zu halten. Sie ist langfristig angelegt. Kurzfristige Importrestriktionen würden sich wegen möglicher Retorsionsmaßnahmen nachteilig für unsere gesamte Wirtschaft auswirken, die auf Grund ihrer Exportintensität an einem möglichst ungehinderten Warenverkehr interessiert sein muß.*»[233]

Mit diesen Zitaten dürfte das entwicklungs- und strukturpolitische Konzept der Bundesregierung ausreichend charakterisiert sein. Dieses Konzept, den Strukturwandel und damit die internationale Arbeitsteilung nach Kräften zu fördern, ohne dabei gravierende Inlandsarbeitslosigkeit auszulösen, hat sich freilich im Fall der Textil- und Bekleidungsindustrie der Bundesrepublik Deutschland als undurchführbar erwiesen. Mit kurzfristig angesetzten ad hoc-Maßnahmen (zum Beispiel Einführung von Genehmigungspflichten für DDR-Einfuhren, Einfuhrüberwachung und Einfuhrerklärung für Damenfeinstrumpfhosen aus Italien, Preisprüfungsverfahren bei Verdacht sogenannter Dumpingeinfuhren) versucht man in Zeiten anhaltend hoher allgemeiner Arbeitslosigkeit weitere katastrophale Einbrüche in die

231 Entwicklungspolitische Konzeption der Bundesrepublik Deutschland (Fassung 1975), Bundestagsdrucksache 7/4293 (Bericht zur Entwicklungspolitik der Bundesregierung), S. 53 f (Hervorhebung nicht im Original; d. Verf.). – Zu den im Zitat erwähnten finanziellen und steuerlichen Hilfen der Bundesrepublik für Produktionsverlagerungen vergleiche auch Abschnitt 6.4 sowie Teil II, Abschnitt 4.2.

232 Süddeutsche Zeitung, 24. Juni 1975 («Die alte ‹National›-Ökonomie hilft nicht mehr weiter»). – Vergleiche auch die (inhaltlich weitgehend identische) Interpretation, die der parlamentarische Staatssekretär Grüner vom Bundesministerium für Wirtschaft hierzu im Bundestag gegeben hat (Deutscher Bundestag, Stenografischer Bericht, 7. Wahlperiode, 185. Sitzung [18. September 1975], S. 13079*).

233 Deutscher Bundestag, Stenografischer Bericht, 7. Wahlperiode, 206. Sitzung (4. Dezember 1975), S. 14249* (Hervorhebung nicht im Original, d. Verf.).

Beschäftigung der bundesdeutschen Textil- und Bekleidungsindustrie zu verhindern. Diese ad hoc-Maßnahmen kommen noch zu den in Abschnitt 6.1 geschilderten «normalen» protektionistischen Maßnahmen der Bundesrepublik Deutschland (EG) auf dem Gebiet von Textilien und Bekleidung hinzu. Immerhin hat es heute (Anfang 1977) den Anschein, als hätte das Netz dieser Schutzmaßnahmen den galoppierenden Beschäftigungsrückgang in der bundesdeutschen Textil- und Bekleidungsindustrie wenigstens zeitweilig verlangsamt. Dazu werden freilich in erster Linie die erheblichen Verbesserungen der Verwertungsbedingungen, soweit sie im Gefolge der Rezession vom Arbeitsmarkt her beeinflußt sind, beigetragen haben.

Es ist daher einerseits verständlich, wenn der Wirtschaftsexperte der Gewerkschaft Textilbekleidung schreibt:

«Die Hartnäckigkeit und die Konsequenz unserer ständigen Aktivitäten führte jedoch zum Erfolg. Die Liberalisierungsfanatiker in Politik und Importhandel wurden zum Rückzug gezwungen. Die Beschimpfung seitens der ‹Geschädigten›, wie ‹Protektionisten›, ‹wirtschaftliche Ignoranten, ‹engstirnige Lobbyisten›, ‹machtbesessene Funktionäre›, konnte unsere Gewerkschaft mit Gelassenheit ertragen. Seit Beginn der siebziger Jahre und vor allem in den letzten Jahren fanden wir mit unseren Argumenten bei den maßgeblichen Politikern immer mehr Verständnis. Es kann mit Genugtuung gesagt werden, daß die beschäftigungspolitischen Anliegen der Arbeitnehmer der Textil- und Bekleidungsindustrie in Hinsicht auf die Bedrohung durch übertrieben hohe Importe noch nie so gut von den verantwortlichen Politikern beachtet und vertreten wurden wie im Augenblick – von einigen bedauerlichen und ärgerlichen ‹Ausrutschern› einmal abgesehen.»[234]

Andererseits darf aber nicht vergessen werden, daß die Beschäftigtenzahl der Textil- und Bekleidungsindustrie der Bundesrepublik Deutschland 1974/75 gegenüber 1973 um nicht weniger als 20 Prozent zurückgegangen ist – und damit nicht unerheblich zu der auf hohem Stand nahezu stagnierenden Gesamtarbeitslosigkeit der Bundesrepublik Deutschland beigetragen hat.

Eine Strategie, wie diese hohe Gesamtarbeitslosigkeit abzubauen ist, besitzt keine politisch einflußreiche Gruppierung der Bundesrepublik Deutschland. Der beständig wiederholte Hinweis auf die «Selbstheilungskräfte» der Wirtschaft, auf sogenannte Wachstumsbranchen, deren (staatlich geförderte) Entwicklung nach Ansicht der Bundesregierung «per Saldo keineswegs einen Verlust von Arbeitsplätzen» zur Folge haben soll[235], auf Umschulungsbeihilfen für «freigesetzte» oder aus strukturschwachen Wirtschaftszweigen «abgewanderte» (!) Arbeitskräfte: All dies sind lediglich Beschwörungsformeln einer blinden Wachstumspolitik. Noch niemand hat beispielsweise jene «Wachstumsbranchen» anzugeben vermocht – mit plausiblen

234 E. R(ingelstein), Wir haben eine Menge erreicht. In: Textil-Bekleidung 10 (Oktober 1976), S. 3.

235 Deutscher Bundestag, Stenografischer Bericht, 7. Wahlperiode, 185. Sitzung (18. September 1975), S. 13079*.

Argumenten dafür, daß sie diese erwünschten Eigenschaften haben werden: Eine ausreichende Zahl neuer Arbeitsplätze und vor allem auch eine den Qualifikationen der erwerbsfähigen Bevölkerung der Bundesrepublik Deutschland hinreichend angepaßte Arbeitsplatzstruktur.[236]

Angesichts der hohen (kurz- und mittelfristig kaum beeinflußbaren) Außenhandelsverflechtung der Wirtschaft der Bundesrepublik Deutschland wird freilich keine denkbare Bundesregierung umhin können, weitere Liberalisierungen des Welthandels zu unterstützen. Dies; die Möglichkeit von Entwicklungsländern, mengenmäßige Importbeschränkungen der Bundesrepublik Deutschland (EG) in Selbstbeschränkungsabkommen «wertmäßig» zu umgehen[237]; das Interesse der inländischen Industrie an passiven Veredelungsverkehren; die Assoziierung der AKP- und der Mittelmeerländer (die weitere Produktionsverlagerungen induzieren wird); die immer neuen Meldungen über neue Pläne zu Produktionsverlagerungen der Textil- und Bekleidungsindustrie der Bundesrepublik Deutschland an profitablere Standorte[238]: All dies sind eindeutige Hinweise darauf, daß die weltweite Neuorganisation der bundesdeutschen Textil- und Bekleidungsindustrie weitergehen wird – mit Anpassungshilfen für die Unternehmen und Vertröstungen für die Beschäftigten und «Freigesetzten». Angesichts unübersehbarer Tendenzen zur Produktionsverlagerung auch in zahlreichen anderen Industriezweigen der Bundesrepublik Deutschland (siehe Teil II) und des hohen Anteils von Rationalisierungsinvestitionen an den Gesamtinvestitionen in der Bundesrepublik Deutschland ist dann nicht mehr erkennbar, wie das struktur- und entwicklungspolitische Programm der Bundesregierung – Förderung des Strukturwandels ohne hohe permanente Arbeitslosigkeit – eingelöst werden kann.[239]

236 Vergleiche Frankfurter Allgemeine Zeitung, 6. November 1975 («Wo sitzen die mit permanentem Wachstum geplagten Branchen?»), wo G. Mordhorst und H.-J. Unland mit der Frage zitiert werden: «Wo sind eigentlich in der Bundesrepublik die von permanentem Wachstum ‹geplagten› Branchen, die neue Arbeitsplätze für die ‹Opfer› des Strukturwandels bereitstellen können, vor allem in den strukturschwachen Gebieten oder in Landstrichen, wo der Textilbetrieb der einzige Arbeitgeber ist?»

237 Erstaunlicherweise wird diese Umgehungsmöglichkeit in den Stellungnahmen der Bundesregierung nicht in Rechnung gestellt. Vergleiche Deutscher Bundestat, Stenografischer Bericht, 7. Wahlperiode, 201. Sitzung (7. November 1975), S. 13911 * f, sowie ebenda, 204. Sitzung (28. November 1975), S. 14188 * f.

238 Pläne, zu deren Realisierung die zu 100 Prozent in Bundesbesitz befindliche Deutsche Entwicklungsgesellschaft (DEG) durch «Projekt-Promotion», Kredite, Beteiligungen etc. nach Kräften beiträgt. Vergleiche Abschnitt 6.4.

239 Wie ohnmächtig die gegenwärtige Bundesregierung (dasselbe gilt aber für jede denkbare andere Bundesregierung) den durch die Tendenz zu einer neuen internationalen Arbeitsteilung ausgelösten Strukturveränderungen gegenübersteht, verrät allein schon die obstinat in den struktur- und entwicklungspolitischen Verlautbarungen der Bundesregierung auftauchende Vokabel «Anpassung».

Das Dilemma, in dem sich das struktur- und entwicklungspolitische Programm der Bundesregierung unter den Bedingungen des Weltmarkts für Arbeitskraft und Produktionstandorte befindet, lautet ganz einfach: Abbau von Reallöhnen, Sozialleistungen etc. in einem Maße, das die Verwertungsbedingungen in der Bundesrepublik Deutschland wieder hinreichend attraktiv für das Kapital macht, oder: Weiter anhaltend hoher Stand der Arbeitslosigkeit.[240]

Ob dieses Dilemma systemimmanent durch Verkürzung der durchschnittlichen Arbeitszeit ohne vollen Lohnausgleich und/oder durch eine weltweit zentral geplante Wirtschaftspolitik überwindbar ist, muß sehr bezweifelt werden. Es fehlt allein schon an der elementarsten Voraussetzung hierfür: An einer auch international einigermaßen einflußreichen gesellschaftlichen Gruppierung, die es sich zum Ziel gesetzt hat, einen solchen (systemimmanenten) Lösungsversuch durchzusetzen.

6.4. Die Deutsche Entwicklungsgesellschaft als Promoter der neuen internationalen Arbeitsteilung

Wie die Bundesregierung *faktisch* Entwicklungs- und Strukturpolitik betreibt, mag am Beispiel des Finanzierungsinstituts der Bundesrepublik Deutschland für die Förderung von Investitionen vor allem bundesdeutscher Firmen in Entwicklungsländern gezeigt werden.

Die Deutsche Entwicklungsgesellschaft (DEG; offizieller Name: Deutsche Gesellschaft für wirtschaftliche Zusammenarbeit [Entwicklungsgesellschaft] mbH) wurde 1962 von der Bundesregierung mit der Zielsetzung gegründet, für die Verwirklichung von privatwirtschaftlichen Vorhaben in Entwicklungsländern Hilfestellung zu geben, zum Beispiel durch Beteiligungen und beteiligungsähnlichen Darlehen. Die DEG hat nie ein Hehl daraus gemacht, daß sie privatwirtschaftliche Rentabilität als das allein entscheidende Kriterium ihrer «Entwicklungshilfe»-Maßnahmen betrachtet. Auch nach mehr als zehn Jahren in diesem Sinne offenbar sehr erfolgreicher Tätigkeit hat sie – soweit man das ihren jährlichen Geschäftsberichten entnehmen kann – immer noch nicht den Versuch gemacht, den Erfolg ihrer «Entwickungshilfe»-Strategie auch nach einem anderen Kriterium zu bewerten, von dem man hätte erwarten sollen, es sei unter dem Gesichtspunkt von Entwicklungshilfe das entscheidende: nämlich dem Kriterium, ob ihre «Entwicklungshilfe»-Maßnahmen in den vergangenen zehn bis fünfzehn Jahren in ausweisbarer Weise die materiellen Lebensbedingungen der Masse

240 Natürlich wird ein anhaltend hoher Stand der Arbeitslosigkeit das Seine dazu beitragen, daß Reallöhne, Sozialleistungen etc. abgebaut und die Arbeitsbedingungen für die Arbeiter verschlechtert werden (Überstunden, Nacht- und Schichtarbeit, höhere Arbeitsintensität usw.).

der Bevölkerung in den Entwicklungsländern verbessert haben (oder hierzu wenigstens zweifelsfrei beigetragen haben). Hätte sich die DEG ernsthaft diesem letzten Kriterium gestellt, dann wäre der Bankrott dieser Strategie evident[241], dann wäre deutlich, daß diese Strategie der DEG lediglich bewirkt hat, daß eine ganz kleine privilegierte Schicht in den Entwicklungsländern und einige Unternehmer aus den traditionellen Industrieländern profitiert haben und daß darüber hinaus das einzige handfeste weltwirtschaftliche Ergebnis die weitere Durchsetzung der kapitalistischen Produktionsweise in der Form der Durchsetzung der neuen internationalen Arbeitsteilung ist.

Bereits der erste Jahresbericht spricht die Zielsetzung der DEG mit exemplarischer Klarheit aus:

«Die Deutsche Entwicklungsgesellschaft will durch ihre Tätigkeit in erster Linie zum Aufbau der Wirtschaft in den Entwicklungsländern beitragen. Zugleich liegen private Unternehmensgründungen auch im Interesse der Industrieländer selbst; auf die Dauer kann nämlich die Zukunft unserer Industrie nicht auf arbeitsintensiven Gebieten liegen, sondern nur dort, wo hoher Kapitaleinsatz und spezialisierte Arbeit Erzeugnisse schaffen, die anderswo nicht oder nicht so gut hergestellt werden können. Die Stabilität und das Wachstum der deutschen Wirtschaft in der Zukunft werden mit davon bestimmt werden, wie gut und wie rasch eine Umstrukturierung in denjenigen Branchen gelingt, die auf die Dauer nicht konkurrenzfähig sein werden. In diesem Sinne kann die Hilfe zur Industrialisierung der Entwicklungsländer zugleich zur Verbesserung der weltwirtschaftlichen Arbeitsteilung führen. Dies wiederum bedeutet Intensivierung des Warenaustauschs mit den Entwicklungsländern, also steigender Import aus diesen Ländern und zunehmender Export in diese Länder . . .

Entscheidend ist, daß in den Entwicklungsländern selbst alles getan wird, um ein günstiges Investitionsklima zu schaffen, dessen Voraussetzungen innenpolitische Stabilität, vernünftige Wirtschaftspolitik sowie Rechtssicherheit und Schutz des privaten Eigentums sind . . . Mit Bedacht ist eine Form des Handelsrechts gewählt worden, die ermöglicht, daß die DEG frei von kameralistischen Einengungen nach privatwirtschaftlichen Grundsätzen arbeiten kann. In ihrer Geschäftspolitik bewegt sie sich im Rahmen der entwicklungspolitischen Grundsätze der Bundesregierung . . .

Durch Bereitstellung haftenden Kapitals gibt die Deutsche Entwicklungsgesellschaft zu Gemeinschaftsgründungen eine Starthilfe. Sie wird die Beteiligungen – vornehmlich an ihre Partner – wieder veräußern, sobald die Mitwirkung zum *Erfolg* geführt hat, *das heißt das Partnerschaftsunternehmen rentabel arbeitet*.»[242]

Die DEG hat also bereits im Jahre 1963 die heraufkommende Tendenz zu einer neuen internationalen Arbeitsteilung ganz klar erkannt und sofort eine

241 Vergleiche verschiedene Äußerungen des Weltbank-Präsidenten McNamara oder Folker Fröbel, Jürgen Heinrichs, Otto Kreye (Hg.), Die Armut des Volkes, Verelendung in den unterentwickelten Ländern. Auszüge aus Dokumenten der Vereinten Nationen. Reinbek 1974.

242 DEG-Geschäftsbericht 1962, S. 1ff (Hervorhebung nicht im Original, d. Verf.).

Strategie entwickelt, die es bundesdeutschen Unternehmen erlauben soll, durch Produktionsverlagerungen in Entwicklungsländer privatwirtschaftlichen Nutzen aus dieser Tendenz zu ziehen. An dieser Einsicht und an dieser Zielsetzung der DEG hat sich in allen nachfolgenden Jahren nichts geändert, wie einige im folgenden aufgeführten Zitate aus den Geschäftsberichten späterer Jahre zeigen werden.

«. . . Frage . . . welche Motive den tatsächlich durchgeführten Investitionen zugrunde lagen . . .

Wohl der wichtigste Anreiz zu Investitionen ist die Gewinnerwartung. Trotz aller Schwierigkeiten, vor die sich ein Investor im Entwicklungsland gestellt sieht, sind die Renditeaussichten oft besser als im heimischen Markt; die Knappheit des Warenangebots erlaubt eine befriedigende Preisgestaltung, protektionistische Maßnahmen und Steuererleichterungen tragen ebenfalls zum erwarteten guten Ergebnis bei . . .

Ein weiterer . . . Investitionsgrund ist die Wahl eines geographisch und kostenmäßig günstigen Standortes in einem Entwicklungsland, um von dort in Drittländer zu exportieren. Das gilt vor allem für Länder, die regionalen Wirtschaftsabkommen . . . angehören . . . Zu beobachten ist, daß Unternehmen, die auf dem deutschen Markt Schwierigkeiten haben, versuchen, durch Verlagerung ihrer Betriebsstätten, ausländische Märkte zu erschließen. Andere Unternehmen wiederum nutzen die Kostenvorteile in Entwicklungsländern, um auf dem deutschen Inlandsmarkt oder benachbarten Märkten schärfer werdender Konkurrenz gewachsen zu sein.

Schließlich sind noch diejenigen Fälle zu erwähnen, in denen der Aufbau eines Werkes eines Endproduzenten in einem Entwicklungsland die Zulieferanten zu entsprechenden Investitionen veranlaßt hat . . . In vielen Fällen, in denen wirtschaftliche Gründe die Wahl zwischen zwei oder mehr Ländern für die Errichtung einer Produktionsstätte lassen und damit eine echte Konkurrenz der kapitalsuchenden Länder besteht, gibt der Vergleich zwischen dem allgemeinen Investitionsklima in den zur Auswahl stehenden Ländern oft den Ausschlag . . .»[243]

«Die Möglichkeit, Investitionschancen aufzutun und sie an die deutsche Wirtschaft heranzutragen, ist nur der privatwirtschaftlich orientierten Entwicklungshilfe gegeben. Wir erblicken in dieser Form aktiver, gestaltender Entwicklungspolitik die besondere Aufgabe unserer Gesellschaft.»[244]

«. . . Rund um den Erdball auf Standortsuche gehen . . . Der Aufbau von Zweigunternehmen in der Schutzzoll- und Subventionsphase mit einem hohen Preis- und niedrigen Lohnniveau ermöglicht es, das Risikokapital des neuen Unternehmens in Stetigkeit zu akkumulieren und schon recht bald Erweiterungsinvestitionen vorzunehmen . . .

Direktinvestitionen tragen dazu bei, langfristig eine faire weltweite Arbeitsteilung zu realisieren. Allerdings kann es keinen Zweifel darüber geben, daß nicht jede Direktinvestition nur Vorteile für das Entwicklungsland bringt. Nicht jeder unternehmerische Gewinn ist auch ein volkswirtschaftlicher Gewinn . . .

Nach unserem Eindruck gewinnt die lohnkostenbedingte Verlagerung arbeitsintensiver Branchen mit dem Ziel des Reimports in die Bundesrepublik als Motiv für

243 DEG-Geschäftsbericht 1965, S. 7f.
244 DEG-Geschäftsbericht 1966, S. 7.

Auslandsinvestitionen an Boden. Wir sehen hierin eine langfristig wachsende Tendenz ...

Investitionsmöglichkeiten und Projektideen für potentielle deutsche Partner aufspüren. Die DEG versucht so die Funktion eines Platzhalters auszuüben und Investitions-, Branchen-, Markt- und Behörden-Know-how vor allem in solchen Entwicklungsländern zu erwerben, die bislang von deutschen Unternehmen unbeachtet geblieben oder für sie schwer zugänglich waren ...

Für Unternehmer, die ein Auslandsengagement planen, wurden Informationsreisen nach Tunesien und Malta organisiert. Vor allem Tunesien wurde lohnintensiven Branchen als neuer Produktionsstandort bekanntgemacht ...

Bis zum Ende des Berichtsjahres hatten auf Grund unserer Promotionsarbeit sechzehn deutsche Unternehmen ein Investitionsagreement in Tunesien erhalten. Nach ihrer Produktionsplanung sollen bereits in der Anlaufphase rund zweitausend Arbeitsplätze geschaffen werden.»[245]

Unter der Überschrift «INVESTITIONEN BRAUCHEN EIN KLIMA DES VERTRAUENS» faßt die DEG in ihrem letzten derzeit vorliegenden Geschäftsbericht ihre Geschäftspolitik mit folgenden beschwörenden Worten zusammen, die bis an unverhüllte Aufforderungen zum Wohlverhalten der Entwicklungsländer (bei Strafe von Sanktionen) heranreichen:

«Viele dieser Länder glauben angesichts ihrer bedrückenden Lage in den teilweise utopischen Forderungen einer ‹Neuen Weltwirtschaftsordnung› die Zauberformeln gefunden zu haben, mit denen sie ihre Stellung in der Weltwirtschaft verbessern und ihr Wohlstandsniveau anheben können.

Sie werden jedoch ihren Anteil am internationalen Güteraustausch nur dann vergrößern, wenn sie – neben der Verbesserung ihrer Agrarstruktur – eine zielstrebige Industrialisierung ihrer Volkswirtschaften in vertrauensvoller Zusammenarbeit mit den Industrieländern betreiben.

Vertrauen ist notwendig

Der Aufbau einer leistungsfähigen Industrie in den ärmeren Ländern erfordert über Jahre einen breiten Strom von Kapital, Technologie und unternehmerischem Know-how aus den Industrieländern. Hierzu sollten die Entwicklungsländer selbst einen Beitrag leisten, indem sie ein günstiges Investitionsklima, ein Klima des Vertrauens, schaffen. Es kann deshalb dem Ziel, die Entwicklungsländer stärker als bisher in die weltwirtschaftliche Arbeitsteilung zu integrieren, wenig dienen, wenn einige dieser Länder in der internationalen Diskussion über eine ‹Neue Weltwirtschaftsordnung› immer wieder von der Möglichkeit der Enteignung ausländischer Unternehmen sprechen oder eine Rohstoffpolitik nach dem Muster des OPEC-Kartells fordern.

Unsicherheit ist Gift

Solche Forderungen müssen langfristig den internationalen Kapitalverkehr erheblich beeinträchtigen. Sie sind für ausländische Investoren eine latente Enteignungsdrohung. Trotz der von vielen Entwicklungsländern gewährten Vergünstigungen für ausländische Unternehmen schaffen solche Forderungen ein Klima der Ungewißheit in bezug auf die Grundeinstellung der Entwicklungsländer gegenüber Direktinvesti-

245 DEG-Geschäftsbericht 1973, S. 9ff.

tionen überhaupt. Unsicherheit aber ist Gift für das Investitionsklima.

Allerdings sollte nicht verschwiegen werden, daß die bekanntgewordene Zahl der politischen Schadensfälle deutscher Unternehmen, gerade was Verstaatlichungen anlangt, relativ gering ist. So sind, gemessen am Geschäftsvolumen, auch nur wenige Projektgesellschaften der DEG in vorübergehende politische Schwierigkeiten geraten.

Die täglichen Sorgen

... Zu den bürokratischen Hindernissen für ausländische Unternehmen zählen zum Beispiel die Versuche einer nachträglichen Korrektur bereits erteilter Genehmigungen, die schwerfällige Behandlung notwendiger Einfuhrgenehmigungen für Vormaterialien, die plötzliche Erhebung von Bardepots, die Einschränkung des freien Waren- und Kapitalverkehrs, die willkürliche Erhöhung von Sozial- und Personalkosten, schwierig zu erfüllende Vorschriften über den lokalen Fertigungsanteil, die Beschränkung lokaler Finanzierungsmöglichkeiten, die Diskriminierung durch nationale Entwicklungsbanken und vieles mehr ...

Platz für Unternehmerinitiative

Trotz aller Erschwernisse bleibt aber für Unternehmerinitiative in der Dritten Welt ein breiter Raum. Die Mehrzahl der Entwicklungsländer hat die Frage, ob ausländische Unternehmen die Entwicklung ihrer Volkswirtschaft mittragen sollen, längst positiv beantwortet.

Wer als ausländischer Unternehmer die vom Gastland gesetzten Bedingungen beachtet, dem bietet sich in vielen Entwicklungsländern ein weites Feld für erfolgreiche Investitionen. Das zeigt die Erfahrung der DEG aus anderthalb Jahrzehnten Geschäftstätigkeit ...

Internationale Zusammenarbeit

Der Rückgang der Weltwirtschaft hat deutlich gezeigt: Industrie- und Entwicklungsländer sind über die internationalen Kapital- und Handelsströme bereits so miteinander verflochten, daß ein Abbau dieser wechselseitigen Abhängigkeit, wie ihn die ‹Neue Weltwirtschaftsordnung› wohl notwendig mit sich bringen würde, insbesondere für die Entwicklungsländer großen Schaden anrichten müßte. Wenn den Entwicklungsländern in Zukunft ein größerer Anteil am internationalen Wohlstand und am wirtschaftlichen Fortschritt eingeräumt werden soll, so muß die weltweite Arbeitsteilung ausgebaut werden. Ohne eine marktwirtschaftliche Ordnung der Weltwirtschaft dürfte dieses Ziel unerreichbar bleiben.

Freiheit für Waren und Kapital

Diese Forderung sollte um so leichter zu erfüllen sein, als es zwischen den armen Ländern und den Industrieländern eine ideale Ausgangslage gibt: die einen benötigen für ihre Entwicklung unternehmerisches Kapital und moderne Technologie, die anderen wollen günstige Produktionsstandorte und Rohstoffe, beide suchen Absatzmärkte für ihre Erzeugnisse.

Die Entwickungsländer sind deshalb aufgefordert, dem internationalen Kapitalstrom jede nur mögliche Freiheit zu gewähren. Die Industrieländer wiederum müssen ihre Märkte den Erzeugnissen der Dritten Welt noch weiter öffnen, als dies schon geschehen ist.

Erhöhung des DEG-Stammkapitals

Die deutsche Wirtschaft muß künftig in ähnlichem Maße wie andere Industrieländer die Standortvorteile und Marktchancen in der Dritten Welt für sich nutzen. Um ihr den nicht risikolosen Schritt in die Entwicklungsländer zu erleichtern, hat sich die Bundesrepublik Deutschland neben anderen Maßnahmen entschlossen, das Stammkapital der DEG im Jahre 1976 auf 600 Millionen DM zu erhöhen. Den deutschen Unternehmen steht damit ein leistungsfähiger und in seinem Finanzierungspotential wachsender Partner zur Seite, der ihnen zugleich seine Erfahrungen aus der Finanzierung von über 170 Unternehmen in 53 Entwicklungsländern zur Verfügung stellt.»[246]

Exemplarisch sei nach der Broschüre «Produzieren in Tunesien» (Stand: Oktober 1973) skizziert, wie detailiert die DEG potentielle Investoren über die Bedingungen eines Produktionsstandortes informiert.

«Die tunesische Regierung sucht ausländische Unternehmen, die mit lohnintensiven Fertigungen für den Export in Tunesien produzieren. Für eine Ansiedlung in Tunesien spricht:

- Nähe zu Europa
- attraktiver Arbeitsmarkt
- zehnjährige Steuerbefreiung
- Kapitalschutzabkommen mit der Bundesrepublik Deutschland
- gesicherter Gewinntransfer
- einfaches Zollverfahren
- EWG-Assoziierung

Diese Standortvorteile machen Tunesien insbesondere für folgende Branchen attraktiv:

- Textil- und Bekleidungsindustrie
- Ledererzeugung und -verarbeitung
- Schuhindustrie
- kunststoffbearbeitende Industrie
- Feinmechanische und optische Industrie
- Eisen-, Blech- und Metallverarbeitung
- Elektroindustrie, Elektronik
- Möbelindustrie
- industrielle Verarbeitung von Agrarprodukten.»

Die gegenwärtige und zu erwartende künftige Größe des Arbeitsmarktes wird angegeben, das System der Berufsausbildung geschildert, die Produktivität als europäischen Normen vergleichbar eingeschätzt (bei intensiver Schulung), Arbeitszeiten und Löhne genannt, Urlaubszeiten usw.

«Die Kündigungsfrist für Angestellte beträgt einen Monat, für Arbeiter acht Tage. Entlassungen von Arbeitnehmern auf Grund von Untauglichkeit oder schwerer Verfehlungen können fristlos ausgesprochen werden, wenn vorher die Stellungnahme der ‹Kommission für Berufsordnung› eingeholt wurde. Massenentlassungen bedürfen der Anzeige bei der Arbeitsaufsichtsbehörde ...

Jugendliche unter fünfzehn Jahren dürfen in Industriebetrieben nicht beschäftigt werden. Frauen und Jugendliche unter achtzehn Jahren dürfen keine Nachtarbeit verrichten.»

246 DEG-Geschäftsbericht 1975, S. 11–13.

Das Paket der tunesischen Förderungsmaßnahmen (Steuererleichterungen, Zollvergünstigungen) wird geschildert («der Kapital- und Gewinntransfer ist . . . gewährleistet»), tunesische Finanzierungsquellen angegeben (das Gesellschaftskapital kann bis zu 100 Prozent in ausländischem Besitz sein). Dem Transport in die EG-Länder (Luftfracht, Lkw, Schiffstransport) wird besondere Aufmerksamkeit geschenkt (Angabe von Frachtraten). Grundstücks-, Baukosten- und Energiefragen werden behandelt. Telefon und Telexverbindungen in die EG seien gut ausgebaut. Deutsche Förderungsmaßnahmen (Garantien, zinsvergünstigte ERP-Kredite, Entwicklungshilfesteuergesetz, Ausbildungszuschüsse) werden erläutert.[247]

Standen in Tunesien bislang Beteiligungen in der Bekleidungsindustrie im Vordergrund bundesdeutscher Investitionen, so will die DEG jetzt auch Investitionen in anderen Branchen verstärkt fördern:

«Die Deutsche Gesellschaft für wirtschaftliche Zusammenarbeit (Entwicklungsgesellschaft mbH) – DEG –, Finanzierungsinstitut des Bundes zur Förderung deutscher Privatinvestitionen in Entwicklungsländern, will im Rahmen ihrer Promotionstätigkeit bei der Ansiedlung deutscher Industrieunternehmen in Tunesien künftig ‹kräftig mitfinanzieren› und neue Branchen erschließen . . . Der Schwerpunkt der bisherigen deutschen Investitionen in Tunesien (liegt) auf dem Sektor Bekleidungsindustrie, die unter Ausnutzung der günstigen Lohnkosten für den Export arbeiten. Die DEG habe – bewilligt sind 58 Investitionsgenehmigungen durch Tunesien – nur ein Projekt mitfinanziert. Lohmann unterstrich das günstige Investitionsklima in Tunesien und die gezielte Beratungstätigkeit durch die API (Agence de Promotion des Investissements), die als zentrale Anlaufstelle für Investoren vorbildlich für Entwicklungsländer sei. API-Präsident Chelly erörtert gegenwärtig mit deutschen Unternehmern Möglichkeiten einer verstärkten Ansiedlung von Unternehmen aus technologischen Branchen – insbesondere Chemie, Petrochemie, Stahl- und Waggonbau, Werkzeug-

247 Vier Jahre später heißt es: «Angesichts der deutschen Lohnkostenentwicklung suchen immer mehr Firmen kostengünstige Standorte im Ausland. Für die Konsumgüterindustrie ist Tunesien einer der Favoriten. Derzeitig liegen die Stundenlöhne für Ungelernte bei rund 1,10 DM und für qualifizierte Facharbeiter bei rund 2,50 DM plus etwa 35 Prozent Lohnnebenkosten. Zusätzliche steuerliche Vergünstigungen sind ein weiterer Anreiz für die inzwischen über 60 dort produzierenden deutschen Firmen mit Schwerpunkt Haka, DOB, Unterwäsche, Anoraks, Schuhe. Die DEG – Deutsche Gesellschaft für wirtschaftliche Zusammenarbeit – führt vom 18. bis zum 21. April eine Unternehmerreise zur Standortprüfung vor Ort durch. Besichtigungen deutscher Betriebe mit Erfahrungsaustausch dortiger deutscher Betriebsleiter und ein Seminar stehen auf dem Programm» (Textil-Wirtschaft 8 [1977], S. 18). – Anfang 1977 produzierten in Tunesien 54 bundesdeutsche Bekleidungshersteller mit insgesamt über 4000 Beschäftigten ausschließlich für den bundesdeutschen Markt. Sechs weitere Firmen erhielten inzwischen das Agrément zum Aufbau einer Produktionsstätte; auf der erwähnten Studienreise fiel in zwei Fällen die Entscheidung für eine Ansiedlung in Tunesien (Textil-Wirtschaft 17 [1977], siehe 20; siehe auch Textil-Wirtschaft 21 [1977], S. 18, und Süddeutsche Zeitung, 1. Juni 1977: «Tunesien wird zur Investitions-Oase»).

maschinen sowie feinmechanische und elektrotechnische Montagebetriebe. Nach den Worten Chellys ist sein Land vor allem an Partnern interessiert, die in die Projekte Know-how einbringen und bei der Erschließung von Exportmärkten Hilfestellung leisten. Die Beteiligung an den Projekten bzw. Finanzierung sei möglich. Projekte mit guter Rentabilität können über arabische Banken finanziert werden. Es gebe bereits Zusagen für Tunesien aus den Vereinigten Arabischen Emiraten und Kuwait, für entsprechende Projekte Geld zu geben. Wie Lohmann hinzufügte, könnte auf diese Weise die angestrebte Dreieckskooperation – Geld aus Ölländern und Know-how aus Industrieländern für Projekte in Ländern der Dritten Welt – funktionieren. Im Herbst (4. 10.) veranstaltet die DEG eine Unternehmerreise für Vertreter der erwähnten Branchen nach Tunesien ... Der API-Präsident verwies auf die staatlichen Förderungsmaßnahmen für ausländische Investoren – unter anderem Steuerbefreiungen bzw. -vergünstigungen, vereinfachte Zollformalitäten –, das bedeutende Arbeitskräfteangebot, die günstigen Verkehrsbedingungen zu Europa und die niedrigen Lohnkosten in Tunesien. Die tunesische Regierung achte darauf, daß die Inflationsrate gering bleibe und kontrolliere die Löhne, um die Konkurrenzfähigkeit im internationalen Bereich zu erhalten. Tunesien müsse jährlich 60000 Arbeitsplätze schaffen. 100 Prozent der Jungen erhalten eine Schulausbildung und rund 70 Prozent der Mädchen. Die berufliche Grundausbildung qualifizierter Techniker erfolgt in insgesamt 182 staatlichen Ausbildungsstätten. Eine individuelle Ausbildung für den betrieblichen Bedarf ist in den Ausbildungszentren möglich. Tunesische Produkte können zollfrei in die Europäische Gemeinschaft eingeführt werden, und nach den Worten Chellys ist dieses Maghreb-Land auch ein guter Standort für die Belieferung der arabischen Märkte.»[248]

Angesichts dieser unmißverständlichen Zielsetzung der DEG (einer zu 100 Prozent im öffentlichen Besitz befindlichen Institution), nach Kräften profitable private Kapitalinvestitionen in Entwicklungsländern zu fördern, und angesichts des Fehlens irgendwelcher Analysen über den Nutzen der geförderten Investitionen für die Bevölkerung in den Entwicklungsländern, ist man frappiert zu lesen, daß die DEG «den wirtschaftlichen *und sozialen* Fortschritt in der Dritten Welt zu unterstützen» angetreten ist.[249] Wahrscheinlich begründet die DEG diese unvermutete Aussage mit dem Hinweis, daß durch die von ihr geförderten Investitionen bislang rund 47000 Arbeitsplätze unmittelbar (und «weitaus» mehr mittelbar) geschaffen worden sind.[250] Ob (was auf Grund vieler Erfahrungen zu vermuten ist) neue Arbeitsplätze auf Kosten der Zerstörung alter Arbeitsplätze geschaffen worden sind, unter welchen Arbeitsbedingungen diese Menschen arbeiten, zu welchen Löhnen, über Nacht- und Kinderarbeit, über *hire and fire* usw. erfahren wir von der DEG in ihren für das große Publikum bestimmten

248 VWD-Textil, 24. Juni 1976. Siehe auch BfA/Nachrichten für Außenhandel, 25. Juni 1976: «Günstige Voraussetzungen bietet vor allem auch der Arbeitsmarkt mit einem großen Angebot an arbeitswilligen und leicht anzulernenden Arbeitskräften bei einem im Vergleich zur Bundesrepublik erheblich niedrigeren Lohnniveau.»

249 DEG-Geschäftsbericht 1974, S. 15 (Hervorhebung nicht im Original, d. Verf.).

250 DEG-Geschäftsbericht 1975, S. 15f.

Geschäftsberichten nicht (wohl aber aus ihren Broschüren über die Standortbedingungen, soweit sie für potentielle Investoren wichtige Details darstellen). Ohne auch nur den Versuch einer Begründung geht die DEG ganz selbstverständlich davon aus, daß (nur) eine weitere Vertiefung der internationalen Arbeitsteilung im Rahmen der kapitalistischen Weltökonomie den wirtschaftlichen Fortschritt der Entwickungsländer und einen wachsenden Wohlstand ihrer Bevölkerung ermöglicht. Daß die bisherige mehrhundertjährige Geschichte der Einbeziehung der heute sogenannten Entwicklungsländer in das kapitalistische Weltsystem dieser Behauptung glatt widerspricht und daß es gerade die partielle Desintegration aus der internationalen Arbeitsteilung innerhalb des kapitalistischen Weltsystems war, die es einigen Ländern ermöglicht hat, wenigstens die unmittelbare materielle Not ihrer Bevölkerung zu beseitigen und wenigstens partiell eine unabhängige komplexe Wirtschafts- und Industriestruktur zu entwickeln, wird unterschlagen. Man würde sich wünschen, die DEG nähme einmal ihre gelegentliche Einsicht ernst, daß «nicht jeder unternehmerische Gewinn auch ein volkswirtschaftlicher Gewinn» ist.[251]

Selbstverständlich steht die DEG nicht allein in ihrem für die Privatwirtschaft so erfolgreichen Bemühen, den Boden für die profitable Durchkapitalisierung der Entwicklungsländer zu bereiten. Daß sie andererseits ein durchaus nicht vernachlässigbarer Faktor in diesem Bemühen ist, mögen einige Zahlen aus den Geschäftsberichten belegen. Das Stammkapital der DEG beträgt 1976 600 Millionen DM. Seit ihrer Gründung 1962 hat die DEG 172 Unternehmensgründungen und -erweiterungen in 53 Entwicklungsländern mitfinanziert. Die Gesamtinvestitionssumme der von der DEG mitfinanzierten Projekte belief sich Ende 1975 auf über 2,2 Milliarden DM. Im Einzelfall bewegen sich die DEG-Finanzierungsbeiträge zwischen 0,08 und 16 Millionen DM. Branchenmäßig liegt einer der Hauptschwerpunkte ihrer Tätigkeit in der Textil- und Bekleidungsindustrie.

Zusammengefaßt: Tätigkeitsbeschreibung und Strategie lassen die DEG kaum noch von profitorientierten Einzelunternehmen unterscheiden (vergleiche beispielsweise die an anderer Stelle wiedergegebenen Berichte über die Firma Triumph International, mit der die DEG enge Geschäftsbeziehungen verbinden).

Man muß klar aussprechen, daß die DEG nichts anderes als eine öffentlich finanzierte Agentur zur Förderung profitabler Privatinvestitionen in Entwicklungsländern ist. Das Wort «Entwicklung» in ihrem Namen hat keine andere Bedeutung als: weitere Durchsetzung der kapitalistischen internationalen Arbeitsteilung in den Entwicklungsländern.

251 DEG Geschäftsbericht 1973, S. 14.

Schlußbemerkung

In der vorliegenden Fallstudie wurde gezeigt, in welchem Ausmaß und in welcher Weise das Textil- und Bekleidungsgewerbe der Bundesrepublik Deutschland in den vergangenen zehn bis fünfzehn Jahren in den Prozeß der neuen internationalen Arbeitsteilung einbezogen worden ist. Dieser Prozeß, der viele Züge «früh»kapitalistischer Wildheit aufweist, hat zahlreiche Unternehmen der Textil- und Bekleidungsindustrie der Bundesrepublik Deutschland um Erhaltung ihrer Konkurrenzfähigkeit willen zu Produktionsverlagerungen gezwungen. Ist freilich erst einmal ein hinreichend großer Teil der Produktion an neue, zunächst profitablere Standorte verlegt, dann kann die weitere Konkurrenzfähigkeit eines Unternehmens sehr bald wieder nur auf «klassische» Weise, das heißt im wesentlichen durch Produktivitätssteigerungen, gewährleistet werden – es sei denn, es gelingt, abermals neue Produktionsstandorte ausfindig zu machen, an denen eine Zeitlang wiederum Extraprofite gemacht werden können, nämlich so lange, bis die Konkurrenz nachgezogen ist.

Aus der Fülle der Bestimmungsgründe der weltweiten Neuorganisation der industriellen Produktion, die in der vorliegenden Fallstudie am Beispiel der Textil- und Bekleidungsindustrie erläutert worden sind, müssen, ihrer Wichtigkeit halber, drei abschließend noch einmal besonders hervorgehoben werden.

Erstens das Prinzip von Babbage: Man spalte den Produktionsprozeß einer Ware dergestalt in Elemente auf, daß die weltweit organisierte Zuweisung dieser Elemente an bestimmte Kombinationen von «Produktionsfaktoren» (insbesondere an jeweils ausreichend qualifizierte, aber zugleich billigstmögliche Arbeitskraft) eine optimale Verwertung des Kapitals ergibt.

Der – verglichen mit dem industriellen Durchschnitt – relativ geringe zahlenmäßige Anteil der Facharbeiter an den Arbeitern der Textil- und Bekleidungsindustrie; der überdurchschnittlich starke prozentuale Rückgang der Tätigkeiten un- und angelernter Arbeitskräfte im Bekleidungsgewerbe in der Bundesrepublik Deutschland und, hiermit korrespondierend, der hohe zahlenmäßige Anteil un- und angelernter junger Arbeiterinnen in den Auslandsbetrieben bundesdeutscher Bekleidungsunternehmen; die große und vermutlich wachsende Bedeutung der (passiven und wirtschaftlichen) Veredelungsverkehre für viele Teilbereiche der bundesdeutschen Textil- und vor allem Bekleidungsindustrie: Das waren einige der Erscheinungsformen des Babbageschen Prinzips, die in der vorliegenden Fallstudie behandelt worden sind.

Zweitens die massiven Unterschiede zwischen traditionellen Industrieländern einerseits und Entwicklungsländern andererseits hinsichtlich der Höhe des Lohns und hinsichtlich der sonstigen Arbeitsbedingungen (insbesondere auch der Länge des Arbeitsjahres). Es sind solche massiven Unterschiede und nicht, wie immer wieder behauptet wird, staatliche Subsidien (Exportvergütungen aller Art, verbilligte Vormaterialien etc.) oder die Finanzierung des fixen Kapitals allein über die Preise auf dem jeweiligen lokalen Markt des betreffenden Entwicklungs- oder Staatshandelslandes – so wichtig in Einzelfällen diese Faktoren auch einmal sein mögen –, die in erster Linie die sogenannten Dumpingpreise der Einfuhren von Textilien und Bekleidung aus Entwicklungs- und Staatshandelsländern in die traditionellen Industrieländer möglich machen.

Die Löhne in der verarbeitenden Industrie der «Niedriglohnländer» dekken oft gerade nur recht und schlecht die Kosten der täglichen Wiederherstellung der Arbeitskraft, nicht aber die Kosten der «Aufzucht» neuer unverbrauchter Arbeitskräfte und nicht die Kosten der Alters- und Invaliditätsversorgung der unbrauchbar gewordenen Arbeitskräfte. Diese letzteren Kosten müssen in diesen Fällen von Sektoren der Wirtschaft dieser Länder getragen werden, die nicht unmittelbar in die spezifisch kapitalistische Produktionsweise des «modernen» exportorientierten Sektors integriert sind, diese vielmehr von «außen» subventionieren. Die Fortexistenz dieser subventionierenden Sektoren ist an eine nochmals gesteigerte physische Ausbeutung ihrer Angehörigen gebunden: Längste Arbeitszeiten, höchste Arbeitsintensität, größte Armut. Von ihrer fundamentalen Funktion, Produktion und Reproduktion der Arbeitskraft des im engeren Sinne kapitalistischen Sektors zu subventionieren, abgesehen, sind diese Sektoren häufig auch noch in der Form der Verlagsarbeit direkt in den Produktionsprozeß des «modernen» Sektors einbezogen.

Die Länge des Arbeitsjahres, das heißt die Zahl der Stunden pro Jahr, in denen bestehende Produktionseinrichtungen tatsächlich zur Produktion genutzt werden können, ist besonders in kapitalintensiven Fertigungsprozessen wichtig. Verbreiteten Meinungen zum Trotz ist in der vorliegenden Fallstudie belegt worden, daß nicht nur arbeitsintensive, sondern durchaus auch kapitalintensive Fertigungen «verlagerungsanfällig» sind. Aus einem einfachen Grund: Um die hohen Kapitalkosten möglichst schnell bezahlt zu machen, werden Standorte bevorzugt, die – vorausgesetzt, die übrigen ins Gewicht fallenden Voraussetzungen sind erfüllt – ein möglichst langes Arbeitsjahr erlauben, also Standorte mit keinen oder vergleichsweise geringfügigen Beschränkungen der Schicht-, Nacht- und Feiertagsarbeit und mit einer großen Reservearmee von Arbeitern, die zu jeder Zeit zu arbeiten gezwungen sind. Diese Voraussetzungen aber sind in zunehmendem Ausmaß gerade wieder in «Niedriglohnländern» erfüllt.

Drittens die Entwicklung effizienter Transport- und Kommunikationssysteme, welche die Standortwahl für die Produktion oder Teilproduktion zunehmend von geographischen Entfernungen unabhängig machen. Was in früheren Jahren die Einführung hochseetüchtiger Segelschiffe, von Dampfschiffen, Kanälen und Eisenbahnen für die Entwicklung des kapitalistischen Weltsystems bedeutete, das bedeutet heute die Einführung von Massengutfrachtern und Containerschiffen, von *Roll-on-Roll-off*-Fährverbindungen und containerisierten Lufttransporten. Analoges läßt sich für die Einführung verbesserter Kommunikationsmittel sagen.

Zu Adam Smiths Zeiten waren es freilich in erster Linie die Absatzmärkte für Industrieerzeugnisse, die durch die Entwicklung der Transportmittel erweitert wurden und dadurch das ökonomisch mögliche Ausmaß der Arbeitsteilung vergrößerten. Heute dagegen sind es in erster Linie die verfügbaren Märkte für niedrig qualifizierte und extrem billige Arbeitskraft, die durch die Entwicklung der Transportmittel erweitert werden und dadurch das ökonomisch mögliche (und daher, vermittelt über den Mechanismus der Konkurrenz, notwendige) Ausmaß der Arbeitsteilung vergrößern: Der neuen internationalen Arbeitsteilung.

Im Bereich des Textil- und Bekleidungsgewerbes der Bundesrepublik Deutschland ist die wichtigste Auswirkung der neuen internationalen Arbeitsteilung ein starker Rückgang der inländischen Beschäftigungszahlen. Diesem Rückgang im Inland steht ein kräftiger Anstieg der Beschäftigungszahlen in der Textil- und Bekleidungsindustrie inbesondere der «Niedriglohnländer» und insbesondere auch in ausländischen Betrieben der bundesdeutschen Textil- und Bekleidungsindustrie gegenüber. Heute – Anfang 1977 – kommen bei Einschluß der passiven Veredelungsverkehre mit Sicherheit schon deutlich über zehn im Ausland Beschäftigte auf je hundert im Inland Beschäftigte der Textil- und Bekleidungsindustrie der Bundesrepublik Deutschland (ohne Berücksichtigung sonstiger Importe). Dabei ist die Produktion der ausländischen Produktionsstätten insbesondere der bundesdeutschen Bekleidungsindustrie weitgehend für den Markt der Bundesrepublik bestimmt («reine» Produktionsverlagerung).

Dieser Prozeß bedeutet für die betroffenen Menschen zunächst und vor allem: Arbeitslosigkeit und Entwertung der bestehenden Qualifikationen in den traditionellen Industrieländern, armselige Arbeitsbedingungen ohne Hoffnung auf Besserung in der überschaubaren Zukunft in den Entwicklungsländern.

Kann man erwarten, daß künftige Entwicklungen auf technologischem Gebiet den Prozeß der neuen internationalen Arbeitsteilung zum Stillstand bringen werden? Zwei Möglichkeiten zeichnen sich ab, nicht im Sinne einer Alternative, sondern im Sinne zweier sich komplementär ergänzender Entwicklungsrichtungen. Erstens wird die (technisch immer mögliche) Einführung kapitalintensiver Technologien Produktionsstandorte in den traditionellen Industrieländern weiter profitabel erhalten. Für die Beschäftigten freilich wird «technologische» Arbeitslosigkeit und Entwertung individueller Qualifikationen die Folge sein, mit lohndrückenden und verschärfte

Arbeitsbedingungen erlaubenden Auswirkungen auf dem Arbeitsmarkt. Zweitens werden auch in Zukunft und verstärkt relativ arbeitsintensive Produktionen mit extrem billiger Arbeitskraft und sogar relativ kapitalintensive Produktionen bei langem Arbeitsjahr in «Niedriglohnländern» profitable Standorte finden. In der Textil- und Bekleidungsindustrie zeichnet sich unter diesem Gesichtspunkt für die übersehbare Zukunft der nächsten fünf bis zehn Jahre folgendes ab:

In der Bekleidungsindustrie werden die Produktionsverlagerungen mit dem Ziel teilweiser oder sogar fast ausschließlicher Belieferung der Märkte traditioneller Industrieländer, insbesondere der Bundesrepublik Deutschland, in vielen Teilbereichen weitergehen.

In der Textilindustrie wird es in einigen Teilbereichen (zum Beispiel Maschenindustrie) in demselben Sinn zu weiteren Produktionsverlagerungen kommen.

In der Bundesrepublik Deutschland verbleibende Fertigungen in der Textil- und Bekleidungsindustrie werden weiter verstärkt «rationalisiert» werden.

Einige besonders kapitalintensive Fertigungen der Textilindustrie werden um der Nutzung eines möglichst langen Arbeitsjahres willen verlagert werden.

Andere Fertigungen der Textilindustrie (Zulieferbetriebe) werden den verlagerten Bekleidungsproduktionen an die neuen Standorte folgen.

Für die der Textilindustrie vorgelagerte Chemiefaserindustrie gilt im wesentlichen dasselbe wie für die Textilindustrie.

Das Ergebnis werden in jedem Fall, wenn auch aus vordergründig unterschiedlichen Gründen, weitere Entlassungen in der Bekleidungs-, Textil- und Chemiefaserindustrie der Bundesrepublik Deutschland sein.

Kann man erwarten, die inländische Textil- und Bekleidungsindustrie werde ihren Platz – und damit, im großen und ganzen, ihre Beschäftigtenzahl – in der Bundesrepublik Deutschland durch «Kreativität», «Schnelligkeit und Pünktlichkeit der Lieferung», «modische Beweglichkeit», «hohe Qualität der Fertigung» usw. behaupten? Wohl kaum. Aus zwei Gründen: Erstens ist der Markt für solche Fertigungen begrenzt – sicherlich wesentlich kleiner als der gegenwärtig noch vorhandenen Inlandsproduktion entspricht. Zweitens ist nicht zu sehen, wie all diese Attribute der Fertigung auf Dauer nur bei einer Fertigung *in* der Bundesrepublik Deutschland oder anderen traditionellen Industrieländern erreichbar sein sollten. Schon heute zeichnet sich die Fertigung in «Niedriglohnländern» vielfach und zunehmend durch diese Attribute aus – oft genug gerade unter Mitwirkung von Unternehmen der bundesdeutschen Textil- und Bekleidungsindustrie selbst.

Kann man erwarten, daß der Prozeß der Produktionsverlagerung durch staatliche Eingriffe begrenzt wird? Ebenfalls: Wohl kaum. Der Handlungs-

und Ermessensspielraum des Staates, gerade auf dem Gebiet der Außenwirtschaftsbeziehungen scheinbar so groß (Außenwirtschaftsgesetz), wird durch die Imperative transnationaler Kapitalverwertung weitgehend eingeengt: Eine so stark in die kapitalistische Weltökonomie verflochtene Wirtschaft wie diejenige der Bundesrepublik Deutschland schließt eine einigermaßen effiziente protektionistische Außenwirtschaftspolitik selbst auf Teilgebieten weitgehend aus (Gefahr von Retorsionsmaßnahmen anderer Länder).

Kann man erwarten, daß der Prozeß der neuen internationalen Arbeitsteilung ein Ansatz zur Überwindung der Unterentwicklung und insbesondere zur Verbesserung der erbärmlichen Lebensbedingungen großer Teile der Bevölkerung der Entwicklungsländer ist? Die vorliegende Fallstudie hat gezeigt, daß sich in der Tat eine Industrialisierung vieler Entwicklungsländer im Bereich der Textil- und Bekleidungsindustrie abzeichnet. (Bezüglich analoger Ansätze in anderen Industriezweigen vergleiche Teil II und III.) Dabei handelt es sich aber im wesentlichen um eine punktuelle, exportorientierte, fragmentierte Monoindustrialisierung, welche die Wirtschaft der Entwicklungsländer auf dem Weltmarkt für Produktionsstandorte und die Menschen der Entwicklungsländer auf dem Weltmarkt für Arbeitskraft nahezu schutzlos einer ausbeuterischen Konkurrenz aussetzt, einer Konkurrenz, deren Erträge weitgehend den Unternehmen der traditionellen Industrieländer und nicht der Bevölkerung der traditionellen Industrieländer und vor allem der Entwicklungsländer zugute kommen.

Die neue internationale Arbeitsteilung wird von der Rationalität der Kapitalverwertung bestimmt und nicht von den Interessen der in den Industrie- wie in den Entwicklungsländern in der Produktion Tätigen. In dem Maße, in dem sie – über die Textil- und Bekleidungsindustrie hinaus – auch andere Zweige und Teilfertigungen der verarbeitenden Industrie erfassen wird, werden ihre Auswirkungen die Geschichte nicht nur der Bundesrepublik Deutschland in den nächsten Jahren ökonomisch, sozial und vermutlich auch politisch entscheidend prägen.

Tabelle I–1

a) Anteil von Bevölkerung, industrieller Produktion, industrieller Beschäftigung und Ausfuhr an den entsprechenden weltweiten Werten: ausgewählte Ländergruppen 1970

Welt = 100

	Bevölkerung[1]	Produktion (ISIC)[2]				Beschäftigung (ISIC)[3]				Ausfuhr (SITC)[4]			
		2–4	3	321	322–324	2–4	3	321	322–324	0–9	5–8	65	84
Welt (ohne ostas. zentr. Pl. wirtsch.)	100	100	100	100	100	100	100	100	100	100	100	100	100
davon:													
traditionelle Industrieländer	26	67	68	59	62	41	42	23	39	72	84	78	65
Entwicklungsländer	62	9	8	18	11	35	35	59	41	18	6	15	21
zentr. Planwirtschaften Osteuropas	12	24	24	22	25	24	23	17	22	11	10	7	12

b) Durchschnittliche jährliche Wachstumsraten von Bevölkerung, industrieller Produktion, industrieller Beschäftigung und Ausfuhr ausgewählter Ländergruppen: 1960 bis 1975

in Prozent

	Bevölkerung[5]	Produktion (ISIC)[6]				Beschäftigung (ISIC)[7]				Ausfuhr (SITC)[8]			
		2–4	3	321	322–324	2–4	3	321	322–324	0–9	5–8	65	84
Welt (ohne ostas. zentr. Pl. wirtsch.)	2,0	6,0	6,0	3,6	3,6	2,5	2,6	1,4	3,4	8,2	...	...	...
darunter:													
traditionelle Industrieländer	1,0	4,5	4,6	2,7	1,6	1,1	1,3	–1,1	1,4	8,6	9,6	...	...
Entwicklungsländer	2,6	6,8	6,6	3,8	6,3	4,4	4,5	2,9	6,4	7,1	10,6	...	...
zentr. Planwirtschaften Osteuropas	1,0	9,0	9,1	5,4	6,3	3,0	3,3	1,3	2,8	...	...	...	...

Tabelle I–1 (Fortsetzung)

c) Anteil der verarbeitenden Industrie, Textilindustrie und Bekleidungs-, Leder- und Schuhindustrie an der industriellen Produktion und Beschäftigung insgesamt; Anteil der Ausfuhr von Erzeugnissen der verarbeitenden Industrie, Textilien und Bekleidung an der Ausfuhr insgesamt: ausgewählte Ländergruppen 1970

Industrie (ISIC 2–4) bzw. alle Waren (SITC 0–9) = 100

	Produktion (ISIC)[9]				Beschäftigung (ISIC)[10]				Ausfuhr (SITC)[11]			
	2–4	3	321	322–324	2–4	3	321	322–324	0–9	5–8	65	84
Welt (ohne ostas. zentr. Pl. wirtsch.)	100	86,8	4,5	3,8	100	92,2	11,8	8,7	100	64,8	4,0	2,0
darunter:												
traditionelle Industrieländer	100	88,0	4,0	3,5	100	93,4	7,6	7,5	100	75,4	4,3	1,8
Entwicklungsländer	100	71,1	8,8	4,3	100	91,8	22,3	10,8	100	23,7	3,5	2,4
zentr. Planwirtschaften Osteuropas	100	89,2	4,1	4,0	100	90,0	8,2	9,0	100	60,8	2,5	2,6

Anmerkung: Regionale Aufgliederung des Welthandels (SITC 0–9) zwischen ausgewählten Ländergruppen: 1963, 1970, 1975

in Prozent

Exportierende Ländergruppe[12]	Anteil der Exporte in Traditionelle Industrieländer			Entwicklungsländer			Staatshandelsländer			Anteil am Weltexport		
	1963	1970	1975	1963	1970	1975	1963	1970	1975	1963	1970	1975
Welt	67	71	67	20	18	20	12	10	11	100	100	100
darunter:												
traditionelle Industrieländer	74	77	70	22	18	23	4	4	6	67	72	66
Entwicklungsländer	72	74	73	21	20	22	5	6	4	21	18	24
Staatshandelsländer	20	24	28	13	13	13	65	60	56	12	11	10

Tabelle I–1 (Fortsetzung)

Quelle: UN, Statistical Yearbook 1975, New York 1976 (= A); UN, Monthly Bulletin of Statistics, Vol. XXX (1976), No. 8, 10, 11, 12 (= B, C, D, E); UNCTAD, Handbook of International Trade and Development Statistics, New York 1976, S. 386 f (= F); GATT, International Trade 1975/76. Genf 1976 (= G); eigene Berechnungen

ISIC: International Standard Industrial Classification of All Economic Activities, Rev. 2 (Ausgabe 1968)
ISIC 2–4: Industrie; ISIC 3: verarbeitende Industrie; ISIC 321: Textilindustrie; ISIC 322–324: Bekleidungs-, Leder- und Schuhindustrie
SITC: Standard International Trade Classification, Rev. 1 (Ausgabe 1961)
SITC 0–9: alle Waren; SITC 5–8: Erzeugnisse der verarbeitenden Industrie; SITC 65: Textilien; SITC 84: Bekleidung
Traditionelle Industrieländer: USA, Kanada, Japan, Nord-, West- und Südeuropa, Australien, Neuseeland, Südafrika
Entwicklungsländer: alle Länder außer traditionelle Industrieländer und zentrale Planwirtschaften Osteuropas und Ostasiens
Zentrale Planwirtschaften Osteuropas: einschließlich DDR, Sowjetunion
Albanien, Jugoslawien, Türkei und Israel sind in den verschiedenen Teiltabellen nicht immer jeweils derselben Ländergruppe zugeordnet
1: Nach A, Table 2. 2: Nach A, Tables 3, 4, 9. 3: Nach A, Table 10, und F. 4: Ohne Handel zwischen Bundesrepublik Deutschland und DDR, ohne Ausfuhr von Rhodesien; nach B, Special Table C. 5: 1960–1974; nach A, Table 2. 6: Nach D, Special Table A. 7: 1960–1973; nach A, Table 10. 8: Ohne Außenhandel der zentralen Planwirtschaften; 1960–1974; Angaben für SITC 0–9 nach A, Table 15; Angabe für SITC 5–8 der traditionellen Industrieländer nach E, Special Table D (nur Außenhandel der traditionellen Industrieländer); Angabe für SITC 5–8 der Entwicklungsländer nach A, Table 15. 9: Nach A, Table 9. 10: Nach A, Table 10. 11: Ohne Handel zwischen Bundesrepublik Deutschland und DDR, ohne Ausfuhr von Rhodesien; nach B, Special Table C. 12: Ohne Handel zwischen den ostasiatischen Staatshandelsländern; nach G, Table F
Wachstumsraten und Gewicht der Produktion sind in der Regel auf der Basis der Wertschöpfung in konstanten Preisen (im allgemeinen zu Faktorkosten) errechnet. Die Wachstumsraten der Ausfuhr beziehen sich auf das Volumen der Ausfuhr (*quantum index)*

Tabelle I–2
Anteil der Ausfuhr der Entwicklungsländer und der Staatshandelsländer an der weltweiten Ausfuhr nach Warengruppen: 1963, 1968, 1970 bis 1975

in Prozent

		1963	1968	1970	1971	1972	1973	1974	1975
Insgesamt (SITC 0–9)	EL	20,5	18,5	17,8	18,0	18,2	19,4	26,5	24,2
	SHL	12,1	11,3	10,5	10,4	10,3	10,0	8,6	9,9
darunter:									
Primärerzeugnisse	EL	40,6	40,7	39,8	40,8	40,9	41,2	53,7	50,7
(SITC 0–4)	SHL	11,1	11,0	10,0	10,3	9,5	8,9	7,5	9,6
davon:									
Nahrungsmittel	EL	35,4	32,7	31,7	29,2	28,8	27,1	29,2	...
(SITC 0, 1, 22, 4)	SHL	9,5	10,3	8,5	8,9	7,8	7,4	7,6	...
Rohmaterialien	EL	32,7	29,8	28,7	27,7	27,7	27,8	27,0	...
(SITC 2 ohne 22, 27, 28)	SHL	11,3	11,9	13,0	13,4	12,8	12,1	12,6	...
Erze und Mineralien	EL	32,7	29,5	30,5	31,3	32,0	32,1	33,7	...
(SITC 27, 28)	SHL	13,3	11,7	10,8	12,3	12,5	11,3	10,3	...
Brennstoffe	EL	60,2	65,2	63,1	65,9	66,9	69,2	78,5	...
(SITC 3)	SHL	13,2	11,2	10,4	10,0	9,3	8,7	5,9	...
Erzeugnisse d. verarbeitenden Indust.	EL	5,7	6,5	6,8	6,2	6,6	7,8	7,9	7,2
(SITC 5–8)	SHL	13,0	10,7	10,4	10,3	10,4	10,0	8,9	9,7
davon:									
NE-Metalle	EL	29,9	29,8	29,0	25,3	22,8	25,3	27,6	...
(SITC 68)	SHL	7,5	6,6	7,4	9,8	10,6	9,8	8,4	...
Eisen und Stahl	EL	1,9	2,7	3,4	2,8	3,4	3,4	3,5	...
(SITC 67)	SHL	18,5	15,3	14,1	14,0	13,2	11,4	8,3	...
chemische Erzeugnisse	EL	4,2	4,2	4,2	4,6	4,9	4,9	5,7	...
(SITC 5)	SHL	9,3	7,7	7,0	7,1	7,5	6,8	6,0	...

Tabelle I–2 (Fortsetzung)

in Prozent

		1963	1968	1970	1971	1972	1973	1974	1975
Maschinenbau-Erzeugnisse	EL	1,1	1,7	2,2	2,4	3,0	3,6	4,2	...
(SITC 7 ohne 732; 69)	SHL	14,1	13,1	12,8	12,5	13,0	12,7	11,2	...
Straßenfahrzeuge	EL	0,4	0,2	0,3	0,3	0,3	0,6	0,7	...
(SITC 732)	SHL	8,5	6,5	6,5	6,1	6,0	6,2	6,0	...
Textilien, Bekleidung	EL	15,2	17,3	17,9	18,5	20,2	22,6	22,8	...
(SITC 65, 84)	SHL	9,9	9,3	9,0	7,5	10,0	9,9	9,2	...
andere (SITC 6 ohne 65,	EL	6,9	9,0	10,1	9,1	9,3	11,6	10,7	...
67, 68, 69; 8 ohne 84)	SHL	16,0	10,4	9,6	9,4	8,8	8,1	8,1	...

Quelle: GATT, International Trade, versch. Jg.; zuletzt: GATT, International Trade 1975/76, Genf 1976, Table 5; eigene Berechnungen

SITC: Standard International Trade Classification, Rev. 1 (Ausgabe 1961)
Im allgemeinen Spezialhandel (Exporte f. o. b.); Hongkong, Singapur, Südafrika, Großbritannien und Nordirland, Staatshandelsländer: Generalhandel (das heißt einschließlich Reexport)
Traditionelle Industrieländer: EG, EFTA, alle sonstigen westeuropäischen Länder (mit Jugoslawien), Türkei, USA, Kanada, Japan, Australien, Neuseeland, Südafrika
Staatshandelsländer (SHL): Osteuropäische und asiatische Staatshandelsländer (ohne Jugoslawien)
Entwicklungsländer (EL): alle sonstigen Länder
Daten für 1975: vorläufig
Ohne Handel zwischen den ostasiatischen Staatshandelsländern

Tabelle I–3
Anteil der Bundesrepublik Deutschland am Welthandel insgesamt und am Welthandel in Erzeugnissen der verarbeitenden Industrie, in Textilien und Bekleidung: 1970 bis 1974

in Millionen US-$ bzw. Prozent

	1970	1971	1972	1973	1974
Insgesamt (SITC 0–9)					
Welt-Ausfuhr	314 000	350 900	417 600	578 700	848 700
Welt-Einfuhr	328 700	365 500	429 800	589 900	849 700
Bundesrepublik Deutschland-Ausfuhr	34 849	39 757	47 116	68 751	90 590
Bundesrepublik Deutschland-Einfuhr	30 360	35 007	40 502	55 499	70 241
Anteil Bundesrepublik Deutschland-Ausfuhr/ Welt-Ausfuhr (Prozent)	11,1	11,3	11,3	11,8	10,7
Anteil Bundesrepublik Deutschland-Einfuhr/ Welt-Einfuhr (Prozent)	9,2	9,6	9,4	9,4	8,3
Erzeugnisse der verarbeitenden Industrie (SITC 5–8)					
Welt-Ausfuhr	202 230	226 350	270 460	363 880	482 850
Bundesrepublik Deutschland-Ausfuhr	30 656	34 978	41 511	60 302	78 953
Bundesrepublik Deutschland-Einfuhr	17 405	19 959	23 811	31 573	36 460
Anteil Bundesrepublik Deutschland-Ausfuhr/ Welt-Ausfuhr (Prozent)	15,2	15,5	15,3	16,6	16,4
Anteil Bundesrepublik Deutschland-Einfuhr/ Welt-Ausfuhr (Prozent)	8,6	8,8	8,8	8,7	7,6
Textilien (SITC 65)					
Welt-Ausfuhr	12 380	14 290	17 050	23 220	27 690
Bundesrepublik Deutschland-Ausfuhr	1 493	1 825	2 014	3 037	3 616
Bundesrepublik Deutschland-Einfuhr	1 428	1 790	2 130	2 745	2 938
Anteil Bundesrepublik Deutschland-Ausfuhr/ Welt-Ausfuhr (Prozent)	12,1	12,8	11,8	13,1	13,1
Anteil Bundesrepublik Deutschland-Einfuhr/ Welt-Ausfuhr (Prozent)	11,5	12,5	12,5	11,8	10,6
Bekleidung (SITC 84)					
Welt-Ausfuhr	6 260	7 550	9 710	12 570	14 990

Tabelle 1–3 (Fortsetzung) in Millionen US-$ bzw. Prozent

	1970	1971	1972	1973	1974
Bundesrepublik Deutschland-Ausfuhr	430	529	656	909	975
Bundesrepublik Deutschland-Einfuhr	1 030	1 374	1 929	2 544	3 078
Anteil Bundesrepublik Deutschland-Ausfuhr/ Welt-Ausfuhr (Prozent)	6,9	7,0	6,8	7,2	6,5
Anteil Bundesrepublik Deutschland-Einfuhr/ Welt-Ausfuhr (Prozent)	16,5	18,2	19,9	20,2	20,5

Quelle: UN, Statistical Yearbook 1975, New York 1976, Table 150; UN, Monthly Bulletin of Statistics, Vol. XXX, No. 8 (August 1976), Special Table C; Statistisches Bundesamt, Fachserie G (Außenhandel), Reihe 5: Special Trade according to the Classification for Statistics and Tariffs (CST), 4th Quarter and Year 19 . ., versch. Jg.; eigene Berechnungen

Im allgemeinen Spezialhandel (Ausfuhren f. o. b., Einfuhren c. i. f.)
SITC 0–9: Ohne Handel zwischen den asiatischen Staatshandelsländern; einschließlich Handel zwischen der Bundesrepublik Deutschland und der DDR
SITC 5–8, SITC 65, SITC 84: Ohne Handel zwischen den asiatischen Staatshandelsländern; ohne Handel zwischen der Bundesrepublik Deutschland und der DDR; ohne Ausfuhren von Rhodesien

Tabelle I–4
Beschäftigte in der Textil- und Bekleidungsindustrie ausgewählter Länder: 1963, 1968 bis 1973

in Tausend

	Textilindustrie (ISIC 321)							Bekleidungsindustrie (ISIC 322)						
	1963	1968	1969	1970	1971	1972	1973	1963	1968	1969	1970	1971	1972	1973
Bundesrepublik Deutschland	573	489	508	501	481	458	434	388	367	382	379	372	372	360
Frankreich	545	463	461	451	437	434	426	388	338	340	338	330	339	336
Belgien	153	131	130	130	125	122	...	...	89	92	94	96	99	...
Niederlande	...	...	85	80	75	68	64	...	...	71	67	62	57	51
Italien	...	410	422	424	398	386	382	...	162	184	197	199	219	222
Großbritannien	...	640	...	625	586	553	563	...	350	...	357	363	356	357
Schweden	45	36	36	34	31	29	29	47	38	36	34	30	28	27
Schweiz	77	75	73	70	67	63	60	38	36	36	34	33	32	30
Österreich	73	67	67	70	72	72	69	34	36	38	40	43	45	43
Portugal	110	135	133	135	121	130	140	1	1	1	1	/ 17	22	27
Spanien	238	221	220	215	207	199	189	45	67	71	77	86	95	102
Malta	0	3	3	3	3	3	4	1	1	1	2	2	3	3
Griechenland	58	58	59	60	/ 48	51	...	39	42	42	42	/ 12	14	...
Jugoslawien	...	174	179	182	187	198	204	...	43	47	50	59	66	72
DDR	302	262	257	249	249	257	248	127	...	...	...	...	...	...
Sowjetunion	...	2 134	2 156	2 155	2 154	2 148	2 163	...	1 975	2 049	2 109	2 126	2 137	2 134
Polen	372	422	436	443	450	465	478	136	157	193	195	201	215	220
Tschechoslowakei	216	222	227	227	227	228	228	111	114	121	122	121	120	120
Ungarn	135	150	150	146	143	142	144	54	79	79	84	86	86	90
Rumänien	168	200	211	223	249	275	299	74	104	111	119	131	144	159
Bulgarien	84	101	108	111	120	122	124	28	40	41	39	42	42	44
USA	1 018	1 142	1 163	1 113	1 094	1 145	1 178	1 139	1 185	1 198	1 164	1 142	1 187	1 213
Brasilien	342	308	299	343	310	320	...	86	109	108	165	121	138	...

Tabelle I–4 (Fortsetzung)

in Tausend

	Textilindustrie (ISIC 321)							Bekleidungsindustrie (ISIC 322)						
	1963	1968	1969	1970	1971	1972	1973	1963	1968	1969	1970	1971	1972	1973
Iran	96	210	218	216	218	240	...	88	115	124	132	142	145	...
Indien	...	1 296	1 288	1 348	...	...	...	...	13	13	18	...	...	...
Japan	1 392	1 361	1 309	1 349	1 293	1 277	...	281	320	391	364	372	408	...
Südkorea	110	188	214	207	203	227	281	...	45	52	52	63	79	93
Hongkong	78	113	123	125	130	122	134	57	84	99	107	126	139	169

Quelle: UN, The Growth of World Industry, 1970 Edition, New York 1972; UN, The Growth of World Industry, 1973 Edition, New York 1975; UN, Yearbook of Industrial Statistics, 1974 Edition, New York 1976 (jeweils Vol. I: General Industrial Statistics, Part one: National Tables)

Wegen unterschiedlicher Abgrenzungen sind die Beschäftigtenzahlen verschiedener Länder nur bedingt miteinander vergleichbar. Bisweilen haben sich auch in einzelnen Ländern im Zeitraum 1963 bis 1973 die Abgrenzungen geändert (in einschneidenden Fällen in der Tabelle mit „/“ gekennzeichnet). Genauere Einzelheiten sind den Anmerkungen in den zitierten Quellen zu entnehmen.

Tabelle I–5
Beschäftigung und Arbeitsmarkt im Bereich des Textil- und Bekleidungsgewerbes der Bundesrepublik Deutschland: 1960 bis 1976

in Tausend bzw. Prozent

	Beschäftigte im Gewerbe		Beschäftigte in der Industrie			Änderung d. industriellen Beschäftigungszahl gegenüber Vorjahr i. %			Besch. im B-Handwerk	Beschäftigte Heimarbeiter		Kurzarbeiter im Gewerbe		T- u. B-Berufe	
	T	B	insg.	T	B	insg.	T	B		T	B	T	B	Arbeitslose	Offene Stellen
1960	672	536	8 081	620	356	4,1	3,1	4,4	...	42	43	1	0	10	32
1961	666	...	8 316	612	370	2,9	−1,2	4,1	...	44	46	1	1	7	35
1962	644	...	8 339	590	384	0,3	−3,7	3,8	...	44	45	1	0	6	38
1963	629	...	8 264	573	388	−0,9	−2,9	1,0	...	48	44	1	1	6	37
1964	611	...	8 301	556	388	0,4	−3,0	−0,1	...	44	38	0	0	6	38
1965	602	548	8 460	547	398	1,9	−1,6	2,7	...	44	42	0	0	5	43
1966	591	547	8 385	538	406	−0,9	−1,6	2,1	...	44	41	2	4	5	38
1967	538	504	7 843	490	371	−6,5	−9,0	−8,8	...	38	30	18	18	21	17
1968	537	492	7 899	489	367	0,7	−0,2	−1,1	...	38	30	1	1	10	31
1969	558	502	8 308	508	382	5,2	3,9	4,3	...	42	31	0	0	5	43
1970	547	487	8 603	501	379	3,6	−1,3	−0,8	70	42	28	1	1	6	36
1971	524	469	8 538	481	372	−0,8	−4,0	−2,0	60	38	26	3	2	9	28
1972	497	459	8 340	458	372	−2,3	−4,9	0,1	53	36	25	5	1	9	25
1973	472	439	8 368	434	360	0,3	−5,3	−3,3	46	31	24	5	17	13	22
1974	430	380	8 144	394	310	−2,7	−9,3	−13,8	42	26	19	20	13	31	9
1975	390	351	7 616	357	288	−6,5	−9,4	−7,1	37	23	17	39	15	38	8
1976	...	...	7 428	342	277	−2,5	−4,3	−4,1	34	21	16	11	10	32	9

Quelle: Statistisches Bundesamt, Lange Reihen zur Wirtschaftsentwicklung 1976, Stuttgart–Mainz 1976; Institut für Arbeitsmarkt- und Berufsforschung der Bundesanstalt für Arbeit, Beiträge zur Arbeitsmarkt- und Berufsforschung: Arbeitsmarktstatistische Zahlen in Zeitreihenform. Jahreszahlen für die Bundesrepublik Deutschland – Ausgabe 1975, Nürnberg 1975; Bundesanstalt für Arbeit, Arbeitsstatistik – Jahreszahlen, sowie Amtliche Nachrichten der Bundesanstalt für Arbeit, versch. Jg. und Nummern; Statistisches Bundesamt, Fachserie D (Industrie und Handwerk), Reihe 7: Handwerk, Sonderbeitrag: Beschäftigte und Umsatz 1970 bis 1974, Stuttgart–Mainz 1975; Statistisches Bundesamt, Statistisches Jahrbuch für die Bundesrepublik Deutschland 1976, Stuttgart–Mainz 1976; Statistisches Bundesamt, Wirtschaft und Statistik, sowie Statistischer Wochendienst, versch. Jg. und Nummern; Textil-Wirtschaft 26 (1976), S. 18 (nach Angaben der Bundesanstalt für Arbeit); Auskünfte der Bundesanstalt für Arbeit

Zu Tabelle I–5

Im allgemeinen Jahresdurchschnitte (Heimarbeiter: 1960 bis 1963 = Ende September; 1964 bis 1976 = Ende Juni)
Industrie: Hauptbeteiligte Industriegruppen; im allgemeinen Betriebe mit zehn und mehr Beschäftigten
Gewerbe: Industrie (einschließlich industrielle Kleinbetriebe mit ein bis neun Beschäftigten), verarbeitendes Handwerk, Heimarbeiter
Beschäftigte im Gewerbe: Beschäftigte Arbeitnehmer und Selbständige und mithelfende Familienangehörige (Inlands- und Unternehmenskonzept)

T = Textilindustrie bzw. Textilgewerbe
B = Bekleidungsindustrie bzw. Bekleidungsgewerbe

Tabelle I–6
Inlandsproduktion, Inlandsmarkt und Außenhandelsverflechtung des Textil- und Bekleidungsgewerbes der Bundesrepublik Deutschland: 1960, 1965 bis 1975 — in Milliarden DM bzw. Prozent

		1960	1965	1966	1967	1968	1969	1970	1971	1972	1973	1974	1975
Umsatz aus Inlandsproduktion*	T	17,51	22,06	22,14	20,75	23,59	25,87	26,65	28,69	28,81	30,02	31,05	29,22
	B	9,50	14,61	15,10	14,05	14,31	15,49	16,79	18,04	20,09	19,79	19,82	20,13
Einfuhr**	T	2,96	5,05	5,13	4,23	5,24	6,33	6,87	8,13	9,32	9,80	10,28	10,90
	B	0,38	1,22	1,46	1,24	1,54	2,18	2,57	3,24	4,27	4,79	5,88	6,61
Ausfuhr**	T	1,68	2,71	2,89	3,08	3,50	4,21	5,22	6,04	6,47	7,77	8,84	7,95
	B	0,31	0,66	0,81	0,78	0,94	1,11	1,11	1,32	1,64	1,96	2,16	2,38
Außenhandelssaldo (Ausfuhr minus Einfuhr)	T	–1,28	–2,34	–2,24	–1,15	–1,74	–2,12	–1,65	–2,09	–2,85	–2,03	–1,44	–2,95
	B	–0,07	–0,56	–0,65	–0,46	–0,60	–1,07	–1,46	–1,92	–2,63	–2,83	–3,72	–4,23
Inlandsverfügbarkeit (Umsatz aus Inlandsproduktion plus Einfuhr minus Ausfuhr)	T	18,79	24,40	24,38	21,90	25,33	27,99	28,30	30,78	31,66	32,05	32,49	32,17
	B	9,57	15,17	15,75	14,51	14,91	16,56	18,25	19,96	22,72	22,62	23,54	24,36
Importquote (Einfuhr in Prozent der Inlandsverfügbarkeit)	T	15,8	20,7	21,0	19,3	20,7	22,6	24,3	26,4	29,4	30,6	31,6	33,9
	B	4,0	8,0	9,3	8,5	10,3	13,2	14,1	16,2	18,8	21,2	25,0	27,1
Exportquote (Ausfuhr in Prozent des Umsatzes aus Inlandsproduktion)	T	9,6	12,3	13,1	14,8	14,8	16,3	19,6	21,1	22,5	25,9	28,5	27,2
	B	3,3	4,5	5,4	5,6	6,6	7,2	6,6	7,3	8,2	9,9	10,9	11,8
Standortkoeffizient (Umsatz aus Inlandsproduktion in Prozent der Inlandsverfügbarkeit)	T	93,2	90,4	90,8	94,7	93,1	92,4	94,2	93,2	91,0	93,7	95,6	90,8
	B	99,3	96,3	95,8	96,8	96,0	93,5	92,0	90,4	88,4	87,5	84,2	82,6

Quelle: Textil-Wirtschaft 24 (1976), 26 (1976) (auf Grund von Unterlagen und Angaben des Statistischen Bundesamts); eigene Berechnungen

* Versandwert (Textilfachstatistik) der Betriebe ab zehn Beschäftigte einschließlich des Umsatzes der industriellen Kleinbetriebe, des Handwerks und des sonstigen produzierenden Gewerbes nach der Umsatzsteuerstatistik (T) bzw. Umsatz aller Betriebe der Bekleidungsindustrie (nach beteiligten Industriegruppen) einschließlich des Handwerks und des sonstigen produzierenden Gewerbes nach der Umsatzsteuerstatistik (B)

** Abgrenzung nach dem Warenverzeichnis für die Industriestatistik (WI); einschließlich Warenverkehr mit der DDR

Tabelle I–7

a) Umsatz aus Inlandsproduktion des Textil- und Bekleidungsgewerbes der Bundesrepublik Deutschland und Inlandsmarkt der Bundesrepublik Deutschland für Textilien und Bekleidung in konstanten Preisen von 1970: 1960, 1965 bis 1975

in Milliarden DM

		1960	1965	1966	1967	1968	1969	1970	1971	1972	1973	1974	1975
Umsatz aus Inlandsproduktion	T	18,41	22,13	22,12	21,24	23,92	25,79	26,65	28,49	27,62	25,31	24,03	23,43
	B	11,54	15,86	15,96	14,82	15,16	16,17	16,79	17,23	18,49	17,17	16,11	15,75
Inlandsverfügbarkeit	T	19,53	24,24	24,06	22,15	25,51	27,74	28,30	30,57	30,15	27,07	25,42	25,99
	B	11,61	16,48	16,51	15,23	15,67	17,14	18,25	19,06	20,88	19,55	18,96	18,94

Quelle: siehe Tabelle I–6

b) Potentielles Nettoproduktionsvolumen der verarbeitenden Industrie der Textil- und der Bekleidungsindustrie der Bundesrepublik Deutschland: 1960, 1965, 1970, 1975

in Milliarden DM

	in Millionen DM zu Preisen von 1970				Index (1960 = 100)	jährliche Veränderungsraten in Prozent						
	1960	1965	1970	1975	1975	60–65	65–70	1971	1972	1973	1974	1975
verarbeitende Industrie	185 251	254 974	314 748	372 060	201	6,6	4,3	5,1	4,1	3,2	2,6	2,0
darunter:												
Textilindustrie	9 848	12 262	14 132	14 873	151	4,5	2,9	2,6	1,8	1,2	0,2	–0,6
Bekleidungsindustrie	6 386	7 700	7 892	7 117	111	3,8	0,5	–0,1	–1,1	–1,9	–3,1	–4,0

Quelle: DIW-Wochenbericht 18 (1976)

Daten für 1975: vorläufig

Tabelle I–8
Anteil ausgewählter Ländergruppen an der Textil- und Bekleidungsausfuhr der Bundesrepublik Deutschland: 1962, 1965, 1970 bis 1975

in Prozent

	Textilien								Bekleidung							
	1962	1965	1970	1971	1972	1973	1974	1975	1962	1965	1970	1971	1972	1973	1974	1975
Welt	100,0	100,0	100,0	100,0	100,0	100,0	100,0	100,0	100,0	100,0	100,0	100,0	100,0	100,0	100,0	100,0
davon: *traditionelle Industrieländer*	86,4	85,8	81,3	80,2	77,8	76,9	73,7	74,9	92,5	90,7	84,9	84,0	82,7	82,5	82,0	81,3
davon: EG (Neun)	45,0	50,3	53,6	53,4	53,4	52,5	51,4	53,8	43,6	53,5	57,0	59,7	58,1	56,6	56,1	57,5
Rest-EFTA (ohne Portugal)	31,7	26,4	17,7	16,4	16,5	15,7	15,6	16,3	38,0	31,3	22,8	20,4	21,2	22,5	22,4	21,3
USA, Kanada, Südafrika, Israel, Japan, Australien, Neuseeland	9,7	9,1	10,1	10,4	7,9	8,7	6,7	4,8	10,9	5,9	5,1	3,9	3,4	3,4	3,5	2,6
Entwicklungsländer	11,4	10,3	8,7	7,4	7,8	9,7	10,5	10,0	6,7	5,2	7,7	9,7	10,5	10,6	11,8	12,1
davon: Mittelmeerländer (ohne EG, Jugoslawien, Israel)	3,7	3,8	3,5	3,5	3,7	5,3	5,5	5,3	2,2	2,7	5,5	7,5	9,0	9,2	10,1	10,6
Mittel-, Südamerika	1,6	1,4	0,9	0,8	1,0	0,9	1,2	0,6	1,4	0,6	0,8	0,7	0,4	0,4	0,3	0,2
Afrika (ohne Mittelmeerländer, Südafrika)	3,1	2,7	1,6	1,4	1,4	1,3	1,6	1,8	1,1	0,8	0,5	0,5	0,4	0,3	0,3	0,3
Südwestasien (ohne Israel)	1,8	1,3	0,9	0,6	0,8	1,4	1,3	1,5	1,4	0,8	0,7	0,8	0,6	0,6	0,8	0,9
Süd-, Südost-, Ostasien (ohne Japan, Staatshandelsländer)	1,2	1,2	1,7	1,1	0,8	0,8	0,8	0,7	0,6	0,3	0,2	0,2	0,2	0,3	0,3	0,2
Ozeanien (ohne Australien, Neuseeland)	0,0	0,0	0,0	0,0	0,0	0,0	0,0	0,0	0,0	0,0	0,0	0,0	0,0	0,0	0,0	0,0

Tabelle I–8 (Fortsetzung)

in Prozent

	Textilien								Bekleidung							
	1962	1965	1970	1971	1972	1973	1974	1975	1962	1965	1970	1971	1972	1973	1974	1975
Staatshandelsländer	2,2	3,8	10,0	12,4	14,4	13,4	15,8	15,1	0,8	4,1	7,5	6,3	6,9	6,9	6,6	6,6
davon:																
DDR	1,5	1,3	2,6	2,5	3,5	1,9	1,7	1,8	0,6	2,1	1,6	1,1	2,1	2,3	2,3	2,2
Osteuropa (ohne DDR, mit Jugoslawien)	0,7	2,5	7,3	9,8	10,9	11,5	13,8	13,3	0,3	2,0	5,8	5,2	4,8	4,6	4,3	4,4
Südost-, Ostasien	0,0	0,0	0,1	0,0	0,0	0,0	0,0	0,0	0,0	0,0	0,0	0,0	0,0	0,0	0,0	0,0

Quelle: Statistisches Bundesamt, Fachserie G (Außenhandel), Reihe 7, Sonderbeiträge: Außenhandel nach Ländern und Warengruppen und -zweigen des Warenverzeichnisses für die Industriestatistik, versch. Jg.; Statistisches Bundesamt, Fachserie F (Groß- und Einzelhandel, Gastgewerbe, Reiseverkehr), Reihe 6: Warenverkehr mit der Deutschen Demokratischen Republik und Berlin (Ost), versch. Jg.; eigene Berechnungen

Abgrenzung nach dem Warenverzeichnis für die Industriestatistik (WI) in der jeweils in den Quellen benutzten Fassung
Angaben für die einzelnen Jahre in der Regel nach den entsprechenden Jahrgangsheften; Angaben für 1973 nach dem Jahrgangsheft 1974
Mittelmeerländer: Portugal, Spanien, Andorra, Gibraltar, Vatikanstadt, Malta, Griechenland, Türkei, Marokko, Algerien, Tunesien, Libyen, Ägypten, Zypern, Libanon, Syrien
Spezialhandel

Tabelle I–9
Anteil ausgewählter Ländergruppen an der Textil- und Bekleidungseinfuhr der Bundesrepublik Deutschland: 1962, 1965, 1970 bis 1975

in Prozent

	Textilien								Bekleidung							
	1962	1965	1970	1971	1972	1973	1974	1975	1962	1965	1970	1971	1972	1973	1974	1975
Welt	100,0	100,0	100,0	100,0	100,0	100,0	100,0	100,0	100,0	100,0	100,0	100,0	100,0	100,0	100,0	100,0
davon: *traditionelle Industrieländer*	84,7	82,3	78,6	76,8	75,6	74,0	73,4	71,8	75,9	70,2	60,3	56,5	52,8	48,4	42,4	39,1
davon: EG (Neun)	68,0	68,2	69,2	68,4	67,4	65,6	64,0	62,6	47,6	49,0	48,4	47,4	45,7	42,0	37,1	33,9
Rest-EFTA (ohne Portugal)	11,1	8,6	5,1	4,7	4,6	4,6	5,0	5,4	17,0	11,9	5,9	4,8	3,6	3,2	3,0	2,9
USA, Kanada, Südafrika, Israel, Japan, Australien, Neuseeland	5,6	5,5	4,2	3,7	3,7	3,7	4,4	3,8	11,3	9,3	5,9	4,4	3,4	3,1	2,3	2,3
Entwicklungsländer	11,8	13,2	14,4	15,2	15,6	17,3	17,8	19,7	16,2	17,2	20,5	21,3	24,9	30,1	36,2	39,6
davon: Mittelmeerländer (ohne EG, Jugoslawien, Israel)	1,4	2,0	3,4	3,9	4,6	5,4	6,2	6,4	3,2	4,1	6,2	6,7	8,0	9,7	11,8	12,6
Mittel-, Südamerika	1,6	1,2	0,5	0,6	1,0	1,3	1,7	1,9	0,2	0,3	0,8	1,0	1,4	2,0	2,1	2,8
Afrika (ohne Mittelmeerländer, Südafrika)	0,7	0,6	0,2	0,2	0,2	0,1	0,2	0,2	0,0	0,0	0,0	0,0	0,0	0,0	0,0	0,1
Südwestasien (ohne Israel)	4,0	4,1	4,4	5,2	5,0	5,2	3,3	3,6	0,0	0,0	0,1	0,1	0,1	0,1	0,0	0,0

Tabelle I–9 (Fortsetzung)

in Prozent

	Textilien 1962	1965	1970	1971	1972	1973	1974	1975	Bekleidung 1962	1965	1970	1971	1972	1973	1974	1975
Süd-, Südost-, Ostasien (ohne Japan, Staatshandelsländer)	4,1	5,3	5,8	5,4	4,9	5,4	6,4	7,5	12,8	12,8	13,4	13,6	15,5	18,3	22,3	24,2
Ozeanien (ohne Australien, Neuseeland)	0,0	0,0	0,0	0,0	0,0	0,0	0,0	0,0	0,0	0,0	0,0	0,0	0,0	0,0	0,0	0,0
Staatshandelsländer	3,5	4,4	7,0	7,9	8,7	8,6	8,9	8,6	7,9	12,6	19,3	22,0	22,3	21,6	21,3	21,2
davon:																
DDR	2,3	2,6	2,9	3,2	2,9	2,8	3,2	3,2	3,9	7,2	6,3	6,3	5,2	4,1	4,5	4,9
Osteuropa (ohne DDR, mit Jugoslawien)	1,0	1,5	3,7	4,4	5,5	5,5	5,3	5,0	3,9	5,1	12,6	15,4	16,8	17,1	16,3	15,7
Südost-, Ostasien	0,2	0,3	0,4	0,3	0,3	0,4	0,4	0,4	0,2	0,3	0,3	0,3	0,3	0,4	0,6	0,7

Quelle: siehe Tabelle I–8

Tabelle I–10

Außenhandel der Bundesrepublik Deutschland in Textilien und Bekleidung nach ausgewählten Ländern: 1974, 1975

in Millionen DM

	Textilien				Bekleidung			
	Ausfuhr		Einfuhr		Ausfuhr		Einfuhr	
	1974	1975	1974	1975	1974	1975	1974	1975
Welt	8 841	7 946	10 280	10 896	2 152	2 379	5 882	6 611
darunter:								
EG	4 555	4 273	6 575	6 825	1 207	2 367	2 183	2 241
DDR	150	141	333	352	49	53	265	322
Norwegen	78	80	7	10	18	13	9	7
Schweden	169	164	28	34	19	22	16	18
Finnland	67	59	5	10	3	2	16	12
Schweiz	487	428	240	286	258	245	32	46
Österreich	571	559	228	245	190	224	101	109
Portugal	42	24	28	33	5	2	24	26
Spanien	77	54	66	76	17	15	126	107
Malta	13	25	4	3	1	1	17	51
Jugoslawien	575	481	243	233	35	38	443	484
Griechenland	135	167	324	370	173	212	316	440
Türkei	16	11	91	96	2	2	170	144
Sowjetunion	43	78	23	27	7	17	9	12
Polen	236	147	42	45	14	15	137	159
Tschechoslowakei	97	72	77	83	12	11	86	86
Ungarn	163	166	65	66	15	15	147	158
Rumänien	63	68	74	67	2	2	77	90
Bulgarien	47	43	18	15	6	6	62	47
Marokko	14	10	53	64	1	0	15	14
Algerien	78	18	10	8	0	0	0	0
Tunesien	29	38	15	20	4	10	14	41
Ägypten	3	6	37	26	0	0	0	0
Südafrika	148	95	20	18	9	6	1	1
USA	159	98	203	181	23	21	36	49
Kanada	82	58	6	5	8	11	15	16
Mexiko	7	6	19	23	0	1	4	7
Kolumbien	9	1	24	31	0	0	2	2
Brasilien	37	14	106	123	0	0	61	98
Uruguay	1	1	9	14	0	0	20	40
Argentinien	1	2	8	10	0	0	32	29
Libanon	52	32	4	2	6	3	9	9
Iran	70	63	328	370	8	5	0	0
Afghanistan	1	1	14	19	0	0	1	1
Israel	37	22	36	37	6	4	33	38
Pakistan	9	2	86	98	1	1	5	5
Indien	2	2	82	85	0	0	51	63

Tabelle I–10 (Fortsetzung)

in Millionen DM

	Textilien				Bekleidung			
	Ausfuhr		Einfuhr		Ausfuhr		Einfuhr	
	1974	1975	1974	1975	1974	1975	1974	1975
Malaysia	7	5	7	19	0	0	14	17
Singapur	12	9	7	15	1	0	25	25
VR China	3	1	41	39	0	0	35	45
Südkorea	2	5	101	120	0	0	215	349
Japan	88	57	114	107	23	13	46	45
Taiwan	7	6	140	145	0	0	149	178
Hongkong	23	23	205	303	4	2	790	896
Macau	0	–	6	7	–	–	55	57
Australien	64	44	26	24	6	4	1	2
Neuseeland	17	8	45	38	1	1	0	1

Quelle: Statistisches Bundesamt, Fachserie G (Außenhandel), Reihe 7, Sonderbeiträge: Außenhandel nach Ländern und Warengruppen und -zweigen des Warenverzeichnisses für die Industriestatistik, Jahrgänge 1974, 1975; Statistisches Bundesamt, Fachserie F (Groß- und Einzelhandel, Gastgewerbe, Reiseverkehr), Reihe 6: Warenverkehr mit der Deutschen Demokratischen Republik und Berlin (Ost), Jahrgänge 1974, 1975

Spezialhandel
Abgrenzung nach dem Warenverzeichnis für die Industriestatistik, Ausgabe 1970 (WI 1970)
(Abgrenzung der Werte 1975 für die DDR nach WI 1975)

Tabelle I–11
Außenhandel der Bundesrepublik Deutschland in Textilien und Bekleidung nach Warenuntergruppen: 1970 bis 1976

in Millionen DM

	Ausfuhr							Einfuhr						
	1970	1971	1972	1973	1974	1975	1976	1970	1971	1972	1973	1974	1975	1976
II A Rohstoffe														
1 Abfallseide, Seidengehäuse	5	5	4	4	5	4	4	14	10	9	6	6	6	5
2 Zellwolle, synthetische Fasern	581	580	647	847	1 001	694	852	319	381	406	484	475	394	482
3 Wolle, Tierhaare, Reißwolle	89	81	129	225	140	146	182	600	553	746	806	637	658	1 009
4 Baumwolle, Reißbaumwolle	78	70	71	87	146	106	142	618	603	609	727	871	682	880
5 Flachs, Hanf, Jute, Hartfasern	5	6	4	4	5	3	3	124	116	99	99	120	69	66
6 Abfälle, Lumpen	77	80	89	98	102	104	115	23	22	20	23	24	15	20
II B Halbwaren														
1 Rohseide, Seidengespinste	10	13	12	15	16	14	14	22	25	22	32	37	22	26
2 Reyon, synthetische Fäden	1 735	1 991	1 777	2 321	2 573	2 084	2 407	720	886	735	815	787	822	841
Gespinste aus:														
3 Zellwolle, synthetischen Fasern	235	273	325	547	670	454	615	234	304	346	413	435	420	494
4 Wolle, Tierhaaren	65	61	88	101	85	83	139	375	400	389	297	228	295	358
5 Baumwolle	57	53	66	92	164	79	145	221	245	356	415	493	441	655
6 Flachs, Hanf, Jute, Hartfasern	7	7	8	11	17	11	13	40	43	41	43	40	37	44
II C Fertigwaren														
II C a Vorerzeugnisse														
Gewebe, Gewirke und dgl. aus:														
1 Seide, Reyon, synthet. Fäden	1 259	1 479	1 409	1 554	1 716	1 597	1 801	742	829	883	901	999	1 052	1 043
2 Zellwolle, synthet. Fasern	636	767	861	1 214	1 477	1 314	1 503	612	807	993	1 287	1 515	1 463	1 507
3 Wolle, Tierhaaren	236	298	344	365	322	346	424	1 172	1 376	1 584	1 497	1 141	1 419	1 569
4 Baumwolle	440	563	673	747	985	963	1 393	456	570	673	687	950	898	1 231
5 Flachs, Hanf, Jute, Hartfasern	310	325	352	463	497	363	391	247	263	234	237	235	236	266

Tabelle I–11 (Fortsetzung)

in Millionen DM

	Ausfuhr 1970	1971	1972	1973	1974	1975	1976	Einfuhr 1970	1971	1972	1973	1974	1975	1976
II C b Enderzeugnisse														
Strick-, Wirkwaren und dgl. aus:														
1 Seide, Chemiefasern	428	495	538	593	629	668	795	1 222	1 580	1 887	1 872	2 055	2 232	2 361
2 Wolle, Tierhaaren	129	152	147	132	98	89	115	377	351	425	375	300	374	482
3 Baumwolle	76	89	110	132	181	205	284	171	200	271	321	411	616	915
Sonstige Kleidung aus:														
4 Seide, Chemiefasern	335	393	473	614	755	828	970	880	1 073	1 447	1 882	2 233	2 356	2 461
5 Wolle, Tierhaaren	361	427	493	536	395	478	647	279	338	473	438	343	445	457
6 Baumwolle	122	163	213	257	367	412	666	488	757	1 044	1 060	1 468	1 694	2 496
7 Flachs, Hanf, Jute, Hartfasern	41	47	54	57	64	66	75	104	113	121	141	183	228	201
8 Hüte	27	26	28	29	31	27	31	53	50	56	58	71	82	96
9 Sonstige Spinnstoffwaren	444	496	544	599	724	616	714	322	395	439	495	589	594	688

Quelle: Statistisches Bundesamt, Fachserie G (Außenhandel), Reihe 1: Zusammenfassende Übersichten 19.., versch. Jg.

Spezialhandel
Ohne Warenverkehr mit der DDR
Abgrenzung nach Warengruppen und -untergruppen der Ernährungswirtschaft und der gewerblichen Wirtschaft

Tabelle I–12
Inlandsproduktion, Inlandsmarkt und Außenhandelsverflechtung (darunter: passiver Veredelungsverkehr) für ausgewählte Teilbranchen der Textil- und Bekleidungsindustrie der Bundesrepublik Deutschland: 1974

in Millionen DM bzw. Prozent

	industrielle Produktion	Einfuhr			Ausfuhr		Inlandsverfügbarkeit	Importquote	Exportquote	Einfuhr nach PV in Prozent der	
		insgesamt	darunter nach PV	darunter Bezüge aus DDR	insgesamt	dar. Liefer. in DDR				Einfuhr	industr. Produktion
Kammgarn, Wollzwirn	1 021	139	0	–	52	6	1 108	12,5	5,1	0,0	0,0
texturiertes Garn aus synthetischen Fäden	892	242	1	–	890	14	244	99,1	99,7	0,3	0,1
Fertiggewebe, Futterstoff	3 037	1 469	9	39	1 537	12	2 969	49,5	50,6	0,6	0,3
textiler Bodenbelag	2 150	1 379	2	22	447	0	3 082	44,7	20,8	0,1	0,1
gewirkter / gestrickter Stoff	956	299	22	4	754	3	501	59,7	78,9	7,5	2,3
gewirkte / gestrickte Oberbekleidung	1 831	1 921	114	10	438	6	3 314	58,0	23,9	6,0	6,2
Feinstrumpfhosen	636	284	144	40	171	0	748	37,9	26,9	59,0	22,6
HAKA	3 250	1 174	244	47	441	1	3 983	29,9	13,6	21,7	7,5
DOB	5 775	1 249	260	28	579	6	6 445	19,4	10,0	21,3	4,5
Herrenoberhemden (gewebt)	601	618	117	52	96	4	1 123	55,0	16,0	20,7	19,5
Büstenhalter, Mieder	483	118	30	8	72	–	529	22,3	14,9	26,9	6,2
Bettwäsche	652	109	0	25	39	?	722	15,1	6,0	0,1	0,0

Zu Tabelle I–12

Quelle: Statistisches Bundesamt, Fachserie D (Industrie und Handwerk), Reihe 3: Industrielle Produktion 1974; Statistisches Bundesamt, Fachserie F (Groß- und Einzelhandel, Gastgewerbe, Reiseverkehr), Reihe 6: Warenverkehr mit der Deutschen Demokratischen Republik und Berlin (Ost) 1974; Statistisches Bundesamt, Fachserie G (Außenhandel), Reihe 2: Spezialhandel nach Waren und Ländern, Dezember und Jahr 1974; Statistisches Bundesamt, Systematische Verzeichnisse: Gegenüberstellung des Warenverzeichnisses für die Industriestatistik (WI) mit dem Warenverzeichnis für die Außenhandelsstatistik (WA), Stand 1974, Stuttgart–Mainz 1975/76; eigene Berechnungen

Spezialhandel

Kammgarn, Wollzwirn	WI 633313 . . . 633390, 633930 // WA 530731 . . . 530785, 530872 . . . 530889
texturiertes Garn aus synthetischen Fäden	WI 633615 // WA 510111, 510113, 510122, 510132, 510182
Fertiggewebe, Futterstoff	WI 637211 . . . 637299, 637511 . . . 637577 // WA (127 Warennummern, vgl. Syst. Verzeichnis)
textiler Bodenbelag	WI 637710 . . . 637790 // WA 580131 . . . 580190, 580201 . . . 580290, 590206
gewirkter/gestrickter Stoff	WI 639113 . . . 639199 // WA 591430, 600108 . . . 600199, 600621 . . . 600670
gewirkte/gestrickte Oberbekleidung	WI 639213 . . . 639290, 639313 . . . 639390, 639413 . . . 639449 // WA 600540 . . . 600579
Feinstrumpfhosen	WI 639977 // WA 600431
HAKA	WI 641111 . . . 641190 // WA 610133 . . . 610169
DOB	WI 641210 . . . 641290 // WA 610233 . . . 610279
Herrenoberhemden (gewebt)	WI 642111 . . . 642119 // WA 610322 . . . 610359
Büstenhalter, Mieder	WI 642511 . . . 642580 // WA 610920 . . . 610960
Bettwäsche	WI 642711 . . . 642790 // WA 620212 . . . 620228

Anmerkung:
In einigen Fällen (vor allem im Warenverkehr mit der DDR) sind die veröffentlichten Statistiken nicht detailliert genug untergliedert, um die Anweisungen dieses Umsteigeschlüssels hundertprozentig einhalten zu können. Die resultierenden Ungenauigkeiten dürften sich aber in engen Grenzen halten.

Tabelle I–13

Beschäftigte Arbeitnehmer insgesamt und beschäftigte ausländische Arbeitnehmer: alle Wirtschaftsabteilungen, verarbeitendes Gewerbe (ohne Baugewerbe), Textilgewerbe, Bekleidungsgewerbe der Bundesrepublik Deutschland 1962 bis 1976

	alle Wirtschaftsabteilungen			verarbeitendes Gewerbe			Textilgewerbe			Bekleidungsgewerbe		
	insges.	darunter Ausländer		insges.	darunter Ausländer		insges.	darunter Ausländer		inges.	darunter Ausländer	
	Tausend	Tausend	in %	Tausend	Tausend	in %	Tausend	Tausend	in %	Tausend	Tausend	in %
1962	20 887	629	3,0	9 325	359	3,8	629	27	4,3	...	12	...
1963	21 125	773	3,7	9 275	445	4,8	614	37	6,0	...	17	...
1964	21 361	902	4,2	9 321	539	5,8	597	44	7,4	...	20	...
1965	21 650	1 119	5,2	9 521	704	7,4	589	57	9,7	...	27	...
1966	21 662	1 244	5,7	9 442	789	8,4	578	69	11,9	...	35	...
1967	20 933	1 014	4,8	8 932	629	7,0	526	58	11,0	...	29	...
1968	21 065	1 019	4,8	9 020	644	7,1	526	61	11,6	...	27	...
1969	21 647	1 366	6,3	9 455	899	9,5	547	80	14,6	...	36	...
1970	22 160	1 807	8,2	9 728	1 187	12,2	536	92	17,2	...	42	...
1971	22 339	2 128	9,5	9 676	1 343	13,9	514	98	19,1	...	48	...
1972	22 372	2 285	10,2	9 514	1 400	14,7	487	103	21,1	...	57	...
1973	22 511**	...	...	9 559**	...	...	462	...	...	...	...	...
1974*	20 815	2 331	11,2	9 219	1 456	15,8	421	93	22,0	363	43	11,9
1975*	20 095	2 071	10,3	8 678	1 251	14,4	385	80	20,9	343	42	12,1
1976*	19 939	1 937	9,7	8 435	1 149	13,6	362	72	20,0	324	38	11,6

Quelle: Institut für Arbeitsmarkt- und Berufsforschung der Bundesanstalt für Arbeit, Beiträge zur Arbeitsmarkt- und Berufsforschung: Arbeitsmarktstatistische Zahlen in Zeitreihenform – Jahreszahlen für die Bundesrepublik Deutschland – Ausgabe 1975, Nürnberg 1975 (Zahlen für 1962 bis 1973); Bundesanstalt für Arbeit, Arbeitsstatistik 1975 – Jahreszahlen, Bundesanstalt für Arbeit, Amtliche Nachrichten der Bundesanstalt für Arbeit 7 (1976), 10 (1976), 4 (1977); Auskünfte der Bundesanstalt für Arbeit (Zahlen für 1974/75); eigene Berechnungen

Im allgemeinen Jahresdurchschnittszahlen (Inlands- und Unternehmenskonzept)
* Zahlen vom 30. Juni des betreffenden Jahres
** Vorläufige Ergebnisse

Zu Tabelle I–13

Die Zahl der beschäftigten ausländischen Arbeitnehmer nach Wirtschaftsgruppen ist vor 1962 mangels Statistiken nicht zu ermitteln. 1973 und 1974 bestand keine Kartei für ausländische Arbeitnehmer mehr. Zahlen für 1974 bis 1976 nach der neuen Beschäftigtenstatistik der Bundesanstalt für Arbeit. Zahlen für das Bekleidungsgewerbe für sich genommen (ohne Ledergewerbe) liegen zwischen 1962 und 1973 nicht vor

Anteile der beschäftigten weiblichen Arbeitnehmer an den beschäftigten Arbeitnehmern insgesamt am 31. Dezember 1975 (in Klammern die entsprechenden Anteile bei den ausländischen beschäftigten Arbeitnehmern): Alle Wirtschaftsabteilungen: 37,9 Prozent (31,5 Prozent); verarbeitendes Gewerbe: 29 Prozent (31,1 Prozent); Textilgewerbe: 53,4 Prozent (46,7 Prozent); Bekleidungsgewerbe: 80,9 Prozent (80,5 Prozent)

Tabelle I–14
Anteil der Beschäftigten nach der Stellung im Betrieb an der Gesamtbeschäftigtenzahl in der Industrie, Textilindustrie und Bekleidungsindustrie der Bundesrepublik Deutschland sowie jeweiliger Anteil der weiblichen Beschäftigten: Ende September 1962, 1974

in Prozent

	Beschäftigte nach der Stellung im Betrieb in Prozent der Gesamtbeschäftigtenzahl						Anteil der weiblichen Beschäftigten		
	I		T		B		I	T	B
	1962	1974	1962	1974	1962	1974	1974	1974	1974
Beschäftigte insgesamt	100,0	100,0	100,0	100,0	100,0	100,0	28,4	52,3	82,0
tätige Inhaber und tätige Mitinhaber	0,7	0,5	0,8	0,7	1,4	1,2	15,4	18,6	27,7
Angestellte	18,8	26,0	14,6	20,4	11,8	15,5	30,6	37,6	54,1
darunter:									
kaufmännische u. Verwaltungsangest.	(10,8)	(14,2)	(8,6)	(12,0)	(7,9)	(9,5)	48,3	53,6	61,3
technische Angestellte	(8,0)	(11,9)	(6,0)	(8,3)	(3,8)	(6,0)	9,4	14,5	42,8
Arbeiter	76,3	69,6	82,4	76,7	81,6	78,5	28,1	56,5	88,0
darunter:									
Facharbeiter	(31,5)	(27,6)	(25,6)	(24,9)	(39,3)	(38,1)	9,2	40,8	86,5
sonstige Arbeiter	(44,8)	(41,9)	(56,8)	(51,8)	(42,2)	(40,4)	40,5	64,0	89,4
Auszubildende	4,2	3,8	2,1	2,2	5,2	4,7	22,3	54,5	88,1
darunter:									
Auszubildende in kaufmänn. und in d. übrigen nichtgewerbl. Lehrber.	(1,4)	(1,2)	(1,2)	(1,2)	(1,5)	(1,3)	55,5	67,2	68,6
Auszubildende in gewerbl. Lehrber.	(2,9)	(2,7)	(0,9)	(1,0)	(3,7)	(3,4)	7,8	38,7	95,3

Quelle: Statistisches Bundesamt, Fachserie D (Industrie und Handwerk), Reihe 4, Sonderbeiträge zur Industriestatistik: Beschäftigte nach der Stellung im Betrieb: September 19 . . , Jahrgänge 1962, 1974

Im allgemeinen Betriebe mit zehn und mehr Beschäftigten
Gliederung nach hauptbeteiligten Industriegruppen

Zahl der Beschäftigten insgesamt:	I	T	B
Ende September 1962	8 367 375	580 618	385 871
Ende September 1974	8 160 686	387 213	306 584

Tabelle I–15

Änderung der Beschäftigtenstruktur der Bekleidungsindustrie der Bundesrepublik Deutschland nach Stellung der Beschäftigten im Betrieb und nach Leistungsgruppen der beschäftigten Arbeiter: 1973/1975

	Bestand		Änderung 1973 / 1975	
	1973	1975	absolut	in Prozent
Beschäftigte insgesamt	359 738	288 308	–71 430	–19,9
a) davon:				
tätige Inhaber, mithelfende Familienangehörige, Angestellte, Auszubildende in kaufmännischen und sonstigen nichtgewerblichen Lehrberufen	61 150	52 546	– 8 604	–14,1
Arbeiter, Auszubildende in gewerblichen Lehrberufen	298 588	235 762	–62 826	–21,0
davon:				
Facharbeiter (= Leistungsgruppe 1)	ca. 61 260	ca. 48 050	ca. –13 210	ca. –21,6
angelernte Arbeiter (= Leistungsgruppe 2)	ca. 186 430	ca. 149 130	ca. –37 300	ca. –20,0
ungelernte Arbeiter (= Leistungsgruppe 3)	ca. 50 900	ca. 38 580	ca. –12 320	ca. –24,2
b) davon:				
tätige Inhaber, mithelfende Familienangehörige, Angestellte, Auszubildende in kaufmännischen und sonstigen nichtgewerblichen Lehrberufen, Facharbeiter	ca. 122 410	ca. 100 600	ca. –21 810	ca. –17,8
angelernte Arbeiter, ungelernte Arbeiter	ca. 237 330	ca. 187 710	ca. –49 620	ca. –20,9

Quelle: Statistisches Bundesamt, Fachserie D (Industrie und Handwerk), Reihe 1: Betriebe und Unternehmen der Industrie, I. Betriebe: Beschäftigung und Umsatz, Brennstoff- und Energieversorgung, Jahrgänge 1974, 1975; Statistisches Bundesamt, Fachserie M (Preise, Löhne, Wirtschaftsrechnungen), Reihe 15: Arbeitnehmerverdienste in Industrie und Handel: I. Arbeiterverdienste, Jahrgänge 1973, 1975; eigene Berechnungen

Die mit «ca.» ausgewiesenen Zahlen der Tabelle wurden an Hand der Leistungsgruppenstruktur im Jahre 1973 bzw. 1975 aus den in der dritten Zeile der Tabelle angegebenen Zahlen der im Jahresdurchschnitt 1973 bzw. 1975 beschäftigten Arbeiter errechnet. Als Leistungsgruppenstruktur eines bestimmten Jahres wurde das ungewichtete arithmetische Mittel der Leistungsgruppenstruktur im Januar, April, Juli und Oktober des betreffenden Jahres verwandt. Unberücksichtigt – weil kaum ins Gewicht fallend – ist geblieben, daß sich die Angaben zur Leistungsgruppenstruktur lediglich auf die Arbeiter ohne die gewerblich Auszubildenden beziehen, während die in der dritten Zeile der Tabelle genannten Zahlen die gewerblich Auszubildenden einschließen. Wegen einer Änderung des Auswahlkreises der berichtenden Firmen zur Jahreswende 1972/73 war es nicht ratsam, ein Jahr vor 1973 zum Vergleich mit dem Jahr 1975 heranzuziehen

Tabelle I–16
Textil- und Bekleidungsausfuhr ausgewählter Länder (darunter: Ausfuhr in die Bundesrepublik Deutschland); Textil- und Bekleidungseinfuhr der Bundesrepublik Deutschland aus diesen Ländern: 1968 bis 1975

in Millionen US-$

		Ausfuhr									
		insgesamt							darunter in der Bundesrepublik Deutschland		
		1968	1970	1971	1972	1973	1974	1975	1973	1974	1975
Ungarn*	T	84,0	85,0	91,1	119,7	147,4	169,9	143,0	. . .	. . .	. . .
	B	92,2	99,6	118,3	152,7	204,9	226,7	270,7	. . .	. . .	. . .
Jugoslawien**	T	55,8	79,8	80,6	103,7	138,2	151,9	177,9	20,6	12,5	5,6
	B	70,4	85,0	99,4	135,8	145,2	149,3	203,7	23,6	23,9	25,3
Griechenland***	T	15,4	36,9	47,4	78,7	132,5	185,0	173,7	64,0	79,4	76,2
	B	5,9	9,9	11,4	21,4	53,6	88,3	123,9	31,6	52,8	77,4
Malta	T	4,8	4,6	4,6	7,1	10,8	11,7	. . .	. . .	. . .	. . .
	B	5,5	8,9	13,5	20,8	36,3	50,0	. . .	. . .	. . .	. . .
Hongkong	T	171,2	275,0	308,0	383,7	667,4	721,7	592,7	12,4	. . .	. . .
	B	483,5	698,9	895,3	1 078,7	1 423,6	1 688,9	2 032,9	264,3	. . .	. . .
Südkorea	T	61,2	84,9	137,8	176,6	435,2	492,6	648,9	10,9	. . .	. . .
	B	112,2	213,6	304,3	442,2	749,9	957,0	1 148,2	54,6	. . .	. . .

Zu Tabelle I–16

in Millionen US-$

		Einfuhr der Bundesrepublik Deutschland****					
		1970	1971	1972	1973	1974	1975
Ungarn*	T	2,7	3,3	6,0	8,8	10,0	10,4
	B	8,6	19,3	38,1	58,1	76,0	85,6
Jugoslawien**	T	15,1	16,2	21,4	24,3	14,1	7,5
	B	59,8	93,5	152,6	213,2	251,3	284,1
Griechenland***	T	17,9	27,7	45,8	70,4	81,6	79,8
	B	18,8	27,0	50,9	96,1	152,0	232,1
Malta	T	0,5	0,6	1,0	1,0	1,1	0,3
	B	1,1	2,1	5,0	5,1	7,1	21,5
Hongkong	T	3,9	4,5	8,3	10,1	7,3	9,4
	B	117,1	150,4	218,3	306,0	387,3	487,7
Südkorea	T	2,1	5,0	5,5	8,6	16,7	21,9
	B	6,1	8,8	19,4	46,4	100,7	162,1

Quelle: UN, Yearbook of International Trade Statistics, versch. Jg.; OECD, Statistics of foreign trade, Series B: Trade by commodities, Country summaries, versch. Jg.; GATT, International Trade 1975/76, Genf 1976; Statistisches Bundesamt, Fachserie G (Außenhandel), Reihe 5: Special Trade according to the Classification for Statistics and Tariffs (CST), versch. Jg.

Im allgemeinen Spezialhandel (Ungarn, Hongkong: Generalhandel)
Ausfuhr: f. o. b.; Einfuhr: c. i. f.
Abgrenzung nach SITC, Rev. 1 (Textilien = SITC 65; Bekleidung = SITC 84)

* Veredelungsverkehre in den Ausfuhrzahlen nur im Umfang der inländischen Wertschöpfung berücksichtigt

** Veredelungsverkehre in den Ausfuhrzahlen nicht berücksichtigt

*** Passive Veredelungsverkehre in den Ausfuhrzahlen nicht berücksichtigt, ebensowenig Ausfuhr aus den Freizonen Piräus und Saloniki (nach Auskunft des Statistischen Bundesamtes beruht die enorme Diskrepanz zwischen den Werten für die Ausfuhr von Bekleidung aus Griechenland in die Bundesrepublik Deutschland und den entsprechenden Werten für die Einfuhr von Bekleidung aus Griechenland in die Bundesrepublik Deutschland in erster Linie auf der Nichteinbeziehung wirtschaftlicher Veredelungsverkehre mit den Freizonen Piräus und Saloniki in die griechische Ausfuhrstatistik. Zum Beispiel importierte die Bundesrepublik Deutschland 1974 allein für 44 Millionen US-$ Pelzbekleidung im wirtschaftlichen Veredelungsverkehr aus diesen beiden Freizonen, für 12 Millionen US-$ Strumpfhosen, für 9 Millionen US-$ Kinderbekleidung usw. Daneben mag die Einfuhr über Drittländer eine gewisse Rolle spielen)

**** Bei Einfuhr nach Veredelung ist der volle Warenwert (einschließlich Veredelungs- und Vertriebskosten) eingesetzt

Tabelle I–17
Anteil der Textil- und Bekleidungsausfuhr ausgewählter Länder an der gesamten Ausfuhr dieser Länder und an der Weltausfuhr von Textilien und Bekleidung: 1968 bis 1975

in Prozent

		Anteil der TB-Ausfuhr an der gesamten Ausfuhr							Anteil der TB-Ausfuhr an der Welt-Ausfuhr von TB					
		1968	1970	1971	1972	1973	1974	1975	1970	1971	1972	1973	1974	1975
Ungarn*	T	4,7	3,7	3,6	3,6	3,3	3,3	3,2	0,7	0,6	0,7	0,6	0,6	0,7
	B	5,2	4,3	4,7	4,6	4,6	4,4	4,4	1,6	1,6	1,6	1,6	1,5	1,6
Jugoslawien**	T	4,4	4,8	4,4	4,6	4,6	4,0	4,4	0,6	0,6	0,6	0,6	0,6	0,7
	B	5,6	5,1	5,4	6,1	4,8	3,9	5,0	1,4	1,3	1,4	1,1	1,1	1,2
Griechenland***	T	3,3	5,7	7,2	9,0	9,1	9,1	7,6	0,3	0,3	0,5	0,6	0,7	0,7
	B	1,3	1,5	1,7	2,5	3,7	4,4	5,4	0,2	0,2	0,2	0,4	0,6	0,7
Malta	T	19,4	15,6	12,6	12,6	12,4	10,6	...	0,0	0,0	0,0	0,0	0,0	...
	B	22,6	30,4	37,2	36,9	41,7	45,3	...	0,1	0,2	0,2	0,3	0,3	...
Hongkong	T	12,3	10,9	10,7	11,0	13,2	12,2	9,8	2,2	2,2	2,3	2,9	2,6	2,2
	B	34,8	27,8	31,2	31,0	28,2	28,6	33,8	11,2	11,9	11,1	11,3	11,3	12,1
Südkorea	T	13,4	10,2	12,9	10,9	13,5	11,0	12,8	0,7	1,0	1,0	1,9	1,8	2,4
	B	24,6	25,6	28,5	27,2	23,3	21,5	22,6	3,4	4,0	4,6	5,9	6,4	6,9
zum Vergleich:														
Bundesrepublik Deutschland	T	4,0	4,4	4,7	4,4	4,5	4,1	3,6	12,0	12,8	11,8	13,2	13,1	12,3
	B	1,3	1,3	1,4	1,4	1,3	1,1	1,3	6,7	7,0	6,8	7,2	6,5	6,8
Japan	T	11,1	9,0	8,6	7,6	6,6	5,5	5,2	14,1	14,4	12,8	10,6	11,1	11,0
	B	3,0	2,4	1,9	1,5	1,0	0,6	0,6	7,4	6,2	4,4	2,9	2,2	2,0
USA	T	1,5	1,4	1,5	1,6	1,7	1,8	1,5	4,9	4,5	4,6	5,4	6,6	6,2
	B	0,6	0,5	0,5	0,5	0,4	0,4	0,4	3,6	2,9	2,6	2,3	2,8	2,6

Quelle: siehe Tabelle I–16; eigene Berechnungen

Tabelle I–18

Ausfuhr der Bundesrepublik Deutschland von Textilien und Bekleidung nach Warenuntergruppen und ausgewählten Ländern: 1970, 1975

in Tausend DM

	Ungarn		Jugoslawien		Griechenland		Malta		Hongkong		Südkorea	
	1970	1975	1970	1975	1970	1975	1970	1975	1970	1975	1970	1975
II A *Rohstoffe*												
1 Abfallseide, Seidengehäuse	–	–	–	–	–	–	–	–	–	–	–	–
2 Zellwolle, synthetische Fasern	7 472	16 301	17 235	26 970	10 611	26 513	–	1	1 087	26	87	–
3 Wolle, Tierhaare, Reißwolle	182	1 858	2 708	15 798	513	5 461	–	–	–	–	3	–
4 Baumwolle, Reißbaumwolle	260	896	1 335	4 581	–	–	–	–	45	552	–	–
5 Flachs, Hanf, Jute, Hartfasern	22	–	1 079	31	2	43	6	–	–	–	–	–
6 Abfälle, Lumpen	406	286	353	192	22	28	13	–	6	24	8	–
II B *Halbwaren*												
1 Rohseide, Seidengespinste	8	188	490	1 271	76	65	–	7	–	–	–	–
2 Reyon, synthetische Fäden	6 731	54 791	42 699	85 519	15 030	25 073	46	2 056	6 215	11 438	529	513
Gespinste aus:												
3 Zellwolle, synthetischen Fasern	191	3 676	1 604	13 329	168	4 599	–	271	113	181	–	8
4 Wolle, Tierhaaren	133	547	1 888	1 706	431	882	1	–	194	37	–	–
5 Baumwolle	119	724	882	1 745	253	794	2	132	28	57	–	3
6 Flachs, Hanf, Jute, Hartfasern	–	36	242	670	160	123	–	–	16	14	–	–
II C *Fertigwaren*												
II C a *Vorerzeugnisse*												
Gewebe, Gewirke u. dgl. aus:												
1 Seide, Reyon, synthet. Fäden	7 334	45 943	79 020	100 957	17 262	54 129	368	7 746	30 678	8 110	282	165
2 Zellwolle, synthetischen Fasern	2 270	31 401	35 479	109 781	7 844	21 489	686	6 757	5 369	4 261	3	284
3 Wolle, Tierhaaren	2 086	13 453	21 280	49 357	3 814	19 326	5	807	1 691	697	3	324
4 Baumwolle	2 031	21 782	9 407	40 502	4 321	19 376	192	7 621	1 701	5 371	103	2 694
5 Flachs, Hanf, Jute, Hartfasern	1 066	2 479	10 653	21 600	2 110	5 007	156	874	1 265	3 416	9	1 774
II C b *Enderzeugnisse*												
Strick-, Wirkwaren und dgl. aus:												
1 Seide, Chemiefasern	175	1 886	9 968	87 118	849	21 634	55	244	804	402	3	–
2 Wolle, Tierhaaren	15	82	76	1 670	61	555	1	–	26	21	–	–
3 Baumwolle	5	288	2 521	1 464	142	534	3	2	23	182	–	–
Sonstige Kleidung aus:												
4 Seide, Chemiefasern	1 271	9 267	12 002	19 424	855	8 167	27	840	686	370	–	257
5 Wolle, Tierhaaren	13	965	296	477	312	1 328	7	7	152	140	1	–
6 Baumwolle	42	2 682	2 683	8 273	162	979	8	34	22	112	–	–
7 Flachs, Hanf, Jute, Hartfasern	59	1 468	3 421	5 888	304	659	122	55	115	179	6	2
8 Hüte	2	4	406	327	72	28	13	1	70	6	–	5
9 Sonstige Spinnstoffwaren	1 556	4 432	16 131	19 844	6 993	6 315	119	517	2 452	766	175	101

Quelle: Statistisches Bundesamt, Fachserie G (Außenhandel), Reihe 3: Spezialhandel nach Ländern und Warengruppen, 4. Vierteljahr und Jahr. . ., Jahrg. 1970, 1975
Spezialhandel Abgrenzung nach Warengruppen und -untergruppen der Ernährungswirtschaft und der gewerblichen Wirtschaft

Tabelle I–19

Einfuhr der Bundesrepublik Deutschland von Textilien und Bekleidung nach Warenuntergruppen und ausgewählten Ländern: 1970, 1975

in Tausend DM

	Ungarn		Jugoslawien		Griechenland		Malta		Hongkong		Südkorea	
	1970	1975	1970	1975	1970	1975	1970	1975	1970	1975	1970	1975
II A *Rohstoffe*												
1 Abfallseide, Seidengehäuse	–	–	–	–	–	–	–	–	–	–	32	16
2 Zellwolle, synthetische Fasern	2 626	4 181	3 167	495	1	104	–	–	–	2	–	23
3 Wolle, Tierhaare, Reißwolle	2 766	881	66	263	218	202	16	–	–	–	243	178
4 Baumwolle, Reißbaumwolle	56	522	13	–	6 261	1 870	–	–	282	359	–	–
5 Flachs, Hanf, Jute, Hartfasern	510	249	327	309	–	–	–	–	–	–	72	–
6 Abfälle, Lumpen	997	254	241	15	50	5	–	–	11	14	–	2
II B *Halbwaren*												
1 Rohseide, Seidengespinste	–	–	–	–	3	–	–	–	–	–	–	–
2 Reyon, synthetische Fäden	–	558	150	290	817	4 715	1	150	10	34	101	1 314
Gespinste aus:												
3 Zellwolle, synthetischen Fasern	1	13	653	102	1 195	2 497	15	–	3	71	524	23 695
4 Wolle, Tierhaaren	13	15	–	136	225	1 263	–	–	3	–	–	–
5 Baumwolle	1	154	23 432	3 244	34 460	92 809	1 832	681	36	5	–	3 311
6 Flachs, Hanf, Jute, Hartfasern	–	200	217	506	–	–	–	–	–	–	–	–
II C *Fertigwaren*												
II C a *Vorerzeugnisse*												
Gewebe, Gewirke und dgl. aus:												
1 Seide, Reyon, synthet. Fäden	282	1 490	227	1 355	8 125	9 405	–	10	636	1 832	352	1 770
2 Zellwolle, synthetischen Fasern	413	1 805	717	2 037	262	14 289	8	24	931	5 767	1 151	594
3 Wolle, Tierhaaren	2 299	2 583	5 795	3 762	16 229	50 052	18	–	1 171	1 285	890	593
4 Baumwolle	641	5 433	13 495	2 446	2 811	9 599	3	3	5 815	9 536	2 595	11 795
5 Flachs, Hanf, Jute, Hartfasern	4 076	1 515	5 683	362	26	38	22	–	156	158	2	213
II C b *Enderzeugnisse*												
Strick-, Wirkwaren und dgl. aus:												
1 Seide, Chemiefasern	6 484	40 093	43 312	186 490	12 496	108 935	16	1 179	63 656	137 885	11 366	74 633
2 Wolle, Tierhaaren	1 866	3 628	3 946	7 772	478	4 875	53	129	87 977	41 183	104	841
3 Baumwolle	727	8 029	5 924	22 032	2 881	83 618	5	561	22 237	105 814	1 076	2 118
Sonstige Kleidung aus:												
4 Seide, Chemiefasern	8 442	82 942	101 365	274 828	17 575	96 630	392	13 435	128 654	393 577	9 520	169 033
5 Wolle, Tierhaaren	2 047	23 793	36 466	85 628	2 876	20 128	–	668	637	1 665	28	224
6 Baumwolle	4 256	44 532	13 720	57 838	1 383	32 307	3 623	34 197	93 763	425 814	172	15 081
7 Flachs, Hanf, Jute, Hartfasern	474	1 174	3 170	16 431	1 327	3 757	–	2	11 121	24 310	1	25 445
8 Hüte	49	664	404	606	–	5	1	6	1 096	2 915	9	705
9 Sonstige Spinnstoffwaren	201	1 239	5 193	4 411	11	2 218	–	–	29 589	16 054	90	7 502

Quelle: siehe Tabelle I–18

Tabelle I–20
Durchschnittliche jährliche Wachstumsraten von Produktion und Beschäftigung in der Industrie, verarbeitenden Industrie, Textilindustrie und Bekleidungsindustrie ausgewählter Länder: 1964 (1966) bis 1973 (1975)
Gewicht der verarbeitenden Industrie, Textilindustrie und Bekleidungsindustrie für Produktion und Beschäftigung in der Industrie ausgewählter Länder: 1970

in Prozent

	Durchschnittliche jährliche Wachstumsraten								Gewicht 1970 (Industrie (2–4) = 100)					
	Produktion (1964 bis 1973)				Beschäftigung (1966 bis 1975)				Produktion			Beschäftigung		
ISIC	2–4	3	321	322	2–4	3	321	322	3	321	322	3	321	322
Ungarn	6,0	6,0	1,3	3,7	1,3	0,8[1]	–1,3[1]	1,3[1]	84,3	5,9	2,4	88,7	8,3	4,8
Jugoslawien	7,0	7,2	4,8	7,9	3,4	3,5	2,5	8,0	87,0	8,4	2,4	89,5	12,6	3,5
Griechenland	11,1	10,7	9,3	4,8	...	2,8	7,1[2]	13,0[2]	86,3	11,2	3,6	92,4	11,4	7,9
Malta	9,4	9,6[8]	14,6	24,9	7,0[3]	7,2[3]	17,2[3]		90,6	13,6	5,0	88,5	13,2	7,5
Hongkong	...	...	...	...	...	4,7	1,5	10,7	92,9[4]	25,4[4]	18,5[4]	98,4[4]	20,2[4]	25,4[4]
Südkorea	20,3	21,7	26,6	26,2•	12,2[5]	13,3[5]	–0,8[6]	11,0[6]	...	13,9■	2,8■	...	24,2■	6,1■
Bundesrepublik Deutschland	5,3	5,5	2,7	0,5	...	–0,7	–4,5	–3,7	91,9	3,8	3,6**	...	6,1■	4,6■
Japan	11,7	12,0	7,0	7,3	0,8[7]	0,9[7]	–4,3	3,5	...	6,4■	1,2■	96,8	11,1	3,0
USA	4,9	5,0	4,3	2,1	...	–0,5	–1,0	–1,8	...	3,8■	3,3■	...	6,1■	6,4■
Welt*	5,9	6,7	4,6	4,0**	2,2[3]	2,3[3]	1,8[3]	2,9[3],**	86,8	4,4	3,8**	92,2	11,8	8,7**

Quelle: UN, Yearbook of Industrial Statistics, 1974 Edition, New York 1976; ILO, Year Book of Labour Statistics 1976, Genf 1976; Statistisches Bundesamt, Lange Reihen zur Wirtschaftsentwicklung 1976, Stuttgart–Mainz 1976; eigene Berechnungen

ISIC: vergleiche Erläuterungen zu Tabelle I–1 (ISIC 322 = Bekleidungsindustrie)
Wachstumsraten und Gewicht der Produktion errechnet auf der Basis der Wertschöpfung in konstanten Preisen (i. a. zu Faktorkosten)
Wegen weiterer, weniger ins Gewicht fallender Modifikationen (Beschäftigtenbegriff etc.) vergleiche die Erläuterungen zu den Quellen

* ohne Albanien, Volksrepublik China, Mongolei, Nordkorea, Nordvietnam ** ISIC 322–324 • ISIC 322, 324 ■ bezogen auf ISIC 3 = 100
[1] 1968 bis 1975 [2] 1970 bis 1973 [3] 1966 bis 1973 [4] 1973 [5] 1971 bis 1975 [6] 1972 bis 1975 [7] 1967 bis 1975 [8] 1967 bis 1973

Tabelle 1–21
Außenhandel der Bundesrepublik Deutschland in Textil-, Lederbearbeitungs- und Nähmaschinen nach Ländergruppen: 1970, 1975

	in Millionen US-$				in Prozent			
	Ausfuhr		Einfuhr		Ausfuhr		Einfuhr	
	1970	1975	1970	1975	1970	1975	1970	1975
Welt	882	1 764	180	270	100	100	100	100
davon:								
traditionelle Industrieländer	558	810	173	253	63	46	96	94
davon:								
EG (Neun)	280	446	99	125	32	25	55	46
Rest-EFTA (ohne Portugal)	82	131	44	85	10	7	24	31
USA, Kanada, Südafrika, Israel, Japan Australien, Neuseeland	196	233	30	43	22	13	17	16
Entwicklungsländer	237	703	2	10	27	40	1	4
davon:								
Mittelmeerländer (ohne EG, Jugosl., Israel)	72	234	1	4	8	13	1	1
Mittel-, Südamerika	84	197	0	1	10	11	0	0
Afrika (ohne Mittelmeerländer, Südafrika)	12	39	0	0	1	2	0	0
Südwestasien (ohne Israel)	11	116	0	0	1	7	0	0
Süd-, Südost-, Ostasien (ohne Japan, Staatshandelsländer)	58	117	1	5	7	7	1	2
Ozeanien (ohne Australien, Neuseeland)	0	0	0	0	0	0	0	0
Staatshandelsländer	87	252	5	6	10	14	3	2
davon:								
DDR	14	36	2	2	2	2	1	1
Osteuropa (ohne DDR, mit Jugoslawien)	73	209	3	4	8	12	2	1
Südost-, Ostasien	0	7	0	0	0	0	0	0

Quelle: Statistisches Bundesamt, Fachserie G (Außenhandel), Reihe 5: Special Trade according to the Classification for Statistics and Tariffs (CST), 4th Quarter and Year 19.., Jahrgänge 1970, 1975; Statistisches Bundesamt, Fachserie F (Groß- und Einzelhandel, Gastgewerbe, Reiseverkehr), Reihe 6: Warenverkehr mit der Deutschen Demokratischen Republik und Berlin (Ost) 19.., Jahrgänge 1970, 1975; eigene Berechnungen

Tabelle I–22

a) Weltproduktion von Synthesefasern nach Regionen: 1970, 1973, 1975

in Tausend Tonnen bzw. Prozent

	1970	1973	1975
Welt	4 647	7 536	7 004
Anteile in Prozent:			
Westeuropa	31,4	30,3	26,1
USA	32,1	34,7	34,6
Japan	20,6	16,3	15,0
Osteuropa	8,0	8,3	10,5
übrige Welt	7,9	10,4	13,8

Quelle: Textil-Wirtschaft 18 (1976); eigene Berechnungen

b) Weltproduktion von Chemiefasern nach Regionen: 1970 bis 1976

in Tausend Tonnen bzw. Prozent

	1970	1971	1972	1973	1974	1975	1976
Welt	8 394	9 325	10 247	11 584	11 310	10 674	12 301
Anteile in %:							
Westeuropa	31,3	30,9	29,8	29,5	28,0	24,5	25,5
USA	27,0	27,6	29,6	29,7	29,3	27,9	26,9
Japan	18,0	17,5	15,6	15,7	14,3	13,4	13,1
übrige Welt	23,7	24,0	25,0	25,1	28,3	34,1	34,6

Quelle: Handelsblatt vom 14./15. Januar 1977; eigene Berechnungen

Zu Tabelle 1–21

Spezialhandel

Abgrenzung nach der Classification for Statistics and Tariffs (CST) (übereinstimmend mit SITC, Rev. 1, Ausgabe 1961)

Der Anteil des Außenhandels der Bundesrepublik Deutschland in Lederbearbeitungsmaschinen (CST 7172) am Außenhandel der Bundesrepublik Deutschland in Textil-, Lederbearbeitungs- und Nähmaschinen (CST 717) betrug in Aus- und Einfuhr 1970 und 1975 maximal 4 Prozent

Tabelle I–23
Außenhandel der Bundesrepublik Deutschland in Textilien und Bekleidung (darunter: passiver Veredelungsverkehr) nach Warengruppen: 1968 bis 1975

		II A 1–6 Rohstoffe	II B 1–6 Garne	II C a 1–5 Gewebe, Gewirke	II C b 1–9 Bekleidung
Ausfuhr in Millionen DM	1968	841	1 347	2 242	1 529
	1969	927	1 748	2 700	1 858
	1970	836	2 109	2 882	1 964
	1971	822	2 397	3 433	2 287
	1972	945	2 276	3 639	2 601
	1973	1 265	3 087	4 342	2 949
	1974	1 399	3 526	4 998	3 245
	1975	1 058	2 725	4 583	3 387
darunter: Ausfuhr zur passiven Veredelung in Millionen DM	1968	10	38	188	57
	1969	6	25	164	61
	1970	2	27	193	59
	1971	2	19	329	111
	1972	2	21	409	158
	1973	4	26	462	193
	1974	5	29	611	199
	1975	1	27	638	193
Einfuhr in Millionen DM	1968	1 818	1 392	2 694	2 319
	1969	1 924	1 648	3 075	3 362
	1970	1 699	1 613	3 229	3 897
	1971	1 685	1 903	3 845	4 856
	1972	1 889	1 889	4 368	6 162
	1973	2 145	2 016	4 609	6 642
	1974	2 133	2 019	4 839	7 652
	1975	1 824	2 037	5 067	8 622
darunter: Einfuhr nach passiver Veredelung in Millionen DM	1968	3	31	79	256
	1969	0	17	41	270
	1970	0	14	34	332
	1971	0	7	32	534
	1972	1	7	28	792
	1973	0	11	33	924
	1974	0	9	50	1 118
	1975	0	6	39	1 239
Anteil der Ausfuhr zur passiven Veredelung an der Ausfuhr insgesamt in Prozent	1968	1,2	2,8	8,4	3,7
	1969	0,6	1,4	6,1	3,3
	1970	0,2	1,3	6,7	3,0
	1971	0,3	0,8	9,6	4,9
	1972	0,2	0,9	11,2	6,1
	1973	0,3	0,8	10,6	6,5
	1974	0,4	0,8	12,2	6,1
	1975	0,1	1,0	13,9	5,7

Tabelle I–23 (Fortsetzung)

		II A 1–6 Rohstoffe	II B 1–6 Garne	II C a 1–5 Gewebe, Gewirke	II C b 1–9 Bekleidung
Anteil der Einfuhr nach passiver Veredelung an der Einfuhr insgesamt in Prozent	1968	0,2	2,2	2,9	11,0
	1969	0,0	1,0	1,3	8,0
	1970	0,0	0,9	1,1	8,5
	1971	0,0	0,4	0,8	11,0
	1972	0,1	0,4	0,6	12,9
	1973	0,0	0,5	0,7	13,9
	1974	0,0	0,4	1,0	14,6
	1975	0,0	0,3	0,8	14,4

Quelle: Statistisches Bundesamt, Fachserie G (Außenhandel), Reihe 1: Zusammenfassende Übersichten 19.., versch. Jg.; eigene Berechnungen

Spezialhandel
Ohne Warenverkehr mit der DDR
Abgrenzung nach Warengruppen und -untergruppen der Ernährungswirtschaft und der gewerblichen Wirtschaft

Tabelle I–24
Außenhandel der Bundesrepublik Deutschland in Textilien und Bekleidung (darunter: passiver Veredelungsverkehr) nach Warenuntergruppen: 1975

	Ausfuhr			Einfuhr		
	insgesamt Tausend DM	darunter nach PV Tausend DM	%	insgesamt Tausend DM	darunter nach PV Tausend DM	%
II A *Rohstoffe*						
1 Abfallseide, Seidengehäuse	4 398	–	–	5 902	–	–
2 Zellwolle, synthetische Fasern	693 705	590	0,1	394 129	167	0,0
3 Wolle, Tierhaare, Reißwolle	146 285	827	0,6	657 649	6	0,0
4 Baumwolle, Reißbaumwolle	106 242	4	0,0	682 481	–	–
5 Flachs, Hanf, Jute, Hartfasern	3 448	42	1,2	69 210	–	–
6 Abfälle, Lumpen	103 944	5	0,0	14 623	–	–
II B *Halbwaren*						
1 Rohseide, Seidengespinste	14 341	1 470	10,3	21 755	1 010	4,6
2 Reyon, synthetische Fäden	2 083 852	7 575	0,4	821 893	1 627	0,2
Gespinste aus:						
3 Zellwolle, synthetischen Fasern	453 567	12 843	2,8	420 065	2 622	0,6
4 Wolle, Tierhaaren	82 522	1 410	1,7	294 935	594	0,2
5 Baumwolle	79 316	3 373	4,3	440 554	21	0,0
6 Flachs, Hanf, Jute, Hartfasern	11 603	16	0,1	37 441	–	–
II C *Fertigwaren*						
II C a *Vorerzeugnisse*						
Gewebe, Gewirke und dergleichen aus:						
1 Seide, Reyon, synthetischen Fäden	1 597 268	201 975	12,6	1 051 925	18 153	1,7
2 Zellwolle, synthetischen Fasern	1 313 975	199 354	15,2	1 462 650	4 633	0,3
3 Wolle, Tierhaaren	345 923	92 466	26,7	1 418 512	458	0,0
4 Baumwolle	962 722	120 071	12,5	897 809	13 946	1,6
5 Flachs, Hanf, Jute, Hartfasern	363 340	23 988	6,6	236 356	2 250	1,0

Tabelle I–24 (Fortsetzung)

	Ausfuhr			Einfuhr		
	insgesamt Tausend DM	darunter nach PV Tausend DM	darunter nach PV %	insgesamt Tausend DM	darunter nach PV Tausend DM	darunter nach PV %
II C b *Enderzeugnisse*						
Strick-, Wirkwaren und dergleichen aus:						
1 Seide, Chemiefasern	667 548	89 805	13,5	2 232 123	263 662	11,8
2 Wolle, Tierhaaren	88 545	1 908	2,2	374 326	16 478	4,4
3 Baumwolle	204 709	1 991	1,0	616 011	37 102	6,0
Sonstige Kleidung aus:						
4 Seide, Chemiefasern	828 267	46 904	5,7	2 356 056	561 570	23,8
5 Wolle, Tierhaaren	477 902	3 228	0,7	445 238	166 996	37,5
6 Baumwolle	411 852	22 293	5,4	1 694 068	156 260	9,2
7 Flachs, Hanf, Jute, Hartfasern	65 560	11 121	17,0	228 130	26 445	11,6
8 Hüte	26 897	130	0,5	82 176	2 107	2,6
9 Sonstige Spinnstoffwaren	615 807	15 681	2,5	593 544	8 194	1,4

Quelle: Statistisches Bundesamt, Fachserie G (Außenhandel), Reihe 1: Zusammenfassende Übersichten 1975, Stuttgart–Mainz 1976; eigene Berechnungen

Spezialhandel
Ohne Warenverkehr mit der DDR
Abgrenzung nach Warengruppen und -untergruppen der Ernährungswirtschaft und der gewerblichen Wirtschaft

Tabelle I–25
Außenhandel der Bundesrepublik Deutschland in Textilien und Bekleidung (darunter: passiver Veredelungsverkehr) nach ausgewählten Ländern und Warengruppen: 1974

	Außenhandel in Millionen DM								Anteil des PV-Verkehrs am Außenhandel insgesamt in Prozent			
	insgesamt				darunter im PV-Verkehr							
	Gewebe, Gewirke		Bekleidung		Gewebe, Gewirke		Bekleidung		Gewebe, Gewirke		Bekleidung	
	Ausfuhr	Einfuhr	Ausfuhr	Einfuhr	Ausfuhr	Einfuhr	Ausfuhr	Einfuhr	Ausfuhr	Einfuhr	Ausfuhr	Einfuhr
Welt	4 998	4 839	3 245	7 652	611	50	199	1 118	12	1	6	15
darunter:												
Staatshandelsländer Osteuropas	403	120	96	629	269	0	33	405	67	0	34	64
davon:												
Sowjetunion	22	17	25	0	–	–	–	–	–	–	–	–
Polen	134	17	21	154	75	0	8	107	56	0	38	69
Tschechoslowakei	49	49	19	107	24	0	2	37	49	0	11	35
Ungarn	104	15	23	190	97	0	19	156	93	0	83	82
Rümänien	60	21	5	115	43	–	2	57	72	–	40	50
Bulgarien	34	1	3	63	30	–	2	43	88	–	67	76
Jugoslawien	358	16	152	607	254	0	130	561	71	0	86	92
Irland	21	6	6	13	7	0	0	10	33	0	0	77
Portugal	23	13	9	36	7	0	3	15	30	0	33	42
Malta	12	0	1	17	10	–	1	13	83	–	100	76
Taiwan	5	40	1	231	3	–	0	6	60	–	0	3

Quelle: Statistisches Bundesamt, Fachserie G (Außenhandel), Reihe 1: Zusammenfassende Übersichten 1974, Stuttgart–Mainz 1975; Statistisches Bundesamt, Auskunftsdienst; eigene Berechnungen

Spezialhandel
Ohne Warenverkehr mit der DDR
Abgrenzung nach Warengruppen und -untergruppen der Ernährungswirtschaft und der gewerblichen Wirtschaft (Gewebe, Gewirke: II C a 1–5; Bekleidung: II C b 1–9)
Staatshandelsländer Osteuropas: ohne DDR, Albanien, Jugoslawien

Tabelle I–26

Auslandsproduktion von Unternehmen der Textil- und Bekleidungsindustrie der Bundesrepublik Deutschland

a) Beschäftigungszahl ausländischer Betriebe der Textil- und Bekleidungsindustrie der Bundesrepublik Deutschland: 1966, 1970, 1974/75

	Textilindustrie 1966	1970	1974/75	Bekleidungsindustrie 1966	1970	1974/75
Beschäftigte in der Bundesrepublik Deutschland	538 500	501 500	(74) 393 700	406 400	379 100	(74) 310 400
Beschäftigte in bundesdeutschen Produktionsbetrieben im Ausland*	ca. 8 000	ca. 14 200	ca. 29 500	ca. 15 000	ca. 24 800	ca. 31 000
Anteil der Auslandsbeschäftigtenzahl an der Inlandsbeschäftigtenzahl	ca. 1,5 %	ca. 2,8 %	ca. 7,5 %	ca. 3,7 %	ca. 6,5 %	ca. 10,0 %

Quelle: Textil-Wirtschaft 41 (1966), 42 (1970); Statistisches Bundesamt, Statistisches Jahrbuch für die Bundesrepublik Deutschland, versch. Jg.; eigene Erhebungen (399 Unternehmensgruppen 1974/75)

* Geschätzt nach einer Liste der erfaßten bundesdeutschen Produktionsbetriebe und ihrer Beschäftigtenzahlen im Ausland mit 20 Prozent Aufschlag für nicht erfaßte Fälle oder Fälle ohne Beschäftigungsangaben; 1974/75 nur Auslandsbetriebe mit mindestens fünfundzwanzigprozentiger bundesdeutscher Kapitalbeteiligung

b) Regionale Gliederung: 1974/75

gegliedert nach der Zahl der . . .		EG	Österreich Schweiz Schweden	übrige Industrieländer	Mittelmeerländer	Lateinamerika	Afrika	Asien
Beteiligungsverhältnisse	T	26 %	28 %	13 %	12 %	4 %	13 %	5 %
	B	19 %	27 %	3 %	35 %	3 %	3 %	11 %
Beschäftigten	T	21 %	26 %	7 %	11 %	1 %	28 %	5 %
	B	21 %	33 %	4 %	23 %	9 %	1 %	10 %

Quelle: Eigene Erhebungen (399 Unternehmensgruppen mit etwa 300 Beteiligungsverhältnissen im Ausland [je ca. 150 in der Textil- und Bekleidungsindustrie])

Nur Auslandsbetriebe mit mindestens fünfundzwanzigprozentiger bundesdeutscher Kapitalbeteiligung
In einigen Fällen beruht die regionale Zuordnung der Auslandsbeschäftigten eines Unternehmens auf Schätzungen

Tabelle I–26 (Fortsetzung)
c) Gliederung nach Umsatzgrößenklassen: 1974/75

		Unternehmen(sgruppen) mit einem Umsatz (1974) von Millionen DM				
		über 250	100–250	50–100	20–50	unter 20
Anteil an der Inlandsbeschäftigung der erfaßten Unternehmen	T	39 %	27 %	17 %	15 %	2 %
	B	20 %	10 %	34 %	30 %	6 %
Anteil an der Auslandsbeschäftigung der erfaßten Unternehmen	T	48 %	16 %	11 %	11 %	14 %
	B	56 %	3 %	20 %	16 %	5 %

Quelle: Eigene Erhebungen (ca. 390 Unternehmensgruppen, ohne DEG und andere Gesellschaften ohne Inlandsproduktion)

Nur Auslandsbetriebe mit mindestens fünfundzwanzigprozentiger bundesdeutscher Kapitalbeteiligung
Auf Grund des Auswahlkriteriums für die erfaßten Unternehmen sind die Tabellenwerte nicht für die gesamte Textil- und Bekleidungsindustrie der Bundesrepublik Deutschland repräsentativ

Tabelle I–26 (Fortsetzung)

d) Gliederung der Beschäftigten nach Geschlecht und Altersgruppen: 1974

	erfaßte Beschäftigte	davon		erfaßte Beschäftigte	davon im Alter von			
		männlich	weiblich		unter 20	20–40	40–60	über 60
Textilindustrie								
insgesamt	5 826	30 %	70 %	1 972	25 %	60 %	14 %	1 %
davon:								
Industrie-, Staatshandelsländer	2 901	36 %	64 %	1 655	26 %	59 %	14 %	1 %
«Niedriglohnländer»	2 925	23 %	77 %	317	22 %	68 %	10 %	0 %
zum Vergleich:								
Bundesrepublik Deutschland (Spinnberufe, Textilhersteller, Textilveredler) 1970 (Erwerbstätige)	...	46 %	54 %	...	8 %	47 %	39 %	6 %
Bekleidungsindustrie								
insgesamt	4 311	12 %	88 %	3 367	31 %	53 %	14 %	2 %
davon:								
Industrie-, Staatshandelsländer	3 081	14 %	86 %	2 133	25 %	53 %	20 %	2 %
«Niedriglohnländer»	1 230	8 %	92 %	1 234	43 %	52 %	4 %	1 %
zum Vergleich:								
Bundesrepublik Deutschland (Textilverarbeiter) 1970 (Erwerbstätige)	...	13 %	87 %	...	18 %	42 %	33 %	7 %

Quelle: Eigene Erhebungen (Auskünfte von ca. vierzig Firmen); Statistisches Bundesamt, Fachserie A (Bevölkerung und Kultur), Volkszählung vom 27. Mai 1970, Heft 20: Erwerbstätige nach Beruf und Alter, Stuttgart–Mainz 1974; eigene Berechnungen

Industrie-, Staatshandelsländer: EG, Österreich, USA, Kanada, Japan, Ungarn
«Niedriglohnländer»: Jugoslawien, Griechenland, Portugal, Spanien, Malta, Tunesien, Israel, Iran, Malaysia

Tabelle I–27
Durchschnittliche Arbeitszeiten und Löhne in der Textil- und Bekleidungsindustrie ausgewählter Länder: 1975

	Durchschnittliche Arbeitszeit (Stunden pro Woche) ISIC 321	ISIC 322	Durchschnittliche Löhne (DM pro Stunde) ISIC 321	ISIC 322
Ungarn	36,5	36,9	a 4,44	3,93
			b 1,85	1,64
Jugoslawien	41,3	41,5	1,89	1,83
Griechenland	43,6	41,6	2,75	2,38
Malta (1972)	41,1	41,7	1,36	1,28
Hongkong	48	...	1,40	1,28
Südkorea	51,1	52,9	0,77	0,56
Bundesrepublik Deutschland	39,7	38,8	8,21	7,38
Japan	39,8	40,0	5,47	4,59
USA	39,2	35,1	8,37	7,85

Quelle: ILO, Year Book of Labour Statistics 1976, Genf 1976; ILO, Bulletin of Labour Statistics, 1976, 2nd Quarter; UN, Monthly Bulletin of Statistics, VOL. XXX, versch. Nummern; eigene Berechnungen

Umrechnung der nationalen Währung über US-$ auf DM nach den von ILO und UN angegebenen Wechselkursen (a = fester Kurs; b = Touristenkurs)
Für den Monat angegebene Arbeitszeiten wurden durch Division mit 13/3 auf wöchentliche Arbeitszeiten umgerechnet
Ungarn: staatliche Industrie; tatsächliche Arbeitszeit; Löhne einschließlich Naturalleistungen
Jugoslawien: sozialisierter Sektor; einschließlich Angestellte; bezahlte Arbeitszeit
Griechenland: bezahlte Arbeitszeit
Malta: bezahlte Arbeitszeit; einschließlich Angestellte; nur Erwachsene; Löhne für Frauen
Hongkong: Arbeitszeit für weibliche Textilarbeiter; Löhne für männliche Spinner bzw. Näherinnen (Oktober 1975)
Südkorea: tatsächliche Arbeitszeit; einschließlich Angestellte; Löhne einschließlich Familienzuschläge; Arbeitszeit statt für ISIC 322 für ISIC 322, 324
Bundesrepublik Deutschland: bezahlte Arbeitszeit; Löhne einschließlich vom Arbeitgeber bezahlter Familienzuschläge
Japan: tatsächliche Arbeitszeit; einschließlich Angestellte; Löhne einschließlich Familienzuschläge und Mitt- und Endjahres-Bonus
USA: bezahlte Arbeitszeit

Tabelle I–28

a) Entwicklung der Textillohnkosten in der Bundesrepublik Deutschland und im Ausland: 1955, 1960, 1965, 1970 bis 1976

Oktober	Bundesrepublik Deutschland DM pro Stunde	Andere Länder*	
		DM pro Stunde	Bundesrepublik Deutschland = 100
1955	1,87	1,97	105
1960	3,13	2,49	80
1965	4,79	3,61	75
1970	7,40	5,22	71
1971	8,13	5,74	71
1972	8,88	6,56	74
1973	10,17	7,04	69
1974	11,34	8,33	73
1975	12,30	9,64	78
1976**	13,24	10,00	76

b) Lohnkosten je Arbeiterstunde in der Textilindustrie ausgewählter Länder: 1975, 1976

	Oktober 1975 DM pro Stunde	Mitte 1976 DM pro Stunde	Bundesrepublik Deutschland = 100	
			Okt. 1975	Mitte 1976
Schweden	15,84	16,72	129	126
Niederlande	14,07	14,70	114	111
Norwegen	13,48	14,27	110	108
Belgien	13,65	14,12	111	107
Dänemark	13,15	13,94	107	105
Schweiz	11,60	13,41	94	101
Bundesrepublik	12,30	13,24	100	100
USA	11,56	11,69	94	88
Italien	10,63	10,83	86	82
Frankreich	9,58	9,50	78	72
Österreich	7,45	7,60	61	57
Japan	6,95	7,58	57	57
Großbritannien	6,79	6,95	55	52
Hongkong	1,85	...	15	...
Tschechoslowakei	4,82	...	39	...
Rumänien	4,72	...	38	...
DDR	4,70	...	38	...
UdSSR	2,80	...	23	...
Polen	2,34	...	19	...
Bulgarien	2,21	...	18	...
Ungarn	0,92	...	7	...
Jugoslawien	3,13	...	25	...
Durchschnitt*	9,64	(10,00)	78	(76)

Quelle: Arbeitgeberkreis Gesamttextil, zitiert nach Frankfurter Allgemeine Zeitung/Blick durch die Wirtschaft, 19. Oktober 1976

* Mit den Außenhandelsanteilen gewogener Durchschnitt
** Vorläufige Daten für Juli

Teil II

Die Durchsetzung der neuen internationalen Arbeitsteilung: Auslandsbeschäftigung durch Industrieunternehmen der Bundesrepublik Deutschland

Vorbemerkung

Die Tendenz zu einer neuen internationalen Arbeitsteilung findet ihren konkreten Ausdruck in der weltweiten Neuverteilung der Standorte industrieller Produktion. Die Durchsetzung dieser Tendenz wird in diesem Teil am Beispiel der Auslandsproduktion und Auslandsbeschäftigung von Industrieunternehmen der Bundesrepublik Deutschland untersucht. Da über Umfang und Verteilung der Auslandsproduktion und der Auslandsbeschäftigung keine Statistiken vorliegen, mußten die Produktionsstandorte im Ausland für jedes einzelne im Ausland produzierende Unternehmen erhoben werden. Dabei wurde versucht, die Zahl der jeweils an den Produktionsorten Beschäftigten zu ermitteln, und das aus den folgenden Gründen:

a) Die Durchsetzung der Tendenz zu einer neuen internationalen Arbeitsteilung kann an der Änderung der Verteilung der industriellen Arbeitskraft abgelesen werden.

b) Der sozial und politisch wichtigste Aspekt der Neuverteilung der Produktionsstandorte ist die Nutzung industrieller Arbeitskraft an neuen Standorten und ihre Auswirkung auf die Arbeitskraft an traditionellen Standorten der industriellen Produktion.

c) Die Angaben über Investitionen sind aus weiter unten angegebenen Gründen kein hinreichender Maßstab des Umfangs der Auslandsproduktion.

Die gesamte Auslandsproduktion ist soweit wie möglich in die Untersuchung einbezogen worden, um charakteristische Veränderungen der Verteilungsmuster der Produktionsstandorte erkennen zu können (der gewählte Erhebungszeitraum ist 1961 bis 1976) und um abschätzen zu können, inwieweit die Produktion heute schon durch die Tendenz zu einer neuen internationalen Arbeitsteilung bestimmt ist. (Eher aus forschungstechnischen Gründen sind die Standorte der Industrie der Bundesrepublik in EG-Ländern nicht im einzelnen erfaßt worden.)

Die veränderten Randbedingungen der Kapitalverwertung erzwingen von Industrieunternehmen jeder Größenordnung und jedes Industriezweigs eine Neuorganisation der Produktion, was in vielen Fällen bedeutet, auch die Möglichkeit von Auslandsproduktion einzubeziehen. Folglich wird es als ein starker Hinweis auf die Durchsetzung der Tendenz zu einer neuen internationalen Arbeitsteilung gedeutet, wenn nachgewiesen werden kann, daß

a) Auslandsproduktion sich nicht nur auf einige («verlagerungsträchtige») Branchen beschränkt, sondern auch die Industrien mit einem hohen Anteil an der Inlandsproduktion maßgeblich an der Auslandsproduktion beteiligt sind.

b) Industrieunternehmen jeder Größe eigene Auslandsproduktion aufnehmen.

Die jeweiligen besonderen Bestimmungsgründe für die Standortentscheidung im Ausland und die Änderung dieser Bestimmungsgründe über die

Zeit lassen sich nur grob und nicht im einzelnen aus den hier vorgelegten Ergebnissen über die Entwicklung der Auslandsproduktion der Industrieunternehmen der Bundesrepublik Deutschland in den Jahren 1961 bis 1976 ablesen. Als eine Basis für eingehende Analysen wird jedoch ein empirisch abgesicherter Überblick über die Beteiligung der Unternehmen verschiedener Größen und der verschiedenen Industrien an der Auslandsproduktion und -beschäftigung sowie über ihre zeitliche Entwickung und ihre geographische Verteilung vorgelegt. Davon ausgehend, wird auf Bestimmungsgründe für Auslandsproduktion in verschiedenen Regionen und in einzelnen Industriezweigen eingegangen. Diese Hinweise können jedoch nicht eine systematische Behandlung aller relevanten Aspekte ersetzen, wie sie für die Textil- und Bekleidungsindustrie im Teil I versucht wird. Auch sei an dieser Stelle auf Teil III verwiesen, in dem die Produktionsbedingungen und die Arbeitsbedingungen an neuen Standorten industrieller Produktion analysiert werden.

Kapitel 1
Neue internationale Arbeitsteilung und Auslandsbeschäftigung durch Industrieunternehmen der Bundesrepublik Deutschland

1.1. Begründung der Anlage der empirischen Untersuchung und eine Zusammenfassung ihrer Ergebnisse

Auslandsproduktion und Auslandsbeschäftigung von Unternehmen der Bundesrepublik sind bisher nicht in einer systematischen Weise statistisch erhoben. Die vorliegenden offiziellen Statistiken, die jedes halbe Jahr vom Bundesminister für Wirtschaft im *Bundesanzeiger* veröffentlicht werden, erfassen nur die aus Kapitalexport aus der Bundesrepublik Deutschland durchgeführten Auslandsinvestitionen. Die durch diese Statistik erfaßten Nettokapitalleistungen weisen – besonders in den letzten Jahren – eine starke Steigerung auf: für 1961 verzeichnet sie 3291 Millionen DM, für 1966 8236 Millionen DM, für 1971 19932 Millionen DM und für 1976 47048 Millionen DM (jeweils zum Jahresende); davon entfallen auf Entwicklungsländer 30 Prozent.[1] Die Statistik gliedert diese Angaben nach Regionen und Ländern sowie nach Wirtschaftszweigen auf.

Der Anstieg dieser so ausgewiesenen Investitionen deutet zweifellos auf einen starken Anstieg der Auslandsproduktion hin. Mehr läßt sich darüber aber mit Sicherheit aus dieser Statistik nicht entnehmen, da beispielsweise nicht verzeichnet ist, welcher Anteil der Auslandsinvestitionen zum Aufbau von Produktionen, im Gegensatz etwa zum Dienstleistungsbereich, bestimmt ist. Auch die regionale Verteilung ist nicht genau abzulesen, da ein Teil der Investitionen über Holdings in dritten Ländern abgewickelt wird, der in dieser Statistik unter den Sitzländern der Holdings verzeichnet ist. Die Statistik der Auslandsinvestitionen verzeichnet bisher nur die Kapitalausfuhr aus der Bundesrepublik Deutschland. Diese offiziell gemeldeten Investitionen werden durch die tatsächlichen Anlagen (hinzu kommen beispielsweise Reinvestitionen der Gewinne und Kapitalaufnahmen im Ausland) in einzelnen Ländern wahrscheinlich um ein Mehrfaches übertroffen.[2]

Durch die Erhebung der zeitlichen Entwicklung und räumlichen Vertei-

1 Bundesminister für Wirtschaft, Runderlaß Außenwirtschaft betreffend: IV, 1; Vermögensanlagen Gebietsansässiger in fremden Wirtschaftsgebieten. Bundesanzeiger, diverse Ausgaben.

2 Diese Statistik verzeichnet beispielsweise für Mexiko zum Jahresende 1975 462,1 Millionen DM, während die Deutsch-Mexikanische Industrie- und Handelskammer den Wert der Anlagen aus der Bundesrepublik Deutschland in Mexiko auf 1 bis 1,2 Milliarden DM schätzt. – Handelsblatt, 31. März 1976.

Für Südafrika waren zum Jahresende 1974 419 Millionen DM verzeichnet. «Nach südafrikanischen Schätzungen haben die deutschen Gesamtinvestitionen Ende 1974

lung der Auslandsproduktionsstätten der Industrie der Bundesrepublik und der Zahl der in ihnen Beschäftigten wird vor allem versucht, eine Datenbasis für eine angemessene Behandlung der Frage nach der Durchsetzung der Tendenz einer neuen internationalen Arbeitsteilung in diesem Bereich zu schaffen. Dieses Material hat aber für sich genommen eine wichtige Bedeutung, weil es detaillierte Auskunft über den Umfang der Auslandsproduktion und der Auslandsbeschäftigung gibt. Es nötigt dazu, bisherige Schätzungen erheblich nach oben zu korrigieren, und es belegt das Ausmaß der Beteiligung der einzelnen Wirtschaftszweige an der Auslandsproduktion.

Die Auslandsproduktion von Unternehmen der Bundesrepublik läßt sich aufteilen in:

- Produktion für den Markt des Produktionslandes,
- Produktion für dritte Märkte,
- Produktion für den Markt der Bundesrepublik Deutschland.

Der erste Fall ist mit importsubstituierender Industrialisierung insofern identisch, als (in vielen Fällen) diese Inlandsproduktion an die Stelle bisheriger Importe tritt. Die an den neuen Standorten gefertigten Güter ersetzen oft solche, die zuvor in anderen Betrieben desselben Unternehmens, also etwa auch in Betrieben in der Bundesrepublik Deutschland, gefertigt und von dort importiert wurden. Der zweite und der dritte Fall stellen beide Exportproduktionen dar. Im zweiten Fall werden die Produkte in anderen Ländern und nicht im Inland oder in der Bundesrepublik Deutschland abgesetzt; dabei kann noch unterschieden werden zwischen regionalen Märkten, die zum Teil spezifische Absatzbedingungen bieten (zum Beispiel Andenpakt-Länder), und dem uneingeschränkten Weltmarkt, der im wesentlichen durch die Nachfrage aus den traditionellen Industrieländern geprägt ist. Im dritten Fall wird die bisherige Inlandsproduktion der Bundesrepublik substituiert durch Auslandsproduktion für den Inlandsmarkt der Bundesrepublik. In allen drei Fällen besteht die Auslandsproduktion häufig in Teilfertigungen, Teil- oder Endmontagen und dergleichen, die aus dem Inlandsproduktionsprozeß wegen der Aufspaltbarkeit der Fertigung (vgl. den einleitenden Teil) herausgelagert werden können. Die drei unterschiedlichen Fälle treten im konkreten Produktionsprozeß im einzelnen Betrieb häufig auch kombiniert auf.

Die Ablösung bisheriger Produktion der Bundesrepublik für den Export durch neue Produktion im Ausland stellt ebenso einen Verlagerungsprozeß dar wie die Produktion im Ausland für den Inlandsmarkt der Bundesrepublik. Nicht nur der Ausbau von Produktionskapazitäten im Ausland bei gleichzeitigem Einschränken der Kapazitäten im Inland, sondern auch das Beibehalten der Inlandskapazitäten bei gleichzeitigem Ausbau im Ausland führt zu einer Änderung der Verteilung industrieller Produktion zwischen

rund 3,5 Milliarden DM erreicht.» – Südafrika. Delegation des Bundesverbandes der deutschen Industrie, Köln 1975, S. 5.

alten und neuen Standorten. Produktionsverlagerung besteht jedoch nicht nur in der Neuverteilung der Standorte auf der Ebene des einzelnen Unternehmens der Bundesrepublik Deutschland, es kommt vielmehr auch zu einer weltweiten Neuverteilung der Produktion von gesamten Wirtschaftszweigen. Diese Neuverteilung kann durchaus Unternehmen der Bundesrepublik dazu zwingen, ihre Produktion einzustellen, während an neuen Standorten durch nicht bundesdeutsche Unternehmen, entsprechende Produktionen aufgebaut werden.

Wie lassen sich nun aber die drei unterschiedlichen Fälle im Hinblick auf die Tendenz zu einer neuen internationalen Arbeitsteilung verstehen? – Diese ist verursacht durch die im einleitenden Teil erläuterten Randbedingungen weltweiter Kapitalverwertung, darunter vor allem: Verfügbarkeit billiger Arbeitskraft, Zerlegbarkeit der Produktionsprozesse, hochentwickelte Transport- und Kommunikationssysteme.

Diese Randbedingungen machen in vielen Fällen die Ablösung von Inlandsproduktion durch exportorientierte Auslandsproduktion möglich und notwendig. Die Ablösung beschränkt sich aber keineswegs auf die im Fall 3 gefaßte Produktionsverlagerung im engsten Sinne. Vielmehr ist heute auch importsubstituierende Industrialisierung überwiegend durch die Randbedingungen der neuen internationalen Arbeitsteilung bestimmt. Denn wenn schon weltmarktorientierte Produktion an neuen Standorten durch Verfügbarkeit billiger Arbeitskraft, durch Zerlegbarkeit des Produktionsprozesses sowie durch hochentwickelte Transport- und Kommunikationssysteme vielfach rentabel geworden ist, so gilt das um so mehr für den Teil, der als importsubstituierende Produktion anzusehen ist, insofern er nämlich auf dem jeweiligen Inlandsmarkt abgesetzt wird und bisherige Importe ersetzt. Man kann also importsubstituierende Auslandsproduktion zur Markterhaltung und Markterweiterung nicht im Sinne einer besonderen Form der Auslandsproduktion einer produktionsverlagernden weltmarktorientierten Auslandsproduktion dichotomisch gegenüberstellen.

Generell läßt sich feststellen: Unter den Randbedingungen der neuen internationalen Arbeitsteilung zu produzieren, bedeutet, für den Weltmarkt zu produzieren. Weltmarktproduktion findet auch dann statt, wenn an einem Standort, der im Vergleich mit allen anderen möglichen Standorten günstige Produktion ermöglicht, ganz oder zu Teilen zunächst oder auf absehbare Zeit für den jeweiligen Inlandsmarkt produziert wird.

Die oben angebotene Unterscheidung von drei Fällen von Auslandsproduktion ist insofern artifiziell, als Kombinationen und Übergänge häufig sind und von vornherein eingeplant sind. Die Produktionsvorgänge selbst weisen in der Regel keine Unterschiede in bezug auf die Absatzmärkte der Produkte auf. Zwar besteht auch heute noch für einen Teil der Produktion, welche eine importsubstituierende Wirkung hat, ein wirkungsvoller Zoll- und Kontingentierungsschutz gegenüber Konkurrenz von außen, wodurch solche für die Produktion für das jeweilige Inland bestimmte Standorte für das produzierende Unternehmen einen relativen Vorteil aufweisen. Die Bedingungen der neuen internationalen Arbeitsteilung erzwingen aber auch in solchen Fällen zunehmend, außer der Nutzung der Vorteile, welche der Zoll- und Kontingentierungsschutz bietet, die Neuorganisierung der Produktion unter dem Gesichtspunkt verwertungsoptimaler Nutzung der Arbeitskraft und verwertungsoptimaler Aufspaltung des Produktionsprozesses. Gegenüber einer von vornherein weltmarktorientierten Standortwahl (in der speziellen Ausprägung einer von Anfang an überwiegend oder ausschließlich für den Export bestimmten Produktion) stellt ein durch Zölle und dergleichen relativ geschützter Inlandsmarkt heute immer stärker nur noch ein zusätzliches Moment für die Standortentscheidung dar, das insgesamt nur für kleinere Teile der Auslandsproduktion und das auch nur in einigen Regionen und Wirtschaftszweigen noch eine entscheidende Rolle spielt.

Ein großes Industrieunternehmen trägt dem in seiner Ausdrucksweise Rechnung: Es unterscheidet zunächst zwischen Landesfabriken und Weltmarktfabriken, um dann aber ausdrücklich festzustellen, daß sich jede Landesfabrik zur Weltmarktfabrik entwickeln kann. Die Tendenz zu einer neuen internationalen Arbeitsteilung umgreift alle Produktionsstandorte, also auch diejenigen, die zeitlich vor dem Wirksamwerden dieser Tendenz errichtet wurden oder wegen spezifischer Bedingungen zunächst noch nicht von ihr erfaßt waren. Zu der Möglichkeit, an neuen Standorten exportorientierte Weltmarktfabriken errichten zu können, tritt die Möglichkeit des Übergangs von der Landesfabrik zur Weltmarktfabrik. Bei der Errichtung von Produktionsstätten, die zunächst überwiegend für den Inlandsmarkt fertigen, muß heute zunehmend diese Möglichkeit von vornherein eingeplant werden: Jede Landesfabrik muß tendenziell eine potentielle Weltmarktfabrik sein. Diese Möglichkeiten kennzeichnen erst Ausmaß und Dynamik des Prozesses der weltweit neuen Standortbestimmung industrieller Produktion. In diesem Prozeß ist unter anderem auch eine wesentliche (und, wie wir meinen, die zentrale) Erklärung für die dauerhafte Massenarbeitslosigkeit in den traditionellen Industrieländern zu suchen.

Ein Überblick über die wichtigsten Zahlenergebnisse soll zunächst einmal einen Eindruck von dem Umfang der Auslandsproduktion und Auslandsbeschäftigung durch Industrieunternehmen der Bundesrepublik Deutschland sowie ihrer Verteilung auf Wirtschaftszweige und Regionen vermitteln.

Die Zahl der in der Untersuchung nachgewiesenen Unternehmen mit

3 Diese Zahl ist zwar einerseits ganz erheblich und liegt über bisher bekannten Zahlen. Aber selbst wenn man sie verdoppelt, um die Textil- und Bekleidungsindustrie sowie nur in der EG tätige Auslandsproduzenten zu berücksichtigen, stellt sie nur einen kleinen Bruchteil der insgesamt 44121 Unternehmen der verarbeitenden Industrie dar (1972, mit zehn und mehr Beschäftigten – Statistisches Jahrbuch für die Bundesrepublik Deutschland 1975, Tab. 14.3, S. 227). Allerdings entfallen auf Unternehmen der Bundesrepublik, die auch im Ausland produzieren, nach vorsichtigen Schätzungen gut die Hälfte der Inlandsbeschäftigten der Industrie.

Auslandsproduktion außerhalb der EG, ohne Textil- und Bekleidungsindustrie, beträgt 602.[3] Davon entfallen auf den Maschinenbau 172, gefolgt von sonstige verarbeitende Industrie 90, Feinmechanik, Optik 84, Chemie 84, Elektrotechnik 63, Eisen, NE-Metalle 45, Steine, Glas, Keramik 22, Fahrzeugbau 20, Energiewirtschaft, Bergbau sowie Land- und Forstwirtschaft je 11. Für diese 602 Unternehmen ließen sich im Zeitraum 1961 bis 1976 einschließlich der (relativ wenigen) inzwischen aufgegebenen insgesamt 1760 produzierende Beteiligungsverhältnisse (außerhalb der EG) nachweisen. Davon entfallen auf Chemie 502, Maschinenbau 368, Elektrotechnik 231, Eisen, NE-Metalle 177, Feinmechanik, Optik 176, sonstige verarbeitende Industrie 168, Fahrzeugbau 48, Steine, Glas, Keramik 46, Energiewirtschaft, Bergbau 31, Land- und Forstwirtschaft 13 (Tabelle II–1).[4]

Während im Durchschnitt pro Unternehmen 2,9 Beteiligungsverhältnisse gezählt wurden, entfallen auf ein Unternehmen der Chemie im Durchschnitt 6 Beteiligungsverhältnisse, Eisen, NE-Metalle 3,9, Elektrotechnik 3,7, Energie, Bergbau 2,8, Fahrzeugbau 2,4, Maschinenbau 2,2, Feinmechanik, Optik sowie Steine, Glas, Keramik 2,1, Sonstige verarbeitende Industrie 1,9, Land- und Forstwirtschaft 1,2. Von den insgesamt zwölf Unternehmen mit zwanzig und mehr Beteiligungsverhältnissen gehören allein sechs der Chemie an, drei der Elektrotechnik, zwei Eisen, NE-Metalle, eines dem Maschinenbau. Während diese zwölf im Durchschnitt 33,7 Beteiligungsverhältnisse aufweisen, ist die Mehrheit der Unternehmen, nämlich 339, nur an einer Stelle außerhalb der EG mit eigener Fertigung vertreten. Weitere 189 Unternehmen haben zwischen zwei und vier Beteiligungsverhältnisse, so daß 528 von den 602 Unternehmen eins bis vier und im Durchschnitt 1,6 Beteiligungsverhältnisse haben. Es entfällt, gemessen an der Zahl der Beteiligungsverhältnisse, auf diese kleineren Auslandsproduzenten mit 823 fast die Hälfte der Auslandsaktivitäten der erfaßten Unternehmen (Tabelle II–2).

Dieses Ergebnis erweist die landläufige Meinung als falsch, Auslandsproduktion sei Konzernen, die in vielen Ländern tätig sind, vorbehalten. Die angegebenen Zahlen bestätigen, daß transnational organisierte Produktion das Kapital nicht nur generell bestimmt, sondern auch Unternehmen aller Größen zwingt, Auslandsproduktion aufzunehmen. Jedoch entspricht der hohen Konzentration der inländischen Produktion auch die der Auslanddsproduktion, da 937 Beteiligungsverhältnisse auf 74 der erfaßten Unternehmen entfallen und davon zwölf wiederum 404 Beteiligungsverhältnisse auf sich vereinen. Die großen Industrieunternehmen produzieren fast ohne Ausnahme auch im Ausland, während von den kleinen Unternehmen nur

4 Sofern für die Angaben in den Tabellen keine Quellen genannt sind, beruhen diese Angaben auf eigenen Erhebungen, wie im Abschnitt 1.3 erläutert. Die dort beschriebenen Einschränkungen gelten durchweg für die Angaben in den Tabellen; so berücksichtigen beispielsweise die Tabellen nur Beteiligungsverhältnisse, an denen eine formale Kapitalbeteiligung durch das Unternehmen der Bundesrepublik von wenigstens 25 Prozent besteht.

Tabelle II–1
Zahl der Unternehmen, Beteiligungsverhältnisse und Betriebe nach Wirtschaftszweigen
(Erhebungszeitraum 1961 bis 1976)

	Erfaßte Unternehmen	Beteiligungsverhältnisse			Betriebe		
		bestehende (1976)	aufgegebene (1962–76)	insgesamt	der bestehenden Beteiligungsverhältnisse (1976)	der aufgegebenen Beteiligungsverhältnisse (1962–76)	insgesamt
Land- und Forstwirtschaft	11	11	2	13	11	2	13
Energie, Bergbau	11	29	2	31	33	2	35
Chemie	84	490	12	502	532	13	545
Steine, Glas, Keramik	22	40	6	46	41	7	48
Eisen, NE-Metalle	45	171	6	177	176	6	182
Maschinenbau	172	340	28	368	352	29	381
Fahrzeugbau	20	46	2	48	47	2	49
Elektrotechnik	63	220	11	231	253	11	264
Feinmechanik, Optik	84	167	9	176	183	9	192
Sonstige verarbeitende Industrie	90	155	13	168	163	13	176
Alle erfaßten Wirtschaftszweige	602	1 669	91	1 760	1 791	94	1 885
Ohne Land- und Forstwirtschaft, Energie, Bergbau	580	1 629	87	1 716	1 747	90	1 837

Tabelle II–2
Unternehmen in Größenklassen (nach Anzahl der Beteiligungsverhältnisse) nach Wirtschaftszweigen (Erhebungszeitraum 1961 bis 1976)

	Unternehmen mit 1 Beteiligungsverhältnis	Unternehmen mit 2–4 Beteiligungsverhältnissen	Unternehmen mit 5–9 Beteiligungsverhältnissen	Unternehmen mit 10–19 Beteiligungsverhältnissen	Unternehmen mit 20 und mehr Beteiligungsverhältnissen	Zahl der Unternehmen insgesamt	Zahl der Beteiligungsverhältnisse	Beteiligungsverhältnis ./. Unternehmen
Land- und Forstwirtschaft	10	1				11	13	1,2
Energie, Bergbau	3	6	2			11	31	2,8
Chemie	31	31	10	6	6	84	502	6,0
Steine, Glas, Keramik	13	6	3			22	46	2,1
Eisen, NE-Metalle	24	11	5	3	2	45	177	3,9
Maschinenbau	100	58	9	4	1	172	368	2,2
Fahrzeugbau	13	4	2	1		20	48	2,4
Elektrotechnik	35	20	3	2	3	63	231	3,7
Feinmechanik, Optik	49	29	4	2		84	176	2,1
Sonstige verarbeitende Industrie	61	23	4	2		90	168	1,9
Alle erfaßten Wirtschaftszweige	339	189	42	20	12	602	1 760	2,9
Zahl der Beteiligungsverhältnisse	339	484	257	276	404	1 760		
Beteiligungsverhältnisse ./. Unternehmen	1	2,6	6,1	13,8	33,7	2,9		

Tabelle II–3

a) Nachgewiesene Beteiligungsverhältnisse (I) und Beschäftigte (II)* nach Wirtschaftszweigen und Regionen**
(Erhebungszeitraum 1961 bis 1975/1976)

		Welt	Industrieländer (ohne EG) Zusammen	westeuropäische	nichteuropäische	osteuropäische
Land- und Forstwirtschaft	I	13	1		1	
	II	133 (5)				
Energie, Bergbau	I	31	17	3	14	
	II	4 486 (20)	999 (8)	529 (1)	470 (7)	
Chemie	I	502	186	73	113	
	II	131 760 (371)	57 358 (133)	8 943 (54)	48 415 (79)	
Steine, Glas, Keramik	I	46	26	13	13	
	II	9 433 (28)	4 982 (16)	3 765 (13)	1 217 (3)	
Eisen, NE-Metalle	I	177	86	34	52	
	II	48 657 (87)	13 809 (38)	8 309 (19)	5 500 (19)	
Maschinenbau	I	368	159	54	104	1
	II	51 730 (219)	17 786 (94)	9 370 (39)	8 266 (54)	150 (1)
Fahrzeugbau	I	48	12	3	9	
	II	101 988 (40)	11 327 (11)	580 (3)	10 747 (8)	
Elektrotechnik	I	231	89	46	42	1
	II	154 756 (179)	58 708 (63)	41 775 (41)	16 933 (22)	
Feinmechanik, Optik	I	176	70	34	36	
	II	32 974 (116)	7 782 (43)	3 935 (25)	3 847 (18)	
Sonstige verarbeitende Industrie	I	168	63	43	20	
	II	24 871 (113)	5 687 (40)	4 293 (30)	1 394 (10)	
Alle erfaßten Wirtschaftszweige	I	1 760	709	303	404	2
	II	560 788 (1 178)	178 438 (446)	81 449 (225)	96 789 (220)	150 (1)

Tabelle II–3 (Fortsetzung)

a) Nachgewiesene Beteiligungsverhältnisse (I) und Beschäftigte (II)* nach Wirtschaftszweigen und Regionen**
(Erhebungszeitraum 1961 bis 1975/1976)

		Welt	Entwicklungsländer					
			Zusammen	Mittelmeer	Lateinamerika	übriges Afrika	Westasien	Süd- und Südostasien
Land- und Forstwirtschaft	I	13	12	10	1		1	
	II	133 (5)	133 (5)	114 (4)	19 (1)			
Energie, Bergbau	I	31	14	4	6	3	1	
	II	4 486 (20)	3 487 (12)	236 (3)	2 994 (6)	151 (2)	106 (1)	
Chemie	I	502	316	104	153	8	10	41
	II	131 760 (371)	74 402 (238)	19 457 (78)	42 568 (122)	345 (2)	1 957 (6)	10 075 (30)
Steine, Glas, Keramik	I	46	20	11	3	3	1	2
	II	9 433 (28)	4 451 (12)	1 281 (6)	2 395 (3)	365 (2)		410 (1)
Eisen, NE-Metalle	I	177	91	30	42	3	3	13
	II	48 657 (87)	34 848 (49)	4 568 (18)	24 907 (23)	2 876 (1)		2 497 (7)
Maschinenbau	I	368	209	56	104	6	1	42
	II	51 730 (219)	33 944 (125)	6 493 (38)	20 758 (60)	598 (5)		6 095 (22)
Fahrzeugbau	I	48	36	9	18	2	2	5
	II	101 988 (40)	90 661 (29)	7 537 (8)	76 939 (14)	1 506 (2)	839 (1)	3 843 (4)
Elektrotechnik	I	231	142	47	59	2	8	26
	II	154 756 (179)	96 048 (116)	26 275 (43)	43 706 (46)	87 (1)	2 883 (5)	23 097 (21)
Feinmechanik, Optik	I	176	106	35	46		2	23
	II	32 974 (116)	25 192 (73)	4 661 (23)	8 083 (32)		73 (1)	12 375 (17)
Sonstige verarbeitende Industrie	I	168	105	33	37	11	5	19
	II	24 871 (113)	19 184 (73)	3 975 (24)	11 584 (26)	1 300 (6)	709 (2)	1 616 (15)
Alle erfaßten Wirtschaftszweige	I	1 760	1 051	339	469	38	34	171
	II	560 788 (1 178)	382 350 (732)	74 594 (245)	233 953 (333)	7 228 (21)	6 567 (16)	60 008 (117)

* In Klammern Zahl der Beteiligungsverhältnisse, deren Beschäftigtenzahl (1975) erfaßt ist
** Die Abgrenzung der Regionen in dieser und in den nachstehenden Tabellen folgt Tabelle II–8

Tabelle II–3 (Fortsetzung)

b) Geschätzte Anteile der Industriezweige an den Beschäftigten (nach Regionen) in Prozent (1975)

		Industrieländer (ohne EG)				Entwicklungsländer					
	Welt	Zusammen	west-europäische	nicht-europäische	ost-europäische	Zusammen	Mittelmeer	Lateinamerika	übriges Afrika	Westasien	Süd- und Südostasien
Land- und Forstwirtschaft	1	0		0		1	2	0		3	
Energie, Bergbau	1	2	1	2		1	1	1	4	1	
Chemie	23	28	14	36		21	26	20	18	26	18
Steine, Glas, Keramik	2	3	3	3		2	3	1	6	3	1
Eisen, NE-Metalle	11	12	13	11		10	8	11	27	9	6
Maschinenbau	14	15	14	17	50	14	12	16	7	3	19
Fahrzeugbau	13	4	1	6		17	7	24	12	9	5
Elektrotechnik	22	24	39	15	50	20	27	16	3	29	29
Feinmechanik, Optik	7	7	7	7		8	8	5		3	18
Sonstige verarbeitende Industrie	6	5	8	3		6	6	6	23	14	4
Alle erfaßten Wirtschaftszweige	100	100	100	100	100	100	100	100	100	100	100

c) Geschätzte Anteile der Regionen an den Beschäftigten (nach Industriezweigen) in Prozent (1975)

Land- und Forstwirtschaft	100	8		8		92	79	5		8	
Energie, Bergbau	100	43	14	29		57	7	44	4	2	
Chemie	100	43	9	34		57	16	30	1	2	8
Steine, Glas, Keramik	100	54	24	30		46	19	15	5	2	5
Eisen, NE-Metalle	100	41	17	24		59	11	36	4	2	6
Maschinenbau	100	38	15	23	0	62	12	36	1	0	13
Fahrzeugbau	100	11	1	10		89	8	71	2	3	5
Elektrotechnik	100	41	23	17	1	59	15	27	1	3	13
Feinmechanik, Optik	100	31	13	18		69	16	24		1	28
Sonstige verarbeitende Industrie	100	29	19	10		71	16	38	6	4	7
Alle erfaßten Wirtschaftszweige	100	36	14	22	0	64	14	36	2	2	10

etwa 1 Prozent im Ausland tätig ist.

Die Zahl der in Auslandsproduktionsstätten von Unternehmen der Bundesrepublik Deutschland (Einschränkungen wie erläutert) direkt Beschäftigten zu erfassen, ist die Hauptaufgabe der angestellten Erhebung. Die Zahl der Beteiligungsverhältnisse ist demgegenüber nur eine Hilfsgröße, die es erlaubt, ein vollständigeres Bild von Umfang und zeitlicher Entwicklung der Auslandsbeschäftigung zu erhalten. In 1178 der insgesamt ermittelten 1760 Beteiligungsverhältnisse konnten 560788 Beschäftigte (1975) nachgewiesen werden. Auf die Elektrotechnik entfallen 154756 (in 179 Beteiligungsverhältnissen), Chemie 131760 (371), Fahrzeugbau 101988 (40), Maschinenbau 51730 (219), Eisen, NE-Metalle 48657 (87),Feinmechanik, Optik 32974 (116), sonstige verarbeitende Industrie 24871 (113), Steine, Glas, Keramik: 9433 (28), Energie, Bergbau 4486 (20), Land- und Forstwirtschaft 133 (5) (Tabelle II–3). Schon diese zusammenfassenden Angaben weisen auf eine breite Verteilung der Auslandsproduktion auf die verschiedenen Industriezweige hin.

Während Tabelle II–3 a die ermittelten Zahlenwerte angibt, sind aus den Tabellen II–3 b und 3 c leichter die quantitative Verteilung und die Schwerpunkte der Auslandsbeschäftigung, nach Industriezweigen und nach Regionen, zu erkennen. Die Anteile sind in Prozent angegeben und nach einem Verfahren geschätzt, das auch der unterschiedlich vollständigen Erfassung der Zahl der Auslandsbeschäftigten Rechnung zu tragen sucht.

Tabelle II–4 versucht, die relative Bedeutung der einzelnen Wirtschaftszweige im Verhältnis zum gesamten Umfang der durch die Industrieunternehmen der Bundesrepublik Deutschland durchgeführten Auslandsproduktion und Auslandsbeschäftigung anzugeben. Bei der erfaßten verarbeitenden Industrie (ohne Land- und Forstwirtschaft; Energiewirtschaft, Bergbau) entfällt auf sieben der acht unterschiedenen Industriezweige wenigstens einmal einer der ersten vier Ränge. Neben dem Hinweis auf die breite Verteilung läßt sich daran ablesen, daß man zu unterschiedlichen Ergebnis-

Tabelle II–4

Rangfolge der Wirtschaftszweige nach a) Zahl der im Ausland produzierenden Unternehmen; b) Zahl der Beteiligungsverhältnisse; c) Zahl der Beschäftigten in Beteiligungsverhältnissen

	a)	b)	c)
Land- und Forstwirtschaft	9	10	10
Energie, Bergbau	9	9	9
Chemie	3	1	2
Steine, Glas, Keramik	7	8	8
Eisen, NE-Metalle	6	4	5
Maschinenbau	1	2	4
Fahrzeugbau	8	7	3
Elektrotechnik	5	3	1
Feinmechanik, Optik	3	5	6
Sonstige verarbeitende Industrie	2	6	7

Tabelle II–5

a) Höhe der Beteiligung nach Regionen (Erhebungszeitraum 1961 bis 1976)

	Welt	Industrieländer ohne EG				Entwicklungsländer					
		Zusammen	westeuropäische	nichteuropäische	osteuropäische	Zusammen	Mittelmeer	Lateinamerika	übriges Afrika	Westasien	Süd- und Südostasien
25 %	3,4 %	1,7 %	1,8 %	1,7 %		4,6 %	4,2 %	2,7 %	3,4 %	3,7 %	12,1 %
26–40 %	8,9 %	5,2 %	6,7 %	4,1 %		11,5 %	9,5 %	8,0 %	17,2 %	37,0 %	21,2 %
41–49 %	5,2 %	2,0 %	1,8 %	1,7 %	100 %	7,5 %	4,9 %	8,0 %	13,8 %	7,4 %	10,6 %
50 %	13,5 %	12,9 %	6,7 %	17,9 %		13,8 %	19,9 %	9,4 %	10,3 %	18,5 %	13,6 %
51–65 %	6,9 %	5,5 %	6,7 %	4,7 %		7,9 %	8,8 %	6,6 %	27,6 %	–	9,8 %
66–94 %	10,6 %	7,8 %	7,7 %	8,0 %		12,6 %	14,1 %	12,6 %	10,3 %	18,5 %	9,1 %
95–99 %	5,6 %	3,1 %	1,8 %	4,1 %		7,4 %	5,9 %	10,6 %	–	7,4 %	2,3 %
100 %	45,9 %	61,7 %	67,0 %	57,9 %		34,6 %	32,7 %	43,2 %	17,2 %	7,4 %	21,2 %
unter 50 %	17,5 %	8,9 %	10,3 %	7,5 %	100 %	23,6 %	18,6 %	18,7 %	34,4 %	48,1 %	43,9 %
50–100 %	82,5 %	91,1 %	89,7 %	92,5 %		76,4 %	81,4 %	81,3 %	65,6 %	51,9 %	56,1 %
95–100 %	51,5 %	64,8 %	68,8 %	62,0 %		42,0 %	38,6 %	53,8 %	17,2 %	14,8 %	23,5 %
Zahl der erfaßten Beteiligungsv.*	1 560	650	285	363	2	910	306	414	29	27	132
(Beteiligungsverhältnisse insges.)	(1 760)	(709)	(303)	(404)	(2)	(1 051)	(339)	(469)	(38)	(34)	(171)

Tabelle II–5 (Fortsetzung)

b) Höhe der Beteiligung, ausgewählte Länder (Erhebungszeitraum 1961 bis 1966)

		Industrieländer ohne EG				Entwicklungsländer				
	Welt	Zusammen	Österreich	USA	Südafrika	Zusammen	Spanien	Mexiko	Brasilien	Indien
25 %	3,4 %	1,7 %	1,7 %	–	2,4 %	4,6 %	3,5 %	1,8 %	2,6 %	19,3 %
26–40 %	8,9 %	5,2 %	5,7 %	1,2 %	11,0 %	11,5 %	7,5 %	14,3 %	8,5 %	36,8 %
41–49 %	5,2 %	2,0 %	2,3 %	1,2 %	1,2 %	7,5 %	4,6 %	16,1 %	8,5 %	14,0 %
50 %	13,5 %	12,9 %	5,2 %	13,8 %	13,4 %	13,8 %	26,0 %	10,7 %	10,3 %	14,0 %
51–65 %	6,9 %	5,5 %	5,7 %	4,8 %	7,3 %	7,9 %	5,2 %	3,6 %	5,6 %	15,8 %
66–94 %	10,6 %	7,8 %	8,6 %	9,0 %	9,8 %	12,6 %	12,1 %	10,7 %	12,4 %	–
95–99 %	5,6 %	3,1 %	1,7 %	2,4 %	4,9 %	7,4 %	6,9 %	5,4 %	14,1 %	–
100 %	45,9 %	61,7 %	69,0 %	67,7 %	50,0 %	34,6 %	34,1 %	37,5 %	38,0 %	–
unter 50 %	17,5 %	8,9 %	9,8 %	2,4 %	14,6 %	23,6 %	15,6 %	32,1 %	19,6 %	70,2 %
50–100 %	82,5 %	91,1 %	90,2 %	97,6 %	85,4 %	76,4 %	84,4 %	67,9 %	80,4 %	29,8 %
95–100 %	51,5 %	64,8 %	70,7 %	70,1 %	54,9 %	42,0 %	41,0 %	42,9 %	52,1 %	–
Zahl der erfaßten Beteiligungsverhältnisse*	1 560	650	174	167	82	910	173	56	234	57
(Beteiligungsverhältnisse insgesamt)	(1 760)	(709)	(181)	(185)	(92)	(1 051)	(186)	(63)	(267)	(80)

* Für diese Beteiligungsverhältnisse liegen Angaben über die Höhe der Beteiligung vor

sen kommt, je nachdem, ob man den Umfang der Auslandsproduktion an der Zahl der im Ausland produzierenden Unternehmen, der Beteiligungsverhältnisse oder der Beschäftigten mißt. Dabei sind neben dem unterschiedlichen Umfang der hier unterschiedenen Wirtschaftszweige Unterschiede in der durchschnittlichen Unternehmensgröße und im Konzentrationsgrad zu berücksichtigen.

Die Aufteilung der Auslandsproduktion und -beschäftigung auf die in die Untersuchung einbezogenen Industrieländer und auf die Entwicklungsländer ergibt folgendes: Für die Industrieländer (ohne EG-Länder) ließen sich 709 Beteiligungsverhältnisse nachweisen, auf 446 von ihnen entfallen 178438 (1975) nachgewiesene Beschäftigte; in den Entwicklungsländern konnten 1051 Beteiligungsverhältnisse nachgewiesen werden, auf 732 von ihnen entfallen 382350 (1975) Beschäftigte (Tabelle II–3).

Die erfaßten Unternehmen der Bundesrepublik Deutschland kontrollieren ihre produzierenden Beteiligungsunternehmen in den erfaßten Ländern in der Regel durch eine hohe Kapitalbeteiligung. Mit 95 bis 100 Prozent am Nominalkapital sind sie bei 51,5 Prozent der Beteiligungsgesellschaften beteiligt (Industrieländer 64,8 Prozent, Entwicklungsländer 42 Prozent), mit 50 Prozent und mehr bei 82,5 Prozent (Industrieländer 90,7 Prozent, Entwicklungsländer 76,3 Prozent), während sie weniger als 50 Prozent bei 17,5 Prozent (Industrieländer 8,9 Prozent, Entwicklungsländer 23,6 Prozent) der Beteiligungsgesellschaften aufweisen (Tabelle II–5).

1.2. Abschätzung der gesamten Auslandsbeschäftigung

Im vorangegangenen Abschnitt wurde eine umfangreiche empirische Erhebung zur Überprüfung der Tendenz zu einer neuen internationalen Arbeitsteilung begründet und eine Zusammenfassung der wichtigsten Ergebnisse vorgestellt. Im Abschnitt 1.3 werden Anlage und Durchführung der Datenerhebung beschrieben und damit gleichzeitig auch die Einschränkungen angeführt, denen diese Datenerhebung unterliegt. In diesem Abschnitt wird versucht, fußend auf den zuvor angeführten Ergebnissen und auf zusätzlich erhobenen Angaben, eine Abschätzung der gesamten direkten Auslandsbeschäftigung durch Industrieunternehmen der Bundesrepublik Deutschland zu leisten.

Abschätzung der Erfassungsquote

Es ist in dieser Untersuchung angestrebt, die Auslandsproduktionsstätten und die dort Beschäftigten (Einschränkungen siehe Abschnitt 1.3) vollständig zu erfassen. Es gibt kein brauchbares Verfahren, das es erlauben würde, die Erfassungsquote zu ermitteln. Für einzelne Länder waren nachträglich Zusammenstellungen zu erhalten, die auf offiziellen Quellen beruhen und die erhobenen Angaben in hohem Maße bestätigen. Unternehmen der Bundesrepublik Deutschland, die in mehr als einem Land außerhalb der EG fertigen, sind nahezu vollständig ermittelt. Auch wird die Gesamtzahl der Beteiligungsverhältnisse der erfaßten Unternehmen im Vergleich zur ermittelten Zahl nicht wesentlich höher liegen. Angaben über die Zahl der Beschäftigten für mindestens ein Jahr konnten sich nur für 72,5 Prozent (1975) der Beteiligungsverhältnisse nachweisen lassen. Unter der Zielsetzung dieser Untersuchung ist diese Erfassungsquote die am wenigsten befriedigende.

Ergebnisse der Zusatzerhebung

Neben der Erfassung der einzelnen Beteiligungsverhältnisse mit eigener Fertigung und ihrer Beschäftigtenzahlen wurde eine Zusatzerhebung durchgeführt, in der unter Einschluß der Angaben für die EG-Länder Zahlen für die gesamte Inlands- und Auslandsbeschäftigung von Unternehmen ermittelt wurden.[5] Für 1974 konnten von 149 Unternehmen (149 von 602 Unternehmen) mit einer Gesamtzahl von 1516379 Beschäftigten Angaben erhoben werden (Tabelle II–6). Diese 149 Unternehmen beschäftigten 336151 Personen im Ausland, davon waren 107448 in Ländern der EG tätig. Im Inland waren 197027 Ausländer beschäftigt. Die 146 Unternehmen, die alle eigene Fertigung außerhalb der EG aufweisen, beschäftigten in Beteiligungsgesellschaften und Betriebsstätten ohne eigene Fertigung im Ausland 47386 Personen; das sind 14,1 Prozent der Beschäftigten im Ausland.[6]

Für diese Unternehmen ist die Auslandsbeschäftigtenquote 22,2 Prozent, die Ausländerbeschäftigtenquote (also einschließlich der im Inland beschäftigten Ausländer) 35,2 Prozent. Bemerkenswert ist, daß diese Durchschnittsquoten bei einer Gruppierung in größere, mittlere und kleinere Unternehmen kaum variieren. Bei diesen Unternehmen, die im Ausland produzieren (außerhalb der EG), spielt die Unternehmensgröße für den Anteil der Auslandsbeschäftigung und für den Anteil der Ausländerbeschäftigung an der Gesamtbeschäftigung keine Rolle.[7]

Bei 87[8] von den 149 Unternehmen läßt sich die zeitliche Entwicklung der Auslandsbeschäftigtenquote und der Ausländerbeschäftigtenquote von 1961 bis 1974 angeben. Die erste ist von 1961: 7,9 Prozent über 1966: 11,5

5 In dieser Zusatzerhebung wurden also nicht Angaben über einzelne Beteiligungsverhältnisse zusammengetragen, sondern die Unternehmen haben Angaben über ihre gesamte Inlands- und Auslandsbeschäftigung gemäß den in Tabelle II–6 zu ersehenen Kategorien gemacht.

6 Die HWWA-Untersuchung weist für 1971 bei 27 Unternehmen 15,4 Prozent der Beschäftigten im Ausland Vertriebsgesellschaften zu. – HWWA-Report Nr. 31, Hamburg 1975, Tab. 11, S. 31.

7 Das trifft für diese Unternehmen zu. Für alle Industrieunternehmen zusammen gilt jedoch, daß die großen Unternehmen insgesamt einen höheren Auslandsbeschäftigtenanteil aufeisen als die mittleren und kleineren insgesamt.

8 Liste im Anhang, Tabelle II–A2.

Tabelle II–6

Zahl der Beschäftigten im Inland und Ausland, 149 Unternehmen, 1974

	1 Gesamtzahl der Beschäftigten (Inland und Ausland)	2 Beschäftigte im Inland	3 Im Inland beschäftigte Ausländer	4 Beschäftigte im Ausland	5 davon in EG	6 Beschäftigte im Ausland in Niederlassungen ohne eigene Fertigung	4	4	3 + 4	5	6
							als Anteil von				
							1	2	1	4	4
Alle Unternehmen: 149	1 516 379	1 186 677	197 027	336 151	107 448	47 386	22,2 %	28,3 %	35,2 %	32,0 %	14,1 %
Unternehmen mit über 5000 Beschäftigten: 38	1 370 804	1 071 372	179 876	299 432	101 081	45 257	21,8 %	27,9 %	35,0 %	33,8 %	15,1 %
Unternehmen mit 1000 bis 5000 Beschäftigten: 49	116 963	86 693	14 012	30 270	5 126	1 856	25,9 %	34,9 %	37,9 %	16,9 %	6,1 %
Unternehmen mit unter 1000 Beschäftigten: 62	28 612	22 163	3 139	6 449	1 241	273	22,5 %	29,1 %	33,5 %	19,2 %	4,2 %

Prozent und 1971: 19,5 Prozent auf 1974: 26,3 Prozent gestiegen; die zweite von 1961: 10,7 Prozent über 1966: 18,9 Prozent und 1971: 31 Prozent auf 1974: 39,4 Prozent (Tabelle II–7).[9] Die Zahl der im Ausland Beschäftigten hat in dieser Periode um 505 Prozent zugenommen, die Zahl der im Inland Beschäftigten insgesamt um 49 Prozent, und die Zahl der im Inland beschäftigten Inländer weist über vierzehn Jahre für diese insgesamt stark expansiven Unternehmen eine Zunahme von nur 24 Prozent auf.

Nach Ausweis der hier erfaßten Unternehmen, die allerdings nur einen kleinen Teil der Auslandsproduzenten darstellen, ist der Anteil der Auslandsbeschäftigung in dem erfaßten Zeitraum durchweg erheblich angestiegen. Soweit die Zahlen erkennen lassen, spielt dabei die Unternehmensgröße keine besondere Rolle.

Versuch einer Schätzung der nicht erfaßten Teile der Auslandsbeschäftigung.

Um von der in unserer Erhebung erfaßten Teilmenge der Auslandsbeschäftigung auf ihren gesamten Umfang schließen zu können, muß die Differenz geschätzt werden. Die anwendbaren Verfahren sind allerdings methodisch nicht sehr befriedigend. Der hier unternommene Versuch ist vergleichbaren Versuchen insofern aber überlegen, als er nur die erhobenen Beschäftigtenzahlen zugrunde legt und nicht über Hilfsgrößen wie die ausgewiesenen Direktinvestitionen oder Umsatzzahlen Abschätzungen vornimmt, da diese Größen systematisch verzerrt sind.

Bei 1178 der 1760 Beteiligungsverhältnisse, deren Beschäftigtenzahl ermittelt werden konnte, sind 560788 (1975) Beschäftigte nachgewiesen (Tabelle II–3). Nimmt man an, diese Auswahl sei repräsentativ, so entsprechen den 1760 Beteiligungsverhältnissen (also: ohne EG) 838000.[10] Diese Zahl kann etwas überhöht sein, da unter den Beteiligungsverhältnissen mit nicht bekannter Beschäftigtenzahl diese durchschnittlich niedriger sein mag als unter den anderen.

Nimmt man die Auswahl der 149 Unternehmen (Tabelle II–6) für repräsentativ, so erhält man für den untersuchten Teilbereich der Auslandsbeschäftigung der erfaßten 602 Unternehmen durch Hochrechnung 793000.[11] Auf dieser Basis ließen sich für produzierende Beteiligungsverhältnisse unter Einschluß der EG (gemäß Tabelle II–6, Spalte 5) 1167000 schätzen

9 In diesen Zahlen deutet sich eine Verschiebung von der Beschäftigung von Ausländern im Inland zur Auslandsbeschäftigung an.

10 Die Schätzzahlen sind auf volle Tausend auf- oder abgerundet.

11 Es stellt sich die Frage, ob diese Schätzzahl nicht zu hoch liegt, weil vielleicht die in der Zusatzerhebung erfaßten Unternehmen durchschnittlich eine höhere Auslandsbeschäftigung aufweisen. Diese Schätzzahl liegt aber noch unter der Schätzzahl, die auf der Basis von Angaben für fast drei Viertel der erfaßten Unternehmen erreicht wurde – siehe den vorhergehenden Absatz. Daher bestehen keine Bedenken, eine Schätzung auf dieser Basis zu versuchen.

Tabelle II–7
Gesamtzahl der Beschäftigten, Beschäftigte im Ausland, im Inland beschäftigte Ausländer, 87 Unternehmen, 1961, 1966, 1971, 1974

		Gesamtzahl der Beschäftigten	Beschäftigte im Ausland	Im Inland beschäftigte Ausländer	I	II	Gesamtzahl der Beschäftigten	Beschäftigte im Ausland	Im Inland beschäftigte Ausländer	I	II
		1961					1966				
Alle Unternehmen	87	469 852	37 211	13 037	7,9%	10,7%	553 927	63 766	40 783	11,5%	18,9%
Unternehmen mit über 5000 Beschäftigten	16	406 293	33 903	10 825	8,3%	11,0%	481 069	57 210	36 780	11,9%	19,5%
Unternehmen mit 1000 bis 5000 Beschäftigten	33	52 865	2 817	1 780	5,3%	8,7%	59 743	5 208	3 116	8,7%	13,9%
Unternehmen mit unter 1000 Beschäftigten	38	10 694	491	432	4,6%	8,6%	13 115	1 348	887	10,3%	17,0%
		1971					1974				
Alle Unternehmen	87	770 150	150 111	88 420	19,5%	31,0%	855 941	225 016	112 404	26,3%	39,4%
Unternehmen mit über 5000 Beschäftigten	16	678 855	135 306	79 553	19,9%	31,7%	756 970	203 065	99 614	26,8%	40,0%
Unternehmen mit 1000 bis 5000 Beschäftigten	33	74 913	12 290	7 371	16,4%	26,2%	81 417	18 353	11 133	22,5%	36,2%
Unternehmen mit unter 1000 Beschäftigten	38	16 382	2 515	1 496	15,4%	24,5%	17 554	3 598	1 657	20,5%	29,9%

I = Beschäftigte im Ausland als Anteil der Gesamtzahl der Beschäftigten
II = Beschäftigte im Ausland und im Inland beschäftigte Ausländer als Anteil der Gesamtzahl der Beschäftigten

und für die Gesamtzahl der Auslandsbeschäftigten einschließlich der Beschäftigten in Beteiligungen ohne eigene Fertigung (gemäß Tabelle II–6, Spalte 6) 1358000. (Unternehmen, die nur innerhalb der EG produzieren, sind dabei ebenso unberücksichtigt wie alle Unternehmen, die im Ausland tätig sind, aber dort nicht selbst fertigen.) Diese Schätzzahlen beruhen auf Angaben für 1974. Gering angesetzt, hat sich die Zahl im Jahre 1975 um 5 Prozent auf 1426000 erhöht. Die Auslandsbeschäftigten der Textil- und Bekleidungsindustrie, die an anderer Stelle auf 61000 geschätzt werden[12], und diejenigen des Baugewerbes mit 65000[13] ergänzen die Zahl zu 1552000. Demnach erhält man für die *Auslandsbeschäftigten des produzierenden Gewerbes der Bundesrepublik Deutschland* eine durchweg konservativ geschätzte und nicht alle Teile erfassende Zahl von *1,5 bis 1,6 Millionen* (für 1975).[14] Diese Zahl kann allerdings wegen der vielen Unsicherheiten im Schätzverfahren nur als ein Hinweis auf die Größenordnung der Auslandsbeschäftigung verstanden werden.

Bei diesen Schätzungen bleiben zwei nicht unerhebliche Bereiche unbe-

12 Siehe unsere Untersuchung über die Textil- und Bekleidungsindustrie, Teil I.

13 Der Hauptverband der Deutschen Bauindustrie hat zum Stichtag 31. Dezember 1975 die Zahl der auf Auslandsbaustellen beschäftigten Arbeitskräfte erhoben: «Zu dem genannten Stichtag wurden auf den Auslandsbaustellen der deutschen Bauindustrie etwa 5000 deutsche und 60000 ausländische Mitarbeiter beschäftigt. – Da in den ersten Monaten dieses Jahres einige neue Auslandsbaustellen angelaufen sind, liegen die Ziffern sicher inzwischen etwas höher.» – Bauindustriebrief 2–3 (Februar/März 1976), S. 14.

Beschäftigtenzahlen von sechs ausgewählten Bauunternehmen:

	Beschäftigte insgesamt	Beschäftigte im Inland	Beschäftigte im Ausland	Jahr
Beton- u. Monierbau	15 268	6 280	8 988	1976[1]
Bilfinger & Berger	28 700	6 850	21 850	1976[5]
Dyckerhoff & Widmann	14 955	12 055	2 900	1975[2]
Hochtief	26 682	15 232	11 450	1975[3]
Holzmann	25 800	14 300	11 500	1975[4]
Züblin	7 300	5 250	2 050	1975[2]
	118 705	59 967	58 738	

Quellen: [1] Süddeutsche Zeitung, 10. 12. 1976
[2] Geschäftsbericht 1975
[3] Handelsblatt, 23. 11. 1976
[4] Zwischenbericht zum 31. 8. 1976
[5] Zwischenbericht zum 31. 3. 1977

14 Realistischerweise ist anzunehmen, daß einige Unternehmen und Beteiligungsverhältnisse sowie Beteiligungen durch Privatpersonen nicht erfaßt sind; machte man hierfür einen Zuschlag von 5 bis 10 Prozent, kämen man in eine Größenordnung von 1,7 Millionen. – Alle diese Schätzzahlen beziehen keine indirekt durch die Auslandsproduktion der Unternehmen der Bundesrepublik Beschäftigten mit ein.

rücksichtigt. Wirtschaftszweige, die nicht zum produzierenden Gewerbe gehören, haben zum Teil einen großen Anteil ihrer Aktivitäten im Ausland und beschäftigen dort entsprechend viele Menschen. Neben den verschiedenen Sparten des Handels (einschließlich Versandhandel) sind es Banken[15], Versicherungen und Transportunternehmen. Aber auch viele andere Dienstleistungssparten, von Ingenieurbüros bis zu Gebäudereinigern, gehen ins Ausland, oft im Gefolge der produzierenden Unternehmen. Der zweite nicht berücksichtigte Bereich der Auslandsbeschäftigung durch Unternehmen der Bundesrepublik Deutschland betrifft die Produktion mit geringer oder keiner Kapitalbeteiligung, die etwa über Lizenz- und Lieferverträge kontrolliert wird. Hierher gehören auch die Veredelungsverkehre (Lohnveredelung), die in einigen Bereichen einen erheblichen Anteil an den Auslandsaktivitäten erreichen. In der Fallstudie der Textil- und Bekleidungsindustrie wird für diesen Bereich die Bedeutung der passiven Veredelungsverkehre abgeschätzt (siehe Teil I).

1.3. Anlage und Durchführung der Datenerhebung

Charakteristika der erfaßten Beteiligungsverhältnisse

Aus systematischen oder pragmatischen Gründen war es nötig, trotz der angestrebten Vollständigkeit einige eingrenzende Kriterien für die empirische Untersuchung aufzustellen.

a) Eigene Fertigung

Die in der Erhebung berücksichtigten Unternehmen sind in einem bestimmten Umfang (siehe c) am Kapital eines Auslandsunternehmens beteiligt, das eigene Fertigung aufweist. «Eigene Fertigung» wurde nicht positiv bestimmt, sondern sie wurde negativ von anderen Aktivitäten abgegrenzt.[16] Dieses Kriterium bedeutet für die Durchführung der Untersuchung, daß eine große Zahl von Unternehmen, die im Ausland tätig sind, die aber keine Industrieunternehmen sind oder nicht im Ausland fertigen, nicht erfaßt wurden.

b) Eigene Fertigung außerhalb der Europäischen Gemeinschaft (EG)

Unternehmen, die nur innerhalb der EG fertigen, sind nicht in die Untersuchung einbezogen. Ebenso sind die Produktionsstätten innerhalb der EG derjenigen Unternehmen, die außerhalb der EG produzieren, nicht erfaßt. Dadurch ließ sich der Arbeitsaufwand nicht unerheblich vermindern. (Nach

15 Gemäß einer Erhebung von Ursel Steuber hatten die Banken der Bundesrepublik Deutschland Ende 1975 26 Filialen im Ausland, die Zahl der «wichtigsten Beteiligungen deutscher Banken im Ausland» betrug 231. – Ursel Steuber, Internationale Banken. Ergänzungsband 1976, Hamburg 1977, Anhang 4.

16 Den befragten Unternehmen war als Erläuterung gesagt worden: «‹Eigene Fertigung› ist in einem weiten Sinne verstanden. Nicht dazu rechnen: Verkauf und Verteilung von Gütern, ihre Lagerung und Verpackung, Reparatur, Beratung und andere Dienstleistungen.»

unserer Schätzung entfällt mehr als ein Drittel der gesamten Auslandsproduktion von Unternehmen der Bundesrepublik Deutschland auf die EG: von den gesamten Nettokapitalleistungen für Investitionen im Ausland von 1952 bis 31. Dezember 1975 entfallen 35,4 Prozent auf die EG-Länder[17], und bei einer eigenen Zusatzerhebung für 149 außerhalb der EG fertigende Unternehmen entfallen 1974 von den Beschäftigten im Ausland 32 Prozent auf die Länder der EG – siehe Tabelle II–6.[18])

c) Mindestbeteiligung von 25 Prozent

Es sind nur Beteiligungsverhältnisse erfaßt worden, an deren Kapital das Unternehmen der Bundesrepublik Deutschland direkt und indirekt mit mindestens 25 Prozent beteiligt ist. Diese Abgrenzung hat nur forschungspragmatische Gründe. Das Außensteuerrecht und das Aktienrecht ziehen in der Regel eine Grenze bei 25 Prozent Beteiligung («wesentliche Beteiligung», «Schachtelbeteiligung», «Sperrminorität», Meldepflicht nach der Außenwirtschaftsverordnung). Ein wichtiger Teil des für die Untersuchung herangezogenen Informationsmaterials sowohl von Unternehmen (Geschäftsberichte) als auch von anderen Institutionen (beispielsweise Zusammenstellungen von Auslands-Handelskammern) folgt dieser Unterscheidung.

Formen der Auslandsproduktion, wie Lizenz- und Vertragsfertigung, passive Lohnveredelung, Managementverträge und andere Arten der Kooperation, sind immer dann durch diese Untersuchung nicht erfaßt, wenn sie nicht mit einer Kapitalbeteiligung von mindestens 25 Prozent verbunden sind.[19]

17 Bundesminister für Wirtschaft, Runderlaß Außenwirtschaft Nr. 13 (1976), Bundesanzeiger, 14. April 1976.

18 Der Auswahlkriterien wegen sind in dieser Zahl keine Unternehmen enthalten, deren Auslandsfertigung nur in der EG zu finden ist.

Eine Erhebung der HWWA kommt zu abweichenden Ergebnissen: bei den erfaßten 27 multinationalen Unternehmen entfallen 16 Prozent der Auslandsbeschäftigten auf produzierende Auslandsbeteiligungen in der EG (1971). – Rolf Jungnickel, Klaus Matthies, Rolf Sutter: Die Auslandstätigkeit der deutschen multinationalen Unternehmen (HWWA-Report Nr. 31), Hamburg 1975, Tab. 11, S. 31.

Der Unterschied erklärt sich weniger aus den verschiedenen Bezugsjahren und aus der Beschränkung auf produzierende Unternehmen; vielmehr ist die Auswahl maßgebend, denn die von der HWWA-Untersuchung erfaßten Unternehmen mußten als «multinationale» zwei von den drei folgenden Kriterien genügen:

- Produktionsstätten in mindestens fünf Ländern neben der Bundesrepublik Deutschland;
- Auslandsanteil von mindestens 10 Prozent bei Produktion oder Beschäftigung;
- Auslandsproduktion in Höhe von mindestens 200 Millionen DM im Jahre 1971.

Diese Kriterien und die geringe Anzahl der Unternehmen führen – in diesem Punkt – zu einem nichtrepräsentativen Ergebnis.

19 Im Text wird an einer Reihe von Stellen auf die Bedeutung dieser durch die Untersuchung nicht erfaßten Aktivitäten hingewiesen. Systematisch berücksichtigt sind sie in der Untersuchung über die Textil- und Bekleidungsindustrie, Teil I.

Zwischen Betriebsstätten und juristisch selbständigen Tochter- und Beteiligungsgesellschaften wird nicht unterschieden. Für Auslandsfertigung ist die Form der Betriebsstätte sehr selten und demnächst auch rechtlich unmöglich[20], während sie in nichtfertigenden Wirtschaftszweigen (Banken, Versicherungen, sonstige Dienstleistungen), für Vertriebs- und Serviceniederlassungen im Ausland sowie für Auslandsbaustellen die vorherrschende Form darstellt.

d) Erfaßte Wirtschaftszweige

Das Kriterium der eigenen Auslandsfertigung (siehe a) beschränkt die Erhebung im wesentlichen auf die verarbeitende Industrie, die um zwei Gruppen von Unternehmen erweitert wird: die Land- und Forstwirtschaft, die in dieser Erhebung auch einige Gartenbau- und ein Saatzuchtunternehmen enthält; und Bergbau und Energiewirtschaft, wobei die Bergbaubeteiligungen etwa von metallverarbeitenden Unternehmen bei diesen Unternehmen einbezogen sind, da ein Unternehmen mit sämtlichen Beteiligungsverhältnissen dem Wirtschaftszweig mit den Hauptaktivitäten zugerechnet ist. (Land- und Forstwirtschaft sowie Bergbau und Energiewirtschaft sind aus diesem Grund und wegen der anderen Kriterien – etwa: wenigstens 25 Prozent Kapitalbeteiligung – weniger besetzte Gruppen, und sie können im Rahmen dieser Untersuchung, wie sich herausgestellt hat, fast durchweg vernachlässigt werden.)

Die Textil- und Bekleidungsindustrie bleibt hier unberücksichtigt, da sie in einer eigenen Untersuchung im Teil I behandelt wird. Die Ergebnisse dieser Untersuchung sind in diesem Teil an einigen Stellen herangezogen worden.

Statistiken des Statistischen Bundesamts unterscheiden zwischen den Begriffen «produzierendes» und «verarbeitendes Gewerbe», wobei der erstere einen Oberbegriff darstellt, der unter anderen auch das Baugewerbe umfaßt. Dieses ist in die Erhebung nicht einbezogen worden, obwohl nicht zu übersehen ist, daß die Auslandstätigkeit des Baugewerbes gerade in den letzten Jahren erheblich zugenommen hat. In der Abschätzung in Abschnitt 1.2 ist das Baugewerbe berücksichtigt worden.

e) Unvollständige Erfassung der Auslandsinvestitionen von Privatpersonen

Während unter theoretischen Gesichtspunkten die gesamte Auslandsfertigung einzubeziehen ist, erstreckt sich die Untersuchung praktisch auf die

20 Das inzwischen erlassene Dritte Gesetz zur Änderung des Außenwirtschaftsgesetzes will die Rechtsstellung von Zweigniederlassungen und Betriebsstätten so regeln, daß gilt: «Alle vom AWG erfaßten Zweigniederlassungen und Betriebsstätten, die in einem anderen Wirtschaftsgebiet liegen als das Mutterunternehmen, sollen im Verhältnis zu diesem Unternehmen und zu Dritten nunmehr grundsätzlich als rechtlich selbständig behandelt werden.» – Deutscher Bundestag, Drucksache 7/4323 vom 21. November 1975, S. 1.

Auslandsfertigung der Unternehmen[21] der Bundesrepublik Deutschland. Dadurch sind Kapitalbeteiligungen von Privatpersonen als solche zunächst nicht erfaßt; es wurde jedoch versucht, von den tatsächlichen Verhältnissen auszugehen und nicht die rechtlichen Konstrukte zum Maßstab zu machen. Hinter der häufigen Kennzeichnung «indirekte Beteiligung» steckt in einer Reihe von Fällen eine Kapitalbeteiligung von Einzelpersonen, die zugleich Eigner oder Gesellschafter des jeweiligen Unternehmens in der Bundesrepublik Deutschland sind. Obwohl der Umfang der nicht erfaßten Beteiligungen von Privatpersonen schwer abgeschätzt werden kann und sicherlich in den verschiedenen Wirtschaftszweigen unterschiedlich groß ist (in der Land- und Forstwirtschaft sicherlich nicht zu vernachlässigen), mag er insgesamt doch nicht so sehr ins Gewicht fallen. Dieser Bereich ist der weiteren Aufklärung systematisch entzogen.[22]

Im einzelnen werden folgende Angaben ermittelt:

1. Beteiligungsverhältnisse

Die im Ausland produzierenden Unternehmen werden den Unternehmen der Bundesrepublik Deutschland zugeordnet, die an ihnen – direkt oder indirekt – beteiligt sind. Ist mehr als ein deutsches Unternehmen beteiligt, wird nur ein Beteiligungsverhältnis gezählt, und zwar das mit der höheren Beteiligung; bei gleich hoher Beteiligung wird ein Beteiligungsverhältnis des Unternehmens angenommen, das im Alphabet an erster Stelle steht. (Eine solche Zurechnung ist nötig, um Doppelzählungen zu vermeiden; wegen der Seltenheit der Fälle ist die Beeinflussung der Ergebnisse gering.)

2. Betriebe

Örtlich oder in ihrer Produktionsorganisation voneinander getrennte Betriebe eines Beteiligungsverhältnisses werden einzeln erfaßt. Wenn über die Anzahl der Betriebe keine Information vorliegt, wird nur ein Betrieb gezählt.

3. Höhe der Kapitalbeteiligung

Für die überwiegende Mehrheit der Beteiligungsverhältnisse konnte die Höhe der ausgewiesenen Kapitalbeteiligung des Unternehmens der Bundesrepublik Deutschland ermittelt werden. Informationen, die keine Zahlenangaben enthalten («Tochtergesellschaft», *joint venture*), können nicht gewertet werden, da sie nicht durchgehend eine bestimmte Beteiligungshöhe bezeichnen. Nur die Bezeichnung «Mehrheitsbeteiligung» wird in die Zahlenangabe «51 Prozent» übersetzt.

4. Beginn der Produktion

Das Jahr des Beginns der Produktion wird verzeichnet. Dieses weicht

21 Produzierende Auslandsbeteiligungen von Banken und Versicherungen sind als solche auch nicht erfaßt; jedoch ist in einer Reihe von Fällen gleichzeitig ein Industrieunternehmen beteiligt, wodurch das Beteiligungsverhältnis in der Untersuchung berücksichtigt ist.

22 Ob die Bestimmungen des ergänzten Außenwirtschaftsgesetzes auch hierüber mehr Aufklärung schaffen werden, wird sich in einigen Jahren erst zeigen.

häufig von dem Jahr der Gründung der Auslandsgesellschaft ab, insbesondere, sofern diese zuerst eine Vertriebsgesellschaft ist, die erst später eine eigene Produktion aufnimmt. Bei einem Einkauf in ein bestehendes Unternehmen wird hier das Jahr des Beginns der Beteiligung eingesetzt.

5. Zahl der Beschäftigten

Die durch das Beteiligungsunternehmen direkt Beschäftigten werden erfaßt, und zwar für die Jahre 1961, 1966, 1971, 1973, 1974, 1975. Es wird nicht unterschieden zwischen solchen, die unmittelbar in der Fertigung tätig sind und anderen Beschäftigten. Eine solche Unterscheidung läßt sich nicht nach einheitlich anwendbaren Gesichtspunkten durchführen.[23]

6. Strukturmerkmale der Beschäftigung

Ergänzend werden Angaben über die Anzahl der durch die Beteiligungsunternehmen beschäftigten Ausländer und darunter der Deutschen, die Geschlechterverteilung und Altersstruktur verzeichnet. Diese Angaben sind allerdings nur für einen Teil der Beteiligungsverhältnisse ermittelt.

7. Produktionsland

8. Erhebungszeitraum

Die Beschäftigtenzahlen werden für den Zeitraum 1961 bis 1975 verzeichnet. Allerdings sind für eine Reihe von Beteiligungsverhältnissen diese Zahlen nur für die jüngste Zeit bekannt, obwohl sie schon früher produzierten. Beteiligungsverhältnisse werden bis einschließlich 1976 in der Erhebung berücksichtigt, sofern sie bis zum Abschluß der Untersuchung (Juli 1976) bekannt waren. Für die Angaben nach 2., 3. und 6. gilt das Jahr 1975, sofern nicht die Produktion erst 1976 begonnen wird.

Im Rahmen der Erhebung wurde ferner nach dem Ort der Produktion, nach Verfahrensweisen und Produkten sowie nach der Berufsqualifikation der einheimischen Beschäftigten gefragt. Diese Angaben waren nicht für eine quantitative Auswertung bestimmt. Sie gehen aber in die Darstellung und Interpretation der Ergebnisse ein.

Erhebung des Materials

Das Material, das dieser Untersuchung zugrunde liegt, stammt aus einer großen Anzahl von Quellen. Es ist insgesamt eine Kombination aus öffentlich zugänglichen Informationen (darunter ökonomische Fachliteratur, Unternehmenshandbücher, Wirtschaftspresse) und aus Antworten der Unter-

23 Auch die Inlandsstatistik macht in der Regel eine solche Unterscheidung nicht; die in ihr häufig anzutreffende Aufteilung zwischen «Arbeitern» und «Angestellten» ist für das Ausland unbrauchbar, weil die Zuordnung von Land zu Land stark und nach unterschiedlichen Gesichtspunkten variiert. Im Ausland ist in einer Reihe von Fällen der Anteil der unmittelbar in der Produktion Beschäftigten gering, weil in diesen Beteiligungsunternehmen der Vertrieb im Vordergrund steht, dem nur eine kleinere Produktion oder Montage zugeordnet ist; in einer Reihe von anderen Fällen ist der Anteil sehr hoch, weil hier nur produziert wird, während der Vertrieb etc. von anderer Stelle aus organisiert ist.

nehmen im In- und Ausland auf entsprechende Anfragen. Hinzu kommen Auskünfte von Handelskammern, Botschaften, Ministerien, Behörden, Forschungsinstituten sowie einzelnen Forschern.

In einem ersten Arbeitsschritt wurde versucht zu ermitteln, welche Unternehmen überhaupt außerhalb der EG fertigen und in welchen Ländern. Neben einer systematischen Auswertung der Wirtschaftspresse wurden Geschäftsberichte und Handbücher sowie Firmenlisten aus bereits vorliegenden Untersuchungen benutzt. Die deutschen Auslandshandelskammern und Botschaften wurden um Listen der in den einzelnen Ländern produzierenden Unternehmen aus der Bundesrepublik Deutschland gebeten. Sofern ihre Adressen ermittelt werden konnten, wurden die Beteiligungsunternehmen im Ausland direkt (oder sonst in einigen Fällen über die Auslandshandelskammern) angeschrieben, um die oben bezeichneten Angaben zu erhalten.

In einem zweiten Arbeitsschritt wurden sämtliche verfügbaren Angaben in Formblätter eingetragen und diese in Kopie, mit der Bitte um Bestätigung und Ergänzung, den jeweiligen Unternehmen in der Bundesrepublik zugeschickt. Auf diese Weise war geklärt, welche Informationen erbeten waren, und zugleich war das Ausfüllen der Formblätter soweit wie möglich erleichtert. Auf einem eigenen Formblatt war zusätzlich ein Überblick über die Entwicklung der Inlands- und Auslandsbeschäftigung für die jeweiligen Unternehmen insgesamt (Zusatzerhebung) erbeten.[24]

Die weitere Materialsammlung einschließlich der Auswertung der Wirtschaftspresse und der Geschäftsberichte wurde fortgesetzt. Zusätzlich wurde weiterhin versucht, die Adressen der Beteiligungsunternehmen zu ermitteln, insbesondere in den Fällen, in denen die Anfragen an die Firmen in der Bundesrepublik Deutschland ohne die gewünschten Ergebnisse blieben.

Die EDV-Auswertung wurde so organisiert, daß die Ergebnisse dieser umfangreichen und zeitaufwendigen Ermittlungen noch bis Sommer 1976 berücksichtigt werden konnten.[25] Auf diese Weise erstreckt sich die Zeitspanne, in der direkt Daten erhoben wurden, von Herbst 1974 bis Sommer 1975. (Zum Teil sind daher keine Angaben über die Zahlen der Beschäftigten für 1975 wohl aber für 1974 vorhanden; in diesen Fällen wurden die 1974er Werte als Näherungswerte für 1975 eingesetzt.)

In die Auswertung gingen nur solche Unternehmen und Beteiligungsver-

24 Von den 602 Unternehmen, für die Auslandsproduktion außerhalb der EG nachgewiesen werden konnte, haben auf diese Anfrage bis Mai 1976 412 (= 68,4 Prozent) geantwortet; davon haben 97 eine Absage geschickt, während 315 (= 52,3 Prozent) Angaben machten, die in die Auswertung eingehen, wenn sie auch recht häufig unvollständig sind. An dieser Stelle möchten wir den Bearbeitern in den einzelnen Unternehmen für ihre Bereitschaft danken, Angaben zur Verfügung zu stellen.

25 Wir möchten unserem Kollegen Philipp Sonntag an dieser Stelle für seine Unterstützung danken.

hältnisse ein, für die aus hinreichend sicheren Informationen hervorgeht, daß sie den Kriterien dieser Untersuchung genügen. Vage Hinweise auf Auslandsproduktion, die sich nicht präzisieren ließen, sind unberücksichtigt geblieben. Kenntnis des Landes, in dem gefertigt wird, und des Wirtschaftszweiges, dem das Unternehmen der Bundesrepublik Deutschland angehört, gehörten zu den Voraussetzungen für eine Aufnahme in die Auswertung. Bei 122 Unternehmen führten die Ermittlungen entweder zu einem negativen Ergebnis (keine eigene Fertigung im Ausland, Fertigung nur innerhalb der EG, Beteiligung unter 25 Prozent, nur Lizenzproduktion, Pläne zur Auslandsfertigung nicht verwirklicht) oder nicht zu einem positiven Ergebnis. Bei einer weiteren Reihe von Unternehmen ist die eigene Fertigung im Ausland zwar vorgesehen, wird aber erst ab 1976 aufgenommen (Liste siehe Anhang, Tabelle II–A 3).

In die Auswertung werden alle Beteiligungsverhältnisse aufgenommen, bei denen irgendwann ab 1961 eigene Fertigung nachgewiesen ist. Beteiligungsverhältnisse, die nicht mehr bestehen oder in denen nicht mehr gefertigt wird, sind als «aufgegebene Beteiligungsverhältnisse» verzeichnet. Ihre Zahl liegt bei 5 Prozent der erfaßten Beteiligungsverhältnisse. Die angegebenen Gründe für ihre Aufgabe sind recht verschieden, sie reichen vom Konkurs der Mutter- oder Tochtergesellschaft über den Verkauf und den Übergang zur reinen Lizenzproduktion bis zur Verschmelzung mit anderen Beteiligungsgesellschaften. Verstaatlichungen und Enteignungen werden so gut wie nicht genannt, was bei der deutlichen Bevorzugung von politisch «sicheren» Ländern nicht erstaunt.

Trotz der Bemühung, Angaben nur aus verläßlich erscheinenden Quellen zu übernehmen und sie möglichst bestätigen zu lassen, sind Irrtümer nicht ausgeschlossen, weshalb keine Gewähr für die Richtigkeit der Angaben gegeben werden kann. Das in die Auswertung eingegangene Informationsmaterial ist systematisch archiviert und kann in Zweifelsfällen konsultiert werden, sofern Vertraulichkeit dem nicht entgegensteht.

Kapitel 2
Auslandsproduktion und -beschäftigung nach Regionen – Verlagerung der Schwerpunkte

2.1. Überblick über die regionale Verteilung der Auslandsproduktion und -beschäftigung

Einen Überblick über die Verteilung der Auslandsproduktion und Auslandsbeschäftigung auf die in dieser Untersuchung einbezogenen Industrieländer und Entwicklungsländer durch Industrieunternehmen der Bundesrepublik Deutschland vermittelt die Tabelle II–8. Demnach beträgt die Zahl der Länder, in denen die Unternehmen der Bundesrepublik (außerhalb der EG und ohne die Textil- und Bekleidungsindustrie) fertigen, 77. Rechnet man die acht EG-Länder noch hinzu, so erhält man den Eindruck einer breiten geographischen Streuung der Auslandsfertigung. Dieser Eindruck bedarf aber der Korrektur: in der hier erfaßten Form, mit eigener Kapitalbeteiligung, sind Unternehmen der Bundesrepublik in den außereuropäischen sozialistischen Ländern gar nicht und in den europäischen (erst) ganz gering vertreten. Ferner werden in über der Hälfte der 77 Länder, nämlich in 41, nur bis zu vier Beteiligungsverhältnisse angetroffen und in weiteren sieben Ländern zwischen fünf und neun. Die Konzentration auf wenige Länder zeigt sich daran, daß auf die vier Länder mit über hundert (Brasilien, Spanien, USA, Österreich) zusammen 819 Beteiligungsverhältnisse entfallen; weitere fünf Länder haben fünfzig und mehr (Südafrika, Indien, Schweiz, Mexiko, Argentinien). Auf diese neun Länder entfallen 1181 von den insgesamt 1760 erfaßten Beteiligungsverhältnissen.

Ein entsprechendes Bild zeigt sich bei der Aufteilung auf geographische Regionen: auf Europa entfallen 600 (europäische Industrieländer: 305) Beteiligungsverhältnisse, auf Lateinamerika 469 und auf Nordamerika (ohne Mexiko) 232, auf Afrika (ohne afrikanische Mittelmeerstaaten, mit Südafrika) 130 und auf Westasien 34 Beteiligungsverhältnisse.

Auf die Industrieländer (Zuordnung siehe Tabelle II–8) kommen mit 709 Beteiligungsverhältnissen 40,3 Prozent; von der nachgewiesenen Beschäftigtenzahl vereinen sie mit 178438 (1975) 31,8 Prozent[26] auf sich.

In den Entwicklungsländern werden 1051 Beteiligungsverhältnisse gezählt und 382350 (1975) Beschäftigte (in 732 von ihnen) nachgewiesen (Tabelle II–8). Während in den erfaßten Industrieländern im Durchschnitt 400 Personen auf ein Beteiligungsverhältnis kommen, sind es in Entwick-

26 Wenn man die Angaben der Tabelle II–6 zugrunde legt, entfallen auf Industrieländer unter Einschluß der EG 53,6 Prozent der Auslandsbeschäftigten.

Tabelle II–8
Nachgewiesene Beteiligungsverhältnisse und Beschäftigte* nach Regionen** und Ländern (Erhebungszeitraum: 1961 bis 1976, Beschäftigte: 1975)

Industrieländer (ohne EG)	709	178 438	(446)
westeuropäische (ohne EG)	303	81 499	(225)
Norwegen	6	2 142	(2)
Finnland	8	2 406	(8)
Schweden	33	12 707	(24)
Österreich	181	54 005	(148)
Schweiz	75	10 239	(43)
nichteuropäische	404	96 789	(220)
Kanada	47	4 886	(29)
USA	185	42 292	(93)
Neuseeland	2	198	(1)
Australien	39	9 595	(26)
Japan	39	10 753	(25)
Südafrika	92	18 065	(46)
osteuropäische	2	150	(1)
Ungarn	1		
Rumänien	1	150	(1)
Entwicklungsländer	1 051	382 350	(732)
Mittelmeer	339	74 594	(245)
Malta	11	870	(8)
Spanien	186	46 042	(141)
Portugal	33	8 753	(24)
Griechenland	47	6 678	(34)
Jugoslawien	18	2 956	(11)
Türkei	18	7 900	(15)
Libanon	1		
Syrien	1		
Israel	2	180	(1)
Tunesien	7	155	(3)
Algerien	2	38	(1)
Marokko	10	571	(5)
Ägypten	3	451	(2)
Lateinamerika	469	233 953	(333)
Guatemala	7	713	(6)
El Salvador	4	372	(3)
Nicaragua	2	45	(1)
Dominikanische Republik	2	85	(1)
Puerto Rico	3	143	(3)
Trinidad und Tobago	1	33	(1)
Niederländische Antillen	1	31	(1)
Mexiko	63	22 433	(50)
Peru	11	2 062	(10)
Bolivien	1	42	(1)
Ecuador	5	123	(2)
Kolumbien	15	2 832	(10)
Venezuela	12	2 074	(9)
Argentinien	52	21 883	(39)

Tabelle II–8 (Fortsetzung)

Lateinamerika (Fortsetzung)			
Uruguay	10	997	(8)
Chile	13	2 281	(12)
Brasilien	267	177 798	(176)
übriges Afrika	38	7 228	(21)
Sudan	1	98	(1)
Äthiopien	1		
Kenia	1	30	(1)
Tansania	1	200	(1)
Senegal	1		
Liberia	2	3 160	(2)
Elfenbeinküste	1		
Ghana	4	516	(4)
Togo	1		
Niger	1	133	(1)
Nigeria	9	2 261	(7)
Kamerun	3	553	(1)
Volksrepublik Kongo	1		
Zaire	3	192	(2)
Angola	1		
Moçambique	1		
Botswana	1		
Sambia	2	85	(1)
Rhodesien	2		
Lesotho	1		
Westasien	34	6 567	(16)
Saudi-Arabien	1		
Jordanien	1		
Iran	32	6 567	(16)
Süd- und Südostasien	171	60 008	(117)
Indien	80	38 480	(44)
Bangla Desh	1	220	(1)
Pakistan	3	1 459	(3)
Indonesien	21	3 934	(17)
Philippinen	2	456	(2)
Hongkong	3	240	(2)
Taiwan	5	692	(4)
Korea (Süd)	10	2 296	(6)
Thailand	17	2 254	(16)
Singapur	14	5 748	(4)
Malaysia	15	4 229	(13)

* In Klammern Zahl der Beteiligungsverhältnisse, deren Beschäftigtenzahl erfaßt ist

** Die Zuordnung zu den Industrie- und Entwicklungsländern folgt den bei den Vereinten Nationen im allgemeinen üblichen Einteilungen. Sie kann im Einzelfall fragwürdig sein. Insbesondere die Republik Südafrika weist Merkmale auf, die einer Reihe von Entwicklungsländern eigentümlich sind

lungsländern 522. Die Aufteilung der Beteiligungsverhältnisse auf die Gruppen der Industrie- und der Entwicklungsländer ändert sich insgesamt über die Zeit nur langsam: die Entwicklungsländer haben gegenüber den Industrieländern von 1961 bis 1976 nach unserer Erhebung 3,1 Prozentpunkte mehr zu verzeichnen (Tabelle II–9). Während sich in diesem Zeitraum die Zahl der produzierenden Beteiligungsverhältnisse in Entwicklungsländern etwas mehr als verdoppelt hat, hat sie sich in den Industrieländern auch verdoppelt. Dennoch lassen differenziertere Betrachtungen, wie weiter unten gezeigt wird, Tendenzen zu einer Gewichtsverlagerung erkennen.

Die Anteile der verschiedenen Wirtschaftszweige an der Zahl der Beteiligungsverhältnisse ergeben bei den erfaßten Industrieländern gegenüber den Entwicklungsländern nur geringfügige Unterschiede (siehe Tabelle II–9). Industrien wie Chemie, Maschinenbau und Elektrotechnik, die in erheblichem Ausmaß im Ausland produzieren, tun dies mit fast gleichen Anteilen sowohl in Industrie- als auch in Entwicklungsländern. Zwar konzentriert sich, wie wir schon sahen, die Auslandsproduktion auf eine kleine Zahl von Ländern, unter ihnen sind aber sowohl Industrie- als auch Entwicklungsländer.

Von den in dieser Untersuchung ermittelten 602 auslandsproduzierenden Industrieunternehmen weisen neben einer Produktion im Inland und möglicherweise einem anderen Land der EG 158 Produktion nur in Industrieländern außerhalb der EG auf, 267 nur in Entwicklungsländern, während 177 in beiden Ländergruppen tätig sind. Demnach finden wir in den erfaßten Industrieländern Produktion von 335 Unternehmen, in den Entwicklungsländern von 444 Unternehmen.

Die Tabellen II–10-1 und II–10-2, aus denen diese Angaben errechnet sind, stellen die ermittelten Daten über die Beteiligungsverhältnisse und Beschäftigtenzahlen für die erfaßten Industrieländer und Entwicklungsländer einander gegenüber. Sie bestätigen insgesamt insofern die Angaben in Tabelle II–9, als nicht nur gemessen an der Zahl der Beteiligungsverhältnisse, sondern auch an der Zahl der ermittelten Beschäftigten die Zunahme der Auslandsfertigung in beiden Ländergruppen im Zeitraum 1961 bis 1976 nahezu gleichmäßig verläuft. Auch auf der Ebene der Industriezweige zeigen sich nur einige Abweichungen. Zu diesen gehört die elektrotechnische Industrie, die in den Industrieländern die Zahl ihrer Beteiligungsverhältnisse knapp verdoppelt, in den Entwicklungsländern aber gut verdreifacht hat; und entsprechend verhalten sich die ermittelten Beschäftigtenzahlen, die in beiden Ländergruppen in diesem Wirtschaftszweig für überdurchschnittlich viele Beteiligungsverhältnisse vorliegen.

Was sagen diese Daten aus über die Tendenz zu einer neuen internationalen Arbeitsteilung? Sie belegen zunächst einmal nur eine erhebliche Zunahme der Auslandsproduktionsstätten und eine noch stärkere Zunahme der Auslandsbeschäftigten; dieses aber im Erhebungszeitraum 1961 bis 1976

Tabelle II–9
Zahl der Beteiligungsverhältnisse nach Wirtschaftszweigen, 1961, 1966, 1971, 1974 und 1961 bis 1976

	1961			1966			1971			1974			1961 bis 1976			Anteile der Wirtschaftszweige an 1961 bis 1976		
	Welt	I	II	Welt	I	II	Welt	I	II	Welt	I	II	Welt	I	II	Welt	I	II
Land- und Forstwirtschaft	6		6	6		6	9	1	8	12	1	11	13	1	12	0,7%	0,1%	1,1%
Energie, Bergbau	11	9	2	12	9	3	17	10	7	26	13	13	31	17	14	1,8%	2,4%	1,3%
Chemie	238	94	144	302	110	192	401	142	259	467	167	300	502	186	316	28,5%	26,2%	30,1%
Steine, Glas, Keramik	19	9	10	22	12	10	30	16	14	37	19	18	46	26	20	2,6%	3,7%	1,9%
Eisen, NE-Metalle	92	45	47	112	56	56	139	70	69	163	83	80	177	86	91	10,1%	12,1%	8,7%
Maschinenbau	168	71	97	214	89	125	265	117	148	311	137	174	368	159	209	20,9%	22,4%	19,9%
Fahrzeugbau	19	4	15	22	5	17	37	9	28	46	12	34	48	12	36	2,7%	1,7%	3,4%
Elektrotechnik	87	45	42	120	54	66	180	71	109	207	80	127	231	89	142	13,1%	12,6%	13,5%
Feinmechanik, Optik	73	30	43	97	40	57	122	52	70	147	62	85	176	70	106	10,0%	9,9%	10,1%
Sonstige verarbeitende Industrie	58	28	30	89	44	45	118	51	67	147	54	93	168	63	105	9,5%	8,9%	10,0%
Alle erfaßten Wirtschaftszweige	771	335	436	996	419	577	1 318	539	779	1 563	628	935	1 760	709	1 051	99,9%	100,0%	100,0%
Anteil von I und II	100%	43,4%	56,6%	100%	42,1%	57,9%	100%	40,9%	59,1%	100%	40,2%	59,8%	100%	40,3%	59,7%			
Anteil von 1961 bis 1976	43,8%	47,2%	41,5%	56,6%	59,1%	54,9%	74,9%	76,0%	74,1%	88,8%	88,6%	89,0%	100%	100%	100%			

I = Industrieländer (ohne EG)
II = Entwicklungsländer

Tabelle II–10-1
Beteiligungsverhältnisse und Beschäftigte nach Wirtschaftszweigen, 1961, 1966, 1971, 1973, 1974, 1975, 1976
Industrieländer (ohne EG)

		1961	1966	1971	1973	1974	1975	1976
Land- und Forstwirtschaft	I			1	1	1	1	1
	II							
Energie, Bergbau	I	9	9	10	10	13	15	16
	II	793 (2)	712 (2)	903 (3)	936 (4)	999 (6)	999 (8)	
Chemie	I	94	110	142	153	167	178	179
	II	3 687 (25)	7 569 (42)	22 883 (77)	37 482 (101)	55 373 (116)	57 358 (133)	
Steine, Glas, Keramik	I	9	12	16	19	19	17	23
	II	21 (1)	110 (2)	1 427 (9)	3 817 (13)	3 776 (14)	4 982 (16)	
Eisen, NE-Metalle	I	45	56	70	76	83	83	81
	II	1 144 (4)	2 181 (10)	8 321 (26)	11 469 (31)	12 828 (35)	13 806 (38)	
Maschinenbau	I	71	89	117	130	137	136	143
	II	6 379 (20)	8 515 (36)	12 765 (60)	16 518 (78)	17 308 (88)	17 786 (94)	
Fahrzeugbau	I	4	5	9	10	12	11	11
	II	2 420 (2)	4 096 (2)	6 968 (5)	10 280 (7)	11 059 (9)	11 327 (11)	
Elektrotechnik	I	45	54	71	72	80	83	87
	II	5 424 (12)	7 981 (16)	34 577 (43)	39 501 (46)	54 562 (54)	58 708 (63)	
Feinmechanik, Optik	I	30	40	52	60	62	63	69
	II	750 (8)	2 062 (16)	4 951 (28)	6 831 (35)	6 963 (39)	7 782 (43)	
Sonstige verarbeitende Industrie	I	28	44	51	53	54	56	60
	II	615 (8)	2 255 (29)	3 965 (35)	4 618 (33)	5 380 (38)	5 687 (40)	
Alle erfaßten Wirtschaftszweige	I	335	419	539	584	628	643	670
	II	21 233 (82)	35 481 (155)	96 760 (286)	131 452 (348)	168 248 (399)	178 438 (446)	

I = Zahl der Beteiligungsverhältnisse
II = Zahl der nachgewiesenen Beschäftigten – in Klammern Zahl der Beteiligungsverhältnisse, in denen die Beschäftigtenzahl nachgewiesen werden konnte

Zahl der Unternehmen der Bundesrepublik Deutschland	335		
Zahl der bestehenden Beteiligungsverhältnisse	670	Zahl der bestehenden Betriebe	740
Zahl der aufgegebenen Beteiligungsverhältnisse	39	Zahl der aufgegebenen Betriebe	40
Zahl der Beteiligungsverhältnisse insgesamt	709	Zahl der Betriebe insgesamt	780

Tabelle II–10-2
Beteiligungsverhältnisse und Beschäftigte nach Wirtschaftszweigen, 1961, 1966, 1971, 1973, 1974, 1975, 1976
Entwicklungsländer

		1961	1966	1971	1973	1974	1975	1976
Land- und Forstwirtschaft	I	6	6	9	10	11	10	10
	II			38 (2)	48 (3)	113 (4)	133 (5)	
Energie, Bergbau	I	3	4	8	8	14	13	13
	II	46 (1)	73 (2)	1 417 (6)	2 217 (6)	3 268 (12)	3 487 (12)	
Chemie	I	144	192	259	290	300	311	311
	II	9 292 (48)	18 558 (89)	41 375 (156)	62 132 (186)	72 371 (225)	74 402 (238)	
Steine, Glas, Keramik	I	10	10	14	14	18	18	17
	II	784 (2)	757 (2)	1 183 (5)	3 500 (7)	3 890 (10)	4 451 (12)	
Eisen, NE-Metalle	I	47	56	69	78	80	86	89
	II	7 777 (11)	12 121 (18)	18 670 (29)	30 300 (40)	32 978 (44)	34 848 (49)	
Maschinenbau	I	97	125	148	166	173	190	197
	II	2 672 (19)	6 072 (41)	18 612 (72)	25 870 (97)	29 897 (105)	33 944 (125)	
Fahrzeugbau	I	15	17	28	31	34	34	36
	II	15 811 (6)	26 554 (10)	55 990 (20)	76 104 (24)	89 260 (28)	90 661 (29)	
Elektrotechnik	I	42	66	109	124	127	130	134
	II	7 137 (8)	10 822 (17)	47 130 (54)	62 991 (72)	89 389 (98)	96 048 (116)	
Feinmechanik, Optik	I	43	57	70	80	85	98	97
	II	2 480 (14)	4 680 (21)	10 368 (36)	15 688 (52)	25 012 (60)	25 192 (73)	
Sonstige verarbeitende Industrie	I	31	46	68	86	94	99	95
	II	2 432 (7)	2 638 (15)	10 083 (36)	12 754 (50)	17 419 (64)	19 184 (73)	
Alle erfaßten Wirtschaftszweige	I	438	579	782	887	936	989	999
	II	48 431 (116)	82 275 (215)	204 866 (416)	291 604 (547)	363 597 (649)	382 350 (732)	

I = Zahl der Beteiligungsverhältnisse
II = Zahl der nachgewiesenen Beschäftigten – in Klammern Zahl der Beteiligungsverhältnisse, in denen die Beschäftigtenzahl nachgewiesen werden konnte

Zahl der Unternehmen der Bundesrepublik Deutschland	444		
Zahl der bestehenden Beteiligungsverhältnisse	999	Zahl der bestehenden Betriebe	1051
Zahl der aufgegebenen Beteiligungsverhältnisse	52	Zahl der aufgegebenen Betriebe	54
Zahl der Beteiligungsverhältnisse insgesamt	1051	Zahl der Betriebe insgesamt	1105

sowohl für die erfaßten Industrie- als auch die Entwicklungsländer. Eine starke und einigermaßen stetige Expansion der Auslandsfertigung ist ein deutlicher Hinweis auf das Wirksamwerden neuer Randbedingungen weltweiter Kapitalverwertung. Dieser Hinweis läßt sich ergänzen und differenzieren durch die Analyse der Unternehmenstätigkeit in einzelnen Regionen und Ländern. So finden sich, wie der folgende Abschnitt im einzelnen ausweist, nicht nur einzelne Länder, sondern auch ganze Regionen, in denen Unternehmen der Bundesrepublik Deutschland erst ab Ende der sechziger oder Anfang der siebziger Jahre eigene Produktion aufnehmen. Die neuen Standorte, ob sie nun im Mittelmeerraum oder in Südostasien liegen, sind als ein deutlicher Hinweis auf die Wirksamkeit der neuen Verwertungsbedingungen zu verstehen. Ebenso aber auch die Tatsache, daß ein Land wie etwa die USA in den letzten Jahren stark zunehmende Fertigungen durch Unternehmen der Bundesrepublik aufweist. Die Gründe hierfür werden weiter unten erläutert.

Eine besonders deutliche Gruppe bilden die neuen Standorte in einer Reihe von Entwicklungsländern, weil in diesen Fällen die in der Einleitung hervorgehobenen drei Momente – Verfügbarkeit von Arbeitskraft zu niedrigen Lohnkosten, Zerlegbarkeit des Fertigungsprozesses und damit Aufteilbarkeit auf die jeweils kostengünstigsten Standorte, Verfügbarkeit entwikkelter Transport- und Kommunikationssysteme – besonders leicht erkennbar die Standortverteilung bestimmen. Weltmarktproduktion in der Ausprägung als exportorientierte Produktion, sehr oft nur Teilfertigungen, findet sich an vielen dieser neuen Standorte, und es weisen eine Reihe von Anzeichen darauf hin, daß dieser Typ von Auslandsfertigung nicht nur absolut, sondern auch relativ an Bedeutung gewinnt.

Mit dieser Tendenz stimmt auch die Entwicklung der offiziellen Statistik der Auslandsinvestitionen überein: während über lange Jahre der für Entwicklungsländer ausgewiesene Anteil an den Auslandsinvestitionen bei etwa knapp 30 Prozent lag, entfallen 1976 38,1 Prozent der in dieser Statistik nachgewiesenen Nettokapitalleistungen auf Entwicklungsländer.[27] Im ersten Halbjahr 1976 sind es bei der Elektroindustrie sogar 70 Prozent der Investitionen im Ausland, die an Standorten in Entwicklungsländern getätigt werden.[28] Ein großer Teil der neuen Fertigungen ist für Märkte außer-

27 Errechnet nach: Bundesminister für Wirtschaft, Runderlaß Außenwirtschaft Nr. 11 (1977), Bundesanzeiger, 26. April 1977.

Weiter oben wurde bereits darauf hingewiesen, daß diese Statistik nur einen Teil der Investitionen erfaßt. Der Anteil der Entwicklungsländer ist regelmäßig zu niedrig angesetzt, da Investitionen in Entwicklungsländern, die über Holdings in Ländern wie Kanada, der Schweiz oder Luxemburg getätigt werden, statistisch unter Industrieländern erfaßt werden. Nach unseren eigenen Erhebungen liegt der Anteil der Entwicklungsländer an der Auslandsbeschäftigung der Industrie der Bundesrepublik Deutschland bei 46 Prozent.

28 «Während die Investitionen der Gesamtindustrie in diesem Zeitraum zu 37

halb der neuen Produktionsländer – einschließlich der Bundesrepublik – bestimmt und ersetzt bisher in der Bundesrepublik Deutschland durchgeführte Fertigungen.

2.2. Charakteristika der einzelnen Regionen

Die in diesem Abschnitt wiedergegebenen Tabellen geben Auskunft über die Verteilung der ermittelten Beteiligungsverhältnisse und Beschäftigten auf die einzelnen Wirtschaftszweige in zeitlicher Entwicklung in den Regionen (Tabellen II–10-3 bis II–10-9) und der Beteiligungsverhältnisse auf die einzelnen Wirtschaftszweige in den Ländern der Regionen (Tabellen II–11-1 bis II–11-5). Diese Ergebnisse der Untersuchung werden im Text nicht mit Worten wiederholt oder im einzelnen erläutert. Vielmehr beschränkt sich der Text im wesentlichen auf Hinweise, die zur Beurteilung der Daten im Hinblick auf die Tendenz zu einer neuen internationalen Arbeitsteilung dienen können.

Industrieländer
Die vorgenommene Erhebung umfaßt die Industriestandorte von Unternehmen der Bundesrepublik Deutschland in traditionellen Industrieländern (mit Ausnahme der Länder der Europäischen Gemeinschaft), und zwar aus folgenden Gründen: einerseits ist die Tendenz zu einer neuen internationalen Arbeitsteilung durch Bedingungen gekennzeichnet, die es nunmehr erlauben, industrielle Produktion an Standorten aufzunehmen, die bisher hierfür nicht in Betracht kamen. Dadurch jedoch verändern sich andererseits die Bedingungen aller Industriestandorte weltweit. Es ist daher wichtig zu vergleichen, was mit den traditionellen Orten industrieller Produktion geschieht, wie sich hier die Standortbedingungen im Rahmen der neuen internationalen Arbeitsteilung entwickeln.

Eine Übersicht, nach Wirtschaftszweigen, über die Verteilung der produzierenden Beteiligungsverhältnisse auf die in dieser Untersuchung berücksichtigten Industrieländer ermöglicht Tabelle II–11-1. Die USA und Österreich weisen mit je fast zweihundert die meisten Beteiligungsverhältnisse auf, Südafrika[29] und die Schweiz etwa halb so viele wie diese beiden Länder. Kanada, Australien, Japan und Schweden bilden eine mittlere Gruppe, während die übrigen Länder der Zahl der Beteiligungsverhältnisse nach wenig

Prozent in die Entwicklungsländer gingen, waren es bei der Elektroindustrie etwa 70 Prozent (187,5 Millionen DM).» – Zentralverband der elektrotechnischen Industrie, Elektroindustrie aktuell. Frankfurt a. M., November 1976.

29 Auf die Fragwürdigkeit, die Republik Südafrika zu den Industrieländern zu rechnen, wurde weiter oben schon aufmerksam gemacht.

Tabelle II–11-1
Industrieländer (ohne EG)
Übersicht über die Beteiligungsverhältnisse (Erhebungszeitraum 1961 bis 1976)

	Land- und Forstwirtschaft	Energie, Bergbau	Chemie	Steine, Glas, Keramik	Eisen, NE-Metalle	Maschinenbau	Fahrzeugbau	Elektrotechnik	Feinmechanik, Optik	Sonstige verarbeitende Industrie	Alle erfaßten Wirtschaftszweige
Norwegen		1	2		1			1		1	6
Finnland			3			2		3			8
Schweden			10	1	4	4		10	3	1	33
Österreich		1	40	10	21	31	3	24	20	31	181
Schweiz		1	18	2	8	17		8	11	10	75
Kanada		3	12	3	10	5		4	5	5	47
USA	1	8	37	4	15	68	4	19	19	10	185
Neuseeland			2								2
Australien		1	16		6	5	1	4	5	1	39
Japan			24		4	6		2	1	2	39
Südafrika		2	22	6	17	20	4	13	6	2	92
Ungarn								1			1
Rumänien						1					1
Zusammen	1	17	186	26	86	159	12	89	70	63	709

bedeutend sind.

Diese Gruppe der Industrieländer läßt sich in drei Untergruppen einteilen: westeuropäische, nichteuropäische und osteuropäische Länder.

Westeuropäische Industrieländer

In dieser Untergruppe sind die erfaßten skandinavischen Länder sowie Österreich und die Schweiz zusammengefaßt (Tabelle II–10-3). In diesen Ländern sowie in den Ländern der heutigen EG fanden Unternehmen der Bundesrepublik schon relativ früh günstige Standorte für Auslandsproduktion. Neben der Belieferung der jeweiligen Inlandsmärkte war in einer Reihe von Fällen von vornherein die Produktion auf solche Weise arbeitsteilig organisiert, daß bestimmte Produkte und Produktgruppen an den ausländischen Standorten auch für den Markt der Bundesrepublik Deutschland produziert wurden. Die Bedeutung dieser Standorte nimmt aber ab im Zuge des Wirksamwerdens der Randbedingungen der neuen internationalen Arbeitsteilung. Die weitere Ausdehnung der Auslandsproduktion findet jetzt an neuen, weiter entfernt gelegenen Standorten statt. Die Zahl der Beteiligungsverhältnisse ist seit dem Anfang der siebziger Jahre in diesen westeuropäischen Industrieländern kaum noch und die Zahl der Beschäftigten in diesen Beteiligungsverhältnissen nur noch leicht angestiegen.

Nichteuropäische Industrieländer

In dieser Gruppe von Ländern hat sich die Zahl der Beteiligungsverhältnisse im Erhebungszeitraum nicht nur weit mehr als verdoppelt, sondern sie nimmt auch gerade in den letzten Jahren um fast 10 Prozent jährlich zu, während die Beschäftigtenzahlen in diesen Beteiligungsverhältnissen noch wesentlich stärker ansteigen (Tabelle II–10-4). Transport- und Kommunikationserfordernisse sind heute, im Gegensatz zu früher, kein Hindernis mehr, eigene Produktion an diesen allesamt von der Bundesrepublik Deutschland weit entfernten Standorten aufzunehmen.

Daß gerade in den letzten Jahren von einer Reihe von Produzenten an Standorten in dieser Gruppe von Ländern eigene Fertigung neu aufgenommen wird, kann zum Teil als eine sekundäre Wirkung der Tendenz zu einer neuen internationalen Arbeitsteilung beschrieben werden: Durch die Möglichkeit, Produktion aus diesen Ländern an neue Standorte zu verlagern, haben sich die Investitionsbedingungen und insbesondere die Kosten für die Arbeitskraft so verändert, daß nunmehr eine Reihe von Fertigungen in diese Länder verlagert werden können. Dieser Zusammenhang wird weiter unten am Beispiel der USA noch deutlicher werden. Hier soll nur festgestellt werden: die Tatsache, daß neue Produktionen an traditionellen Standorten von Industrie aufgenommen werden können, widerspricht nicht der Tendenz zu einer neuen internationalen Arbeitsteilung, sondern ist Ausdruck davon, daß diese Tendenz bereits massiv auf die Verwertungsbedingungen an traditionellen Industriestandorten zurückwirkt.

Tabelle II–10-3
Beteiligungsverhältnisse und Beschäftigte nach Wirtschaftszweigen, 1961, 1966, 1971, 1973, 1974, 1975, 1976
westeuropäische Industrieländer (ohne EG)

		1961	1966	1971	1973	1974	1975	1976
Land- und Forstwirtschaft	I							
	II							
Energie, Bergbau	I	2	2	2	2	1	1	2
	II	758 (1)	652 (1)	593 (1)	550 (1)	571 (1)	529 (1)	
Chemie	I	48	54	67	69	71	71	69
	II	1 863 (17)	3 431 (24)	7 300 (42)	8 750 (49)	8 844 (51)	8 943 (54)	
Steine, Glas, Keramik	I	5	7	10	13	13	12	11
	II	21 (1)	18 (1)	1 323 (7)	3 698 (11)	3 659 (12)	3 765 (12)	
Eisen, NE-Metalle	I	18	21	28	31	33	33	32
	II	1 134 (3)	1 387 (6)	5 846 (14)	7 894 (17)	8 400 (18)	8 309 (19)	
Maschinenbau	I	28	38	47	51	50	48	48
	II	5 835 (14)	7 448 (24)	9 549 (31)	9 978 (37)	9 640 (38)	9 370 (39)	
Fahrzeugbau	I	1	1	2	2	3	3	3
	II			187 (1)	551 (2)	561 (2)	580 (3)	
Elektrotechnik	I	28	32	43	44	44	46	45
	II	4 491 (10)	6 125 (12)	26 517 (30)	29 991 (31)	39 680 (35)	41 775 (41)	
Feinmechanik, Optik	I	16	22	29	33	33	34	34
	II	447 (4)	878 (9)	2 766 (17)	3 314 (21)	3 454 (22)	3 935 (26)	
Sonstige verarbeitende Industrie	I	21	35	40	39	40	40	40
	II	535 (6)	1 863 (25)	3 295 (30)	3 726 (27)	4 202 (30)	4 293 (30)	
Alle erfaßten Wirtschaftszweige	I	167	212	268	284	288	288	284
	II	15 084 (56)	21 802 (102)	57 376 (173)	68 452 (196)	79 011 (209)	81 499 (225)	

I = Zahl der Beteiligungsverhältnisse
II = Zahl der nachgewiesenen Beschäftigten – in Klammern Zahl der Beteiligungsverhältnisse, in denen die Beschäftigtenzahl nachgewiesen werden konnte

Zahl der Unternehmen der Bundesrepublik Deutschland	201		
Zahl der bestehenden Beteiligungsverhältnisse	284	Zahl der bestehenden Betriebe	301
Zahl der aufgegebenen Beteiligungsverhältnisse	19	Zahl der aufgegebenen Betriebe	20
Zahl der Beteiligungsverhältnisse insgesamt	303	Zahl der Betriebe insgesamt	321

Tabelle II–10-4
Beteiligungsverhältnisse und Beschäftigte nach Wirtschaftszweigen, 1961, 1966, 1971, 1973, 1974, 1975, 1976 nichteuropäische Industrieländer

		1961	1966	1971	1973	1974	1975	1976
Land- und Forstwirtschaft	I			1	1	1	1	1
	II							
Energie, Bergbau	I	7	7	8	8	12	14	14
	II	35 (1)	60 (1)	310 (2)	386 (3)	428 (5)	470 (7)	
Chemie	I	46	56	75	84	96	107	110
	II	1 824 (8)	4 138 (18)	15 583 (35)	28 732 (52)	46 529 (65)	48 415 (79)	
Steine, Glas, Keramik	I	4	5	6	6	6	5	12
	II		92 (1)	104 (2)	119 (2)	117 (2)	1 217 (3)	
Eisen, NE-Metalle	I	27	35	42	45	50	50	49
	II	10 (1)	794 (4)	2 475 (12)	3 575 (14)	4 428 (17)	5 500 (19)	
Maschinenbau	I	43	51	70	79	86	87	94
	II	544 (6)	1 067 (12)	3 216 (29)	6 540 (41)	7 643 (49)	8 266 (54)	
Fahrzeugbau	I	3	4	7	8	9	8	8
	II	2 420 (2)	4 096 (2)	6 781 (4)	9 729 (5)	10 498 (7)	10 747 (8)	
Elektrotechnik	I	17	22	28	28	35	36	41
	II	933 (2)	1 856 (4)	8 060 (13)	9 510 (15)	14 882 (19)	16 933 (22)	
Feinmechanik, Optik	I	14	18	23	27	29	29	35
	II	303 (4)	1 184 (7)	2 185 (11)	3 517 (14)	3 509 (17)	3 847 (18)	
Sonstige verarbeitende Industrie	I	7	9	11	14	14	16	20
	II	80 (2)	392 (4)	670 (5)	892 (6)	1 178 (8)	1 394 (10)	
Alle erfaßten Wirtschaftszweige	I	168	207	271	300	338	353	384
	II	6 149 (26)	13 679 (53)	39 384 (113)	63 000 (152)	89 212 (189)	96 789 (220)	

I = Zahl der Beteiligungsverhältnisse
II = Zahl der nachgewiesenen Beschäftigten – in Klammern Zahl der Beteiligungsverhältnisse, in denen die Beschäftigtenzahl nachgewiesen werden konnte

Zahl der Unternehmen der Bundesrepublik Deutschland	221		
Zahl der bestehenden Beteiligungsverhältnisse	384	Zahl der bestehenden Betriebe	437
Zahl der aufgegebenen Beteiligungsverhältnisse	20	Zahl der aufgegebenen Betriebe	20
Zahl der Beteiligungsverhältnisse insgesamt	404	Zahl der Betriebe insgesamt	457

Osteuropäische Industrieländer

In diesem Abschnitt, der einen Überblick über die Auslandsproduktion von Unternehmen der Bundesrepublik Deutschland in den verschiedenen Regionen ermöglichen soll, ist es erforderlich, im Text etwas ausführlicher auf Osteuropa einzugehen. Denn das Ausmaß, in dem westdeutsche Unternehmen in den sozialistischen Ländern Osteuropas (ohne Jugoslawien) tätig sind, ist durch die empirische Erhebung völlig unzulänglich erfaßt. Das liegt daran, daß in der Erhebung Auslandsproduktionen nur in Form einer Kapitalbeteiligung an dem im Ausland produzierenden Unternehmen berücksichtigt sind. Allerdings sind in einigen Ländern Osteuropas Kapitalbeteiligungen seit einigen Jahren möglich, und die Zahl dieser Länder nimmt zu. Je eine Kapitalbeteiligung eines Unternehmens der Bundesrepublik ist in Ungarn und in Rumänien bekannt. Diese Form der Auslandsaktivität ist aber bisher noch in den Ländern Osteuropas von untergeordneter Bedeutung.

Andere Formen der Auslandsaktivität, die nicht auf einer Kapitalbeteiligung beruhen, darunter Lohnveredelungs-, Lizenz- und Absatzkooperationen, sind heute noch für die ausländischen, also auch für die Unternehmen aus der Bundesrepublik Deutschland in den planwirtschaftlichen Ländern Osteuropas von größerer Bedeutung. Die Veredelungsverkehre im allgemeinen und die entsprechende Zusammenarbeit mit Unternehmen in Ungarn werden für die Textil- und Bekleidungsindustrie im Teil I behandelt.[30]

Beispielhaft sollen die im Jahre 1976 mit Unternehmen in Polen abgeschlossenen Kooperationsvereinbarungen kurz beschrieben werden. Von den Verträgen sind die meisten der Form nach Lieferverträge, die über vier oder fünf Jahre laufen und in der Regel Vereinbarungen über einen Tauschhandel (Kompensationsgeschäfte) enthalten, wobei Unternehmen aus der Bundesrepublik Deutschland zum Teil Investitionsgüter im Austausch gegen Halbfertig- und Fertigwaren liefern. Beteiligte Branchen sind vorwiegend die der Chemie, des Anlagenbaus und der Hüttenerzeugnisse; beteiligte Unternehmen sind insbesondere: BASF, Bayer und Hoechst, Krupp (Krupp-Koppers GmbH), Salzgitter und Uhde (77,5 Prozent = Hoechst).[31]

Wegen des Umfangs und der anspruchsvollen Technologie hat ein Projekt zur Kohlevergasung besondere Beachtung gefunden. Ein zweites Großprojekt auf Rohstoffbasis soll langfristig 10 Prozent des westdeutschen Kup-

30 Siehe Teil I. – Aufschlußreich ist auch die Broschüre: Kooperieren mit Ungarn. 10 praktische Tips für Unternehmen in der Bundesrepublik. Bonn 1974. Neben der Lohnveredelungs-, Lizenz- und Absatzkooperation wird eine «Spezialisierungskooperation» unterschieden: «Durch eine Spezialisierungskooperation werden die Produktionsbereiche beider Partner eng miteinander verbunden. Die von der Gegenseite zu liefernden Zwischenprodukte werden fristgerecht für die Endmontage benötigt, gleichgültig ob diese je nach Art des Fertigprodukts in Ungarn, in der Bundesrepublik oder in beiden Ländern erfolgt.» – S. 23.

31 Siehe eine Aufstellung von vierzehn Liefer- und Kooperationsverträgen: Süddeutsche Zeitung, 12. Juni 1976.

ferimports sicherstellen. Hieran sind die Metallgesellschaft, die Norddeutsche Affinerie (40 Prozent = Metallgesellschaft), Kabelmetall (= GHH) und Siemens beteiligt, und es ist auch eine Kooperation in der Kupferverarbeitung vorgesehen. Kupfer soll nicht so sehr als Rohstoff, sondern zu einem großen Teil in Form von Halbfertigerzeugnissen exportiert werden.[32]

Die eigene Kapitalbeteiligung wird teilweise ersetzt durch (staatlich abgesicherte) Vorfinanzierung der gelieferten Investitionsgüter («bezahlt wird die Kohle-Chemie-Anlage aus dem ‹weltweiten› Verkauf der Produkte»[33]), ihre Funktion auch durch die Langfristigkeit der Verträge übernommen.[34]

Einen wesentlichen Schritt weiter in Richtung auf eine Nutzung der polnischen Produktionskapazitäten für eine Weltmarktproduktion unter Kontrolle von Unternehmen der Bundesrepublik Deutschland sind die Projekte einer Fertigung für dritte Märkte.[35] Eine schon länger bestehende umfangreiche Zusammenarbeit betrifft Elektrofilter für Heizkraftwerke: «Gemeinsame Lieferungen von Elektrofiltern mit der Fabrikmarke Walther-Köln und ELWO Pszczyna gelangten schon nach Australien, Jugoslawien, Bulgarien und Ägypten.»[36] Der Schwerpunkt für solche Lieferungen liegt beim Anlagenbau. Die Erstellung von chemischen Anlagen und Zuckerfabriken[37] ist vorgesehen, und Verträge für die Errichtung von Kraftwerken sind mit der Türkei und Libyen abgeschlossen worden.[38]

Die für das Land Polen als Beispiele angeführten Kooperationsverträge

32 Frankfurter Allgemeine Zeitung, 4. Juni 1976, 12. Juni 1976 und 18. Juni 1976.

33 Frankfurter Allgemeine Zeitung, 4. Juni 1976.

34 «Zweck dieser Abkommen, die in vielfältigen Formen bestehen, ist meist die Kombination von westlichem Kapital und westlichem Know-how mit östlicher Arbeitskraft und östlichen Vorprodukten, und zwar durch den Austausch von Lieferungen und Leistungen. Oft laufen die Abkommen auf die Lieferung kompletter Produktionsanlagen durch den Westen hinaus, die nach langfristigen Vereinbarungen allmählich aus dem Verkauf ihrer eigenen Produkte bezahlt werden. Wirtschaftlich kommen diese Kooperationsvorhaben damit traditionellen Direktinvestitionen sehr nahe.» – Neue Zürcher Zeitung, 11. Juni 1976.

Das gilt auch für die Konkurrenzsituation, in der sich der westdeutsche Arbeiter befindet: «Polens Lizenzfabriken stehen bereit, in die von der westdeutschen Industrie geräumten Stellungen nachzurücken, wenn die Höhe der Löhne eines nicht mehr fernen Tages kostendeckende Produktion von Lastkraftwagen und Autobussen in der Bundesrepublik unmöglich machen sollte.» – Handelsblatt, 28./29. Mai 1976.

35 «Gierek: Das Warensortiment, das in Polen hergestellt wird, ist genügend breit. Es muß sich ja auch nicht um Exporte in die Bundesrepublik handeln. Das kann auch über gemeinsamen Export auf Drittmärkte laufen.» – Der Spiegel, 7. Juni 1976, S. 41.

36 Handelsblatt, 4./5. Juni 1976, Sonderbeilage «Polen», S. V (die Firma Walther & Cie gehört zum Krupp-Konzern).

37 Süddeutsche Zeitung, 12. Juni 1976.

38 Handelsblatt, 4./5. Juni 1976, Sonderbeilage «Polen», S. V und X.

lassen sich noch weitgehend als Ausprägungen herkömmlicher Formen internationaler Arbeitsteilung interpretieren. Allerdings ist es auch hier schon in einer Reihe von Fällen die billige Arbeitskraft, welche die Unternehmen der Bundesrepublik Deutschland veranlaßt, eine Produktionskooperation mit Unternehmen in Osteuropa aufzunehmen. Daneben gibt es jedoch noch deutlichere Beispiele dafür, wie unter den Randbedingungen der neuen internationalen Arbeitsteilung Produktionsstandorte in Osteuropa in die weltweite Neuorganisation der Standorte einbezogen werden.

Standard Elektro Lorenz (ITT-Konzern) läßt in Ungarn Fernsehgeräte bauen, die für den weltweiten Absatz bestimmt sind:

«Das Geschäft mit technischem und organisatorischem Know-how gewinnt mit Partnern in verschiedenen Erdteilen weiter an Bedeutung. So wurde beispielsweise im Berichtsjahr ein Kooperationsvertrag mit dem ungarischen Außenhandelsunternehmen Elektroimpex und der Firma Orion, Radio- und Elektrizitätswerke, geschlossen, der die Fertigung von Farbfernsehgeräten umfaßt. Im Rahmen der Vereinbarungen liefern wir das Know-how für die Produktion sowie Werkzeuge und Maschinen und übernehmen den Vertrieb der in Ungarn hergestellten Geräte mit dem Ziel, unsere Konkurrenzfähigkeit im Export zu verbessern. Die Produktion ist im Frühjahr dieses Jahres angelaufen.»[39]

Dasselbe gilt für Produkte eines größeren Unternehmens des Maschinenbaus:

«Die Gildemeister-Gruppe, die den Markt weiter mit dem Programm aus Hamburg beliefert, wird die zur Zeit noch dort hergestellten Drehbänke ab Mitte 1977 von einem ungarischen Kooperationspartner fertigen lassen, so daß sie wieder mit Gewinn verkauft werden können.»[40]

Die durch die empirische Erhebung erfaßten direkten Beteiligungsverhältnisse stellen also nur einen kleinen Teil der Produktionskooperationen dar.

39 Standard Elektro Lorenz GmbH, Geschäftsbericht 1975, S. 22.

40 Handelsblatt, 27./28. August 1976. – Inzwischen wurden weitergehende Vereinbarungen getroffen: «Gildemeister wird der ungarischen Fabrik auch das Erzeugungsrecht der mittleren und großen Universal-Drehbänke übertragen und gleichzeitig den Bau dieser Maschinen in seiner eigenen Fabrik einstellen.» – Hungaropress – Wirtschaftsinformationen. 1976/22.

Hinter einer Reihe von Lizenzverträgen stehen mehr oder weniger deutlich Produktionsverlagerungen. Dafür ein Beispiel: «Bosch hat dem ungarischen Produktionsunternehmen Jasberény eine Lizenz zum Bau von Kühlschränken gegeben, die Ungarn in die Lage versetzt haben, den Export von Kühlschränken sowohl im RGW-Raum als auch nach den privatwirtschaftlich orientierten Ländern zu steigern.» – Cooperation 2 (April 1977), S. 38.

Mit Unternehmen in Ungarn ist bisher nur eine Kapitalbeteiligung zustande gekommen[41], obwohl bis 1976 323 westdeutsch-ungarische Kooperationsverträge abgeschlossen wurden.[42] Bei dem Beteiligungsverhältnis handelt es sich um die 1974 gegründete Sicontact, an der Siemens mit 49 Prozent beteiligt ist und die auf dem Gebiet der Entwicklung elektrotechnischer Anlagen sowie von Rechen- und Steuertechnik tätig ist.[43] Kurz zuvor hat als erstes westliches Unternehmen der schwedische Volvo-Konzern sich an einem Gemeinschaftsunternehmen zur Montage von Geländewagen beteiligt.[44]

1973 ist in Rumänien mit der Maschinenbauanstalt Resita ein gemeinsames Unternehmen gegründet worden, das 1975 zunächst die Produktion von Schiffsgetrieben für mittelschnell laufende Dieselmotoren aufnahm. An dem Unternehmen ist die Zahnräderfabrik Renk AG, die dem GHH-Konzern angehört, mit 49 Prozent beteiligt. Die Zahl der Beschäftigten wird für 1975 mit hundertfünfzig angegeben, ein Ausbau auf dreihundert ist vorgesehen. «Die Erzeugnisse des gemeinsamen Unternehmens sollen zu 75 Prozent in Rumänien und im Comecon, der Rest auf westlichen Märkten abgesetzt werden.»[45] Der GHH-Konzern hat über sein Lastwagenunternehmen MAN über den Bau von Lastwagen mit rumänischen Unternehmen Lizenzverträge abgeschlossen; ein Teil der Fahrzeuge soll in der Bundesrepublik Deutschland abgesetzt werden, wobei MAN den Vertrieb übernimmt.[46]

Die Schuhfabriken Otterbeck KG, die in der Bundesrepublik Deutschland in zwei Werken 500 Menschen beschäftigen, lassen «vom rumänischen Partner etwa die Hälfte der Otterbeck-Produktion im Lohnveredelungsverfahren» herstellen.[47] «Außerdem wird die Möglichkeit der Errichtung einer Produktionsstätte in Bulgarien sondiert»[48], was aber wohl nicht eine geplante Kapitalbeteiligung bedeuten wird, denn *joint ventures* sollen in Bulgarien nicht möglich sein.[49]

Obwohl in Osteuropa in der nächsten Zeit noch die eine oder andere

41 Allerdings heißt es im Handelsblatt: «Die Zahl der gemeinsamen Unternehmen beläuft sich nach Bonner Angaben bislang auf drei Firmen.» – 28. April 1976. – Ob es sich dabei allerdings um drei produzierende Beteiligungsunternehmen handelt, ist sehr fraglich.

42 Süddeutsche Zeitung, 22. Oktober 1976. – Die ungarischen Exporte in die Bundesrepublik werden 1976 voraussichtlich um 20 bis 25 Prozent steigen.

43 Süddeutsche Zeitung, 13. Juli 1974.

44 BfA/Nachrichten für Außenhandel, 29. Juli 1974.

45 GHH-Pressedienst vom 23. November 1973, S. 1–3.

46 Frankfurter Allgemeine Zeitung. 17. November 1975.

47 Handelsblatt, 14. November 1974.

48 Handelsblatt, 1. April 1975.

49 Nach Aussage des Präsidenten der Bulgarischen Kammer für Handel und Industrie sind «Joint Ventures in Bulgarien nicht möglich». – Süddeutsche Zeitung, 1. November 1975.

direkte Kapitalbeteiligung dazukommen kann, wird diese Form der Auslandsproduktion in Osteuropa gegenüber den anderen auch in absehbarer Zeit von minderer Bedeutung sein.

Die aufgeführten Beispiele belegen, welche verschiedenen Möglichkeiten für Unternehmen der Bundesrepublik Deutschland bestehen, Arbeitskräfte und Produktionskapazitäten in Osteuropa in die weltweite Organisation der Produktion einzubeziehen. Dabei zeigt zumindest ein Teil der Beispiele deutlich, daß die Tendenz zu einer neuen internationalen Arbeitsteilung auch in den ökonomischen Beziehungen zu Ländern Osteuropas ihren Ausdruck findet.

Entwicklungsländer

Weltweite Reproduktion des Kapitals nutzt die jeweils besonderen Verwertungsbedingungen des einzelnen Standorts und setzt dadurch die verschiedenen Standorte weltweit in eine reale Beziehung zueinander. In der Konkurrenz der Produktionsstandorte sind eine ganze Reihe von Faktoren von Bedeutung, wozu gehören: niedrige Löhne, Steuerbefreiung, Subventionen, besondere Förderung exportorientierter Produktion, «politische Stabilität» (das heißt: Disziplinierung der Arbeitskraft): «Invesitionsanreize», die sowohl in den Industrieländern als auch in den Entwicklungsländern wirksam sind. Die relative Bedeutung der einzelnen «Anreize», die von Land zu Land und von Wirtschaftszweig zu Wirtschaftszweig schon verschieden ist, läßt sich – bei breiter Streuung – näherungsweise auch als unterschieden in den beiden Ländergruppen bestimmen. Insgesamt spiegeln sich in diesen Unterschieden die Strukturen von ungleicher Entwicklung, ungleichmäßiger Ausbeutung, Abhängigkeit; Strukturen, die nach wie vor auch noch geographisch zugeordnet werden können, die sich in der jeweiligen sozialen Formation, im Charakter der Klassengesellschaft, am jeweiligen Ort und weltweit ausdrücken. Für die Standortwahl sind immer die Produktionsbedingungen insgesamt entscheidend. Diese werden in den Entwicklungsländern an erster Stelle durch das fast unbegrenzte Vorhandensein von Arbeitskraft zu niedrigen Löhnen bestimmt. Die technischen und infrastrukturellen Voraussetzungen für die Produktion sind trotz fortdauernder Unterentwicklung an vielen Stellen für diejenigen Typen von Produktion, die unter Nutzung der billigen Arbeitskraft aufgenommen wird, vorhanden.

Die Schwerpunkte der folgenden kurzen Darstellung richten sich nach dem Umfang der Produktionsaktivitäten von Unternehmen der Bundesrepublik Deutschland in den einzelnen Regionen. Die Schwerpunkte und geographische Verteilung der weltweit integrierten Industrieproduktion insgesamt weichen jedoch von der Verteilung der Produktion der Unternehmen der Bundesrepublik ab. Insofern wird auf die Untersuchung über die freien Produktionszonen verwiesen (Teil III).

Tabelle II–10-5
Beteiligungsverhältnisse und Beschäftigte nach Wirtschaftszweigen, 1961, 1966, 1971, 1973, 1974, 1975, 1976
Mittelmeerländer

		1961	1966	1971	1973	1974	1975	1976
Land- und Forstwirtschaft	I	6	6	7	8	9	8	8
	II			19 (1)	29 (2)	94 (3)	114 (4)	
Energie, Bergbau	I		1	2	2	4	3	3
	II		27 (1)	104 (1)	125 (1)	195 (3)	236 (3)	
Chemie	I	42	63	86	97	99	104	104
	II	2 586 (14)	6 574 (30)	12 120 (51)	17 549 (68)	19 026 (74)	19 457 (78)	
Steine, Glas, Keramik	I	7	7	9	9	11	10	10
	II	784 (2)	757 (2)	686 (3)	709 (3)	919 (5)	1 281 (6)	
Eisen, NE-Metalle	I	15	21	26	28	29	29	28
	II	604 (3)	1 538 (8)	2 374 (12)	3 816 (16)	4 433 (17)	4 568 (18)	
Maschinenbau	I	22	29	39	51	50	54	55
	II	810 (5)	1 609 (10)	2 960 (19)	5 773 (35)	6 281 (36)	6 493 (38)	
Fahrzeugbau	I	2	3	7	8	9	9	9
	II		100 (1)	2 951 (4)	6 890 (7)	7 392 (8)	7 534 (8)	
Elektrotechnik	I	12	24	37	42	42	44	45
	II	3 863 (3)	5 945 (8)	14 748 (20)	21 557 (33)	25 331 (38)	26 275 (43)	
Feinmechanik, Optik	I	11	16	21	24	28	31	31
	II	1 280 (3)	1 559 (7)	2 336 (12)	3 215 (18)	4 221 (21)	4 661 (23)	
Sonstige verarbeitende Industrie	I	8	13	20	27	28	31	31
	II	424 (3)	897 (6)	2 150 (13)	3 607 (21)	3 839 (22)	3 975 (24)	
Alle erfaßten Wirtschaftszweige	I	125	183	254	296	309	323	324
	II	10 351 (33)	19 006 (73)	40 448 (136)	63 270 (204)	71 731 (227)	74 594 (245)	

I = Zahl der Beteiligungsverhältnisse
II = Zahl der nachgewiesenen Beschäftigten – in Klammern Zahl der Beteiligungsverhältnisse, in denen die Beschäftigtenzahl nachgewiesen werden konnte

Zahl der Unternehmen der Bundesrepublik Deutschland	218		
Zahl der bestehenden Beteiligungsverhältnisse	324	Zahl der bestehenden Betriebe	349
Zahl der aufgegebenen Beteiligungsverhältnisse	15	Zahl der aufgegebenen Betriebe	15
Zahl der Beteiligungsverhältnisse insgesamt	339	Zahl der Betriebe insgesamt	364

Tabelle II–11-2
Mittelmeerländer
Übersicht über die Beteiligungsverhältnisse (Erhebungszeitraum 1961 bis 1976)

	Land- und Forstwirtschaft	Energie, Bergbau	Chemie	Steine, Glas, Keramik	Eisen, NE-Metalle	Maschinenbau	Fahrzeugbau	Elektrotechnik	Feinmechanik, Optik	Sonstige verarbeitende Industrie	Alle erfaßten Wirtschaftszweige
Malta						1		3	6	1	11
Spanien	3	1	62	7	20	35	5	19	19	15	186
Portugal	2		11	2	2	3		8	3	2	33
Griechenland	1	1	11		4	10	1	9	3	7	47
Jugoslawien			5	1		3	2	3	3	1	18
Türkei	1		7		3	1	1	4	1		18
Libanon			1								1
Syrien			1								1
Israel				1		1					2
Tunesien	2				1					4	7
Algerien		1	1								2
Marokko	1		4			2		1		2	10
Ägypten		1	1							1	3
Zusammen	10	4	104	11	30	56	9	47	35	33	339

Mittelmeerländer

In den letzten Jahren ist verstärkt zu beobachten, daß die Länder der EG den Mittelmeerraum als eine Wirtschaftszone organisieren, die, zusammen mit Differenzierungstendenzen innerhalb der heutigen EG selbst, dem Aufbau eines besonderen Metropole-Peripherie-Verhältnisses dient. Dieses wird beispielsweise durch die geographische Nähe und durch Assoziierungsabkommen bestimmt. Daher werden die Mittelmeerländer in einer Gruppe zusammengefaßt (TabelleII-10-5 und II-11-2). Die Zahl der Beteiligungsverhältnisse, die nach unseren Unterlagen sich im Erhebungszeitraum fast verdreifacht hat, nahm in den sechziger Jahren stark zu, während ab Beginn der siebziger Jahre für die Region insgesamt ein geringerer Zuwachs zu verzeichnen ist.

Von den 339 Beteiligungsverhältnissen im Mittelmeerraum entfallen 295 auf die europäischen Mittelmeerländer. Dabei ist Italien als EG-Land unberücksichtigt, obwohl insbesondere der italienische Süden, der Mezzogiorno[50], von den Investitionsbedingungen her vergleichbar ist.

Während die Mehrzahl der älteren Beteiligungsverhältnisse Fertigungen vorwiegend für den jeweiligen Inlandsmarkt aufweist, nimmt in den letzten Jahren exportorientierte Produktion (oft in Form von Montage oder Teilfertigung) daneben einen wichtigen Platz ein. Solche Weltmarktfabriken entstanden im Bereich der Elektrotechnik und Feinmechanik/Optik in Portugal; sie sind typisch für die Auslandsfertigung in Tunesien und auf Malta; sie beziehen Griechenland, Türkei und Ägypten zunehmend als Standorte ein. Dabei sind es vorwiegend kleinere Unternehmen, die in diesen relativ nahe gelegenen Standorten eigene Exportproduktionen aufbauen.

Lateinamerika

Mit 469 Beteiligungsverhältnissen entfällt fast die Hälfte der Auslandsproduktionsstätten in Entwicklungsländern auf Lateinamerika. Davon sind 382 allein in Brasilien, Mexiko und Argentinien zu finden, während sich die übrigen 87 auf weitere 14 Länder verteilen; in acht Ländern sind nur je bis zu fünf Beteiligungsverhältnisse ausgewiesen (Tabellen II-10-6 und II-11-3).

Der Anteil der schon zu Beginn des Erhebungszeitraums bestehenden Beteiligungsverhältnisse an der Gesamtzahl der ermittelten Beteiligungsverhältnisse ist in Lateinamerika höher als in den übrigen Regionen. 1961

50 «Insgesamt sind 18 deutsche Gesellschaften mit 21 Fabrikationsstätten, die rund 7000 Arbeiter beschäftigen, im Süden vertreten ... Die Netto-Gewinnrate sei dort höher als in irgendeinem anderen Teil Europas ... Die schon zur Zeit gewährten finanziellen Beihilfen, die jedoch durch das neue Gesetz noch wesentlich erhöht werden sollen, bieten in der Tat einen erheblichen Reiz für Neuinvestitionen. So werden zum Beispiel nach dem neuen Gesetz bei einem Investitionsbetrag bis zu 10 Millionen DM 30 Prozent des Investitionsvolumens in Form von verlorenen Zuschüssen gezahlt. Für 40 Prozent des Investitionsbetrags werden Kredite zu einem ermäßigten Zinssatz gewährt.» – Frankfurter Allgemeine Zeitung/Blick durch die Wirtschaft, 26. Januar 1976.

Tabelle II–10-6
Beteiligungsverhältnisse und Beschäftigte nach Wirtschaftszweigen, 1961, 1966, 1971, 1973, 1974, 1975, 1976
Lateinamerika

		1961	1966	1971	1973	1974	1975	1976
Land- und Forstwirtschaft	I			1	1	1	1	1
	II			19 (1)	19 (1)	19 (1)	19 (1)	
Energie, Bergbau	I	1	1	4	4	6	6	6
	II			1 252 (4)	1 991 (4)	2 899 (6)	2 994 (6)	
Chemie	I	82	100	132	141	147	149	149
	II	6 384 (32)	10 543 (49)	23 552 (84)	34 422 (99)	42 109 (117)	42 568 (122)	
Steine, Glas, Keramik	I	2	2	3	3	3	3	2
	II			277 (1)	2 390 (3)	2 396 (3)	2 395 (3)	
Eisen, NE-Metalle	I	23	25	29	34	34	39	42
	II	7 113 (7)	8 654 (8)	13 330 (13)	21 576 (18)	23 733 (21)	24 907 (23)	
Maschinenbau	I	50	63	70	74	79	91	97
	II	1 343 (10)	2 867 (22)	11 368 (37)	14 213 (42)	17 150 (46)	20 758 (60)	
Fahrzeugbau	I	11	12	15	17	17	17	17
	II	15 811 (6)	25 193 (8)	50 927 (12)	65 394 (12)	76 845 (12)	76 939 (14)	
Elektrotechnik	I	25	31	47	52	52	54	56
	II	3 274 (5)	4 827 (8)	24 043 (26)	30 933 (29)	41 610 (37)	43 706 (46)	
Feinmechanik, Optik	I	25	31	37	39	39	43	42
	II	1 053 (9)	2 242 (12)	4 128 (20)	6 672 (26)	7 692 (27)	8 083 (32)	
Sonstige verarbeitende Industrie	I	19	23	31	32	35	35	34
	II	2 008 (4)	1 661 (6)	7 466 (16)	8 099 (21)	10 386 (22)	11 584 (26)	
Alle erfaßten Wirtschaftszweige	I	238	288	367	397	414	437	446
	II	36 986 (73)	55 987 (113)	136 362 (214)	185 709 (255)	224 839 (292)	233 953 (333)	

I = Zahl der Beteiligungsverhältnisse
II = Zahl der nachgewiesenen Beschäftigten – in Klammern Zahl der Beteiligungsverhältnisse, in denen die Beschäftigtenzahl nachgewiesen werden konnte

Zahl der Unternehmen der Bundesrepublik Deutschland	234		
Zahl der bestehenden Beteiligungsverhältnisse	446	Zahl der bestehenden Betriebe	466
Zahl der aufgegebenen Beteiligungsverhältnisse	23	Zahl der aufgegebenen Betriebe	26
Zahl der Beteiligungsverhältnisse insgesamt	469	Zahl der Betriebe insgesamt	492

Tabelle II–11-3
Lateinamerika
Übersicht über die Beteiligungsverhältnisse (Erhebungszeitraum 1961 bis 1976)

	Land- und Forstwirtschaft	Energie, Bergbau	Chemie	Steine, Glas Keramik	Eisen, NE-Metalle	Maschinenbau	Fahrzeugbau	Elektrotechnik	Feinmechanik, Optik	Sonstige verarbeitende Industrie	Alle erfaßten Wirtschaftszweige
Guatemala			6					1			7
El Salvador			3						1		4
Nicaragua			1							1	2
Dominikanische Republik			1						1		2
Puerto Rico	1		1						1		3
Trinidad und Tobago		1									1
Niederländische Antillen										1	1
Mexiko		1	27		3	7	1	14	8	2	63
Peru		1	8		1			1			11
Bolivien			1								1
Ecuador			3					1	1		5
Kolumbien			10		1			2	1	1	15
Venezuela			4			1		4	2	1	12
Argentinien			14	1	4	9	3	8	6	7	52
Uruguay			4							6	10
Chile			9	1				1	1	1	13
Brasilien		3	61	1	33	87	14	27	24	17	267
Zusammen	1	6	153	3	42	104	18	59	46	37	469

bestanden 54,2 Prozent aller nachgewiesenen Beteiligungen in Lateinamerika, gegenüber 37,8 Prozent in den übrigen Entwicklungsregionen. Die offizielle Statistik der Auslandsinvestitionen weist aus, daß ein hoher und auch in den letzten Jahren steigender Anteil in Länder Lateinamerikas geht: Waren bis zum 31. Dezember 1973 mit 4080,6 Millionen DM 42,3 Prozent der Investitionen in Entwicklungsländern auf Lateinamerika entfallen, so waren es bis zum 31. Dezember 1975 mit 5482,8 Millionen DM 44,6 Prozent.[51] Sofern diese Investitionen, deren geographische Verteilung aus den offiziellen Angaben wenigstens tendenziell erkennbar ist, dem Auf- und Ausbau von Produktionstätten dienen, finden sie ihren Ausdruck sowohl in der Ausweitung bestehender Betriebe und ihrer Beschäftigtenzahl als auch in einer Vergrößerung der Zahl der Beteiligungsverhältnisse. Die Vergrößerung bestehender Betriebe schlägt in den letzten Jahren nicht unerheblich zu Buche. Die Beteiligungsverhältnisse, für die Beschäftigtenzahlen bekannt sind, wiesen 1971 im Durchschnitt 637 Beschäftigte, 1975 im Durchschnitt 703 Beschäftigte auf. Diese Durchschnittszahlen liegen erheblich über denen der anderen Regionen.

In einer Reihe von Ländern Lateinamerikas bestanden schon Beteiligungsverhältnisse von Unternehmen aus der Bundesrepublik Deutschland, bevor die Tendenz zu einer neuen internationalen Arbeitsteilung wirksam wurde. Bei diesen frühen Beteiligungsverhältnissen war die Produktion durchweg für den jeweiligen Markt und allenfalls zum Teil für die Märkte anderer Länder Lateinamerikas bestimmt. Sofern dadurch Exporte, etwa aus der Bundesrepublik Deutschland, abgelöst wurden, fallen diese Fertigungen unter die Kategorie der importsubstituierenden Industrialisierung. Trotz der schon zuvor bestehenden hohen Zahl von Beteiligungsverhältnissen ist sie im Erhebungszeitraum noch erheblich gestiegen, die Produktion wurde in allen Industriezweigen ausgebaut, wie die Tabelle II–10-6 ausweist. Die mit dem Konzept der importsubstituierenden Industrialisierung verbundenen Nachteile werden zunehmend deutlich. Sowohl in der Wirtschaftspolitik der einzelnen Länder als auch im Produktionsverhalten des Auslandskapitals zeigt sich eine starke Tendenz zum Aufbau exportorientierter Produktion.[52] Besonders in Ländern Mittelamerikas, aber auch beispielsweise in Brasilien, werden unter Nutzung der reichlich vorhandenen, billigen Arbeitskraft, der Zerlegbarkeit der Produktionsprozesse und der ausgebauten Transport- und Kommunikationssysteme Fertigungen (Teilfertigungen) für die Märkte der traditionellen Industrieländer aufgebaut.

51 Bundesminister für Wirtschaft, Runderlaß Außenwirtschaft Nr. 13 (1976), Bundesanzeiger, 14. April 1976.

52 Ein Sonderheft der Zeitschrift *World Development* mit dem Titel «Latin America in the Post-Import-Substitution Era» behandelt diese Entwicklung und enthält Beiträge über Argentinien, Brasilien, Chile, Kolumbien, Mexiko und Peru. World Development, Vol. 5, Nos. 1/2 (1977).

Afrika

Die im Rahmen dieser Untersuchung erhobene Produktionstätigkeit von Unternehmen der Bundesrepublik Deutschland konnte in Afrika (ohne Republik Südafrika und Namibia und ohne die afrikanischen Mittelmeerländer)[53] in 38 Beteiligungsverhältnissen erfaßt werden, die sich auf 20 Länder verteilen, mit einem Schwerpunkt in Nigeria (Tabellen II–10-7 und II–11-4). Die Zahl der Beteiligungsverhältnisse weist jedoch eine deutlich steigende Tendenz in den letzten Jahren auf und hat sich seit 1961 verdreifacht. Wenn man in der offiziellen Statistik der Vermögensanlagen aus der Bundesrepublik Deutschland in Afrika die Angaben für die Mittelmeerländer, Südafrika und die Kanarischen Inseln abzieht, weist sie bis Ende 1973 Investitionen in Höhe von 596,8 Millionen DM und bis Ende 1975 in Höhe von 739,2 Millionen DM aus.[54] Das macht etwa ein Viertel der ausgewiesenen Investitionen in Brasilien aus. Auch liegt der Anstieg über die zwei Jahre mit 23,9 Prozent nur unerheblich über dem aller Entwicklungsländer (22,7 Prozent). Die zeitliche Entwicklung ist auch daran abzulesen, daß sich die Zahl der ermittelten Beteiligungsverhältnisse im Erhebungszeitraum verdreifacht hat. Dennoch ist die Auslandsproduktion von Unternehmen aus der Bundesrepublik insgesamt in dieser Region noch als bescheiden anzusehen. Dabei ist einerseits darauf hinzuweisen, daß es sich hierbei nach unserer Abgrenzung nur um einen Teil von Afrika handelt. Andererseits spielen jedoch auch historische Gründe dafür eine Rolle, daß Unternehmen aus der Bundesrepublik noch verhältnismäßig wenig in Afrika vertreten sind. Die früheren Kolonialmächte (Frankreich, Großbritannien, Belgien) haben einen erheblichen Teil ihres Einflusses bewahren können und nutzen ihn im Interesse ihrer Unternehmen. Außerdem sind im Rahmen der Tendenz zu einer neuen internationalen Arbeitsteilung weltweit so viele mögliche Produktionsstandorte erschlossen worden, daß sie nicht alle auf einmal, sondern nur nach und nach und dieses regional unterschiedlich, in die weltweit organisierte Produktion einbezogen werden können.

Einige Beispiele für die Produktionstätigkeit von Unternehmen aus der Bundesrepublik in afrikanischen Ländern sollen kurz angeführt werden. Eine Reihe von ihnen befaßt sich mit der Gewinnung und Bearbeitung lokaler Rohstoffe mineralischer oder pflanzlicher Art. An der Bong Mining Company Inc. in Liberia ist Thyssen seit 1965 mit 42,8 Prozent beteiligt; 2900 (darunter 280 Deutsche) Beschäftigte fördern Eisenerz. Außerdem sind an einer US-amerikanischen Aktiengesellschaft, der im Erzbergbau tätigen

53 Es handelt sich also nur um einen Teil des afrikanischen Kontinents; in Afrika insgesamt ist die Zahl der Beteiligungsverhältnisse um ein Mehrfaches größer. Auf die Fragwürdigkeit der regionalen Zurechnung von Südafrika wurde weiter oben schon hingewiesen.

54 Bundesminister für Wirtschaft, Runderlaß Außenwirtschaft Nr. 13 (1976), Bundesanzeiger, 14. April 1976.

Tabelle II–10-7
Beteiligungsverhältnisse und Beschäftigte nach Wirtschaftszweigen, 1961, 1966, 1971, 1973, 1974, 1975, 1976
Afrika (ohne Mittelmeerländer und Südafrika)

		1961	1966	1971	1973	1974	1975	1976
Land- und Forstwirtschaft	I							
	II							
Energie, Bergbau	I	2	2	2	2	3	3	3
	II	46 (1)	46 (1)	61 (1)	101 (1)	167 (2)	151 (2)	
Chemie	I	4	4	4	6	6	7	8
	II				196 (1)	228 (1)	345 (2)	
Steine, Glas, Keramik	I					2	3	3
	II					165 (1)	365 (2)	
Eisen, NE-Metalle	I	1	2	2	2	2	2	3
	II		1 839 (1)	2 517 (1)	2 646 (1)	2 763 (1)	2 876 (1)	
Maschinenbau	I	1	1	3	3	5	6	6
	II			82 (2)	113 (2)	349 (4)	598 (5)	
Fahrzeugbau	I					2	2	2
	II					455 (2)	1 506 (2)	
Elektrotechnik	I	1	1	1	1	1	1	2
	II					88 (1)	87 (1)	
Feinmechanik, Optik	I							
	II							
Sonstige verarbeitende Industrie	I	3	5	6	9	9	10	9
	II		40 (1)	175 (2)	205 (2)	1 156 (5)	1 300 (6)	
Alle erfaßten Wirtschaftszweige	I	12	15	18	23	30	34	36
	II	46 (1)	1 925 (3)	2 835 (6)	3 261 (7)	5 371 (17)	7 228 (21)	

I = Zahl der Beteiligungsverhältnisse
II = Zahl der nachgewiesenen Beschäftigten – in Klammern Zahl der Beteiligungsverhältnisse, in denen die Beschäftigtenzahl nachgewiesen werden konnte

Zahl der Unternehmen der Bundesrepublik Deutschland	29		
Zahl der bestehenden Beteiligungsverhältnisse	36	Zahl der bestehenden Betriebe	36
Zahl der aufgegebenen Beteiligungsverhältnisse	2	Zahl der aufgegebenen Betriebe	2
Zahl der Beteiligungsverhältnisse insgesamt	38	Zahl der Betriebe insgesamt	38

Tabelle II–11-4
Afrika
Übersicht über die Beteiligungsverhältnisse (Erhebungszeitraum 1961 bis 1976)

	Land- und Forstwirtschaft	Energie, Bergbau	Chemie	Steine, Glas, Keramik	Eisen, NE-Metalle	Maschinenbau	Fahrzeugbau	Elektrotechnik	Feinmechanik, Optik	Sonstige verarbeitende Industrie	Alle erfaßten Wirtschaftszweige
Sudan		1									1
Äthiopien										1	1
Kenia			1								1
Tansania						1					1
Senegal			1								1
Liberia					1					1	2
Elfenbeinküste										1	1
Ghana				1		2	1				4
Togo										1	1
Niger										1	1
Nigeria		1	2	1	1	2	1			1	9
Kamerun					1					2	3
Volksrepublik Kongo			1								1
Zaire						1		1		1	3
Angola			1								1
Moçambique			1								1
Botswana										1	1
Sambia				1						1	2
Rhodesien		1	1								2
Lesotho								1			1
Zusammen		3	8	3	3	6	2	2		11	38

Liberian International American Corporation, Aktionäre aus der Bundesrepublik Deutschland zu 80 Prozent beteiligt. Das Unternehmen strebt eine jährliche Produktion von 10 Millionen Tonnen Eisenerz-Pellets an.[55] 15 bis 20 Prozent des Eisenerzbedarfs der Bundesrepublik wird aus liberianischen Gruben gedeckt.

In Sierra Leone wurde vor kurzem eine Versuchsanlage zur Aufbereitung des Titanerzes Rutil in Betrieb genommen. Sie wurde von der Bayer-Preussag Mining Group mit 4 Millionen DM Aufwand errichtet. Dieses als Maßnahme zur Sicherung der Rohstoffversorgung vom Bundeswirtschaftsminister geförderte Projekt könnte den Bedarf an Rutil für die Bundesrepublik decken.[56]

An vielen afrikanischen Bergbauunternehmen sind internationale Konsortien beteiligt; bei einigen von ihnen entfällt auf Unternehmen der Bundesrepublik Deutschland ein Anteil von unter 25 Prozent, weshalb sie in dieser Untersuchung nicht berücksichtigt sind. Als ein Beispiel für ein solches Beteiligungsverhältnis sei ein Uranerz-Projekt in der Republik Niger genannt. Die Urangesellschaft mbH & Co. KG, Frankfurt, an deren Kapital zu je einem Drittel die Metallgesellschaft, die STEAG (Ruhrkohle) und die Veba beteiligt sind, ist ihrerseits mit 6,5 Prozent an der Société des Mines de l'Air beteiligt. Diese Gesellschaft will 1976 1500 Tonnen Uranmetall produzieren, das an französische, italienische und deutsche Kunden verkauft wird. Die Urangesellschaft hat sich auch, und zwar zu einem Drittel, an der Société des Mines du Djado beteiligt, die nach lohnenden Uranerzlagern forscht, wobei die Kosten der Urangesellschaft von der Bundesregierung ersetzt werden.[57]

In Nigeria hat nur eines der bestehenden Beteiligungsverhältnisse bereits 1968 seine Produktion aufgenommen, und zwar eine Beteiligung von Ernst Klett, Stuttgart, die Schulhefte und andere Drucksachen herstellt (hundertvierzig Beschäftigte). Die anderen Beteiligungsunternehmen produzieren erst seit 1974 oder später. Zu ihnen gehört auch das Montagewerk der Volkswagenwerk AG, das im Oktober 1975 bereits 1300 Personen beschäftigt hat. Die Beteiligung von VW beträgt 40 Prozent, aber mit den 11 Prozent, welche die Berliner Handelsgesellschaft/Frankfurter Bank hält, besteht eine mehrheitliche Beteiligung. Ende 1975 hat die Daimler-Benz AG den Bau eines Montagewerks vereinbart, an dem sie mit 40 Prozent beteiligt ist und das ab 1978 Nutzfahrzeuge herstellen soll. Die benötigten Fachkräfte werden in Ausbildungszentren geschult, die von der Bundesregierung finanziert werden.[58]

In letzter Zeit wurde auch in anderen afrikanischen Ländern die Montage

55 Frankfurter Allgemeine Zeitung, 16. Juli 1976.
56 Frankfurter Allgemeine Zeitung/Blick durch die Wirtschaft, 5. Juli 1976.
57 Frankfurter Allgemeine Zeitung/Blick durch die Wirtschaft, 17. Juli 1976.
58 Frankfurter Allgemeine Zeitung, 5. März 1976.

Tabelle II – 10-8
Beteiligungsverhältnisse und Beschäftigte nach Wirtschaftszweigen, 1961, 1966, 1971, 1973, 1974, 1975, 1976
Westasien

		1961	1966	1971	1973	1974	1975	1976
Land- und Forstwirtschaft	I			1	1	1	1	1
	II							
Energie, Bergbau	I					1	1	1
	II					7 (1)	106 (1)	
Chemie	I	1	2	8	10	10	10	10
	II		58 (1)	930 (5)	1 271 (5)	1 342 (5)	1 957 (6)	
Steine, Glas, Keramik	I							1
	II							
Eisen, NE-Metalle	I	1	1	1	2	2	3	3
	II							
Maschinenbau	I	1	1	1	1	1	1	1
	II							
Fahrzeugbau	I			1	1	1	1	2
	II			342 (1)	753 (1)	825 (1)	839 (1)	
Elektrotechnik	I	1	4	7	7	8	6	6
	II		50 (1)	266 (2)	259 (2)	1 391 (4)	2 883 (5)	
Feinmechanik, Optik	I				1	1	1	2
	II					69 (1)	73 (1)	
Sonstige verarbeitende Industrie	I		1	1	4	4	4	3
	II					461 (1)	709 (2)	
Alle erfaßten Wirtschaftszweige	I	4	9	20	27	29	28	30
	II		108 (2)	1 538 (8)	2 283 (8)	4 095 (13)	6 567 (16)	

I = Zahl der Beteiligungsverhältnisse
II = Zahl der nachgewiesenen Beschäftigten – in Klammern Zahl der Beteiligungsverhältnisse, in denen die Beschäftigtenzahl nachgewiesen werden konnte

Zahl der Unternehmen der Bundesrepublik Deutschland	30		
Zahl der bestehenden Beteiligungsverhältnisse	30	Zahl der bestehenden Betriebe	30
Zahl der aufgegebenen Beteiligungsverhältnisse	4	Zahl der aufgegebenen Betriebe	4
Zahl der Beteiligungsverhältnisse insgesamt	34	Zahl der Betriebe insgesamt	34

Tabelle II–10-9
Beteiligungsverhältnisse und Beschäftigte nach Wirtschaftszweigen, 1961, 1966, 1971, 1973, 1974, 1975, 1976
Süd- und Südostasien

		1961	1966	1971	1973	1974	1975	1976
Land- und Forstwirtschaft	I							
	II							
Energie, Bergbau	I							
	II							
Chemie	I	15	23	31	36	38	41	40
	II	312 (2)	1 383 (9)	4 773 (16)	8 694 (23)	9 666 (28)	10 075 (30)	
Steine, Glas, Keramik	I	1	1	2	2	2	2	1
	II			220 (1)	401 (1)	410 (1)	410 (1)	
Eisen, NE-Metalle	I	7	7	11	12	12	13	13
	II	60 (1)	90 (1)	449 (3)	2 262 (5)	2 049 (5)	2 497 (7)	
Maschinenbau	I	23	31	35	37	38	38	38
	II	519 (4)	1 596 (9)	4 202 (14)	5 771 (18)	6 117 (19)	6 095 (22)	
Fahrzeugbau	I	2	2	5	5	5	5	6
	II		1 261 (1)	1 770 (3)	3 065 (4)	3 743 (4)	3 843 (4)	
Elektrotechnik	I	3	6	17	22	24	25	25
	II			8 073 (6)	10 242 (8)	20 969 (18)	23 097 (21)	
Feinmechanik, Optik	I	7	10	12	16	17	23	22
	II	147 (2)	879 (2)	3 904 (4)	5 801 (8)	13 030 (11)	12 375 (17)	
Sonstige verarbeitende Industrie	I	1	4	10	14	18	19	18
	II		40 (2)	292 (5)	843 (6)	1 577 (14)	1 616 (15)	
Alle erfaßten Wirtschaftszweige	I	59	84	123	144	154	166	163
	II	1 048 (9)	5 249 (24)	23 683 (52)	37 081 (73)	57 561 (100)	60 008 (117)	

I = Zahl der Beteiligungsverhältnisse
II = Zahl der nachgewiesenen Beschäftigten – in Klammern Zahl der Beteiligungsverhältnisse, in denen die Beschäftigtenzahl nachgewiesen werden konnte

Zahl der Unternehmen der Bundesrepublik Deutschland	119		
Zahl der bestehenden Beteiligungsverhältnisse	163	Zahl der bestehenden Betriebe	169
Zahl der aufgegebenen Beteiligungsverhältnisse	8	Zahl der aufgegebenen Betriebe	8
Zahl der Beteiligungsverhältnisse insgesamt	171	Zahl der Betriebe insgesamt	177

Tabelle II–11-5
Süd- und Südostasien
Übersicht über die Beteiligungsverhältnisse (Erhebungszeitraum 1961 bis 1976)

	Land- und Forstwirtschaft	Energie, Bergbau	Chemie	Steine, Glas Keramik	Eisen, NE-Metalle	Maschinenbau	Fahrzeugbau	Elektrotechnik	Feinmechanik, Optik	Sonstige verarbeitende Industrie	Alle erfaßten Wirtschaftszweige
Indien			20	1	9	30	2	10	6	2	80
Bangla Desh						1					1
Pakistan						1		2			3
Indonesien			7		1	2	1	2		8	21
Philippinen			1					1			2
Hongkong						1			1	1	3
Taiwan			1					2	1	1	5
Korea (Süd)			4					1	4	1	10
Thailand			5	1	1			1	3	6	17
Singapur			1			5	1	4	3		14
Malaysia			2		2	2	1	3	5		15
Zusammen			41	2	13	42	5	26	23	19	171

von Fahrzeugen aufgenommen oder es wurde eine Planung dazu begonnen. In Ghana werden seit 1974 in einem Betrieb, an dem die Firma Auwärter beteiligt ist, Omnibusse montiert (zweihundert Beschäftigte). Ab 1975 ist die Magirus-Deutz AG (Klöckner-Humboldt-Deutz-Konzern) in Zaire beteiligt. In Sambia wird ein Montagewerk für Nutzfahrzeuge errichtet, in dem fast vierhundert Arbeiter ab 1978 Modelle von Daimler-Benz und Toyota montieren werden; an der Finanzierung des Werkes ist auch die DEG beteiligt.[59] Ab Mitte 1976 soll der VW-Transporter in Kenia montiert werden, es ist aber keine Kapitalbeteiligung der Volkswagenwerk AG vorgesehen.[60] Später soll in Kenia auch die Montage von Daimler-Benz-Fahrzeugen aufgenommen werden.[61]

Außer in unmittelbarem Zusammenhang mit Rohstoffvorkommen ist exportorientierte Industrialisierung durch Unternehmen aus der Bundesrepublik in afrikanischen Ländern erst in einigen Ansätzen bekannt. Genannt wird eine Gruppe mit dem Namen All Consult, die sich an vier Unternehmen in Ghana mit je 40 Prozent beteiligen soll, die Textilien, Kunstleder, Holz- und Cassavaprodukte herstellen. In einem Fall scheint es sich um eine Produktionsverlagerung zum Zweck exportorientierter Produktion zu handeln.[62] In Lesotho sollen ab 1976 Nordmende-Fernsehgeräte gebaut werden (Lesotho gehört zur südafrikanischen Zollunion).

Westasien

In Westasien wurden 34 Beteiligungsverhältnisse ermittelt, die den Kriterien dieser Untersuchung genügen, davon 32 im Iran; in 16 von ihnen sind 6567 (1975) Personen beschäftigt (Tabelle II–10-8). Im Iran sind bis Ende 1975 offiziell an Investitionen aus der Bundesrepublik Deutschland 222,5 Millionen DM verzeichnet; das sind fast 50 Millionen DM mehr als für

59 Maxwell Kanseni, Japanese join Germans in K 8.7 m. Zambia car deal. In: African Development (Januar 1976), S. 83.

«Zur Absicherung des Nutzfahrzeug-Absatzes in Sambia wurde Anfang 1976 die Kasama Vehicle Assemblers Ltd., Lusaka, gegründet. Am Grundkapital der Gesellschaft in Höhe von rund 16 Millionen DM wird sich Daimler-Benz mit 15 Prozent (2,4 Millionen DM) beteiligen. Die übrigen Anteile werden bei der staatlichen Entwicklungsgesellschaft von Sambia INDECO (60 Prozent), bei der japanischen Automobilfirma Toyota (15 Prozent) und bei der Deutschen Gesellschaft für wirtschaftliche Zusammenarbeit (10 Prozent) liegen.» – Daimler-Benz AG, Geschäftsbericht 1975, S. 57.

60 Amere Abrahams, Vehicle assembly plants come to Kenya. In: African Development (Dezember 1975), S. 57.

61 Guy Arnold, Kenya: Economic Prospects. In: Africa 58 (1976), S. 39–40.

62 «For production of artificial leather the company intends to transplant its factory in West Germany to Ghana: 50 per cent of the leather products will be exported to earn C 5 m. annually.» – African Development (Juni 1976), S. 621. – Ob Beziehungen zur Firma All Plastik in Gunzenhausen bestehen, konnte nicht festgestellt werden.

Indien und nur rund 50 Millionen DM weniger als für Japan.[63] Von den 32 Beteiligungsverhältnissen in diesem Lande[64] bestanden nach unseren Unterlagen im Jahre 1961 erst vier, und 1966 waren es neun.

Für die Produktionstätigkeit von Unternehmen aus der Bundesrepublik seien einige Beispiele angeführt. Unter den zehn Beteiligungsverhältnissen der chemischen Industrie ist auch die einzige Chemiefaserfabrik des Landes, an der die Bayer AG zur Hälfte beteiligt ist; in ihr stellen 840 Personen Nylongarne her. Zum Fahrzeugbau gehört eine 30-Prozent-Beteiligung von Daimler-Benz, in der seit 1969 Dieselmotore offenbar recht erfolgreich[65] hergestellt werden (825 Beschäftigte). Im Bereich der Elektrotechnik ist die Siemens AG seit 1976 mit einem Beteiligungsverhältnis vertreten, an dem sie zu 97 Prozent beteiligt ist (1140 Beschäftigte). Daneben besteht noch eine Beteiligung an einer Transformatorenproduktion mit 35 Prozent (direkt und über die Transformatoren Union) sowie an einer Fabrik für Fernsprechanlagen mit 40 Prozent.

Schließlich spielen Beteiligungsverhältnisse in der Schuhindustrie eine Rolle. In einer 50-Prozent-Beteiligung von Gustav Hoffmann (Freudenberg-Gruppe) werden seit 1973 Kinderschuhe hergestellt (560 Beschäftigte). Ebenfalls zu 50 Prozent sind die Gabor-Damenschuhfabriken seit 1973 beteiligt (über 600 Beschäftigte). Die Gallus-Herrenschuhfabrik teilt mit, daß ihre Beteiligung nicht mehr existiert. Die Erich Rohde KG ist im Iran beteiligt an der Produktion von Freizeitschuhen, Sandalen, Arbeits- und Militärstiefeln.

Die rasch wachsende Schuhindustrie verdrängt im Iran die handwerkliche Schuhproduktion. Ihre Schuhe werden nicht nur im Inland, sondern auch in benachbarten und osteuropäischen Ländern abgesetzt; sie sollen auch nach

63 Bundesminister für Wirtschaft, Runderlaß Außenwirtschaft Nr. 13 (1976), Bundesanzeiger, 14. April 1976.

Daß diese Summe für deutsch-persische Maßstäbe in den Wirtschaftsbeziehungen eher bescheiden ist, zeigt ein Vergleich mit dem Perserteppich-Geschäft, das 1973 ein Volumen von 480 Millionen DM hatte. – Die Welt, 3. Dezember 1974.

64 «There are approximately 50 joint German-Iranian companies at the present time. Although German investments remain largely concentrated in the electrical and telecommunications, chemical and pharmaceutical industries and in manufacture of motor vehicles and machinery, more and more partnerships are being founded in the service industries, notably among consulting firms, which reveals growing interest in the acquisition of technical knowhow and international experience.» – Deutsch-Iranische Handelskammer, Länderbericht 1975/76, Hamburg 1976, S. 7.

65 «Die Iranian Diesel Engine Manufacturing Company, Tabriz, hat die erfolgreiche Geschäftsentwicklung der Vorjahre fortgesetzt und die Motorenproduktion um 5 Prozent auf 14200 Einheiten gesteigert. Durch den Umsatzanstieg um 16 Prozent auf den Gegenwert von 133 Millionen DM wurde wiederum ein befriedigendes Ergebnis erzielt. Wir erwarten auch weiterhin eine günstige gesamtwirtschaftliche Entwicklung im Iran; entsprechend werden die Kapazitäten der Gesellschaft stufenweise ausgebaut.» – Daimler-Benz AG, Geschäftsbericht 1975, S. 56.

Westeuropa exportiert werden.[66] –

Die beiden Beteiligungsverhältnisse in dieser Region, die nicht im Iran liegen, sind: in Saudi-Arabien eine 26-Prozent-Beteiligung von Daimler-Benz an der National Automobile Industry Company Ltd., Jeddah, die 1975 errichtet wurde, um ab 1976 Daimler-Benz-Fahrzeuge zu montieren[67]; in Jordan die Jordan Ceramic Industries, die ab 1976 Fliesen und Sanitärkeramik herstellt.

Süd- und Südostasien

In der Region Süd- und Südostasien (ohne Japan) werden 171 produzierende Beteiligungsunternehmen in elf Ländern gezählt; in 117 Beteiligungsverhältnissen ließen sich 60008 (1975) Beschäftigte ermitteln. Eine Übersicht über die Region bieten die Tabellen II–10-9 und II–11-5. Mit 84 findet sich fast die Hälfte der Beteiligungsverhältnisse in Ländern des indischen Subkontinents, während sich die andere Hälfte auf acht südostasiatische Länder verteilt. Südostasien ist erst in den letzten Jahren für eigene Produktion von Unternehmen aus der Bundesrepublik Deutschland in größerem Maße erreichbar geworden. Nach unseren Unterlagen bestanden 1961 erst 14 und 1971 46 der 87 Beteiligungsverhältnisse. Gerade an den über vierzig Beteiligungsverhältnissen, die in Südostasien nach 1971 neu errichtet wurden, läßt sich die Wirksamkeit der Tendenz zu einer neuen internationalen Arbeitsteilung in der Exportproduktion deutlich ablesen. Die Bedeutung ausgebauter Transport- und Kommunikationssysteme für das Einbeziehen von Standorten in Südostasien in die weltweit organisierte Produktion wird schon durch die bloße Entfernung von Europa offensichtlich. Einzelheiten über die Produktions- und Arbeitsbedingungen gerade in dieser Region sind im Teil III belegt.

In jedem von der Untersuchung erfaßten Land dieser Region lassen sich Weltmarktfabriken von Unternehmen aus der Bundesrepublik aufzeigen, die meistens zu 100 Prozent für den Export arbeiten. Einige Beispiele, durchweg Gründungen der letzten Jahre, mögen diese Entwicklung belegen. AEG-Telefunken ist auf den Philippinen mit 50 Prozent an einer Halbleiterfabrik beteiligt, die 1974 ihre Produktion aufnahm und im Jahr darauf bereits 300 Personen beschäftigte. In Hongkong ist seit 1975 Rodi & Wienenberg mit 51 Prozent an der Fertigung von Uhrenarmbändern beteiligt (180 Be-

66 Frankfurter Allgemeine Zeitung/Blick durch die Wirtschaft, 14. Oktober 1974 und 15. September 1975.

67 «Für die 1975 in Partnerschaft mit der langjährigen Mercedes-Benz-Generalvertretung E. A. Juffali & Bros. in Saudi-Arabien gegründete Nutzfahrzeug-Montagegesellschaft National Automobile Industry Company Ltd., Jeddah, an der die Daimler-Benz AG mit 26 Prozent beteiligt ist, wurden zwischenzeitlich die Planungen abgeschlossen. Daimler-Benz hat den saudi-arabischen Markt im abgelaufenen Jahr mit rund 7600 Nutzfahrzeugen – vorwiegend schwere Lastwagen beliefert.» – Daimler-Benz AG, Geschäftsbericht 1975, S. 56.

schäftigte). Auf Taiwan fertigt ein Beteiligungsunternehmen der Robert Bosch GmbH seit 1970 Objektive und Sucher für Filmkameras (530 Beschäftigte). Ein Beteiligungsunternehmen der Zeiss-Gruppe hat 1975 die Fertigung von Brillenfassungen aufgenommen (130 Beschäftigte) und stellt ab 1976 auch Brillengläser her. Zur Becker-Gruppe gehört ein Beteiligungsunternehmen, in dem ab 1975 Autoradios montiert werden (50 Beschäftigte). Die Schuhunion ist zu 100 Prozent an der Servas Far East Shoe Manufacturing beteiligt, die seit 1973 eine Fabrik zur Lederbearbeitung und Schuhherstellung für den Export betreibt.

In Südkorea ist die Siemens AG mit 46,8 Prozent an der Gold Star Teleelectric beteiligt, während der Rest japanisches Kapital ist; es werden Bauteile für Fernsprechanlagen gefertigt und montiert (1700 Beschäftigte). In Thailand sind Beispiele kleinerer exportorientierter Unternehmen: die Thai German Brush Factory (Beteiligung = 49 Prozent), in der seit 1975 24 Personen Malerpinsel anfertigen; die Thai Nakon Pewter Co. Ltd. (Beteiligung = 25 Prozent), in der seit 1975 Zinnartikel hergestellt werden; zu 25 Prozent sind die Gebrüder Schmeing an einer Produktion von Weberschiffchen und anderen Artikeln beteiligt (150 Beschäftigte).

In Singapur bestehen neben einer Batteriefabrik der Varta-Gruppe drei Exportfabrikationen für Bauteile und Kondensatoren, an denen Unternehmen aus der Bundesrepublik zu 100 Prozent beteiligt sind: die Brown Boveri Singapore (180 Beschäftigte), die Siemens Components (550 Beschäftigte, 1974: 780 Beschäftigte) und die E. Hopt Singapore (230 Beschäftigte).[68] In zwei Unternehmen werden Messer hergestellt, nämlich bei der Henckels J. A. Twinworks und der WMF Singapore (hundert Beschäftigte). Die SKF Kugellagerfabriken, Schweinfurt, die ihrerseits zum Bereich des schwedischen Kugellagerkonzerns SKF gehört, hat in Singapur ein Zweigwerk errichtet.[69]

68 Gemäß einer neueren Quelle haben sich zum 31. Mai 1976 die Beschäftigtenzahlen dieser Beteiligungsunternehmen erhöht, und zwar bei Brown Boveri auf 220, bei Siemens auf 750 und bei Hopt auf 540; mit der Preh Singapore befindet sich eine weitere Bauelementenfabrik im Aufbau. – BfA/Nachrichten für Außenhandel, 12. Nobember 1976.

69 «Doch wenn in Bayern für einen Hochqualifizierten 2500 DM monatlich bezahlt werden, sind es in Singapur bloß 700 Singapur-Dollar (1 S-$ = 1,10 DM). Sonst liegen die Löhne der Angelernten (meist Frauen) bei 250 bis 300 S-$. Doch das ist nicht alles. In 44 Wochenstunden wird gearbeitet – bei sieben Tagen Jahresurlaub. Es gibt keine Fluktuation; der Krankenstand ist gleich Null. Das ist ein goldener Boden für kosten- und produktivitätsbewußte westliche Manager, die selbst um 40 bis 50 Prozent mehr verdienen als zu Hause. Das ist aber auch nicht ungefährlich für die Arbeitsplätze in den alten Industrieländern.» – Süddeutsche Zeitung, 20. November 1975.

Auf die SKF Kugellagerfabriken, Schweinfurt, wird weiter unten noch einmal eingegangen.

Die Rollei-Gruppe ist das Unternehmen der Bundesrepublik Deutschland, das in Singapur die bei weitem größte Produktionskapazität errichtet hat. 1974 wurden 5800 und 1975 4400 Personen in fünf Betrieben beschäftigt. Die massive Produktionsverlagerung in dieser Gruppe, die 1970 eingeleitet wurde, hat dazu geführt, daß zwei Drittel der Produktion dieses Unternehmens in Singapur gefertigt werden. Das Unternehmen errechnete die Stücklohnkostendifferenz im Vergleich zu Fertigung in der Bundesrepublik Deutschland mit 1 : 11.[70] In den Jahren 1973 bis 1975 geriet das Unternehmen in erhebliche Schwierigkeiten, und es konnte nur durch massive öffentliche Kredite erhalten werden. Die Beschäftigtenzahlen wurden in der Bundesrepublik Deutschland und in Singapur durch Massenentlassungen vermindert, in der Bundesrepublik Deutschland vergleichsweise stärker (von 2500 auf 1550, gegenüber von 5800 auf 4400). In Singapur wird «heuer die Gewinnschwelle überschritten»[71], und es ist durchaus möglich, daß auch weitere Teile der Produktion noch dorthin verlagert werden[72], sofern nicht die Entscheidung auf Indonesien fällt. Diese Angaben belegen, daß sich durch die temporären Schwierigkeiten an der Nötigung zur Auslandsproduktion nichts geändert hat.

In Malaysia sind durch Unternehmen der Elektroindustrie aus der Bundesrepublik seit 1972 drei Betriebe errichtet worden (je 100 Prozent Beteiligung), die für den Export produzieren. Das Beteiligungsunternehmen der Robert Bosch GmbH stellt Filmkameras und Kraftfahrzeugausrüstung her (850 Beschäftigte).[73] Für Nordmende werden Fernsehgeräte montiert (250 Beschäftigte). Siemens fertigt Bauelemente (350 Beschäftigte). Seit 1973 zu 100 Prozent beteiligt, fertigt eine Fabrik der Aesculap-Werke AG (jetzt mehrheitlich bei der B. Braun Melsungen AG) chirurgische Instrumente (180 Beschäftigte). Für die Opti-Werke werden Reißverschlüsse hergestellt (150 Beschäftigte). Die Jenaer Glaswerke (Zeiss-Gruppe) sind seit 1975 zu 85 Prozent an einem Unternehmen beteiligt, das optische Rohgläser bearbeitet (110 Beschäftigte).

Die meisten dieser Betriebe haben erst in den letzten Jahren ihre Produk-

70 «Die 5500 Lohnempfänger, die im nächsten Jahr in Singapur beschäftigt werden, erfordern einen Aufwand pro Jahr von 11 Millionen DM. In Braunschweig hätte für eine entsprechende Produktion ein Lohnaufwand von knapp 120 Millionen DM verkraftet werden müssen.» – Süddeutsche Zeitung, 6. November 1973. Jetzt soll das Werk Uelzen, in dem erst seit 1970 gefertigt wird, geschlossen werden. Handelsblatt, 4. Juli 1977.

71 Süddeutsche Zeitung, 25. Mai 1976.

72 «Außerdem könnte aber auch die Fertigung von Teilen des Fotosortiments, zum Beispiel Kameragehäusen, nach Singapur verlagert werden. Der Transport um die halbe Welt verursacht nämlich keine hohen Kosten. Von Singapur nach Deutschland betragen sie je Kamera lediglich 40 bis 50 Pfennig.» – Süddeutsche Zeitung, 1./2. März 1975.

73 100 Prozent Export, laut Robert Bosch GmbH, Geschäftsbericht 1975, S. 29.

tion aufgenommen, und eine Reihe von Anzeichen, wie sie sich beispielsweise in den Produktionsplanungen von Unternehmen zeigen, sprechen dafür, daß es sich hierbei um den Beginn eines Prozesses handelt, der sich noch verstärkt fortsetzen wird.

2.3. Auslandsproduktion und Auslandsbeschäftigung in einzelnen Ländern

Es war die Zielsetzung dieser Untersuchung nachzuprüfen, in welcher Weise die Entwicklung der Auslandsproduktion von Unternehmen der Bundesrepublik Deutschland die Tendenz zu einer neuen internationalen Arbeitsteilung bestätigt. Um die empirische Basis dieser Analyse zu dokumentieren, wird im Anhang eine vollständige Auflistung der erfaßten auslandsproduzierenden Unternehmen, ihrer Beteiligungsverhältnisse und damit der Produktionsländer wiedergegeben[74] (Tabelle II–A 1). Zum besseren Verständnis dieser Liste seien einige Erläuterungen gegeben. Die Liste ist alphabetisch nach Unternehmen geordnet. Dabei sind Konzerne als solche zusammengefaßt, soweit sie 1974 als eine Unternehmenseinheit erkennbar waren; wichtige auslandsproduzierende Teilkonzerne sind zusätzlich genannt. Neben den Angaben über den Wirtschaftszweig, das Produktionsland, das Jahr des Beginns der Produktion in dem jeweiligen Auslandsunternehmen, die Höhe der direkten und indirekten formalen Kapitalbeteiligung durch das jeweilige Unternehmen der Bundesrepublik Deutschland, die Größenklasse nach der Zahl der Beschäftigten sind auch Hinweise auf die Produktion in dem jeweiligen Auslandsunternehmen gemacht. Diese Angaben sagen aber in der Regel nichts aus über die Produktionsstruktur und die angewandte Technologie; in sehr vielen Fällen beschränkt sich die Produktion in den Auslandsbetrieben auf Montage oder Teilfertigung, was durchgehend bei den genannten Produkten zu berücksichtigen ist.

Die Liste ist keineswegs vollständig; die Lücken weisen darauf hin, daß es in einer Reihe von Fällen nicht gelungen ist, die erwünschten Angaben zu erhalten. Die vorhandenen Angaben beruhen auf einer Reihe von unterschiedlichen Quellen, wie weiter oben im Abschnitt 1.3 beschrieben wurde. Viele Angaben wurden von Handelskammern und Unternehmen bereitgestellt. Für die Richtigkeit jeder Angabe in dieser Liste kann keine Gewähr übernommen werden, obwohl wir uns bemüht haben, nur verläßlich erscheinende Quellen zu verwenden und die Angaben nach Möglichkeit bestätigen zu lassen. Trotz sicher vorhandener Unvollständigkeiten und Irrtümer kann diese Liste als ein im großen und ganzen zuverlässiger Überblick über die Auslandsproduktion von Unternehmen der Bundesrepublik (ohne Textil- und Bekleidungsindustrie) außerhalb der EG angesehen werden.

Ergänzend zu diesem Überblick wird in diesem Abschnitt die Auslands-

74 Umfang und Einschränkungen sind im Abschnitt 1.3 erläutert.

produktion von Unternehmen der Bundesrepublik in einigen ausgewählten Ländern dargestellt. Damit soll ein konkreteres Bild vermittelt werden, welches im folgenden Kapitel ergänzt wird um Beobachtungen, die für einzelne Industriezweige typisch sind.

Die Auswahl der Länder ist insofern nicht beliebig, als einige der wichtigsten Anlageländer darunter sind. Damit wird jeweils ein auch quantitativ bedeutender Ausschnitt erfaßt und es ist zu erwarten, daß auch bei der Beachtung aller regionalen und länderspezifischen Unterschiede in den Produktionsbedingungen typische Merkmale der Auslandsfertigung zutage treten.

Brasilien

Für den Aufbau von Industrieproduktion an neuen Standorten bietet Brasilien in fast allen Bereichen ein herausragendes Beispiel. Zwar wies Brasilien zu Beginn des Erhebungszeitraums schon eine nicht unerhebliche Industrie auf, an der auch Unternehmen aus der Bundesrepublik maßgeblich beteiligt waren. Jedoch hat sich die Beschäftigtenzahl etwa in Beteiligungsunternehmen der Industrie der Bundesrepublik nach vorsichtigen Schätzungen von 1961 bis 1976 mehr als verdreifacht. Unter Nutzung billiger Arbeitskraft, Zerlegbarkeit von Fertigungsprozessen und ausgebauter Transport- und Kommunikationssysteme hat der Standort Brasilien im Erhebungszeitraum im Rahmen der weltweiten Neuverteilung der Standorte industrieller Produktion erheblich an Bedeutung gewonnen.

Im Rahmen der Untersuchung konnten wir insgesamt 267 produzierende Beteiligungsverhältnisse (davon 253 bestehend und vierzehn aufgegeben) von 197 Unternehmen der Bundesrepublik Deutschland feststellen.[75] In 176 von ihnen sind mit 177 798 (1975) fast ein Drittel der im Rahmen dieser Untersuchung gezählten Beschäftigten für Brasilien nachgewiesen (Tabelle II–12-1). Nach der offiziellen Statistik der Bundesrepublik Deutschland entfallen Ende 1975 23,4 Prozent der Auslandsinvestitionen in Entwicklungsländern auf dieses Land.[76] Damit liegt das Kapital der Bundesrepublik mit 15,1 Prozent hinter der USA (32,1 Prozent) an zweiter Stelle bei den in Brasilien registrierten ausländischen Direktinvestitionen.[77] Die Deutsch-

75 Jean Bernet, Guia Interinvest – O Brasil e o capital internacional, Rio de Janeiro (Interinvest Editôra e Distribuidora Ltda.) 1973, führt 212 westdeutsche Investoren auf, die 449 Beteiligungsverhältnisse aufweisen. Dabei entfällt ein großer Teil auf reine Vertriebsgesellschaften, auf Holdings und auf Unternehmen mit ruhendem Geschäftsbetrieb. Ferner sind Handelsunternehmen, Banken, Versicherungen und andere Dienstleistungsunternehmen eingeschlossen und auch Kapitalbeteiligungen unter 25 Prozent berücksichtigt.

76 Errechnet nach: Bundesminister für Wirtschaft, Runderlaß Außenwirtschaft Nr. 13 (1976), Bundesanzeiger, 14. April 1976.

77 Hans Jolowicz, Auslandsinvestitionen in Brasilien, Hamburg 1974, S. 325, Tabelle 24 (nach Angaben der Brasilianischen Zentralbank, Stand: 30. Juni 1973).

Tabelle II–12-1
Beteiligungsverhältnisse und Beschäftigte nach Wirtschaftszweigen, 1961, 1966, 1971, 1973, 1974, 1975, 1976
Brasilien

		1961	1966	1971	1973	1974	1975	1976
Land- und Forstwirtschaft	I II							
Energie, Bergbau	I II	1	1	3 1 229 (3)	3 1 966 (3)	3 2 784 (3)	3 2 784 (3)	3
Chemie	I II	35 4 478 (14)	39 5 890 (18)	45 15 345 (32)	52 22 156 (38)	57 25 882 (43)	58 25 754 (46)	58
Steine, Glas, Keramik	I II	1	1	1	1 308 (1)	1 314 (1)	1 313 (1)	1
Eisen, NE-Metalle	I II	16 7 013 (6)	17 8 554 (7)	20 12 980 (11)	25 21 162 (16)	26 22 676 (16)	30 23 850 (18)	33
Maschinenbau	I II	38 1 262 (9)	49 2 698 (18)	55 8 865 (29)	59 11 093 (32)	63 13 983 (35)	74 17 478 (48)	82
Fahrzeugbau	I II	8 14 015 (3)	9 21 356 (5)	11 43 286 (9)	13 51 957 (9)	13 61 571 (10)	13 63 071 (10)	13
Elektrotechnik	I II	11 2 720 (3)	12 3 920 (4)	19 20 523 (13)	22 26 394 (15)	22 30 752 (18)	25 31 819 (22)	25
Feinmechanik, Optik	I II	13 800 (7)	16 1 811 (9)	18 3 126 (13)	19 5 320 (15)	20 5 918 (15)	23 6 070 (17)	23
Sonstige verarbeitende Industrie	I II	9	11 162 (1)	14 3 534 (7)	14 4 240 (8)	15 5 524 (9)	16 6 659 (11)	15
Alle erfaßten Wirtschaftszweige	I II	132 30 288 (42)	155 44 391 (62)	186 108 888 (117)	208 144 596 (137)	220 169 404 (149)	243 177 798 (176)	253

I = Zahl der Beteiligungsverhältnisse
II = Zahl der nachgewiesenen Beschäftigten – in Klammern Zahl der Beteiligungsverhältnisse, in denen die Beschäftigtenzahl nachgewiesen werden konnte

Zahl der Unternehmen der Bundesrepublik Deutschland	197		
Zahl der bestehenden Beteiligungsverhältnisse	253	Zahl der bestehenden Betriebe	269
Zahl der aufgegebenen Beteiligungsverhältnisse	14	Zahl der aufgegebenen Betriebe	15
Zahl der Beteiligungsverhältnisse insgesamt	267	Zahl der Betriebe insgesamt	284

Brasilianische Industrie- und Handelskammer gibt den «deutschen Anteil an den ausländischen Nachkriegsinvestitionen» mit «etwa 20 Prozent» an.[78] Die Differenz erklärt sich zu einem guten Teil daraus, daß Konzerne Investitionen über Drittländer (wie Kanada, Niederländische Antillen, Bahamas, Schweiz, Luxemburg) leiten, die dann in den offiziellen Statistiken nicht als deutsche Investitionen erscheinen.
Gemäß einer Erhebung aus jüngster Zeit über 1000 wichtige Unternehmen aus allen Sektoren sind 49,5 Prozent Staatsunternehmen, 28,4 Prozent inländische Privatunternehmen, 22,1 Prozent ausländische Unternehmen. (Von den 50 größten Unternehmen sind 82,7 Prozent im Staatsbesitz, 12,6 Prozent in ausländischem Eigentum und 4,8 Prozent in inländischen privaten Händen.)[79] Die Staatsunternehmen sind in einigen Sektoren der Infrastruktur und der Basisindustrien tätig; das inländische Kapital ist zu einem guten Teil im Handel und in Dienstleistungen tätig; der Schwerpunkt der ausländischen Unternehmen liegt bei der verarbeitenden Industrie.[80] Vom inländischen Kapital kontrollierte Industrieunternehmen sind durchweg vom ausländischen Kapital abhängig, da sie Zulieferer oder Lizenznehmer sind.

Die Vielfalt der Produktion von Unternehmen der Bundesrepublik in Brasilien spiegelt die Verteilung auf die einzelnen Wirtschaftszweige wider. Die chemische Industrie, in anderen lateinamerikanischen Ländern an erster Stelle, wird der Zahl der Beteiligungsverhältnisse nach vom Maschinenbau überrundet und liegt bei der Zahl der nachgewiesenen Beschäftigten nach Fahrzeugbau, Elektrotechnik sowie Eisen und NE-Metallen an vierter Stelle. Im Erhebungszeitraum hat sich die Zahl der Beteiligungsverhältnisse der chemischen Industrie um 50 Prozent erhöht, während sie sich bei Eisen, NE-Metallen, beim Maschinenbau und bei der Elektrotechnik verdoppelt hat. Darin kommt unter anderem die zeitliche Verzögerung der Produktionsaufnahme von Zulieferern von Grundstoffen und Investitionsgütern zum Ausdruck (insbesondere für den Fahrzeugbau).[81]

Der brasilianische Bergbau wird durch Staatsunternehmen betrie-

78 Deutscher Beitrag zur Industrialisierung Brasiliens. Rio de Janeiro und São Paulo (Deutsch-Brasilianische Industrie- und Handelskammer) 1971, S. 6.

79 Neue Zürcher Zeitung, 17. Juli 1976. – «Private entrepreneurs in Brazil have long felt sandwiched between the big foreign companies and state concerns.» – The Economist, 31. Juli 1976 (Brazil Survey, S. 21).

80 «Os motivos que nos levaram a ristringir a amostra ao setor industrial são, de certa forma, semelhantes. Nesse setor concentram-se cerca de 80 per cent dos investimentos estrangeiros no Brasil e quase 100 per cent dos investimentos das empresas consideradas multinacionais.» – Carlos von Doellinger, Leonardo C. Cavalvanti, Empresas Multinacionais na Indústria Brasileira, Rio de Janeiro 1975, S. 32.

81 Dazu die Ergebnisse einer Befragung bei: Bernd Olbricht, Unternehmenspolitik bei Direktinvestitionen in Brasilien, Baden-Baden 1974 (Internationale Kooperation, Bd. 13), S. 215.

ben.[82] Fünfunddreißig Unternehmen der chemischen Industrie aus der Bundesrepublik weisen 61 Beteiligungsverhältnisse auf, die größeren alle mehrere. Im Vergleich zu anderen Entwicklungsländern ist die Produktion vielfältiger. Von den Unternehmen beschäftigen Degussa und Merck je über tausend Personen, Freudenberg und Henkel je mehr als tausendfünfhundert, BASF und Hoechst je über 4000 und Bayer beschäftigt mehr als 5500 Personen in Brasilien. Es sind aber auch eine Reihe kleinerer Unternehmen anzutreffen; eine Beteiligung der Keramchemie weist dreizehn Beschäftigte auf, eine Beteiligung der Röhm GmbH 37 Beschäftigte und die Parsch do Brasil beschäftigt 62 Personen.

Zum Bereich Steine, Glas, Keramik gehört eine 50-Prozent-Beteiligung von Rosenthal an der Porcelana Renner S.A. (dreihundert Beschäftigte).

Im Bereich der Eisen und NE-Metalle bilden Hüttenwerke den Schwerpunkt. Hier ist insbesondere die Mannesmann AG zu nennen, die mit 73,2 Prozent an einem integrierten Hüttenwerk beteiligt ist, dessen Produktion vom Roheisen bis zum Edelstahl und fertigem Rohr reicht.

«Die Tochtergesellschaft des Düsseldorfer Stahl- und Röhrenkonzerns Mannesmann wird von 1978 an die Rohstahlerzeugung um ein Viertel auf jährlich 750, die Produktion von nahtlosen und geschweißten Rohren um ein Drittel auf 400000 Tonnen steigern. Mehr noch: Die CSM, derzeit das fünftgrößte brasilianische Stahlwerk, will danach die Rohrerzeugung binnen zehn Jahren noch einmal verdoppeln.

Nachdem mit Stahl und Röhren dergestalt gut Geschäfte machen ist, wurde Mannesmann in Brasilien nun auch in der Investitionsgüterproduktion aktiv. Die Demag AG aus Duisburg, der Maschinenbaubereich von Mannesmann, hat sich ebenfalls unweit von Belo Horizonte für 70 Millionen Mark ein Schwermaschinenwerk gebaut. Die neue Demag-Tochter will mit zunächst 500 Mitarbeitern vor allem Anlagen für die Hüttentechnik bauen und schon Anfang der achtziger Jahre einen Umsatz von rund 180 Millionen Mark erreichen. Erste Erfahrungen mit eigener brasilianischer Produktion haben auch die Duisburger schon: Bei São Paulo baut die 700-Mann-Fabrik Movicarga seit Anfang 1975 Hebezeuge und Kräne. ‹Schon in den ersten zwei Jahren›, so Demag-Chef Otto Blank, ‹erzielte die Movicarga einen erfreulichen Gewinn.›

Brasilien, kein Zweifel, ist für einen ausländischen Investor wie den Mannesmann-Konzern, wenn er sein Geschäft beherrscht, eine der letzten frühkapitalistischen Oasen. Und die Mannesmänner beherrschen es: Die brasilianischen Werke des Konzerns, in denen 14800 der 109000 Beschäftigte arbeiten, liefern inzwischen, so

82 Seit Oktober 1975 dürfen auch ausländische Gesellschaften Schürfrechte erwerben. Es sollen insbesondere die Erdölvorkommen ausgebeutet werden. Die von uns unter «Bergbau, Energie» aufgeführten Beteiligungen gehören zwar zu Bergbaugesellschaften (Saarbergwerke, Salzgitter), stellen aber in Brasilien Werkzeuge her oder sind im Stahlbau tätig. Solche unerfreulichen Irritierungen lassen sich leider nicht vermeiden, wenn man der Gefahr von Doppelzählungen entgehen und eindeutige Zuordnungen des Beteiligungsverhältnisses zu einem Unternehmen erreichen will.

Overbeck, ‹einen überproportionalen Beitrag zum Gruppengewinn›.»[83]
«Langfristig soll auch der Export eine große Rolle spielen. Man hofft auf Aufträge aus anderen Teilen Südamerikas und aus Übersee und verweist dabei auf die im Verhältnis zur Bundesrepublik wesentlich günstigeren Produktionskosten.»[84]

In mehreren Beteiligungsunternehmen von Thyssen, besonders im Gießereibereich, aber auch in der Eisenerzaufbereitung (57,7 Prozent Beteiligung an der Ferteco Mineraçao S.A. und 41,96 Prozent an der Companhia Siderúrgica da Guanabara) sind über 4500 Personen beschäftigt.[85] In Hoesch-Beteiligungen (die Forjaria São Bernardo S.A., zusammen mit Krupp und Volkswagenwerk (AG) sind fast zweitausend Personen in einer Gesenkschmiede und in der Herstellung von Federn, Stäben und Eisenbahnmaterial beschäftigt.

Insgesamt ist der Maschinenbau mit 76 Unternehmen aus der Bundesrepublik, für die im Zeitraum 1961 bis 1976 eine Produktion nachgewiesen werden konnte, der am stärksten besetzte Industriezweig.[86] Der Maschinenbau ist durchschnittlich durch kleinere Beteiligungsunternehmen gekennzeichnet. Von 48 konnten die Beschäftigtenzahlen festgestellt werden: sie beschäftigen im Durchschnitt 364 Personen. Zieht man vier große Unternehmen mit je über tausend Mitarbeitern ab, so sinkt der Durchschnitt auf 209 Personen. Die vier großen Beteiligungen sind: eine Minderheitsbeteiligung des GHH-Konzerns an der Mecanica Pesada S.A., in der 2700 Personen beschäftigt sind (Schiffsausrüstungen, Schiffsturbinen und Dieselmotoren); die Rolamentos Schaeffler do Brasil, ein Beteiligungsunternehmen des Industriewerks Schaeffler, beschäftigt über tausend Personen (Wälzlager); die Voith S.A. beschäftigt fast 2500 Personen (Großanlagen, Papiermaschinen, Pumpen, Getriebe, Steuerungen und Regler); die Beteiligung der Zahnradfabrik Friedrichshafen beschäftigt über zweitausend Personen (Getriebe, Lenkungen, hauptsächlich für den Fahrzeugbau).

Zu den Maschinenbauunternehmen, die an Fabriken in Brasilien beteiligt sind, zählen: Aichelin (Industrieofenbau), Cyclop (Verpackungsgeräte), Deutsche Babcock (Textilmaschinen, Tragrollen), Dornbusch (Walzen),

83 Die Zeit, 15. April 1977: «Paradies für Fremde. Das arme Brasilien bleibt für ausländische Unternehmen attraktiv.»

84 Frankfurter Allgemeine Zeitung, 30. März 1977: «Die Demag verstärkt ihr internationales Engagement».

85 Unter der Überschrift «Gewaltige Expansionspläne der brasilianischen Stahlindustrie» berichtet die *Neue Zürcher Zeitung* am 24. März 1976 von Erweiterungsplänen auch der Beteiligungsunternehmen von Thyssen und Mannesmann.

86 Vier Unternehmen haben ihre Produktion in Brasilien aufgegeben, und von insgesamt 87 nachgewiesenen Beteiligungsverhältnissen bestehen 1976 noch 82. Die Gründe für das Aufgeben sind verschieden: Konkurs des deutschen Unternehmens, Verkauf der Beteiligung, Einstellen der eigenen Produktion; es waren hiervon nur kleine Beteiligungsverhältnisse betroffen.

Dürr (Schweißgeräte), Festo (Ventile, Zylinder), Gerdts (Wärmeregler), Grob (Spezialmaschinen), Hahn & Kolb (Werkzeugmaschinen), Hänsel (Verpackungsmaschinen), Hein, Lehmann (Siebanlagen), Hilgeland (Maschinen zur Schraubenherstellung), Holstein & Kappert (Getränkeanlagen), Hüller (Transferstraßen), Keramische Industrie-Bedarfs-KG (Tunnelöfen und -trockner), Klein, Schanzlin & Becker (Pumpen), Kugelfischer (Lager), Liebherr (Baukräne), Moellers (Förder- und Verpackungsanlagen), Mohrbach (Schuhmaschinen), Montfors (Textilmaschinen), Pfaff (Nähmaschinen), Pittler (Frontdrehautomaten), Raimann (Holzbearbeitungsmaschinen), Reifenhäuser (Kunststoffmaschinen), Rexroth (hydraulische Anlagen), Schubert & Salzer (Spinnereimaschinen), Schuler (Pressen), SKF Schweinfurt (Kugel- und Nadellager), Stihl (Sägen, Bohrmaschinen), Traub (Drehautomaten), Fritz Werner (Schneidwerkzeuge), Werner & Pfleiderer (Bäckereieinrichtungen), Woma (Pumpen), Wotan (Druckgußmaschinen).

Der Beschäftigtenzahl nach sind Unternehmen des Fahrzeugbaus mehr als doppelt so stark vertreten wie Unternehmen jedes anderen Industriezweigs. Von den gut 63000 sind fast 40000 bei VW do Brasil (Beteiligung der Volkswagenwerk AG = 80 Prozent) beschäftigt, das damit nicht nur der größte Industriebetrieb Brasiliens ist, sondern auch das größte Auslandsunternehmen der Industrie der Bundesrepublik. VW hatte 1975 in Brasilien im Pkw-Bereich einen Marktanteil von 59 Prozent und im Transporterbereich von 44,7 Prozent. Es stellte – einschließlich zerlegter Fahrzeuge – 1975 502580 Einheiten her und exportierte davon mit 59172 Einheiten rund 12 Prozent, und zwar hauptsächlich in süd- und mittelamerikanische sowie in afrikanische Länder.[87] Nach VW-Angaben sind inzwischen von VW do Brasil, das 1957 seine Produktion mit weniger als tausend Arbeitern aufnahm, 3800 Zuliefererbetriebe und insgesamt 170000 brasilianische Arbeiter abhängig.[88]

Die Produktionskapazitäten werden weiter ausgebaut. Ab Mitte 1976 kann in Taubaté ein neues Werk in Betrieb genommen werden, das es erlaubt, die Produktion um 50 Prozent zu erhöhen. Die Produktionskapazität dieses neuen Werkes wird vorläufig noch nicht voll genutzt. Auch will sich VW stärker im Nutzfahrzeugbereich betätigen und zwei Pkw-Modelle in einer Variante mit Dieselmotor bauen.[89] Die Expansion erstreckt sich aber nicht nur auf das Inland. VW do Brasil verfolgt in Chile Pläne für ein

87 Volkswagenwerk AG, Geschäftsbericht 1975, S. 38. – Der Export wird zu einem großen Teil durch Auto-Montagesätze bestritten, die in den Philippinen, in Südafrika, in Portugal und jetzt auch in Nigeria zusammengesetzt werden. Für den Teileexport ist des VW-Werk in Mexiko ein wichtiger Abnehmer, aber es gehen auch täglich fünfhundert Getriebe und hundert bis zweihundert Motoren für das Modell Passat in die Bundesrepublik, weil die brasilianische Tochter sie billiger herstellt.

88 Volkswagenwerk AG, VW in Brasilien, Wolfsburg 1973, S. 10.

89 Financial Times, 17. März 1976.

Montagewerk[90], und im Irak soll ein größeres Werk zunächst für die Montage, aber später auch für eigene Vollproduktion gebaut werden. Dieses Projekt betreibt VW offenbar deshalb über seine brasilianische Tochter, weil die brasilianische Regierung es subventioniert.[91]

VW do Brasil ist es zwar möglich, neue Modellvarianten einzuführen, aber das bedeutet keine selbständige Technologieentwickung. Das trifft für das Modell Brasilia ebenso zu wie für die Diesel-Varianten der Modelle Brasilia und Passat.

Das Volkswagenswerk betreibt in Brasilien über den Fahrzeugbau hinaus noch andere Aktivitäten. An der Gießerei Forjaria São Bernardo S.A., die mit 650 Personen Schmiedeteile für Fahrzeuge herstellt, ist VW mit 38,15 Prozent beteiligt. Die Aktivitäten gehen aber auch weit über die verarbeitende Industrie hinaus: «Wir sind beteiligt an Fischereibetrieben, an Tourismusunternehmen und im Hotelgewerbe, bei der Flugzeugindustrie. Ich könnte noch eine ganze Reihe anderer Dinge aufzählen, Aufforstung und so weiter. Hinzu kommt das von Ihnen erwähnte Projekt, unsere Rinderzucht in Brasilien. Ein Gebiet von etwa 140000 Hektar soll dazu benutzt werden, um eine Rinderzucht, also eine Fleischproduktion, in großem Umfang in Gang zu setzen. Selbstverständlich gehören in dieses Projekt auch Überlegungen hinein, die einen Schlachthof, Großkühlräume, Konservenfabriken betreffen.»[92]

Gerade die Errichtung einer Rinderfarm für 110000 Stück Vieh im Amazonasgebiet ist auch in der Presse auf Kritik gestoßen. Es geht dabei nicht nur um die ökologisch sehr bedenkliche Ausbeutung des Amazonasgebiets[93], sondern auch um die Unterstützung des internationalen Großkapitals durch die brasilianische Regierung auf Kosten der notleidenden Kleinbauern.[94]

Welche Bedeutung VW do Brasil für den Gesamtkonzern hat, zeigt sich daran, daß schon seit Jahren erhebliche Gewinne ausgewiesen und transferiert werden. «1973 wurden bei VW do Brasil rund 100 Millionen DM Gewinn ausgewiesen.»[95]

90 Handelsblatt, 23. Juli 1975.

91 O Estado de S. Paulo, 8. Oktober 1974; Frankfurter Allgemeine Zeitung, 16. Juni 1975.

92 So der Vorstandsvorsitzende Leiding in der Hauptversammlung 1974. – Frankfurter Allgemeine Zeitung/Blick durch die Wirtschaft, 24. Oktober 1974.

93 Rolf Pflücke, Frank Müller-May, Amazonien – Das letzte Kapitel der Zivilisationsgeschichte. In: Bild der Wissenschaft (März 1977), S. 46–61.

94 Die gebotenen Steueranreize erwiesen sich als unwiderstehlich: «Volkswagen beispielsweise erwarb 140000 Hektar Urwald für die Errichtung einer Rinderfarm mit 110000 Stück Vieh und einer geplanten Jahresproduktion von 20000 Schlachtrindern, wobei von der Gesamtinvestition von 62 Millionen Mark nur ein Drittel aus eigenen Mitteln aufgebracht werden muß. Zwei Drittel können von der Steuerschuld des Betriebes abgeschrieben werden.» – Süddeutsche Zeitung, 17. Februar 1975. – Vgl. auch Capital 7 (1974), S. 8–11.

95 Süddeutsche Zeitung, 27. Mai 1974.

Mit 15 084 Beschäftigten in der Herstellung von Nutzfahrzeugen und Dieselmotoren sowie 3894 in einer Gießerei (beide 100-Prozent-Beteiligungen) ist die Daimler-Benz AG das zweitgrößte Unternehmen aus der Bundesrepublik in Brasilien. Ebenso wie VW produziert Daimler-Benz seit 1957. 1975 wurde die Produktion von Nutzfahrzeugen um 16,1 Prozent gesteigert und belief sich auf 43 600 Einheiten. Zusätzlich wurden mit 23 105 um 8 Prozent mehr Dieselmotoren hergestellt als im Vorjahr. Der Marktanteil liegt bei 45 Prozent für Lastwagen ab drei Tonnen und bei 90 Prozent für Omnibusse. Das Unternehmen konnte seine Exporte «wieder erheblich ausweiten». Wichtige Abnehmerländer sind neben lateinamerikanischen Ländern die USA und einige afrikanische Länder.[96] Um den Verkauf in den USA zu erweitern, hat Daimler-Benz mit dem größten US-amerikanischen Hersteller für Lkw-Aufbauten, der Frühauf Corporation, die in den USA über ein eigenes Servicenetz verfügt, den Verkauf von in Brasilien gefertigten Fahrzeugen in den USA vereinbart.[97]

Neben VW und Daimler-Benz sind auch kleinere Unternehmen des Fahrzeugbaus in Brasilien tätig; sie hängen zum Teil stark von den beiden Großunternehmen ab. Die Karosseriebaufirma Karman fertigt seit 1960 (1300 Beschäftigte). Knorr-Bremse KG fertigt neben Bremsen auch Dieselmotoren (1450 Beschäftigte). Fichtel & Sachs stellt Getriebe und andere Fahrzeugteile seit 1959 her (1100 Beschäftigte). Auch Unternehmen, die anderen Industriezweigen zugerechnet sind, arbeiten ausschließlich oder überwiegend als Zulieferer für den Fahrzeugbau. Die VDO do Brasil stellt Instrumente für Kraftfahrzeuge her (810 Beschäftigte); Petri stellt Lenkräder und E. A. H. Nau Polstersitze (zweihundert Beschäftigte) her; bei Triangeler S.A. werden Dämmstoffe produziert (dreihundert Beschäftigte). Die 62-Prozent-Beteiligung der Karl Schmidt GmbH (Metallgesellschaft-Konzern) fertigt seit 1970 Kolben und Lenkräder (sechshundert Beschäftigte).

Ferner gehören zu den Zulieferern des Fahrzeugbaus Betriebe von Unternehmen aus der Bundesrepublik Deutschland der elektrotechnischen Industrie. Das gilt insbesondere für die Bosch AG, die in drei Werken fast achttausend Personen beschäftigt und auch Elektrowerkzeuge und Heißwassergeräte herstellt. Daneben unterhält sie noch eine kleinere Produktion von Verpackungsmaschinen. Die Varta AG ist zu einem Drittel an der Microlite do Brasil beteiligt, die mit 4800 Beschäftigten Elektroteile herstellt. Ein Teil

96 Daimler-Benz AG, Geschäftsbericht 1975, S. 55.

97 Süddeutsche Zeitung, 4. Mai 1976. – «Daimler-Benz hat im abgelaufenen Jahr in den USA rund 1200 Lastwagen verkauft, die allerdings überwiegend aus Brasilien importiert worden sind. Lediglich die leichten Omnibusse wurden aus der Bundesrepublik geliefert.» – Süddeutsche Zeitung, 22. Oktober 1976. – «Schreibt man die Steigerungsraten fort, so wird es nicht mehr lange dauern, daß die brasilianische Tocher mehr Lastkraftwagen und Busse erzeugt als die Mutter in der Bundesrepublik.» – Handelsblatt, 26./27. November 1976.

der Lampenproduktion der Firma Osram (Siemens-Konzern) ist ebenso für den Fahrzeugbau bestimmt; die Firma beschäftigt 1300 Personen.

Die Elektroindustrie ist darüber hinaus mit einer Reihe sonstiger Produktionen vertreten. AEG-Telefunken stellen in mehreren Werken Produkte der Nachrichtentechnik, Starkstromanlagen, Rundfunk- und Fernsehgeräte sowie Schreibmaschinen (Olympia) her (fast fünftausend Beschäftigte). Siemens ist an der Herstellung von Kondensatoren verschiedener Art beteiligt (dreitausend Beschäftigte) und stellt darüber hinaus in drei Werken eine ganze Reihe elektrotechnischer Erzeugnisse her (fast 6500 Beschäftigte). Die Transformatoren Union hat 1973 ihr brasilianisches Unternehmen neu begründet und stellt an zwei Orten Transformatoren her (1200 Beschäftigte).

Die Feinmechanik- und Optikindustrie ist ebenfalls stark in Brasilien vertreten, wenn auch ihre Betriebe kleiner sind. Nur Hartmann & Braun Brasilia (elektrische Meß- und Regelgeräte) beschäftigt mehr als tausend Personen. Stumpp & Schüle do Brasil, woran auch die Robert Bosch GmbH beteiligt ist, stellt technische Federn her (über dreihundert Beschäftigte). Schon seit 1932 fertigen die Günther Wagner Pelikan-Werke in Brasilien Büro- und Zeichenbedarf, wozu sie heute an zwei Orten 410 Personen beschäftigen. Die Zeiss-Gruppe weist vier Beteiligungsunternehmen auf, die einerseits Mikroskope herstellen und andererseits Glas be- und verarbeiten (insgesamt über tausend Beschäftigte).

In der sonstigen verarbeitenden Industrie ist die Fleisch- und Wurstfabrik von Artland Dörffler zu nennen, die über siebenhundert Mitarbeiter hat. Melitta stellt Filter und Filterpapiere her (140 Beschäftigte) und hat sich überdies 1975 an einer Zigarrenfabrik in Bahia über die August Blase GmbH beteiligt (tausend Beschäftigte). Oetker ist an einer Nahrungsmittelherstellung beteiligt (120 Beschäftigte). Eine Kaffeeplantage hat Oetker nach eigenen Angaben verkauft. Auch Reemtsma gibt an, seine Zigarettenfabrik in Santa Cruz do Sul, die über zweitausend Personen beschäftigt hat, 1975 veräußert zu haben.

Über die Höhe der Beteiligung liegen von 234 der 267 Beteiligungsverhältnisse Angaben vor. Nur 19,6 Prozent von ihnen sind mit weniger als 50 Prozent am Kapital des brasilianischen Unternehmens beteiligt, während 80,4 Prozent mit 50 Prozent oder mehr und mit 52,1 Prozent über die Hälfte praktisch allein (95 bis 100 Prozent Beteiligung) das Kapital halten (siehe Tabelle II–5).

Auf die geplanten Aktivitäten im Nuklearbereich wird hier nicht weiter eingegangen. Es ist der Bau von bis zu acht Großreaktoren vorgesehen, ferner der Bau einer Anreicherungsanlage für Uran[98] und einer Wiederauf-

98 «Gemeinsam mit Brasilien (NUCLEBRAS) wird das Trenndüsenverfahren weiterentwickelt. Die Trenndüsenentwicklungs- und Patentverwertungsgesellschaft mbH (50 Prozent STEAG, 50 Prozent NUCLEBRAS) erhält exklusiv für Lateinamerika Lizenzrechte an diesem Verfahren.» Ruhrkohle AG, Geschäftsbericht 1975, S. 50.

bereitungsanlage. Ferner werden die Uranerz-Exploration und der Uranerz-Bergbau ausgebaut.[99]

Es besteht hier nicht die Absicht, den Zusammenhang zwischen der Industrieproduktion ausländischer Unternehmen in Brasilien und ihrer Entwicklung auf der einen Seite und die Entwicklung der sozialen Lage der Bevölkerung und der Politik der brasilianischen Machthaber zu analysieren. Hierzu liegen eine ganze Reihe von Arbeiten vor, die insgesamt die Entwicklung der Unterentwicklung und Abhängighkeit am Beispiel Brasiliens untersuchen.[100]

Die wirtschaftspolitischen Probleme des brasilianischen Staates sind den Verwertungsbedingungen des ausländischen Kapitals nicht unbedingt abträglich. Sie können diese sogar zusätzlich fördern. So führen die Versuche, die Importabhängigkeit zu verringern, dazu, die inländische Produktion etwa von Kapitalgütern zu unterstützen. Die Regierung zahlt deshalb beispielsweise fast die Hälfte der Kosten für eine neue Industrieanlagenproduktion von Krupp in Minas Gerais.[101] Auf der anderen Seite kommt dem

99 «Similarly, one of the main hopes for both sides in the Brazilian deal is that German geologists will help discover substantial uranium reserves that they believe to exist in Brazil . . . German geologists are now farming out over the northern Amazon basin to seek new uranium deposits, with 80 percent of their exploration expenses subsidized by Bonn.» – Norman Gall, Atoms for Brazil, dangers for all. In: Bulletin of the Atomic Scientists (Juni 1976), S. 9.

«In Nordbrasilien wurde jetzt ein neues Uranerzvorkommen entdeckt, teilte der Gouverneur des Bundesstaates Para, Aloisio Chaves, mit. Das Vorkommen, über dessen Umfang er keine näheren Angaben machte, liegt unweit der Grenzen zu Surinam und Französisch-Guayana in den Provinzen Amapa und Roraima.» – Frankfurter Allgemeine Zeitung/Blick durch die Wirtschaft, 12. Juli 1976.

(Gall geht in seinem ausführlichen Aufsatz auf alle Aspekte des deutsch-brasilianischen Nuklearabkommens ein. Er erläutert auch, weshalb die Reaktorhersteller lieber an einige unterentwickelte Länder verkaufen: «At the same time, strong public oppostition to nuclear power has spread from the Unites States to France, Germany, Japan, and Sweden, compounding the inflation and delay . . . Both U.S. and European reactor manufacturers have responded to inflation and delay at home by competing fiercely for export sales in third markets, expecially in developing countries with authoritarian regimes that need not worry about public opposition to siting of nuclear power plants.» – S. 9.)

100 Aus der Fülle der Literatur sei auf zwei relativ leicht zugängliche Arbeiten verwiesen, die ihrerseits zahlreiche Literaturhinweise enthalten: Dieter Senghaas, Brasiliens assoziativ-kapitalistische Entwicklung. In: ders., Weltwirtschaftsordnung und Entwicklungspolitik, Frankfurt am Main 1977, S. 118–152; Manfred Nitsch, Das brasilianische Modell: Ende eines Wirtschaftswunders?. In: Aus Politik und Zeitgeschehen (Beilage zur Wochenzeitung Das Parlament) Nr. 33/34 (1976), S. 14–26; ferner bietet eine materialreiche, gründliche Analyse: Edmar L. Bacha, Issues and Evidence on Recent Brazilian Economic Growth. In: World Development, Vol. 5, Nos. 1/2 (1977), S. 46–67.

101 «The government must take decisive measures to encourage equipment pro-

ausländischen Kapital auch die verstärkte Exportförderung zugute, denn die Hälfte des Exports des Bergbaus und der Industrie entfällt auf Beteiligungsunternehmen des ausländischen Kapitals.[102]

Unter diesen Bedingungen ist es für Unternehmen der Bundesrepublik weiterhin vorteilhaft, in Brasilien Produktionen neu aufzubauen oder zu erweitern. «Die ausländischen und nicht zuletzt auch die deutschen Investitionen gehen weiter.»[103] Die offizielle Statistik verzeichnet Ende 1973 1996,6 Millionen DM deutsche Vermögensanlagen in Brasilien; Ende 1974 sind es 2424,4 Millionen DM und Ende 1975 2874,9 Millionen DM.[104] Nach unseren eigenen Erhebungen stieg die Zahl der Beteiligungsverhältnisse von 1973: 208 auf 1976: 253. Darüber hinaus sind Neueinrichtung oder Erweiterung einer ganzen Reihe von weiteren Produktionsstätten in Vorbereitung.

Indien

In Indien blieb nach Erringen der politischen Unabhängigkeit (1947) ein bedeutender Einfluß des britischen Kapitals bestehen, der aber nicht verhindern konnte, daß Kapital aus anderen Ländern, und hier insbesondere aus den USA und aus der Bundesrepublik Deutschland, wachsenden Einfluß erringen. Im Rahmen der Tendenz zu einer neuen internationalen Arbeitsteilung sehen sich die Industrieunternehmen genötigt, die Ausstattung Indiens mit billiger qualifizierter Arbeitskraft und mit technischer Infrastruktur an vielen Stellen zu nutzen, um mehr und mehr auch exportorientierte Fertigung hier aufzunehmen.[105]

duction inside Brazil . . . Government financial bodies have agreed to contribute £ 4 m. to this project, out of a total investment estimated at £ 9.5 m.» – The Financial Times, 10. September 1975.

102 Die Importrestiktionen werden für die Einfuhr von Ausrüstungsgütern, die nicht in Brasilien bezogen werden können, aufgehoben; diese können sogar zollfrei eingeführt werden. – The Economist Intelligence Unit, Quarterly Economic Review. Brazil. No 2 (1976), S. 13. Bei der oben zitierten Untersuchung von 318 Unternehmen entfällt (1973) auf Staatsunternehmen 38,8 Prozent, auf Unternehmen des inländischen Privatkapitals 9,8 Prozent und auf Beteiligungsunternehmen des Auslandskapitals 51,4 Prozent des gesamten Exports dieser Unternehmen. – Doellinger, Cavalvanti, S. 75, Tab. IV. 9. Zur Exportförderung heißt es: «Absolute Priorität setzt der Wirtschaftsentwicklungsrat auf eine möglichst starke Exportentwicklung. Dazu werden im Rahmen der Exportfinanzierungshilfen etwa 35 Milliarden Cruzeiros (rund 7 Milliarden DM) bereitgehalten, um die Ausfuhr auf etwa 11,5 Milliarden $ ansteigen zu lassen.» – Handelsblatt, 8. Februar 1977. – Gemäß diesen Zahlen wird der Export mit über 25 Prozent des Exportwertes subventioniert.

103 Handelsblatt, 23. März 1976.

104 Bundesminister für Wirtschaft, Runderlaß Außenwirtschaft Nr. 13 (1976), Bundesanzeiger, 14. April 1976.

105 In der Zeit vom 1. Januar 1957 bis 31. Dezember 1973 sind mit Unternehmen folgender Länder Verträge über finanzielle und/oder technische Zusammenarbeit geschlossen worden: Großbritannien – 995 Verträge; USA – 731; Bundesrepublik

Das indische Kapital, auf der Suche nach günstigen Anlagemöglichkeiten[106], ist einerseits nicht unerheblich selbst im Ausland tätig und verbindet sich andererseits mit dem ausländischen Kapital, das in Indien Aktivitäten aufnimmt. Die Höhe des ausländischen Kapitalanteils an den einzelnen Unternehmen in Indien ist begrenzt. Bei keinem der Unternehmen, deren Höhe der Kapitalbeteiligung wir feststellen konnten, liegt diese bei zwei Drittel oder höher, und nur 18,9 Prozent sind mehrheitlich beteiligt (siehe Tabelle II–5), wozu allerdings die großen Beteiligungsunternehmen von Bayer, Bosch, Gedore und Siemens gehören. Wichtige Kooperationen bestehen auch mit Kapitalbeteiligungen unter 25 Prozent (und sind daher hier nicht erfaßt). Dazu gehört die 11,5-Prozent-Beteiligung von Daimler-Benz an der Tata Engineering and Locomotive Company Ltd., Bombay, die 1975 über 25 000 Nutzfahrzeuge herstellte.[107]

Von den bestehenden «deutsch-indischen Kooperationsverträgen» beschränken sich mehr als zwei Drittel auf eine technische Zusammenarbeit ohne Kapitalbeteiligung.[108] Ähnlich – wie weiter unten am Beispiel Jugoslawiens gezeigt – nutzen ausländische Unternehmen in großem Umfang Produktionskapazitäten in Indien für ihre weltweite Produktion, ohne hierfür in ähnlichem Umfang eigenes Kapital zu investieren.[109]

Deutschland – 644; Japan – 381; Schweiz – 191; Frankreich – 167; Italien – 107; DDR – 84. – Indo-German Chamber of Commerce, Indo-German Collaboration, 3rd Edition, Bombay 1974, S. VII.

106 «Capital in India, far from being in insufficient supply as theoretical orthodoxy would have it, is in fact in excess supply, as evidenced, among other things, by excess installed capacity.» – Andre Gunder Frank, Reflections on Green, Red and White Revolutions in India. In: Economic and Political Weekly, Vol. VIII, No. 3 (1973), S. 123.

107 Daimler-Benz AG, Geschäftsbericht 1975, S. 54.

108 «Von den 344 bestehenden deutsch-indischen Gemeinschaftsunternehmen sind 236 als rein technische Gemeinschaftsunternehmen (Lizenz-Know-how-Verträge) und 108 als Gemeinschaftsunternehmen mit technischer-finanzieller Beteiligung eines deutschen Unternehmens (*joint ventures*) genehmigt worden.

Von den 108 als *joint ventures* genehmigten Gemeinschaftsunternehmen haben gegenwärtig noch 67 sowohl technische als auch finanzielle Zusammenarbeit mit einem deutschen Unternehmen. In 39 Fällen ist die technische Zusammenarbeit ausgelaufen, so daß nur noch eine finanzielle Beteiligung besteht. In zwei Fällen ist die finanzielle Beteiligung beendet, es besteht jedoch noch eine technische Zusammenarbeit.» – Indo-German Collaboration, S. VIII.

109 Als Beispiel sei ein Unternehmen angeführt, das in Kalkutta 1975 gegründet wurde, um auf Fahrzeugen montierte Hebekrane herzustellen: «Foreign Collaboration. The Company has entered into collaboration with Messrs. H. Weyhausen GmbH of West Germany whereby the latter will furnish the Company with technical data and other information appertaining or related to certain specified products including Truck Mounted Hydraulic Cranes and accessories thereof (‹the specified products›) and will grant to the Company the sole and exclusive right and licence to manufacture and sell in India the specified products under their patents and registered

Tabelle II–12-2
Beteiligungsverhältnisse und Beschäftigte nach Wirtschaftszweigen, 1961, 1966, 1971, 1973, 1974, 1975, 1976
Indien

		1961	1966	1971	1973	1974	1975	1976
Land- und Forstwirtschaft	I							
	II							
Energie, Bergbau	I							
	II							
Chemie	I	11	14	18	19	19	20	19
	II	322 (2)	1 082 (4)	3 792 (7)	7 184 (10)	7 825 (12)	7 961 (12)	
Steine, Glas, Keramik	I	1	1	1	1	1	1	
	II							
Eisen, NE-Metalle	I	6	6	9	9	9	9	9
	II	60 (1)	90 (1)	449 (3)	1 632 (4)	1 699 (4)	2 129 (5)	
Maschinenbau	I	17	25	28	28	29	28	26
	II	519 (4)	1 596 (9)	4 184 (13)	4 500 (13)	4 665 (13)	4 974 (14)	
Fahrzeugbau	I	2	2	2	2	2	2	2
	II		1 261 (1)	1 547 (1)	2 016 (1)	2 140 (1)	2 140 (1)	
Elektrotechnik	I	3	4	9	10	10	9	9
	II			7 541 (3)	8 429 (3)	14 568 (5)	15 416 (5)	
Feinmechanik, Optik	I	4	5	5	5	5	6	6
	II	147 (2)	879 (2)	3 412 (2)	4 811 (3)	5 819 (3)	5 807 (3)	
Sonstige verarbeitende Industrie	I		2	2	2	2	2	2
	II		40 (2)	57 (2)	58 (2)	53 (2)	53 (2)	
Alle erfaßten Wirtschaftszweige	I	44	59	74	76	77	77	73
	II	1 048 (9)	4 948 (19)	20 982 (31)	28 630 (36)	36 769 (40)	38 480 (44)	

I = Zahl der Beteiligungsverhältnisse
II = Zahl der nachgewiesenen Beschäftigten – in Klammern Zahl der Beteiligungsverhältnisse, in denen die Beschäftigtenzahl nachgewiesen werden konnte

Zahl der Unternehmen der Bundesrepublik Deutschland	70		
Zahl der bestehenden Beteiligungsverhältnisse	73	Zahl der bestehenden Betriebe	78
Zahl der aufgegebenen Beteiligungsverhältnisse	7	Zahl der aufgegebenen Betriebe	7
Zahl der Beteiligungsverhältnisse insgesamt	80	Zahl der Betriebe insgesamt	85

Nach der Verhängung des inzwischen beendeten Ausnahmezustands hat sich Indien dem ausländischen Kapital noch mehr geöffnet. Streiks waren nicht mehr möglich, und auch die Arbeitsgesetze waren außer Kraft.[110] Zugleich wird das Kapital durch Steuerermäßigungen und Subventionen verstärkt gefördert.[111]

Noch mehr als bisher wird die industrielle Produktion auf die Kaufwünsche einer wohlhabenden Minderheit und auf Exportgüter[112], die mit einer ganzen Reihe von Maßnahmen gefördert werden, ausgerichtet. Die Grundbedürfnisse der Mehrheit der Bevölkerung werden dabei völlig vernachlässigt. Die Wirtschaftspresse meldet: «Mehr Disziplin und höhere Gewinne»[113] und: «Indien bleibt für deutsche Direktinvestitionen weiterhin attraktiv.»[114]

Im Rahmen der Erhebung wurden achtzig Beteiligungsverhältnisse festgestellt, von denen sieben beendet sind. In 44 Beteiligungsverhältnissen wurden 38480 (1975) Beschäftigte gezählt (Tabelle II–12-2).

Der Zahl der Beteiligungsverhältnisse nach liegen die Schwerpunkte der Produktion der Bundesrepublik bei dem Maschinenbau und der chemischen Industrie, während der Zahl der Beschäftigten nach ein Schwerpunkt bei der elektrotechnischen Industrie liegt. Die Chemiekonzerne sind alle vertreten.

designs and the nonexclusive right and licence to sell the specified products under the same patents and designs to other countries subject to certain limitation. The foreign collaborators have also agreed to purchase 25 per cent of the Company's annual production of the specified products subject to certain conditions.» – Aus einer Anzeige der Usha Atlas Hydraulic Equipment Ltd. In: Economic and Political Weekly, Vol. XI, No. 30 (1976), S. 1110.

110 «‹Muckt ein Gewerkschaftsfunktionär auf, kann ich, Mister K., ihn sogar bestrafen.› Das muß einen Unternehmer natürlich freudig stimmen.» – Frankfurter Allgemeine Zeitung/Blick durch die Wirtschaft, 27. September 1975.

111 «The budget recognises that high levels of personal income and wealth taxation are counter-productive. It also recognises the need to leave companies with adequate funds to invest and to increase the attractiveness of shares vis-à-vis other investments. Also, for the first time, the so called luxury items are given tax reliefs in order to stimulate domestic demand for these industries . . . Private investment is likely to respond to the incentives provided in the budget and to other policy changes.» – The Economist Intelligence Unit, Quarterly Economic Review. India, Nepal, No. 2 (1976), S. 8–15.

112 In einer Untersuchung von hundert deutsch-indischen Gemeinschaftsunternehmen, welche die Jahre 1970 bis 1972 umfaßt, wurde festgestellt, daß 57 Prozent der Unternehmen exportieren, und zwar vornehmlich solche, an denen auch eine Kapitalbeteiligung besteht. 9,6 Prozent der Unternehmen exportierten 1972 mehr als 50 Prozent ihrer Produktion. – Indo-German Chamber of Commerce, Indo-German Joint Ventures. Export Situation, Bombay 1973, S. 4–7.

113 Frankfurter Allgemeine Zeitung/Blick durch die Wirtschaft, 27. September 1975.

114 Frankfurter Allgemeine Zeitung/Blick durch die Wirtschaft, 17. Januar 1976.

Bayer weist eine Mehrheitsbeteiligung auf (52,7 Prozent) an der Bayer India Ltd., die Pestizide, Arzneimittel und andere Chemikalien herstellt (fast 1600 Beschäftigte). Bei den Arzneimittelherstellern ragen Boehringer/Ingelheim und Boehringer/Mannheim heraus, die beide zu fast 40 Prozent an Unternehmen beteiligt sind, die mit je rund 700 Personen arbeiten. (An der Boehringer Knoll Ltd. ist neben Boehringer/Mannheim auch die Knoll AG mit 19,4 Prozent beteiligt.)

Zum Bereich Metallverarbeitung zählt Buderus (Flick-Gruppe), die an der Herstellung von Röhren und von Zellstoff sich beteiligt hat. Die Gontermann-Peipers India stellt Eisen- und Stahlrollen her (420 Beschäftigte). Die Khatau-Junker Ltd. (35 Prozent = Otto Junker GmbH) stellt Kondensatoren her (75 Beschäftigte). Der Krupp-Konzern ist an einigen größeren Unternehmen beteiligt: Die Buckau Wolf New India Engineering Works (Krupp-Konzern = 49,9 Prozent) stellt in Pimpri Zuckerfabriken und Förderanlagen her (1000 Beschäftigte); Koppers India (Krupp-Konzern = 40 Prozent) ist im Stahlbau tätig (etwa 100 Beschäftigte); die Widia India (Krupp-Konzern = 52,4 Prozent) stellt seit 1967 Werkzeuge her (560 Beschäftigte). Daneben hält die Polysius AG noch eine Beteiligung, die Anlagen zur Herstellung von Eisenerz-Pellets fertigt.

Dreißig der erfaßten Beteiligungsverhältnisse in Indien gehören dem Maschinenbau an. (Von vier von ihnen wurde bekannt, daß die Zusammenarbeit beendet wurde.) Es handelt sich überwiegend um mittelgroße Unternehmen. Sofern die Mitarbeiterzahl ermittelt werden konnte, liegt sie in einem Fall bei gut 850 (39,4-Prozent-Beteiligung von Kugelfischer) und in einem anderen bei fast achthundert (27-Prozent-Beteiligung von Eicher an einer Landmaschinen- und Traktorenfertigung), sonst immer darunter. Eine Bohrmaschinenfabrik, an der Rohde & Dörrenberg seit 1966 mit 42,7 Prozent beteiligt sind, beschäftigt fünfhundert Leute.

Im Fahrzeugbau gibt es neben der schon erwähnten Unter-25-Prozent-Beteiligung von Daimler-Benz eine über Hanomag-Henschel gehaltene 26,2-Prozent-Beteiligung, die seit 1957 Motorfahrzeuge herstellt (2140 Beschäftigte). Die Fichtel & Sachs AG ist über ihre Zweirad-Union an einer Mopedfabrik beteiligt.

In der Elektrotechnik sind zwei Unternehmen herausragend: Bosch und Siemens. Mit 51 Prozent ist Bosch an der Motor Industries Co. Ltd. beteiligt, die in Bangalore und in Nasik Ausrüstungen für Dieselmotoren, Zündkerzen und andere Kraftfahrzeugausrüstung herstellt und 9200 Menschen beschäftigt. Der Ausfuhranteil lag 1975 bei 28 Prozent des Produktionswertes.[115] Auch die Siemens India gehört zu 51 Prozent dem Konzern aus der

115 Robert Bosch GmbH, Geschäftsbericht 1975, S. 29. – Über dieses Beteiligungsunternehmen liegt eine Fallstudie vor: Reinhard Koppe, Deutsche Investitionen in Indien, dargestellt am Beispiel der Firma Mico-Bosch in Bangalore. Konstanz 1974/75 (Fachbereich Politische Wissenschaft der Universität) [unveröffentlicht]

Bundsrepublik. Sie fertigt Zähler, Transformatoren, elektrische Geräte und Kabel seit 1964, und sie beschäftigt 5200 Personen.

Im Bereich der Feinmechanik finden sich noch einige bedeutende Beteiligungen. Die Stumpp, Schüle & Somappa (30 Prozent Stumpp = Schüle) stellt seit 1961 Federn her und beschäftigt fast siebenhundert Menschen. Instrumente für Automobile stellt seit 1964 die 25-Prozent-Beteiligung der VDO Adolf Schindling AG her (über neunhundert Beschäftigte). Werkzeuge verschiedener Art stellt die Gedore Tools India her, an der die Gedore Werkzeugfabrik seit 1961 mit 51 Prozent beteiligt ist (4200 Beschäftigte).

Der weitere Ausbau der Industrieproduktion ausländischer Unternehmen in Indien wird nicht unwesentlich von der Entwickung der politischen Situation beeinflußt. Die Kapitalverwertungsbedingungen in Indien unterscheiden sich nicht unwesentlich von denen anderer südostasiatischer Länder. Auch für technisch anspruchsvolle Teile der weltweit organisierten Fertigung ist Indien ein wichtiger Standort.

Jugoslawien

Jugoslawien ist ein Beispiel für ein Land, in dem neben der nominalen Kapitalbeteiligung von Unternehmen der Bundesrepublik an Industriebetrieben andere Formen der Nutzung von Produktionskapazitäten im Rahmen einer weltweit organisierten Verteilung von Produktionsstandorten wichtig sind.

In Jugoslawien kann die nominale Kapitalbeteiligung 49 Prozent nicht überschreiten, wie es zuletzt im Gesetz über Auslandsinvestitionen vom 19. April 1973 bestimmt wurde.[116] Direkte Kapitalbeteiligungen sind ab 1968 möglich, und 1969 erwarb als erstes Unternehmen der Bundesrepublik die Firma Kautt und Bux eine Beteiligung an einer Kollektorenfabrik. Bis heute zählen wir achtzehn produzierende Beteiligungsunternehmen mit einer Kapitalbeteiligung von 25 Prozent und mehr. In elf von ihnen sind 2956 (1975) Personen beschäftigt (Tabelle II–12-3). Eine auf offiziellen Quellen beruhende Liste der bis 31. Januar 1974 registrierten Beteiligungsverhältnisse weist derer 97 aus, und bei zwanzig von ihnen wird eine westdeutsche Beteiligung angeführt. Ein Teil von ihnen liegt allerdings unter 25 Prozent, und ein Unternehmen (Helsa-Werke, Gefrees) gehört der Textil- und Bekleidungsindustrie an.[117]

Zu den Formen der Nutzung jugoslawischer Produktionskapazitäten ohne nominale Kapitalbeteiligung gehören die Unternehmenskooperationen. Das Verzeichnis der langfristigen Unternehmenskooperationen führt für die

116 Organization for Economic Cooperation and Development, Foreign Investment in Yugoslavia (1974), Paris 1974, S. 10.

117 Foreign Investment, S. 38–56 (Annex I). – Bei den 97 aufgeführten Beteiligungsverhältnissen zusammengenommen sind jugoslawische Unternehmen mit 83 Prozent und ausländische mit 17 Prozent am Kapital beteiligt (S. 56).

Tabelle II–12-3
Beteiligungsverhältnisse und Beschäftigte nach Wirtschaftszweigen, 1961, 1966, 1971, 1973, 1974, 1975, 1976
Jugoslawien

		1961	1966	1971	1973	1974	1975	1976
Land- und Forstwirtschaft	I							
	II							
Energie, Bergbau	I							
	II							
Chemie	I			1	4	4	5	5
	II			32 (1)	647 (4)	742 (4)	722 (5)	
Steine, Glas, Keramik	I			1	1	1	1	
	II							
Eisen, NE-Metalle	I							
	II							
Maschinenbau	I				2	2	3	3
	II				736 (1)	779 (1)	952 (1)	
Fahrzeugbau	I			1	2	2	2	2
	II				773 (1)	849 (1)	840 (1)	
Elektrotechnik	I			2	3	3	3	3
	II			150 (1)	291 (3)	344 (3)	372 (3)	
Feinmechanik, Optik	I			1	1	1	2	3
	II			46 (1)	52 (1)	60 (1)	70 (1)	
Sonstige verarbeitende Industrie	I			1	1	1	1	1
	II							
Alle erfaßten Wirtschaftszweige	I			7	14	14	16	17
	II			228 (3)	2 499 (10)	2 774 (10)	2 956 (11)	

I = Zahl der Beteiligungsverhältnisse
II = Zahl der nachgewiesenen Beschäftigten – in Klammern Zahl der Beteiligungsverhältnisse, in denen die Beschäftigtenzahl nachgewiesen werden konnte

Zahl der Unternehmen der Bundesrepublik Deutschland	17		
Zahl der bestehenden Beteiligungsverhältnisse	17	Zahl der bestehenden Betriebe	17
Zahl der aufgegebenen Beteiligungsverhältnisse	1	Zahl der aufgegebenen Betriebe	1
Zahl der Beteiligungsverhältnisse insgesamt	18	Zahl der Betriebe insgesamt	18

Zeit von 1968 bis Ende 1975 171 Verträge auf, die jeweils eine Zusammenarbeit in der Herstellung von bestimmten Produkten zwischen einem jugoslawischen und einem westdeutschen Unternehmen regeln. Es reicht von «elektrischen Rasierapparaten, Kaffeemühlen, Obstpressen, Mixern» bis zu «Teilen und Baugruppen für Dreh-Mähmaschinen FKM 2 H Typ Fella».[118] Eine ganze Reihe von Unternehmen der Bundesrepublik Deutschland sind hier vertreten, die sonst als Auslandsproduzenten nicht in Erscheinung treten, denn diese Kooperationsverträge ermöglichen eine Nutzung von Vorteilen der Auslandsfertigung mit geringem Kapitaleinsatz, überschaubaren Risiken und weitgehender Absicherung durch den jugoslawischen Staat. Daher ist die direkte Kapitalbeteiligung – obwohl seit 1968 möglich – immer noch eher die Ausnahme.

Neben der von unserer Untersuchung erfaßten Kapitalbeteiligung von wenigstens 25 Prozent ist auch die viel geringere Beteiligung an Großunternehmen, verbunden mit Lizenzverträgen und anderen Formen der Zusammenarbeit, von Bedeutung. Die Klöckner-Humboldt-Deutz AG gibt ihre Beteiligung an der Tovarna Automobilov in Motorjev in Marîbor, die mit sechstausend Personen Motoren und Nutzfahrzeuge herstellt, mit 1,26 Prozent an. Mit 5,9 Prozent ist Daimler-Benz an der FAP FAMOS beteiligt, die mit 12300 Personen an mehreren Orten Lastkraftwagen, Omnibusse, Motoren und Getriebe produziert.

Auf solche Beschäftigtenzahlen kommen die Beteiligungsunternehmen mit höherer ausländischer Kapitalbeteiligung bei weitem nicht. Ein Montagebetrieb der Volkswagenwerke AG (49 Prozent Beteiligung) hat mit 840 Personen die höchste Zahl zu verzeichnen. Mit etwa vierhundert Mitarbeitern folgt ein Beteiligungsunternehmen (29,7 Prozent) der E. A. H. Naue KG, das Fahrzeugsitze herstellt. Die größten Beteiligungsunternehmen der chemischen Industrie beschäftigen hundert oder zweihundert Personen. Dabei scheint die durchschnittlich geringe direkte Kapitalbeteiligung gar nicht unbedingt den Plänen der jugoslawischen Seite zu entsprechen: «Belgrad beklagt sich zunehmend vor allem über die Investitionstätigkeit bundesdeutscher Unternehmen in Jugoslawien. Ihr Interesse, mit jugoslawischen Partnern *joint venture*-Unternehmen zu gründen oder sich mit ihrem Kapital an anderen Investitionen zu beteiligen, habe merklich nachgelassen, der Aufwärtstrend sei zum Stillstand gekommen. Enttäuscht zeigen sich ferner die Jugoslawen auch über die Tatsache, daß deutsche Firmen nur in wenigen Fällen die ihnen gebotene Möglichkeit genutzt hätten, sich mit ihrem Kapital bei jugoslawischen Unternehmen bis zu 49 Prozent des Stammkapitals zu beteiligen.»[119] Daher bemüht man sich, dem ausländi-

118 Hektographiertes Verzeichnis, von der Botschaft der Bundesrepublik Deutschland in Belgrad zur Verfügung gestellt.

119 Handelsblatt, 18. Mai 1976.

schen Kapital noch günstigere Bedingungen zu beschaffen: «Die neuen Vorschriften würden noch offenere und freiere Investitionen ausländischen Kapitals und langfristige Formen der Bindungen mit der jugoslawischen Wirtschaft ermöglichen.»[120] Um was es dabei zu gehen hat, ist klar ausgesprochen: «die Fragen des Retransfers der investierten Mittel und der laufenden Gewinne befriedigend zu regeln.»[121]

USA

Die USA bieten ein deutliches Beispiel dafür, daß im Rahmen der Tendenz zu einer neuen internationalen Arbeitsteilung durch die Verlagerung von Produktion an andere Standorte an diesem Standort profitablere Produktionsbedingungen entstehen können, die es beispielsweise Unternehmen der Bundesrepublik Deutschland ermöglichen, eigene Industrieproduktion aufzunehmen und auszubauen.

Wir konnten in den USA insgesamt 185 Beteiligungsverhältnisse und 43292 (1975) Beschäftigte in 93 von ihnen ermitteln (Tabelle II–12-4).[122] Diese Entwicklung ist auch in der Öffentlichkeit durch die Entscheidung von VW, in den USA zu produzieren, deutlich geworden. Die Entscheidung zwingt auch eine Reihe von Zulieferern von VW, US-Produktion auf- oder auszubauen.[123]

Ein Schwergewicht liegt bei der Chemie: 23 Unternehmen sind mit 37 Beteiligungsverhältnissen vertreten, und in 25 von ihnen waren (1975) 29988 Menschen beschäftigt. Von der Großchemie über Kunststoffgewinnung und -verarbeitung, Chemiefasern, Arzneimittel bis zu Waschmitteln und Pflanzenschutzpräparaten sind alle Teilbranchen vertreten, zum Teil durch Beteiligungen an bestehenden amerikanischen Unternehmen, zum größeren Teil aber durch den Bau neuer Fabriken, zu denen weitere hinzukommen werden.[124]

120 Handelsblatt, 15. Juni 1976. 121 Handelsblatt, 8. Juni 1976.

122 Vgl. auch die jährlich erscheinende Liste der German-American Chamber of Commerce, New York: American Subsidiaries of German Firms (letzte Ausgabe vom Juni 1976). Die Einleitung einer anderen Zusammenstellung von Auslandsunternehmen in den USA erläutert, weshalb solche Listen kaum vollständig sein können: «Foreign firms both entering and operating in the U.S. have adopted low-visibility profiles – occasionally going to great lengths to mask their foreign identity and almost always avoiding publicity of it.» – Jeffrey S. Arpan, David A. Ricks, Directory of Foreign Manufacturers in the United States. Atlanta/Georgia (School of Business Administration) 1975, S. XI.

123 Der Spiegel, 31. Mai 1976, S. 84.

124 Der New Yorker Conference Board erhebt die Ankündigungen von neuen Investitionen; demnach steht der Anteil der chemischen Industrie weiterhin an der Spitze des Auslandskapitals. – Handelsblatt, 22. April 1976. Bayer plant ein neues Pharmawerk. – Business Week, 12. April 1976; Hoechst ein Kunststoffwerk und BASF «eine 300-Millionen-Mark-Fabrik für Soja-Schädlingsvernichter». – Der Spiegel, 31. Mai 1976.

Tabelle II–12-4

Beteiligungsverhältnisse und Beschäftigte nach Wirtschaftszweigen, 1961, 1966, 1971, 1973, 1974, 1975, 1976
USA

		1961	1966	1971	1973	1974	1975	1976
Land- und Forstwirtschaft	I			1	1	1	1	1
	II							
Energie, Bergbau	I	3	3	4	4	7	8	8
	II			210 (1)	230 (1)	298 (3)	343 (3)	
Chemie	I	13	16	19	23	29	35	36
	II	1 236 (2)	2 646 (5)	8 735 (7)	17 618 (13)	28 864 (20)	29 988 (27)	
Steine, Glas, Keramik	I	1	1	2	2	2	1	3
	II			40 (1)	55 (1)	53 (1)	53 (1)	
Eisen, NE-Metalle	I	4	6	10	12	14	14	15
	II		270 (1)	1 395 (6)	1 723 (7)	2 106 (8)	2 355 (9)	
Maschinenbau	I	27	32	42	50	53	52	60
	II	43 (3)	305 (8)	1 477 (17)	2 332 (25)	2 552 (28)	2 823 (29)	
Fahrzeugbau	I	1	1	3	3	4	3	3
	II			227 (1)	306 (1)	190 (2)	300 (3)	
Elektrotechnik	I	6	8	9	9	13	14	19
	II		25 (1)	746 (4)	1 040 (4)	4 017 (6)	3 886 (8)	
Feinmechanik, Optik	I	5	7	11	13	13	13	19
	II	32 (1)	667 (3)	1 237 (6)	2 343 (8)	2 236 (8)	2 652 (9)	
Sonstige verarbeitende Industrie	I	3	5	6	6	6	7	10
	II		192 (2)	270 (2)	344 (2)	814 (3)	892 (4)	
Alle erfaßten Wirtschaftszweige	I	63	79	107	123	142	148	174
	II	1 311 (6)	4 105 (20)	14 337 (45)	25 991 (62)	41 133 (79)	43 292 (93)	

I = Zahl der Beteiligungsverhältnisse
II = Zahl der nachgewiesenen Beschäftigten – in Klammern Zahl der Beteiligungsverhältnisse, in denen die Beschäftigtenzahl nachgewiesen werden konnte

Zahl der Unternehmen der Bundesrepublik Deutschland	152		
Zahl der bestehenden Beteiligungsverhältnisse	174	Zahl der bestehenden Betriebe	203
Zahl der aufgegebenen Beteiligungsverhältnisse	11	Zahl der aufgegebenen Betriebe	11
Zahl der Beteiligungsverhältnisse insgesamt	185	Zahl der Betriebe insgesamt	214

Für die vielfältigen Aktivitäten von Unternehmen der elektrotechnischen Industrie seien einige Beispiele genannt. Siemens hat die Zahl der Beschäftigten von 690 im Geschäftsjahr 1970/71 auf 2500 (1975) gesteigert. «Die Eigenproduktion von jetzt etwa 20 Prozent soll innerhalb von drei Jahren 50 Prozent des Umsatzes ausmachen.»[125] Bosch wird die Fertigungskapazität für Einspritzausrüstungen verdoppeln.[126] Die Nixdorf-Computer, Inc., Chicago, die durch Ankauf der Computer-Abteilung der Victor Comptometer Corp. (ihres vorherigen US-Generalvertreters) am 1. Januar 1973 entstanden ist, vertreibt Nixdorf-Computer in den USA und unterhält eine eigene Entwicklungsabteilung in Costa Mesa/Kalifornien[127] (sechshundert Beschäftigte). Inzwischen wird «bei der USA-Vertriebsgesellschaft in Chicago eine eigenständige Fertigung vorbereitet, außerdem soll dort im Bereich der Software eine eigene Entwicklung aufgezogen werden»[128]. Ferner will Nixdorf die Entrex Inc., Burlington, Massachusetts, kaufen, die Computersysteme zur Erfassung, Vorverarbeitung und Übertragung von Daten herstellt und sechshundert Personen beschäftigt.[129]

Auffallend hoch ist die Zahl der Beteiligungsverhältnisse im Maschinenbau (sechzig im Jahre 1976), worunter auch mittlere und kleinere Unternehmen zu finden sind. Durchschnittlich sind die Beteiligungsunternehmen nicht sehr groß, wie schon die Zahl von 2823 (1975) Beschäftigten in 29 Beteiligungsverhältnissen ausweist. Die Produktion ist zunächst überwiegend für den US-Markt bestimmt.

In der Rohstoffgewinnung sind nennenswert nur die Aktivitäten der Ruhrkohle AG. Sie hat sich seit Herbst 1974 in den ostamerikanischen Kohlebergbau eingekauft und verhandelt 1976 bereits über den Kauf einer dritten Zechengesellschaft. Die großen Stahlerzeuger der Bundesrepublik Deutschland verfolgen ebenfalls Pläne, sich an Kohlebergbauunternehmen der USA zu beteiligen.[130]

Zu den Ursachen dafür, daß die USA zu einem wichtigen Standort für

125 Süddeutsche Zeitung, 4. Juni 1976. – Im Bereich der medizinischen Technik hat Siemans je ein Werk in Connecticut (seit 1975) und in Kalifornien (seit 1974); im ersteren sollen in den nächsten Jahren achthundert bis tausend Personen beschäftigt werden. Siemens «begründete das Engagement in den USA mit dem notwendigen Währungsausgleich und der Verbindung zur dortigen Fertigungstechnik.» – Süddeutsche Zeitung, 13. Oktober 1976.

126 Handelsblatt, 21./22. Mai 1976.

127 Nixdorf Computer AG, Geschäftsbericht 1974, S. 24 und S. 6.

128 Süddeutsche Zeitung, 27. Dezember 1975.

129 Süddeutsche Zeitung, 7./8. April 1977.

130 «Der amerikanische Kohlebergbau ist für ausländische Unternehmen deshalb interessant, weil es hier einmalig riesige Lagerstätten gibt, die auch über lange Abbauzeiträume hinaus noch nicht erschöpft sein werden und weil die amerikanische Kohle geologisch bedingt vergleichsweise kostengünstig zu fördern ist.» – Frankfurter Allgemeine Zeitung/Blick durch die Wirtschaft, 29. Mai 1976.

Industrieunternehmen der Bundesrepublik Deutschland geworden ist, gehören: niedrigere Lohnkosten; ausreichend qualifizierte, teilweise gering gewerkschaftlich organisierte Arbeitskraft; direkte und indirekte staatliche Investitionshilfen; günstige Standorte für exportorientierte Produktion; «politische Stabilität»; hinzu kommt die große Bedeutung des Binnenmarkts.[131] Die heutigen Verwertungsbedingungen in den USA müssen begriffen werden als Ausdruck einer fortgeschrittenen Phase im Prozeß der Verwirklichung der internationalen Arbeitsteilung. Die Unternehmen der USA haben schon durchschnittlich früher als die der Bundesrepublik in erheblichem Maße ihre Produktion an neue Standorte im Ausland verlagert. Dies hat in den USA zu einer permanent hohen offenen und verdeckten Arbeitslosigkeit und zu stagnierendem oder sinkendem Realeinkommen der Arbeiter geführt. So sind die USA für eine ganze Reihe in der Regel technologisch fortgeschrittener Produktionen westeuropäischer Unternehmen zu einem günstigen Standort geworden.

Besonders deutlich sind die Verschiebungen im Lohnniveau. Während 1960 in den USA ein Arbeiter in der verarbeitenden Industrie 2,66 Dollar und in der Bundesrepublik Deutschland 0,83 Dollar verdient hat, ist der Unterschied heute praktisch aufgehoben, denn im Durchschnitt erhielt der Arbeiter in den USA 6,90 Dollar 1976 und in der Bundesrepublik Deutschland 6,70 Dollar. Dieses sind Durchschnittswerte. Bei der Produktion beispielsweise von Textilien, Bekleidung und Schuhen sind die Löhne in der Bundesrepublik erheblich höher als Löhne in den entsprechenden Industriezweigen der USA.[132]

Auf der Hauptversammlung 1975 von Hoechst wurde in bezug auf die Produktion von Trevira-Fäden festgestellt: «Wenn man das in DM ausdrückt, was die Produktionsstunde kostet, die im Kilogramm drinliegt, wird man feststellen, daß die beanspruchte Lohnsumme in Deutschland um 40 Prozent höher ist.»[133] Neben der Änderung der Dollarparität wirken sich niedrigere soziale Nebenleistungen und mehr geleistete Arbeitsstunden je

131 Die Wirtschaftspresse bestätigt auf ihre Weise, daß der Standort USA für den Internationalisierungsprozeß keinen Ausnahmefall darstellt: «. . . foreign companies are bringing much the same benefits that American multinationals have spread around the globe: jobs, technology, management knowhow, access to international financial markets and sales networks, increased competitiveness, and the efficiencies of worldwide resource allocation.» – Business Week, 12. April 1976.

132 International Economic Report of the President. Transmitted to Congress Januar 1977. Washington 1977, S. 99–101. – Das «Institut der Deutschen Wirtschaft» in Köln hat einen internationalen Lohnkostenvergleich durchgeführt. «Danach erhöhten sich die Arbeitskosten pro Stunde im vergangenen Jahr in der Bundesrepublik von 15,66 auf 17 DM. In den USA, die 1975 mit 16,10 DM noch den ersten Platz einnahmen, lagen 1976 die Arbeitskosten dagegen nur noch bei 16 DM.» – Süddeutsche Zeitung, 25. Januar 1977.

133 Frankfurter Allgemeine Zeitung/Blick durch die Wirtschaft, 31. Juli 1975.

Mitarbeiter aus. Die Arbeitsintensität ist teilweise höher, die Arbeitszeit ist länger (weniger Urlaub, weniger Feiertage), Kündigungen sind leicht und kurzfristig auszusprechen.[134] Die Tatsache regional unterschiedlich starker gewerkschaftlicher Organisation wird bei der Wahl des Produktionsorts berücksichtigt. Den ausländischen Unternehmen wird geringer Einfluß der Gewerkschaft als Anreiz angeboten: «*The southern states sell hard their tractable, mainly non-unionised labour force.*»[135] Für die 1969 erfolgte Entscheidung eines Maschinenbauunternehmens für einen Standort in South Carolina wird unter anderem angeführt: «Geringer Einfluß der Gewerkschaften, so daß das Werk auf Grund eines Staatsgesetzes zunächst bis 1975 gewerkschaftsfrei (*Non-union shop*) geführt werden kann.»[136] Und das ist kein Einzelfall: «Zahlreiche, und darunter gerade auch deutsche Unternehmen, haben sich im Südosten der USA, im Gebiet der Südstaaten, der ehemaligen Konföderation, nicht zuletzt deshalb angesiedelt, weil dort die Gewerkschaften traditionell schwach und nur etwa 5 Prozent der Arbeitnehmerschaft organisiert sind.»[137]

Eine tabellarische Übersicht über die «Investitionsanreize» der verschiedenen Staaten füllt vier Druckseiten.[138] Bis zu 65 Prozent der Maschinen und sonstigen Ausrüstungsgegenstände können mit öffentlichen Mitteln finanziert werden, daneben gibt es zahlreiche Steuervergünstigungen, Industriegelände und Beihilfen zur Ausbildung von Facharbeitern.[139] Dabei bemühen sich insbesondere die Bundesstaaten um das ausländische Kapital: «Einige US-Bundesstaaten sind genauso darum bemüht, Auslandsinvestoren mittels billiger Anleihen, billigem Land, Steuerbefreiungen und ähnlichem zu bestechen, wie die europäischen Länder darum bemüht waren, die Amerikaner zu bestechen ... Viele von ihnen haben in Brüssel oder an anderen Orten Auslandsagenturen gegründet, deren Hauptaufgabe es ist, Auslandsinvestitionen anzuziehen.»[140] Solche Bedingungen machen die US-Standorte auch

134 So wird von der «Flexibilität» gesprochen, «die eine Unternehmensleitung in Amerika normalerweise besitzt, um den Ausstoß und die Beschäftigung einer wechselnden Nachfrage anzupassen.» – Frankfurter Allgemeine Zeitung/Blick durch die Wirtschaft, 19. Juni 1976. – «In the latest phase of an investment push into the U.S., Britain's ICI is putting $ 70 million into a herbicides plant near Houston, partly because freedom to hire, fire and move workers from job to job makes for higher productivity in the U.S. than in Britain.» – Business Week, 12. April 1976.

135 Economist, 29. November 1975.

136 H. Juergen Schlichting, Hans-J. Krüger, Deutsche Niederlassungen in den USA, Frankfurt a. M. 1975, S. 150.

137 Ebd., S. 69. 138 Ebd., S. 37–40.

139 Ebd., S. 35 f. – In einem geschilderten Fall hat nicht nur, auf Kosten des Staates South Carolina, ein Technical Education Center die Arbeiter speziell ausgebildet. «Darüber hinaus zahlte der Staat für jeden geschulten Arbeiter mit bestandener Prüfung 50 Prozent des ersten, 40 Prozent des zweiten und 30 Prozent des dritten Monatslohnes», ebd., S. 154.

140 Economist, 29. November 1975.

attraktiv für exportorientierte Produktion. In *Business Week* wird vorhergesagt, «daß mehr und mehr Auslandsunternehmen in den USA für Exportmärkte in der ganzen Welt produzieren werden»[141]. Der Export aus den USA trägt zusätzliche Steuervergünstigungen ein.[142] All diese Vergünstigungen sind Ausdruck des kapitalfreundlichen politischen Systems, das vom ausländischen Kapital begrüßt wird: «Ausländische Unternehmen, die in den USA investieren, haben natürlich auch andere Motive als nur die Erweiterung des Marktes. Ein Motiv ist ihre Besorgnis über die Zukunft des privaten Unternehmertums in ihren eigenen Ländern wegen Regierungsverordnungen, der wachsenden Beteiligung der Arbeiter an Unternehmensentscheidungen und, im Falle von Italien und Frankreich, linksradikaler politischer Entwicklungen.»[143]

Österreich

Auch die Entwicklung der Industrieproduktion durch Unternehmen der Bundesrepublik Deutschland in Österreich läßt sich im Rahmen der Tendenz zu einer neuen internationalen Arbeitsteilung erklären. Den Unternehmen der Bundesrepublik bot Österreich relativ früh erreichbare Auslandsstandorte. Diese treten aber in den letzten Jahren mehr und mehr in Wettbewerb mit Standorten, die insbesondere durch geringere Lohnkosten einen Vorteil bieten. Zugleich verliert die Zugehörigkeit zur EFTA wegen des Abbaus der Zollsätze zwischen EG und Rest-EFTA an Bedeutung, und auch der Zugang zu osteuropäischen Ländern über Österreich wird zunehmend durch direkte Kooperation ersetzt. Die Tatsache, daß Österreich im Verhältnis zu anderen Ländern als Standort für Auslandsproduktion von Unternehmen der Bundesrepublik Deutschland an Bedeutung verliert, spiegelt sich in den Ergebnissen der Erhebung wider: Der Bestand an Beteiligungsverhältnissen lag 1976 nur um neun über dem von 1971 und war dem von 1973 gleich (Tabelle II–12-5).

Auf Österreich entfällt mit 181 ein erheblicher Anteil der Beteiligungsverhältnisse und mit 54005 (1975) (in 147) die meisten Beschäftigten in einem der erfaßten Industrieländer (Tabelle II–12-5). Österreich weist eine hohe Durchdringung seiner Industrie durch Auslandskapital auf: 1969 waren mit 140015 Beschäftigten 23,8 Prozent aller in Industrieunternehmen Beschäftigten in solchen mit ausländischer Beteiligung tätig.[144] Im selben Jahr entfielen 27,7 Prozent der ausländischen Direktbeteiligungen auf die Bun-

141 Business Week, 12. April 1976. – Beispielsweise exportiert eine Maschinenbaubeteiligung in South Carolina schon 1973 30 Prozent der Produktion nach Südamerika und auch einige Spezialmaschinen in die Bundesrepublik Deutschland. – Schlichting/Krüger, op. cit., S. 151.

142 Ebd., S. 94.

143 Business Week, 12. April 1976.

144 Oskar Grünwald, Ferdinand Lacina, Auslandskapital in der Österreichischen Wirtschaft. Wien 1970, S. 166 – Tabelle 35.

Tabelle II–12-5
Beteiligungsverhältnisse und Beschäftigte nach Wirtschaftszweigen, 1961, 1966, 1971, 1973, 1974, 1975, 1976
Österreich

		1961	1966	1971	1973	1974	1975	1976
Land- und Forstwirtschaft	I							
	II							
Energie, Bergbau	I	1	1	1	1	1	1	1
	II	758 (1)	652 (1)	593 (1)	550 (1)	571 (1)	529 (1)	
Chemie	I	29	33	39	40	40	40	38
	II	1 930 (13)	2 325 (15)	5 303 (27)	6 279 (30)	6 287 (31)	6 299 (31)	
Steine, Glas, Keramik	I	5	6	8	10	10	10	10
	II	21 (1)	18 (1)	1 276 (6)	1 748 (9)	1 585 (9)	1 691 (10)	
Eisen, NE-Metalle	I	10	12	18	20	21	20	20
	II	1 134 (2)	1 287 (5)	5 222 (12)	6 218 (14)	6 696 (15)	6 570 (15)	
Maschinenbau	I	15	21	27	30	29	29	29
	II	5 202 (9)	5 690 (16)	7 662 (20)	7 953 (24)	7 808 (23)	7 788 (24)	
Fahrzeugbau	I	1	1	2	2	3	3	3
	II			187 (1)	551 (2)	561 (2)	580 (3)	
Elektrotechnik	I	12	16	22	22	22	24	23
	II	745 (6)	1 137 (8)	17 109 (18)	21 305 (19)	21 978 (20)	23 704 (23)	
Feinmechanik, Optik	I	9	14	19	20	20	20	20
	II	352 (3)	777 (8)	2 627 (15)	3 062 (16)	3 167 (16)	3 165 (16)	
Sonstige verarbeitende Industrie	I	13	23	28	30	31	31	31
	II	400 (5)	1 465 (17)	2 698 (22)	3 099 (22)	3 569 (25)	3 679 (25)	
Alle erfaßten Wirtschaftszweige	I	95	127	164	175	177	178	175
	II	10 002 (41)	13 351 (72)	43 377 (122)	50 765 (137)	52 220 (142)	54 005 (147)	

I = Zahl der Beteiligungsverhältnisse
II = Zahl der nachgewiesenen Beschäftigten – in Klammern Zahl der Beteiligungsverhältnisse, in denen die Beschäftigtenzahl nachgewiesen werden konnte

Zahl der Unternehmen der Bundesrepublik Deutschland	152		
Zahl der bestehenden Beteiligungsverhältnisse	175	Zahl der bestehenden Betriebe	185
Zahl der aufgegebenen Beteiligungsverhältnisse	6	Zahl der aufgegebenen Betriebe	6
Zahl der Beteiligungsverhältnisse insgesamt	181	Zahl der Betriebe insgesamt	191

desrepublik, die damit vor den USA und der Schweiz lag.[145] Nach einer anderen Erhebung werden die Beschäftigten in österreichischen Industrieunternehmen, die zu über 25 Prozent im Besitz der Bundesrepublik Deutschland sind (Stand Dezember 1969), mit 52984 oder 9,2 Prozent aller Beschäftigten in der österreichischen Industrie angegeben, worin 9267 Beschäftigte der Textil- und Bekleidungsindustrie enthalten sind. In der Elektroindustrie waren 25,6 Prozent und in der chemischen Industrie 14,4 Prozent in deutschen Beteiligungsunternehmen beschäftigt.[146]

Zu den Gründen zählen traditionelle Verbindungen und kostenmindernde Faktoren wie relativ kurze Transportwege und die gemeinsame Sprache. Die Lohnkosten lagen und liegen im Durchschnitt erheblich unter denen in der Bundesrepublik Deutschland[147], und auch die Zahl der Streiktage ist niedrig: «Österreich kann sich rühmen, die niedrigste Streikquote unter den westlichen Industrieländern zu haben.»[148] Die Gebietskörperschaften bemühen sich darum, dem ausländischen Kapital günstige Investitionsbedingungen anzubieten: «Nicht nur auf Bundesebene, sondern auch im Bereich der Länder und Gemeinden gab es ernsthafte Bemühungen, ausländische Unternehmungen für Neugründungen zu gewinnen. Fast alle diese Aktionen waren mit der Gewährung verschiedener Vorteile verbunden. Dabei handelte es sich vor allem um die preiswerte oder kostenlose Überlassung eines Industriegrundstücks, um die befristete Erlassung von öffentlichen Abgaben und um die Beschaffung günstiger Kredite oder die Übernahme von Haftungen. Kleine und kleinste Orte haben sich um Betriebsansiedlungen bemüht, aber auch größere Städte haben versucht, mehr oder weniger systematisch Auslandskapital anzulocken.»[149] Dazu gehört auch, daß der Transfer von Gewinnen keinen Restriktionen unterliegt.

Im Konsumgüterbereich werden arbeitsteilig Produkte für die Märkte in der Bundesrepublik Deutschland und in Österreich nur in Österreich hergestellt. Das gilt zum Beispiel für langlebige Gebrauchsgüter der elektrotechnischen Industrie (Bauknecht, Grundig, Körting, Standard Elektro Lorenz) oder für Schuhe (Ara, Gabor, Hoffmann).

145 Ebd., S. 62f. – Tabelle 22.

146 Franz Jurkowitsch, Die deutschen Direktinvestitionen in der österreichischen Industrie, Wien 1971 (Dissertation: Hochschule für Welthandel), S. 105, Tabelle 20.

147 Bei der von Jurkowitsch durchgeführten Erhebung waren nur wenige der Befragten bereit, die Lohnkostenunterschiede als wichtig für die Investitionsentscheidung zuzugeben, rund ein Viertel der Befragten erklärten aber, daß die Lohnkosten in Deutschland um 50 Prozent oder mehr über denen in Österreich liegen. Vgl. Jurkowitsch, op. cit., S. 168–171. – «Eine große Rolle bei einer international orientierten Investitionspolitik spielen niedrige Arbeitskosten und das Vorhandensein von Arbeitskraftreserven. In Österreich standen diese Faktoren bei Gründungen der letzten Jahre in der Textil- und Bekleidungsindustrie, in der Elektroindustrie und in der Eisen- und Metallverarbeitung im Vordergrund.» – Grünwald/Lacina, op. cit., S. 168.

148 Süddeutsche Zeitung, 22. Mai 1976.

149 Grünwald/Lacina, op. cit., S. 188.

Kapitel 3
Einige Strukturmerkmale der Auslandsproduktion und Auslandsbeschäftigung

3.1. Auslandsproduktion und Auslandsbeschäftigung nach Industriezweigen

Diese Untersuchung, die einen Überblick über das Ausmaß der Auslandsproduktion und -beschäftigung durch Unternehmen aus der Bundesrepublik sowie ihre zeitliche Entwicklung und räumliche Verteilung geben soll[150], hat sich nicht zur Aufgabe gemacht, die spezifischen Produktionsbedingungen, die in den einzelnen Industriezweigen zur Aufnahme von Auslandsproduktion führen, ausreichend zu behandeln oder gar systematisch vergleichend zu analysieren. Zum Zwecke eines ersten Überblicks wurde eine grobe Einteilung in zehn Zweige vorgenommen, von denen acht der verarbeitenden Industrie angehören (ohne Textil- und Bekleidungsindustrie). Die Unternehmen der Bundesrepublik, die in dieser Untersuchung erfaßt sind, werden mit ihren sämtlichen Beteiligungsunternehmen jeweils einem Zweig, und zwar demjenigen mit dem Schwerpunkt ihrer Produktion zugeordnet («hauptbeteiligte Industriegruppen»). Auf diese Weise gehört die Rinderfarm der VW do Brasil zum Fahrzeugbau und die Arzneimittel (Byk Gulden) – und Kindernahrung (Milupa-)Produktion des Varta-Konzerns zur Elektrotechnik. Das Verfahren ist nicht unter allen Aspekten befriedigend, es schien aber zur Vermeidung von Doppelzählungen unumgänglich.

Für den Zweck einer Übersicht über die gesamte Auslandsproduktion kam nur eine relativ grobe Aufteilung der verarbeitenden Industrie in Frage. Eine Analyse einzelner Branchen kann und muß differenzierter arbeiten und wird eine Abgrenzung nach Produktionsverfahren oder Produktgruppen (zumindest auf der Ebene dreistelliger ISIC-Kategorien) vornehmen.

In aller Regel gehören die von ein und demselben Unternehmen im Ausland hergestellten Produkte zur selben Gruppe von Produkten wie die inländischen, wobei allerdings häufig im Ausland keine Vollproduktion, sondern Montage oder Teilfertigungen anzutreffen sind. Es haben sich jedoch in einer Reihe von Fällen Abweichungen gezeigt. (Solche Beispiele vertikaler und horizontaler Diversifikation lassen sich auch im Inland belegen.) Insbesondere Unternehmen der Grundstoffindustrie (Eisen- und Stahlerzeugung, chemische Industrie) diversifizieren vertikal, indem sie im Ausland sich auch an der Rohstofferzeugung beteiligen. Thyssen fördert

150 Auch hier und in den folgenden Ausführungen mit den Einschränkungen: ohne EG-Länder, ohne Textil- und Bekleidungsindustrie.

beispielsweise in großem Maßstab Eisenerz in Liberia, in Südafrika ist Bayer an einer Flußspat- und Hoechst an einer Ferrosiliziumproduktion beteiligt. VW do Brasil liefert mit seiner Beteiligung an einer Gießerei ein weiteres Beispiel für die Ausdehnung in die Herstellung von Vorprodukten. Handelshäuser beteiligen sich an der Herstellung der Waren, die sie verkaufen, so besonders an der Futtermittelproduktion in Ländern Südostasiens. Aber es gibt auch andere Muster der Ausdehnung der Aktivitäten im Ausland. Ein Handelshaus, das auch Industrieanlagen projektiert, hat sich in Sambia an einer Glasfabrik beteiligt, und ein Verlag beteiligt sich in Hongkong an der Herstellung von Spielzeug.

Aber solche Ausdehnungen der Aktivitäten führen ebenso wie die Zuordnung der Konglomeratunternehmen (vom Typ Varta AG) alles in allem nicht zu großen Ungenauigkeiten bei der Zurechnung der Unternehmen zu Industriezweigen. Jedenfalls sind sie für den Nachweis, daß sich Auslandsproduktion nicht nur auf wenige Industriezweige beschränkt, unerheblich.

Die Tabelle II–13 gibt einen Überblick über die Auslandsfertigung, gegliedert nach den Zweigen der verarbeitenden Industrie, ihre Aufteilung auf die Hauptregionen und ihre zeitliche Entwicklung. Es war weiter oben schon festgestellt worden, daß ein unterschiedlicher Anteil der Industriezweige an der Auslandsproduktion sich ergibt, je nachdem, ob man ihn an der Zahl der im Ausland produzierenden Unternehmen, der Zahl der Beteiligungsverhältnisse oder der Zahl der in ihnen Beschäftigten mißt (siehe Tabelle II–4). Es steht demnach entweder der Maschinenbau, die chemische Industrie oder die Elektrotechnik an erster Stelle.

Im Durchschnitt sind je Land, in dem Beteiligungsverhältnisse des jeweiligen Industriezweigs nachgewiesen werden konnten, im Maschinenbau 10, in der chemischen Industrie 9,7, im Fahrzeugbau 2,6 und bei Eisen und NE-Metallen 2,5 Beteiligungsverhältnisse nachgewiesen. Allerdings weichen dann auch die durchschnittlichen Größen der Beteiligungsunternehmen voneinander ab: So beschäftigt der Fahrzeugbau durchschnittlich 2459 Personen und die Elektrotechnik 866, während es in der Chemie 372, im Maschinenbau 236 und bei der Gruppe der sonstigen verarbeitenden Industrie 222 sind.

In diesen Unterschieden kommt nicht nur die Verschiedenheit der Technostruktur, sondern es kommen auch die unterschiedlichen Konkurrenzbedingungen und damit unterschiedliche Gründe für Auslandsproduktion zum Ausdruck, wie im folgenden an Beispielen zu zeigen versucht wird.

Die *chemische Industrie*, die in dieser Untersuchung die petrochemische, pharmazeutische und gummiverarbeitende Industrie einschließt, hat in 32 Ländern mit 502 die bei weitem höchste Zahl an Beteiligungsverhältnissen aufzuweisen. Mit sechs entfällt die Hälfte der Konzerne mit zwanzig und mehr Beteiligungsverhältnissen auf die chemische Industrie (siehe Tabelle II–2). Die chemische Industrie war zu Beginn des Erhebungszeitraums nicht unerheblich im Ausland tätig, und zwar sowohl in den erfaßten Industrie-

Tabelle II–13
Übersicht über die Zweige der verarbeitenden Industrie, nach Regionen (Erhebungszeitraum 1961 bis 1976)

	Zahlen insgesamt der											
	Produktionsländer	Unternehmen der Bundesrepublik	Beteiligungsverhältnisse	Betriebe	Beschäftigten (1975)...	... in Beteiligungsverhältnissen nachgewiesen	Zahl der Beteiligungsverhältnisse 1961	1966	1971	1973	1974	1975
Chemie												
*Welt**	52	84	502	545	131 760	(371)	238	302	401	443	467	488
Industrieländer*	11	55	186	220	57 358	(133)	94	110	142	153	167	178
westeuropäische*	5	38	73	74	8 943	(54)	48	54	67	69	71	71
nichteuropäische*	6	39	113	146	48 415	(79)	46	56	75	84	96	107
osteuropäische												
Entwicklungsländer	41	65	316	325	74 402	(238)	144	192	259	290	300	310
Mittelmeer	10	38	104	107	19 457	(78)	42	63	86	97	99	104
Lateinamerika	15	43	153	158	42 568	(122)	82	100	130	141	147	149
übriges Afrika	8	4	8	8	345	(2)	4	4	4	6	6	7
Westasien	1	9	10	10	1 957	(6)	1	2	8	10	10	10
Süd- u. Südostasien	8	22	41	42	10 075	(30)	15	23	31	36	38	41
Steine, Glas, Keramik												
*Welt**	19	22	46	48	9 433	(28)	19	22	30	33	37	34
Industrieländer*	6	14	26	27	4 982	(16)	9	12	16	19	19	17
westeuropäische*	3	9	13	14	3 765	(13)	5	7	10	13	13	12
nichteuropäische	3	8	13	13	1 217	(3)	4	5	6	6	6	5
osteuropäische												
Entwicklungsländer	13	14	20	21	4 451	(12)	10	10	14	14	18	17
Mittelmeer	4	10	11	11	1 281	(6)	7	7	9	9	11	10
Lateinamerika	3	2	3	4	2 395	(3)	2	2	3	3	3	1
übriges Afrika	3	3	3	3	365	(2)					2	3
Westasien	1	1	1	1								
Süd- u. Südostasien	2	2	2	2	410	(1)	1	1	2	2	2	2
Eisen, NE-Metalle												
*Welt**	27	45	177	182	48 657	(87)	92	112	139	153	163	169
Industrieländer*	9	26	86	90	13 809	(38)	45	56	70	76	83	83
westeuropäische*	4	18	34	34	8 309	(19)	18	21	28	31	33	33
nichteuropäische	5	21	52	56	5 500	(19)	27	35	42	45	50	50
osteuropäische												

Tabelle II–13 (Fortsetzung)

	Zahlen insgesamt der											
	Produktionsländer	Unternehmen der Bundesrepublik	Beteiligungsverhältnisse	Betriebe	Beschäftigten (1975)...	... in Beteiligungsverhältnissen nachgewiesen	Zahl der Beteiligungsverhältnisse 1961	1966	1971	1973	1974	1975
Entwicklungsländer	18	33	91	92	34 848	(49)	47	56	69	77	80	86
Mittelmeer	5	17	30	30	4 568	(18)	15	21	26	28	29	29
Lateinamerika	5	19	42	42	24 907	(23)	23	25	29	34	35	39
übriges Afrika	3	3	3	3	2 876	(1)	1	2	2	2	2	2
Westasien	1	3	3	3			1	1	1	2	2	3
Süd- u. Südostasien	4	8	13	14	2 497	(7)	7	7	11	11	11	13
Maschinenbau												
*Welt**	33	172	368	381	51 730	(219)	168	214	265	296	311	326
Industrieländer*	10	96	159	163	17 786	(94)	71	89	117	130	137	136
westeuropäische*	4	45	54	55	9 370	(39)	28	38	47	51	50	48
nichteuropäische	5	74	104	107	8 266	(54)	43	51	70	79	86	87
osteuropäische	1	1	1	1	150	(1)					1	1
Entwicklungsländer	23	129	209	218	33 944	(125)	97	125	148	166	174	190
Mittelmeer	7	44	56	60	6 493	(38)	22	29	39	51	50	54
Lateinamerika	4	82	104	108	20 758	(60)	40	63	70	74	79	91
übriges Afrika	4	4	6	6	598	(5)	1	1	3	3	5	6
Westasien	1	1	1	1			1	1	1	1	1	1
Süd- u. Südostasien	7	36	42	43	6 095	(22)	23	31	35	37	38	38
Fahrzeugbau												
*Welt**	19	20	48	49	101 988	(40)	19	22	37	41	46	45
Industrieländer*	4	7	12	12	11 327	(11)	4	5	9	10	12	11
westeuropäische*	1	3	3	3	580	(3)	1	1	2	2	3	3
nichteuropäische	3	6	9	9	10 747	(8)	3	4	7	8	9	8
osteuropäische												
Entwicklungsländer	15	17	36	37	90 661	(29)	15	17	28	31	34	34
Mittelmeer	4	8	9	10	7 537	(8)	2	3	7	8	9	9
Lateinamerika	3	12	18	18	76 939	(14)	11	12	15	17	17	17
übriges Afrika	2	2	2	2	1 506	(2)					2	2
Westasien	2	1	2	2	839	(1)			1	1	1	1
Süd- u. Südostasien	4	3	5	5	3 843	(4)	2	2	5	5	5	5

Tabelle II–13 (Fortsetzung)

	Zahlen insgesamt der											
	Produktionsländer	Unternehmen der Bundesrepublik	Beteiligungsverhältnisse	Betriebe	Beschäftigten (1975) . . .	. . . in Beteiligungsverhältnissen nachgewiesen	Zahl der Beteiligungsverhältnisse 1961	1966	1971	1973	1974	1975
Elektronik												
*Welt**	39	63	231	264	154 756	(179)	87	120	180	199	207	213
Industrieländer*	11	35	89	108	58 708	(63)	45	54	71	72	80	83
westeuropäische*	5	25	46	56	41 775	(41)	28	32	43	44	44	46
nichteuropäische	5	20	42	51	16 933	(22)	17	22	28	28	35	36
osteuropäische	1	1	1	1							1	1
Entwicklungsländer	28	46	142	156	96 048	(116)	42	66	109	127	127	130
Mittelmeer	7	27	47	52	26 275	(43)	12	24	37	42	42	44
Lateinamerika	9	22	59	67	43 706	(46)	25	31	47	52	52	54
übriges Afrika	2	2	2	2	87	(1)	1	1	1	1	1	1
Westasien	1	6	8	8	2 883	(5)	1	4	7	7	8	6
Süd- u. Südostasien	9	14	26	27	23 097	(21)	3	6	17	22	24	25
Feinmechanik, Optik												
*Welt**	32	84	176	192	32 974	(116)	73	97	122	140	145	161
Industrieländer*	8	46	70	73	7 782	(43)	30	40	52	60	62	63
westeuropäische*	3	24	34	36	3 935	(25)	16	22	29	33	33	34
nichteuropäische	5	29	36	37	3 847	(18)	14	18	23	27	29	29
osteuropäische												
Entwicklungsländer	24	61	106	119	25 192	(73)	43	57	70	80	93	98
Mittelmeer	6	32	35	45	4 661	(23)	11	16	21	24	28	31
Lateinamerika	10	30	46	47	8 083	(32)	25	31	37	39	39	43
übriges Afrika												
Westasien	1	2	2	2	73	(1)				1	1	1
Süd- u. Südostasien	7	21	23	25	12 375	(17)	7	10	12	16	17	23
Sonstige verarb. Industrie												
*Welt**	43	90	168	176	24 871	(113)	58	89	118	138	147	154
Industrieländer*	9	45	63	66	5 687	(40)	28	44	51	53	54	56
westeuropäische	4	36	43	46	4 293	(30)	21	35	40	39	40	40
nichteuropäische	5	14	20	20	1 394	(10)	7	9	11	14	14	16
osteuropäische												

Tabelle II–13 (Fortsetzung)

	Zahlen insgesamt der											
	Produktionsländer	Unternehmen der Bundesrepublik	Beteiligungsverhältnisse	Betriebe	Beschäftigten (1975) . . .	. . . in Beteiligungsverhältnissen nachgewiesen	Zahl der Beteiligungsverhältnisse 1961	1966	1971	1973	1974	1975
Entwicklungsländer	34	62	105	110	19 184	(73)	30	45	67	85	93	98
Mittelmeer	8	29	33	35	3 975	(24)	8	13	20	27	28	31
Lateinamerika	9	19	37	40	11 584	(26)	19	23	31	32	35	35
übriges Afrika	10	6	11	11	1 300	(6)	3	5	6	9	9	10
Westasien	1	5	5	5	709	(2)		1	1	4	4	4
Süd- u. Südostasien	6	13	19	19	1 616	(15)	1	4	10	14	18	19

* ohne EG-Länder

als auch in den Entwicklungsländern; dennoch hat sich die Zahl der Beteiligungsverhältnisse im Erhebungszeitraum noch verdoppelt, und zwar in den Industrieländern von 94 auf 186 und in den Entwicklungsländern von 144 auf 316 (siehe Tabelle II–13). Auch die Ausweitung der Produktion in bestehenden Beteiligungsverhältnissen ist festzustellen: in 129 Beteiligungsverhältnissen, für die entsprechende Angaben vorliegen, waren 1966 26082 und 1975 44921 Personen beschäftigt.

Der weitaus größte Teil der Beteiligungsunternehmen der chemischen Industrie betreibt die Endproduktion («Formulierung») von Präparaten, mit Schwerpunkten bei der Human- und Veterinärpharmazie, bei der Agrochemie (Pestizide, Düngemittel) und der Kosmetik. Auf der Grundlage anderweitig bezogener (sehr häufig aus dem Konzernbereich importierter) chemischer Wirkstoffe werden die Präparate gemischt, in verschiedene Darreichungsformen gebracht und verpackt. Die dabei eingesetzte Technologie ist einigermaßen einfach und weitgehend standardisiert. Ein Teil der Arbeitsprozesse ist arbeitsintensiv[151] oder er kann, je nach Losgrößen und Höhe der Lohnkosten, wahlweise manuell oder maschinell durchgeführt werden.

Mit diesen Produktionsbedingungen ist aber noch nicht hinreichend erklärt, weshalb eine Fertigung an vielen Orten und damit weitgehend dezentralisiert den Vorzug vor einer zentralisierten Produktion hat. In Verbindung mit den nicht sehr hohen Investitionen für den einzelnen Betrieb wird eine Fertigung an vielen Stellen dadurch begünstigt, daß die Inlandsproduktion von chemischen Präparaten besonders gefördert wird. Über die üblichen «Anreize» hinaus können durch Prüfverfahren, Musterschutz und eine entsprechende Zollpolitik die im Inland produzierten Waren einen geschützten Markt genießen, der Konkurrenzprodukte fernhält und Monopolpreisbildung gestattet. In Kombination mit Innerunternehmensverrechnungspreisen für die Vorprodukte entstehen so große und einigermaßen dauerhafte Gewinnmöglichkeiten bei dieser mit relativ bescheidenem Aufwand betriebenen Fertigung von Standardpräparaten. Das kann den Export in benachbarte Länder, deren Binnenmärkte zu klein für eine eigene Produktion sind, einschließen.

Nicht nur für pharmazeutische und agrochemische Produkte, sondern auch für Wasch- und Reinigungsmittel, Kosmetika und Klebstoffe läßt sich eine solche weltweit gestreute Produktion finden. Das gilt für Unternehmen wie Beiersdorf, Henkel, Wella. Nimmt man Beiersdorf als Beispiel, so konnten für dieses Unternehmen sechzehn produzierende Beteiligungsverhältnisse außerhalb der EG mit zusammen 2764 (1975) Beschäftigten festgestellt werden; im Inland beschäftigt Beiersdorf 6063 (1975) Personen und im

151 «Denken Sie an den Pharmabereich, in dem die Rohstoffkosten keine so große Rolle spielen, die Endfertigung zwar lohnintensiv ist, bei uns aber meist schon im Ausland liegt.» – Wirtschaftswoche, 6. Juni 1975, S. 16 (aus einem Interview mit dem Vorstandsvorsitzenden Sammet).

Ausland insgesamt 4950 (1975); die Zahl der Auslandsbeschäftigten stieg seit 1973 um 759, die der Inlandsbeschäftigten fiel um 431. Während vor 1970 die meisten europäischen Beteiligungsunternehmen, aber auch die in Argentinien, Chile, Mexiko und Australien die Produktion aufnahmen, kamen ab 1970 neben Finnland amerikanische Standorte dazu: Kanada, USA, Guatemala und Kolumbien. Über die Geschäftspolitik in bezug auf Auslandsproduktion gibt der Geschäftsbericht 1974 (S. 7) Auskunft: «Unter Einschluß der Umsätze unserer Lizenznehmer lag das gesamte Auslandsgeschäft erstmalig 14 Prozent über dem des Inlands. Daraus folgt, daß über 80 Prozent der außerhalb der Bundesrepublik in aller Welt nach unseren Herstellungsverfahren und unter unseren Warenzeichen verkauften Produkte auch im Ausland hergestellt werden.» Im ersten Halbjahr 1976 stiegen die Umsatzerlöse der Beiersdorf-Gruppe im Inland um 10,6 Prozent und im Ausland um 24 Prozent.[152]

Für weite Teile der chemischen Industrie gewinnt die Produktionsverlagerung ausschließlich zur Nutzung von billiger Arbeitskraft erst allmählich an Bedeutung. Arbeitsintensive Teilbereiche der Fertigung finden sich heute schon als Folge einer seit Jahren weltweit betriebenen Organisation der Produktion zu erheblichen Teilen im Ausland. Auf das Interesse an der Gewinnung und Bearbeitung von Rohstoffen ist weiter oben schon hingewiesen worden. Die starke Beteiligung der großen Chemieunternehmen der Bundesrepublik Deutschland, die zu den größten der Weltchemie gehören, an der Chemieproduktion in den USA erklärt sich einerseits daraus, daß es nützlich ist, den größten Teilmarkt des Chemieweltmarktes aus der Produktion im Lande selber beliefern zu können.[153] Andererseits aber auch aus der Möglichkeit, mit US-Konzernen zusammenarbeiten und aus ihrer Technologieentwicklung profitieren zu können. Daher haben Unternehmen aus der Bundesrepublik schon relativ früh gemeinsame Beteiligungsunternehmen mit US-Konzernen wie Dow Chemical und Monsanto errichtet.

Im *Maschinenbau* sind im Rahmen unserer Erhebung 172 Auslandsproduzenten festgestellt worden; 96 von ihnen produzieren in den erfaßten Industrieländern, 129 in den Entwicklungsländern. Von den 368 Beteiligungsverhältnissen entfällt ein nicht unerheblicher Teil auf mittlere und kleinere Unternehmen. Von 168 ist die Zahl der Beteiligungsverhältnisse im Erhebungszeitraum um zweihundert angestiegen; die Zunahme ist in den erfaßten Industrie- und in den Entwicklungsländern etwa gleich stark (siehe Tabelle II–13).

Die im allgemeinen technisch anspruchsvolle Produktion von Maschinen-

152 Handelsblatt, 2. September 1976.

153 In diesem Sinne äußerte sich der BASF-Auslandschef: «Große Kunden sind nicht bereit, sich auf Versorgung aus Übersee zu verlassen.» – Der Spiegel, 31. Mai 1976, S. 67.

bauunternehmen aus der Bundesrepublik findet inzwischen auch in 23 Entwicklungsländern statt. Daß auch in diesen Produktionsländern für die Teile der Produktion, die verlagert werden, ausreichend qualifizierte Arbeitskräfte zur Verfügung stehen, darauf weisen die erhobenen Angaben hin: mit neunzehn Ausländern, darunter dreizehn Deutschen auf tausend Beschäftigte liegt der Maschinenbau durchschnittlich in den Entwicklungsländern noch unter dem Durchschnitt aller erfaßten Industriezweige, der sechsundzwanzig und siebzehn auf tausend ausmacht (siehe Tabelle II–19).

Ein Teil dieser Produktionen hat sich aus Verkaufsniederlassungen und Kundendienstwerkstätten entwickelt. In steigendem Maße wird jedoch an neue Standorte Produktion zur Nutzung von Lohnkostendifferenzen verlagert. Dieses ist mehr und mehr exportorientierte Produktion, sei es in osteuropäischen Ländern, sei es in Entwicklungsländern. Der Anteil der aus Entwicklungsländern in die Bundesrepublik eingeführten Maschinenbauerzeugnisse ist zwar noch gering, hat aber von 1962 bis 1974 um das Sechzehnfache zugenommen.[154] Immerhin sehen in einer neueren Befragung fast ein Drittel der Maschinenbauunternehmen Standortvorteile in Entwicklungsländern für Weltmarktproduktion ihrer Produkte.[155]

Das Beispiel einer Verlagerung von Produktion von Standarddrehmaschinen nach Ungarn bei gleichzeitiger Aufgabe der Produktion dieser Maschinen in der Bundesrepublik Deutschland wurde weiter oben schon angeführt. Nach Angaben der Firma Gildemeister ist diese verlagerte Produktion um 40 Prozent billiger. Die Beschäftigtenzahl dieses Unternehmens wurde 1976 im Inland um 550 verringert und soll auch 1977 reduziert werden.[156]

«Die Gildemeister-Gruppe, die den Markt weiter mit dem Programm aus Hamburg beliefert, wird die zur Zeit noch dort hergestellten Drehbänke ab Mitte 1977 von einem ungarischen Kooperationspartner fertigen lassen, so daß sie wieder mit Gewinn verkauft werden können . . .

In der zweiten Hälfte 1977 soll die Produktion in Brasilien beginnen. In zwei Jahren sollen dort 800 Personen beschäftigt werden.»[157]

154 Rolf Dick, Maschinenbau unter Wettbewerbsdruck aus Entwicklungsländern?, Kiel 1976 (Kieler Arbeitspapiere Nr. 44), S. 3, Schaubild 1.

155 «Tatsächlich scheinen die Lohndifferenzen zwischen Industrie- und Entwicklungsländern auch im Maschinenbau zunehmend die Standortwahl zu beeinflussen. so geben 58 Prozent der Unternehmen – vor allem und wesentlich häufiger mit dem Hinweis auf Lohndifferenzen als mit dem Hinweis auf Handelshemmnisse – an, daß sich Erzeugnisse aus ihrem Produktionsprogramm günstiger in Entwicklungsländern fertigen ließen, sofern diese Produkte für den lokalen Markt bestimmt seien. 29 Prozent der Unternehmen sehen auch internationale Standortvorteile für Entwicklungsländer bei Erzeugnissen aus ihrem Produktionsprogramm.» – Dick, op. cit., S. 19–22.

156 Handelsblatt, 31. Dezember 1976.

157 Handelsblatt, 27./28. August 1976.

Macht unsre Bücher billiger!...

... forderte Tucholsky einst, 1932, in einem «Avis an meinen Verleger». Die Forderung ist inzwischen eingelöst.

Man spart viel Geld beim Kauf von Taschenbüchern. Und wird das Eingesparte gut gespart, dann zahlt die Bank oder Sparkasse den weiteren Bucherwerb: Für die Jahreszinsen eines einzigen 100-Mark-Pfandbriefs kann man sich zwei Taschenbücher kaufen.

In der Gildemeister Italiana sind 350 Personen beschäftigt, deren Produktion zu drei Vierteln exportiert wird.[158]

Mehr und mehr Unternehmen des Maschinenbaus errichten im Ausland Produktionskapazitäten, die ihnen eine weltweit arbeitsteilige Fertigung ermöglichen. Als weiteres Beispiel sei der Baumaschinen- und Krane-Hersteller Liebherr genannt. Über die Liebherr-International AG, in der die Auslandsaktivitäten zusammengefaßt sind, verfügt dieses Unternehmen in unserem Erhebungsgebiet über fünf produzierende Beteiligungsunternehmen. 1958 wurde in Südafrika, 1961 in Österreich, 1972 in den USA die Fertigung aufgenommen. 1976 kamen Brasilien und ein zweites Werk in Österreich dazu. Sie beschäftigen jeweils zwischen zweihundert und sechshundert Personen. In der Republik Irland verfügt Liebherr seit 1958 über ein eigenes Werk, das Turmdrehkrane und Containerkrane herstellt und sie insbesondere nach Großbritannien, die USA, Kanada, Australien und Neuseeland liefert. «Die Liebherr (Irland) Ltd. hat sich in der Zwischenzeit zu einem der größten Maschinenhersteller Irlands entwickelt und zählt zu den bedeutendsten Exportfirmen dieses Landes.»[159] Insgesamt beschäftigt Liebherr im Ausland 2797 und im Inland 5425 Personen (Mitte 1975). Insbesondere durch neue Auslandswerke wird die Zahl der Auslandsbeschäftigten noch erheblich steigen; 1975 wurden von der Liebherr-Gruppe 59 Prozent ihrer Investitionen im Ausland getätigt.[160] Das Produktionsprogramm der einzelnen Werke ist weltweit so angelegt, daß es sich gegenseitig ergänzt, wobei insbesondere Standardprodukte im Ausland gefertigt werden, während Neuentwicklungen noch vorwiegend den Inlandswerken vorbehalten sind. Für die Belieferung von Auslandsmärkten werden in Irland Turmdrehkrane und Containerkrane hergestellt, in Österreich Kleinkrane, in Frankreich große Baggertypen, in den USA Hydraulikbagger und in Brasilien Krane verschiedener Verwendungszwecke. Die Neuentwicklung von Manipulatoren und Industrierobotern hat dagegen ihren Standort in einem Liebherr-Werk in Lindenberg/Allgäu, das auch Bauteile für Flugzeuge herstellt. «Mit der Diversifikation nach Produkten und Märkten hatte Liebherr seinen Konzern aufgebaut und auch glänzend durch die Rezession gebracht.»[161]

Der Zwang zu kostengünstiger Produktion an neuen Standorten unter den Randbedingungen der neuen internationalen Arbeitsteilung macht sich im Maschinenbau deutlich bemerkbar. Es wird sogar schon diskutiert, ob die Investitionsgüterindustrie im allgemeinen und der Maschinenbau im besonderen sich im Inland auf die technologische Entwicklung beschränken kann, um auf ihrer Basis im Ausland zu produzieren («Blaupausenexport»). Demgegenüber wird zwar betont, daß technologische Fortentwicklung nicht ohne

158 Gildemeister AG, Geschäftsbericht 1975, S. 26.
159 Liebherr-Presseinformation, 10. Juli 1975, S. 5.
160 Süddeutsche Zeitung, 25. Juli 1975; Handelsblatt, 9./10. Juli 1976.
161 Handelsblatt, 9./10. Juli 1976.

ständige Erprobung in eigener (Serien-)Fertigung neue Produkte produktionsreif machen könne. Selbst wenn dem so ist, bleibt auf jeden Fall für die Verlagerung der Fertigung von Standardprodukten und -teilen ein großer Spielraum. Die Ergebnisse unserer Erhebung belegen und die angeführten Beispiele illustrieren, daß und auf welche Weise dieser Spielraum genutzt wird.

Bei Auslandsprodukten des *Fahrzeugbaus* dominiert eindeutig der Straßenfahrzeugbau. Neben den großen Auslandswerken, wie wir sie beispielsweise von Daimler-Benz und Volkswagenwerk in Brasilien finden, gibt es zahlreiche kleinere (Montage-)Werke. Viele Länder fördern die Inlandsproduktion und schützen sie vor konkurrierenden Importen durch hohe Zölle und durch Einfuhrquoten. Dies ist einer der Gründe dafür, daß neben der eigentlichen Produktion auch die Montage von Fahrzeugen im Ausland durchgeführt wird. Dabei können teilweise oder vollständig zerlegte Fahrzeuge (S.K.D. = *semi-knocked down,* wobei im allgemeinen die Karosserie bereits zusammengeschweißt ist, und C.K.D. = *completely knocked down*) zur Montage verschifft werden. Oft werden Teile bereits im Montageland produziert und die Sätze ohne diese Teile eingeführt. Beträgt dieser Anteil über 40 Prozent des Fahrzeugs, so gilt der eingeführte Teil nicht mehr als Fahrzeug, sondern als Teilesatz. Damit ist auch der Übergang von der Montage zur eigenen Produktion angegeben, die auch auf Dauer auf die Einfuhr einzelner Teile angewiesen bleiben kann. Die Produktion erfolgt in der Regel als Lizenzproduktion. Daneben kann die Kontrolle über eine mehr oder weniger hohe Kapitalbeteiligung erfolgen. Dabei ist zu beobachten, daß die Automobilkonzerne eher und zu einem höheren Anteil an produzierenden als an nur montierenden Unternehmen beteiligt sind.

Tabelle II–14 gibt eine Übersicht über die Produktion von Straßenfahrzeugen von fünf Unternehmen der Automobilindustrie im Ausland (außerhalb der EG). Es sind die großen Automobilkonzerne (BMW, Daimler-Benz, VW) und die Nutzfahrzeugherstellung großer metallverarbeitender Konzerne (MAN einschließlich Büssing bei der Gutehoffnungshütte und Magirus-Deutz bei Klöckner-Humboldt-Deutz) erfaßt. Opel und Ford Köln gehören zu 100 Prozent den US-amerikanischen Konzernen General Motors und Ford, und sie sind völlig in deren weltweite Organisation der Produktion einbezogen. Opel und Ford Köln haben ihrerseits keine Kapitalbeteiligungen an Produktionsunternehmen außerhalb der Bundesrepublik Deutschland. Automobilmodelle, die im Rahmen der weltweiten Arbeitsteilung innerhalb der Konzerne in der Bundesrepublik Deutschland gebaut werden und teilweise entwickelt wurden, werden in einer Reihe von Ländern nachgebaut oder montiert (Opel: Belgien, Schweiz, Portugal, Zaire, Südafrika, Iran, Südkorea, Malaysia; Ford Köln: Belgien, Südafrika).[162]

162 Götz Weihmann, In Deutschland produziert, im Ausland montiert: Autos aus der Kiste. In: ADAC-Motorwelt 7 (1976), S. 6–8.

Die Tendenz geht dahin, Montage durch Fertigung im Ausland zu ersetzen. Während also an vielen Stellen technisch aufwendige Produkte wie Automobile bisher nur montiert und nicht eigentlich produziert werden konnten, wird es im Rahmen der neuen internationalen Arbeitsteilung möglich, an vielen Stellen diese Produkte auch herzustellen. Der Übergang von der Montage zur Vollproduktion kann im Rahmen eines Prozesses der weltweiten Neuorganisation der Produktion schrittweise erfolgen.

Der weitere Ausbau der Auslandsfertigung ist geplant und zum Teil schon eingeleitet. Die Entscheidung zum Aufbau eines VW-Montagewerks in den USA[163], der schließlich auch die Gewerkschaftsvertreter im Aufsichtsrat zustimmten, hat ein Signal gesetzt. Aber schon 1974 hieß es: «Die veränderten Wettbewerbsbedingungen könnten auch bei Daimler zur Revision des bisherigen Grundsatzes führen, eine Produktion im Ausland nur dann in Betracht zu ziehen, wenn damit keine Minderung der Inlandsproduktion verbunden ist. Dieser Umdenkungsprozeß werde vor allem lohnintensive, weniger anspruchsvolle Produkte betreffen.»[164] Später verlautete, «daß Daimler-Benz die Errichtung weiterer Fertigungsstätten in der Dritten Welt, insbesondere in einigen rohstoffreichen Ländern, beabsichtigt»[165].

Forschungsinstitute empfehlen in einer Marktstudie über die Autoindustrie:

> «Die Unternehmen sollen in sich abgeschlossene arbeitsintensive Fertigungen zunehmend in Niedriglohnländer verlagern und im Bereich derjenigen Fertigungen, die den Einsatz qualifizierter Arbeitskräfte erfordern, den Produktionsverbund mit dem europäischen Ausland aufnehmen. Die Zukunftsaussichten des Standortes Bundesrepublik lägen wohl wesentlich weniger bei Produktion und Montage herkömmlicher Konstruktionen als bei der Entwicklung neuer Typen und Fertigungsmethoden.»[166]

Bei dieser Entwicklung wird der Aussagewert von Prognosen, die durch Fortschreibung bisher beobachteter Trends gewonnen werden und für die Jahre 1973 bis 1985 für den Straßenfahrzeugbau 15 700 durch Einfuhren aus

163 Das neue Werk in New Stanton wurde am 5. Oktober 1976 von VW offiziell übernommen und soll ab Ende 1977 produzieren. – Süddeutsche Zeitung, 1. Oktober 1976.

164 Süddeutsche Zeitung, 18. Juli 1974. Inzwischen sind die Verhandlungen über den Erwerb des Nutzfahrzeugunternehmens Euclid Inc. in den USA durch Daimler-Benz schon weit fortgeschritten. – Süddeutsche Zeitung, 22. Oktober 1976.

165 Frankfurter Allgemeine Zeitung/Blick durch die Wirtschaft, 30. Oktober 1974.

Auch von BMW heißt es, man müsse «die Frage einer Auslandsproduktion überdenken.» – Süddeutsche Zeitung, 24. Juni 1976.

166 Süddeutsche Zeitung, 10. Juli 1975 (Bericht über Untersuchungen des Rheinisch-Westfälischen Instituts für Wirtschaftsforschung in Essen und des Instituts für Weltwirtschaft in Kiel).

Tabelle II–14
Übersicht über Auslandsproduktion im Straßenfahrzeugbau, fünf Unternehmen, 1975 (ohne EG)

	Land	Kapitalbeteiligung in Prozent	Beginn der Produktion	Zahl der Beschäftigten*	Art der Produktion**	Jahresproduktion*	Export
BMW	Neuseeland	–			M	Personenwagen	
	Südafrika	100	1972	662	M	Personenwagen	
	Portugal	–			M	Personenwagen	
	Thailand	–			M	Personenwagen	
Daimler-Benz	Südafrika	26,7	1966	2 468	F	10 701 Personenwagen	
						5 580 Nutzfahrzeuge	
	Spanien (zus. mit VW)	26,84	1955	4 052	F	13 584 Nutzfahrzeuge	2 342 Transporter
						8 676 Dieselmotoren	
	Jugoslawien	5,9	1971	12 300	F	6 300 Nutzfahrzeuge	
	Türkei	36	1968	1 077	F	1 068 Omnibusse	
	Türkei	noch offen	nach 1976		M	Nutzfahrzeuge	
	Peru	–	1975		M	Nutzfahrzeuge	
	Venezuela	–			M	Personenwagen	
	Argentinien	100	1954	3 900	F	6 721 Nutzfahrzeuge	
						1 545 Dieselmotoren	
	Brasilien	100	1957	15 084	F	43 600 Nutzfahrzeuge	Süd- u. Mittelamer., USA, Afrika
						23 105 Dieselmotoren	
	Ghana				M	Nutzfahrzeuge	
	Nigeria	40	1979		M	(7 500) Nutzfahrzeuge	
	Sambia	15 (mit DEG = 25 %)	1978 (?)	(400)	M	Nutzfahrzeuge	
	Saudi-Arabien	26	1976	(450)	M	(5 000) Nutzfahrzeuge	
	Iran	30	1969	839	F	14 200 Dieselmotoren	
	Iran	–			M	600 Fahrzeuge und Busse	Busse zur Hälfte in arabische Länder
	Indien	26,2	1957	2 140	F	Nutzfahrzeuge	
	Indien	11,5			F	25 269 Nutzfahrzeuge	

Tabelle II–14 (Fortsetzung)

	Land	Kapitalbeteiligung in Prozent	Beginn der Produktion	Zahl der Beschäftigten*	Art der Produktion**	Jahresproduktion*	Export
VW (mit Audi-NSU)	Indonesien (zus. mit VW)	33,3	1971	1 213	M	2 226 Nutzfahrzeuge 1 431 Personenwagen	
	Singapur	26	1971	140	M	(4 800) Nutzfahrzeuge	
	Malaysia	–	vor 1973		M	Nutzfahrzeuge	
	USA	noch offen	1977	(5 500)	M/T	(200 000) Personenwagen	
	Neuseeland				M		
	Australien	100	1954	1 920	M	15 300 Fahrzeuge (am 31.3.1976 an Nissan Motor Comp. verkauft)	
	Südafrika	98,7	1951	5 307	F/M	49 885 Fahrzeuge	
	Spanien (zus. mit D-B)	26,84	1955	4 052	F	s. Daimler-Benz	s. Daimler-Benz
	Portugal				M		
	Jugoslawien	49	1972	840	M/T	13 276 Fahrzeuge	
	Türkei				M		
	Syrien		nach 1976		M		
	Algerien		nach 1976		M		
	Costa Rica				M		
	Mexiko	100	1954	9 871	F/T	106 937 Fahrzeuge	USA; Teile nach Brasilien; Ausfuhr = 30 %
	Peru				M		
	Venezuela	–	1967		M	8 000 Fahrzeuge	
	Uruguay				M		
	Brasilien	80	1951	38 533	F/T	502 580 Fahrzeuge	59 172 Fahrzeuge; Teile besonders nach Mexiko und BRD; CKD-Sätze nach Afrika und Asien

Tabelle II–14 (Fortsetzung)

	Land	Kapitalbeteiligung in Prozent	Beginn der Produktion	Zahl der Beschäftigten*	Art der Produktion**	Jahresproduktion*	Export
	Kenia		1976		M	(3 500) Nutzfahrzeuge	
	Senegal				M		
	Ghana				M		
	Nigeria	40	1975	1 303	M	5 873 Fahrzeuge	
	Irak		1977/78		M		in arabische Länder vorgesehen
	Pakistan				M		
	Indonesien (zus. mit D-B)	33,3	1971	979	M	s. Daimler-Benz	
	Philippinen				M – 60 % lokaler Anteil		
	Thailand				M		
	Singapur				M		
	Malaysia				M		
Klöckner-Humboldt-Deutz (mit Magirus-Deutz)	Japan	unter 50	1963	218	F	Motoren	
	Südafrika	Mehrheit	1970	330	M	Nutzfahrzeuge Motoren	
	Sowjetunion	–	nach 1977		F	(50 000) Motoren	
	Griechenland	100	1956	221	M	Omnibusse	
	Jugoslawien	8	1971	6 489	F	Nutzfahrzeuge Motoren	
	Algerien		1974		F	Motoren Radschlepper	
	Argentinien	unter 50	1959	1 682	F	Nutzfahrzeuge Motoren	
	Zaire	100	1975		M	Nutzfahrzeuge	
	Iran				M	1 200 Omnibusse	teilweise Export

Tabelle II–14 (Fortsetzung)

	Land	Kapitalbeteiligung in Prozent	Beginn der Produktion	Zahl der Beschäftigten*	Art der Produktion**	Jahresproduktion*	Export
Gutehoffnungshütte (MAN, Büssing)	Österreich	unter 50	1950	2 025	F	Nutzfahrzeuge	
	Australien	94,5	1964	195	M	250–300 Nutzfahrzeuge	
	Südafrika	100	1970	320	M	Nutzfahrzeuge	
	Südafrika	24,5	1970	1 000	M	Nutzfahrzeuge	
	Türkei	unter 50	1966	780	F	Nutzfahrzeuge	
	Peru				M		
	Argentinien	50	1961	350	F	Dieselmotoren	

* In Klammern = Planzahlen
** F = Fertigung, M = Montage, T = Teilefertigung

Entwicklungsländern freigesetzten Arbeitskräften 39000 durch Ausfuhren in Entwicklungsländer zusätzlich Beschäftigte gegenüberstellen, doch recht zweifelhaft.[167] Jedenfalls zählte die Automobilindustrie der westlichen Industriestaaten 1974 schon 551 Montage- und Produktionswerke in 81 Ländern, während sie 1964 erst in 55 Ländern vertreten war.[168]

Die *elektrotechnische Industrie* weist Auslandsproduktion (außerhalb der EG) in 39 Ländern auf (siehe Tabelle II–13). Elektrotechnische Unternehmen sind nicht nur schon viele Jahre in größerem Umfang im Ausland tätig[169]; sondern sie bilden auch den Industriezweig mit der stärksten Auslandstätigkeit, gemessen an der Zahl der im Ausland Beschäftigten. Von 179 der verzeichneten 231 Beteiligungsverhältnisse konnten die Beschäftigtenzahlen ermittelt werden: 154756 (1975). Insgesamt kann die Zahl der Beschäftigten hochgerechnet auf 200000 außerhalb der EG und auf etwa 250000 einschließlich der Länder der EG geschätzt werden. Diese Zahlen stehen einer Inlandsbeschäftigung der gesamten elektrotechnischen Industrie (also einschließlich der Unternehmen, die keine Auslandsproduktion haben) von 999200 (Durchschnitt 1975) gegenüber. In vielen Ländern sind deutsche elektrotechnische Unternehmen marktbeherrschend, besonders auf Teilmärkten wie Nachrichtentechnik, Transformatoren, Kabel, elektrische Anlagen. Unternehmen wie Siemens, AEG-Telefunken, Osram gehören weltweit operierenden Oligopolen an, die sich durch wirkungsvolle Kartellabsprachen die Märkte aufteilen können.[170]

Im Erhebungszeitraum 1961 bis 1976 hat sich die Zahl der Beteiligungsverhältnisse in den erfaßten Industrieländern von 45 auf 89 und in den Entwicklungsländern von 42 auf 142 erhöht (siehe Tabelle II–13). Dabei ist zu erkennen, daß bei der Auslandsproduktion die exportorientierte Produktion in den letzten Jahren rasch an Bedeutung gewinnt. Die Industrie selbst unterscheidet zwischen «Landesfabriken» und «Weltmarktfabriken». «In den siebziger Jahren haben die Weltmarktfabriken eine wachsende Bedeutung erhalten. Sie produzieren in einer klaren Arbeitsteilung mit den deutschen Stammwerken ausgewählte Fabrikate für den Weltmarkt.» Welt-

167 Hugo Dicke, Hans H. Glismann, Ernst-Jürgen Horn, Axel D. Neu, Beschäftigungswirkungen einer verstärkten Arbeitsteilung zwischen der Bundesrepublik und den Entwicklungsländern, Tübingen 1976 (Kieler Studien Nr. 137), S. 96, Tabelle 14. – Die Kategorie der freigesetzten Arbeitskräfte wegen vermehrter Exporte aus ausländischen Produktionen in andere Länder (beispielsweise aus Brasilien und Mexiko nach den USA) taucht nicht auf.

168 La division internationale du travail. Vol. I: Les tendences actuelles, Paris 1976 (La documentation française – Études de politique industrielle No. 9), S. 234.

169 Das Haus Siemens hatte nach eigenen Angaben im Jahre 1914 insgesamt 82000 Beschäftigte; davon waren 17000 in der Fertigung im Ausland tätig, mit 16000 in nur drei Ländern, nämlich in Großbritannien, Rußland und Österreich.

170 Vgl. Kurt Rudolf Mirow, Nach dem Gesetz der Wölfe – Das Welt-Elektro-Kartell. In: Technologie und Politik – aktuell-Magazin 5, Reinbek 1976, S. 143–203.

marktfabriken ergänzen nicht einfach die traditionelle Arbeitsteilung in einem Konzern, sie geben vielmehr die Richtung an für eine neue weltweite Arbeitsteilung: «Für jede Landesfabrik gibt es langfristig natürlich die Entwicklungsmöglichkeit zur Weltmarktfabrik.»[171]

Weltmarktfabriken der Elektroindustrie aus der Bundesrepublik gibt es bisher einerseits für Konsumgüter und andererseits für Zwischenprodukte. Unter die erste Kategorie fallen Werke für Rundfunk- und Fernsehgeräte in Österreich, Portugal und Nordirland (Grundig) sowie in Malaysia (Nordmende)[172]; hierzu gehören aber auch Werke zur Fertigung oder Montage von Filmkameras, Objektiven und Projektoren in Malaysia, Taiwan und Italien (Bosch). Zur zweiten Kategorie zählt insbesondere die Fertigung aktiver und passiver Bauelemente.[173] Hieran sind neben den führenden Konzernen, die hauptsächlich in Südostasien und Lateinamerika produzieren, auch eine Reihe kleinerer Firmen beteiligt, die in Länder wie Portugal, Malta und Tunesien verlagern.

Der Auf- und Abbau von Fertigungsanlagen ist bei einem Teil dieser Produktion sehr schnell möglich. Für die erforderliche Arbeitskraft werden nur kurze Anlernzeiten benötigt, und die technische Ausstattung ist oft nur gering. Das ermöglicht einen raschen Wechsel des Standorts, wodurch sowohl Auflagen von Regierungen als auch Forderungen der Arbeiter ausgewichen werden kann.

Wie oben geschätzt, liegt die Auslandsbeschäftigung der elektrotechnischen Industrie bei 250000 (1975). Die im Rahmen unserer Untersuchung erfaßten Beteiligungsverhältnisse haben sich seit 1966 der Zahl nach fast verdoppelt; hinzu kommt eine Produktionsausdehnung in den bestehenden Auslandsbetrieben, die sich in einer Erhöhung der Zahl der Beschäftigten niederschlägt: für 32 Beteiligungsverhältnisse der Elektroindustrie sind Beschäftigtenzahlen für 1966 und 1975 bekannt, die Zahl der Beschäftigten in ihnen stieg von 19256 auf 34178, also um 77,5 Prozent in diesem Zeitraum. Die Auslandsbeschäftigung ist im allgemeinen stetig angestiegen. Demgegenüber fallen die Inlandsbeschäftigtenzahlen auch noch 1976[174], obwohl die wirtschaftliche Entwicklung von Vertretern der Industrie als positiv einge-

171 Zitate aus einem Schreiben eines Unternehmens der elektrotechnischen Industrie vom Februar 1976.

172 «Die Weltproduktion für kleinere Geräte werde immer mehr in den Fernen Osten verlegt. Die Standortvorteile und die Unterstützungsmaßnahmen der Regierungen in diesen Ländern seien so bedeutend, daß sich kein Unternehmen langfristig diesem Trend entziehen könne . . . Die positiven Aspekte der Auslandsengagements von Nordmende bergen nach Ansicht von Mende bei der Heimelektronik für die Arbeitsplätze in der Bundesrepublik langfristig Gefahren.» – Süddeutsche Zeitung, 6. August 1974.

173 Die Entwicklung der Weltmarktproduktion dieser Produktgruppe wird an anderer Stelle ausführlich dargestellt (s. Teil III).

174 Nach amtlichen Zahlen belief sich die Inlandsbeschäftigung im Jahresdurch-

schätzt wird. Das nicht zuletzt durch weitere Rationalisierung der Produktion und der damit verbundenen Freisetzung von Arbeitskräften erreichte Resultat zeigt sich gegenwärtig in verringerten Lohnstückkosten.[175] Siemens, der Konzern in der Bundesrepublik mit der höchsten Beschäftigtenzahl, weist seit 1971 jährlich fallende Mitarbeiterzahlen im Inland und steigende im Ausland auf. In den zehn Jahren von 1966 bis 1975 ist die Mitarbeiterzahl von 218 000 auf 207 000 im Inland zurückgegangen und von 39 000 auf 89 000 im Ausland gestiegen.[176] Bei um 9 Prozent erhöhtem Umsatz wird für die ersten acht Monate des Geschäftsjahres 1975/76 (1. Oktober bis 31. Mai) ein Rückgang der Zahl der Beschäftigten im Inland um weitere 6 Prozent, im Ausland um 1 Prozent gemeldet.[177] Einschließlich Osram[178] ist die Zahl der von Siemens im Ausland Beschäftigten allerdings auf 96 000 gestiegen.

Zur Veranschaulichung des Prozesses struktureller Änderungen in der Elektroindustrie sei auf die Standortentscheidungen zweier Unternehmen kurz hingewiesen. Die Grundig-Gruppe hat im Geschäftsjahr 1974/75 23 490 Personen im Inland und 9042 Personen im Ausland beschäftigt;

schnitt auf 1 089 300 im Jahre 1973, 1 089 800 im Jahre 1974, 999 200 im Jahre 1975, 964 500 im Jahre 1976. – Wirtschaft und Statistik 5 (1977), S. 299*.

175 «Die deutsche Elektroindustrie dürfte heuer um 7 bis 8 Prozent wachsen ... Die Ertragsaussichten der Branche haben sich angesichts einer auf 84 Prozent gestiegenen Kapazitätsauslastung verbessert ... Die Lohnstückkosten haben neuerdings sogar nachgebende Tendenz ... Allerdings haben auch die Einfuhren um 28,8 Prozent zugenommen.» – Süddeutsche Zeitung, 15. Juni 1976. «Immerhin hatte die Branche in der ersten Hälfte von 1976 eine weitere Zunahme der Produktivität je Beschäftigten von 12 bis 15 Prozent; die Lohnstückkosten seien gesunken und die Kapitalkosten hätten sich nicht erhöht.» Süddeutsche Zeitung 22. Oktober 1976.

176 Siemens AG, Geschäftsbericht 1974/75, S. 61 (Angaben jeweils zum 30. 9. eines Jahres).

177 «Auf vergleichbarer Basis beträgt der Zuwachs 9 Prozent: im Inlandsgeschäft 6, im Auslandsgeschäft 13 Prozent ... Voraussichtlich wird der Umsatz (mit Osram) im ganzen Jahr etwa 20,5 Milliarden DM erreichen und bei den Auslandstöchtern erstmals über 10 Milliarden DM liegen. Die Zahl der Beschäftigten ist (ohne Osram) weiter um 4 Prozent zurückgegangen, im Inland (minus 5 Prozent) stärker als im Ausland (minus 1 Prozent).» – Frankfurter Allgemeine Zeitung, 10. Juli 1976. – Zum 30. Juni 1976 beträgt der Rückgang im Inland minus 6 Prozent, im Ausland minus 1 Prozent. – Süddeutsche Zeitung, 13. August 1976 (Anzeige der Siemens AG).

178 Aus Anlaß des Abschlusses des Rumpfgeschäftsjahres 1976 (1. Januar bis 30. September) wird im *Handelsblatt* von einer «radikalen Schlankheits- und Verjüngungskur» der Osram-Gruppe gesprochen. Für die Beschäftigtenzahlen bedeutet das: im Inland werden jetzt 9455 Personen und damit über 6000 weniger als 1973 beschäftigt; die Zahl der Auslandsbeschäftigten liegt mit über 8500 etwa um fünfhundert unter der entsprechenden Zahl von 1973. – Handelsblatt, 20. Oktober 1976.

gegenüber dem Vorjahr waren das 327 mehr im Inland[179] und 1092 mehr im Ausland.

Während die Werke in Frankreich fast ausschließlich für den Binnenmarkt produzieren, hat die Exportproduktion in den Werken in Italien, Nordirland und Österreich einen wesentlichen Anteil und erreicht in Portugal 95 Prozent der Produktion, wobei unter den Importländern die Bundesrepublik Deutschland an erster Stelle genannt wird.[180] In Braga (Portugal) werden seit 1965 Rundfunk- und Fernsehgeräte produziert und inzwischen rund 2300 Personen beschäftigt. Inzwischen wird eine neue Farbfernsehfertigung in Taiwan aufgebaut, die tausend Personen beschäftigen soll.[181]

Die Robert Bosch GmbH benutzt die Bezeichnung «Regionalgesellschaften» für ihre Auslandsunternehmen; diese fertigen zunächst für das jeweilige Land oder die jeweilige Region. Demzufolge stellt der Geschäftsbericht fest: «Entsprechend den Bedürfnissen der jeweiligen Märkte vergrößerten wir die Kapazitäten der Fertigungsgesellschaften.»[182] Dies gilt für Werke in Belgien, Frankreich, Schweden und den USA. Demgegenüber exportieren Werke in Spanien über ein Viertel, in Italien über die Hälfte und ein Werk in der Schweiz (für Elektrowerkzeuge) 94 Prozent der Produktion. Andere Werke, insbesondere für elektrische Kraftfahrzeugausrüstung, haben zwar eine geringere direkte Exportquote, ein Teil der Produktion wird aber eingebaut mit den Fahrzeugen exportiert (Brasilien, Mexiko). In Taiwan und Malaysia hingegen werden seit 1970 und 1972 Objektive und Sucher für Filmkameras, Filmkameras und Baugruppen für Kraftfahrzeugausrüstung hergestellt und zu 100 Prozent exportiert. Die Werke in Indien, an denen Bosch zu 51 Prozent beteiligt ist, produzieren zwar überwiegend für den Inlandsmarkt, der Ausfuhranteil beträgt jedoch 28 Prozent, und es werden beispielsweise Einspritzpumpen für Dieselmotoren in größerer Zahl in die Bundesrepublik exportiert. Von den 9200 Beschäftigten arbeiten also rund dreitausend für den Export.

Die Zahl der Inlandsbeschäftigten ging stark zurück: von 1971: 84166 auf 1975: 70276 (im Jahresmittel); im selben Zeitraum ist die Zahl der Beschäf-

179 Zum 31. März 1976 ist die Zahl der Mitarbeiter im Inland gegenüber dem Vorjahr von 23490 auf 22496 zurückgegangen. – Grundig AG, Geschäftsbericht 1975/76, S. 32.

180 Angaben aus: Grundig AG, Geschäftsbericht 1974/75.

181 Süddeutsche Zeitung, 22. Oktober 1976. – «Das Geschäftsjahr 1975/76 (31. März) der Grundig AG, Fürth, war ‹ausgezeichnet› und das jetzt laufende Geschäftsjahr wird ebenfalls ‹außergewöhnlich› sein ... Grundig konnte im abgelaufenen Geschäftsjahr den Weltumsatz um 16 Prozent auf 2,39 (1974/75: 2,066) Milliarden DM steigern, obwohl die Branche 1975 erstmals Umsatzrückgänge hinnehmen mußte.» – Süddeutsche Zeitung, 16. Oktober 1976.

182 Robert Bosch GmbH, Geschäftsbericht 1975, S. 22.

tigten in den «Regionalgesellschaften» (im Ausland) von 24883 auf 35277 gestiegen.[183]

Dieser Prozeß ist zum Teil in kleineren Industriezweigen noch ausgeprägter. Als Beispiel sei hier die *Schuhindustrie* angeführt, von der im März 1975 berichtet wurde: «Die Hoffnung auf ein allmähliches Zurückdrängen der Importe haben 1974 einen schweren Schlag erlitten. Die Einfuhren stiegen um 13,3 Prozent auf 155 Millionen Paar und von Werther sogar von 24,9 Prozent auf knapp 1,8 Milliarden DM. Darin spiegelt sich eine überdurchschnittlich hohe Einfuhr hochwertiger Lederschuhe wider, zu der allerdings die deutschen Fabrikanten durch eine Verlagerung von Fertigungen ins Ausland selbst auch beigetragen haben. So produziert heute eine Reihe namhafter deutscher Firmen in Kooperationen oder in Ventures im Iran, Brasilien, Spanien oder auch Taiwan.»[184] Folglich heißt es ein Jahr später: «Die Schuhindustrie hat sich trotz des langen Schrumpfungsprozesses auch 1975 nicht, wie erhofft, erholt. Ihre Produktion sank erneut um 8 Prozent auf 107 Millionen Paar. Die Zahl der Schuhfabriken verminderte sich um 41 auf 511. Die Belegschaft schrumpfte um 10 Prozent auf 55600.»[185] Aus bisherigen Entwicklungsdaten gewonnene Prognosen für die inländische Schuhindusrie bis 1985 lauten wie folgt: «Was die Schuhindustrie angeht, so ist zwar zu erwarten, daß auch sie in Zukunft unter einen verstärkten Anpassungsdruck durch Importe aus Entwicklungsländern geraten wird, der bis zu einem Drittel der Arbeitsplätze in dieser Branche gefährden mag. Aber noch gravierender dürfte sich die Importkonkurrenz aus Nicht-Entwicklungsländern auswirken, durch die rund 60 Prozent der 1973 bestehenden Arbeitsplätze als gefährdet anzusehen sind.»[186] Solche Prognosen sind insofern systematisch unbefriedigend, als sie nicht die Auswirkungen eines Prozesses bis zu einem bestimmten Zeitpunkt auf den weiteren Verlauf dieses Prozesses berücksichtigen.

183 Robert Bosch GmbH, Geschäftsbericht 1972, S. 30 und Geschäftsbericht 1975, S. 31.

184 Frankfurter Allgemeine Zeitung, 10. März 1975.– «Die Importquote beträgt nunmehr knapp 63 Prozent, die heimische Schuhindustrie versorgt also weniger als 40 Prozent des Marktes. Der Hauptverband gibt allerdings zu bedenken, daß in den Einfuhren rund 20 Prozent Eigenimporte enthalten seien, da die deutsche Schuhindustrie zunehmend im Ausland produziere.» – Süddeutsche Zeitung, 12. April 1977.

185 Süddeutsche Zeitung, 26. März 1976. – 1971 zählte die Schuhindustrie der Bundesrepublik Deutschland noch 84000 Beschäftigte.

186 Hugo Dicke, Hans H. Glismann, Ernst-Jürgen Horn, Axel D. Neu, op. cit., S. 102–103.

3.2. Anstieg der Auslandsproduktion im Erhebungszeitraum 1961 bis 1976

Unsere Erhebung war nicht so angelegt, daß sie eine Analyse der historischen Entwicklung erlaubte.[187] Es wurde zwar das Jahr des Beginns der Produktion in dem jeweiligen ausländischen Beteiligungsunternehmen erfragt. Aber hieraus lassen sich nur einige Hinweise gewinnen, denn einerseits wurde die Frage teilweise nicht oder unzuverlässig beantwortet[188], andererseits bezieht sich die Angabe immer nur auf solche Beteiligungsunternehmen, die im Erhebungszeitraum 1961 bis 1976 und außerhalb der EG produzierten; Auslandsproduktion, die früher bestand und (insbesondere nach dem Zweiten Weltkrieg) nicht fortgeführt wurde, ist nicht berücksichtigt. Tabelle II–15 ist mit diesen Einschränkungen zu lesen. Trotz der Unzulänglichkeiten zeigt sich mit hinlänglicher Deutlichkeit, daß die überwiegende Mehrzahl der Auslandsproduktionsstätten erst in den letzten beiden Jahrzehnten, und zwar mit steigender Tendenz, errichtet wurde. Von den 602 Auslandsproduzenten ist nur für 86 eine Auslandsproduktion bis 1955 nachgewiesen, mit 174 Beteiligungsverhältnissen (im Vergleich zu 1340 Beteiligungsverhältnissen insgesamt, für die das Jahr des Produktionsbeginns bekannt ist).

Tabelle II–16 führt (kumulativ) die Zahl der Beteiligungsverhältnisse nach Wirtschaftszweigen und Regionen für 1961, 1966, 1971 und 1974 auf. Die Zahlen sind mit Tabelle II–15 nicht zu vergleichen, da für alle Beteiligungsverhältnisse, für die das Jahr des Beginns der Produktion nicht bekannt ist (die aber gemäß den Voraussetzungen der Erhebung irgendwann bis 1976 die Fertigung aufgenommen haben), angenommen wurde, daß sie bereits 1961 produzierten. Diese Annahme wurde gemacht, weil sie konservativ ist in bezug auf die These der starken Zunahme der Auslandsproduktion im Erhebungszeitraum. Wenn also von den 1760 ermittelten Beteiligungsverhältnissen 770 als bereits 1961 produzierend angenommen werden, so sind in dieser Zahl 420 enthalten, für die das Jahr des Beginns der Produktion nicht ermittelt werden konnte, die also entweder bereits bis 1961 oder irgendwann später die Fertigung aufnahmen. Die Annahme ist erlaubt, daß sich die Zahl der Beteiligungsverhältnisse seit 1961 nicht nur gut verdoppelt, wie Tabelle II–16 ausweist, sondern mehr als verdreifacht oder sogar ver-

187 Hierzu ist einiges Material zusammengetragen in: Lawrence G. Franko, The European Multinationals, London 1976, besonders im Kapitel II: The Origins of Continental European Multinational Enterprise, S. 23–44. – «Some companies in some industrial sectors did venture abroad at an early stage, though usually for special reasons other than high domestic costs or shortage of labor.» – Business International, Germany in the Seventies, Genf 1973, S. 103.

188 Beispielsweise wurde in einigen Fällen, in denen die Auslandsfertigung durch den Zweiten Weltkrieg unterbrochen war, nur das Jahr der Wiederaufnahme der Produktion angegeben.

Tabelle II–15

Zahl der erfaßten Unternehmen mit Auslandsproduktion, ihrer Beteiligungsverhältnisse, Jahr des Beginns der Produktion, nach Wirtschaftszweigen

	bis 1900		bis 1915		bis 1925		bis 1935		bis 1945		bis 1955		1961–1976	
	Unternehmen	Beteiligungsverhältnisse	Unternehmen	Beteiligungsverhältnisse	Unternehmen	Beteiligungsverhältnisse	Unternehmen	Beteiligungsverhältnisse	Unternehmen	Beteiligungsverhältnisse	Unternehmen	Beteiligungsverhältnisse	Unternehmen	Beteiligungsverhältnisse
Land- und Forstwirtschaft													11	13
Energie, Bergbau					1	1	1	1	1	1	2	2	11	31
Chemie	2	2	3	5	8	13	14	21	15	28	26	69	84	503
Steine, Glas, Keramik	1	1	1	1	1	1	3	3	3	3	4	5	22	46
Eisen, NE-Metalle					1	1	1	1	4	4	7	11	45	177
Maschinenbau	2	3	2	3	4	5	4	5	5	6	16	20	172	368
Fahrzeugbau	1	1	1	1	1	1	1	1	1	1	4	8	20	48
Elektrotechnik	2	3	3	6	5	8	6	9	6	13	9	25	63	231
Feinmechanik, Optik	1	1	3	3	5	5	6	8	6	9	11	19	84	175
Sonstige verarbeitende Industrie	1	1	4	4	4	4	5	7	5	9	7	15	90	168
Alle erfaßten Wirtschaftszweige	10	12	17	23	30	39	41	56	46	74	86	174	602	1 760

vierfacht hat. (Analog ist in Kapitel 2 bei den Angaben über die Entwicklung der Auslandsproduktion in den Regionen und in einzelnen Ländern diese systematische Ungenauigkeit zu berücksichtigen.)

Nach dem Zweiten Weltkrieg waren bis 1952 Auslandsinvestitionen durch Unternehmen der Bundesrepublik Deutschland nicht erlaubt, sie konnten ab dann genehmigt werden, wenn sich die Anlage «als bald und nachhaltig devisenbringend oder devisensparend auswirkt»[189]. Bis 1958 wurden die Restriktionen abgebaut, und ab 1959 wurden Direktinvestitionen[190] im Ausland gefördert.[191] Aber erst ab der Mitte der sechziger Jahre weist die offizielle Statistik der Direktinvestitionen im Ausland einen steilen Anstieg auf: 1961: 3291 Millionen DM, 1966: 8236 Millionen DM, 1971: 19932 Millionen DM, 1975: 47048 Millionen DM.[192]

3.3. Altersstruktur, Geschlechterverteilung und Staatsangehörigkeit der Beschäftigten im Ausland

Für 548 Beteiligungsverhältnisse mit 211968 (1975) Beschäftigten liegen Angaben zur Altersstruktur vor (Tabelle II–17). Verglichen mit den erwerbstätigen inländischen Arbeitern hat die Altersgruppe von einundzwanzig bis vierzig Jahre einen höheren Anteil, die der älteren Arbeiter einen geringeren. Während dieser Unterschied bei den Industrieländern nicht

189 Bundesminister für Wirtschaft, Runderlaß Außenwirtschaft, Nr. 15 (1952), betreffend IV, 1: Niederlassungen im Ausland und Beteiligungen an Unternehmen im Ausland. Zahlungen im Zusammenhang mit der Errichtung, dem Erwerb sowie der Unterhaltung von Niederlassungen im Ausland und mit Beteiligungen an Unternehmen im Ausland. Bundesanzeiger, 30. Januar 1952.

Vgl. auch M. Holthus (Hg.), Die deutschen multinationalen Unternehmen. Frankfurt a. M. 1974, S. 8–14.

190 Als Direktinvestitionen werden «solche Kapitalanlagen bezeichnet, die vom Investor in der Absicht vorgenommen werden, einen unmittelbaren Einfluß auf die Geschäftstätigkeit des kapitalnehmenden Unternehmens zu gewinnen oder einem Unternehmen, an dem der Investor bereits maßgeblich beteiligt ist, neue Mittel zuzuführen.» – Die deutschen Direktinvestitionen im Ausland. In: Monatsberichte der deutschen Bundesbank, Jg. 17, Nr. 12 (Dezember 1965), S. 19.

191 Auf die historische Entwicklung der Förderung der Auslandsinvestitionen wird hier nicht weiter eingegangen. Vgl. dazu Henry Krägenau, Entwicklung und Förderung der deutschen Direktinvestitionen. In: Hans-Eckart Scharrer (Hg.), Förderung privater Direktinvestitionen, Hamburg 1972, S. 470–597; und Heinrich Jüttner, Förderung und Schutz deutscher Direktinvestitionen in Entwicklungsländern unter besonderer Berücksichtigung der Wirksamkeit von Investitionsförderungsverträgen, Baden-Baden 1975 (Internationale Kooperation Nr. 15).

192 Bereits in Kapitel 1 wurde darauf hingewiesen, daß diese Zahlen nicht alle Auslandsinvestitionen repräsentiert; sie können dennoch in erster Näherung die zeitliche Entwicklung abbilden.

Tabelle II–16

Zahl der Beteiligungsverhältnisse nach Wirtschaftszweigen und Regionen, 1961, 1966, 1971, 1974

a) Industrieländer (ohne EG)

	Welt				Industrieländer (ohne EG)															
					Zusammen				westeuropäische				nichteuropäische				osteuropäische			
	61	66	71	74	61	66	71	74	61	66	71	74	61	66	71	74	61	66	71	74
Land- und Forstwirtschaft	6	6	9	12			1	1							1	1				
Energie, Bergbau	11	12	17	26	9	9	10	13	2	2	2	1	7	7	8	12				
Chemie	238	302	401	467	94	110	142	167	48	54	67	71	46	56	75	96				
Steine, Glas, Keramik	19	22	30	37	9	12	16	19	5	7	10	13	4	5	6	6				
Eisen, NE-Metalle	92	112	139	163	45	56	70	83	18	21	28	33	27	35	42	50				
Maschinenbau	168	214	265	311	71	89	117	137	28	38	47	50	43	51	70	86				1
Fahrzeugbau	19	22	37	46	4	5	9	12	1	1	2	3	3	4	7	9				
Elektrotechnik	87	120	180	207	45	54	71	80	28	32	43	44	17	22	28	35				1
Feinmechanik, Optik	73	97	122	147	30	40	52	62	16	22	29	33	14	18	23	29				
Sonstige verarbeitende Industrie	58	89	118	147	28	44	51	54	21	35	40	40	7	9	11	14				
Alle erfaßten Wirtschaftszweige	771	996	1 318	1 563	335	419	539	628	167	212	268	288	168	207	271	336				2

Tabelle II–16 (Fortsetzung)

b) Entwicklungsländer

	Entwicklungsländer																							
	Zusammen				Mittelmeer				Lateinamerika				Übriges Afrika				Westasien				Süd- und Südostasien			
	61	66	71	74	61	66	71	74	61	66	71	74	61	66	71	74	61	66	71	74	61	66	71	74
Land- und Forstwirtschaft	6	6	8	11	6	6	6	9			1	1							1	1				
Energie, Bergbau	2	3	7	13		1	2	4	1	1	4	6	1	1	1	2				1				
Chemie	144	192	259	300	42	63	86	99	82	100	130	147	4	4	4	6	1	2	8	10	15	23	31	38
Steine, Glas, Keramik	10	10	14	18	7	7	9	11	2	2	3	3				2					1	1	2	2
Eisen, NE-Metalle	47	56	69	80	15	21	26	29	23	25	29	35	1	2	2	2	1	1	1	2	7	7	11	12
Maschinenbau	97	125	148	174	22	29	39	51	50	63	70	79	1	1	3	5	1	1	1	1	23	31	35	38
Fahrzeugbau	15	17	28	34	2	3	7	9	11	12	15	17				2			1	1	2	2	5	5
Elektrotechnik	42	66	109	127	12	24	37	42	25	31	47	52	1	1	1	1	1	4	7	8	3	6	17	24
Feinmechanik, Optik	43	57	70	85	11	16	21	28	25	31	37	39								1	7	10	12	17
Sonstige verarbeitende Industrie	30	45	67	93	8	13	20	28	19	23	31	35	2	4	5	8		1	1	4	1	4	10	18
Alle erfaßten Wirtschaftszweige	436	577	779	935	125	183	253	310	238	288	367	414	10	13	16	28	4	9	20	29	59	84	123	154

Tabelle II–17
Anteil der Altersgruppen je tausend Beschäftigte nach Wirtschaftszweigen, 1975
(für 548 Auslands-Beteiligungsverhältnisse)

		Land- u. Forst-wirt-schaft	Energie, Berg-bau	Chemie	Steine, Glas, Keramik	Eisen, NE-Metalle	Maschi-nenbau	Fahr-zeug-bau	Elektro-technik	Feinme-chanik, Optik	Sonstige verarbei-tende Industrie	Alle er-faßten Wirt-schafts-zweige
Industrieländer (ohne EG)	bis 20		n.v.	60	38	77	83	33	145	103	107	95
	21–40		n.v.	566	425	651	581	573	530	503	647	557
	41–60		n.v.	342	434	257	320	360	299	361	227	321
	über 60		n.v.	33	102	15	16	33	26	33	23	29
Entwicklungs-länder	bis 20	n.v.	201	113	n.v.	76	91	77	145	233	188	117
	21–40	n.v.	706	674	n.v.	760	725	704	677	608	538	685
	41–60	n.v.	90	200	n.v.	160	172	209	165	147	259	186
	über 60	n.v.	3	14	n.v.	4	12	9	12	12	15	11
Inland (Arbeiter)	unter 20											105
	20–39											481
	40–59											334
	60 u. darüber											60

Quelle: eigene Erhebungen, «Inland» errechnet aus Daten des Mikrozensus Mai 1973, Statistisches Bundesamt, Fachserie A6/I

n.v. = wegen geringer Höhe der absoluten Zahlen wurde keine Quote errechnet

besonders ausgeprägt ist, tritt er bei den Entwicklungsländern deutlicher in Erscheinung. Sind in dieser Altersgruppe bei den inländischen Arbeitern 481 pro tausend zu finden, so sind es in Entwicklungsländern 685. 41- bis 60jährig sind hier 186 sowie über sechzig Jahre nur elf pro tausend, worin natürlich auch die niedrigere durchschnittliche Lebenserwartung zum Ausdruck kommt.

Tabelle II–18
Weibliche Beschäftigte je tausend Beschäftigte nach Wirtschaftszweigen, 1975 (für 669 Auslands-Beteiligungsverhältnisse)

	Industrieländer (ohne EG)	Entwicklungsländer	Inland (Arbeiter)
Energie, Bergbau	359	19	12
Chemie	322	222	245
Steine, Glas, Keramik	139	205	325
Eisen, NE-Metalle	164	98	98
Maschinenbau	167	59	102
Fahrzeugbau	81	49	135
Elektrotechnik	400	379	457
Feinmechanik, Optik	459	237	483
Sonstige verarbeitende Industrie	536	295	369
Alle erfaßten Wirtschaftszweige	305	159	281 (291)*
Zahl d. erfaßten Beteiligungsverhältn.	268	401	
mit Beschäftigten insgesamt	97 797	211 992	

Quelle: eigene Erhebungen, «Inland» errechnet aus Statistisches Jahrbuch 1976, S. 243, Tabelle 14.9

* verarbeitende Industrie, ohne Bergbau

Der höhere Anteil der jüngeren, leistungsfähigeren Arbeitskraft ist in allen Industriezweigen mehr oder weniger gleichmäßig für die Altersgruppe der 21- 40jährigen zu beobachten. Bei der Beschäftigung von jungen Leuten (bis zwanzig Jahre) gibt es hingegen, besonders in Entwicklungsländern, erhebliche Unterschiede. In der Elektrotechnik, der Feinmechanik und Optik, in Betrieben etwa der Uhrenindustrie, der Schuhindustrie, der Tabakindustrie (die mit anderen unter sonstiger verarbeitender Industrie zusammengefaßt sind) und zum Teil auch in der chemisch-pharmazeutischen Industrie werden jüngere Arbeiter, unter ihnen viele Frauen, beschäftigt. Dieser Befund ergibt sich auch in der Textil- und Bekleidungsindustrie (siehe Teil I). Währenddessen sind in Betrieben wie denen der Metallverarbeitung, des Maschinenbaus und des Fahrzeugbaus weit weniger junge Arbeiter anzutreffen.

Tabelle II–19
Deutsche (I) und sonstige Ausländer (II), je tausend Beschäftigte, nach Wirtschaftszweigen und Regionen, 1975
(für 813 Auslands-Beteiligungsverhältnisse)

	Welt		Industrieländer (ohne EG) Zusammen		westeuropäische		nichteuropäische		osteuropäische		Entwicklungsländer Zusammen		Mittelmeer		Lateinamerika		übriges Afrika		Westasien		Süd- und Südostasien	
	I	II	I	II	I	II	I	II	I	II	I	II	I	II	I	II	I	II	I	II	I	II
Land- und Forstwirtschaft	n.v.	n.v.									n.v.	n.v.	n.v.	n.v.								
Energie, Bergbau	30	26	n.v.	n.v.	n.v.	n.v.	n.v.	n.v.			31	6	n.v.	n.v.	18	4	n.v.	n.v.				
Chemie	17	24	14	37	14	98	14	22			20	16	17	8	24	22			7	0	6	2
Steine, Glas, Keramik	4	34	2	51	2	51	n.v.	n.v.			10	1	n.v.	n.v.	n.v.	n.v.	n.v.	n.v.			n.v.	n.v.
Eisen, NE-Metalle	22	16	24	38	3	56	45	20			21	8	12	3	14	8	101	23			5	0
Maschinenbau	21	55	34	131	17	166	60	78	n.v.	n.v.	13	6	13	2	17	10	n.v.	n.v.			3	0
Fahrzeugbau	15	8	20	21	n.v.	n.v.	n.v.	n.v.			16	7	8	3	16	8	n.v.	n.v.			2	0
Elektrotechnik	17	45	17	90	1	76	131	194			17	10	12	4	23	16			n.v.	n.v.	n.v.	n.v.
Feinmechanik, Optik	17	11	38	37	8	49	66	27			11	3	11	1	16	5					6	3
Sonstige verarbeitende Industrie	17	30	26	91	21	110	n.v.	n.v.			13	4	12	4	9	4	23	8	n.v.	n.v.	15	3
Alle erfaßten Wirtschaftszweige	18	26	20	69	8	94	34	41	n.v.	n.v.	17	9	13	4	18	12	72	15	7	1	5	1
Zahl der erfaßten Beteiligungsverhältnisse	813		302		157		144		1		511		176		229		18		6		82	
Mit Beschäftigten insgesamt	340 502		94 165		49 230		44 910		25		246 337		51 264		161 556		5 241		1 935		26 243	

n.v. = wegen geringer Höhe der absoluten Zahlen wurde keine Quote errechnet

In Teil III wird ausführlich auf die Bedeutung der Altersstruktur und Geschlechterverteilung im Zusammenhang mit den Arbeitsbedingungen eingegangen.*

Der Anteil weiblicher Beschäftigter an der Gesamtbeschäftigung wurde für 669 Beteiligungsverhältnisse mit 309789 (1975) Beschäftigten erfaßt (Tabelle II–18). Während die Frauenbeschäftigung in den Auslandsbetrieben in anderen Industrieländern im Durchschnitt in der Größenordnung des Frauenanteils im Inland liegt, macht sie in Entwicklungsländern gut die Hälfte aus. Die Abweichungen vom Durchschnitt in den einzelnen Industriezweigen gehen aus der Tabelle hervor. Um die Bedeutung der Frauenarbeit für die Auslandsfertigung der Unternehmen der Bundesrepublik ausreichend beurteilen zu können, bedarf es einer eigenen, differenzierten Analyse, die in dieser Untersuchung nicht geleistet wird.

Für 813 Beteiligungsverhältnisse mit 340502 (1975) Beschäftigten wurden in ihnen beschäftigt 14738 Ausländer, darunter 6046 Bundesdeutsche erfaßt. Das sind im Durchschnitt 43 und 18 je 1000 Beschäftigte (Tabelle II–19). Die Zahlen für die Industrieländer sind aus historischen Gründen, denen im einzelnen nicht nachgegangen wurde, höher als die Zahlen für die Entwicklungsländer. (Die Zahlen für Afrika sind weitgehend durch die Angaben über die Thyssen-Beteiligung Bong Mining Company in Liberia geprägt, die 343 Ausländer, darunter 280 Deutsche, beschäftigt.) Die im Ausland beschäftigten Deutschen übernehmen im wesentlichen Kontrollfunktionen.

Kapitel 4
Ökonomische und politische Determinanten und Konsequenzen der verstärkten Auslandsproduktion

4.1. Einige Bemerkungen zu den Bestimmungsgründen für Auslandsproduktion

Für die Industrieunternehmen der Bundesrepublik Deutschland ließ sich eine fortschreitende Internationalisierung der Produktion in der Untersuchung dieses Teils für den Erhebungszeitraum 1961 bis 1976 empirisch belegen. Damit ist aber noch nicht erwiesen, ob überhaupt und wenn ja, in welchem Umfang, die ermittelte Auslandsproduktion und -beschäftigung Ausdruck der Verwertungsbedingungen einer neuen Phase kapitalistischer Entwicklung, Ausdruck der Tendenz zu einer neuen internationalen Arbeitsteilung sind. Nun ist weiter oben behauptet worden, daß diese neue Phase ungefähr in den sechziger Jahren einsetzt; die erhebliche Zunahme der Auslandsproduktion, das Einbeziehen neuer Standorte und die Verlagerung von Produktionen, die zuvor der Inlandsproduktion vorbehalten waren: das alles läßt sich im Erhebungszeitraum deutlich belegen und muß als ein Hinweis auf die behauptete Tendenz gewertet werden. Die Ergebnisse der Zusatzerhebung ergeben beispielsweise (siehe Tabelle II–7), daß ab Ende der sechziger Jahre die Auslandsbeschäftigtenquote der erfaßten Unternehmen der Bundesrepublik rasch anstieg, während die Zahl der Inlandsbeschäftigten fast stagniert. Ferner konnten bei der Darstellung der einzelnen Regionen und Industriezweige (Kapitel 2 und 3.1.) Auslandsproduktionen angeführt werden, die nur als durch die Randbedingungen der neuen internationalen Arbeitsteilung erzwungen zu erklären sind.

Der rasche Anstieg der Auslandsproduktion der Industrieunternehmen der Bundesrepublik Deutschland ist unbestreitbar. Bei seiner Beurteilung scheint jedoch die Frage wichtig zu sein, in welchem Umfang bisherige Exporte aus der Bundesrepublik Deutschland durch Auslandsproduktion ersetzt werden. Zweifellos lag und liegt in einer Reihe von Fällen eine solche exportsubstituierende Auslandsproduktion vor. Handelt es sich dabei nicht um längst bekannte importsubstituierende Industrialisierung, und was hat das mit einer neuen internationalen Arbeitsteilung zu tun? – Es wäre ein grundlegendes Mißverständnis, wollte man die heute stattfindende Produktionsverlagerung zur Substituierung bisheriger Exporte anders als unter den Bedingungen der neuen internationalen Arbeitsteilung begreifen. Es sind dieselben Bedingungen, die exportorientierte und importsubstituierende Produktion an neuen Standorten möglich machen und erzwingen. Beides findet statt im Rahmen der weltweiten Organisation der Industrieproduktion durch transnational operierende Unternehmen.

Die Dynamik des Prozesses liegt darin, daß Standorte, an denen man eine Produktion für den jeweiligen Inlandsmarkt aufnimmt, gleichzeitig im Prinzip auch Standorte für Exportproduktion sind. In der Terminologie eines großen Elektrounternehmens: Jede «Landesfabrik» kann sich zu einer «Weltmarktfabrik» entwickeln. Zwar stellen «Weltmarktfabriken», in denen einzelne Produktionsgänge mit einer standardisierten Technologie durchgeführt werden, um die so entstandenen Zwischen- oder Endprodukte zu exportieren, besonders deutliche Beispiele für die Auswirkungen der Bedingungen einer neuen internationalen Arbeitsteilung dar. Bei der Auslandsproduktion der Unternehmen der Bundesrepublik Deutschland sind jedoch in einer Reihe von Fällen Betriebe anzutreffen, die zunächst vorwiegend für den Inlandsmarkt produziert haben, in denen später einzelne Produktlinien oder Teilproduktionen unter Nutzung der jeweils spezifischen Standortvorteile exportorientiert gefertigt werden. «Landesfabriken», die heute neu errichtet werden, werden in der Regel als potentielle «Weltmarktfabriken» konzipiert. Die Möglichkeit, den Weltmarkt zu beliefern, bestimmt heute also auch die Standortwahl für solche Fabriken, die zunächst «importsubstituierend» für den Inlandsmarkt produzieren. Da die Industrieunternehmen der Bundesrepublik Deutschland einen im internationalen Vergleich verhältnismäßig hohen Anteil der Inlandsproduktion der Bundesrepublik exportieren[193], ist es nicht erstaunlich, wenn zunächst versucht wird, bei Aufnahme von Auslandsproduktion an hierfür günstigen Standorten einen Teil der Exporte durch diese Produktion zu ersetzen. Wenn dennoch über die Jahre die Exportquote der verarbeitenden Industrie der Bundesrepublik Deutschland mit geringen Schwankungen ständig zugenommen hat, wozu die Ausfuhren der Investitionsgüterindustrien wesentlich beigetragen haben, so bedarf das einer Erklärung. Im Rahmen dieser Untersuchung wird allerdings der Zusammenhang von Außenhandel und Auslandsproduktion nicht hinlänglich analysiert. Daher können nur einige Momente genannt werden, ohne daß ihre quantitative Bedeutung angegeben werden kann. Der hohe Export von Investitionsgütern kann mit einer Art Phasenverschiebung zusammenhängen: Der weltweite Aufbau von Fertigungsanlagen an neuen Standorten hat zu einer starken Nachfrage nach Investitionsgütern geführt, wobei an den neuen Standorten zunächst stärker einerseits Vorprodukte und Zwischenprodukte und andererseits Ge- und

193 Die Exportquote, gemessen als Anteil des Auslandsumsatzes am Gesamtumsatz der Betriebe in der Industrie (wobei der Auslandsumsatz seinerseits gemessen wird als die Direktumsätze der Industrie mit Abnehmern im Ausland und – soweit einwandfrei erkennbar – Umsätze mit deutschen Exporteuren), lag im Mittel der Jahre 1973 bis 1975 bei 23,1 Prozent für die gesamte verarbeitende Industrie und bei 33,3 Prozent für die Investitionsgüterindustrie. – Errechnet aus: Statistisches Bundesamt, Statistisches Jahrbuch 1976 für die Bundesrepublik Deutschland, Stuttgart–Mainz 1976, S. 246, Tabelle 14.12.

Verbrauchsgüter gefertigt werden. Demgegenüber wird die Produktion von Fertigungsanlagen für Investitionsgüter durchschnittlich später verlagert. Aber es spielt noch ein anderes Moment bei der Beurteilung der Exportquoten eine Rolle, nämlich die gerade im Rahmen der Durchsetzung einer neuen internationalen Arbeitsteilung wachsenden Lieferungen von einem Betrieb zu einem anderen Betrieb innerhalb ein und desselben Unternehmens. Diese Lieferungen erscheinen, sofern sie eine nationale Grenze überschreiten, in der offiziellen Statistik ununterschieden als Teil des Exportes bzw. des Importes.[194]

Im Verlauf der Anpassung an die Bedingungen der neuen internationalen Arbeitsteilung kombinieren sich die Funktionen (und die speziellen Vorteile) von «Landesfabriken» mit denen von «Weltmarktfabriken». Dies ist insofern von besonderer Bedeutung, als das Verlagerungspotential industrieller Produktion dadurch quantitativ und qualitativ enorm erweitert wird. Nicht nur die der Zahl nach rasch zunehmenden Standorte reiner Exportproduktion stehen mit den Standorten der Bundesrepublik in Konkurrenz, sondern alle Standorte, deren Produktion zunächst für den einheimischen Markt bestimmt ist, aber um eine Exportproduktion erweitert werden kann. Und es werden nicht nur Produktionen verlagert, für die eigens exportorientierte Produktionsstätten an neuen Standorten errichtet werden, sondern grundsätzlich jede Produktion, die im Ausland möglich ist.

Das so entstandene Verlagerungspotential ist das ökonomisch und politisch wichtigste Produkt der Durchsetzung einer neuen internationalen Arbeitsteilung.

4.2. Die Förderung von Investitionen im Ausland

Für die Unternehmen der Bundesrepublik gehört zu den Verwertungsbedingungen der jetzigen Phase der kapitalistischen Entwicklung auch die Förderung verstärkter Auslandsproduktion. Zur direkten Förderung von Auslandsinvestitionen ist ein kompliziertes System gesetzlicher und fiskalischer

194 Zu den Lieferungen innerhalb des Unternehmens kommen von anderen Unternehmen im Ausland bezogene Vorleistungen hinzu, die auch in den Exportziffern enthalten sind, wenn das Endprodukt exportiert wird. Dazu ein Vorstandsmitglied der Fried. Krupp GmbH: «Beispielsweise seien in den vermehrten Exportlieferungen von schlüsselfertigen Anlagen zahlreiche Leistungen enthalten, die nicht im Bundesgebiet selbst erbracht würden, vielmehr im Ausland zugekauft oder gar im Land des Kunden mit ausländischen Arbeitskräften zu erbringen seien. Mithin brächten die deutschen Exporte immer weniger Beschäftigung in deutschen Werkstätten . . . Steigender Export mit abnehmendem Beschäftigungseffekt und der Verlust von Marktanteilen im Inland habe letztlich die gleiche Auswirkung: Geringe Beschäftigung – mehr Arbeitslose.» – Süddeutsche Zeitung, 20. April 1977.

Instrumente geschaffen worden[195], und es ist nur zu einem geringen Teil möglich, ihre Auswirkungen quantitativ anzugeben. Es ist nicht beabsichtigt, hierauf im einzelnen einzugehen; die wichtigsten Instrumente sollen jedoch kurz dargestellt werden.

Die Bundesregierung übernimmt zur Absicherung von Kapitalanlagen und Erträgen aus diesen gegen «politische Risiken» (Enteignung, Krieg, Revolution/Aufruhr, Zahlungsverbote, Moratorien, Unmöglichkeit der Konvertierung oder des Transfers) Garantien. Hierfür sind im Auftrag der Bundesregierung die Treuarbeit AG und die Hermes Kreditversicherungs-AG zuständig. Der Investor ist zu 5 Prozent an einem etwaigen Schaden selbst beteiligt, und er zahlt im Jahr 0,5 Prozent des garantierten Betrages als Prämie.

Private Auslandsinvestoren können aus mehreren quasi öffentlichen Quellen Zuschüsse erhalten. «Unternehmerisches Engagement eines deutschen Produktionsbetriebes, partnerschaftliche Unternehmensform, befriedigende Rentabilität, positiver Beitrag zum Aufbau des Landes» werden als Voraussetzungen für eine bis zu hundertprozentige Finanzierung der Investition durch die Deutsche Gesellschaft für wirtschaftliche Zusammenarbeit (DEG) angegeben.[196] Die Kreditanstalt für Wiederaufbau kann zu günstigen Bedingungen Niederlassungskredite aus ERP-Mitteln gewähren.[197] Die Kreditanstalt für Wiederaufbau vergibt – ebenso wie die DEG – auch Darlehen an nationale und regionale Entwicklungsbanken, auf die Unternehmen der Bundesrepublik zurückgreifen können.[198] (So heißt es zum Beispiel in einem Kapitalhilfeabkommen: «Bei der Verwendung dieses Betrages werden die Anforderungen in Pakistan errichteter Unternehmen mit deutscher Kapitalbeteiligung mit Wohlwollen berücksichtigt.»[199]) Für Unternehmen in Län-

195 Einen Überblick geben: Horst Goltz, Förderung privater Kapitalanlagen (Direktinvestitionen) in Entwicklungsländern, Köln 1975 (Bundesstelle für Außenhandelsinformation – Ausländisches Wirtschafts- und Steuerrecht, Bd. 52); Henry Krägenau, Entwicklung und Förderung der deutschen Direktinvestitionen. In: Hans-Eckart Scharrer (Hg.), Förderung privater Direktinvestitionen, Hamburg 1972, S. 470–597 (weiterhin werden in diesem Band die USA, Großbritannien, Frankreich und Japan behandelt).

196 Aus einem Merkblatt der DEG (Juni 1976). – Ende 1975 setzt sich der Zusagenbestand der DEG von 313,5 Millionen DM zu 78 Prozent aus Eigenmitteln und zu 22 Prozent aus Treuhandmitteln zusammen. Das Stammkapital der DEG erhöht sich im Jahre 1976 auf 600 Millionen DM. – DEG-Geschäftsbericht 1975, S. 15 und 13. Die DEG wird ausführlich behandelt im Teil I, Kapitel 6.4, wobei deutlich wird, was von dem «positiven Beitrag zum Aufbau des Landes» zu halten ist.

197 «Im Rahmen des ERP-Wirtschaftsplans werden jährlich zwischen 20 und 25 Millionen DM zur Förderung von Investitionen und Niederlassungen deutscher Unternehmen in Entwicklungsländern zur Verfügung gestellt.» – Goltz, op. cit., S. 119.

198 Eine detaillierte Übersicht findet sich bei Goltz, op. cit., S. 271–277.

199 Ebd., S. 117.

dern, die der EG assoziiert sind, stehen Mittel der Europäischen Investitionsbank in Luxemburg zur Verfügung. Schließlich sind noch die Weltbank-Gruppe und hierbei insbesondere die International Finance Corporation (IFC) in Washington zu nennen. Die IFC fördert gemäß ihren Statuten (in der Fassung von 1961) «die Gründung oder Erweiterung privater rentabler Industrieunternehmen in Mitgliedsländern durch Gewährung von Krediten und Übernahme von Beteiligungen»[200].

Auch das steuerliche Instrumentarium zur Förderung von Auslandsinvestitionen ist vielfältig. Mit einer Reihe von Ländern sind Doppelbesteuerungsabkommen geschlossen[201], die eine zweifache Besteuerung von Gewinnen verhindern sollen, im Effekt aber zu geringerer Gesamtbesteuerung führen. Von größerer Bedeutung ist das Entwicklungsländersteuergesetz, das, nach längeren Auseinandersetzungen um die Abgrenzung steuerbegünstigter Auslandsinvestitionen, mit Wirkung vom 1. Januar 1974 das Entwicklungshilfesteuergesetz ablöste. 100 Prozent der Kapitalanlagen in der Gruppe besonders rückständiger Entwicklungsländer[202] und 40 Prozent der Kapitalanlagen in allen anderen Entwicklungsländern können vom zu versteuernden Gewinn als eine Rücklage abgezogen werden, die ab dem sechsten Jahr zu jährlich einem Sechstel, bei besonders lohnintensiver Fertigung zu einem Zwölftel, gewinnerhöhend aufgelöst werden. Die geschätzten Steuermindereinnahmen betragen 1976: 208 Millionen DM, 1978: 294 Millionen DM.

Weitere Förderungsinstrumente sind die Verträge über die Förderung und den gegenseitigen Schutz von Kapitalanlagen[203]; Projekte der technischen Hilfe zur Verbesserung der Infrastruktur, besonders auf dem Gebiet von Transport und Kommunikation; vielfältige Möglichkeiten zur (meist kostenlosen) Information über Investitionsbedingungen bis hin zur detaillierten Anlageberatung[204]; Zuschüsse und Hilfen bei der Ausbildung von deutschen und einheimischen Arbeitskräften.[205]

200 Zitiert nach Goltz, op. cit., S. 94.

201 Bis 1975 waren mit 17 Ländern Doppelbesteuerungsabkommen in Kraft getreten, mit weiteren 23 Ländern vorgesehen. Nähere Einzelheiten bei Goltz, op. cit., S. 288–290.

202 Zu dieser Gruppe 1 gehören laut Gesetz: Äthiopien, Afghanistan, Bangla Desh, Bhutan, Botsuana, Burundi, Dahome, Guinea, Haiti, Jemen (Arabische Republik), Jemen (Demokratische Republik), Laos, Lesotho, Malawi, Malediven, Mali, Nepal, Niger, Obervolta, Ruanda, Sikkim, Somalia, Sudan, Tansania, Tschad, Uganda, West-Samoa.

203 Bis 1975 waren 36 solcher Verträge in Kraft getreten und weitere 9 unterzeichnet. – Goltz, op. cit., S. 199–203.

204 Zu den wichtigsten Informationsstellen gehören die Bundesstelle für Außenhandelsinformation, das Statistische Bundesamt und die DEG.

205 «Zuschüsse zu Ausbildungsmaßnahmen

Die meisten dieser speziellen Förderungsmaßnahmen gelten nur für Investitionen in Entwicklungsländern, wobei in der Regel die Mittelmeerländer (ohne EG) dazurechnen.

Die folgende Auswahl von Texten zeigt, wie Unternehmensverbände und Einzelunternehmen, oft unter Mitwirkung von Wirtschaftsforschungsinstituten, Auslandsinvestition und -produktion öffentlich vertreten.

«Den Strukturwandel zu bewältigen, am besten vorausgreifend, ist die genuine Funktion des Unternehmers in der marktwirtschaftlichen Ordnung, wenn er diese Ordnung bejaht und erhalten sehen will ... So gesehen sind viele Widersprüche des Kapitalismus nichts anderes als die Widersprüche einer Wirtschaftspolitik, die den Strukturwandel, den der Markt erzwingen möchte, behindert, statt diesen Strukturwandel vorausgreifend zu fördern ... Sollten die Unternehmer eines Tages nicht mehr bereit sein, die Risiken des Marktes zu übernehmen, so ginge nichts verloren, wenn man sie durch Beamte ersetzte. Dann wären die Unternehmen reif zur Sozialisierung.»[206]

Welcher Strukturwandel gemeint ist, wird weiter unten erläutert:

«Ein Ausweg, der den Unternehmen bei uns hilft, aber ebenso auch den Entwicklungsländern, wäre die Verlagerung besonders arbeitsintensiver Teile von Produktionsprozessen dorthin, wo die Löhne so niedrig sind, daß das Mehr an Transportkosten keine Rolle spielt. Man könnte auch die Produktion ganz verlagern, aber die Forschung und Entwicklung ebenso wie die Absatzorganisation hier lassen.»[207]

In einer Verbandspublikation findet man als abschließende Aussagen, der Dutzende ähnlich lautende an die Seite gestellt werden könnten:

«Direktinvestitionen in Niedriglohnländern fördern somit die notwendige Konzentration der Kräfte der deutschen Volkswirtschaft auf die Wirtschaftszweige mit den höheren technologischen und unternehmerischen Anforderungen.»[208]

- von Lehrlingen bzw. ungelernten Arbeitskräften im Entwicklungsland: Unter bestimmten Voraussetzungen bis 250 DM pro Person und Monat Zuschuß zu den durch die Ausbildung verursachten betrieblichen Kosten (zur Zeit Überarbeitung der Richtlinien; mit Erhöhung der Sätze ist zu rechnen);
- von Praktikanten in Deutschland:
  Ausbildung zu Fach- und Führungskräften. Unter bestimmten Voraussetzungen Übernahme von Reisekosten, Kosten der Sprachenausbildung, Unterhaltszuschuß.»

– Aus einem Merkblatt der DEG (Juni 1976).

«Technische Hilfe» schafft überdies an vielen Orten erst die infrastrukturellen Voraussetzungen für Kapitalverwertung, worauf hier nur hingewiesen wird.

206 Herbert Giersch, Wandel unserer Wirtschaftsstruktur im Zuge weltwirtschaftlicher Veränderungen. In: Deutscher Industrie- und Handelstag, Standortvorteil Ausland. Bonn 1973 (Schriftenreihe, Heft 134), S. 14–24.

207 Ebd., S. 26.

208 Willy Kisselmann, Errichtung von Fertigungsstätten in Niedriglohnländern, Köln (Verband der Deutschen Feinmechanischen und Optischen Industrie) 1975, S. 7.

«Viele Unternehmen erleben in ihren Betrieben seit Jahren den schleichenden Vergesellschaftungsprozeß, und sie befürchten eine weitere Entwicklung in dieser Richtung – wenn auch in homöopathischen Dosen – bis hin zu der völligen Beherrschung des Unternehmens durch gesellschaftspolitische Kader.»[209]

An vielen Stellen wird auf solche Weise mit der Möglichkeit einer Produktionsverlagerung gedroht.

«Auch die Gewerkschaften werden nicht umhin können, ihren Mitgliedern die Frage vorzulegen: Willst du lieber einen sicheren Arbeitsplatz, oder willst du lieber jetzt mehr verdienen und später stempeln gehen? Ich fürchte, daß wir in der nächsten Zukunft von einigen lieben Gewohnheiten Abschied nehmen müssen. Eine davon ist, daß die überwiegende Mehrzahl der Arbeitnehmer Jahr für Jahr reale Einkommensverbesserungen erreicht hat ... Was wir brauchen ist der Konsensus aller Beteiligten, der Regierung, der Gewerkschaften und der Unternehmer über den volkswirtschaftlichen Nutzen von Auslandsengagements der Unternehmen ... Wir können auf Dauer in der Bundesrepublik nur *high sophisticated technology* behalten, also Fertigung von technisch hochwertigen Produkten. Simplere Massenfertigung wird bei uns unrentabel, weil die Lohnkosten einfach zu hoch werden. Alles, was unter dieser Schwelle liegt, werden wir ins Ausland verlegen müssen.»[210]

Bis zur Rezession 1974 wurde das Argument der Lohnkostendifferenz im Zusammenhang mit verstärkter Auslandsproduktion in öffentlichen Äußerungen gern heruntergespielt und der Zwang zur Sicherung von Absatzmärkten in den Vordergrund gestellt. Gegenüber dem Bundestagsausschuß für wirtschaftliche Zusammenarbeit erklärte die «Arbeitsgemeinschaft Entwicklungsländer» der Spitzenverbände der Wirtschaft noch im November 1974:

«Das Motiv der Nutzung niedrigerer Produktionskosten, insbesondere geringer Löhne, spielte für deutsche Unternehmen bisher eine untergeordnete Rolle.»[211]

Nur wenig später heißt es in einer verbandsinternen Veröffentlichung:

«Der am meisten ausschlaggebende Anreiz zur Verlagerung ist die Lohnkostendifferenz zur Bundesrepublik. Gegenüber Entwicklungs- bzw. Niedriglohnländern bestehen zum Teil sehr große Lohnunterschiede, die bis zu 12:1 bei ungelernten Hilfskräften betragen können.»[212]

209 Ebd., S. 6.

210 Aus einer Stellungnahme des damaligen Vorstandsvorsitzenden der Gutehoffnungshütte AG, von Menges. Der Spiegel, 11. Februar 1974, S. 47–48.

211 Ausschuß für wirtschaftliche Zusammenarbeit, Stenografisches Protokoll der 31. und 32. Sitzung am 11. und 12. November 1974, S. 196.

212 Kisselmann, op. cit., S. 8. – Demgegenüber erweckt das Ergebnis einer jüngeren Umfrage, von dem allerdings erst eine kurze Zusammenfassung vorliegt, den Eindruck, «Absatzsicherung durch größere Marktnähe» sei «der Hauptgrund für Investitionen im Ausland»: «Etwa 30 Prozent der Firmen äußerten sich in diesem

Die Bedeutung dieses «Anreizes» ist natürlich auch vorher schon richtig eingeschätzt worden. Anfang 1974 hat der Präsident des Deutschen Industrie- und Handelstages eindeutig und klar Stellung bezogen:

«Der enorme Anstieg der Lohnkosten zusammen mit der Steigerung der Importpreise führt dazu, daß manche Arten der industriellen Produktion in den hochindustrialisierten Ländern und damit auch in der Bundesrepublik Deutschland nicht mehr durchgeführt werden können ... Es wird ein langfristiger Prozeß einsetzen, der die internationale Arbeitsteilung den veränderten Gegebenheiten anpaßt. Das bedeutet für uns Spezialisierung auf hochqualifizierte, technisch perfekte Produktionen auf der einen Seite und Verlagerungen von Produktionen mit weniger qualifizierten Kräften in Länder mit geringerem Lohnniveau.»[213]

Die Haltung der nationalen Gewerkschaften und ihrer internationalen Verbände zur weltweiten Neubestimmung der Standorte industrieller Produktion bedarf einer differenzierten Darstellung, die hier nicht geleistet wird.[214]

4.3. Verlagerung inländischer Arbeitsplätze

Angesichts der erheblichen und dauerhaften inländischen Arbeitslosigkeit[215] wird sich die öffentliche Diskussion der Auslandsinvestitionen in Zukunft verstärkt der Frage zuwenden, in welchem Maße durch die Auslandsproduktion Arbeitsplätze im Inland obsolet werden. Der Zusammenhang zwischen Auslandsproduktion und inländischer Arbeitsmarktentwick-

Sinne.» Dieses Befragungsergebnis ist nun keineswegs erstaunlich, da es sich offenbar nicht nur auf Investitionen in Fertigungsunternehmen bezieht, sondern Vertriebsunternehmen mit einschließt. H. Baumann, Direktinvestitionen der Industrie im Ausland. In: Ifo-Schnelldienst 3 (1977), S. 5–9.

213 Otto Wolff von Amerongen Anfang 1974 vor der Industrie- und Handelskammer Hannover-Hildesheim, zitiert nach: Peter G. Rogge, Geänderte Standortqualitäten der Bundesrepublik Deutschland im internationalen Wettbewerb, Basel 1974 (mimeo.), S. 16–17. Vgl. auch: Bundesverband der Deutschen Industrie, Zur Gestaltung der wirtschaftlichen Beziehungen zwischen Industrie- und Entwicklungsländern, Köln 1976.

214 Statt dessen seien einige Arbeiten angeführt, die ihrerseits auch auf die bereits umfangreiche Literatur verweisen: Zur Internationalisierung der westdeutschen Wirtschaft. In: WSI-Mitteilungen 4 (April 1976), S. 230–234; Ernst Piehl, Multinationale Konzerne und internationale Gewerkschaftsbewegungen, Frankfurt a. M. 1974; Kurt P. Tudyka (Hg.), Multinationale Konzerne und Gewerkschaftsstrategie, Hamburg 1974; Gerhard Leminsky, Bernd Otto (Hg.), Gewerkschaften und Entwicklungspolitik, Köln 1975; Eckart Hildebrandt, Werner Olle, Wolfgang Schoeller, National unterschiedliche Produktionsbedingungen als Schranke einer gewerkschaftlichen Internationalisierung. In: Prokla 24 (1976), S. 27–57.

215 Das ist nicht nur die in der offiziellen Statistik nachgewiesene Arbeitslosig-

lung kann im Rahmen dieser Untersuchung nicht im einzelnen analysiert werden. Im Teil I werden für die Textil- und Bekleidungsindustrie Resultate angeboten. In diesem Teil werden für die gesamte übrige verarbeitende Industrie Untersuchungsergebnisse mitgeteilt, die zu den Grundlagen einer weiteren Analyse dieses Zusammenhangs gehören. Einige dieser empirischen Ergebnisse sollen daher hier noch einmal zusammengefaßt werden.

Der Umfang der Auslandsbeschäftigung wurde bisher erheblich unterschätzt, unter anderem, weil die kleineren und mittleren Unternehmen nicht ausreichend berücksichtigt wurden. Nach einer Schätzung des HWWA betrug die Auslandsbeschäftigung der verarbeitenden Industrie im Jahre 1971 600000 oder 7,1 Prozent der Inlandsbeschäftigung[216]; demgegenüber müssen wir nach den Ergebnissen unserer Erhebung 1975/76 mit rund 1500000[217] Auslandsbeschäftigten rechnen, was mehr als 20 Prozent der Inlandsbeschäftigung ausmacht.[218] (Geht man von einer jährlichen Zunahme der Zahl der Auslandsbeschäftigten um 10 Prozent aus, so ist die Schätzzahl für 1971 auf knapp 1000000 zu berichtigen.)

An dieser Stelle sei auf die Ergebnisse unserer Zusatzerhebung verwiesen (siehe Tabellen II–6 und II–7). Für 149 der erfaßten 602 auslandsfertigenden Unternehmen konnte für 1974 eine Auslandsbeschäftigtenquote von 22,2 Prozent[219] und eine Ausländerbeschäftigtenquote (also einschließlich der im Inland beschäftigten Ausländer) von 35,2 Prozent festgestellt werden. Für 87 der 149 ist die Entwicklung von 1961 bis 1974 ermittelt worden; die Aus-

keit. Neben der Kurzarbeit gehören dazu: der Export von Arbeitslosigkeit durch Verringerung der Zahl ausländischer Arbeiter; Personen, hauptsächlich Frauen, die keine Chance haben, eine Stelle zu finden, die aber auch keinen Anspruch auf Arbeitslosengeld oder -hilfe haben; Jugendliche, die in Schulen ihre Zeit absitzen, weil sie keinen Ausbildungsplatz finden; frühere Nebenerwerbsbauern, die sich jetzt wieder auf ihre Landwirtschaft beschränken müssen; Rentner, die vorzeitig ihre Arbeit beenden mußten. – «Beachtlich sei der Abbau der Ausländerbeschäftigung seit 1973 bis Ende 1975 um 25 Prozent oder 662400 auf 1932600.» – Süddeutsche Zeitung, 17. September 1976.

216 M. Holthus (Hg.), Die deutschen multinationalen Unternehmen, Frankfurt a. M. 1974, S. 146, Tabelle 36.

217 Unsere eigene Schätzung (vgl. Kapitel 1), wobei aus Vergleichbarkeitsgründen die Wirtschaftszweige Land- und Forstwirtschaft, Bergbau und Energie sowie das Baugewerbe unberücksichtigt bleiben.

218 In einer amtlichen Veröffentlichung vom August 1975 wird die Auslandsbeschäftigung der verarbeitenden Industrie der USA auf 3293000 für 1970 oder 17,1 Prozent der Inlandsbeschäftigung geschätzt. – U.S. Senate: Committee on Foreign Relations, Direct Investment Abroad and the Multinationals: Effects on the United States Economy, Washington (U.S. Government Printing Office) 1975, S. 14, Tab. 2–4 C.

219 Eine vom Ifo-Institut für Wirtschaftsforschung durchgeführte Erhebung, die etwa ein Fünftel der Industrie erfaßt, kommt zu folgendem Ergebnis: «Gemessen an

landsbeschäftigtenquote hat sich bei ihnen von 1961: 7,9 Prozent über 1966: 11,5 Prozent und 1971: 19,5 Prozent auf 1974: 26,3 Prozent erhöht und die Ausländerbeschäftigtenquote von 1961: 10,7 Prozent über 1966: 18,9 Prozent und 1971: 31 Prozent auf 1974: 39,4 Prozent. Die Zahl der von diesen Unternehmen im Ausland Beschäftigten hat 1961 bis 1974 um 505 Prozent zugenommen, die Zahl der in der Bundesrepublik Deutschland beschäftigten Inländer um 24 Prozent. Die erhobenen Zahlen weisen deutlich aus, daß die Auslandsbeschäftigung dieser Unternehmen der Bundesrepublik erst ab dem Ende der sechziger Jahre quantitativ erheblich ist.

Die Zahl der beschäftigten Personen in der verarbeitenden Industrie der Bundesrepublik Deutschland ist von 1967: 7608 über 1973: 8115, 1974: 7816, 1975: 7246 auf 1976: 7192 Millionen zurückgegangen (saisonbereinigte Zahlen, jeweils zum Ende des dritten Quartals).[220] Also gibt es in der inländischen verarbeitenden Industrie fast eine Million Arbeitsplätze weniger als 1973. Von einigen Konzernen liegen Angaben für das erste Halbjahr 1976 vor, die durchweg steigende Umsätze und Gewinne bei weiterhin sinkender Inlandsbeschäftigung aufweisen.[221] Während die Erweiterungsinvestitionen im Ausland getätigt werden, sind es im Inland Ersatz- und Rationalisierungsinvestitionen, die bei konstanten oder sogar leicht zunehmenden Produktionskapazitäten[222] zu einer Verringerung der Zahl der Arbeitsplätze führen.

Sinkende oder stagnierende Inlandsbeschäftigung bei steigender Aus-

der Zahl der in der Bundesrepublik Beschäftigten hat sich die Zahl der in Auslandsniederlassungen Tätigen von 12,3 (1965) auf 28,1 Prozent im Jahre 1975 erhöht.» – H. Baumann, Direktinvestitionen der Industrie im Ausland. In: Ifo-Schnelldienst 3 (1977), S. 6. – Die damit vergleichbare Zahl aus unserer Zusatzerhebung, die der Beschäftigtenzahl nach auch etwa ein Fünftel der verarbeitenden Industrie der Bundesrepublik Deutschland erfaßt, ist 28,3 Prozent für das Jahr 1974 (s. Tabelle II–6).

220 Berechnungen des Deutschen Instituts für Wirtschaftsforschung, nach Angaben des Statistischen Bundesamtes. Die Zahl für das dritte Quartal 1976 ist gegenüber dem Vorquartal zum erstenmal seit dem dritten Quartal 1973 wieder angestiegen, und zwar um 14000 (0,2 Prozent). – Arthur Bonaß, Erstmals wieder leichte Zunahme der Beschäftigtenzahl in der verarbeitenden Industrie. In: DIW Wochenbericht 49 (1976), S. 455–457.

221 Die drei Chemie-Konzerne BASF, Bayer und Hoechst belegen diese Entwicklung. BASF: In der BASF AG stieg im ersten Halbjahr 1976 der Umsatz um 19,4 Prozent, der Gewinn vor Steuern um 117 Prozent, die Zahl der Mitarbeiter nahm um 2,2 Prozent ab (BASF-Presseinformation, August 1976). Bei der Bayer AG sind die Umsätze im ersten Halbjahr um 24 Prozent gestiegen, der Ertrag vor Steuern um 102,7 Prozent, die Zahl der Mitarbeiter ermäßigte sich um fast tausend auf 63370 (Frankfurter Allgemeine Zeitung, 2. September 1976). Auch die Hoechst AG meldet stattliche Zuwächse bei Umsatz und Gewinn, die Zahl der Beschäftigten im Inland (Konsolidierungsbereich Hoechst-Konzern) wurde in diesem Jahr bis zum 31. August um 1888 auf 88320 verringert (Süddeutsche Zeitung, 29. September 1976).

222 In einzelnen Unternehmen werden inländische Produktionskapazitäten zum

landsbeschäftigung kennzeichnet seit Jahren die Entwicklung in vielen Unternehmen, besonders ins Gewicht fallend bei den Konzernen.[223] Dabei tritt bei den Konzernen diese Entwicklung nicht einmal so deutlich zutage, weil sie sich durch Übernahme anderer Unternehmen ständig erweitern, was nur in spektakulären Fällen[224] beachtet und für ein oder zwei Jahre in den

Teil auch stark reduziert. Zwei typische Fälle seien angeführt: «Um strukturelle Überkapazitäten verschiedener Serienprodukte abzubauen, will die Allgemeine Elektricitäts-Gesellschaft AEG-Telefunken, Berlin/Frankfurt, bis Ende 1977 drei Werke schließen. 1150 Mitarbeiter müssen entlassen werden . . . Der Stillegungsbeschluß wurde, wie Cipa hervorhob, durch den in diesen Produktgruppen weltweiten Kapazitätsüberhang erzwungen» (Süddeutsche Zeitung, 22. Oktober 1976). Über die gesamte Konzernbelegschaft von AEG-Telefunken 1976: «Während sich der Personalstand im Ausland um 800 erhöhte, ging er im Inland um etwa 1000 zurück» (Süddeutsche Zeitung, 18. Februar 1977). Von den SKF Kugellagerfabriken GmbH, Schweinfurt, wird berichtet: «In den letzten drei Jahren hat sich dort die Belegschaft von etwa 10000 auf knapp 7000 Mitarbeiter verringert . . . Die Schweinfurter Belegschaft fühlt sich offenbar als der Leidtragende eines Systems, das innerhalb des multinationalen SKF-Konzerns auf eine möglichst optimale Aufteilung der Fertigung ausgerichtet ist. Dieses System ist zwar seinerzeit unter der Maxime eingeführt worden, Volumensverluste in Teilbereichen des Konzerns nicht eintreten zu lassen, doch ist diese Absicht durch die konjunkturelle Entwicklung und den harten Wettbewerb am Wälzlagermarkt offenbar nicht mehr ganz durchzuhalten» (Frankfurter Allgemeine Zeitung, 19. Oktober 1976). «Ein weiterer Abbau des Personalstandes von gegenwärtig rund 6700 in den Schweinfurter Werken der SKF Kugellagerfabriken GmbH, Schweinfurt, sei vor dem Hintergrund der strukturellen und konjunkturellen Probleme in der Wälzlagerindustrie erforderlich» (Süddeutsche Zeitung, 13. Oktober 1976).

223

	Beschäftigte im Inland in Tausend					Beschäftigte im Ausland in Tausend				
	1971	1973	1974	1975	1976	1971	1973	1974	1975	1976
AEG-Telefunken	146	150	144	133	132	21	25	26	29	30
BASF	78	87	89	89	89	15	21	22	23	24
Bosch	90	82	79	70	72	25	31	35	35	34
Daimler-Benz	127	134	130	129	133	20	22	25	27	28
Hoechst	97	105	107	105	104	45	52	72	77	79
Mannesmann*	73	91	91	85	84	12	19	21	23	25
Siemens**	234	222	221	207	208	72	81	88	89	96
Volkswagenwerk	160	161	142	118	124	42	54	62	59	59

* ab 1973 mit Demag
** ab 1976 mit Osram

224 Wie die Übernahme der Demag durch Mannesmann, der Osram-Mehrheit durch Siemens, Hartmann & Braun durch AEG-Telefunken, Metzeler durch Bayer.

Unternehmenszahlen ausgewiesen wird.

Abbau der Beschäftigung im Inland bei Erhöhung der Zahl der im Ausland Beschäftigten, das kann man auch den Ergebnissen der im November/Dezember 1976 durchgeführten Umfrage «Prognose 100» des Ifo-Instituts für Wirtschaftsforschung, an der 297 meist große Unternehmen sich beteiligten, entnehmen.

«Angesichts unausgelasteter Produktionskapazitäten (der Auslastungsgrad für die verarbeitende Industrie betrug laut Ifo-Konjunkturtest im Januar 1977 saisonbereinigt 81,2 Prozent, während die Normalauslastung sich in der Größenordnung von 88 Prozent bewegt) und einer von den Firmen erwarteten Produktionsausweitung in der Größenordnung von 5 Prozent sieht die verarbeitende Industrie keinen Spielraum für eine Erhöhung der Beschäftigtenzahl (−0,5 Prozent). Eine solche Produktionssteigerung kann ohne weiteres aus dem Produktionsfortschritt bestritten werden . . .

Auch für 1978 wird keine Aufstockung der Beschäftigtenzahl geplant, da wie für das Jahr 1977 offensichtlich damit gerechnet wird, daß der erwartete, relativ bescheidene Produktionsanstieg allein mit einer entsprechenden Steigerung der Produktivität zu erreichen sein wird . . .

Für die Jahre 1976 bis 1981 plant die verarbeitende Industrie, ihre Beschäftigtenzahl um durchschnittlich 0,3 Prozent per anno zu vermindern. Dabei ist zu bedenken, daß das Ausgangsniveau durch die Rezession im Jahre 1975 bereits entsprechend niedrig war . . .

Nach Überwindung der weltweiten Rezession scheint die Industrie ihr Auslandsengagement tendenziell eher noch zu verstärken. Der Anteil der Firmen, die in den nächsten fünf Jahren ihre Investitionen im Ausland stärker als im Inland ausweiten wollen, ist seit der letzten Erhebung gestiegen . . .

Daß sich das Engagement der deutschen Industrie in ausländischen Fertigungsstätten nach wie vor in einer expansiven Phase befindet, ist außer aus den Realumsatzplänen auch aus den Beschäftigungsplänen zu ersehen. Sowohl für den gesamten Berichtskreis als auch für die Industriehauptgruppen soll nach den Plänen der ‹Prognose 100›-Teilnehmer die Zahl der im Ausland beschäftigten Mitarbeiter bis 1981 deutlich schneller zunehmen als im Inland. Auch im Vorjahresvergleich ergibt sich aus dieser Beschäftigtenplanung eine leichte Tempobeschleunigung, wobei allerdings zu berücksichtigen ist, daß das Ausgangsniveau durch eine weltweite Rezession niedrig war.»[225]

Mit dieser Einschätzung befindet sich der Präsident des Bundesverbandes der Deutschen Industrie in voller Übereinstimmung, wenn er im September 1976 erklärt, daß die Investitionen der deutschen Industrie im Ausland sich in spätestens zehn Jahren verdoppelt haben werden.[226]

225 Shalom Apeloig, Industrie rechnet mit Fortsetzung des gedämpften Konjunkturaufschwungs. In: Ifo-Schnelldienst 10 (1977), S. 7–11. – Auch *Business International* kommt zu ähnlichen Ergebnissen: «Corporate investment in Germany today is directed toward rationalization and reduction in work costs rather than toward job foundation.» – Business International, 3. September 1976, S. 284.

226 Nach einer Meldung der Vereinigten Wirtschaftsdienste vom 13. September 1976.

Die von uns erhobenen Zahlen und die zitierten zusätzlichen Angaben vermitteln ein Bild von der zeitlichen Entwicklung der Beschäftigtenzahlen der Unternehmen der verarbeitenden Industrie der Bundesrepublik Deutschland im Inland und im Ausland: insgesamt ein starker Rückgang im Inland und ein starker Anstieg im Ausland. Es läßt sich daraus aber nicht ableiten, in welchem Maße bisher schon Auslandsbeschäftigung Inlandsbeschäftigung ersetzt hat. Zwar stehen (1975/76) den weniger als 7,5 Millionen Beschäftigten der verarbeitenden Industrie im Inland mehr als 1,5 Millionen Beschäftigte im Ausland gegenüber. Wie aber die erste Zahl aussähe, wenn die zweite niedriger wäre, läßt sich nicht leicht angeben. Der Frage, ob und in welchem Umfang durch Auslandsproduktion Arbeitsplätze «exportiert» werden, hat seit Jahren in den USA eine nicht nur akademische, sondern auch politische Diskussion gegolten. Die Verlagerung inländischer Produktion und der damit verbundene Export von Arbeitsplätzen wurde insbesondere von Gewerkschaftsvertretern kritisiert, war aber auch Gegenstand parlamentarischer Anhörungen, Untersuchungen und Auseinandersetzungen.[227] Eine wirkungsvolle Begrenzung und Kontrolle der Auslandsproduktion wurde jedoch nicht erreicht.

Die methodischen Schwierigkeiten, den Zusammenhang zwischen Auslandsproduktion und inländischer Arbeitsmarktentwicklung einwandfrei quantitativ zu bestimmen, können nicht übersehen werden. Einerseits liefern die in dieser Arbeit vorgelegten Untersuchungen empirische Teilevidenzen, andererseits läßt sich theoretisch ableiten, warum es die schon erreichte Integration des weltweit expandierenden Kapitals nicht erlaubt, Beschäftigungseffekte isoliert für ein einzelnes Land zu ermitteln.

Zu den empirischen Teilevidenzen gehören in erster Linie die angeführten Zahlen über die Entwicklung der Inlands- und der Auslandsbeschäftigung. Ebenso aber gehören hierzu die Aussagen über die Politik der Unternehmen, Produktionskapazitäten im Ausland zu erweitern, hingegen im Inland arbeitsplatzverzehrende Rationalisierungsinvestitionen durchzuführen (siehe auch Teil I, 4.3.) Es ist auch zu verzeichnen, daß sich die Warenstruktur der Importe wesentlich geändert hat. Dem Wert nach ist bei der Einfuhr von Waren der gewerblichen Wirtschaft der Anteil der Fertigwaren von 1960: 44,2 Prozent auf 1975: 61,7 Prozent gestiegen, und das trotz zum Teil erheblicher Anstiege der Rohstoffpreise in den letzten Jahren. Dem Volu-

227 In ihrem Verlauf wurde von Gewerkschaftsseite der Verlust von etwa 900000 inländischen Arbeitsplätzen durch die Auslandsproduktion von US-Unternehmen geltend gemacht; von Unternehmerseite wurde dem gegenübergestellt, daß durch die Tätigkeit der multinationalen Konzerne etwa 500000 inländische Arbeitsplätze hinzugewonnen seien. – «The middle ground between the two extremes leaves the analysis undefined in the sense that the results go from negative – job destruction – to positive, indicating job creation . . . a situation in which no reliable estimates can be derived.» – Roberto Marchesini, Impact of Multinational Corporations on Domestic Employment. Ann Arbor (University Microfilms) 1976, S. 110.

men nach hat die Einfuhr dieser Waren aus Ländern außerhalb der EG von 1970 bis 1975 bei Fertigwaren um 61 Prozent zugenommen, bei Rohstoffen um 5 Prozent abgenommen.[228] Damit stimmt auch die Änderung der Warenstruktur der Einfuhr aus außereuropäischen Entwicklungsländern überein. Auf die Warengruppe der sonstigen Industrieprodukte (zum Beispiel Holz- und Metallwaren, Textilien, Lederwaren) entfielen 1966 23,3 Prozent der Einfuhren in die Bundesrepublik Deutschland, 1975 waren es 32,6 Prozent.[229]

Diese empirischen Hinweise auf ein Ersetzen von Produktion im Inland durch solche im Ausland sind durch eine theoretische Überlegung zu ergänzen. Der hergestellte Weltmarkt für Standorte industrieller Produktion hebt für die transnational tätigen Unternehmen den Unterschied zwischen Inlandsproduktion und Auslandsproduktion (und damit zwischen Inlands- und Auslandsbeschäftigung) in einem spezifischen Sinn tendenziell auf. Der damalige Vorstandsvorsitzende des der Zahl der Beschäftigten nach größten Inlands- und Auslandsunternehmen der Bundesrepublik hat das so ausgedrückt:

«Die wohl entscheidenste Voraussetzung für das Entstehen, den Bestand und das Wachstum eines MNU (= multinationales Unternehmen) ist zweifellos, *daß es multinational denkt.* Was heißt das? Zunächst, daß die Bearbeitung und Erschließung des Weltmarktes sein primäres Unternehmensziel ist, daß dieses mit all seinen geistigen und materiellen Implikationen zur zentralen Richtschnur seines Handelns wird und vor allem, daß in diesem Denken die grundsätzlich gleichgewichtige Bedeutung aller von einem multinationalen Unternehmen bearbeiteten Märkte verankert ist.»[230]

Die nationalen Märkte können nur als integrierte Teilmärkte eines kohärenten Weltmarktes begriffen werden.[231] Das gilt für die Märkte für Güter und Kapital ebenso wie für die für Industriestandorte und Arbeitskraft. Es sind also die Verwertungsbedingungen des Weltmarkts und ihre Änderungen, welche den Prozessen zugrunde liegen, die sich in den empirisch erhobenen Daten ausdrücken.

228 Entnommen oder errechnet aus: Statistisches Bundesamt, Statistisches Jahrbuch 1976, Stuttgart–Mainz 1976, S. 304–305, Tab. 17.2 und 17.3.

229 Deutsches Institut für Wirtschaftsforschung, Industrielle Fertigwaren aus Übersee. In: DIW-Wochenbericht 34 (1976), S. 313, Tabelle 3.

230 Gerd Tacke, Wesen und Aufgabe der multinationalen Unternehmen (Vortrag vor der Mitgliederversammlung des Bayerischen Bankenverbandes), München 1972 (mimeo.), S. 13–14.

231 Es gibt nicht den Markt des Landes, in dem ein Unternehmen produziert, *und* den Weltmarkt: «Nicht auf *einen* Markt – weder den des Mutterlandes noch den des Heimatlandes des Fremden – richtet sich die Unternehmenspolitik einer multinationalen Gesellschaft: der Weltmarkt und dessen Erschließung genießen Priorität.» – Tacke, op. cit., S. 11.

4.4. Entwicklungsperspektiven der Auslandsproduktion

Die hier vorgelegte Untersuchung versucht, am Beispiel der Unternehmen der Bundesrepublik Deutschland die Kenntnis von Umfang und Art der bereits erfolgten Internationalisierung der Industrieproduktion zu erweitern. Im Anschluß daran wird man sich fragen wollen, welche Vermutungen über die Entwicklungsperspektiven der Internationalisierung der Produktion geäußert werden können.

Die Internationalisierung der Produktion, so wurde am Anfang behauptet, ist durchgängig Ausdruck der jetzigen Phase der weltweiten Entwicklung der Bedingungen der Kapitalverwertung. Es wurde gezeigt: nicht nur große Unternehmen verlagern Produktion ins Ausland; nicht nur Unternehmen in einigen Branchen mit arbeitsintensiver Fertigung sehen sich zur Produktionsverlagerung gezwungen, weil Inlandsstandorte nicht mehr mit Standorten im Ausland konkurrieren können. Vielmehr entfällt ein erheblicher und bisher vernachlässigter Teil der Auslandsproduktion auf kleinere und mittlere Unternehmen, und das Schwergewicht liegt bei den Industriezweigen Chemie, Elektrotechnik, Maschinenbau, Fahrzeugbau. Von der Industriestruktur der Bundesrepublik Deutschland her gesehen sind also nicht nur marginale, sondern gerade auch zentrale Sektoren betroffen. Es geht nicht allein oder in erster Linie um Waren wie Sportschuhe, Modeschmuck, Spielzeug, Brillen und Kameras; vielmehr werden, häufig weltweit auf mehrere Standorte aufgeteilt, Elektrogeräte, Personenwagen, Werkzeugmaschinen und Arzneimittel hergestellt. Auch hat sich gezeigt, daß die verlagerten Teile der Produktion nicht durchgängig als arbeitsintensiv bezeichnet werden können. Es werden sowohl relativ arbeitsintensive als auch relativ kapitalintensive Fertigungen verlagert, sofern die Produktionskosten an neuen Standorten, zu denen neben den Lohnkosten auch die übrigen Arbeitsbedingungen gehören, für diese Fertigungen niedriger sind. Zusammengefaßt läßt sich sagen: Bedingung für die Erhaltung der Konkurrenzfähigkeit jedes Unternehmens ist die Nutzung der weltweit günstigsten Standorte für die jeweilige Fertigung oder Teilfertigung.

Unter dem Stichwort «Produktionsverlagerung» wird dieser Prozeß viel zu eng gefaßt, wenn darunter nur die Ablösung von Inlandsproduktion für den Markt der Bundesrepublik Deutschland verstanden wird. Es geht vielmehr um Weltmarktproduktion, was für die Unternehmen der Bundesrepublik häufig heißt, bisherige Inlandsproduktion für den Export durch Auslandsproduktion zu ersetzen. Zur Verlagerung der Produktion für den Inlandsbedarf durch Unternehmen der Bundesrepublik kommt also die Verlagerung bisheriger Exportproduktion *und* die Ablösung bisher von Unternehmen der Bundesrepublik im Inland gefertigter Waren durch im Ausland von Unternehmen, die nicht aus der Bundesrepublik kommen, gefertigten Waren hinzu. Diese Teilprozesse und ihre Interaktionen zusammengenommen bestimmen den Prozeß des weltweiten industriellen Strukturwandels.

Welche Weiterentwicklung wird die Auslandsproduktion von Unternehmen der Bundesrepublik haben? Diejenigen Unternehmen, die bereits im Ausland produzieren, werden ihre Auslandsproduktion erweitern. Das gilt sowohl für den Ausbau an vielen Standorten, an denen schon produziert wird, als auch für die Aufnahme von Produktion an neuen Standorten. Auf Unternehmensebene gilt durchweg: Investition in die Ausweitung der Produktionskapazitäten im Ausland bei Fortsetzung der Rationalisierungsinvestitionen im Inland; also: weiterer Anstieg der Zahl der Auslandsbeschäftigten, weiteres Zurückgehen der Zahl derer, die im Inland beschäftigt sind.

Die weitere Durchsetzung der neuen internationalen Arbeitsteilung wird mit weiteren Produktionsverlagerungen verbunden sein. Der Zwang hierzu wird weiterbestehen, solange die Randbedingungen der neuen internationalen Arbeitsteilung den weltweiten Prozeß der Kapitalverwertung bestimmen. Diese Entwicklung läßt sich nur umkehren, wenn die Randbedingungen entschieden geändert werden, was gleichbedeutend ist mit einem Infragestellen der herrschenden Produktionsweise des kapitalistischen Weltsystems. Zu einer solchen Veränderung könnten allerdings Prozesse beitragen, die durch die ökonomischen, sozialen und politischen Konsequenzen der Durchsetzung der neuen internationalen Arbeitsteilung selbst hervorgerufen werden.

Tabelle II–A 1

Liste der in der Erhebung erfaßten Unternehmen und ihrer Produktionsländer (Erhebungszeitraum 1961 bis 1976)

Anmerkungen zu Spalte 1: x = Unternehmen in Tabelle II–6 erfaßt
xx = Unternehmen in Tabelle II–7 und Tabelle II–A 2 erfaßt

zu Spalte 2: 1 = Energie, Bergbau; 2 = Chemie; 3 = Steine, Glas, Keramik; 4 = Eisen, NE-Metalle;
5 = Maschinenbau; 6 = Fahrzeugbau; 7 = Elektrotechnik; 8 = Feinmechanik, Optik;
9 = Sonstige verarbeitende Industrie; 10 = Land- und Forstwirtschaft

zu Spalte 3: x = aufgegebenes Beteiligungsverhältnis

zu Spalte 6: A = bis 30; B = 31–100; C = 101–250; D = 251–500; E = 501–1000; F = 1001–3000;
G = über 3000 Beschäftigte.

Vergleiche auch die Erläuterungen im Text

Unternehmen	Wirtschaftszweig	Produktionsland	Jahr des Beginns der Produktion	Höhe der Beteiligung in %	Zahl der Beschäftigten	(Teil-)Fertigung von
ABG-Werke GmbH, Hameln	5	x USA				Straßenbaumaschinen
Emil Adolff KG, Reutlingen	9	Österreich				Spulen und Hülsen aus Papier, Holz, Plastik
		USA				
		Südafrika	1961	70	B	
		Brasilien				
AEG-Telefunken AG, Berlin (mit Olympia Werke AG)	7	Finnland	1961	37	C	Kabel
		Finnland	1968	40	D	Leuchten
		Schweden	1920	31	G	Stark- und Schwachstromtechnik
		Österreich		100	F	Halbleiter
		Kanada	1960	100	C	Nachrichtentechn. Geräte u. Anlagen
		USA	1975	100	B	Elektrowerkzeuge
		Südafrika	1961	100	E	Elektr. Ausrüstungen und Geräte
		Südafrika	1968	100	C	Büromaschinen
		Spanien	1940	100	G	Anlagenbau

Tabelle II–A 1 (Fortsetzung)

Unternehmen	Wirtschaftszweig	Produktionsland	Jahr des Beginns der Produktion	Höhe der Beteiligung in %	Zahl der Beschäftigten	(Teil-)Fertigung von
AEG-Telefunken AG (Fortsetzung)		Spanien	1940	96	F	Unterhaltungselektronik
		Spanien	1940	44	C	Nachrichtentechnik
		Spanien	1968	100	A	Verkehrssignalgeber
		Griechenland	1963	81	E	Transform., Motoren, Schaltanlagen
		Türkei	1968	37.	E	Schaltgeräte, Transformatoren
		Mexiko	1952	49	E	Radios, Fernseher, Lautsprecher
		Mexiko	1970	49	C	Büromaschinen
		Venezuela	1975	70	C	Motoren
		Argentinien	1960	100	E	Schaltgeräte, Transformatoren
		Chile	1963	100	C	Büromaschinen
		Brasilien	1960	100	G	Starkstromanlagen, Nachrichtentechn.
		Brasilien	1970	79	F	Rundfunk- und Fernsehgeräte
		Brasilien	1970	100	D	Schreibmaschinen
		Iran	1968	99	C	Zähler
		x Indien	1967	49		
		Pakistan	1968	80	C	Schaltgeräte, Industrieleuchten
		Indonesien	1970	72	B	Schaltanlagen
		Philippinen	1974	50	D	Halbleiter
xx Aesculap-Werke AG, Tuttlingen	8	Spanien	1962	100	B	Chirurgische Instrumente
		Malaysia	1973	100	C	Chirurgische Instrumente
Agfa-Gevaert AG, Leverkusen	8	USA	1966	100	E	Chem. Prod. z. Fotoherstellung
		x Südafrika				
		Spanien	1951	98	D	Fotografisches Material
		Portugal	1973	100	D	Fotoapparate
		Argentinien	1964	99	E	Röntgenfilme
		Indien	1958	25		Fotoapparate, Fotopapier
Agria-Werke GmbH, Möckmühl	5	Spanien	1965	50	C	Landwirtschaftliche Maschinen
		Griechenland	1969	85	C	Landwirtschaftliche Maschinen

Tabelle II–A 1 (Fortsetzung)

	Unternehmen	Wirtschaftszweig	Produktionsland	Jahr des Beginns der Produktion	Höhe der Beteiligung in %	Zahl der Beschäftigten	(Teil-)Fertigung von
	Agrob AG, München	3	Kanada		95		Grobkeramik
			Spanien	1974	50		Sanitärkeramik
			Nigeria	1975	40	C	Fliesen, Sanitärkeramik
			Jordanien	1976			
			Thailand	1971	25	D	Fliesen
xx	Aichelin KG, Korntal	5	Österreich	1960	100	C	Industrieofenbau
			Brasilien	1972	97	B	Industrieofenbau
	Heinrich Aigner, München	9	Uruguay		100		Sortieranstalt f. tier. Därme
	Albrecht KG, Rettenbach	9	Österreich	1970	50	B	Jalousien
	Allweiler AG, Radolfzell	5	Südafrika		30		
xx	ALMO-KG, Arolsen	5	Brasilien	1973	49	B	Einmalspritzen
	Alucon	8	Thailand	1962		C	Aluminiumverarbeitung
			Thailand	1974	37	A	Aluminiumverarbeitung
xx	Anker-Werke AG, Bielefeld	7	Österreich	1966	100	D	Registrierkassen
			USA	1961	100	B	Freistempler
x	Appel AG, Hannover	9	Spanien	1966	96	B	Feinkostartikel, Gemüsekonserven
	Ara-Schuhfabrik GmbH, Langenfeld	9	Österreich	1969	71	D	Damenschuhe
			Portugal	1975			Schuhschäfte
xx	Artland Dörffler KG, Badbergen	9	Brasilien	1933	100	E	Wurst, Konserven
	Artos KG, Hamburg	5	Japan				
			Spanien				
			Argentinien				
			Brasilien				
	Astor AG, Mainz	2	Spanien		50		

Tabelle II–A 1 (Fortsetzung)

Unternehmen	Wirtschaftszweig	Produktionsland	Jahr des Beginns der Produktion	Höhe der Beteiligung in %	Zahl der Beschäftigten	(Teil-)Fertigung von
Auerhahn-Nahrungsmittelwerke Karl Ortlieb, Bensheim	9	x Marokko				
Auwärter KG, Stuttgart	6	Ghana	1974	45	C	Omnibusse
Badische Maschinenfabrik GmbH, Karlsruhe	5	Brasilien				
A. Bagel, Düsseldorf	9	Iran	1973	33	B	
Bahlsen KG, Hannover	9	Schweiz		51		
		Spanien	1972	67	D	Backwaren
Gebr. Baldauf & Co., Lindenberg	9	Nicaragua				Käse
x BAMA-Werke Curt Baumann, Mosbach	9	Österreich	1956	100	C	Schuhwaren
		Uruguay	1964	100	C	Lederverarbeitung, Schuhwaren
Bammesberger & Co., Leonberg	5	x Brasilien				
Barmag AG, Remscheid	5	Schweiz		79	B	Hydraulische Aggregate
		USA	1965	100	B	Textilmaschinen
		Brasilien	1975	47	A	Maschinen
xx Basalt AG, Linz	3	Spanien	1971	100	A	Straßenbaumaterialien
BASF AG, Ludwigshafen (mit: Dr. Beck & Co. AG, Elastogran GmbH, Kali u. Salz AG, Wintershall AG)	2	Norwegen	1976	100		Ölsuche
		Österreich	1969	50	C	Kunststoff
		Kanada	1958	100	A	Öl und Gas
		Kanada	1970	100	E	Chemische Produkte
		Kanada		100		
		Kanada		50	D	
		USA	1958	50	G	Chemiefasern

Tabelle II–A 1 (Fortsetzung)

Unternehmen	Wirtschaftszweig	Produktionsland	Jahr des Beginns der Produktion	Höhe der Beteiligung in %	Zahl der Beschäftigten	(Teil-)Fertigung von
BASF AG (Fortsetzung)		USA	1970	100	G	Chemikalien, Farbstoffe
		USA		100	A	
		Australien	1967	100	C	Kunststoff
		Japan	1962	50	C	Kunststoff
		Japan	1974	50	C	
		Japan	1975	50	A	Farbstoffe
		Südafrika	1971	100	C	
		Spanien	1946	95	E	Farben, Lacke
		Spanien	1970	100	E	Kunststoffe
		Spanien	1971	50	A	Kunststoffe
		Türkei	1970	60	C	Chemische Produkte
		Algerien		25		
		Mexiko	1964	100	D	Schaumstoff, chemische Produkte
		Peru	1960	98	B	Farb-, Kunststoffe, Düngemittel
		Kolumbien	1969	100	D	Chemische Produkte
		Argentinien	1969	100	D	Chemikalien
		Uruguay	1960	100	B	Chemikalien
		Chile	1969	100	C	Chemische Produkte
		Brasilien	1955	95	F	Industrie- und Bautenlacke
		Brasilien	1959	100	F	Chemikalien
		Brasilien	1968	29	E	Düngemittel
		Indien	1963	50	D	Pestizide
		Indien				Isoliermaterial
Bauknecht GmbH, Stuttgart	7	Österreich	1959	100	E	Kühlgeräte, Küchen, Elektromotoren
		Schweiz	1953	100		Kühlmöbel
		Schweiz	1969	100		Herde, Backöfen
Baustahlgewebe GmbH, Düsseldorf	4	Österreich	1966	100	C	Stahl

Tabelle II–A 1 (Fortsetzung)

	Unternehmen	Wirtschaftszweig	Produktionsland	Jahr des Beginns der Produktion	Höhe der Beteiligung in %	Zahl der Beschäftigten	(Teil-)Fertigung von
x	Bayer AG, Leverkusen	2	Schweden	1935	90	F	Farben und Lacke
			Österreich	1948	45	E	Chemikalien, Kunststoffverarbeitung
			Österreich	1954	87	C	Pharm. und kosmetische Präparate
			Österreich		69		
			Kanada	1963	100	C	Farbstoffe
			USA	1954	100	G	Kunststoffe, Chemikalien
			USA	1962	100	B	Parfümerien, Gewürzessenzen, Aromen
			USA	1974	100	F	Krankenhausbedarf
			USA		50		
			USA		50		
			Australien	1960	99	D	Landwirtschaftliche Produkte
			Japan	1941	50	D	Pflanzenschutzmittel
			Japan	1971	50	C	Polyurethan-Rohstoffe
			Südafrika	1959	90	D	Chromerz
			Südafrika	1961	100	C	Flußspat
			Südafrika	1962	90	B	Pharmazeutische Produkte
			Südafrika	1964	50	B	Riechstoffe
			Südafrika	1968	100	C	Natriumdichromat, Gerbsalze
			Südafrika	1975	74	D	Pflanzenschutzmittel
			Spanien	1922	50	D	Farbstoffe, chemische Hilfsmittel
			Spanien	1966	90	D	Chemikalien
			Spanien	1967	81	B	Impfstoffe, pharm. Spezialitäten
			Spanien	1967	75	A	Riech- und Geschmacksstoffe
			Spanien	1971	50	C	Chemikalien
			Spanien	1972	96	E	Pflanzenschutzmittel
			Spanien	1972	60	B	Email, Dekorfarben
			Spanien		58		
			Spanien		25		
			Portugal	1966	90	D	Pflanzenschutzmittel

Tabelle II–A 1 (Fortsetzung)

Unternehmen	Wirtschaftszweig	Produktionsland	Jahr des Beginns der Produktion	Höhe der Beteiligung in %	Zahl der Beschäftigten	(Teil-)Fertigung von
Bayer AG (Fortsetzung)		Portugal	1972	76	C	Arzneimittel
		Jugoslawien	1971	49	C	Kosmet. und pharm. Produkte
		Türkei	1958	25	E	Pharmazeutische Produkte
		Türkei	1965	99	D	Pflanzenschutzmittel
		Marokko	1967	50	B	Pflanzenschutzmittel
		Marokko	1971	86	B	Pharmazeutische Präparate
		Guatemala	1963	50	C	Pflanzenschutzprodukte
		Guatemala	1970	75	C	Pflanzenschutzprodukte
		El Salvador	1961	51	B	Pharmazeutische Produkte
		El Salvador	1966	61	B	Arzneimittel
		Nicaragua	1958	71	B	Pflanzenschutzprodukte
		Mexiko	1937	99	E	Chem. und pharm. Produkte
		Mexiko	1952	75	B	Farbstoffe
		Mexiko	1962	100	C	Riech- und Geschmacksstoffe
		Peru	1952	74	D	Pharmazeutika, Pflanzenschutzmittel
		Peru	1972	54	E	Acrylfasern
		Kolumbien	1961	94	C	Pflanzenschutz-, Arzneimittel
		Venezuela	1962	100	D	Pflanzenschutzmittel
		Argentinien	1948	99	C	Gerbstoffe
		Argentinien	1958	99	E	Pflanzenschutzmittel, Arzneimittel
		Argentinien		33		
		Uruguay	1925	100	C	Arzneimittel, Schädlingsbekämpfung
		Chile	1949	100	D	Pharmazeutische Produkte
		Chile	1970	50	B	Gerbstoffe
		Brasilien	1921	99	G	Chem. und pharm. Produkte
		Brasilien	1955	99	B	Riech- und Geschmacksstoffe
		Brasilien		52	E	
		Brasilien	1972	25	E	Weißpigment
		Nigeria	1976	60		Arzneimittel

Tabelle II–A 1 (Fortsetzung)

	Unternehmen	Wirtschaftszweig		Produktionsland	Jahr des Beginns der Produktion	Höhe der Beteiligung in %	Zahl der Beschäftigten	(Teil-)Fertigung von
	Bayer AG (Fortsetzung)			Iran	1962	76	C	Pharmazeutika, Pflanzenschutzmittel
				Iran	1969	50	E	Nylongarne
				Indien	1967	52	F	Chemikalien, Pestizide
				Indonesien	1971	90	D	Pharmazeutische Produkte
				Indonesien	1972	60	B	Pflanzenschutzmittel
				Philippinen	1964	99	C	Pflanzenschutzmittel
				Korea	1965	100	B	Futtermittelzusätze
				Korea	1973	50	C	Arzneimittel
				Thailand	1963	100	D	Pflanzenschutzmittel
				Thailand	1965	100	A	Arzneimittel
	Bayerische Kabelwerke AG, Roth	7		Iran	1966	40	C	Kabelherstellung
x	Bayerische Motoren Werke AG, München	6		Südafrika	1972	100	E	Personenkraftwagen
	Becker Autoradiowerk GmbH, Karlsbad	7		Brasilien				
				Taiwan	1975	100	B	Autoradios
	Joh. Friedr. Behrens, Ahrensburg	8	x	Spanien				
			x	Mexiko				
x	Beiersdorf AG, Hamburg	2		Finnland	1975	100	C	Kosmetik, Pflaster, Klebebänder
				Schweden	1961	100	B	Kosmetik, Pflaster
				Österreich	1924	100	D	Kosmetik, Pflaster, Klebebänder
				Kanada	1970	100	A	Wundschnellverbände
				USA	1973	100	C	Kosmetik, Pflaster
				Australien	1959	100	C	Pflaster, techn. Klebebänder
				Spanien	1955	55	D	Techn. Klebebänder
				Spanien	1963	90	C	Kosmetik
				Portugal	1963	85	D	Kosmetik, Pflaster
				Griechenland	1968	100	C	Kosmetik, Pflaster, Klebebänder
				Guatemala	1971	100	B	Klebebänder, Pflaster, Kosmetik

Tabelle II–A 1 (Fortsetzung)

	Unternehmen	Wirtschaftszweig		Produktionsland	Jahr des Beginns der Produktion	Höhe der Beteiligung in %	Zahl der Beschäftigten	(Teil-)Fertigung von
	Beiersdorf AG (Fortsetzung)			Guatemala	1971	50	B	Arzneimittel, Pflasterverbände
				Mexiko	1963	100	D	Technische Klebebänder, Kosmetik
				Kolumbien	1971	100	C	Kosmetik, Pflaster, Klebebänder
				Argentinien	1967	100	C	Kosmetik, Pflaster
				Chile	1969	100	B	Körperpflegemittel, Pflaster, Kosmet.
	Bellaplast GmbH, Wiesbaden	2		Schweiz	1974	100	B	Kunststoffverpackungen
	Benckiser GmbH, Ludwigshafen	2		Österreich	1969	100	C	Wasseraufbereitungschemikalien
				Schweiz	1967	100	B	Wasseraufbereitungsanlagen
				Spanien	1975	100	B	Wasch- und Reinigungsmittel
				Griechenland	1966	100	A	Wasch- und Reinigungsmittel
xx	J. H. Benecke GmbH, Hannover	2		Spanien	1959	33	E	Kunststoff-Folien
	J. A. Bergholz	8		Korea	1966	25		Metallwerkzeuge
	Bergmann Elektricitätswerke AG, Berlin	1		Österreich	1922	50	E	Elektron. und elektr. Meßgeräte
	Berstorff GmbH, Hannover	5		USA	1972	50	B	Walzenschleiferei
xx	Bertelsmann AG, Gütersloh	9		Österreich	1967	55	C	Druckerzeugnisse
				Spanien	1962	100	E	Bücher, Prospekte, Zeitschriften
				Portugal	1972	100	B	Bücher, Zeitschriften, Akzidenzen
	Bertrams AG, Siegen	5	x	Österreich	1877	100	B	Ofenrohre
			x	Schweiz	1894	100	D	Chemische Apparatebau
xx	Bessey & Sohn, Stuttgart	4		Spanien	1973	100	A	Schraubenzwingen
				Brasilien	1975	100		Präzisionswerkzeuge
	Betonbau Senne Peitz KG, Sennelager	3	x	USA		100		

Tabelle II–A 1 (Fortsetzung)

Unternehmen	Wirtschaftszweig	Produktionsland	Jahr des Beginns der Produktion	Höhe der Beteiligung in %	Zahl der Beschäftigten	(Teil-)Fertigung von
Biax Werkzeuge KG Wezel & Co., Maulbronn	5	Schweiz	1962	90	A	Elektrowerkzeuge
August Bilstein, Ennepetal	5	USA	1976	100		Aufprallstoßdämpfer
Binder & Co., Oppenweiler	5	Portugal	1973			Falzmaschinen
Bizerba-Werke KG, Balingen	5	Österreich	1966	100	B	Industriegroßwaagen, Gleiswaagen
		Japan				
		Spanien				
Blasberg GmbH & Co. KG, Solingen	4	Spanien	1964	43	B	Galvanotechnik, Polierpasten
A. Bleistahl GmbH, Wetter-Wengern	4	Brasilien	1976	70		
Blendax-Werke R. Schneider GmbH & Co., Mainz	2	Österreich	1953	70	C	Haut-, Haar- und Zahnpflegemittel
Böhme KG, Geretsried	2	Österreich	1952	75	A	Textil- und Lederhilfsmittel
Boehringer & Sohn, Ingelheim	2	Österreich		100		
		USA	1975	90		Arzneimittel
		Australien	1974	100	B	Arzneimittel
		Japan				
		Griechenland	1975	100	B	Arzneimittel
		Puerto Rico	1961	100	B	Pharmazeutische Wirksubstanzen
		Mexiko		75		Arzneimittel
		Brasilien		100		
		Senegal	1973	100		
		Indien	1957	39	E	Pharmazeutische Produkte

Tabelle II–A 1 (Fortsetzung)

Unternehmen	Wirtschaftszweig	Produktionsland	Jahr des Beginns der Produktion	Höhe der Beteiligung in %	Zahl der Beschäftigten	(Teil-)Fertigung von
Boehringer Mannheim GmbH, Mannheim	2	Schweden		100		
		Schweiz				
		USA	1974	95		Diagnostika, künstliche Gelenke
		Japan		100		
		Südafrika		100		
		Spanien		100		
		Griechenland		90		
		Ecuador	1973	100		
		Kolumbien		100		
		Brasilien	1957	99	D	Arzneimittel
		Kongo		56		
		Iran		100		
		Indien	1962	48	E	Pharmazeutika
xx Böllhoff & Co., Brackwede	2	Mexiko	1969	75	B	Schleifscheiben
		Brasilien	1972	75	D	Gewindeteile
Bohle KG, Jöllenbeck	5	x USA		100		
Bohlen AG, Essen (mit Jurid Werke GmbH, Wasag Chemie AG)	2	Südafrika		100		
		Spanien	1953	100	C	Reibmaterial f. Automobilindustrie
		Spanien	1964	45	B	Kunststoffverarbeitung
		Brasilien	1968	100		Bremsmaterial
		Indien				Bremsbeläge
Bosch GmbH, Stuttgart	7	Schweden	1950	100	C	Elektrische Ausrüstungen
		Schweden		100	E	Elektrische Ausrüstungen
		Schweiz	1917	82	F	Elektro- und Druckluftwerkzeuge
		USA	1964	100	F	Dieseleinspritzausrüstung
		USA	1976	100		Maschinen
		Australien	1956	100	F	Lichtmaschinen, Regler, Zündkerzen
		Südafrika	1973	40	D	Autoelektrische Zubehörteile
		Spanien	1957	86	E	Anlasser, Verteiler, Regler

Tabelle II–A 1 (Fortsetzung)

Unternehmen	Wirtschaftszweig	Produktionsland	Jahr des Beginns der Produktion	Höhe der Beteiligung in %	Zahl der Beschäftigten	(Teil-)Fertigung von
Bosch GmbH (Fortsetzung)		Griechenland	1976	40		Haushaltsgeräte
		Türkei	1973	60	C	Diesel-Einspritzausrüstung
		x Guatemala	1970		A	Zündkerzen
		Mexiko	1966	25	F	Elektroprod. für Kraftfahrzeuge
		Peru	1970	25	B	Autoelektrik
		x Venezuela	1968		B	Anlasser, Lichtmaschinen
		Argentinien	1956	100	E	Dieseleinspritzausrüstung
		Brasilien	1954	100	G	Kraftfahrzeugausrüstung
		Brasilien	1968	100	E	Zündkerzen, Zündspulen
		Brasilien	1970	100	B	Verpackungsmaschinen
		Iran	1974	25	C	Zündkerzen
		Indien	1951	51	G	Benzineinspritzausrüstungen
		Taiwan	1970	95	D	Objektive u. Sucher f. Filmkameras
		Malaysia	1972	100	E	Filmkameras, Kraftfahrzeugausrüstung
Brabender OHG, Duisburg	5	USA		30		Meßeinrichtungen
Braun AG, Frankfurt	7	Japan		100		Einzelteile
		Spanien	1965	100	F	Haushaltsgeräte
		Argentinien		100		
		Brasilien	1974	99	B	Kleine Haushaltsgeräte
		x Iran		47		
Braun AG, Melsungen	2	Peru	1971	100	A	Humanmed. Erzeugnisse
		Brasilien	1954	78	E	Pharmazeutische Produkte
		Brasilien				
Bremshey AG, Solingen	8	Kanada	1956	50	C	Schirme
Brinkmann AG, Bremen	9	Griechenland	1964			Tabakverarbeitung
		Brasilien				
		Spanien				

Tabelle II–A 1 (Fortsetzung)

	Unternehmen	Wirtschaftszweig		Produktionsland	Jahr des Beginns der Produktion	Höhe der Beteiligung in %	Zahl der Beschäftigten	(Teil-)Fertigung von
	Brötje-Werke, Rastede	5		Österreich	1960	100	C	Stahlradiatoren
x	Brown, Boveri & Cie. AG, Mannheim (mit Calor-Emag Elektricitäts-AG)	7		Österreich	1893	100	D	Elektrische Haushaltsgeräte
				Österreich		99	E	Labormeßgeräte
				Spanien	1968	35	C	Niederspannungsschaltgeräte
				Singapur	1975	100	C	Niederspannungsgeräte
	Brückner KG, Leonberg	5		USA	1969	75	B	Textilveredelungsmaschinen
			x	Brasilien				
	Gebr. Bühler Nachf. GmbH, Nürnberg	7		USA	1976	100		Dauermagnete, elektr. Kleinmotoren
	Bühler-MIAG GmbH, Braunschweig	5		USA	1976	100		Mühlenanlagen
				Argentinien	1955	90	C	Mühlenanlagen, Silos
	Bungartz & Peschke GmbH & Co. KG, Zweibrücken	5	x	Brasilien				
	Burda GmbH, Offenburg	9		USA	1971	50	D	Tiefdruck
	Celamerck GmbH & Co. KG, Ingelheim	2		Spanien	1951	50	C	Pflanzenschutzmittel
				Türkei		50		
				Marokko		50		
				Kolumbien				Pflanzenschutzmittel
x	Chemische Werke Hüls AG, Marl	2		Finnland	1973	50	B	Polystyrol
				Schweden	1964	50	B	Polystyrolgranulat
				Schweden	1968	50	C	Kunststoffverarbeitung
				Japan	1970	50	A	Polylaurinlactam
				Jugoslawien	1975	49	A	Äthylenoxid- u. Propylenoxid-Deriv.
				Brasilien	1957	25	C	Kunststoffe
				Brasilien	1972	33	C	Kunststoffe
				Brasilien	1973	35	C	Vinylchlorid
				Brasilien	1976	33		Polystyron

Tabelle II–A 1 (Fortsetzung)

Unternehmen	Wirtschaftszweig	Produktionsland	Jahr des Beginns der Produktion	Höhe der Beteiligung in %	Zahl der Beschäftigten	(Teil-)Fertigung von
Clouth AG, Köln	2	Griechenland	1975	70	B	Stahlseil- und Gewebefördergurte
Coca-Cola GmbH, Essen	9	Österreich	1963	100	C	Grundstoffe für Getränke
xx Collo GmbH, Bornheim-Hersel	2	Österreich	1966	100	A	Chemische Reinigungsmittel
xx Concentra GmbH, Gebr. Hartmann, Frankfurt	2	Österreich	1932	100	B	Druckfarben
		Schweiz	1936	100	B	Druckfarben
		Brasilien	1973	100	A	Druckfarben
Confructa	9	Griechenland	1964	90	B	Fruchtsäfte
Continental AG, Hannover	2	Südafrika	1969	50	F	
		Spanien	1954	86	D	Vollreifenproduktion
		Spanien	1968	100	D	Gummiwaren
		Spanien		93	C	Schuhmaterial
		Brasilien	1951	100	E	Autoreifen, Gummiwaren
		Indien	1974			Reifen
Bernhard Cornielje, Düsseldorf	10	Tunesien		100		Schnittblumen
Coutinho KG a. A., Hamburg	3	Sambia	1974	25		Hohlglas
Peter Cremer, Hamburg	9	Indonesien	1968	80	B	Tapioka, Kopra
		Indonesien	1970	80	C	Tapioka, Kopra
		Indonesien	1974	70	C	Tapioka, Kopra
		Thailand	1967		C	Tapioka
x Cyklop Gesellschaft, Rodenkirchen	5	x Finnland	1967	90	B	Verpackungsmaschinen u. -materialien
		Schweden	1960	100	B	Verpackungsmaschinen u. -materialien
		Brasilien	1953	96	C	Geräte für Transportverpackung
Ch. Dahlinger, Lahr	9	USA	1976	100		Feinkartonagen, Etuis

Tabelle II–A 1 (Fortsetzung)

Unternehmen	Wirtschaftszweig	Produktionsland	Jahr des Beginns der Produktion	Höhe der Beteiligung in %	Zahl der Beschäftigten	(Teil-)Fertigung von
xx Daimler-Benz AG, Stuttgart (mit Hanomag-Henschel Fahrzeugwerke GmbH)	6	Südafrika	1966	26	F	Personenkraftwagen, Nutzfahrzeuge
		Spanien	1955	26	G	Dieselmotoren, Nutzfahrzeuge
		Türkei	1968	36	F	Omnibusse
		Argentinien	1952	100	G	Nutzfahrzeuge, Motoren
		Brasilien	1957	100	G	Dieselmotoren, Nutzfahrzeuge
		Brasilien	1969	100	G	Gießerei
		Saudi-Arabien	1976	26		Montage
		Iran	1969	30	E	Dieselmotoren
		Indien	1957	26	F	Motorfahrzeuge
		Indonesien	1971	33	F	Nutzfahrzeuge
		Singapur	1971	26	C	Nutzfahrzeuge
Richard Daniel, Düsseldorf	6	Jugoslawien	1971	31		Motorenteile
Karl Danzer, Reutlingen	9	Österreich				
		Kanada				
		USA				
		Brasilien				Furniere
		Elfenbeinküste				Furniere
		Kamerun				
		Zaire	1975	85	C	Holzverarbeitung
J. J. Darboven, Hamburg	9	Österreich	1965	90	A	Kaffee
Dau & Co., Nagold	7	x Österreich	1971	100	C	Kondensatoren
		x Brasilien	1975	100	B	Widerstände
Degussa AG, Frankfurt	2	Österreich	1858	50	D	Edelmetalle
		Österreich	1906	100	D	Chemikalien
		Österreich	1947	100	B	Pharmazeutische Spezialitäten
		Schweiz	1967	100	A	Chemikalien
		USA	1975	100	B	Chem. u. metallurgische Produkte

Tabelle II–A 1 (Fortsetzung)

Unternehmen	Wirtschaftszweig	Produktionsland	Jahr des Beginns der Produktion	Höhe der Beteiligung in %	Zahl der Beschäftigten	(Teil-)Fertigung von
Degussa AG (Fortsetzung)		Japan	1967	50	B	Aerosil
		Japan	1975	50	A	Meßwiderstände
		Spanien	1973	50	A	Produkte für keramische Industrie
		Portugal	1970	100	B	Acrylglas
		Argentinien	1974	50	B	Sodiumsilikate
		Brasilien	1939	100	E	Pharmazeutische Produkte
		Brasilien	1954	100	C	Chem. und metallurgische Erzeugnisse
		Brasilien	1956	84	D	Edelmetallerzeugnisse
		Brasilien	1975	94	A	Edelmetallerzeugnisse
		Brasilien	1976	50		Teile aus Kunststoff
Deilmann AG, Bentheim	1	x Schweiz	1961	100		
		USA	1974	50	B	
		Brasilien		47	D	Apparate u. Anlagen f. chem. Industrie
x DEMINEX GmbH, Düsseldorf	1	Kanada	1974	100	A	Bohrungen
		Algerien	1974	100	B	Bohrungen
		Ägypten	1974	100	B	Bohrungen
		Trinidad/Tobago	1974	100	B	Bohrungen
		Peru	1974	100	C	Bohrungen
		Nigeria	1974	100	B	Bohrungen
		Iran	1974	100	C	Bohrungen
Desco-Werk KG, Karlsbad	7	Portugal	1973	100	C	Zuleitungen
x Deutsche Babcock & Wilcox AG, Oberhausen	5	Österreich	1964	100	D	Kompressoren, Generatoren
		Österreich		100		
		Schweiz	1954	100	A	Industriefeuerungsanlagen
		Kanada		100		
		USA		50		
		Spanien	1975	50		
		Spanien		100		

Tabelle II–A 1 (Fortsetzung)

	Unternehmen	Wirtschaftszweig	Produktionsland	Jahr des Beginns der Produktion	Höhe der Beteiligung in %	Zahl der Beschäftigten	(Teil-)Fertigung von
	Deutsche Babcock & Wilcox AG (Fortsetzung)		Spanien		50		
			Griechenland	1971	51	A	Transportbänder
			Marokko		50		
			Marokko		50		
			Brasilien	1975	100		Textil-, Umwelt- u. Verfahrenstechnik
			Brasilien	1976	50		Tragrollen für Stückgüter
			Indien	1959	50	E	Textilbearbeitungsmaschinen
			Indien	1969			Dehydrationsanlagen
			Hongkong		80		
xx	Deutsche Dictator Ruef & Co., Neusäß	8	Spanien	1974	50	A	Lifttürschließer
xx	Deutsche Holzveredelung, Kirchhundem	9	Indien	1964	25	A	Laminierte Hölzer
	Deutsche Industrieanlagen GmbH, Berlin	5	USA				
			Brasilien				
			Indien				Werkzeugmaschinen
	Deutsche Magnesit GmbH, Urmitz	1	x Griechenland	1970			Magnesium
	Deutsche Tecalemit GmbH, Windelsbleiche	8	Schweden	1975	100		
			Spanien	1975	100		
	Deutsche Texaco AG, Hamburg	2	Syrien		100		
	Deutsche Vergaser GmbH & Co. KG, Neuss	5	Argentinien				
			Brasilien				
x	Deutsche Vitrohm GmbH & Co. KG, Pinneberg	7	Portugal	1971	100	D	Elektr. Widerstände

Tabelle II–A 1 (Fortsetzung)

Unternehmen	Wirtschaftszweig	Produktionsland	Jahr des Beginns der Produktion	Höhe der Beteiligung in %	Zahl der Beschäftigten	(Teil-)Fertigung von
Deutsche Zündholzfabriken GmbH, Neu-Isenburg	2	Iran	1970			Zündhölzer
Didier-Werke AG, Wiesbaden	3	Österreich	1949	100	A	Säurebeständige Anlagen
		Kanada	1976	50		Feuerfestmaterial
		Spanien		30		Magnesit
		Spanien	1928	70	D	Feuerfestmaterial
Dobbertin & Co., GmbH, Hamburg	9	Indonesien	1973			Erfrischungsgetränke
Dornbusch & Co., Krefeld	5	Brasilien	1953	100	B	Maschinen f. Plastik- und Textilindustrie, gravierte Stahlwalzen
R. K. Draeger, Königswinter	7	Indien				Isolatoren, Transformatoren
Drägerwerk AG, Lübeck	8	USA	1970	72	A	Medizinische Geräte
		Australien	1963	100	A	Apparate
		Spanien	1935	100	A	Medizinische Apparate
		Brasilien	1955	100	B	Atemschutz-, Tauchgeräte
DRAGOCO Gerberding & Co. GmbH, Holzminden	2	Österreich	1959	100	B	Riech- und Aromastoffe
		Kanada				
		USA		100		Riechstoffe
		Australien				
		Mexiko	1967	100	A	Duft- und Aromastoffe
		Brasilien	1974	100	A	Essenzen und Aromen
xx Dreefs KG, Unterrodach	7	Österreich	1970	50	C	Elektro-Spezialschalter
		Spanien	1975	20	A	Elektro-Spezialschalter
		Indien	1971	25		Thermostaten
DSD-Dillinger Stahlbau GmbH, Saarlouis	5	Schweiz		100		
		Südafrika	1968	100	F	Stahl- und Rohrleitungsbau

Tabelle II–A 1 (Fortsetzung)

	Unternehmen	Wirtschaftszweig		Produktionsland	Jahr des Beginns der Produktion	Höhe der Beteiligung in %	Zahl der Beschäftigten	(Teil-)Fertigung von
	Walter Dürbeck Papiersackfabriken KG, Lauterbach	9		Griechenland	1965	40	C	Papiersäcke
x	O. Dürr KG, Stuttgart	5		Österreich	1971	100	B	Maschinen für Oberflächentechnik
				USA	1971	100	A	Maschinen für Oberflächentechnik
				Südafrika	1971	75	A	Maschinen für Oberflächentechnik
				Mexiko	1966	100	C	Maschinen für Oberflächentechnik
				Brasilien	1966	49	D	Maschinen für Oberflächentechnik
				Brasilien	1974	100	C	Schweißmaschinen
	Dyckerhoff AG, Wiesbaden	3		Spanien	1960	46	C	Zement
	Joseph Eck & Söhne, Düsseldorf	5	x	Indien	1959	25	B	Kalander
	Eckart-Werke, Fürth	8		Japan	1973	50	A	Aluminiumpasten
x	Eckes KG, Nieder-Olm	9		Österreich	1964	100	B	Fruchtsäfte, Spirituosen
				Marokko	1967	58	B	Fruchtsäfte, Fruchtkonzentrate
				Argentinien	1968	90	C	
				Brasilien	1960	99	F	Weinbrand
				Brasilien	1963	50	E	
				Brasilien	1966	95	E	
	Alfred Eggers, Hamburg-Neuengamme	10		Portugal	1974	50	B	Schnittblumen
x	E. G. O. GmbH, Oberderdingen	7		Jugoslawien	1971	49	B	Elektrogeräte
	Fritz Eichenauer, Kandel	7		Malta	1974	50	A	Elektrische Spezialartikel
xx	Gebr. Eicher GmbH, Forstern	5		Indien	1960	27	E	Traktoren, Landmaschinen

Tabelle II–A 1 (Fortsetzung)

	Unternehmen	Wirtschaftszweig		Produktionsland	Jahr des Beginns der Produktion	Höhe der Beteiligung in %	Zahl der Beschäftigten	(Teil-)Fertigung von
	Eichhoff-Werke GmbH, Lüdenscheid	7	x	Spanien	1964	100	C	Schalttafel-Einbauinstrumente
			x	Spanien	1964	75	C	Elektrotechnisches Kleinmaterial
	Eitel KG, Karlsruhe	5		USA	1975	50	A	Richtpressen
				Brasilien				
	Elba-Werk GmbH & Co., Ettlingen	5		Mexiko		100		
	Elektrische Licht- u. Kraftanlagen AG, München	1		Kanada		100		
	Ellenberger & Poensgen GmbH, Altdorf	7		Kanada				
				USA		100		Schalt- und Steuergeräte
	Elster AG, Mainz-Kastel	8		Österreich		51		
				Schweiz				
				Spanien	1908	25	C	Meß- und Regelapparate
				Mexiko		50		
xx	EMA KG, Schultze & Co., Hirschhorn	7		Brasilien	1972	100	A	Induktions-Erwärmungsanlagen
				Indien	1973	40	A	Induktions-Erwärmungsanlagen
	Endress & Hauser GmbH & Co., Maulburg	8		USA	1973	100	A	Elektronische Kontrollsysteme
xx	Engels GmbH, Velbert	4		Malaysia	1973	30	D	Temperguß
	Ulrich Englert, Horrheim	10		Puerto Rico	1970	100	A	Topfpflanzen
	Gottlieb Eppinger KG, Denkendorf	5	x	USA				Rundstrickautomaten
	Er-We-Pa-Maschinenfabrik, Erkrath	5		Jugoslawien	1973	25	E	Papier und Pappe

Tabelle II–A 1 (Fortsetzung)

Unternehmen	Wirtschaftszweig	Produktionsland	Jahr des Beginns der Produktion	Höhe der Beteiligung in %	Zahl der Beschäftigten	(Teil-)Fertigung von
xx A. W. Faber-Castell	2	Österreich	1963	100	B	Verarbeitung von Thermoplasten
Stein		x Schweiz				
		Australien	1965	100	B	Schreibgeräte
		Portugal	1959	51	A	Kugelschreiber und -minen
		Peru	1965	50	C	Kugelschreiber
		Argentinien	1965	100	C	Farb- und Graphitstifte
		Brasilien	1930	30	F	Bleistifte, Füllhalter, Kugelschreiber
xx Faller GmbH, Gütenbach	8	Österreich	1963	100	B	Spielwaren
Fecken-Kirfel AG,	5	USA		100		
Aachen		Brasilien		100		
Felten & Guilleaume	4	Österreich	1945	100	E	Spulen, Schutzschalter
Carlswerk AG, Köln		Österreich	1950	100	F	Kabel
(mit Pohlig-Heckel-		Kanada	1974	100		Kabel
Bleichert Verein.		Australien		100		
Maschinenfabriken AG)		Südafrika		40		
		Brasilien	1958	66	E	Fördertechnik
		Iran	1973	40		Kabel
Fendt & Co., Markt-oberdorf	6	x Brasilien				
Festo-Maschinenfabrik,	5	Österreich	1960	100	C	Holzbearbeitungsmaschinen
Esslingen		Australien	1975	100	A	
		Brasilien	1974	98	B	Aluminiumprodukte
		Indien				Holzbearbeitungsmaschinen
Fichtel & Sachs AG,	6	Spanien	1974	50	B	Kraftfahrzeugteile
Schweinfurt		Brasilien	1959	96	F	Kraftfahrzeugteile
		Indien				Mopeds
Fiebig-Manometer GmbH, Freiburg	8	Indien				Industriemeßgeräte

Tabelle II–A 1 (Fortsetzung)

Unternehmen	Wirtschaftszweig	Produktionsland	Jahr des Beginns der Produktion	Höhe der Beteiligung in %	Zahl der Beschäftigten	(Teil-)Fertigung von
Fischer-Werke, Tumlingen	2	Spanien	1963	93	B	Kunststoff- und Metallverarbeitung
		Argentinien			B	
		Brasilien	1962	60	B	Befestigungselemente
x Flachglas AG DELOG-DETAG, Fürth	3	Österreich	1928	100	E	Glas
		Österreich	1962	100	C	Profilit
		Österreich	1973	100	B	Isolierglas
A. Friedrich Flender & Co., Bocholt	5	x Spanien	1970	50		Getriebe, Kupplungen
		Indien	1963	50	C	Getriebe, Kupplungen
Flick GmbH, Düsseldorf (mit Buderus'sche Eisenwerke, Dynamit-Nobel AG, Feldmühle AG, Maximilianshütte m.b.H.)	4	Schweden		25		Papier
		Österreich	1919	42	E	Herde
		Schweiz		100		
		Schweiz		50		
		Kanada		25		Zellstoff
		x Kanada		49		
		USA				
		USA		100		
		USA		100		
		USA	1974	100	C	Oxidkeramik
		Südafrika		99		
		Spanien	1966	50	D	Kunststoffprodukte
		Argentinien		100		
		Brasilien				
		Brasilien		98		
		Brasilien		33		
		Nigeria		50		
		Indien				Zellstoff
		Indien				Röhren
Ernst Flitsch, Fellbach	8	Brasilien		50		Kühlanlagen

Tabelle II–A 1 (Fortsetzung)

Unternehmen	Wirtschaftszweig		Produktionsland	Jahr des Beginns der Produktion	Höhe der Beteiligung in %	Zahl der Beschäftigten	(Teil-)Fertigung von
Forst GmbH, Solingen	5		Brasilien	1976	100		Werkzeugmaschinen
			Indien	1966	49	C	Präzisionswerkzeuge
Fortex Schuh-Vertriebs-GmbH, Butzbach	9		Tunesien	1976	100		Schuhe
Fortuna-Werke Maschinenfabrik AG, Stuttgart	5		Indien				Schleif- und Schneidmaschinen
Frank GmbH, Leinfelden	8		Spanien	1976			Baubeschläge
			Jugoslawien	1976			Baubeschläge
Freiburger Graphische Betriebe GmbH & Co. KG, Herder Druck, Freiburg	9		Brasilien	1968	70	B	Buchdruck und Herstellung
Fresenius KG, Bad Homburg	2		Kenia	1975	51	A	Infusionslösungen
Freudenberg & Co., Weinheim (mit Gustav Hoffmann GmbH)	2	x	Österreich	1935	100	A	
			Österreich	1966	61	E	Zellulose und Papier
			Österreich	1967	100	D	Schuhe
			USA	1951	100	E	Kunststoff
			USA	1966	67	F	Dichtungen u. Teile f. Kraftfahrzeuge
			Australien	1975	50	A	Vliesstoffe
			Japan	1960	25	G	Dichtungsringe, Gummiteile
			Südafrika	1974	100	B	Vliesstoffe
			Spanien	1962	51	C	Vliesstoffe
			Türkei	1953	30	E	Kunstleder, Bodenbel., Schaumgummi
			Mexiko	1940	73	D	Rindsleder
			Mexiko	1967	49	C	Reisetaschen, Schuhmaterial
			Brasilien	1957	100	E	Aufforstung
			Brasilien	1969	99	D	Holzverarbeitung
			Brasilien	1974	40	E	Kinder- und Jugendschuhe
			Iran	1973	50	E	Kinderschuhe

Tabelle II–A 1 (Fortsetzung)

	Unternehmen	Wirtschaftszweig		Produktionsland	Jahr des Beginns der Produktion	Höhe der Beteiligung in %	Zahl der Beschäftigten	(Teil-)Fertigung von
	Freundorfer KG, München	8		USA	1976	95		Produkte f. d. graphische Industrie
	Walter Friedrich GmbH, Augsburg	4		Indien				Hochvakuum-Metallbedampfung
	J. S. Fries & Sohn, Frankfurt	5	x	Indien				Maschinenbau
	Heinrich de Fries GmbH, Düsseldorf	5		Indien	1963	33	C	Hebezeuge
	Fulguritwerke, Wunstorf	3		Ghana	1974	50	C	Zement
xx	Gabor GmbH & Co. KG, Rosenheim	9		Österreich	1960	100	E	Damenschuhe
				Iran	1973	50	E	Damenschuhe
	Gallus Herrenschuhfabrik, Viersen	9	x	Iran	1973	50		Herrenschuhe
	Gartenquelle, Fürth	10		Spanien				Stauden, Topfpflanzen
	GEA Happel GmbH & Co., Bochum	5		Österreich		100		
				USA		100		Wärmetauscher
				Südafrika				Spezialkraftanlagen
				Spanien				
xx	Gedore Werkzeugfabrik Otto Dowidat, Remscheid	8		Österreich	1973	100	B	Handwerkzeuge
				Südafrika	1965	66	D	Handwerkzeuge
				Brasilien	1963	80	E	Werkzeuge
				Indien	1961	51	G	Handwerkzeuge, Automobilwerkzeuge
	GEOBRA Brandstätter GmbH & Co. KG, Zirndorf	8		Malta	1972	100	D	Plastikspielzeug
	Gerdts KG, Bremen	5		Brasilien	1963	33	C	Spezialgeräte, Armaturen
	Gesipa GmbH, Walldorf	8		Österreich		75		
				Kanada		100		
				USA	1976	100		Blindnieten und Werkzeuge

Tabelle II–A 1 (Fortsetzung)

Unternehmen	Wirtschaftszweig	Produktionsland	Jahr des Beginns der Produktion	Höhe der Beteiligung in %	Zahl der Beschäftigten	(Teil-)Fertigung von
Gesipa GmbH		Ecuador		100		
(Fortsetzung)		Brasilien	1973	99	B	Blindnieten und Handnietzangen
Giesecke & Devrient	9	Schweiz				
GmbH, München		Mexiko	1960	100	B	Druck von Wertpapieren
		Mexiko				
Gildemeister AG,	5	Brasilien	1976	48		Maschinen
Bielefeld						
Globol-Werk GmbH,	2	USA	1976	100		Haushaltsprodukte
Neuburg						
xx Goetzewerke, Burscheid	2	Österreich	1971	33	E	Kolbenringe
		x Argentinien	1953			Kolbenringe
		Indien	1958	26	D	Kolbenringe, Zylinderlaufbüchsen
H. T. Golde GmbH,	2	x USA				
Frankfurt		x Südafrika				Kraftfahrzeugteile
		x Brasilien				
Goldschmidt AG, Essen	2	Schweiz		100		
		Spanien	1974	100	B	Imprägniertes Papier
		Mexiko		45		
		Brasilien	1965	67	B	Schweißportionen
		Indien		26		
Gontermann-Peipers	4	Schweiz		100		
GmbH, Siegen		Spanien		26		
		Indien	1968	40	D	Eisen- und Stahlrollen
Graphitwerk Kropfmühl	1	Südafrika		100		Graphit
AG, München		Rhodesien		50		Graphit
Greiner & Söhne KG,	2	Österreich	1899	30	C	Bearbeitung v. Korken, Kunststoff
Nürtingen		Spanien	1903	68		

Tabelle II–A 1 (Fortsetzung)

	Unternehmen	Wirtschaftszweig	Produktionsland	Jahr des Beginns der Produktion	Höhe der Beteiligung in %	Zahl der Beschäftigten	(Teil-)Fertigung von
	Br. Grimm & Co.	8	Thailand	1969		D	Schalttafeln, Pumpen
	E. Grob, Werkzeug- u. Maschinenfabrik, München	5	Brasilien	1959	80	D	Spezialmaschinen
	Grünzweig & Hartmann AG, Ludwigshafen	2	Österreich	1956	25	D	Isolierfasern
			Österreich	1969	50	C	Isolierungen
	Grundig AG, Fürth	7	Österreich	1968	100	F	Farbfernsehgeräte
			Portugal	1965	100	F	Autoradios, Fernsehgeräte
	W. Gruner KG, Wehingen	7	Brasilien	1971	49		Elektroteile, Relais
	Gulde Regelarmaturen KG, Ludwigshafen	8	Spanien	1970	50	A	Regelventile
x	Gutehoffnungshütte Sterkrade AG, Oberhausen (mit Ferrostaal AG, Kabel- u. Metallwerke GHH AG, MAN AG, Renk AG, Schloemann-Siemag AG)	5	Österreich	1950	25	F	Nutzfahrzeuge
			Schweiz	1954	51	C	Stahlstrangguß-Maschinen
			USA	1963	51	B	Stahlstrangguß-Maschinen
			USA	1973	100	C	Hochfrequenzkabel und -leitungen
			USA	1976	100		Stahl
			USA	1976	26		Druckmaschinen
			Australien	1964	94	C	Lastkraftwagen
			Südafrika	1970	100	D	Nutzfahrzeuge
			Rumänien	1975	49	C	Getriebe, Zahnräder, Kupplungen
			Türkei	1967	25	E	Nutzfahrzeuge
			Argentinien	1943	48	C	Starkstromkabel und -leitungen
			Argentinien	1961	50	D	Dieselmotoren
			Brasilien	1956	25	F	Dieselmotoren, Turbinen, Stahlbau
			Brasilien	1966	100	D	Spritzgießmaschinen
			Brasilien	1976	60		Hochfrequenzkabel und -leitungen
			Brasilien				
			Brasilien				
			Ghana	1970	51	C	Kabel

Tabelle II–A 1 (Fortsetzung)

Unternehmen	Wirtschaftszweig	Produktionsland	Jahr des Beginns der Produktion	Höhe der Beteiligung in %	Zahl der Beschäftigten	(Teil-)Fertigung von
Gutehoffnungshütte AG (Fortsetzung)		Nigeria	1974	43	C	Kabel
		Indien				Stahlbau, Schwermaschinenbau
		Indonesien	1973	39	D	Kabel
		Singapur	1976	100		Maschinenbau
Haake, Berlin	8	USA		51		Laborinstrumente
Haenel & Dörries GmbH, Augsburg	4	Brasilien	1954	51	E	Aluminiumprodukte
x Hänsel GmbH, Hannover	5	Brasilien	1962	99	C	Maschinen f. Lebensmittelindustrie
A. Häusler KG, Nürnberg	8	x Korea	1972	50		Zeichengeräte
HAG AG, Bremen	9	Österreich		100		
		Schweiz	1909	100	C	Kaffeerösterei, -extrakte
Hagen AG, Soest	7	Portugal		53		
Hahn Fahrzeugbau GmbH, Fellbach	6	Brasilien	1973	25		
Jacob Handte & Co., Tuttlingen	5	Spanien	1973	50	A	Entstaubungsanlagen
Hanseat. Industrieanlagen- u. Beteiligungsges. mbH, Bremen	9	Korea	1972	49		Bier
Hansen & Söhne GmbH, Hamburg	9	Liberia	1973	87	D	Sägewerk
		Sambia	1964	100	B	Feinmechanik
Harburger Ölwerke	9	Niger	1972	66	C	Erdnußöl
Brinkmann & Mergell, Hamburg		Kamerun	1973	56	E	Säcke
G. Hartmann, Hamburg	8	Malta				Glasver- u. -bearbeitung, Aluartikel

Tabelle II–A 1 (Fortsetzung)

	Unternehmen	Wirtschaftszweig	Produktionsland	Jahr des Beginns der Produktion	Höhe der Beteiligung in %	Zahl der Beschäftigten	(Teil-)Fertigung von
xx	Hartmann & Braun AG, Frankfurt	8	Österreich	1964	100	B	Anlagen für Meß- und Regeltechnik
			Schweiz		26		
			Australien		100		
			Brasilien	1956	99	F	Elektrische Meß- und Regelgeräte
x	Hatz KG, Ruhstorf	5	Spanien	1960	80	C	Motoren, Gießereiprodukte
			Griechenland	1965	35	B	Gießereiprodukte
	Gebr. Hau GmbH, Offenbach	5	Spanien	1972	55	B	Schleif- und Poliermaschinen
xx	Hauni-Werke Körber & Co. KG, Hamburg	5	USA	1956	51	B	
			Südafrika	1961	51	B	Maschinenbau f. Tabak- u. Papierind.
	HAZEMAG GmbH, Münster	5	Schweiz		100		
			Spanien		100		
	Heckler & Koch GmbH, Oberndorf	5	Malaysia				
xx	Hegenscheidt GmbH, Erkelenz	5	USA	1968	60	A	Werkzeugmaschinen
xx	Dr. Joh. Heidenhain, Traunreut	8	USA	1965	100	A	Elektronische Lesegeräte
x	Hein, Lehmann AG, Düsseldorf	5	Australien	1971	60	B	Brunnenfilter, Industriesiebe
			Südafrika	1951	36	D	Brunnenfilter
			Brasilien	1964	40	C	Matten
			x Brasilien		50		
			Indien	1965	49	C	Industriesiebe
	Heinze Audiovisions GmbH & Co. KG, Gelsenkirchen	8	Spanien	1963	90	E	Color-Großlabors
	Gebr. Heller GmbH, Nürtingen	5	Brasilien	1975	33	D	Werkzeugmaschinen

Tabelle II–A 1 (Fortsetzung)

Unternehmen	Wirtschaftszweig	Produktionsland	Jahr des Beginns der Produktion	Höhe der Beteiligung in %	Zahl der Beschäftigten	(Teil-)Fertigung von
Heller Bremen Werkzeugfabrik, Bremen	8	USA		50		Bohrwerkzeuge
Henckels Zwillingswerk AG, Solingen	8	Singapur		100		Messer
J. Hengstler KG, Aldingen	7	USA	1966	100	C	Elektronische Instrumente
Henkel GmbH, Düsseldorf	2	USA	1960	100	D	Chemische Verfahren, Hilfsmittel
		USA	1975	100	C	Organ.-chem. Produkte
		Japan	1975	50		Klebestoffe, Hilfsmittel, Reiniger
		Südafrika	1970			Waschmittel
		Spanien	1963	100	E	Waschmittel, Klebstoffe, Margarinen
		Griechenland	1971	100		Waschmittel
		Türkei	1963	66	C	Klebstoffe, Textil- u. Lederhilfsmittel
		Libanon				
		Mexiko	1964	100	D	Alkohol, Fettsäuren, Klebstoffe
		Argentinien		100	C	Chemische Rohstoffe
		Brasilien	1958	100	E	Waschmittel, Klebstoffe
		Brasilien	1972	100	F	Waschmittel, Reinigungsmittel
		Iran	1973			Industriereiniger
W. C. Heraeus GmbH, Hanau	5	Österreich	1973	100		
		USA		100		Quarzglas
		Japan	1973	50		
		Japan	1974	50		
		Indien		50		
xx Hergeth KG, Dülmen	5	USA	1973	100	B	Maschinen
x Herta KG, Herten	9	Österreich	1972	100	C	Wurst
		x Äthiopien				Fleisch

Tabelle II–A 1 (Fortsetzung)

Unternehmen	Wirtschaftszweig	Produktionsland	Jahr des Beginns der Produktion	Höhe der Beteiligung in %	Zahl der Beschäftigten	(Teil-)Fertigung von
Hespe & Woelm, Heiligenhaus	8	Griechenland	1972	96	A	Türbeschläge, Kabelschleppanlagen
F. A. Heynen, Remscheid	8	Korea	1972	48	C	Bohr- und Metallwerkzeuge
Gebr. Hilgeland KG, Wuppertal	5	Schweiz				
		Brasilien	1968	100	C	Maschinen
		Singapur		100		Maschinen zur Kaltverformung
Hille & Müller, Düsseldorf	4	USA	1976	100		Kaltband
xx R. Hirschmann, Esslingen	7	Österreich	1959	100	D	Kunststoffverarb., Metallbearbeitung
		Südafrika	1966	100	B	Antennen
		Spanien	1971	100	B	Antennen, elektrotech. Produkte
xx Hoechst AG, Frankfurt (mit Berger, Jenson & Nicholson; Dr. Kurt Herberts; Messer Griesheim GmbH; Riedel de Haen AG)	2	Schweden	1930	100	D	Lichtpauspapier
		Schweden				Farben und Lacke
		Österreich		100	E	Spinnfasern, Arzneimittel, Kosmetika
		Österreich		51		
		Österreich		40		
		Schweiz		55		
		Schweiz	1971	38	B	
		Kanada	1962		D	Pharmazeutika, Kunstharze
		Kanada		100	D	Arzneimittel, Chemikalien
		USA	1967	100	B	Arzneimittel
		USA	1973	100	B	Brennschneidmaschinen
		USA		100	G	Fasern und Garne, Arzneimittel
		USA	1974	95	F	Kunststoffe, Sonnenbrillen
		USA		51		Brennschneidmaschinen
		Neuseeland	1971	100		Farben
		Australien	1967	99	F	Kunststoffe, Pharmazeutika
		Australien	1971	100	F	Farben

Tabelle II–A 1 (Fortsetzung)

Unternehmen	Wirtschaftszweig	Produktionsland	Jahr des Beginns der Produktion	Höhe der Beteiligung in %	Zahl der Beschäftigten	(Teil-)Fertigung von
Hoechst AG (Fortsetzung)		Japan		80	F	
		Japan		50	C	Farbstoffe, Zwischenprodukte
		Japan		50	C	Kunststoff-Dispersionen, Hilfsmittel
		Japan		50	D	Arzneimittel, Kosmetika
		Südafrika	1958	100	E	Dispersionen
		Südafrika	1970	26		Ferrosilizium
		Südafrika	1973	50	D	Niederdruckpolyäthylen
		Südafrika		40		
		Spanien	1973	33	A	Stickstoff, Sauerstoff
		Spanien	1974	70		
		Spanien		40		
		Spanien		100	F	Arzneimittel, chemische Produkte
		Portugal	1969	100	E	Arzneimittel, Hilfsmittel
		Griechenland	1969	100	D	Chem. und pharm. Produkte
		Jugoslawien	1973	45	A	
		Jugoslawien	1973	38	C	
		Türkei	1966	99	D	Arzneimittel
		Marokko	1953	70	C	Pharmazeutika, Detergenzien
		Ägypten	1962	100	D	Arzneimittel
		Guatemala	1967	100	C	Chem. Grundstoffe, Arzneimittel
		Mexiko	1950	100	F	Arzneimittel, Farbstoffe
		Mexiko	1970	100	B	Gase, Schweiß- u. Schneidapparate
		Peru	1966	85	D	Chem. und pharm. Produkte
		Ecuador	1975	100	B	Arzneimittel, Kosmetik
		Kolumbien		100	D	Pflanzenschutzmittel
		Venezuela	1962	100	D	Arzneimittel, Kosmetika
		Argentinien		100	E	Arzneimittel, Dispersionen
		Uruguay	1971	100	C	Medikamente, Hilfsmittel
		Chile	1957	100	D	Medikamente, Hilfsmittel

Tabelle II–A 1 (Fortsetzung)

Unternehmen	Wirtschaftszweig	Produktionsland	Jahr des Beginns der Produktion	Höhe der Beteiligung in %	Zahl der Beschäftigten	(Teil-)Fertigung von
Hoechst AG (Fortsetzung)		Chile	1968	100	C	Polyesterfasern
		Brasilien	1947	100	B	Kosmetika
		Brasilien	1953	100	F	Farben und Lacke
		Brasilien	1953	100	E	Chem. und pharm. Produkte
		Brasilien	1961	49	B	Lichtdruckmaschinen und -papier
		Brasilien	1969	60	F	Nylon-, Polyesterfasern
		Brasilien		100		
		Brasilien		51		Brennschneidmaschinen
		Nigeria	1972	60	D	Arzneimittel
		Angola				
		Moçambique				
		Rhodesien		51		
		Iran	1967	70	C	Pharmazeutika
		Indien		50	F	Pflanzenschutzmittel
		Indien				
		Indien		33	E	Dispersionen
		Indien		33	D	Polyäthylen
		Indonesien				
		Korea	1964	40		Arzneimittel
		Thailand	1967		B	Pharmazeutika
		Thailand	1970		B	Chemiaklien
Hoerbiger & Co. KG, Schongau	5	Spanien	1973	100	A	
Reinhold Hoersch Holding	7	Mexiko		30	C	Teile für Haushaltsgeräte
Hoesch Werke AG, Dortmund (mit Hoesch Rothe Erde-Schmiedag AG; Orenstein & Koppel AG; Rhein.-Westf. Kalkwerke AG)	4	Schweden	1972	48	F	Stahl- und Walzwerkproduktion
		Kanada	1974	100	C	Maschinen
		USA	1963	50	D	Großwälzlager
		Japan		50		
		Spanien	1971	50	A	Spezialprofile
		Spanien	1974	50	B	Schraubenfedern

Tabelle II–A 1 (Fortsetzung)

Unternehmen	Wirtschaftszweig		Produktionsland	Jahr des Beginns der Produktion	Höhe der Beteiligung in %	Zahl der Beschäftigten	(Teil-)Fertigung von
Hoesch Werke AG (Fortsetzung)			Spanien		50		Zement
			Mexiko	1967	40	D	Federn für Kraftfahrzeuge
			Argentinien	1960	99	D	Federn
			Brasilien	1965	33	E	Stahlschmiedestücke
			Brasilien	1969	70	F	Federn
Hoessrich GmbH & Oberursel	5	x	Schweiz	1973	100		Elektrotechnikteile
Hoffmann Rheem Maschinen GmbH, Köln-Mülheim	5	x	Schweden				
Gebr. Hofmann KG, Darmstadt	5		USA		100		Industrieanlagen
			Brasilien				
Matth. Hohner AG, Trossingen	8		USA	1902	100	B	Musikinstrumente
			Brasilien	1966	25	E	Musikinstrumente, Spielzeug
Holstein & Kappert GmbH, Dortmund	5		USA	1971	100	A	Maschinen für Getränkeindustrie
			Südafrika	1974	75		Maschinen für Getränkeindustrie
			Spanien		100		Maschinen für Getränkeindustrie
			Brasilien	1962	55	E	Maschinen für Getränkeindustrie
			Brasilien		58		
Holsten-Brauerei, Hamburg	9	x	Togo	1964	32		Bier
P. Holtermann	2		Griechenland	1971			Plastikrohre
H. Holtkamp KG, Isselburg	10		Spanien	1975	100	A	Pflanzen
Hopfenveredelung Dr. A. Müller & Co., St. Johann	9		USA	1976	100		Hopfenpulver

Tabelle II–A 1 (Fortsetzung)

	Unternehmen	Wirtschaftszweig	Produktionsland	Jahr des Beginns der Produktion	Höhe der Beteiligung in %	Zahl der Beschäftigten	(Teil-)Fertigung von
x	K. Hopt GmbH, Schömberg	7	Indien	1970	40	B	Kondensatoren
			Singapur	1971	100	D	Kondensatoren
	K. Hüller GmbH, Ludwigsburg	5	Brasilien	1975	100	C	Sonder-Werkzeugmaschinen
	Hürner GmbH, Frankfurt	5	Mexiko	1974			Kunststoffprodukte
	Hukla-Werke GmbH, Gengenbach	9	Spanien	1971	100	C	Polstermöbel
	Carl Hurth, München	5	Brasilien	1976	100		Werkzeuge
	Hutschenreuther AG, Selb	3	Portugal		50		Geschirr
	IDEA Instrumentenfabrik Berchthold & Co., Tuttlingen	8	Korea (Süd)	1975	25	A	Chirurgische Instrumente
	Index-Werke KG Hahn & Tessky, Esslingen	5	Brasilien	1976	99	A	Drehautomaten
	Ingridhütte Kurt Wokan, Euskirchen	3	Österreich		100	B	Glaswaren
			Portugal		100	D	Glaswaren
	Inmold GmbH	5	Malta	1971	100	A	Präzisionswerkzeuge
x	Interpane Isolierglas KG, Lauenförde	3	Österreich	1973	100	B	Isolierglas
x	Ireks-Arkady GmbH, Kulmbach	9	Österreich	1973	76	D	Braumalz, Backmittel
xx	Gebr. Isringhausen, Lemgo	6	Argentinien	1961	90	B	Federn, Sitze
			Brasilien	1970	95	B	Technische Federn
	Industrie-Werke Karlsruhe-Augsburg AG, Karlsruhe	5	USA	1973	100	A	Aufspulmaschinen

Tabelle II–A 1 (Fortsetzung)

	Unternehmen	Wirtschaftszweig	Produktionsland	Jahr des Beginns der Produktion	Höhe der Beteiligung in %	Zahl der Beschäftigten	(Teil-)Fertigung von
	Jagenberg-Werke AG, Düsseldorf	5	Spanien	1970	100	B	Masch. f. Verpack.-u. Getränkeindustrie
	H. u. E. Jauch, Schwenningen	8	USA	1976	100		Uhrwerke
	W. H. Joens & Co. GmbH, Düsseldorf	8	USA	1969	100	A	Schaltgeräte
	H. Jungheinrich & Co., Hamburg	5	Brasilien	1976			Montage
xx	Otto Junker GmbH, Simmerath	4	Indien	1967	35	B	Kondensatoren
	Kaefer Isoliertechnik GmbH, Bremen	2	Österreich	1963	100	A	
			Spanien	1963	50	D	
	Carl Kaelble GmbH, Backnang	6	Brasilien		75		
xx	Karl Kässbohrer GmbH, Ulm	6	Österreich	1968	100	D	Lkw-Anhänger und -Aufbauten
	Kali-Chemie AG, Hannover	2	Spanien	1966	100	C	Flußspat
			Spanien	1966	100	B	Gase
			Spanien	1970	100	C	Pharmazeutische Produkte
			Portugal	1966	100	A	Arzneimittel
			Mexiko	1940	85	C	Pharmazeutische Produkte
	Kalkhof GmbH Petersen & Stroerer, Mainz	2	Indien	1969	50	B	Schellack
	Kaltenbach & Voigt, Biberach	8	Brasilien	1963	82	C	Dentalinstrumente und -geräte
x	Georg Karl -Geka-brush, Bechhofen-Waizendorf	9	Spanien	1973	65	A	Pinsel, Bürsten

Tabelle II–A 1 (Fortsetzung)

Unternehmen	Wirtschaftszweig	Produktionsland	Jahr des Beginns der Produktion	Höhe der Beteiligung in %	Zahl der Beschäftigten	(Teil-)Fertigung von
Wilhelm Karmann GmbH, Osnabrück	6	Brasilien	1960	99	F	Karosserien, Werkzeuge, Formen
Ernst Kaufmann KG	9	Österreich	1969	100	B	Möbel
Kautt & Bux KG, Stuttgart	7	Jugoslawien	1969	49	C	Kollektoren
x Keramchemie, Siershahn	2	Österreich	1949	100	C	Säure- und Korrosionsschutzbau
		Spanien	1952	25	D	Säure- und feuerfeste Materialien
		Brasilien	1974	50	A	Säureschutzbau
xx Keramische Industrie-Bedarfs-KG Paul Gatzke, Berlin	5	Brasilien	1962	100	B	Produktionsanlagen f. keram. Industrie
Kessler & Co. GmbH, Frankfurt	2	x Schweden				
		x Österreich				
Heinz Kettler, Ense-Parsit	8	USA		90		Gartenmöbel
Kienzle GmbH, Schwenningen	8	Schweiz				
		USA		100		Uhren
		Brasilien				Uhren
Klein, Schanzlin & Becker AG, Frankenthal	5	x USA				Pumpen
		Japan			E	Kreiselpumpen
		Südafrika		100		Pumpen
		Griechenland	1970	50		
		Griechenland	1972	50	B	Pumpen
		Mexiko			C	
		Venezuela	1971		B	Kreiselpumpen
		Argentinien			C	Wasserpumpen
		Brasilien	1957	89	D	Pumpen
		Indien	1963	57	D	Zentrifugalpumpen

Tabelle II–A 1 (Fortsetzung)

Unternehmen	Wirtschaftszweig	Produktionsland	Jahr des Beginns der Produktion	Höhe der Beteiligung in %	Zahl der Beschäftigten	(Teil-)Fertigung von
Klein, Schanzlin & Becker AG (Fortsetzung)		Bangla Desh			C	Wasserpumpen
		Pakistan			C	Wasserpumpen
Kleindienst & Co., Augsburg	5	USA		100		Autowaschanlagen
Kleinewefers Industrie-Companie GmbH, Krefeld	5	USA	1952	100	B	Maschinen
Kleinwanzlebener Saatzucht AG, Einbeck	10	USA	1969	50		Saatzucht
		Türkei	1956	51		Saatzucht
		Iran	1970			Saatzucht
Ernst Klett Verlag, Stuttgart	9	x Tunesien				Schul- und Unterrichtsmittel
		Nigeria	1968	40	C	Offsetdruck
		Indonesien	1974	50	B	Offsetdruck
		Hongkong	1974	50	B	Spielzeug, Werbeartikel
		x Thailand				Schul- und Unterrichtsmittel
xx Klingele Papierwerke, Remshalden	9	Spanien	1954	40	C	Papier und Wellpappe
		Spanien	1954	57	D	Papier und Wellpappe
		Spanien	1961	50	C	Wellpappe
Klingelnberg Söhne OHG, Remscheid	5	Kanada	1974	40	B	Sägen, Schleiferei
		x USA	1971	83	C	Maschinen, Sägen
xx Arthur Klink GmbH, Pforzheim	5	Brasilien	1965	97	C	Maschinen, Werkzeuge
Klöckner & Co., Duisburg	4	Schweiz	1975	100	A	Kunststoffveredelung
		Südafrika	1968	100		Lithium-Konzentrat
		Südafrika		100		Feuertonartikel
		Peru	1954	55	C	Stahlrohre
		Kamerun	1976	51		Reifen

Tabelle II–A 1 (Fortsetzung)

Unternehmen	Wirtschaftszweig	Produktionsland	Jahr des Beginns der Produktion	Höhe der Beteiligung in %	Zahl der Beschäftigten	(Teil-)Fertigung von
x Klöckner-Humboldt-Deutz AG, Köln (mit Fahr AG, Magirus-Deutz AG)	5	x Schweiz		100		
		USA	1976	100		Traktoren, Dieselmotoren
		Japan	1963	25	C	Motoren, Ersatzteile
		Südafrika	1970	51	D	Motoren, Nutzfahrzeuge, Traktoren
		Spanien		47	B	Industrieanlagen f. Steine und Erden
		Griechenland	1956	100	C	Omnibusse
		Argentinien	1959	25	F	Motoren, Traktoren, Nutzfahrzeuge
		x Argentinien		100		
		Brasilien	1960	100	C	Motoren- und Traktorenteile
		Tansania		40	C	Kunstdünger
		Zaire	1975	100		
Klöckner-Moeller GmbH, Bonn	7	USA		50		
		Südafrika		100		Schaltanlagen
Klöckner-Werke AG, Duisburg	4	Schweiz		25		
		Südafrika	1966	100	D	Hydraulische Grubenstempel
x Klüber Lubrication München KG, München	2	Österreich	1961	100	B	Schmierstoffe
		Spanien	1973	49	A	Spezialschmierstoffe
x Knoll AG, Ludwigshafen	2	Österreich	1960	60	C	Arzneimittel
		Schweiz	1960	54	C	Pharmagrundstoffe
		Schweiz		100	B	Krankenhausbedarf
		USA	1975	100		Arzneimittel
		Mexiko	1958	100	C	Pharmazeutische Produkte
		Kolumbien	1959	100	C	Arzneimittel
		Brasilien	1963	49	D	Pharmazeutische Produkte
		Indien	1960	25	E	Arzneimittel
x Knorr-Bremse KG, München	6	Österreich	1956	66	D	Bremsgeräte, Geräte f. Fernmeldev.
		USA	1975	100	A	Bremsgeräte

Tabelle II–A 1 (Fortsetzung)

	Unternehmen	Wirtschaftszweig		Produktionsland	Jahr des Beginns der Produktion	Höhe der Beteiligung in %	Zahl der Beschäftigten	(Teil-)Fertigung von
	Knorr-Bremse KG			Südafrika	1970	100	B	Bremsen
	(Fortsetzung)			Spanien	1880	67	E	Dieselmotoren, Wasserpumpen
				Brasilien	1956	100	F	Dieselmotoren, Kraftfahrzeugbremsen
	Kochendörfer & Kiep	5		Brasilien				Apparatebau
	OHG, Kriftel			Brasilien				
xx	Köhler & Bovenkamp, Wuppertal	5		Indien	1968	28	D	Ketten und Kettenräder
	Kömmerling KG, Pirmasens	2		Brasilien	1953	100	C	
	H.C. König, Steinhagen	9	x	Schweiz	1963	100	A	Spirituosen
	Koenig & Bauer AG,	5		Österreich	1961	49	D	Druck- und Schleifmaschinen
	Würzburg		x	Indien				Offset-Druckmaschinen
	Körting Radio Werke GmbH, Grassau	7		Österreich	1963	100	E	Rundfunk- und Fernsehgeräte
	Korf Industrie und Handel	4		USA	1969	67	F	Stahl- und Stahlprodukte
	GmbH & Co. KG,			USA	1972	100	B	Draht
	Baden-Baden			Tunesien				
				Brasilien		49	E	Halbzeug, Walzdraht
	Kortenbach & Rauh, Solingen	8		Türkei	1972	50	C	Schirmgestelle, Stahl- und Alurohre
	Robert Kraemer, Bremen	2	x	Australien	1958	100	A	Honig
xx	Kraftanlagen AG, Heidelberg	7		Österreich	1971	80	D	Anlagen d. Heizungs-, Lüftungstechn.
	H. Krantz, Aachen	5		USA	1973	100	A	Textilmaschinen
	Krone GmbH, Berlin	7		USA				Kontrollinstrumente
	Hermann Kronseder,	5		USA	1970	100	B	
	Neutraubling			Brasilien	1973	100		Flaschen-Etikettiermaschinen

Tabelle II–A 1 (Fortsetzung)

Unternehmen	Wirtschaftszweig	Produktionsland	Jahr des Beginns der Produktion	Höhe der Beteiligung in %	Zahl der Beschäftigten	(Teil-)Fertigung von
Friedrich Krupp GmbH, Essen (mit Buckau R. Wolf AG, Krupp-Koppers GmbH, Krupp Widia-Fabrik, Polysius AG, Walther & Cie.)	4	Schweden		50		Maschinenbau
		Österreich		100		
		Schweiz		63		
		Kanada	1974	50		Stahlbau, Förderanlagen
		Kanada		99		Industrieanlagen
		USA	1973	100		Industrieanlagen
		Australien		99		Industrieanlagen
		Japan		100		Anlagenbau
		Japan		60		
		Südafrika		99		Industrieanlagen
		Spanien	1936	50	B	Pressen
		Spanien		100		Anlagenbau
		Spanien	1963	100	C	Anl. f. Zement-, Kalk- u.Mineralindu.
		Spanien		100		
		Spanien		50		Industrieanlagen
		Portugal	1964	100	A	Industrieplanung, Konstruktion u. Bau
		Kolumbien		31		Industrieanlagen
		Argentinien				
		Brasilien		47		
		Brasilien	1961	99	G	
		Brasilien	1976	100		Industrieanl., Prod. f. Autoindustrie
		Brasilien		47		Chemieanlagen
		Iran		35		Industrieanlagen
		Indien	1958	49	E	Stahlbau
		Indien	1960	40	B	Anlagenbau
		Indien	1967	57	E	Zuckerfabriken, Förderanlagen
		Indien				Werkzeuge
xx Küster & Co. GmbH, Ehringshausen	8	Jugoslawien	1971	48	B	Kabel, Abschleppseile

Tabelle II–A 1 (Fortsetzung)

	Unternehmen	Wirtschaftszweig		Produktionsland	Jahr des Beginns der Produktion	Höhe der Beteiligung in %	Zahl der Beschäftigten	(Teil-)Fertigung von
	E. Küsters, Krefeld	5		USA				Textilmaschinen, Kalander
	Kugelfischer Georg Schäfer & Co., Schweinfurt	5		Österreich	1950	100	E	Wälzlager
				Schweiz	1962	100	E	Wälzlager
				Kanada	1954	100	D	Kugel- und Rollenlager
				USA	1969	99	E	Kugel- und Rollenlager
				Spanien	1958	99	E	Kugellager und Räder
				Portugal	1964	51	C	Wälzlager
				Brasilien	1961	99	E	Kugel- und Rollenlager
				Indien	1971	37	E	Kugel- und Rollenlager
	F. Kuhlmann KG, Wilhelmshaven	5		Schweden	1961	100	A	Zeichenbüroeinrichtungen
			x	USA				Zeichengeräte
	H. Kuhnke GmbH, Malente-Gremsmühlen	7		USA	1976	51		Kontrollinstrumente
	Gebr. Kulenkampff, Brem.	9		Griechenland	1953	51	A	Tabakverarbeitung
	Karl Kurz Hessenthal KG, Schwäbisch-Hall	9		Indien	1964	28	B	Behälter aus Kunststoff
	Kusto GmbH, Hannover	2	x	Brasilien				
	Laborbau GmbH, Stuttgart	8		Südafrika				Laborgeräte und -möbel
xx	Hans Landes & Co., Isny	9		Kanada	1973	100	A	Lederwaren
	Langbein-Pfanhauser Werke AG, Neuss	4		Österreich		100		
				Südafrika	1972	100	A	Ausrüst. f. metallverarb. Industrie
x	K. Lautenschläger KG, Reinheim	8		Österreich	1969	100	C	Möbelbeschläge
xx	Ledermann & Co., Horb	8		Schweiz	1968	100	B	Hartmetall-Kreissägeblätter
				Spanien	1972	100	B	Hartmetall-Kreissägeblätter
xx	Lehnhoff Hartstahl KG, Baden-Baden	4		Österreich	1971	100	A	Ausrüstung f. Erdbewegungsmaschin.

Tabelle II–A 1 (Fortsetzung)

	Unternehmen	Wirtschaftszweig		Produktionsland	Jahr des Beginns der Produktion	Höhe der Beteiligung in %	Zahl der Beschäftigten	(Teil-)Fertigung von
	Leichtmetall Bauelemente GmbH, Berlin	4	x	Griechenland	1970	100		
xx	Ernst Leitz GmbH, Wetzlar	8		Kanada	1952	33	C	Optische Präzisionsgeräte
				Portugal	1974	80	C	Optische Feinmechanik
xx	Lemförder Metallwaren AG, Lemförde	8		Spanien	1968	43	D	Lenkräder
				Argentinien	1968	58	B	Fahrzeugzubehör
xx	Lemmerz-Werke GmbH, Königswinter	4		Spanien	1959	98	E	Fahrzeugräder
x	Lenser Kunststoffpresswerk GmbH, Senden	2		USA	1973	100	A	Filterausrüstung
	Leonische Drahtwerke AG, Nürnberg	7		Brasilien	1976	40		Lackisolierte Kupferdrähte
x	Leybold-Heraeus GmbH & Co. KG, Köln	5		USA	1962	100	B	Vakuumtechnik
				USA	1976	100		Meßinstrumente
				Spanien	1964	100	A	Vakuumtechnik, physik. Lehrinstr.
x	Liebherr-Holding GmbH, Biberach	5		Österreich	1961	100	E	Krane, Baumaschinen
				Österreich	1976	100		Schiffskrane
				USA	1972	100	D	Baumaschinen
				Südafrika	1958	100	C	Baumaschinen
				Brasilien	1976	100		Schiffs- und Baukrane
x	Linde AG, Wiesbaden	5		Österreich	1970	50	B	Industriegase
				Österreich	1973	100	B	Industriegase
				Australien	1974	100	A	Industriegase
				Südafrika	1968	40	C	Industriegase, Schneid- u. Schweißger.
				Südafrika	1969	100	C	Kühleinrichtungen, Klimaanlagen
				Südafrika	1976	100		Apparate
				Spanien	1922	25	D	Industriegase, Schweiß- u. Schneidger.
				Spanien	1964	100	D	Klimaanlagen, Hydraulik

Tabelle II–A 1 (Fortsetzung)

Unternehmen	Wirtschaftszweig	Produktionsland	Jahr des Beginns der Produktion	Höhe der Beteiligung in %	Zahl der Beschäftigten	(Teil-)Fertigung von
Linde AG (Fortsetzung)		Griechenland	1963	100	B	Industriegase
		Brasilien	1975	50	B	Industriegase
Lindner GmbH, Bamberg	7	Spanien	1973	100	B	Elektroartikel
		Griechenland	1964	85	D	Elektroartikel
Hans Lingl Anlagenbau u. Verfahrenstechnik KG, Neu-Ulm	5	USA	1972	100	B	Fertigungsanlagen f. Tonindustrie
Linn Industrieofenbau KG, Hersbruck	5	Indien	1963	50	C	Hochöfen, Keramiköfen
xx Loesche KG, Düsseldorf	5	Südafrika	1975	50	A	Zerkleinerungsmaschinen
		Spanien	1970	50	A	Zerkleinerungsmaschinen
Lohmann & Co. AG, Cuxhaven	9	Iran	1966			Geflügelzucht
Dr. P. Lohmann, Emmerthal	2	x Indien	1961	50	C	Chemikalien
Ludwig-Ofag-Indugas, Industrieanlagen GmbH, Essen	5	Schweiz				Industrieofenbau
		Indien				Industrieofenbau
Fr. Lürssen Werft, Bremen	6	Malaysia	1971	45	D	Schiffsbau
Luitpold-Werk, München	2	Brasilien	1962	99	C	Pharmazeutika
Lunke & Sohn GmbH, Witten	4	Brasilien	1976	50		Metallurgische Erzeugnisse
Heinrich Mack Nachf., Illertissen	2	Österreich				Arzneimittel
		Australien				Arzneimittel
		Spanien				Arzneimittel
		Mexiko				

Tabelle II–A 1 (Fortsetzung)

Unternehmen	Wirtschaftszweig	Produktionsland	Jahr des Beginns der Produktion	Höhe der Beteiligung in %	Zahl der Beschäftigten	(Teil-)Fertigung von
Dr. Madaus & Co., Köln	2	Spanien	1970	60	C	Pharmazeutika
Mahle GmbH, Stuttgart	8	Österreich	1924	100	B	Kompressoren
		Österreich	1948	33	E	Kolben, Kolbenringe, Zylinder
		Österreich	1971	66	C	Öl-, Luft-, Kraftstoff-Filter
		Spanien	1946	42	F	Kolben, Kolbenringe, Zylinder
		Iran	1976	30		Kolben
xx Mahlo KG, Saal	7	Indien	1967	49	B	Meß- und Regelgeräte
Mann & Hummel GmbH, Ludwigsburg	6	Spanien	1965	95	D	Luft-, Gasfilter
		Brasilien	1954	100	E	Filter, Einzelteile f. Druckerei
xx Mannesmann AG, Düsseldorf (mit Demag AG)	4	Schweden	1966	100	C	Hebe- und Fördermittel
		Österreich	1954	100	F	Rohrleitungs- und Heizungsbau
		Österreich	1959	26		Motoren, Kompress., Schienenfahrz.
		Österreich	1968	100	D	Anlagenbau
		Österreich	1972	100	B	Stahl- u. Aluminiumkonstruktionen
		Schweiz		34		Kunststoffrohre
		Kanada	1962	100	C	Elektrozüge, Laufkräne, Stapelkräne
		USA	1967	100	C	Förder-, Hebemittel
		Australien	1962	100	C	Anlagenbau
		Japan		50		Hüttenwerks- u. Güterumschlaganl.
		Südafrika	1961	100	E	Hebefördermittel, Verdichter
		Spanien	1965	100	C	Rohrleitungsbau
		Spanien	1970	100	D	Laufkräne, Fördertechnik
		Griechenland	1959	97	E	Industrieanlagen
		Türkei	1956	57	E	Rohre
		Brasilien	1945	100	E	Baueisen
		Brasilien	1954	73	G	Roheisen, Blank- und Edelstahl, Rohre
		Brasilien	1955	99	D	Gewinnung u. Aufbereitung v. Erzen
		Brasilien	1969	99	E	Aufforstung

Tabelle II–A 1 (Fortsetzung)

Unternehmen	Wirtschaftszweig	Produktionsland	Jahr des Beginns der Produktion	Höhe der Beteiligung in %	Zahl der Beschäftigten	(Teil-)Fertigung von
Mannesmann AG (Fortsetzung)		Brasilien	1972	100	E	Präzisionsrohre
		Brasilien	1974	100		Maschinen, Industrieausrüstungen
		Brasilien		48		Hebe- und Fördermittel
		Iran	1975	40		Anlagenbau
Hannes Marker KG, Garmisch-Partenkirchen	9	Japan	1976	80		Skibindungen
Maschimex GmbH & Co. KG, Düsseldorf	9	Indonesien	1972	75	D	Holzeinschlag, Sägewerk
		Indonesien	1974	50	A	Leim für Sperrholzfabriken
Maschinenfabrik Diedesheim GmbH, Neckarelz	5	Spanien	1969	95	D	Drehbänke
Maschinenfabrik Herborn KG, Herborn	5	x USA				Drahtziehmaschinen
Mattil KG, Waldfischbach	9	Malta	1974	100	B	Damenschuhe
Karl Mayer GmbH, Obertshausen	5	x Brasilien		100		Textilmaschinen
Mayer & Cie., Tailfingen	5	USA		51		Rundstrickmaschinen
x MD Verwaltungsgesellsch. Nicolaus & Co., München	2	Brasilien	1973	50	E	Papier, Papierwaren, Kartons
Medicus GmbH, Nürnberg	9	Österreich	1965	100	C	Damenschuhe
Arnold Maier, Erkelenz	10	x Portugal				Nelkenstecklinge
Melitta-Werk Bentz & Sohn KG, Minden	9	Österreich	1961	100	C	Papier-, Kunststoffverarbeitung
		Schweiz	1966	100	C	Kaffeefilter
		Kanada	1972	100	B	Filterkannen
		USA	1964	100	C	Filter, Kaffeekannen, Rösterei
		Japan	1975	100	A	Kaffee
		Spanien	1972	100	B	Kaffeefilter
		Kolumbien	1974	100	B	Kaffeefilterpapier

Tabelle II–A 1 (Fortsetzung)

	Unternehmen	Wirtschaftszweig	Produktionsland	Jahr des Beginns der Produktion	Höhe der Beteiligung in %	Zahl der Beschäftigten	(Teil-)Fertigung von
	Melitta-Werk Bentz & Sohn KG (Fortsetzung)		Venezuela	1973	100	B	Kaffeefilter
			Argentinien	1974	100	B	Kaffeefilter
			Brasilien	1968	100	C	Kaffeefilter und -kannen
			Brasilien	1975	48	E	Zigarren
x	Ferdinand Menrad, Schwäbisch-Gmünd	8	Schweiz	1973	100	A	Brillenfassungen
			Malta	1974	85	C	Brillenfassungen
	Johannes Menschner Textilmaschinenfabrik, Viersen	5	USA	1976	100		Textilmaschinen
	Karl Menzel Maschinenfabrik, Windelsbleiche	5	USA	1965	100	B	Textilausrüstungsmaschinen
	E. Merck, Darmstadt	2	Österreich		100		
			Schweiz		95		
			Schweiz		51		
			USA	1975			
			USA				Rohstoffe für kosmetische Industrie
			Australien		100		
			Japan		95		
			Südafrika	1973	50		Reagenzien
			Südafrika		100		Arzneimittel
			Spanien		100		
			Spanien				
			Spanien				
			Spanien		50		
			Spanien		50		
			Portugal		100		
			Griechenland		100		
			Guatemala	1972	100	B	Medikamente
			El Salvador		100		

Tabelle II–A 1 (Fortsetzung)

	Unternehmen	Wirtschaftszweig	Produktionsland	Jahr des Beginns der Produktion	Höhe der Beteiligung in %	Zahl der Beschäftigten	(Teil-)Fertigung von
	E. Merck (Fortsetzung)		Dominikan. Republik		100		
			Mexiko	1930	100	D	Arzneimittel, chemische Produkte
			Peru		100		
			Kolumbien		50		
			Venezuela				
			Venezuela		50		Arzneimittel
			Argentinien		100		
			Chile				Pharmazeutische Produkte
			Brasilien	1923	95		
			Brasilien	1974	100		Laborgeräte
			Brasilien				
			Brasilien		51		
			Iran	1967	78		Arzneimittel
			Indien	1971	60		Vitamine, pharm. Erzeugnisse
			Indonesien	1974	100	C	Pharmazeutika
x	Merit-Werk Merten & Co. KG, Gummersbach	7	Malta	1968	66	B	Elektroteile für Automobile
xx	Messmer KG, Radolfzell	7	Brasilien	1968	50	E	Teile für Auto- und Elektroindustrie
	Messwandler-Bau GmbH, Bamberg	7	Österreich	1956	100		Messwandler
			Jugoslawien	1973	30	B	Tranformatoren
xx	Metallgesellschaft AG, Frankfurt	4	Österreich	1971	100		Bergbau, Wolfram
			Südafrika	1962	100		Prospektion, Metallverarbeitung
			Südafrika	1966	46	C	Kolben
			Brasilien	1970	96	E	Kolben und Zubehör, Lenkräder
			Brasilien		50		
x	Metzeler AG, München	2	Schweiz	1970	40	C	
			Spanien	1935	62	E	Gummiwaren
			Spanien	1964	50	C	

Tabelle II–A 1 (Fortsetzung)

Unternehmen	Wirtschaftszweig	Produktionsland	Jahr des Beginns der Produktion	Höhe der Beteiligung in %	Zahl der Beschäftigten	(Teil-)Fertigung von
Metzeler AG (Fortsetzung)		Spanien	1967	50	B	
		Spanien	1969	27	D	
		Spanien	1969	100	C	
		Spanien	1971	50	B	
		Brasilien	1961	100	E	Technische Gummiartikel
Metzenauer & Jung GmbH, Wuppertal	7	Brasilien	1963	50	A	Schaltgeräte
A. O. Meyer, Hamburg	5	Malaysia		100	B	Kräne
Miele & Cie., Gütersloh	7	Österreich	1962	100	C	Elektrische Haushaltsgeräte
K. H. Möhring, Hamburg	9	USA				Furnierholz
		Brasilien				Säge- und Furnierwerk
Möllers, Beckum	5	USA	1976	100		Verladeanlagen
		Brasilien	1970	48	D	Förder- und Verpackungstechnik
Moenus AG, Frankfurt	5	Indien	1974	37		Maschinen für Lederindustrie
Ernst Mohrbach KG, Höhmühlbach	5	Brasilien				Maschinen zur Schuhverarbeitung
xx Leonhard Monheim GmbH, Aachen	9	Kanada	1959	100	D	Schokoladenwaren
A. Montfors, Mönchengladbach	5	Brasilien		50		Textilmaschinen
Motzkus GmbH, Berlin	9	Thailand	1975	49	A	Malerpinsel
Ferdinand Mülhens –4711–, Köln	2	Österreich				
		Australien				
xx Müller's Hausmacher Dosenwurst KG, Ebstorf	9	Österreich	1974	100	A	Streichwurstkonserven

Tabelle II–A 1 (Fortsetzung)

Unternehmen	Wirtschaftszweig	Produktionsland	Jahr des Beginns der Produktion	Höhe der Beteiligung in %	Zahl der Beschäftigten	(Teil-)Fertigung von
Dipl.-Ing. H. Münchmeyer KG, Verden	2	Mexiko	1969	55	A	Kristalle und Gläser für Uhren
Großgärtnerei Emil Münz, Waiblingen	10	Griechenland	1973	100	A	Schnittblumen
Munk & Schmitz KG, Köln	4	Südafrika		100		
Nadge & Neffen, Hamburg	9	Brasilien	1970	99	B	Messerfurniere, Holzverarbeitung
Nattermann & Cie. GmbH, Köln	2	Schweiz	1974	100	C	
		Spanien	1965	50	C	Pharmazeutische Produkte
		Indonesien	1974	70	B	Humanmedizinische Spezialitäten
xx E. A. H. Naue KG, Espelkamp	2	Jugoslawien	1972	37	D	Fahrzeugsitze
		Brasilien	1971	51	C	Gummierte Polstersitze
Neumo GmbH, Knittlingen	5	Israel	1960	100	C	Werkzeuge, Nirosta-Behälter
Nilos GmbH, Düsseldorf	5	Brasilien		100		
Norddeutsche Affinerie, Hamburg	4	Südafrika		50		
		Indonesien				
Norddeutsche Drahtseilwerke A. Brinkmann, Syke	4	Griechenland	1965	65		
Norddeutsche Mende Rundfunk KG, Bremen	7	Lesotho	1976			Fernsehgeräte
		Malaysia	1973	100	D	
Norddeutsche Schleifmittel-Industrie Christiansen & Co., Hamburg	3	USA	1970	86	B	Schleifmittelbänder
Nordmark-Werke GmbH, Uetersen	2	Indonesien				Arzneimittel

Tabelle II–A 1 (Fortsetzung)

Unternehmen	Wirtschaftszweig	Produktionsland	Jahr des Beginns der Produktion	Höhe der Beteiligung in %	Zahl der Beschäftigten	(Teil-)Fertigung von
Obermaier & Cie., Neustadt	5	Brasilien		100		Textilmaschinen
Oeding-Erdal	8	Malaysia	1975	100	B	Schmuck
xx J. Oesterle GmbH & Co. KG, Neu-Ulm	9	Brasilien	1975	71	B	Holzverarbeitung
R. A. Oetker, Bielefeld	9	x Norwegen	1928	100	A	Nahrungsmittel
		x Schweden	1938	100	A	Nahrungsmittel
		Österreich	1908	100	D	Nahrungsmittel
		Österreich		64		Fisch
		Schweiz	1951	100	B	Nahrungsmittel
		Kanada		91		
		USA	1975	100	B	Bier
		Südafrika	1972			Bier
		Spanien	1954	100	B	Nahrungsmittel
		Uruguay	1969	78	C	Bier
		Uruguay	1969	100	B	Malz
		Uruguay	1969	63	B	Mineralwasser
		Uruguay		50		Düngemittel
		Brasilien	1954	100	C	Nahrungsmittel
		x Brasilien		100		
		Botswana	1976			Bier
Opti-Werk GmbH & Co., Essen	8	Malaysia			C	
Ormig GmbH, Berlin	5	Schweiz	1962	87	B	Umdruckmaschinen, Farbblätter
OSRAM GmbH, München	7	Schweden	1906	99	B	Glühlampen
		Schweiz	1955	100	C	Glühlampen
		Südafrika	1971	100	C	Glühlampen
		Spanien	1961	75	E	A-Lampen, Entladungslampen

Tabelle II–A 1 (Fortsetzung)

Unternehmen	Wirtschaftszweig	Produktionsland	Jahr des Beginns der Produktion	Höhe der Beteiligung in %	Zahl der Beschäftigten	(Teil-)Fertigung von
OSRAM GmbH (Fortsetzung)		Portugal	1961	100	C	Glühlampen
		Griechenland	1955	75	C	Glühlampen
		Mexiko	1967	100	C	Lampen, Leuchtröhren
		Ecuador	1973	100	B	Glühlampen
		Argentinien	1958	100	D	Glühlampen
		Argentinien	1967	99	D	Glühlampen
		Brasilien	1958	100	F	Glühlampen
		Brasilien	1973	84	C	
	x	Iran	1964	50		Glühlampen
		Thailand	1963	50	B	Elektrische Allgebrauchslampen
Otavi Minen- und Eisenbahn-Ges., Frankfurt	3	Südafrika	1900	100	F	
		Südafrika	1973	50		Vanadin
		Südafrika	1974	50		Aluminiumsulfat
		Südafrika		100		Flintclay, Schamotte
		Südafrika		100		Feldspat, Quarz, Glimmer
Otterbeck KG, Mülheim	9	Tunesien	1975		B	Schuhe
Ant. Panhans, Sigmaringen	5	Österreich	1963	30	B	Holzbearbeitungsmaschinen
Papierwerke «Waldhof-Aschaffenburg» AG, München	9	Österreich	1971	100		Endlosdrucke für Datenverarbeitung
		Schweiz				
Franz A. Parsch, Ibbenbüren	2	Mexiko	1968	50	B	Feuerlösch- und Industrieschläuche
		Brasilien	1958	50	B	Feuerlösch- und Industrieschläuche
Passavant-Werke Michelbacher Hütte, Aarbergen	5	USA		50		Maschinen
		Iran				
Alois Paulitsch KG, Neu-Ulm	8 x	Brasilien		100		

Tabelle II–A 1 (Fortsetzung)

	Unternehmen	Wirtschaftszweig	Produktionsland	Jahr des Beginns der Produktion	Höhe der Beteiligung in %	Zahl der Beschäftigten	(Teil-)Fertigung von
x	Paul F. Peddingshaus, Gevelsberg	5	Spanien	1975	100	B	Maschinen
			Argentinien	1951	80	B	Maschinen
	Peltzer & Ehlers GmbH & Co. KG, Krefeld	5	Griechenland	1976	25		Schrauben
x	Pennekamp & Huesker KG, Vreden	2	USA	1975	100	A	Polyäthylen, Polypropylen
			Japan	1974	50	A	Polyäthylen, Polypropylen
	Perrot-Regnerbau GmbH & Co., Calw	8	Brasilien	1949	100	B	Beregnungsmaterial, Stanzereiteile
	R. Petersen & Co., Hamburg	5	Brasilien	1949	100	B	
	Gustav Petri AG, Aschaffenburg	6	Brasilien	1973	80		
	G. M. Pfaff AG, Kaiserslautern	5	Brasilien	1974	96	D	Nähmaschinen
	G. A. Pfleiderer GmbH & Co. KG, Neumarkt	9	Österreich	1911	100	C	Holzwaren
	Pforzheimer Uhren-Rohwerke, Pforzheim	8	x Mexiko		50		
	Piel & Adey, Solingen	4	USA	1968	50	B	Gießereierzeugnisse
	Fr. Piltz & Sohn KG, Nattheim	8	Malta	1974			Präzisionswerkzeug
	Piper & Co.	8	Griechenland	1962	33	A	Uhren
	Pittler AG, Langen	5	Brasilien	1976	99		Frontdrehautomaten
			Singapur	1975	66	A	Werkzeughalter für Drehmaschinen

Tabelle II–A 1 (Fortsetzung)

	Unternehmen	Wirtschaftszweig	Produktionsland	Jahr des Beginns der Produktion	Höhe der Beteiligung in %	Zahl der Beschäftigten	(Teil-)Fertigung von
	Carl Plaat, Köln	2	Malaysia	1975	60	D	Verarbeitung von Rohgummi
	Georg Plange, Düsseldorf	9	Österreich	1962	50	A	Fertigmehle
xx	Plate Bonn GmbH, Bonn	2	USA	1972	50	A	Polyamid-Textilkleber
x	Pleuger GmbH, Hamburg	5	Kanada	1964	100	A	Unterwasserpumpen
			USA	1962	50	A	Unterwasserpumpen
			Spanien	1953	100	B	Unterwasserpumpen
			Mexiko	1962	36	B	Unterwasserpumpen
			Ghana	1967	46	A	Unterwasserpumpen
	Portland Zementwerke AG, Heidelberg	3	Österreich	1971	30	B	Rohgipssteine
	Pott & Racke, Bingen	9	Antillen	1968	100	B	Rumdestillerie
	Preh Elektro-Feinmechanische Werke, Bad Neustadt	7	Österreich	1975	100	C	Elektronische Bauteile
			Portugal	1970	100	E	Elektronische Bauteile
	Preussag AG, Hannover	4	Österreich	1968	100	B	Bohrungen, Grundbau
			Österreich	1968	100	C	Feuerschutzeinrichtungen
			Schweiz	1970	50	D	Folienveredelung
			Australien	1974	100		Rohstoff-Aufschluß
			Spanien	1968	100	B	Feuerschutzanlagen
xx	William Prym-Werke KG, Stolberg	8	Österreich	1961	100	D	Hartkurzwaren
			Österreich	1971	100	B	Reißverschlußteile
xx	PUMA R. Dassler KG, Herzogenaurach	9	Österreich	1962	100	B	Sportschuhe
			Australien	1969	51	B	Sportschuhe
	RAFI Raimund Finsterhölzl, Ravensburg	7	Brasilien	1975	50	C	Steuergeräte
	B. Raimann GmbH, Freiburg	5	Brasilien	1947	38	B	Holzbearbeitungsmaschinen

Tabelle II–A 1 (Fortsetzung)

Unternehmen	Wirtschaftszweig	Produktionsland	Jahr des Beginns der Produktion	Höhe der Beteiligung in %	Zahl der Beschäftigten	(Teil-)Fertigung von
Rainer Isolierrohrfabrik Max Drossbach, Rain	2	Australien	1975	33	A	Rohre aus Kunststoff und Metall
		Indien	1965	38	B	Rohre aus Kunststoff und Metall
Ramikal-Werk H. Michelsen & Co., Hamburg	9	Österreich	1964	100	B	Spezialfuttermittel
Rau OHG, Weilheim	5	Griechenland	1972		A	Landwirtschaftliche Maschinen
		Nigeria	1974	51	B	Elektroden
Reemtsma GmbH, Hamburg	9	Schweiz	1964	100	C	Zigaretten
		Griechenland	1971	52	C	Bier
		Jugoslawien	1971	40		Zigaretten
		Argentinien	1878	37	F	Bier
		Argentinien	1933	90	C	Bier
		Argentinien	1940	45	F	Zigaretten
		Argentinien	1961	100	C	Erfrischungsgetränke
		Argentinien	1963	45	F	Zigaretten
	x	Brasilien		50	F	
Rehau plastiks GmbH, Rehau	2	Österreich		100		Plastikartikel
		Kanada	1963	100	C	Kunststofferzeugnisse
Reifenhäuser KG, Troisdorf	5	Brasilien	1970	68	C	Kunststoffmaschinen
xx REINZ Dichtungs-Gesellschaft mbH, Neu-Ulm	2	Japan	1968	25	C	Dichtungen und Dichtungsmaterial
		Indien	1969	25	B	Dichtungsmaterial
Renolit-Werke GmbH, Worms	2	Spanien	1954	97	C	Folien aus Polyäthylen
		Griechenland	1964	70	C	Plastikartikel
xx G. L. Rexroth GmbH, Lohr	5	USA	1976	100		Hydraulische Anlagen
		Spanien	1970	50	A	Hydraulische Anlagen
		Brasilien	1967	75	C	Hydraulische Anlagen
		Indien	1976	25	A	Hydraulische Anlagen

Tabelle II–A 1 (Fortsetzung)

Unternehmen	Wirtschaftszweig	Produktionsland	Jahr des Beginns der Produktion	Höhe der Beteiligung in %	Zahl der Beschäftigten	(Teil-)Fertigung von
Rhein. Gerbstoff-Extrakt Fabrik Gebr. Müller GmbH, Karlsruhe	2	x Brasilien				
Rheinisch-Westf. Elektrizitätswerke AG, Essen (mit: Union Rhein. Braunkohlen Kraftstoff AG; Rhein. Braunkohlenwerke AG)	1	Norwegen	1976	100		Erdöl- und Erdgassuche
		Kanada	1975	100	A	Uran
Rheinmetall Berlin AG, Düsseldorf	4	Brasilien	1975	47	B	Maschinenbau und Gießerei
K. Rieker KG. GmbH & Co., Tuttlingen	9	Tunesien	1975	100	B	Schuhoberteile
Ritz Messwandler GmbH & Co. KG, Hamburg	7	Österreich	1956	26	B	Messwandler
G. Rodenstock, München	8	Österreich	1965	60	B	Ein- und Mehrstärkenbrillengläser
		Puerto Rico	1975	100	B	Brillenfassungen
		Argentinien				
		Chile	1951		C	Brillengläser und -fassungen
xx Rodi & Wienenberger AG, Pforzheim	8	Kanada	1970	100	A	Uhrbänder und Schmuck
		Spanien	1970	66	C	Uhrbänder
		Mexiko	1972	49	B	Uhrbänder und Gehäuse
		x Argentinien	1971	70	B	Uhrbänder und Schmuck
		Brasilien	1971	75	B	Uhrbänder
		Hongkong	1975	51	C	Uhrbänder
x E. Roederstein GmbH, Landshut	7	Portugal	1971	95	E	Kodensatoren

Tabelle II–A 1 (Fortsetzung)

Unternehmen	Wirtschaftszweig	Produktionsland	Jahr des Beginns der Produktion	Höhe der Beteiligung in %	Zahl der Beschäftigten	(Teil-)Fertigung von
Röhm GmbH, Darmstadt	2	Schweden	1934	100	B	Lederbeizmittel, Acrylglas
		Kanada	1974	100	B	Rohaglas
		Spanien	1962	90	D	
		Spanien	1975	50		
		Brasilien	1974	85	B	
		Brasilien		100		
		Indien	1972	39		Lederbeizmittel
Erich Rohde KG, Schwalmstadt	9	Österreich	1962	70	C	Haus- und Freizeitschuhe
		x Iran	1975			
Rohde & Dörrenberg KG, Düsseldorf	5	Österreich	1967	100	C	Präzisionswerkzeuge
		Indien	1966	42	E	Präzisionswerkzeuge
A. Rohé GmbH, Offenburg	5	Österreich	1962	100	C	Waschanlagen, Tankanlagen
		x Australien				
		x Südafrika		51		Autowaschanlagen
Rollei-Werke Franke & Heidecke, Braunschweig	8	Singapur	1970	100	G	Kameras, optische Geräte
xx Romika Lemm & Co. GmbH, Trier	9	Spanien	1967	100	C	Leichtschuhe
Rosenthal AG, Selb	3	x Österreich	1968	100	C	Eßbestecke, Geschenkartikel
		Österreich	1957	26	D	Trinkgläser, Geschenkartikel aus Glas
		USA	1976	100		Porzellan, Glas
		Südafrika	1965	62		
		Spanien	1956	34	C	Abbau von Kaolin
		Chile	1970	74	D	Geschirr u. Geschenkartikel
		Brasilien	1955	50	D	Porzellan
Rotring-Werke Riepe KG, Hamburg	8	Australien				Schreibwaren, Zeichenbedarf
		Argentinien		100		Schreibwaren, Zeichenbedarf
		Brasilien				

Tabelle II–A 1 (Fortsetzung)

	Unternehmen	Wirtschaftszweig		Produktionsland	Jahr des Beginns der Produktion	Höhe der Beteiligung in %	Zahl der Beschäftigten	(Teil-)Fertigung von
xx	Ruf GmbH & Co. KG, Höhenkirchen	7		Österreich	1969	100	D	Widerstände
	Ruhrkohle AG, Essen	1		USA	1974	80		
				USA	1974	100		Kohleförderung
				USA	1975	80		
	Dr.-Ing. Josef Ruhrmann, Stuttgart	8	x	Malta				Reißverschlüsse
xx	Joh. Moritz Rump, Altena	8		Mexiko	1971	49	B	Nadeln aus Stahl und Aluminium
	Saarbergwerke AG, Saarbrücken	1		Australien	1961	100	B	Werkzeuge
				Brasilien	1968	100	E	Werkzeuge
x	Salamander AG, Kornwestheim	9		Österreich	1961	100	B	Lederfaserstoffe
x	Salzgitter AG, Salzgitter (mit Deutsche Schachtbau- u. Tiefbohrgesellschaft mbH)	1		USA	1969	100	C	Stahl- und Maschinenbau
				Südafrika	1954	100	B	Maschinen für Bergbau
				Spanien	1966	50	C	Anlagenbau, Aufschlußbohrungen
				Mexiko	1969	35	B	Ingenieurleistungen
				Brasilien	1970	85	F	Stahl-, Maschinen-, Werkzeugbau
				Sudan	1961	100	B	Hochtankbau, Rohrleitungsbau
	J. Sandt AG, Pirmasens	5	x	Indien				Maschinen f. Schuh- u. Lederindustrie
	Fritz Schäfer GmbH, Neunkirchen	8		Österreich	1965	100	B	Palettenregale, Bühnenkonstruktionen
	Schaeffler OHG, Herzogenaurach	5		USA	1969	100	C	Lager
				Brasilien	1958	100	F	Lager
				Brasilien	1974	100		
				Brasilien		100		
	Schaffran-Propeller Lehne & Co., Lübeck	6		Griechenland	1970	51	A	Schiffsmotoren

Tabelle II–A 1 (Fortsetzung)

Unternehmen	Wirtschaftszweig	Produktionsland	Jahr des Beginns der Produktion	Höhe der Beteiligung in %	Zahl der Beschäftigten	(Teil-)Fertigung von
Scharlachberg Sturm & Co., Bingen	9	Österreich	1958	100	C	Spirituosen
Schauenburg Verwaltung KG, Mülheim	5	Kanada	1970	100	A	Ventilatoren, Filterausrüstungen
H. Wilhelm Schaumann, Pinneberg	9	Österreich	1962	100	C	Mineral- und Wirkstoffkonzentrate
Carl Schenk AG, Darmstadt	5	Brasilien	1975	100	A	
Schering AG, Berlin (mit Duco AG; Isar-Rakoll Chemie GmbH)	2	Österreich	1970	100	C	Kleb- und Dichtstoffe
		Österreich	1972	100	C	Tabletten, Dragees, Salben
		USA	1970	50	C	Pharmazeutika
		Spanien	1924	49	D	Pharmazeutische Spezialitäten
		Spanien	1973	50	A	Klebstoffe
		Portugal	1972	100	B	Pharmazeutische Produkte
		Portugal				
		Mexiko	1966	100	E	Arzneimittel
		Peru	1961	98	C	Pharmazeutische Produkte
		Bolivien	1970	100	B	Arzneimittel
		Ecuador	1976	75		Arzneimittel
		Kolumbien	1958	100	D	Arznei-, Pflanzenschutzmittel
		Argentinien	1959	100	D	Arzneimittel
		Uruguay	1971	100	B	Medikamente
		Chile	1959	100	B	Pharm. Produkte und Medikamente
		Brasilien	1959	100	E	Pharmazeutische Spezialitäten
		Iran	1971	70	B	Pharmazeutika
		Indonesien	1973	74	C	Pharmazeutika
		Taiwan	1972	100	B	Pharmazeutika
		Korea (Süd)	1967	50	C	Arzneimittel
		Thailand	1925	100	C	Arzneimittel

Tabelle II–A 1 (Fortsetzung)

	Unternehmen	Wirtschaftszweig	Produktionsland	Jahr des Beginns der Produktion	Höhe der Beteiligung in %	Zahl der Beschäftigten	(Teil-)Fertigung von
	Schiess AG, Düsseldorf	5	Spanien		25		
	H. W. Schlichte, Steinhagen	9	Österreich	1961	100	B	Spirituosen
	Joh. Schlösser KG, Olpe	5	Brasilien		100		
	Schmalbach-Lubeca-Werke AG, Braunschweig	8	Österreich		100		Verpackungen
	Gebrüder Schmeing, Borken-Weseke	9	Spanien	1959	100	B	Textilbedarf
			Thailand	1968	25	C	Weberschiffchen, Garnspulen
	W. Schmidt KG, Bretten	5	Österreich	1968	100	A	
	Schmidt & Clemens, Kaiserau	4	Spanien	1975	50	B	Gießerei
xx	M. Schmitt & Sohn, Nürnberg	5	Portugal	1964	88	B	Aufzugsanlagen
xx	Gebr. Schneider GmbH, Tennenbronn	8	Spanien		33		Schreibgeräte
			Brasilien	1955	28	D	Zeichenmaterial
	Felix Schoeller jr., Osnabrück	9	USA	1963	50	C	Spezialpapiere
	Scholl-Werke GmbH, Frankfurt	8	Österreich	1970	100	E	Fußgymnastik-Sandalen
	Conrad Scholtz AG, Hamburg	2	Japan	1976	50		Förderbänder
	Schottel-Werft, Spay	6	Österreich	1974	100	A	
			USA	1967	100	A	Schiffssteuerungen
			Argentinien	1971	100	A	
			Brasilien	1975	100	A	
x	Schuberth-Werk, Braunschweig	2	USA	1975	100	A	Schutzausrüstungen, -helme

Tabelle II–A 1 (Fortsetzung)

	Unternehmen	Wirtschaftszweig	Produktionsland	Jahr des Beginns der Produktion	Höhe der Beteiligung in %	Zahl der Beschäftigten	(Teil-)Fertigung von
	Schubert & Salzer AG, Ingolstadt	5	Brasilien	1976	100		Spinnereimaschinen
	Schuhunion AG, Rodalben	9	Spanien	1972	50		Synthetik-Schuhe
			Taiwan	1973	100		Lederschuhe
xx	Schuler Pressen, Göppingen	5	Brasilien	1968	27	E	Pressen
xx	Schulte-Schlagbaum AG, Velbert	8	Schweiz	1925	100	C	Türschlösser
	Schunk & Ebe GmbH, Heuchelheim	7	Schweden	1967	100	A	Kohlebürsten, Kohlelager u. -dichtung.
			Österreich	1957	100	B	Kohlebürsten, Graphitteile
			Mexiko	1957	50	C	Elektro-Kohle-Produkte
			Brasilien		100		
	Schwan-Bleistift-Fabrik Schwanhäusser & Co., Nürnberg	2	Österreich	1908	100	B	Büroartikel, Schulbedarf, Farben
			Südafrika		100		
			Malaysia		100	A	
	Schwarzkopf GmbH, Hamburg	2	Österreich	1920	25	D	Haar- und Körperkosmetika
			Schweiz	1970	100	B	
			Australien	1970	100	C	
			Spanien	1969	100	D	Haar- und Körperkosmetika
xx	Schwelmer Eisenwerk Müller & Co. GmbH, Schwelm	5	Österreich	1959	100	B	Montage
			Jugoslawien	1975	25		Zapfsäulen
	J. G. Schwietzke Metallwerke, Düsseldorf	4	Kanada		100		Schleuder- und Strangguß
	F. W. Schwing GmbH, Wanne-Eickel	5	Österreich	1971	100	C	Stahl- und Maschinenbauteile

Tabelle II–A 1 (Fortsetzung)

Unternehmen	Wirtschaftszweig	Produktionsland	Jahr des Beginns der Produktion	Höhe der Beteiligung in %	Zahl der Beschäftigten	(Teil-)Fertigung von
Seco-Maschinenbau GmbH, Rottenburg	5	USA	1976	100		Reinigungsanlagen
Seitz-Werke GmbH, Bad Kreuznach	5	Österreich	1968	100	C	
		Spanien	1973	50	A	Filter
xx Ernst Siegling, Hannover	2	Schweiz	1964	100	A	Mehrschichtflachriemen aus Kunststoff
		Japan	1975	75	A	Transportbänder aus Kunststoff
		Mexiko	1966	100	A	Riemen
		Brasilien	1975	50	A	Riemen
Siemens AG, München (mit Kraftwerk Union AG; Polygram GmbH; Transformatoren Union AG)	7	Norwegen	1898	100	F	Heißgeräte, Schaltanlagen
		Finnland	1955	100	F	Fernsprechgeräte
		Schweden	1953	100	F	
		Schweden	1958	100	F	Straßen- und Industrieleuchten
		Österreich	1879	56	G	Elektronische Bauelemente, Kabel
		Schweiz	1913	78	G	
		Kanada	1968	100	D	Elektroprodukte
		USA	1974	100	F	
		USA	1974	100		
		USA	1974	50		Wärmekraftwerke
		Australien	1960	100	F	Nachrichtentechnik, Schaltanlagen
		Australien	1974	45		Röntgenausrüstungen
		Japan	1974	50	D	
		Südafrika	1961	53	G	Nachrichtentechnik, Schaltgeräte
		Ungarn	1974	49		
		Spanien	1910	77	G	Elektromotore, Schalt-, Röntgengeräte
		Portugal	1960	100	F	
		Griechenland	1964	100	F	
		Griechenland	1970	67	D	Elektromaterial
		Griechenland	1971	70	E	Elektroerzeugnisse
		Türkei	1964	51	F	

Tabelle II–A 1 (Fortsetzung)

Unternehmen	Wirtschaftszweig	Produktionsland	Jahr des Beginns der Produktion	Höhe der Beteiligung in %	Zahl der Beschäftigten	(Teil-)Fertigung von
Siemens AG (Fortsetzung)		Türkei	1965	52	D	Energie- und Nachrichtenkabel
		Marokko		50	C	Nachrichtentechnik
		Mexiko	1969	100	F	Elektr. Apparate und Ausrüstungen
		Mexiko	1971	60		Fernsprechanlagen
		Mexiko	1971	99		
		Kolumbien	1961	100	E	
		Venezuela	1959	100	E	Schaltanlagen
		Argentinien	1956	100	F	Fernsprechanlagen
		Brasilien	1940	100	G	Elektrotechnische Erzeugnisse
		Brasilien	1954	99	G	Kondensatoren
	x	Brasilien		51		Computer
		Zaire		100	B	
		Iran	1966	35		Transformatoren
		Iran	1967	40	F	Fernsprechgeräte
		Iran	1967	97	F	
		Indien	1964	51	G	
		Indien	1970	60		Schallplatten
		Pakistan	1963	52	F	
		Indonesien	1973	100		
		Korea (Süd)	1970	25	F	Elektroartikel
		Singapur	1971	100	E	Bauelemente
		Malaysia	1974	100	F	Bauelemente
Siempelkamp & Co., Krefeld	5	USA	1976	100		Hydraulische Pressen
x Sigri Elektrographit GmbH, Meitingen (mit Ringsdorff-Werke GmbH; Ringsdorff-Werke KG)	7	Schweden	1969	50	D	Graphitprodukte
		Österreich	1970	49	D	Elektroden, Kohle- u. Graphitprodukte
		Schweiz	1961	54	B	Graphitprodukte
		USA	1953	50	C	Elektroteile
		Südafrika	1960	100	B	Kohleprodukte

Tabelle II–A 1 (Fortsetzung)

Unternehmen	Wirtschaftszweig	Produktionsland	Jahr des Beginns der Produktion	Höhe der Beteiligung in %	Zahl der Beschäftigten	(Teil-)Fertigung von
Sigri Elektrographit GmbH (Fortsetzung)		x Südafrika	1968	50		Graphit-Elektroden
		Mexiko	1966	50	B	Gesinterte Teile
		Brasilien	1968	50	B	Kohleprodukte
SKF-Kugellagerfabriken GmbH, Schweinfurt	5	USA	1975	45		
		Brasilien	1975	100	D	
		Singapur	1976	100		Textilmaschinenteile
xx Softal Elektronik KG, Hamburg	7	USA	1974	100	A	Elektronische Ausrüstung
Soltauer Zinngießerei, Soltau	4	Thailand	1975	49	A	Zinnartikel
		Malaysia	1971			Zinnverarbeitung
Spänex Sander KG, Volpriehausen	5	Österreich	1965	100	B	Lufttechnische Anlagen
Spaten-Franziskaner-Brau KG a. A., München	9	Ägypten	1976	55		Bier, Babynahrung
Spindelfabrik Süßen Schurr, Stahlecker & Grill GmbH, Süßen	5	Spanien		100		
		Brasilien	1957	100	D	Spindeln
		Indien				Textilmaschinen-Zubehör
J. S. Staedtler, Nürnberg	8	Australien	1974	100		
		Südafrika				Bleistifte
		Brasilien	1975			Schreib- und Zeichengeräte
		Malaysia			D	Schreib- und Zeichengeräte
Staff KG, Lemgo	7	USA	1976	100		Beleuchtungseinrichtungen
Stahl-Metall SM, Oberhausen	4	Österreich	1971	95	B	Stahlbearbeitung
Stahlwerke Südwestfalen AG, Hüttental-Geisweid	4	Türkei		51		
		Mexiko		41	C	Spezialstahl, Bleche
		Argentinien		43		

Tabelle II–A 1 (Fortsetzung)

	Unternehmen	Wirtschaftszweig		Produktionsland	Jahr des Beginns der Produktion	Höhe der Beteiligung in %	Zahl der Beschäftigten	(Teil-)Fertigung von
x	Standard Elektrik Lorenz AG, Stuttgart (mit A. Teves GmbH)			Österreich	1967	100	E	Rundfunkgeräte
				Südafrika	1968	99		Bremsen
				Brasilien		100	D	Bremsen
	Standardwerk E. Reis GmbH, Bruchsal	5	x	USA				Geldzähl- und Sortiermaschinen
			x	Mexiko				Geldzähl- und Sortiermaschinen
	Walter Stauffenberg KG, Werdohl	2		USA	1974	100	A	Kunststoffschellen
	Margarete Steiff GmbH, Giengen	8		Österreich	1965	100	C	Plüschspielwaren
xx	L. & C. Steinmüller GmbH, Gummersbach	5		Finnland	1971	57	C	Industrieanlagen, Rohrleitungen
				Südafrika	1970	100	E	Kraftwerkteile
				Südafrika		100	B	
	Stelco Spielwarenfabrik GmbH & Co. KG, Fürth	8		Brasilien	1976	100		Spielwaren
	D. Stempel AG, Frankfurt	8		Österreich		61		Schriftgießerei
				Schweiz		50		Schriftgießerei
xx	F. Steverding, Anholt	10		Tunesien	1967	60	A	Nelken
	Stiebel Eltron GmbH, Holzminden	7		Griechenland	1975	70	B	Nachtstrom-Speichergeräte
xx	A. Stihl KG, Waiblingen	5		Schweiz	1974	100	B	Ketten
				USA	1974	100	B	Sägen
				USA	1976	100		Kettensägen
				Brasilien	1973	100	C	Sägen, Bohrgeräte
	Stocko Metallwarenfabriken, Wuppertal	8		USA	1976	100		Druckknöpfe
				Spanien				
				Mexiko				

Tabelle II–A 1 (Fortsetzung)

	Unternehmen	Wirtschaftszweig		Produktionsland	Jahr des Beginns der Produktion	Höhe der Beteiligung in %	Zahl der Beschäftigten	(Teil-)Fertigung von
	Chr. Stoll KG, Waldshut	8		Österreich	1970	100	A	Bürodrehstühle
	A. Stotz AG, Kornwestheim	4		Brasilien	1973	49	C	
	Walter Strauss, Frankfurt	3		Israel		100		
	Stromag GmbH, Unna	5		Brasilien	1962	100	C	Kupplungen
	Stumm AG, Essen	4	x	Österreich		65	B	Traktorkabinen, Verkaufswagen
	Stumpp & Schüle KG, Beuren	8		Brasilien	1970	49	D	Technische Federn
				Indien	1961	30	E	Federn
x	Süd-Chemie AG, München	2		USA	1974	100	C	Spezialkatalysatoren
				Japan	1974	50	C	Spezialkatalysatoren
				Mexiko	1965	49	A	Tonerde
				Mexiko	1968	100	B	Bleicherden, Betonite
	Südd. Kalkstickstoff-Werke AG, Trostberg	2		Kanada	1976	85		Ferrosilicium, Siliciummetall
				Südafrika	1973	25	C	Vanadinsäure
	Süddeutsche Kühlerfabrik J. F. Behr, Stuttgart	5		Schweden	1964	100	B	Kühler
				USA				
				Spanien				
				Indien	1957	25	C	Kühler
	Walter Süptitz, Hamburg	10		Spanien				Jungpflanzen
	Suspa Förderungstechnik, Altdorf	8		USA	1976	90		Luftfederung
xx	F. Tacke KG, Rheine	6		Spanien	1971	50	C	Zahnradgetriebe
	Teekanne GmbH, Düsseldorf	9	x	Chile	1959	100	A	Teebeutel
	Friedrich G. Theis GmbH, Hohenlimburg	4		Brasilien	1975	50		

Tabelle II–A 1 (Fortsetzung)

Unternehmen	Wirtschaftszweig	Produktionsland	Jahr des Beginns der Produktion	Höhe der Beteiligung in %	Zahl der Beschäftigten	(Teil-)Fertigung von
Hans Thiemann, Bremen	10	Marokko				Kakteen, Gartenbau
Thomas Glas- u. Prozellan AG, Waldershof	3	USA	1976	100		Porzellan, Kristallglas
x Thormann & Co., Köln	9	Spanien	1973	95	C	Obst- und Gemüsekonserven
Thun-Gruppe, Ennepetal	8	Jugoslawien	1975			
		Brasilien	1975			
		Indien	1975			
August Thyssen-Hütte AG, Duisburg (mit «Ofu»-Ofenbau-Union GmbH; Rheinstahl AG; Thyssen Handelsunion AG; Thyssen Westf.-Union AG)	4	Österreich	1963	83	A	Industrieofenbau
		Österreich	1973	99	C	Aufzugbau
		Österreich	1974	75	D	Kunststoffrohre
		Kanada	1964	100	E	Seile, Bleche, Gewebe, Gitter
		Kanada	1970	100	C	Draht- und Blechverarbeitung
		USA	1971	100	B	Blechverarbeitung
		x Südafrika		30		Nutzfahrzeuge
		x Südafrika				Rohrleitungen
		Spanien	1971	25	C	Drahtverarbeitung
		Spanien	1973	50	D	Aufzugbau
		x Portugal		40		
		Türkei	1958	26	D	
		Brasilien	1956	57	F	Eisenerz
		Brasilien	1973	41	F	Rohstahl
		Brasilien	1973	76	D	Roheisen und gußeiserne Rohre
		Brasilien	1973	100	F	Gießereierzeugnisse
		Liberia	1965	42	F	Eisenerz
Telefonbau- u. Normalzeit Lehner & Co., Frankfurt	7	Österreich	1962	100	D	Telefonapparate und -zentralen
		Spanien		100	B	
		Griechenland	1970	95	B	Telefongehäuse
		Venezuela	1973	100	D	Telefonapparate und Zubehör

Tabelle II–A 1 (Fortsetzung)

	Unternehmen	Wirtschaftszweig	Produktionsland	Jahr des Beginns der Produktion	Höhe der Beteiligung in %	Zahl der Beschäftigten	(Teil-)Fertigung von
	Alfred C. Toepfer, Hamburg	9	Indonesien	1971	100	B	Tapioka-, Kopra-, Ricebran-Pelletts
	Toko-Elektrotechnik GmbH, Düsseldorf	7	Malta	1973	40	C	Selbstinduktionsspulen
	Total-Foerstner & Co., Ladenburg	9	Österreich				Handfeuerlöscher, Löschmittel
			Brasilien	1974	100		
x	Transformatoren-Union AG, Stuttgart	7	Brasilien	1973	50	F	Transformatoren
xx	Traub KG, Reichenbach	5	Schweiz	1959	100	B	Drehautomaten
			Brasilien	1965	90	D	Drehautomaten
			Indien	1965	60	D	Drehautomaten
xx	Triangeler Dämmstoffwerk Koehler OHG, Triangel	2	Mexiko	1968	99	B	Automobildämmstoffe
			Brasilien	1972	86	D	Automobildämmstoffe
	Gebr. Trox GmbH, Neunkirchen	5	Österreich				
			Südafrika				
			Spanien	1969	99	B	Zubehör für Klimatechnik
	Trützschler & Co., Rheydt	5	USA		100		Textilmaschinen
x	Trumpf & Co., Ditzingen	5	USA	1974	100	A	Werkzeuge
	UTP Schweißmaterial & Co., Freiburg	4	Mexiko	1965	49	C	Schweißelektroden, Zubehör
			Brasilien				
	VARIO-Werke Dichmann AG, Kelkheim	9	USA	1976	100		Furniere
	Varta AG, Frankfurt (mit Byk-Gulden Lomberg GmbH; Milupa AG; Varta Batterie AG)	7	Schweden	1967	100		
			Österreich	1957	100	B	Kindernahrung
			Österreich	1975	100	C	Kindernahrung
			Schweiz				

Tabelle II–A 1 (Fortsetzung)

Unternehmen	Wirtschaftszweig	Produktionsland	Jahr des Beginns der Produktion	Höhe der Beteiligung in %	Zahl der Beschäftigten	(Teil-)Fertigung von
Varta AG (Fortsetzung)		Kanada	1974	50		Industriebatterien
		USA		100		Arzneimittel und Farbstoffe
		USA	1976	100		Arzneimittel
		Südafrika		100		Batterien
		Südafrika		81		Batterien
		Spanien	1964	100	D	Starterbatterien
		Spanien	1966	100	D	Kindernahrung
		Mexiko	1961	100	D	Trockenbatterien, Taschenlampen
		Mexiko	1964	100	B	Chem. Produkte (Humanmedizin)
		Kolumbien	1976	100		Trockenbatterien
		Argentinien		99		Starter- und Trockenbatterien
		Argentinien				Arzneimittel
		Brasilien	1956	100	E	
		Brasilien		33	G	Elektroteile
		Singapur	1973	100		Batterien
VDO Adolf Schindling AG, Frankfurt	8	Schweiz	1971	100	B	Kfz- und Bootsinstrumente
		Australien	1958	100	D	Kfz-Instrumente
		Brasilien	1959	100	E	Kfz-Instrumente
		Indien	1964	25	E	Kfz-Instrumente
VEBA AG, Düsseldorf (mit H. Stinnes AG)	1	USA	1960	100	B	Werkzeuge
		USA		100		Stanzwerkzeuge
		USA		100		Werkzeuge
Vereinigte Aluminium-Werke AG, Bonn	4	Norwegen	1974	50		Reinstaluminium
		Österreich		100		
		USA	1965	100	D	Aluminiumprodukte
		Australien		99		
		Südafrika		25		
		Südafrika		100		
		Griechenland		50		Bauxit

Tabelle II–A 1 (Fortsetzung)

	Unternehmen	Wirtschaftszweig		Produktionsland	Jahr des Beginns der Produktion	Höhe der Beteiligung in %	Zahl der Beschäftigten	(Teil-)Fertigung von
	Vereinigte Grossalmeroder Thonwerke, Großalmerode	3	x	Indien		25		
	Vereinigte Papierwerke Schickedanz & Co., Nürnberg	9		Schweiz	1962	100	B	Hygienepapier
x	Vereinigte Schlüsselfabriken AG, Solingen	4		USA	1974	55	C	Gießereiprodukte
x	Vereinigte Schmirgel- u. Maschinenfabriken AG, Hannover	3		Schweiz	1964	100	A	Schleifmittel
				Spanien	1974	50	A	Schleifbänder, -papier, -gewebe
x	Villeroy & Boch, Mettlach	3	x	Schweiz	1967	26	B	Wandfliesen
				Kanada	1956	26	B	Steingutfliesen
			x	Argentinien	1957	40	F	
	J. M. Voith GmbH, Heidenheim	5		Österreich	1958	40	F	Anlagenbau
				USA	1974	75	B	Papiermaschinen
				Spanien	1918	100	C	Papier- und Zellulosemaschinen
				Brasilien	1964	100	F	Anlagenbau
xx	Volkswagenwerk AG, Wolfsburg	6		USA	1969	100	D	Kfz-Klimaanlagen
				Australien	1954	100	F	Kraftfahrzeuge
				Südafrika	1951	98	G	Kraftfahrzeuge
				Jugoslawien	1972	49	E	Kraftfahrzeuge, Ersatzteile
				Mexiko	1954	100	G	Kfz-Ersatzteile
				Brasilien	1951	80	G	Kraftfahrzeuge, Teile
				Brasilien	1965	38	E	Kfz-Schmiedeteile
				Nigeria	1974	40	F	Kraftfahrzeuge
xx	Vollmer Werke, Biberach	5		Singapur	1971	50	B	Sägeschärfmaschinen

Tabelle II–A 1 (Fortsetzung)

Unternehmen	Wirtschaftszweig	Produktionsland	Jahr des Beginns der Produktion	Höhe der Beteiligung in %	Zahl der Beschäftigten	(Teil-)Fertigung von
xx Wacker-Chemie GmbH, München	2	USA	1965	100	B	Si-Einkristalle
		USA	1974	49	C	Silikonprodukte
		Mexiko	1972	50	A	Silikonprodukte
Wacker-Werke KG, München	5	USA				
C. D. Wälzholz, Hagen	4	Brasilien	1975	50		Kaltwalzwerk
Wafios Maschinenfabrik, Reutlingen	5	Brasilien		100		
Waffenschmidt	9	Griechenland	1972			Bürsten
Emil Wagner, Heilbronn	9	Schweiz		100		Lederkleidung
		Griechenland	1968	55	D	Lederkleidung
G. Wagner Pelikan-Werke GmbH, Hannover	8	Schweden	1960	100	A	
		Österreich	1879	100	C	Chem. Schul- und Bürobedarf
		Schweiz	1931	100	B	Schreib- und Zeichenmaterial
		Schweiz	1966	100	A	
		Schweiz	1968	100	D	
		USA	1970	50	D	Zeichenbedarf
		Südafrika	1967	50	C	
		Spanien	1939	75	C	Zeichen- u. Schreibgeräte, Schulbedarf
		Mexiko	1964	86	C	Büro- und Zeichenbedarf
		Venezuela	1960	65	B	Schreibwaren
		Venezuela	1960	62	B	Schreibwaren
		Argentinien	1959	100	C	
		Brasilien	1932	83	D	Büro-, Schul-, Zeichenbedarf
		Iran	1972	45	B	Schreib-, Zeichenbedarf
Gustav Wagner, Reutlingen	5	Brasilien	1975	60	A	Segment- und Kreissägeblätter

Tabelle II–A 1 (Fortsetzung)

	Unternehmen	Wirtschaftszweig	Produktionsland	Jahr des Beginns der Produktion	Höhe der Beteiligung in %	Zahl der Beschäftigten	(Teil-)Fertigung von
x	Carl Walter KG, Wuppertal	8	Österreich	1960	100	B	Schraubenwerkzeuge
			Malta	1975	50	B	Werkzeuge
	Manfred Wampfler Maschinenbau, Weil	5	USA	1976	100		Elektrische Systeme
	Hermann Wangner, Reutlingen	5	Brasilien				
x	Waren-Import-Gesellschaft Krohn & Co., Hamburg	9	Thailand	1966	99	B	Tapioka
x	C. A. Weidmüller KG, Detmold	7	Brasilien	1975	50	A	
	Weiler KG, Herzogenaurach	5	Indien		25		Drehbänke, Fräsmaschinen
x	Max Weishaupt GmbH, Schwendi	5	Brasilien	1973	100	B	Schaltanlagen, Öl- und Gasbrenner
x	Wella AG, Darmstadt	2	Norwegen	1953	100	B	Haarkosmetika
			Finnland	1970	100	B	Haarkosmetika
			Schweden	1953	100	B	Haarkosmetika
			Österreich	1950	100	B	Haarkosmetika
			Schweiz	1950	100	A	Haarkosmetika
			USA		50		Haarkosmetika
			Neuseeland	1968	50	C	Haarkosmetika
			Australien	1957	100	B	Haarkosmetika
			Japan	1973	50	C	Haarkosmetika
			Japan	1973	50	C	Haarkosmetika
			Südafrika	1970	100	B	Haarkosmetika
			Spanien	1960	100	D	Haarkosmetika
			Portugal	1970	100	C	Haarkosmetika

Tabelle II–A 1 (Fortsetzung)

Unternehmen	Wirtschaftszweig	Produktionsland	Jahr des Beginns der Produktion	Höhe der Beteiligung in %	Zahl der Beschäftigten	(Teil-)Fertigung von
Wella AG (Fortsetzung)		Griechenland	1952	100	B	Haarkosmetika
		Mexiko	1961	100	C	Haarkosmetika
		Kolumbien	1955	100	B	Haarkosmetika
		Argentinien	1953	88	D	Haarkosmetika
		Chile	1952	75	C	Haarkosmetika
		Brasilien	1955	100	C	Haarkosmetika
		Iran	1970	70	B	Haarkosmetika
		Singapur	1975	100	A	Haarkosmetika
Wendel Emailfabrik, Dillenburg	3	x Jugoslawien	1970	25		Emailprodukte
Fritz Werner GmbH, Berlin	5	USA		100		Maschinenwerkzeuge
		Brasilien	1960	100	C	Schnellstahlschneidwerkzeuge
		Indien		45		Werkzeugmaschinen
Werner & Pfleiderer, Stuttgart	5	Österreich	1889	100	D	Backöfen, Knetmaschinen
		USA	1959	100	B	
		USA	1968	100	A	
		Brasilien	1970	99	C	Bäckereianlagen
Westf. Metallindustrie KG Hueck & Co., Lippstadt	7	Australien	1962	100	D	Kfz-Lampen, Kunststoffteile
		Südafrika	1962	50	E	Kfz-Beleuchtung und -zubehör
		Spanien	1965	100	D	
		Mexiko	1960	32	C	
		Mexiko	1966	40	D	Kfz-Lampen
		Indien	1961	34	E	
Westfalia Lünen, Lünen	4	USA		100		Bergbaumaschinen
		Spanien		100		Bergbaumaschinen
Westfalia Separator AG, Oelde	5	Spanien	1975	100	B	Separatoren
		Brasilien	1975	100	C	

Tabelle II–A 1 (Fortsetzung)

	Unternehmen	Wirtschaftszweig	Produktionsland	Jahr des Beginns der Produktion	Höhe der Beteiligung in %	Zahl der Beschäftigten	(Teil-)Fertigung von
	Gebr. Weyersberg, Solingen	8	El Salvador	1964	25	C	Handwerkzeuge
			Dom. Republik	1970	25	B	Handwerkzeuge
			Kolumbien	1959	30	C	Macheten und Messer
	Wibau GmbH, Rothenbergen	5	Österreich		100		
			USA		85		
			Südafrika		55		
			Jugoslawien	1973	35		Industrieausrüstung
xx	Wickmann-Werke AG, Witten-Annen	7	Österreich	1955	100	A	Sicherungen, Schaltanlagen
x	Wilhelmsburger Maschinenfabrik, Geesthacht	5	USA	1973	80	B	Präzisionsteile
			Brasilien	1976	30		
xx	Wilkhahn-Sitzmöbel, Bad Münder	9	Spanien	1969	50	A	Stühle, Bankeinrichtungen
xx	Fr. Winkler KG, Villingen	5	Griechenland	1961	50	A	Backöfen
xx	Winkler & Dünnebier, Neuwied	5	Spanien	1967	100	C	Maschinen für graphisches Gewerbe
	Ernst Winter & Sohn, Hamburg	8	Griechenland	1968	100	B	Diamantwerkzeuge
			Brasilien	1974	100	A	Schleifscheiben
	Wolf Geräte, Betzdorf	8	Südafrika	1973	100		Rasenmäher, Gartengeräte
	Joseph Wolf KG, Alsbach	9	Österreich	1964	50	A	Salzkleingebäck
	Richard Wolf GmbH, Knittlingen	8	USA	1976	100		Medizinische Instrumente
	Otto Wolff AG, Köln	4	Österreich	1954	100	C	Draht
			Australien	1969	50	E	Rohrleitungen
			Südafrika				Chromerz, Flußspat

Tabelle II–A 1 (Fortsetzung)

Unternehmen	Wirtschaftszweig	Produktionsland	Jahr des Beginns der Produktion	Höhe der Beteiligung in %	Zahl der Beschäftigten	(Teil-)Fertigung von
xx Otto Wolpert-Werke GmbH, Ludwigshafen	5	Schweiz	1971	100	C	Materialprüfmaschinen
		Brasilien	1976			Materialprüfmaschinen
x Woma-Apparatebau GmbH, Rheinhausen	5	Österreich	1963	100	A	Pumpen
		Schweiz	1974	50	A	Pumpen
		USA	1968	100	A	Pumpen
		Spanien	1962	50	A	Pumpen
		Mexiko	1975	33	A	Pumpen
		Brasilien	1975	26	A	Pumpen
Wotan-Werke GmbH, Düsseldorf	5	Brasilien	1976	100		Werkzeug- und Druckgußmaschinen
Ludwig Wünsche & Co., Hamburg	9	Thailand	1968	45	B	Tapioka
Württembergische Metallwarenfabrik, Geislingen	8	Spanien		26		Bestecke
		Singapur	1973	100	B	Hohlheftmesser
Ytong AG, München	3	Schweden	1973	33	F	Gasbeton, Kalksandstein, Marmor
		Österreich		60	C	
xx Zahnradfabrik Friedrichshafen AG, Friedrichshafen	5	Spanien	1973	50	E	Getriebe für Pkw, Lkw und Schiffe
		Brasilien	1960	100	F	Getriebe, Lenkungen
xx Carl-Zeiss-Stiftung, Oberkochen (mit Jenaer Glaswerk Schott & Gen.)	8	Schweden	1972	100	A	Brillengläser
		Kanada	1974	49	B	Elektronenmikroskope
		USA	1969	72	D	Optische Gläser
		USA	1973	100	F	Brillenglas
		Spanien	1963	33	D	Glasröhren, -stäbe
	x	Portugal	1963	80		
		Mexiko	1973	35	B	Mikroskope
		Brasilien	1946	46	D	Glasampullen, Flaschen aus Glasröhren
		Brasilien	1948	49	C	Glasampullen, Flaschen aus Glasröhren
		Brasilien	1949	40	D	Glasröhren

Tabelle II–A 1 (Fortsetzung)

Unternehmen	Wirtschaftszweig	Produktionsland	Jahr des Beginns der Produktion	Höhe der Beteiligung in %	Zahl der Beschäftigten	(Teil-)Fertigung von
Carl-Zeiss-Stiftung (Fortsetzung)		Brasilien	1975	99	B	Mikroskope
		Taiwan	1975	50	C	Brillengläser und -fassungen
		Malaysia	1975	85	C	Optische Rohgläser
Zenith-Maschinenfabrik GmbH, Neunkirchen	5	Österreich	1973	100	B	Betonsteinformen und Maschinenteile
Zentralgesellschaft VFW Fokker mbH, Düsseldorf	6	x USA		50		
x Alois Zettler GmbH, München	7	Schweden	1973	100	B	Lichtruf
		Schweiz	1935	51	C	Lichtruf, Relais
		USA	1971	100	B	Relais
		Spanien	1964	100	A	Lichtruf
Zimmermann & Jansen GmbH, Düren	5	USA	1961	100	A	Spezialarmaturen
		Indonesien	1972	40	D	Maschinenbau

Tabelle II–A 2
Zahl der Beschäftigten, Inland und Ausland, 1961–1974, 87 Unternehmen (s. Tabelle II–7)

Unternehmen	Beschäftigte, Inland 1961	1966	1971	1973	1974	Beschäftigte, Ausland 1961	1966	1971	1973	1974
Aesculap-Werke AG	1 422	1 245	1 395	1 389	1 510	–	72	83	141	213
Aichelin Industrieofenbau	284	331	440	431	423	95	130	186	194	282
ALMO	73	100	201	224	259	–	–	–	35	51
Anker-Werke AG	5 138	6 398	6 654	5 865	5 072	816	1 473	3 019	2 896	2 474
Artland Dörffler KG	431	560	1 576	1 566	1 548	–	–	872	815	767
Basalt AG	2 873	2 176	1 919	2 092	1 907	–	–	13	15	15
Benecke GmbH	2 127	2 323	2 814	2 693	2 531	187	492	748	809	735
Bertelsmann AG	5 552	8 013	7 867	7 949	8 339	137	1 054	4 776	4 815	5 534
Bessey & Sohn	210	215	338	411	405	–	2	2	21	26
Böllhoff & Co.	81	162	378	606	745	–	29	430	412	466
Collo GmbH	77	91	143	163	138	–	9	10	10	10
Concentra GmbH	378	395	446	455	479	124	124	129	164	164
Daimler-Benz AG	88 666	93 435	127 391	134 335	129 730	6 599	8 878	19 605	21 638	25 135
Deutsche Dictator	2	3	5	7	9	–	–	–	4	4
Deutsche Holzveredelung	70	67	74	94	92	–	30	25	20	17
Ernst Dreefs OHG	414	606	640	793	771	–	–	76	222	173
Gebr. Eicher GmbH	1 980	1 850	1 700	1 000	850	290	480	720	720	730
EMA KG	340	332	362	401	381	–	28	52	47	61
August Engels GmbH	1 921	1 270	1 339	1 319	1 158	–	–	–	630	350
A. W. Faber-Castell	1 910	1 814	1 999	1 953	1 704	975	1 365	1 434	1 533	2 943
Gebrüder Faller GmbH	700	636	548	474	463	–	203	52	65	65
Gabor	339	504	1 166	1 170	938	132	359	682	1 248	1 472
Gedore Werkzeugfabrik	570	700	1 200	1 200	1 100	80	600	3 100	4 300	5 400
Goetzewerke	3 625	4 435	6 010	6 085	6 465	240	300	1 070	1 190	1 380
Hartmann & Braun	5 851	5 816	8 084	7 800	8 296	60	177	693	971	1 084
Hauni-Werke	1 786	2 353	2 733	2 777	2 923	42	141	173	207	211
Hegenscheidt	142	255	406	467	482	–	5	18	30	35
Heidenhain	348	514	823	727	750	4	8	22	31	34
Hergeth KG	252	402	493	585	635	–	–	8	31	47
Hirschmann	1 723	2 440	2 295	2 510	2 484	275	288	570	625	576

Tabelle II–A 2 (Fortsetzung)

Unternehmen	Beschäftigte, Inland 1961	1966	1971	1973	1974	Beschäftigte, Ausland 1961	1966	1971	1973	1974
Hoechst	51 820	66 950	81 900	88 470	90 660	6 880	13 670	43 000	49 290	69 610
Gebr. Isringhausen	198	208	308	321	344	31	143	171	242	281
Otto Junker GmbH	1 239	1 352	1 194	1 153	1 187	–	–	67	71	75
Karl Kässbohrer	3 195	3 300	3 935	4 197	4 239	–	20	238	315	335
Keramische Industrie-Bedarf	302	248	185	168	174	–	50	64	75	70
Klingele Papierwerke	1 060	1 099	1 194	1 189	1 093	404	553	744	731	727
Arthur Klink GmbH	195	235	242	206	197	–	10	50	84	148
Köhler & Bovenkamp	570	560	568	653	885	–	35	288	338	368
Kraftanlagen AG	1 100	1 440	2 647	3 142	3 318	–	–	40	50	30
Küster & Co. GmbH	428	601	701	841	731	–	–	46	52	60
Hans Landes & Co.	30	60	80	99	118	–	–	–	–	14
Ledermann & Co.	311	515	940	1 030	986	12	23	118	157	148
Lehnhoff Hartstahl KG	15	30	158	110	89	–	–	32	31	37
Ernst Leitz GmbH	6 466	6 622	5 938	5 450	4 868	180	215	233	236	330
Lemförder Metallwaren AG	571	1 274	2 627	3 054	2 962	–	–	171	303	453
Lemmerz-Werke GmbH	2 017	2 369	2 455	2 354	2 342	248	456	573	609	601
Loesche	70	100	120	135	150	6	9	10	10	12
Mahlo KG	133	165	149	170	171	–	–	34	35	40
Mannesmann AG	77 415	65 838	73 452	91 167	90 725	6 279	7 278	12 463	18 939	20 855
Werner Messmer KG	300	480	750	895	908	–	–	461	639	732
Metallgesellsch. (Teilkonzern)	3 724	4 098	5 450	5 517	5 699	189	267	816	1 176	1 237
Leonard Monheim GmbH	7 224	6 817	6 367	6 615	6 684	70	150	280	366	150
Müller	72	115	137	131	125	–	–	–	–	10
E. A. H. Naue KG	1 200	1 250	1 700	1 800	1 400	–	–	170	530	630
Johannes Oesterle	65	45	42	46	41	–	–	–	1	3
Plate Bonn GmbH	325	404	349	389	408	–	–	–	18	24
Prym-Werke KG	3 207	3 557	3 710	3 804	4 185	222	307	869	890	901
Puma	248	381	624	507	495	–	57	315	338	342
Reinz	689	1 006	1 386	1 490	1 434	–	–	217	270	281
G. L. Rexroth GmbH	1 066	1 820	3 013	4 715	4 870	–	23	988	1 072	1 146

Tabelle II–A 2 (Fortsetzung)

Unternehmen	Beschäftigte, Inland					Beschäftigte, Ausland				
	1961	1966	1971	1973	1974	1961	1966	1971	1973	1974
Rodi & Wienenberger AG	2 191	2 022	1 372	1 273	1 080	–	–	659	685	641
Romika Lemm & Co.	2 764	3 461	2 475	2 249	2 087	–	–	191	220	231
Ruf GmbH & Co. KG	678	996	1 322	2 001	1 639	–	–	135	324	327
Joh. Moritz Rump	711	566	459	409	412	–	–	18	18	22
M. Schmitt & Sohn	750	790	815	810	770	–	60	85	90	90
Gebr. Schneider GmbH	321	322	270	237	229	110	297	325	350	354
L. Schuler GmbH	2 114	2 452	2 610	2 418	2 418	–	–	460	525	922
Schulte-Schlagbaum AG	250	282	280	260	250	95	101	105	114	113
Schwelmer	2 093	2 100	1 751	1 468	1 130	53	304	312	316	259
Ernst Siegling	310	355	535	520	515	8	28	112	134	151
Softal Elektronik	6	14	45	50	60	–	–	–	2	5
L. & C. Steinmüller GmbH	3 537	2 841	3 042	2 747	2 872	–	–	154	419	736
Franz Steverding	2	11	11	10	10	–	–	19	17	15
Andreas Stihl	778	1 217	2 001	2 523	3 151	–	–	–	70	188
F. Tacke KG	581	679	586	750	724	7	7	227	228	228
Hermann Traub	907	1 319	1 331	998	1 094	–	309	570	757	860
Triangeler	410	650	860	726	792	–	–	87	410	403
Volkswagenwerk AG	69 558	103 135	160 094	160 965	141 780	11 206	21 446	41 935	54 093	61 950
Vollmer Werke	474	423	442	512	472	–	–	18	31	32
Wacker-Chemie GmbH	5 551	6 330	7 530	8 363	8 812	–	74	110	140	280
Wickmann-Werke AG	1 007	1 239	1 147	1 382	1 297	10	15	49	31	22
Wilkhahn-Sitzmöbel	326	326	458	466	419	4	4	22	29	34
Fr. Winkler KG	480	690	771	696	644	7	43	195	177	133
Winkler & Dünnebier	1 420	1 455	1 612	1 500	1 466	–	–	132	142	151
Otto Wolpert-Werke GmbH	207	244	308	315	310	–	–	–	–	8
Zahnradfabrik Friedrichshf.	12 565	13 707	16 787	16 690	17 056	580	851	808	1 704	2 061
Carl-Zeiss-Stiftung	28 243	29 218	27 702	25 334	25 474	427	1 182	2 207	2 537	4 564

Tabelle II–A 3

Liste von in der Erhebung nicht erfaßten Unternehmen, die ab 1976 eigene Produktion außerhalb der EG aufnehmen

Unternehmen	Produktionsland	Jahr des Beginns der Produktion	Höhe der Beteiligung in %	Produktion	Quelle*
All Consult	Ghana	1976 (?)	40	Kunstleder, Holzverarbeitung	African Development, Juni 1976
Aviatronik GmbH & Co., Ottobrunn	Indien	1977 (?)	100	Elektron. Bauelemente	Mitteilung des Unternehmens
BayWa AG, München	Brasilien	1977 (?)	(Beteiligung)	Sojabohnenverarbeitung	SZ, 13. 12. 1975
Benkert GmbH, Herne	Malaysia	1977 (?)		Zigarettenmundstückbelag	Deutsche Bank, Dezember 1976
BIG Spielwarenfabrik, Fürth	Türkei	1976	50	Spielwaren	SZ, 3. 12. 1976
Fritz Brach AG, Lüdenscheid	Malaysia	1977 (?)		Schnallen	Deutsche Bank, Dezember 1976
B. Braun, Baiersbronn	Transkei	1977 (?)		Sägewerksmaschinen	FAZ/BddW, 6. 4. 1977
C. Conradty, Röthenbach/Pegnitz	Türkei	1977	50 (?)	Kohlen- und Graphitprodukte	Cooperation, August 1976
Deutscher Raiffeisenverband Warenzentrale, Frankfurt (mit: Getreide-Import GmbH, Duisburg, u. Kurt A. Becher, Bremen)	Brasilien	1977 oder später	49	Sojaprodukte	SZ, 26. 10. 1976
W. Döllken & Co., Essen	Australien	1976	50	Kunststoffgußformen	Directory of Overseas Investment in Australian Manufacturing Industry 1976
Eisen und Metall AG, Gelsenkirchen	Spanien	1976 (?)	50	Metallverarbeitung	FAZ/BddW, 14. 9. 1976
Faun-Werke, Lauf bei Nürnberg	außereurop. Ausland			Nutzfahrzeuge	SZ, 8. 4. 1976
Gerlach-Werke GmbH, Hamburg	Mexiko	«im Aufbau»	20 (?)	Gesenkschmiede-Stücke	HB, 5. 2. 1976
W. Göbel, Rödental	USA	1976	100	Porzellanskulpturen	HB, 3. 11. 1976
Gossen GmbH, Erlangen	Ecuador	1977 (?)	? (zusammen mit DEG)	Elektr. u. elektron. Meßgeräte	FAZ/BddW, 16. 11. 1976

Tabelle II–A 3 (Fortsetzung)

Unternehmen	Produktionsland	Jahr des Beginns der Produktion	Höhe der Beteiligung in %	Produktion	Quelle*
Haase Brauerei GmbH, Hamburg	Gambia	1976	100	Bier	FAZ/BddW, 17. 8. 1976
Holiday Magic Kosmetik (Deutschland) GmbH, Aschaffenburg	Iran	1977 (?)	(Beteiligung)	Kosmetika	Chemische Industrie, Oktober 1975
Keiper KG, Remscheid	USA	1977 (?)	100 (?)	Automobilteile	HB, 9./10. 4. 1976
Klöckner Pentaplast GmbH, Montabaur	USA	1979		Folien	HB, 11. 11. 1976
C. Josef Lamy GmbH, Heidelberg	Mexiko	1976 (?)		Schreibgerät	FAZ/BddW, 21. 6. 1976
Manz AG, Hamburg	Ausland			Herrenschuhe	FAZ/BddW, 15. 4. 1976
Maschinenfabriken Bernhard Krone GmbH, Spelle	Brasilien	1977	100 (?)	Bodenfräsen, Sattelauflieger	HB, 5. 1. 1976
C. Melchers & Co., Bremen	Singapur	1976	100 (?)	Schalttafeln	BfA/NfA, 12. 11. 1976
Mündener Gummiwerke GmbH, Hannoversch Münden	Malaysia	1977 (?)		Gummiprodukte	Deutsche Bank, Dezember 1976
Regula-Werk King KG, Bad Liebenzell	Indien	1976		Fotoapparate	FAZ/BddW, 25. 6. 1976
Rud-Kettenfabrik Rieger & Dietz, Unterkochen	USA			Ketten, Förderanlagen	HB, 29. 9. 1976
Hermann Sieper, Wuppertal	Malaysia	1977 (?)		Sägeketten	Deutsche Bank, Dezember 1976
Otto Suhner GmbH, Säckingen	USA	1977 (?)		Tachometer- und Fernsteuerwellen	FAZ/BddW, 28. 10. 1976
Uvex Winter Optik GmbH, Fürth	Ausland			Arbeitsschutzschuhe	SZ, 15. 11. 1976

* BfA/NfA = Bundesstelle für Außenhandelsinformation/Nachrichten für Außenhandel
FAZ/BddW = Frankfurter Allgemeine Zeitung/Blick durch die Wirtschaft
HB = Handelsblatt
SZ = Süddeutsche Zeitung

Teil III

Weltmarktorientierte Industrialisierung unterentwickelter Länder: freie Produktionszonen und Weltmarktfabriken

Vorbemerkung

In dieser Fallstudie werden freie Produktionszonen und Weltmarktfabriken in Asien, Afrika und Lateinamerika untersucht. Freie Produktionszonen stellen ein neues Element in der internationalen Arbeitsteilung dar. Es sind Produktionsstandorte für die industrielle Nutzung der Arbeitskraft unterentwickelter Länder für weltmarktorientierte Produktion. Industrielle Nutzung der Arbeitskraft unterentwickelter Länder für weltmarktorientierte Produktion geschieht in Weltmarktfabriken. Die Fabrik der freien Produktionszone ist die Weltmarktfabrik.

Die weltmarktorientierte Industrialisierung unterentwickelter Länder ist Teilprozeß der strukturellen Tendenz zu einer neuen internationalen Arbeitsteilung. Ziel der Fallstudie ist es, erstens, für diesen Teilprozeß, untersucht vor allem am Beispiel von freien Produktionszonen, systematisch gesammeltes empirisches Material vorzulegen, um zu zeigen, wie die Tendenz zu einer neuen internationalen Arbeitsteilung als partieller, nämlich weltmarktorientierter Industrialisierungsprozeß in den unterentwickelten Ländern sichtbar wird. Zweitens soll gezeigt werden, daß die Entwicklung des Weltmarktes für Produktionsstandorte selbst, durch das Angebot neuer Standorte und durch die Konkurrenz der Standorte untereinander, die Tendenz zu einer neuen internationalen Arbeitsteilung verstärkt. Drittens werden die Investitions- und Arbeitsbedingungen in freien Produktionszonen im einzelnen untersucht. Es wird deutlich, welche Einflüsse von den besonderen Arbeitsbedingungen an diesen Standorten, wie niedrige Löhne, langer Arbeitstag, hohe Arbeitsintensität, kurze Beschäftigungsdauer, Koalitionsverbote, auf die Arbeitskraft weltweit ausgehen. Viertens werden einige Auswirkungen des untersuchten weltmarktorientierten Industrialisierungsprozesses auf die sozio-ökonomische Entwicklung der unterentwickelten Länder analysiert. Es wird die These begründet, daß dieser spezifische Industrialisierungsprozeß, der vom Interesse und von der Rationalität der Kapitalverwertung bestimmt ist, die Tendenz zu ungleicher und abhängiger Entwicklung der unterentwickelten Länder Asiens, Afrikas und Lateinamerikas verstärkt.

Die Begrenzung der empirischen Untersuchung vorwiegend auf freie Produktionszonen ist sowohl konzeptionell als auch forschungstechnisch begründet. Der von der Rationalität der Kapitalverwertung bestimmte weltmarktorientierte Industrialisierungsprozeß unterentwickelter Länder findet seinen idealtypischen oder, mit anderen Worten, unverhüllten und brutalsten Ausdruck in den freien Produktionszonen. Forschungstechnisch ist die Begrenzung vor allem dadurch begründet, daß das benötigte Datenmaterial über den zu untersuchenden Prozeß noch am ehesten für freie Produktionszonen zugänglich ist und erhoben werden kann. Die Untersuchung erfährt eine gewisse Erweiterung dadurch, daß für einige Länder empirisches Material über Weltmarktfabriken auch an sonstigen Standorten (außerhalb von freien Produktionszonen), soweit sie vergleichbare Produktionsbedingungen aufweisen, in die Untersuchung einbezogen worden ist.

Die Analyse der Arbeitsbedingungen in freien Produktionszonen und Weltmarktfabriken ist ein integraler Teil dieser Untersuchung. Veränderungen in der internationalen Arbeitsteilung sind vor allem regionale, qualifikationsspezifische Veränderungen in der Beschäftigung von Arbeitskraft. Diese Veränderungen sowie ihre Rückwirkungen auf die Lebensbedingungen der arbeitenden Menschen weltweit stehen letztlich im Mittelpunkt des Forschungsinteresses.

Obwohl in dieser Untersuchung Belege für die These einer tendenziellen Änderung der internationalen Arbeitsteilung, soweit sie sich im Industrialisierungsprozeß der unterentwickelten Länder feststellen lassen, vorgelegt und interpretiert werden, enthält das Datenmaterial kaum Zeitreihen. Das statistische Material bezieht sich vorwiegend auf das Jahr 1975. Für den Weltmarkt produzierende verarbeitende Industrie hat es in den meisten unterentwickelten Ländern Asiens, Afrikas und Lateinamerikas noch in der Mitte der sechziger Jahre nicht gegeben. Die Daten für 1975 sind daher sowohl Ausdruck des 1975 vorhandenen Entwicklungsniveaus als auch, bezogen auf das Ausgangsniveau Null wenige Jahre vorher, Ausdruck der Entwicklungstendenz.

In die Untersuchung sind 103 Länder, davon 33 Länder in Asien (einschließlich der pazifischen Region), 44 Länder in Afrika und 26 Länder in Lateinamerika (einschließlich der Karibik) einbezogen worden. Das statistische Material entstammt hauptsächlich den folgenden Quellen:

1. Auskünfte von Ministerien, Industrie- und Handelskammern und Botschaften der in der Länderliste genannten Länder,
2. Auskünfte von Verwaltungen freier Produktionszonen und von Planungs- und Entwicklungsbehörden in zahlreichen Ländern,
3. Auskünfte von Unternehmen in freien Produktionszonen (insbesondere in Malaysia),
4. Länderberichte der statistischen Ämter zahlreicher Länder, insbesondere jedoch des Statistischen Bundesamtes, der Bundesstelle für Außenhandelsinformation und des US-Department of Commerce,
5. Länderberichte, sonstige Analysen und Statistiken des Sekretariats der Vereinten Nationen, des Sekretariats der Welthandelskonferenz (UNCTAD), der Organisation für Industrielle Entwicklung der Vereinten Nationen (UNIDO), des Internationalen Arbeitsamtes (ILO) und der Wirtschaftskommissionen der Vereinten Nationen für Asien und die pazifische Region, für Afrika, für Lateinamerika und für Europa, des Sekretariats der Europäischen Gemeinschaft, der GATT-Organisation, der Organisation für Wirtschaftliche Zusammenarbeit und Entwicklung (OECD) und der Weltbank,
6. Berichte, Analysen und Statistiken der Wirtschaftspresse, insbesondere *Handelsblatt*, *Nachrichten für Außenhandel*, *Financial Times*, *Times*, *Le*

Monde Diplomatique, Africa, African Development, Far Eastern Economic Review, Business International, Business Asia, Business Latin America, Business Europe, Latin America, Latin American Economic Report.

Kapitel 1
Freie Produktionszonen in Asien, Afrika und Lateinamerika: Eine Bestandsaufnahme

1.1. Die neuen Produktionsstandorte: freie Produktionszonen

Weltmarktorientierte industrielle Produktion ist nicht von vornherein an allen Standorten unbeschäftigter Arbeitskraft in unterentwickelten Ländern möglich. Profitable Produktion für den Weltmarkt setzt außer Arbeitskraft insbesondere ein ausreichendes Angebot an industriellen Vorleistungen und eine hochentwickelte Infrastruktur voraus. Die beiden letzten Faktoren sind keineswegs – Ausdruck der Unterentwicklung – an den Standorten unbeschäftigter Arbeitskraft notwendig vorhanden. Profitable Produktion für den Weltmarkt in unterentwickelten Ländern setzt darüber hinaus die Suspendierung nationaler Restriktionen des internationalen Handels- und Zahlungsverkehrs voraus, die in den meisten unterentwickelten Ländern auf Grund chronischer Defizite im internationalen Handels- und Zahlungsverkehr – wiederum Ausdruck der Unterentwicklung – bestehen. Es ist die Funktion freier Produktionszonen, eben diese Voraussetzungen für profitable weltmarktorientierte Produktion an den Standorten unbeschäftigter Arbeitskraft in unterentwickelten Ländern zu erfüllen.

Wie freie Produktionszonen in unterentwickelten Ländern technisch-organisatorisch und legislativ ausgestattet sind und werden, um diese Funktion, die industrielle Nutzung der Arbeitskraft für Weltmarktproduktion in unterentwickelten Regionen zu ermöglichen, erfüllen zu können, ist nirgends deutlicher als in zahllosen Projektstudien, Gutachten und Empfehlungen der Organisation für Industrielle Entwicklung der Vereinten Nationen (UNIDO) ausgeführt. Die UNIDO hat die Planung freier Produktionszonen und die Gewährung technisch-organisatorischer Hilfestellung bei ihrem Aufbau zu einer ihrer Hauptaktivitäten im Rahmen ihres Programms zur Förderung von exportorientierten Industrien gemacht. In einer grundlegenden Ausarbeitung aus dem Jahre 1971 mit dem Titel *Industrial Free Zones as Incentives to Promote Export-Oriented Industries* wird das Konzept der freien Produktionszone, wie es von der UNIDO vertreten wird und wie es sich, nicht zuletzt auf Grund der Aktivitäten der UNIDO, weltweit durchgesetzt hat, vorgestellt.[1]

1 UNIDO, Industrial Free Zones as Incentives to Promote Export-Oriented Industries, Training Workshop on Industrial Free Zones, ID/WG. 112/3, 28. Oktober 1971. Sonstige aufschlußreiche UNIDO-Texte über freie Produktionszonen sind: UNIDO, Technical Assistance Available from UNIDO in Connection with the Planning, Establishment and Operation of Industrial Free Zones as Incentives for the

Entkleidet man den Text seines Beiwerks, in dem die möglichen Vorzüge freier Produktionszonen für unterentwickelte Länder erwogen werden (dazu finden sich Ausführungen im Kapitel 4 dieser Untersuchung), so wird deutlich (wie nachstehende Auszüge bruchstückhaft zeigen), daß freie Produktionszonen von der UNIDO unter dem Gesichtspunkt ihrer Funktionalität für die Kapitalverwertung konzipiert werden. Vom Unternehmensinteresse her wird die Auswahl und Erschließung neuer Produktionsstandorte in den unterentwickelten Ländern begründet, vom Unternehmensinteresse her wird die Anlage und Ausstattung abgeleitet und vom Unternehmensinteresse her wird die Aussetzung von handels- und währungspolitischen Restriktionen und die Gewährung von Anreizen für Investitionen empfohlen.

In unverkennbarer Weise, ausgehend von den Problemen der Kapitalverwertung angesichts sich verschärfender internationaler Konkurrenz, werden zunächst fünf Bereiche aufgeführt, in denen freie Produktionszonen Möglichkeiten zur Erhöhung der Profitabilität der Produktion bieten.

«Ausländische Produzenten für Weltmärkte, die insbesondere von steigenden Arbeitskosten auf der einen Seite und der Verschärfung der internationalen und nationalen Konkurrenz auf der anderen Seite betroffen sind, befinden sich ständig auf der Suche nach Mitteln und Wegen, um ihre Produktions- und Distributionskosten zu senken und zu minimieren . . . Sollten sie ihre Produktion in eine geeignete freie Industriezone verlagern, könnten einige der folgenden Faktoren entscheidende Vorteile in dieser Hinsicht bringen:

a) Senkung der Transportkosten für Rohmaterial,
b) Senkung der Transportkosten für Fertigprodukte,
c) Senkung der Arbeitskosten,
d) Verfügbarkeit von im Überfluß vorhandener qualifizierter Arbeitskraft,
e) Senkung der Kosten der Erstinvestitionen und infolgedessen ein geringer Prozentsatz an sogenanntem ruhenden Kapital, auf Grund von fiskalischen und materiellen Anreizen und allgemeinen Dienstleistungen und anderen Vorzugsregelungen, die von der Zone gewährt werden.»[2]

Die folgenden handels- und finanzpolitischen Anreize und technischen Einrichtungen werden von der UNIDO als Standardausstattung von freien Produktionszonen empfohlen:

Promotion of Export-Oriented Industries, Training Workshop on Industrial Free Zones, ID/WG. 112/4, 2. November 1971; John P. C. Lo (UNIDO Consultant), Study on Free Zone Industrial Estates, Training Workshop in Industrial Free Zones, Shannon, 5.–6. März 1972, ID/WG. 112/27, 18. Mai 1972; Teodoro Q. Peña, Export Processing Zone Authority, Philippines, Industrial Free Zone Activities in the Philippines with Particular Focus on the Bataan Export Processing Zone, Regional Expert Working Group Meeting on Industrial Free Zones, Barranquilla, 5.–11. Oktober 1974, ID/WG. 185/8, 4. Oktober 1974 (Beispiel einer Länderstudie); UNIDO, UNIDO's Programmes on Development of Export-Oriented Industries, Third Consultation, Meeting on Product Adaptation and Development for Export Industries, Tokio, 20.–29. November 1974, ID/WG. 199/3, 11. November 1974.

2 UNIDO, Industrial Free Zones, S. 8.

«– Volle Befreiung von Zöllen und Abgaben für einen bestimmten Zeitraum, sowohl für alle Maschinen und Produktionsausrüstungen als auch für Rohmaterialien und Bauelemente, die für die Produktion in der Zone benötigt werden;
- Befreiung von Einkommensteuern für fünf bis zehn Jahre;
- zeitweilige Befreiung von oder Senkung der Sätze von anderen direkten und indirekten Steuern, Abgaben etc., die von Unternehmen außerhalb der Zonen zu zahlen sind;
- Verzicht auf Kontrolle des internationalen Zahlungsverkehrs und Garantie eines solchen Status auch für die Zukunft, freie Repatriierung der erwirtschafteten Profite bis zu einem bestimmten fixierten Satz;
- finanzielle Vergünstigungen, wie die Bereitstellung von kurz-, mittel- und langfristigen Krediten zu Vorzugsbedingungen, sofern sie für den Aufbau von Industrien einschließlich der Errichtung von nichtstandardisierten Fabrikgebäuden benötigt werden;
- Vorzugstarife für Transportleistungen zwischen der Zone und den See- oder Flughäfen wie für Vorleistungen, Pacht von Grund und Boden und Gebäuden und sonstige Dienstleistungen;
- Bereitstellung von vorgefertigten standardisierten Fabrik- und Bürogebäuden, nach den Wünschen der Industrie, auf Miet- oder Kaufbasis;
- Vorhandensein von Wartungs- und Reparaturwerkstätten, Kantinen, medizinischen Einrichtungen, eventuell Kliniken, Banken, Post- und Fernmeldediensten, Tankstellen, Transport- und Auslieferungsbetrieben, Versicherungsagenturen, Erholungseinrichtungen etc.»[3]

Zentrale und weitgehend autonome, den jeweils für Industrie zuständigen Ministerien unmittelbar unterstehende Verwaltungseinrichtungen für freie Produktionszonen, die in der Lage sind, einerseits Verwaltungsangelegenheiten für Investoren in den Zonen auf ein Minimum zu reduzieren, andererseits für ein störungsfreies Funktionieren ihrer Infrastruktureinrichtungen zu sorgen, werden von der UNIDO in ihren Empfehlungen als außerordentlich wichtige Einrichtungen bezeichnet.

«Erfolgreich arbeitende freie Zonen sind im idealen Fall ausgestattet mit einem zentralen und autonomen Verwaltungsbüro, das sich innerhalb der Zone befindet, und, autorisiert von der Regierung, die Pflicht und Verantwortung für Organisation und Verwaltung der Zone hat. Die damit erzielte Reduzierung des Verwaltungsaufwandes auf ein Minimum würde sich als einer der wirksamsten Anreize und Beweggründe für Unternehmer erweisen, die neue industrielle Investitionen in dem Lande erwägen.»[4]

Wie später gezeigt wird, weisen freie Produktionszonen in den unterentwickelten Ländern fast ausnahmslos die von der UNIDO geforderten Ausstattungen auf. Das gebündelte Angebot dieser Faktoren und Bedingungen für ausschließlich weltmarktorientierte Produktion unterscheidet freie Produktionszonen von sonstigen Produktionsstandorten in unterentwickelten

3 UNIDO, Industrial Free Zones, S. 16–17.
4 Ebd., S. 15.

Ländern und bestimmt zugleich ihren Enklavencharakter. Die Ausstattung mit moderner Infrastruktur und die Gewährung zoll-, steuer- und devisenrechtlicher Sonderregelungen macht die Ausnutzung des Angebots an billiger Arbeitskraft für weltmarktorientierte Produktion auch in Regionen möglich, in denen außerhalb der freien Produktionszonen sonstige Voraussetzungen (außer der Arbeitskraft) für profitable Produktion fehlen. Die Abschirmung der freien Produktionszonen vom unterentwickelten Umland, ihre Umgrenzung mit Zäunen (nicht selten Wachttürmen) und Kontrolleinrichtungen – zunächst eine Maßnahme zur Abgrenzung des zollfreien Gebiets, darüber hinaus aber überaus funktional zur Kontrolle der Arbeiterschaft – läßt sie auch äußerlich als Enklave erkennen.

Die folgenden Auszüge, die Funktion und Bedingungen je einer freien Produktionszone in Asien, Afrika und Lateinamerika beschreiben, sind den offiziellen Angebotsunterlagen, wie sie potentiellen Investoren von den jeweiligen Zonenverwaltungen zur Verfügung gestellt werden, entnommen.

Freie Exportzone Masan, Südkorea:

«Ready-made industrial estate makes your investment simpler, freer and more profitable than anywhere else.»

«Die Freie Exportzone Masan ist eine besonders ausgestattete freie Industriezone (175 Hektar) für die Produktion, Teilproduktion oder Montage von Exportgütern durch Auslandsfirmen, unter Verwendung von Rohmaterialien und Halbfabrikaten, die zollfrei zum größten Teil oder ausschließlich eingeführt werden. Die Zone bietet dem ausländischen Kapitalanleger in sich vereint das ideale Investitionsklima Koreas, die liberalsten Anreize, die besten Einrichtungen und jede sonstige Annehmlichkeit.

Die Anwendung entsprechender Gesetze und Verordnungen, die die wirtschaftlichen Aktivitäten von Auslandsfirmen betreffen, ist teilweise oder vollständig außer Kraft gesetzt. In der Zone zugelassene und angesiedelte Unternehmen benötigen nicht die Genehmigungen, Lizenzen, Anmeldungen etc., die das Gesetz für Unternehmen außerhalb der Zone vorsieht. In der Zone niedergelassene Unternehmen haben bei Auseinandersetzungen mit den Beschäftigten denselben Status wie öffentliche Einrichtungen.

Fabrikgelände und Gebäude (Standardfabrikgebäude) können auf Pacht- oder Kaufbasis erworben werden. Die Zone verfügt über eine ausreichende Wasser- und Energieversorgung sowie über eigene Hafeneinrichtungen. Zur Unterstützung der wirtschaftlichen Aktivitäten in der Zone stehen die nötigen Einrichtungen für Transport, Lagerhaltung, Verpackung, Reparatur usw. zur Verfügung. Die Verwaltung der Zone ist ermächtigt, Genehmigungen für die Niederlassung in der Zone zu erteilen, sich um Auslandsinvestitionen und -technologie zu bemühen, Fabrikgebäude zu errichten und Export- und Importgeschäfte sowie andere wirtschaftliche Tätigkeiten durchzuführen. Die folgenden staatlichen und nichtstaatlichen Agenturen sind in der Zone vorhanden, um dem ausländischen Kapitalanleger administrative

Angelegenheiten zu erleichtern: a) Devisenbank, b) Zollbüro, c) Post- und Fernmeldeamt, d) Eingangs- und Ausgangskontrolle, e) Beschäftigungs- und Arbeitsamt, f) Apotheke, g) Fluglinien- und Reisebüroagentur.

Importe von Rohmaterialien und Ausrüstungen für Exportproduktion können ohne Einschränkungen vorgenommen werden.

Weder Zölle noch Steuern werden für Rohmaterialien, Teile und Halbfabrikate erhoben, die für die Exportproduktion eingeführt werden.

Exportprodukte unterliegen nicht der Exportinspektion, wenige Fälle ausgenommen.

Einkommen-, Körperschaft-, Vermögen- und Vermögenserwerbssteuern werden für fünf Jahre nicht erhoben und für weitere drei Jahre mit einem um 50 Prozent reduzierten Satz.

Die Überweisung von Profiten und Dividenden ins Ausland ist vom ersten Jahr der wirtschaftlichen Tätigkeit an garantiert.

Billige Arbeitskraft ist im Überfluß vorhanden und bietet damit exzellente Konkurrenzvorteile für Produkte auf internationalen Märkten. Qualifizierte männliche und weibliche Arbeitskräfte, die mindestens über Grundschulabschluß verfügen und leicht anlernbar sind, stehen aus den umliegenden Städten laufend zur Verfügung.»[5]

Mauritius-Exportfabrikationszone, Mauritius:

«Mauritius offers a labour force: Young, plentiful, literate, adaptable.»

«Eine Exportfabrikationszone, in der Einrichtungen einer Freihandelszone mit denen eines Industriegebietes kombiniert sind, hat mehrere Funktionen: Sie sichert dem Exportproduzenten in einer Atmosphäre, die industrieller Produktion höchst förderlich ist, die reibungslose und rasche Durchführung seiner wirtschaftlichen Aktivitäten zu. Durch die Errichtung mehrerer solcher Zonen über die Insel verteilt, bietet Mauritius dem Kapitalanleger in verschiedenen Regionen, in denen die notwendigen Infrastruktureinrichtungen vorhanden sind, besonders geeignete Standorte für industrielle Produktion. Die verschiedenen Standorte gewährleisten optimale Arbeitsbedingungen hinsichtlich Klima, Verfügbarkeit von Rohmaterialien, Angebot von Arbeitskräften usw. . . . Unabhängig von der Lage der Zonen ist der problemlose Transport zum Hafen oder Flughafen angesichts der kurzen Entfernungen und des ausgezeichneten Straßennetzes gewährleistet. Es ist Sorge getragen worden, daß Kapitalanleger in den Zonen mit Vorrang behandelt werden und günstige Arbeitsbedingungen in den Zonen vorfinden, um den Erfolg ihrer Unternehmen zu garantieren und ihnen zu helfen, die Exportziele zu erreichen. Die Administration, welche zentral im Ministerium für Handel und Industrie angesiedelt ist, entspricht diesen Erfordernissen, und legislative Maßnahmen sind erfolgt, um die Ziele zu erreichen (Export Processing Zone Act, 1970).

5 Office of the Masan Free Export Zone Administration, Republic of Korea, The Masan Free Export Zone. Korea invites foreign investment and entrepreneurship.

Industrien in den Mauritius-Exportfabrikationszonen, bezeichnet als Exportunternehmen, kommen in den Genuß der folgenden Vorteile und Leistungen:

1. Völlige Befreiung von Importzöllen auf Kapitalgüter (Maschinen, Ausrüstung, Ersatzteile),
2. völlige Befreiung von Importzöllen und Abgaben auf Rohmaterialien, Teile und Halbfabrikate,
3. Befreiung von der Körperschaftsteuer für mindestens zehn Jahre und höchstens zwanzig Jahre, abhängig von den Umständen des einzelnen Falles,
4. sofortige Erteilung von Importgenehmigungen für Maschinen, Rohmaterialien und Halbfabrikate und von Exportgenehmigungen für hergestellte Produkte,
5. Zollabfertigung von ein- und ausgehenden Waren innerhalb von 24 Stunden,
6. Kredite zu Vorzugsbedingungen (von kommerziellen Banken) für den Import von Rohmaterialien,
7. elektrische Energie zu Vorzugstarifen,
8. Befreiung von Gebühren für die Benutzung von Kränen und anderen Hafeneinrichtungen, soweit sie an den Staat zu zahlen sind, für den Importanteil der Exportgüter,
9. Exportfinanzierung zu Vorzugszinsen,
10. Erteilung von Daueraufenthaltsgenehmigungen für Unternehmensteilhaber,
11. bevorzugte Zuteilung von Investitionskapital durch die Entwicklungsbank von Mauritius,
12. Bereitstellung von Betonfabrikgebäuden,
13. Kredite für die Errichtung eigener Fabrikgebäude bis zu einer Höhe von 50 Prozent der gesamten Baukosten für eine Laufzeit von zehn Jahren,
14. Einrichtung eines Verwaltungsbüros sowie eines Komitees, das ausschließlich die Anträge der Industrie in den Exportzonen bearbeitet,
15. veränderte Arbeitsgesetzgebung:
    (i) Befreiung der Industrien in der Zone von bestimmten Kündigungsvorschriften,
    (ii) geringfügige Neufassungen des Arbeitsrechts, um es den Unternehmen zu ermöglichen, ihre Exportziele zu erreichen,
    (iii) Einrichtung eines Nationalen Pensionsystems.»[6]

Freie Zonen für Industrie und Handel Palmaseca und Buenaventura, Kolumbien:

«Plentiful labor at low cost in the hub of the Americas.»

«Hauptfunktion freier Zonen ist es, Fabrikgebäude und andere Einrichtungen kostengünstig, unbürokratisch und mit einem Minimum an Kon-

6 Ministry of Commerce and Industry, Mauritius Export Processing Zones (1972 Edition), S. 6–9.

trollen für Exportproduzenten zur Verfügung zu stellen, so daß sie veranlaßt werden, das reichliche Angebot an billiger Arbeitskraft zu nutzen.

Kapitalanlegern werden die Zoll- und Steuerkonzessionen einer Freihandelszone und die Einrichtungen eines Industrieparks angeboten. Durch die Zusammenarbeit von staatlichen Behörden in den Zonen, die zum Beispiel Zoll-, Devisen- und Lizenzangelegenheiten bearbeiten, werden Verwaltungsangelegenheiten erheblich vermindert. Die Zonen stellen daher leistungsfähige Einrichtungen dar, um für verarbeitende Industrien Kolumbiens billige und effiziente Arbeitskraft für vorhandene und neue Märkte zu nutzen.

Die Produktion für den Export in freien Zonen ist von besonderem Interesse für arbeitsintensive verarbeitende Industrien. Die Kombination von extrem billiger, leicht anlernbarer Arbeitskraft und ausgezeichneten Transporteinrichtungen und die Nähe zu wichtigen Märkten in den Vereinigten Staaten und in Europa ist es wert, geprüft zu werden.

In den Zonen niedergelassene Unternehmen können alle Arten von Gütern, Investitionsgüter, Rohmaterialien, Teile und Halbfabrikate unbeschränkt und abgabenfrei einführen.

Für Exportprodukte wird ein Bonus in Höhe von 15 Prozent des kolumbianischen Anteils an der Wertschöpfung für Löhne, Rohmaterialien und Dienstleistungen vergütet.

In den Zonen niedergelassene Unternehmen unterliegen nicht der Devisenkontrolle.

Die Befreiung von der Devisenkontrolle betrifft nicht nur den Handelsverkehr, was für Exportindustrien von besonderer Bedeutung ist, sondern sie erstreckt sich auch auf den Transfer von Profiten, auf die Repatriierung von Kapital und auf Zahlungen für Lizenzen und Kapitaldienste.

Die Zonen verfügen über alle Einrichtungen erstklassiger Industrieparks. Dazu zählen Wasser- und Energieversorgung, Abwässerentsorgung, Straßenunterhaltung, Polizei und Feuerwehr und andere Einrichtungen. Telefon und andere Kommunikationsmittel zu allen Teilen der Welt sind vorhanden.»[7]

Die vorstehenden Auszüge machen auf ihre Weise deutlich, daß die Anlage freier Produktionszonen trotz sehr unterschiedlicher Länderbedingungen kaum Unterschiede aufweist. Die Identität der Anlage entspricht der Identität der Funktion. Freie Produktionszonen sind Produktionsstandorte in unterentwickelten Ländern, die die industrielle Nutzung der Arbeitskraft unterentwickelter Länder für weltmarktorientierte Produktion in optimaler Weise erlauben.

7 Zona Franca Industrial y Comercial Manuel Carvajal Sinisterra (Palmaseca) / Zona Franca Industrial y Comercial de Buenaventura, Two New Free Zones in Colombia (1973), S. 3–10.

Definitionen von freien Produktionszonen, in denen vor allem das Merkmal der Zollfreiheit betont wird, greifen nicht nur zu kurz, sondern ignorieren ihre Funktion als Standorte, in denen es vorwiegend um die Nutzung der Arbeitskraft und nicht so sehr um die Nutzung eines zollfreien Status geht.[8] Das Privileg der Zollfreiheit erfüllt lediglich eine von mehreren Voraussetzungen für die profitable Nutzung der Arbeitskraft für Weltmarktproduktion.

Es gibt eine Reihe unterschiedlicher Bezeichnungen für die neuen Produktionsstandorte. Zu den häufigsten Bezeichnungen zählen: freie Exportzone, freie Industriezone, freie Handelszone, freie Zone, Exportfabrikationszone und Exportindustriezone. Mit dem hier verwendeten Begriff freie Produktionszonen werden diejenigen Produktionsstandorte in unterentwickelten Ländern erfaßt, die, als besondere Industriegebiete ausgewiesen (Zonen), vorwiegend für die industrielle Nutzung der Arbeitskraft vorwiegend für weltmarktorientierte Produktion eingerichtet sind.

8 Das gilt zum Beispiel für die Definitionsbemühungen eines UNIDO-Seminars, auf dem «Industrielle Exportfreizonen», «Industrielle Freizonen», «Exportfabrikationsfreizonen» und «Fabrikationsfreizonen» vor allem nach dem Umfang ihrer Zoll- und sonstigen Privilegien für Export- und sonstige industrielle Produktion klassifiziert wurden. UNIDO, Notes on the Training Workshop in Industrial Free Zones as Incentives to Promote Export-Oriented Industries Organized by UNIDO in Co-operation with the Department of Industry and Commerce of the Republic of Ireland, the Irish Industrial Development Authority and the Shannon Free Airport Development Company (SFADCO), ID/WG. 112/21, 30. März 1972, S. 6–7.

Auch in einer UNCTAD-Definition taucht das Moment der Arbeitskraftnutzung nicht auf, während das Merkmal des zollfreien Status Hauptelement der Definition ist: «Eine Exportfabrikationszone ist eine Enklave innerhalb eines nationalen Zollterritoriums, in der Regel in der Nähe eines internationalen Flughafens oder Seehafens angelegt, in die Auslandskapital, Güter, Teile und Materialien gebracht werden, ohne der Verzollung zu unterliegen. Die importierten Güter werden in der Zone verarbeitet und dann an andere Orte exportiert, wiederum ohne Intervention durch die Zollbehörden des Gastlandes. Die Zahlung von Zöllen ist nicht erforderlich, es sei denn, die importierten oder verarbeiteten Produkte werden in das nationale Zollterritorium des Gastlandes gebracht (dies ist jedoch eher die Ausnahme, da die gesamte Produktion solcher Zonen normalerweise exportorientiert ist).» UNCTAD, Some aspects of the operations of exportprocessing, free zones in developing countries, TD/B/C.2/149, 11. April 1975, S. 2.

Entsprechend unzulänglich sind auch Vergleiche mit kommerziellen zollfreien Zonen (Freihäfen etc.), bei denen es in der Tat vor allem um die Nutzung des zollfreien Status für kommerzielle Aktivitäten geht.

1.2. Transnationale Organisation der Produktion: Weltmarktfabriken

Der Ort der industriellen Nutzung der Arbeitskraft ist die Fabrik. Die industrielle Nutzung der Arbeitskraft für weltmarktorientierte Produktion hat eine neue Form der Fabrik entstehen lassen: Die Weltmarktfabrik.

Der Begriff Weltmarktfabrik wird hier verwendet, um die Produktionsstätten zu bezeichnen, die im Rahmen transnationaler Organisation der Fabrikarbeit vorwiegend um der Nutzung der Arbeitskraft willen am jeweiligen Ort errichtet werden. In der Regel vertikal in eine transnationale Unternehmensorganisation integriert, werden in Weltmarktfabriken solche Vorprodukte, Halbfabrikate oder Endprodukte gefertigt, weiterverarbeitet oder montiert, für die die Arbeitskraft am jeweiligen Standort profitabel genutzt werden kann.[9]

Die Fabrik der freien Produktionszone ist die Weltmarktfabrik. Weltmarktfabriken sind in einer Reihe von unterentwickelten Ländern jedoch auch außerhalb von freien Produktionszonen angesiedelt, insofern die Bedingungen für die industrielle Nutzung der Arbeitskraft für weltmarktorientierte Produktion auch außerhalb von freien Produktionszonen erfüllt sind. Das sind in unterentwickelten Ländern insbesondere

a) Standorte, die für industrielle Inlandsproduktion eingerichtet sind und damit über die notwendige Infrastruktur verfügen und

b) Standorte, die für Dienstleistungsfunktionen mit Infrastruktur ausgestattet sind, die auch für industrielle Produktion verwendbar ist, vor allem Flugplätze und Häfen.

Mit dem Begriff Weltmarktfabrik werden in der vorliegenden Untersuchung mithin sowohl Fabriken in freien Produktionszonen als auch sonstige Fabriken, die das Kriterium «Produktion für den Weltmarkt an dem jeweiligen Standort vorwiegend um der industriellen Nutzung der Arbeitskraft willen» eindeutig erfüllen und zolltechnisch Unternehmen in freien Produktionszonen gleichen, erfaßt. Vom jeweiligen Standort her definiert sind es größtenteils Betriebe von Auslandsunternehmen. Dazu zählen aber auch – wiederum vom Standort her definiert – inländische Lohnveredelungsunternehmen. In der vorliegenden Untersuchung sind vor allem Auslandsunternehmen – soweit entsprechendes empirisches Material zugänglich war – berücksichtigt worden.[10]

9 In der transnational integrierten Ökonomie findet jede Produktion, die Teil dieser Ökonomie ist, unter den Bedingungen des Weltmarkts und als Produktion für den Weltmarkt (darunter Inlandsmarkt als Teil des Weltmarktes) statt. Der Begriff Weltmarktfabrik wird hier hingegen nur eingeschränkt zur pragmatischen Abgrenzung derjenigen Fabriken benutzt, in denen vorwiegend um der industriellen Nutzung der Arbeitskraft willen für den Weltmarkt (als Auslandsmarkt) produziert wird.

10 In der angelsächsischen Terminologie werden Weltmarktfabriken als *off-*

Industrielle Nutzung der Arbeitskraft unterentwickelter Länder für Weltmarktproduktion ist im übrigen keineswegs nur eine Angelegenheit von Großunternehmen oder transnationalen Konzernen. Transnationale Organisation der Produktion findet unabhängig von der Größenordnung der Unternehmen statt.

1.3. Freie Produktionszonen und Weltmarktfabriken in Asien, Afrika und Lateinamerika 1975: Regionale Verteilung und Beschäftigung

Wie aus der Länderliste hervorgeht, ist für die Untersuchung Material aus 103 Ländern ausgewertet worden. Die Untersuchung erfaßt damit den größten Teil der Gruppe der sogenannten Entwicklungsländer und -territorien[11] in der Klassifikation der Vereinten Nationen. Zur Gruppe der Entwicklungsländer und -territorien werden nach dieser Klassifikation alle Länder Asiens und Ozeaniens außer Japan, Australien und Neuseeland und außer den sozialistischen Ländern Asiens (China, Nordkorea, Mongolei und Vietnam), alle Länder Afrikas außer Südafrika und alle Länder Lateinamerikas (einschließlich der Länder der karibischen Region) gezählt.[12] Abweichend von der Klassifikation der Vereinten Nationen sind in der Liste der unterentwikkelten Länder, die dieser Untersuchung zugrunde liegt, Kambodscha, Laos, Kuba und Israel nicht aufgeführt, während sie Südafrika und die Türkei zusätzlich enthält. Die europäischen Randstaaten wurden aus der Untersuchung ausgeklammert, obwohl in einigen dieser Länder, zum Beispiel Grie-

shore plants bezeichnet; analog werden die Begriffe *off-shore production* und *off-shore sourcing* verwendet, letzteres für die weltweite Nutzung von Arbeitskräften und Produktionsmitteln. Vgl. zum Beispiel T. S. Chang, The Transfer of Technology: Economics of offshore Assembly. The Case of Semiconductor Industry, UNITAR Research Reports 11 (1971); J. M. Finger, Tariff Provisions for Offshore Assembly and the Foreign Exchange Earnings of Developing Countries, Discussion Paper Series (Department of the Treasury, Office of the Assistant Secretary for International Affairs, Research Office), Washington 1971; Richard W. Moxon, Offshore Production in the Less Developed Countries. A Case Study of Multinationality in the Electronics Industry, New York University, Graduate School of Business Administration, Institute of Finance, The Bulletin 98–99 (Juli 1974).

Nicht zufällig lauten im übrigen die Bezeichnungen am Standort der Weltmarktfabriken sehr viel anders: Häufig verwendete Begriffe sind Enklavenfabriken (zum Beispiel auf Trinidad und Tobago: «Enclave Factories»), Lohnveredelungsunternehmen (zum Beispiel in Mexiko: «Empresas Maquiladoras») und Zollfabriken (zum Beispiel in Malaysia: «Bonded Factories»).

11 Der in dieser Untersuchung vorwiegend verwendete Begriff «unterentwickelte Länder» bezeichnet dieselbe Gruppe von Ländern.

12 Vgl. UNCTAD, Handbook of International Trade and Development Statistics 1976, New York 1976, S. IV.

chenland, Jugoslawien, Malta und Irland, die industrielle Produktion in freien Produktionszonen von größerer Bedeutung ist. Die Abgrenzung erfolgte vor allem deshalb, um in dieser Untersuchung möglichst nur die Veränderungen in der internationalen Arbeitsteilung zu erfassen, wie sie sich im Industrialisierungsprozeß der bisher rohstoffproduzierenden und -exportierenden Länder, nämlich den unterentwickelten Ländern Asiens, Afrikas und Lateinamerikas, abzeichnen.

Über freie Produktionszonen und Weltmarktfabriken an sonstigen Standorten gibt es weltweit kaum aufbereitetes statistisches Material, jedenfalls kaum etwas, das für die Zwecke einer Untersuchung wie dieser zugänglich wäre. Das hier vorgelegte empirische Material beruht daher zum größten Teil auf eigenen Erhebungen und Auswertungen. Jeweils mindestens vier Institutionen – Industrieministerien, Botschaften, Industrie- und Handelskammern und Planungs- und Entwicklungsbehörden –, in vielen Fällen darüber hinaus weitere Stellen, darunter Verwaltungen von Produktionszonen, ferner Banken und statistische Ämter der in der Länderliste genannten Länder, sind brieflich in eher allgemeiner Form[13] um Datenmaterial und Auskünfte zu den einzelnen Bereichen der Untersuchung gebeten worden. Fast aus allen Ländern wurde mindestens von jeweils einer der angeschriebenen Institutionen in irgendeiner Form Material für die Untersuchung zur Verfügung gestellt oder bei Fehlanzeige entsprechend Auskunft gegeben. Ein Teil der Daten entstammt den in der Vorbemerkung genannten sonstigen Quellen. Wenn der statistische Teil der Untersuchung dennoch zahlreiche Lücken aufweist, dann nicht zuletzt deswegen, weil in einer Reihe von Ländern – trotz des Vorhandenseins relevanter Entwicklungen – auch amtliche Stellen nicht im Besitz verwertbaren Datenmaterials sind.

Für die systematische Auswertung des Materials ist ein Auswertungsbogen benutzt worden, der, untergliedert nach neun Bereichen – allgemeine volkswirtschaftliche Daten, Beschreibung der Zone, Investitionsbedingungen und -anreize, Infrastruktur, Produktionsstruktur, Arbeitskräfte, Arbeitsbedingungen, Ein- und Ausfuhren, Auslandskapital –, eine Formalisierung des in sehr unterschiedlicher Form vorhandenen Materials nach 64 Indikatoren ermöglicht. Für alle Länder, für die die Untersuchung Hinweise auf relevante Prozesse ergeben hat, liegt ein mehr oder weniger vollständig ausgefüllter Auswertungsbogen vor. Hier werden die Ergebnisse der Auswertung nur in zusammengefaßter Form wiedergegeben.

Tabelle III–1 enthält, nach Ländern getrennt, eine namentliche Aufstellung derjenigen Produktionsstandorte in Asien, Afrika und Lateinamerika, die 1975 als freie Produktionszonen a) in Betrieb oder b) im Aufbau waren. Tabelle III–2 enthält eine Übersicht über die regionale Verteilung dieser

13 Auf die Versendung von standardisierten Erhebungs- und Auswertungsbogen wurde schon allein auf Grund der außerordentlich unterschiedlichen Quellen in den einzelnen Ländern von vornherein verzichtet.

Standorte. Tabelle III–3 weist aus, in welchen Ländern 1975 Weltmarktfabriken an sonstigen Produktionsstandorten a) in Betrieb waren oder b) im Aufbau waren. Tabelle III–4 enthält eine entsprechende Übersicht über die regionale Verteilung. In Tabelle III–5 sind die Übersichten aus den Tabellen 2 und 4 kumulativ zusammengefaßt. Sie gibt ferner an, wie viele Länder die Errichtung von freien Produktionszonen oder von Weltmarktfabriken an sonstigen Produktionsstandorten als im Planungsstadium befindlich angegeben haben. Tabelle III–6 enthält eine vollständige Übersicht aller in der Untersuchung erfaßten Länder.

Industrielle Nutzung der Arbeitskraft unterentwickelter Länder für weltmarktorientierte Produktion hat es 1975 nachweislich in 39 von 103 unterentwickelten Ländern gegeben. In 25 Ländern wurde in freien Produktionszonen produziert, darunter in neun Ländern außerdem in Weltmarktfabriken an sonstigen Standorten; in vierzehn weiteren Ländern waren Weltmarktfabriken an sonstigen Standorten in Betrieb. In weiteren sieben Ländern waren freie Produktionszonen im Aufbau und in nochmals weiteren fünf Ländern wurden Weltmarktfabriken an sonstigen Standorten errichtet. Zum Zeitpunkt der Materialsammlung – 1975 – haben sich also in insgesamt 51 von 103 unterentwickelten Ländern allein in dem Bereich, der hier untersucht wird, Ansätze einer weltmarktorientierten Industrialisierung feststellen lassen: In 39 Ländern waren Weltmarktfabriken in freien Produktionszonen und an sonstigen Standorten in Betrieb; in zwölf Ländern war die Produktionsaufnahme in Weltmarktfabriken in Vorbereitung.

Regional waren freie Produktionszonen und Weltmarktfabriken an sonstigen Standorten 1975 wie folgt verteilt: In 15 von 33 in die Untersuchung einbezogenen Ländern *Asiens* waren freie Produktionszonen und Weltmarktfabriken in Betrieb, davon in elf Ländern freie Produktionszonen: Bahrain, Hongkong, Indien, Jordanien, Südkorea, Libanon, Malaysia, Philippinen, Singapur, Syrien und Taiwan und in vier Ländern Weltmarktfabriken an sonstigen Standorten: Indonesien, Iran, Thailand und Türkei. In vier Ländern der ersten Gruppe, Indien, Malaysia, Philippinen und Taiwan, waren Weltmarktfabriken auch außerhalb der freien Produktionszonen in Betrieb. In *Afrika* waren in acht von 44 in die Untersuchung einbezogenen Ländern freie Produktionszonen und Weltmarktfabriken in Betrieb, davon in fünf Ländern freie Produktionszonen: Ägypten, Mauritius, Senegal, Togo und Tunesien und in drei Ländern Weltmarktfabriken an sonstigen Standorten: Elfenbeinküste, Marokko und Swasiland. In Tunesien waren Weltmarktfabriken auch außerhalb der freien Produktionszonen in Betrieb. In *Lateinamerika* waren in 16 von 26 in die Untersuchung einbezogenen Ländern freie Produktionszonen und Weltmarktfabriken in Betrieb, davon in neun Ländern freie Produktionszonen: Brasilien, Dominikanische Republik, El Salvador, Guatemala, Haiti, Kolumbien, Mexiko, Panama und Puerto Rico und in sieben Ländern Weltmarktfabriken an sonstigen Standorten: Barbados, Costa Rica, Jamaika, Nicaragua, Niederländische Antillen, St.

Lucia und Trinidad und Tobago. In vier Ländern der ersten Gruppe, Brasilien, Haiti, Mexiko und Puerto Rico, waren Weltmarktfabriken auch außerhalb von freien Produktionszonen in Betrieb.

Im Aufbau befindlich waren freie Produktionszonen in Asien in elf Ländern, darunter in vier Ländern, in denen 1975 freie Produktionszonen nicht in Betrieb waren: Indonesien, Demokratische Volksrepublik Jemen, Thailand und West-Samoa, darunter wiederum in zwei Ländern, in denen 1975 Weltmarktfabriken auch an sonstigen Produktionsstandorten nicht in Betrieb waren: Jemen und West-Samoa. In Afrika waren freie Produktionszonen in drei Ländern im Aufbau, darunter in einem Land, in dem 1975 weder freie Produktionszonen noch Weltmarktfabriken an sonstigen Standorten in Betrieb waren: Liberia. In vier Ländern Afrikas, in denen 1975 weder freie Produktionszonen noch Weltmarktfabriken an sonstigen Standorten in Betrieb waren, wurden Weltmarktfabriken errichtet: Botswana, Ghana, Lesotho und Südafrika. In Lateinamerika waren freie Produktionszonen in sieben Ländern im Aufbau, darunter in sechs Ländern, in denen 1975 freie Produktionszonen nicht in Betrieb waren: Chile, Honduras, Jamaika, Nicaragua, Uruguay und Venezuela, darunter wiederum in vier Ländern, in denen 1975 Weltmarktfabriken nicht in Betrieb waren: Chile, Honduras, Uruguay und Venezuela. In Ecuador, wo bis 1975 ebenfalls weder freie Produktionszonen noch Weltmarktfabriken an sonstigen Standorten in Betrieb waren, befanden sich Weltmarktfabriken an sonstigen Standorten im Aufbau.

Zusammengefaßt stellt sich die regionale Verteilung von freien Produktionszonen und Weltmarktfabriken an sonstigen Standorten in unterentwickelten Ländern wie folgt dar: 1975 waren in Asien in 17 von 33 Ländern, in Afrika in 13 von 44 Ländern und in Lateinamerika in 21 von 26 Ländern freie Produktionszonen und Weltmarktfabriken an sonstigen Standorten entweder in Betrieb oder im Aufbau. Freie Produktionszonen befanden sich 1975 in 36 Ländern in Betrieb oder im Aufbau, davon in fünfzehn Ländern Asiens, in sechs Ländern Afrikas und in fünfzehn Ländern Lateinamerikas. Weltmarktfabriken an sonstigen Standorten waren in 28 Ländern in Betrieb oder im Aufbau, davon in acht Ländern Asiens, in acht Ländern Afrikas und in zwölf Ländern Lateinamerikas.

Aus den Tabellen III–1 und III–2 geht hervor, daß 1975 insgesamt 79 freie Produktionszonen in unterentwickelten Ländern in Betrieb waren, davon 48 in Asien, sieben in Afrika und 24 in Lateinamerika. In dieser Zählung sind ausschließlich solche Produktionsstandorte aufgeführt, die für weltmarktorientierte Industrie geplant worden sind und an denen überwiegend oder ausschließlich Produktion für den Weltmarkt stattfand. Weitere 39 Industriegebiete, konzipiert als freie Produktionszonen, befanden sich 1975 im Aufbau, davon zwanzig in Asien, acht in Afrika und elf in Lateinamerika.

Die Mehrzahl der als freie Produktionszonen ausgewiesenen Industriestandorte umfaßt räumlich abgegrenzte (eingezäunte) Gebiete. In der Regel sind es selbständige Einheiten; eine kleine Zahl ist als Teilgebiet von Flughäfen, Seehäfen oder kommerziellen Freizonen angelegt. Die räumliche Größe der Zone variiert von weniger als zehn Hektar Fläche (zum Beispiel freie Zone Tanjong Kling, Malacca, Malaysia: sieben Hektar, vier Fabriken, 1979 Beschäftigte [1975]) bis zu mehr als tausend Hektar Fläche (zum Beispiel Bataan Exportfabrikationszone, Maríveles, Philippinen: 1300 Hektar, 23 Fabriken, 8177 Beschäftigte [1977]).[14]

Sonderfälle stellen die Industriegebiete in Hongkong, Singapur und in der nördlichen Grenzzone von Mexiko dar. Hongkong und Singapur sind Freihäfen, mit anderen Worten, jeweils das gesamte Territorium von Hongkong und Singapur ist als Freizone ausgewiesen. In die hier vorgelegte Aufstellung freier Produktionszonen sind diejenigen Industriestandorte in Hongkong und Singapur aufgenommen worden, an denen überwiegend weltmarktorientierte Industrie angesiedelt ist. Von dieser Industrie sind wiederum nur die Auslandsunternehmen oder ausländisch kontrollierten Unternehmen berücksichtigt worden. In Mexiko ist die nördliche Grenzzone als zollfreie Region für weltmarktorientierte verarbeitende Industrie ausgewiesen. Die Hauptstandorte der weltmarktorientierten Auslandsunternehmen (fast ausschließlich US-Unternehmen) sind Industrieparks in den Grenzstädten dieser Zone, die in der Auswertung berücksichtigt worden sind. Diese so abgegrenzten Produktionsstandorte in den drei Ländern erfüllen alle wesentlichen Funktionen von freien Produktionszonen.

Aus den Tabellen III–7 und III–8 geht hervor, welches Ausmaß die industrielle Nutzung der Arbeitskraft unterentwickelter Länder für Weltmarktproduktion in freien Produktionszonen und Weltmarktfabriken in der Mitte der siebziger Jahre nachweisbar erreicht hat. Danach sind 1975 in Asien ungefähr 420000 Arbeitskräfte, in Afrika ungefähr 40000 Arbeitskräfte und in Lateinamerika ungefähr 265000 Arbeitskräfte, insgesamt in den unterentwickelten Ländern also ungefähr 725000 Arbeitskräfte in Weltmarktfabriken in freien Produktionszonen und an sonstigen Standorten tätig gewesen. Mehr als 500000 Arbeitskräfte sind darunter in freien Produktionszonen beschäftigt gewesen.[15] In einigen Zonen hatte die Zahl der Arbeitskräfte eine Größenordnung von einigen zehntausend Personen erreicht.

Die Beschäftigtenzahlen sind für die meisten Länder für 1975 angegeben; für vier Länder beziehen sie sich auf 1976, für fünf Länder auf 1974, für zwei Länder auf 1973 und für ein Land auf 1971. Daß sie dennoch zu Gesamtzahlen aggregiert worden sind, ist insofern zulässig, als in allen Fällen, in denen die Beschäftigtenzahlen für die Jahre vor 1975 angegeben sind, Hinweise

14 Weitere Angaben über die Größe einzelner Zonen finden sich in der Übersicht am Schluß des Anhangs, Spalte 3.

15 Für zwei Länder, Tunesien, 24000 Arbeitskräfte (1975), und Haiti, 25000 Arbeitskräfte (1973), war eine Unterteilung der Beschäftigung in freien Produktionszonen und in Weltmarktfabriken an sonstigen Standorten nicht verfügbar.

existieren, daß die Beschäftigtenzahlen im Jahre 1975 nicht unter denen der Vorjahre gelegen haben. Die Angaben über die Gesamtbeschäftigung in freien Produktionszonen und Weltmarktfabriken an sonstigen Standorten sind daher zu lesen als ein Ausdruck der unteren Grenze der Dimension, die die industrielle Nutzung der Arbeitskraft unterentwickelter Länder für Weltmarktproduktion in freien Produktionszonen und Weltmarktfabriken an sonstigen Standorten Mitte der siebziger Jahre erreicht hat.

Da im folgenden auf eine quantitative Abschätzung des nicht erfaßten Bereichs der Gesamtbeschäftigung in freien Produktionszonen und Weltmarktfabriken verzichtet wird, sind einige Hinweise auf die Elemente des nicht erfaßten Bereichs erforderlich: Tabelle III–8 enthält nur Angaben für 27 Länder von 39 Ländern, in denen 1975 freie Produktionszonen und Weltmarktfabriken an sonstigen Standorten in Betrieb waren. Für zwölf Länder stehen keine Zahlen über die Beschäftigung zur Verfügung. Darunter gibt es für fünf Länder – Iran, Marokko, Costa Rica, Guatemala und Nicaragua – Hinweise, daß die Produktion in Weltmarktfabriken nicht unerheblich ist.[16] Für eine Reihe anderer Länder, für die Beschäftigtenzahlen angegeben sind, konnte nur ein Teil der Gesamtbeschäftigung in freien Produktionszonen und Weltmarktfabriken an sonstigen Standorten erfaßt werden. Das trifft auf die Angaben für Indien, Taiwan und Brasilien zu. Für diese Länder sind nur die Beschäftigtenzahlen in freien Produktionszonen verfügbar gewesen. Allein aus sehr unvollständigen Angaben über die Tätigkeit exportorientierter Auslandsunternehmen außerhalb von freien Produktionszonen in diesen Ländern ist jedoch zu schließen, daß die Zahl der Beschäftigten in Weltmarktfabriken an sonstigen Standorten erheblich ist.[17] (Die Gesamtbeschäftigung im Exportsektor der verarbeitenden Industrie Brasiliens wird zum Beispiel in einer entsprechenden Untersuchung von Tyler auf 412000 Personen geschätzt.)[18] Die Zahlen der Beschäftigten in Weltmarktfabriken an sonstigen Standorten sind im übrigen, soweit sie angegeben sind, teilweise unvollständig. Schließlich ist auch zu berücksich-

16 Vgl. zum Beispiel Bundesstelle für Außenhandelsinformation, Marktinformation, Iran: Industriestruktur, Juni 1976; Bundesstelle für Außenhandelsinformation, Rechtsinformation, Marokko: Die Investitionsförderungsgesetze, Juni 1975; Frankfurter Allgemeine Zeitung/Blick durch die Wirtschaft, 14. Februar 1976: «Autozulieferungen jetzt auch für den Export»; Business International, 23. August 1974: «Central America Attracts International Investors».

17 Vgl. zum Beispiel für Brasilien: Bundesstelle für Außenhandelsinformation, Regionale Entwicklung in Brasilien (I, II, III und IV), Dezember 1974 und Februar 1975; für Indien: Deutsch-Indische Handelskammer, Deutsch-Indische Gemeinschaftsunternehmen, Eine Untersuchung der Deutsch-Indischen Handelskammer, Bombay; für Taiwan: Business International Corporation, Investing, Licensing and Trading Conditions Abroad, Taiwan, März 1976.

18 Vgl. William G. Tyler, Manufactured Export Expansion and Industrialization in Brazil, Tübingen 1976, S. 172.

tigen, daß sich die Beschäftigtenzahlen bis auf geringfügige Ausnahmen nur auf Auslandsunternehmen in den jeweiligen Ländern beziehen. Soweit Weltmarktproduktion etwa in Form von Lohnveredelung durch Inlandsunternehmen der jeweiligen Länder stattfindet, ist sie überwiegend nicht erfaßt worden. Tabelle III–8 weist zum Beispiel für Hongkong 59607 Beschäftigte aus. Diese Angabe bezieht sich ausschließlich auf Beschäftigte in weltmarktorientierten Auslandsunternehmen der verarbeitenden Industrie. Eine wesentlich größere Zahl von Arbeitskräften ist jedoch in Hongkong-Unternehmen tätig, die ebenfalls überwiegend für den Weltmarkt produzieren. 1971 waren in der verarbeitenden Industrie Hongkongs insgesamt 677000 Arbeitskräfte beschäftigt.[19]

Eine Interpretation der hier angegebenen Zahl der Gesamtbeschäftigten in freien Produktionszonen und Weltmarktfabriken an sonstigen Standorten hat im übrigen zu berücksichtigen, daß entsprechend der Abgrenzung dieser Untersuchung nur solche Unternehmen der verarbeitenden Industrie erfaßt worden sind, die an dem spezifischen Standort ausschließlich für den Weltmarkt und vorwiegend um der industriellen Nutzung der Arbeitskraft willen produzieren. Nicht berücksichtigt worden sind also die Beschäftigten in der Weltmarktproduktion solcher Auslandsunternehmen, die an dem jeweiligen Standort auch oder überwiegend für den Inlandsmarkt produzieren (zum Beispiel Automobilunternehmen in Brasilien und Mexiko). Nicht berücksichtigt worden sind aber auch die Beschäftigten derjenigen Auslandsunternehmen der verarbeitenden Industrie in unterentwickelten Ländern (außerhalb von freien Produktionszonen), die, auch wenn sie ausschließlich für den Weltmarkt produzieren, nicht vorwiegend um der Nutzung der Arbeitskraft willen, sondern vorwiegend um der Nutzung von Rohstoff- und Energievorkommen willen am jeweiligen Standort produzieren. Das gilt zum Beispiel für einen großen Teil der Mineralölverarbeitung.[20]

Aus den bisher vorgestellten Ergebnissen (Tabellen III–1 bis III–8) geht einerseits hervor, daß die industrielle Nutzung der Arbeitskraft unterentwickelter Länder in freien Produktionszonen und Weltmarktfabriken an sonstigen Standorten in der Mitte der siebziger Jahre eine weltweite Erscheinung ist, mit anderen Worten, keineswegs auf einige wenige Länder beschränkt ist, andererseits zeigen sich in der regionalen Verteilung deutlich Schwerpunkte. Hauptstandorte von Weltmarktfabriken in freien Produktionszonen wie auch außerhalb von freien Produktionszonen sind die Länder Südostasiens und der karibischen Region (Mexiko eingeschlossen) und wenige Länder im nördlichen und südlichen Afrika. Darin kommen einmal deutlich die spezifischen Zentrum-Peripherie-Beziehungen Japan–Südost-

19 Vgl. Trade Development Council, Industrial Investment in Hong Kong, Hongkong 1974, S. 19.

20 Zu den fünf größten Export-Raffinerie-Zentren in der Welt zählen drei in unterentwickelten Ländern (in der Karibik, im Nahen Osten und in Singapur).

asien, Westeuropa–Afrika und USA–karibische Region zum Ausdruck. In der Herkunft des Auslandskapitals in den jeweiligen Regionen spiegeln sich diese spezifischen Abhängigkeitsverhältnisse deutlich wider (Übersicht, Spalte 7). Zum anderen ist die Schwerpunktbildung wesentlich ein Ergebnis der internationalen Konkurrenz des Kapitals. Wenn sich die Nutzung der Arbeitskraft für Weltmarktproduktion an einzelnen Standorten durch einzelne Unternehmen als profitabel erweist, folgt notwendig die internationale Konkurrenz. Daß im übrigen das Vorhandensein oder die Durchsetzung politischer Investitionsgarantien für die profitable Nutzung der Arbeitskraft, sprich Militärdiktaturen und gewerkschaftsfeindliche Regierungen, eine besondere Rolle spielen, spiegelt die vorgefundene regionale Verteilung in besonderer Weise wider.[21]

Aus Tabelle III–6, die Angaben über die Bevölkerungszahl und das Bruttosozialprodukt der in die Untersuchung einbezogenen 103 Länder enthält, geht hervor, daß es keine Korrelationen zwischen der regionalen Verteilung von freien Produktionszonen und Weltmarktfabriken einerseits und der Verteilung der potentiell ökonomisch aktiven Bevölkerung (gemessen an der Gesamtbevölkerung) und den spezifischen Bedingungen der ökonomischen Entwicklung, soweit sie durch eine bestimmte Höhe des Bruttosozialprodukts angegeben werden, andererseits gibt. Industrielle Nutzung der Arbeitskraft unterentwickelter Länder für Weltmarktproduktion ist 1975 sowohl in Ländern mit hohen Bevölkerungszahlen und relativ hohem Pro-Kopf-Bruttosozialprodukt (zum Beispiel Mexiko), als auch in Ländern mit hohen Bevölkerungszahlen und relativ niedrigem Pro-Kopf-Bruttosozialprodukt (zum Beispiel Indonesien), als auch in Ländern mit niedrigen Bevölkerungszahlen und relativ hohem Pro-Kopf-Bruttosozialprodukt (zum Beispiel Niederländische Antillen), als schließlich auch in Ländern mit kleinen Bevölkerungszahlen und relativ niedrigem Bruttosozialprodukt (zum Beispiel Haiti) zu verzeichnen. Daß entsprechende Korrelationen nicht vorhanden sind, ist nicht verwunderlich, da unabhängig von spezifischen Entwicklungsbedingungen weltweit die Voraussetzungen für industrielle Weltmarktproduktion existieren oder durchsetzbar sind.

Tabelle III–7 weist das Jahr der Produktionsaufnahme in freien Produktionszonen aus; für Weltmarktfabriken an sonstigen Produktionsstandorten ist das Jahr der Produktionsaufnahme – soweit bekannt – in der Übersicht, Spalte 2, angegeben. Industrielle Produktion in unterentwickelten Ländern für den Weltmarkt, insbesondere durch Auslandsunternehmen, hat es bis zur Mitte der sechziger Jahre so gut wie nicht gegeben. 1966 sind Weltmarktfabriken in vier Ländern in Betrieb[22], in Hongkong, auf Taiwan (in einer der ersten freien Produktionszonen in der unterentwickelten Welt:

21 Vgl. Abschnitt 1.4: Investitionsbedingungen und Investitionsanreize.

22 In den vor 1966 in Betrieb genommenen Freizonen Kandla, Indien, und Mayaguez, Puerto Rico, ist es bis 1975 nicht zur nennenswerten Produktion gekommen.

Kaohsiung[23]), in Südkorea und in der nördlichen Grenzzone von Mexiko. Die erste freie Produktionszone Kolumbiens, Barranquilla, wird im gleichen Jahr errichtet. 1967 beginnen Auslandsunternehmen in größerem Umfang Produktionen für den Weltmarkt nach Singapur zu verlagern[24]; 1968 wird die freie Zone Manaus, Brasilien, als neuer Standort für industrielle Weltmarktproduktion auf dem Weltmarkt für Produktionsstandorte angeboten. 1969 wird die erste von drei freien Produktionszonen in der Dominikanischen Republik (La Romana) in Betrieb genommen, auf Taiwan wird 1970 eine zweite Zone (Nantze) und 1971 eine dritte Zone (Taichung) in Betrieb genommen. Gleichfalls 1971 steht die erste freie Produktionszone auf Mauritius als neuer Standort für industrielle Weltmarktproduktion zur Verfügung. Waren bis 1971 in insgesamt neun Ländern freie Produktionszonen als Standorte von Weltmarktfabriken in Betrieb, so nimmt die Zahl neuer Zonen in diesen und weiteren Ländern in den Jahren 1972 bis 1976 fast sprunghaft zu. In der gleichen Periode entsteht der größere Teil der Weltmarktfabriken an sonstigen Standorten. Die hier beobachteten Ansätze einer weltmarktorientierten Industrialisierung, präziser, einer industriellen Nutzung der Arbeitskraft unterentwickelter Länder für Weltmarktproduktion entwickeln sich also innerhalb weniger Jahre. Während es Mitte der sechziger Jahre in Asien, Afrika und Lateinamerika kaum Produktion verarbeitender Industrie für den Weltmarkt gegeben hat, sind, um es zu wiederholen, Mitte der siebziger Jahre in 39 Ländern Weltmarktfabriken in insgesamt 79 freien Produktionszonen und an zahlreichen sonstigen Standorten in Betrieb, in denen insgesamt nachweislich 725 000 Arbeitskräfte beschäftigt werden. In weiteren zwölf Ländern befinden sich freie Produktionszonen und Weltmarktfabriken an sonstigen Standorten im Aufbau. Zusätzlich wird in einer Gruppe von weiteren elf Ländern, davon sechs Länder in Asien und fünf in Afrika, die Errichtung freier Produktionszonen oder von exportorientierten Industrien an sonstigen Standorten geplant (Tabelle III–6).

Die bisher vorgestellten Ergebnisse der Bestandsaufnahme freier Produktionszonen und Weltmarktfabriken an sonstigen Standorten in den unterentwickelten Ländern Asiens, Afrikas und Lateinamerikas lassen sich in folgenden Sätzen zusammenfassen:

1. Die industrielle Nutzung der Arbeitskraft unterentwickelter Länder für weltmarktorientierte Produktion in freien Produktionszonen und Weltmarktfabriken an sonstigen Standorten, die Mitte der sechziger Jahre ihren

23 «We have the copyright for these free export zones and we've been sending experts abroad to help other countries to build similar ones – free of charge.» L. Lu, Industrial Development and Investment Center, Taiwan. Zitiert nach Far Eastern Economic Review, 9. Januar 1976.

24 «The story of large foreign manufacturing investments to Singapore began in 1967, with the coming in of multinational electronics corporations. When these corporations established operations in Singapore they were followed by others», Ministry of Culture, Singapore, Singapur 1974, S. 127.

Anfang nimmt, hat Mitte der siebziger Jahre eine signifikante Größenordnung erreicht.

2. Obwohl sich in der regionalen Verteilung von freien Produktionszonen und Weltmarktfabriken an sonstigen Standorten deutlich Schwerpunkte abzeichnen, ist die industrielle Nutzung der Arbeitskraft unterentwickelter Länder für weltmarktorientierte Produktion nicht auf einige wenige Länder beschränkt, sondern ein weltweites Phänomen.

3. Industrielle Nutzung der Arbeitskraft unterentwickelter Länder für weltmarktorientierte Produktion ist weder mit einer bestimmten Bevölkerungsgröße noch mit einer bestimmten Größe des Pro-Kopf-Bruttosozialprodukts korreliert.

4. Freie Produktionszonen erfüllen in besonderer Weise die Voraussetzung für die profitable industrielle Nutzung der Arbeitskraft unterentwikkelter Länder für weltmarktorientierte Produktion am Standort der Arbeitskraft.

5. Die Zahl von Ländern, die freie Produktionszonen auf dem Weltmarkt für Produktionsstandorte als Standorte für die industrielle Nutzung der Arbeitskraft unterentwickelter Länder für weltmarktorientierte Produktion anbieten, nimmt zu.

1.4. Investitionsbedingungen und Investitionsanreize

Aus den Tabellen III–9 (Infrastruktureinrichtungen) und III–10 (Investitionsanreize) geht hervor, welche technische Ausstattung einerseits und welche handels-, währungs-, steuerpolitischen und sonstigen investitionsrelevanten Anreize und Bedingungen andererseits Industrieunternehmen in den freien Produktionszonen vorfinden. Die Infrastrukturausstattung aller Zonen entspricht mehr oder weniger den von der UNIDO empfohlenen Standards. Zu den ausnahmslos vorhandenen Anlagen zählen Transport- und Kommunikationseinrichtungen, Produktionsgebäude, Elektrizitäts- und Wasserversorgung und zentrale Verwaltungen oder zentrale Investitionsbehörden. Fast alle Zonen haben entweder einen unmittelbaren Zugang zu See- oder Flughäfen oder sie verfügen über eigene entsprechende Anlagen. Umschlageinrichtungen für den Containertransport sind in der Regel vorhanden. Ebenso stehen Telefon- und Telexeinrichtungen fast überall zur Verfügung. Fast alle Zonen bieten außer vollständig erschlossenem Industriegelände vorgefertigte standardisierte Produktionsgebäude an. Fast alle Zonen verfügen über ausreichende Energie- und Wasserversorgungseinrichtungen, die, bis auf wenige Ausnahmen, allen Anforderungen moderner Industrie genügen. Sonstige Infrastruktureinrichtungen, wie Wartungs- und Reparaturdienste, Entsorgungseinrichtungen, Ausbildungsstätten, Arbeiterwohnheime und -wohnsiedlungen stehen in zahlreichen Zonen zur Verfügung. Das Vorhandensein solcher spezifischer Einrichtungen hängt häufig von den jeweiligen Forderungen der in den Zonen produzierenden Unternehmen ab.

Die vorstehende Aufzählung der in den meisten freien Produktionszonen vorhandenen Infrastruktureinrichtungen macht deutlich, welche technischen Bedingungen offenbar essentiell für die verarbeitende Industrie sind, um an Standorten in unterentwickelten Ländern für den Weltmarkt zu produzieren. Sie zeigt andererseits den weiten Bereich technisch-ökonomischer Vorbedingungen industrieller Produktion an, auf dessen Bereitstellung in den freien Produktionszonen unterentwickelter Länder verzichtet wird. Sind die vorstehend aufgeführten Infrastruktureinrichtungen vorhanden und ist die Arbeitskraft in der benötigten quantitativen und qualitativen Zusammensetzung verfügbar, so ist der große Rest technisch-ökonomischer Vorbedingungen industrieller Produktion Angelegenheit der Unternehmen. Die Produktionsmittel – Maschinen, Werkzeuge, Halbfabrikate und Rohmaterialien – werden von den Unternehmen in die Produktionsstandorte eingeführt. Sie müssen weder am Ort der freien Produktionszone verfügbar sein, noch werden die gegebenenfalls lokal verfügbaren notwendig von den Unternehmen der Zonen in Anspruch genommen.

Die investitionspolitischen Sonderregelungen und Anreize, die für die meisten Zonen über eine große Bandbreite existieren, sind, sofern sie nicht schon Bestandteil der Investitionsgesetzgebung des jeweiligen Landes sind, in der Regel durch eine, den Status der freien Produktionszone und den der Unternehmen in den Zonen regelnde, spezifische Gesetzgebung begründet worden. Das hohe Maß an Gleichheit der entsprechenden Codes untereinander und an Übereinstimmung mit den entsprechenden UNIDO-Empfehlungen ist unübersehbar. Ein Überblick über die wesentlichen Teile der Sonderregelungen und Anreize macht hinreichend deutlich, welche investitionspolitischen Bedingungen Unternehmen in freien Produktionszonen vorfinden.[25] Zu unterscheiden sind produktionsrelevante Auflagen, kapitalrelevante Freiräume und investitionspolitische Anreize, darunter insbesondere solche finanzieller Art.

Unternehmen in freien Produktionszonen sind an *eine* Auflage gebunden: Die in den Zonen produzierten, weiterverarbeiteten oder montierten Produkte müssen ausgeführt werden. Lieferungen auf den jeweiligen Inlandsmarkt sind nur in wenigen Ausnahmen zugelassen. Die Auflage zur weltmarktorientierten Produktion existiert in allen Zonen; die Funktion freier Produktionszonen erscheint damit jedoch lediglich in Form einer Vorschrift. Spezifische Auflagen, insbesondere hinsichtlich der Größe der Anfangsinvestition und der Produktionsstruktur, bestehen in wenigen Fällen.[26]

25 Vgl. Tabelle III–10.

26 So ist zum Beispiel in den Exportfabrikationszonen von Südkorea eine Anfangsinvestition in Höhe von mindestens 50000 US-Dollar vorgeschrieben. Für die

Zu den kapitalrelevanten Freiräumen freier Produktionszonen sind in erster Linie das uneingeschränkte Niederlassungsrecht für Auslandsunternehmen wie die Möglichkeit zum uneingeschränkten Kapitaltransfer zu rechnen. In fast allen Zonen gibt es kaum Beschränkungen für Auslandsinvestitionen; in den Zonen niedergelassene Unternehmen können in der Regel bis zu 100 Prozent in ausländischem Besitz sein. Das gilt selbst für die Zonen derjenigen Länder, in denen im übrigen für Auslandsinvestitionen erhebliche Restriktionen gelten. Fast alle Zonen garantieren den uneingeschränkten Kapitaltransfer. Die Garantie erstreckt sich sowohl auf den Gewinntransfer, der in der Regel vom ersten Jahr der Geschäftstätigkeit an möglich ist, wie auf die Repatriierung von Anlagekapital, die in der Regel nach Ablauf von drei Jahren möglich ist.

Die uneingeschränkte zollfreie, abgabenfreie, kontingentfreie Einfuhr von Investitionsgütern, Ersatzteilen, Rohmaterialien, Halbfabrikaten und Zulieferungen ist konstitutives Element freier Produktionszonen. In den meisten Fällen ist der zollfreie Status zeitlich nicht begrenzt; für wenige Zonen ist eine zeitliche Befristung vorgesehen. Die Möglichkeit zur uneingeschränkten Einfuhr gilt auch überwiegend für die Zonen derjenigen Länder, die teilweise oder auch völlig durch Rohmaterialien, Halbfabrikate und Zulieferungen aus der Inlandsproduktion versorgt werden könnten.

Investitionspolitische Anreize werden ausnahmslos in allen freien Produktionszonen gewährt. Zu den finanziellen Anreizen zählen insbesondere Steuervergünstigungen, Investitionssubventionen und Tarifverbilligungen. Die Steuervergünstigungen für Unternehmen in freien Produktionszonen erstrecken sich sowohl auf Einkommen- und Gewinnsteuern, sonstige Unternehmenssteuern (insbesondere Körperschaftsteuern) und Umsatzsteuern als auch auf Gemeinde- und Provinzsteuern. Sie reichen von generell niedrigen Steuersätzen[27] über befristete Steuerreduzierung[28] bis zur totalen unbefristeten Befreiung von der Besteuerung.[29]

Zulassung in der Industriefreizone Dakar ist die Schaffung von mindestens 150 Arbeitsplätzen vorgeschrieben. Auflagen zum Schutz der Umwelt bestehen in einer kleinen Gruppe von Zonen.

27 Das gilt zum Beispiel für Hongkong. Die Gewinnsteuer («Profits Tax») beträgt 15 per cent («standard rat of 15 per cent »). Trade Development Council, Industrial Investment in Hong Kong, 1974–1975 Edition, S. 27.

28 Zum Beispiel können Unternehmen in den Freizonen von Malaysia in den Genuß von Steuerbefreiungen bis zu insgesamt zehn Jahren kommen. Federal Industrial Investment Authority, Malaysia – A Basic Guidebook for Potential Investors, Juni 1973, S. 93–94.

29 Eine totale Steuerbefreiung wird zum Beispiel in den ägyptischen Freizonen gewährt. («Activities and projects in free zones are completely exempt from exchange control regulations, and all general tax laws for an unlimited period.») General Authority for Arab and Foreign-Investment and Free Zones, How to Invest in Egypt, Kairo 1975.

Fast in allen Zonen können Investitionssubventionen in Anspruch genommen werden, vor allem in Form von bevorzugter Kreditzuteilung und von Zinssubventionen für Investitionskredite.[30] Investitionspolitische Anreize sind ferner in vielen Zonen in Form subventionierter Tarife für Energie- und Wasserversorgung[31], für die Inanspruchnahme von Transportleistungen[32], für die Anmietung von Fabrikgebäuden[33] usw. vorhanden. In einzelnen Fällen werden Subventionen in Form von Zuschüssen für die Ausbildung von Arbeitskräften[34] und selbst für die Zahlung von Löhnen pro Arbeitskraft[35] angeboten.

Eine dritte Art von investitionspolitischen Anreizen (das ist auch in diesem Fall wörtlich zu nehmen) wird in vielen freien Produktionszonen in Form von Einschränkungen der politischen und sozialen Rechte der in den Zonen tätigen Arbeitskräfte angeboten. Dazu zählen Einschränkungen des Geltungsbereichs der jeweiligen nationalen Arbeitsgesetzgebung, die Aufhebung von Auflagen zur Zahlung von Mindestlöhnen, die Befreiung von Sozialabgaben und die Einschränkung von Rechten zu gewerkschaftlicher Tätigkeit.[36]

30 In den Exportfabrikationszonen von Taiwan werden zum Beispiel für den Kauf von vorgefertigten standardisierten Fabrikgebäuden oder für den Bau von sonstigen Fabrikgebäuden zinsvergünstigte Kredite in Höhe von 70 Prozent des Kaufpreises oder der Baukosten für eine Laufzeit von zehn Jahren gewährt. The Export Processing Zone Administration, Investor's Guide, April 1975, S. 6.

31 Elektrische Energie zu Vorzugstarifen wird zum Beispiel in den Exportfabrikationszonen von Mauritius angeboten, Ministry of Commerce and Industry, Investing in Mauritius: Investment Incentives, Januar 1975.

32 Verbilligte Frachttarife können Exportunternehmen zum Beispiel in der nördlichen Grenzzone von Mexiko in Anspruch nehmen. Mexico-Institute for Foreign Trade, Different Fiscal Incentives and Comments to the Law of Foreign Investment and Registry of Technology, Januar 1975, S. 28.

33 Verbilligte Tarife für die Pacht von Fabrikgebäuden wie für die Pacht von Fabrikgelände werden zum Beispiel in der Elektronik-Exportfabrikationszone Santa Cruz, Bombay, angeboten. Development Commissioner, Santa Cruz Electronics Export Processing Zone.

34 Die Regierung von Singapur zahlt Zuschüsse zu Ausbildungsprogrammen. Singapore International Chamber of Commerce, Investor's Guide, Juli 1975, S. 17.

35 Zuschüsse zu den Lohnkosten werden in den sich im Aufbau befindlichen freien Produktionszonen Chiles angeboten («La empresa empleadora puede acogerse a la franquicia de subsidio a la maño de obra, con lo cual al costa para la empresa se reduce a US $ 50 [mensuales].») Decreto Ley No. 1.055, Juni 1975.

36 So wird zum Beispiel für Investitionen in Südkorea mit der Möglichkeit einer 60-Stunden-Woche und der Zusicherung des Schutzes vor unerwünschten Auseinandersetzungen mit der Arbeiterschaft geworben. («The working hours may be extended to sixty hours per week by mutual agreement. An extended work week has become a common practice in manufacturing and export industries. Foreign Investors are given special protection from unwanted labor disputes.») Economic Planning Board, Guide to Investment in Korea, 1975, S. 48 u. 50. Vgl. auch Abschnitt 3.4.

Auch Weltmarktfabriken an sonstigen Standorten (außerhalb von freien Produktionszonen) kommen fast ausnahmslos in den Genuß von investitionspolitischen Anreizen und Sonderregelungen. Insbesondere verfügen sie fast ausnahmslos über einen zollfreien Status. Entsprechende legislative Einrichtungen sind das sogenannte «Drawback-System» und das «Manufacturing-in-Bond-System». Nach dem «Drawback-System» werden schon gezahlte Zölle für den Importanteil von exportierten Gütern zurückerstattet; das «Manufacturing-in-Bond-System» erlaubt die Verarbeitung von zollfrei importierten Gütern.[37] Sonstige investitionspolitische Anreize, darunter wiederum vor allem Steuerbefreiung und währungspolitische Freizügigkeit, werden in allen Ländern, in denen Weltmarktfabriken an sonstigen Standorten in Betrieb sind, gewährt. Aus den nachstehenden Auszügen aus der Investitionsgesetzgebung (Off-Shore Assembly Laws) von Nicaragua, die exemplarisch für analoge Regelungen ist, geht hervor, welche Bedingungen für Weltmarktfabriken an sonstigen Standorten charakteristisch sind.

«Industrieunternehmen, die für den Export außerhalb der zentralamerikanischen Region produzieren, werden die folgenden Privilegien gewährt: Vollkommene oder teilweise Befreiung von Zollabgaben auf Einfuhren, die für die Installation und den Betrieb solcher Industrieunternehmen benötigt werden. Befreiung von Vermögen- und Einkommensteuern und von allen Produktions- und Umsatzsteuern. Das Gesetz über Auslandsinvestitionen garantiert dem Auslandskapital völlige Bewegungsfreiheit, anerkennt das Recht auf Profiterzielung und garantiert den jederzeitigen Transfer ins Ausland. Ausländische Unternehmen haben einen Anspruch auf Gleichbehandlung mit nationalen Unternehmen; sie werden in keinem Fall gegenüber nationalen Unternehmen diskriminiert.»[38]

Welche Bedeutung, angesichts fast identischer Bedingungen und Anreize, die weltmarktorientierte Unternehmen an den neuen Produktionsstandorten vorfinden, die jeweiligen politischen Bedingungen im Investitionskalkül haben, soll hier nur exemplarisch gezeigt werden:

Zwei Jahre nach Errichtung des Ausnahmezustandes auf den Philippinen berichtet zum Beispiel *Business International Corporation*:

«Das philippinische *Investitionsklima hat sich fast täglich verbessert*, seit Präsident Marcos im September 1972 das *Kriegsrecht* eingeführt und die Neue Gesellschaft deklariert hat. Diese Wende ist so bedeutsam, daß alle Unternehmen, die in den Philippinen investieren oder verkaufen wollen, sich über die dortige Situation von neuem vergewissern müssen. Vor allem

37 Vgl. UNCTAD, The use of free zones as a means of expanding and diversifying exports of manufactures from the developing countries, TD/B/C.2/125, 18. Juni 1973, S. 6.
38 Banco Central de Nicaragua, Nicaragua – a market for offshore assembly.

ist die gesetzliche Behandlung von Auslandsinvestoren und die Gewährung von Anreizen geklärt und in manchen Fällen liberaler gestaltet worden; ein neues politisches, ökonomisches und soziales Klima ist geschaffen worden, in dem *Unternehmen mit Zuversicht investieren können,* sicher in ihrer zukünftigen Stellung im neuen Rahmen eines wiedergewonnenen philippinischen Nationalbewußtseins. Reichlich vorhandene Rohmaterialien und ein großes Angebot an unterbeschäftigten Arbeitskräften bieten einen zusätzlichen Anreiz.»[39]

Über Südkorea heißt es in einem Bericht der «Deutschen Gesellschaft für wirtschaftliche Zusammenarbeit»:

«Im Vergleich zu einer großen Anzahl von Entwicklungsländern handelt es sich bei Korea um ein aus heutiger Sicht und zumindest für einen überschaubaren Zeitraum politisch stabiles Land. *Aus politischer Sicht bestehen für die DEG keine Bedenken gegen private Investitionen* . . . Politische Diskussionen zwischen den militärisch gut gerüsteten Nachbarländern Nord- und Südkorea sowie Diskussionen über einen Abzug der amerikanischen Truppen aus Ostasien insgesamt haben Zweifel an der außenpolitischen Sicherheit des Landes aufkommen lassen. Anzeichen für einen amerikanischen Rückzug sind jedoch nicht erkennbar, im Gegenteil hat der US-amerikanische Kongreß erst kürzlich wiederholt bestätigt, daß er zu seinen Verpflichtungen in Südkorea steht. Institute wie die *Weltbank, ADB, IFC, PICA und amerikanische Geschäftsbanken beurteilen das Investitionsklima positiv* und fördern nachhaltig die Entwicklung des Landes. Der Bestand genehmigter ausländischer Direktinvestitionen in Korea soll nach koreanischen Angaben 1975 um 22 Prozent auf DM 2220 Millionen gestiegen sein.»[40]

In einer Untersuchung der Weltmarktfabriken (Offshore Plants) US-amerikanischer Unternehmen der elektrotechnischen Industrie zitiert Moxon «typische Aussagen» von ihm befragter Unternehmensleitungen über die politischen Kriterien, die für eine Standortwahl als maßgeblich angegeben wurden:

39 Business International Asia/Pacific Ltd., 27. November 1974 (Hervorhebungen nicht im Original).

40 Deutsche Gesellschaft für wirtschaftliche Zusammenarbeit (Entwicklungsgesellschaft) mbH (DEG), Reisebericht Korea. 23. 3. 1976, S. 1 und 3 (Hervorhebungen nicht im Original).

«We wanted a site where we would have the U.S. Navy between us and mainland China.

We need to be able to get goods, people, and money in and out easily. In some countries you need to have 30 government officials approve anything you do.

We won't go into that country unless the government gets the unions in line.»[41]

41 Richard W. Moxon, Offshore Production in the Less Developed Countries. A Case Study of Multinationality in the Electronics Industry, New York University, Graduate School of Business Administration, Institute of Finance, The Bulletin 98/99 (Juli 1974), S. 46.

Kapitel 2
Struktur der Produktion in freien Produktionszonen und Weltmarktfabriken

2.1. Die industrielle Nutzung billiger Arbeitskraft als Hauptdeterminante der Produktionsstruktur in freien Produktionszonen und Weltmarktfabriken

Im bisherigen Text sind freie Produktionszonen als Produktionsstandorte für die industrielle Nutzung der Arbeitskraft unterentwickelter Länder für weltmarktorientierte Produktion bezeichnet worden. Diese Definition ist hinreichend konkret, um ihre Funktion zu erkennen und um eine Bestandsaufnahme ihrer räumlich-zeitlichen Entwicklung zu leisten. Der Begriff industrielle Nutzung der Arbeitskraft unterentwickelter Länder ist jedoch präziser zu fassen als industrielle Nutzung der *billigen* Arbeitskraft unterentwickelter Länder, sofern die Hauptdeterminante der Struktur der Produktion in freien Produktionszonen (im Kontext der transnationalen Organisation der kapitalistischen Produktion) zu bezeichnen ist.

Der Terminus «billige Arbeitskraft» ist eine Übernahme aus der Sprache der Wirtschaftspresse, der allerdings eindeutig die Bedingungen auf den (Teil-)Arbeitsmärkten unterentwickelter Länder bezeichnet. Die Arbeitskraft unterentwickelter Länder ist billig, weil sie im Ergebnis jahrhundertelanger ungleicher kapitalistischer Entwicklung gezwungen ist, bei Strafe des Verhungerns, sich zu einem Preis zu verkaufen, der weit unter dem liegt, den die Arbeitskraft in den traditionellen Industrieländern erzielt. Selbst bei Annahme wesentlich niedrigerer Reproduktionskosten der Arbeitskraft in unterentwickelten Ländern (die Annahme ist umstritten), reichen die Löhne häufig nicht aus, die Reproduktion zu sichern.

Die Nutzung der – praktisch unbegrenzt verfügbaren – billigen Arbeitskraft ist Hauptgrund und Hauptzwang der Produktion für den Weltmarkt in freien Produktionszonen, konkreter, zur Verlagerung von Produktionen für die Märkte der Industrieländer aus den Produktionsstandorten in den Industrieländern in freie Produktionszonen, den neuen Produktionsstandorten in unterentwickelten Ländern für die Märkte der Industrieländer. So eindeutig die Zwänge und Zwecke für diesen Typus der Produktionsverlagerung sind –

- sie sind systematisch ableitbar aus den Bedingungen des Weltmarktes,
- sie sind vorgegeben und erkennbar in den spezifischen Bedingungen der Zonen,
- sie sind das Selbstverständnis jedes Investors und die Erfahrung jedes Beschäftigten in den Zonen und

• sie sind jedem Beobachter der internationalen Ökonomie geläufig – so schwierig ist ihr empirischer Beleg. Es ist hier die Methode gewählt worden, aus der Berichterstattung der internationalen Fachpresse und aus verstreut vorliegenden Untersuchungen, so von UN-Dienststellen, internationalen Unternehmensberatungsorganisationen und von Investitionsbehörden in unterentwickelten Ländern, in systematischer Weise eine Art empirischen Sekundärbeweis zu führen. Da eine Formalisierung des Materials und eine indirekte Wiedergabe den Belegcharakter stark einschränken würde, ist die wörtliche Wiedergabe teilweise längerer Textstellen unumgänglich. Das Material ist nach Ländern geordnet. Einige Überschneidungen sind unvermeidlich.

HONGKONG
Business International Corporation,
Organizing for Asia/Pacific Operations. 1972, S. 32:

«Fairchild Semiconductor nutzt Asiens Ressourcen» –

«Fairchild produziert hauptsächlich in Asien, um Märkte außerhalb Asiens zu beliefern. Tatsächlich kommen 90 Prozent des gesamten Produktionsvolumens aus dem Fernen Osten, und 85 Prozent der Produktion im Fernen Osten gehen zurück in die USA, während die restlichen 15 Prozent auf dem asiatischen Markt verkauft werden.

Vor zehn Jahren kam Fairchild nach Hongkong, offensichtlich auf der Suche nach einer Quelle billiger Arbeitskraft. Halbleiterfabriken wurden später in Korea (1966), Singapur (1968) und Okinawa (1969) errichtet.»

MALAYSIA
Business Week, 30. März 1974:

«Malaysia: Massenansturm von Auslandsunternehmen» –

«Es klingt wie des Kapitalisten Traum: Ein Land, in dem es ausreichend Öl, billige Arbeitskraft und billige Grundstücke gibt, ein Land mit einer prosperierenden Ökonomie und mit einer stabilen Regierung. Es ist von Malaysia die Rede. Auslandsunternehmen strömen hinein, als ob Malaysia der letzte Produktionsstandort der Erde wäre ... Insbesondere Unternehmen der Elektronikindustrie finden dort noch eine unausgeschöpfte Quelle flinker Arbeiterinnen, die bereit sind, bei einem Tageslohn von weniger als 2 US-Dollar integrierte Schaltungen zu montieren. Das US-Unternehmen National Semiconductor Corp., das bereits in Malaysia elektronische Bauelemente montiert, ist nur ein Unternehmen, welches das Land nach weiteren Quellen billiger Arbeitskraft absucht. Die Konkurrenz ist auf den Fersen. Teledyne (USA), Siemens (Westdeutschland), Toshiba (Japan) und Plessey (Großbritannien) errichten alle noch im laufenden Jahr Fabriken in Malaysia.»

PHILIPPINEN

Far Eastern Economic Review, 20. August 1976:

«Die Freizone Bataan nimmt Gestalt an» –

«Die meisten Fabriken in der Zone stellen arbeitsintensive Erzeugnisse her, zum Beispiel Bekleidung, Schuhe und elektronische Bauelemente. (Die größte Fabrik ist allerdings ein Werk des Ford-Konzerns, in dem Automobilkarosserien gepreßt werden. Das Werk ist mit einem Aufwand von 39 Millionen US-Dollar errichtet worden und beschäftigt 300 Arbeiter.) Für die meisten Auslandsinvestoren stellen die geringen Lohnkosten den größten Anreiz dar. So berichtet der Geschäftsführer eines US-amerikanischen Elektronikunternehmens, daß in den USA eine Arbeitsstunde 7 US-Dollar kosten würde; Fließbandarbeiter in Bataan erhielten dagegen einen Tageslohn von 9 Pesos und eine Inflationszulage von 2 Pesos.»[42]

SINGAPUR

Newsweek, 19. Februar 1973:

«Singapur: Asiens neues Wirtschaftszentrum» –

«Angezogen ... von der Stabilität, der zentralen Lage und der billigen, fleißigen Arbeitskraft Singapurs, haben sich seit 1965 500 Auslandsunternehmen in Singapur niedergelassen, darunter die multinationalen Riesen General Electric, Philips, Beecham, Ingersoll-Rand und Dainippon. US-amerikanische Unternehmen stehen an der Spitze mit Gesamtinvestitionen von über 400 Millionen US-Dollar. ‹Wir sind hierhergekommen, weil wir hier schneller und billiger produzieren können›, sagt Heinz Gelles vom McGraw-Hill-Verlagsunternehmen. ‹Für die Publikation einer Enzyklopädie, für die wir in den USA fünf Jahre benötigen würden, brauchen wir hier nur ein Jahr.›»

SÜDKOREA

The Times, 26. September 1975:

«Elektronik: Billige Arbeitskraft zieht Auslandsunternehmen an» –

«Zu den größten Erfolgen des Industrialisierungsprogramms Südkoreas zählt die Entwicklung der Elektronikindustrie. 1958 mit der Montage von Rundfunkgeräten unter Verwendung importierter Bauelemente ihren Anfang nehmend, beschäftigt sie heute mehr als 100000 Männer und Frauen in ungefähr 400 Fabriken. Aber erst seit 1966 haben Auslandsunternehmen die Nutzung der in Korea reichlich vorhandenen billigen, fleißigen Arbeitskraft als Lösung des Problems steigender Kosten in einer solch arbeitsintensiven Industrie zu schätzen gelernt. Die ersten drei Unternehmen waren amerikanische Konzerne – Motorola, Signetics und Fairchild. Dies war nur der Anfang einer Flut von insbesondere japanischen Unternehmen. Heute sind 168 japanische Elektronikunternehmen in Korea tätig; davon sind 139 Beteiligungsunternehmen und 29 ausschließlich in japanischer Hand.»

42 1 US-Dollar = 7,50 ₱ (Pesos).

Taiwan

Far Eastern Economic Review, 13. Dezember 1974:

«Brief aus Kaohsiung» –

«Die KEPZ (Kaohsiung Exportfabrikationszone), auf die fast 7 Prozent der Gesamtexporte des Landes entfallen, ist mehr oder weniger ein Mikrokosmus der Ökonomie Taiwans. So sind Japaner, Amerikaner und Auslands-Chinesen die größten Investoren; ungefähr die Hälfte der Einfuhren von Rohmaterialien und Investitionsgütern stammen aus Japan, während 50 Prozent der Exporte nach den USA gehen. Ein chinesischer Vertreter der Zonenbehörde sah sich zu folgender Erklärung veranlaßt: ‹Es ist, als ob die Exportfabrikationszonen für die Japaner errichtet wurden – sie nutzen unsere billige Arbeitskraft, um Exportgüter für den amerikanischen Markt zu produzieren.›»

Mauritius

The Financial Times, 18. Juni 1976:

«Mauritius» –

«In einem gewissen Ausmaß findet ein rascher wirtschaftlicher Wandel statt. Die Politik der Regierung, arbeitsintensive Exportproduktion zu fördern, hat sich als ziemlich erfolgreich erwiesen. Die tatsächlich sehr niedrigen Löhne haben die Hersteller von solchen Erzeugnissen, die durch geringes Volumen und raschen Umschlag gekennzeichnet sind, in einer ziemlich großen Zahl veranlaßt, Fabriken in der Exportfabrikationszone zu errichten . . . Zum Beispiel kann ein Strickwarenkonzern, der 2000 Arbeitskräfte beschäftigt und für 30 Millionen Rupien Pullover exportiert, mit einer Zwei-Wochen-Produktion diejenige Menge Pullover liefern, die das Warenhaus Galerie Lafayette in Paris in einem Jahr umsetzt. Mauritius ist bereits jetzt Frankreichs zweitgrößter Pulloverlieferant.»

Tunesien

Nachrichten für Außenhandel, 6. August 1976:

«DEG veranstaltet wieder Unternehmerreise nach Tunesien» –

«Wie die DEG hierzu erläutert, hat die europäische feinmechanische und elektrotechnische Industrie Tunesien als einen attraktiven und kostengünstigen Standort entdeckt.

Das große Angebot an geschickten und leicht anzulernenden Arbeitskräften, Lohnkosten von rund 1,50 DM pro Stunde incl. sozialer Nebenkosten, zehnjährige Steuerbefreiung, freier Devisentransfer und zollfreier Im- und Export innerhalb der EG seien hierfür ursächlich . . . Die deutsche Industrie ist bis heute mit über vierzig erfolgreich operierenden Betrieben – vor allem aus der Bekleidungs- und Schuhindustrie – vertreten.»

Handelsblatt, 18./19. Mai 1974:

«Tunesien bietet Reserven an. Lohnniveau und Disziplin der Arbeitskräfte als Investitionsgründe» –

«Ausschlaggebender Faktor für eine Verlagerung der Produktion dürfte auf jeden Fall das Lohnniveau und die für einen vorurteilsbeladenen Mitteleuropäer außerordentlich überraschende Geschicklichkeit und Disziplin der Arbeitskräfte sein.»

Brasilien
Business International Corporation,
Nationalism in Latin America. New York 1970, S. 63:
«Burroughs in Brasilien» –
«Ein Unternehmen, das Brasilien als einen profitablen Standort für Exportproduktion ansieht, ist Burroughs. ‹Made in Brazil›-Produkte werden für den USA-Markt und für andere Weltmärkte hergestellt . . . In Brasilien werden elektronische Bauelemente hergestellt, die in die USA geliefert werden und dort für Speicherwerke der Computerherstellung von Burroughs weiterverwendet werden. Angesichts niedrigerer Lohnkosten und der Qualität der Arbeit in Brasilien lohnt sich der Aufwand für den Transport und für die Ausbildung der Arbeitskräfte. Luftfracht wird in beiden Richtungen benutzt. Eine Reihe von Faktoren haben Burroughs veranlaßt, zusätzlich zu einem erfolgreich produzierenden Büromaschinenwerk, die Elektronikfertigung in Brasilien aufzunehmen. Industriegelände in den Vororten von São Paulo war relativ preiswert zu haben, und die Arbeitsproduktivität ist hoch. Arbeitskraft ist selbst in São Paulo im Vergleich zum Weltstandard billig. Burroughs hat im übrigen in der Büromaschinenherstellung die Erfahrung gemacht, daß die Arbeitskräfte leicht anlernbar sind, und brasilianische Frauen insbesondere für eine Tätigkeit, die manuelle Geschicklichkeit erfordert, besonders geeignet sind.»

Dominikanische Republik
Business Latin America, 8. Mai 1974:
«Wie Unternehmen die dominikanische Freizone beurteilen» –
«Die Freizone La Romana wird im Rahmen eines auf dreißig Jahre abgeschlossenen Vertrages mit der dominikanischen Regierung von der Gulf & Western Americas verwaltet. Seit die Zone 1971 in Betrieb genommen wurde, haben sich vierzehn Firmen, vor allem US-amerikanische, niedergelassen. Hauptattraktion der Zone ist die billige Arbeitskraft von La Romana. Ein zusätzlicher Anreiz sind Steuerbefreiungen. Die Stundenlöhne (einschließlich 28,07 Prozent Lohnnebenkosten) betragen im Durchschnitt 0,77 für angelernte Arbeiter und 0,51 US-Dollar für ungelernte. Sie sind damit erheblich niedriger als in manchen karibischen Nachbarländern.»

El Salvador
Instituto Salvadoreño de Comercio Exterior, 29. Juli 1975:
«Außerdem verfügen wir über praktisch im Überfluß vorhandene Ar-

beitskräfte, sowohl Facharbeiter als auch ungelernte, die bereit sind, in jeder Art von Industrie zu arbeiten. El Salvador erlebt gegenwärtig eine rasch fortschreitende industrielle Entwicklung. Auch in der Elektronik und anderen anspruchsvollen Produktionen ist die Produktivität wesentlich höher, als von den Unternehmen, die Fabriken errichtet haben, erwartet worden war. Die Lohnkosten sind dagegen relativ niedrig, insbesondere wenn man die Produktivität in Betracht zieht. Nur in wenigen Fällen werden ausländische Fachkräfte für Ausbildungsfunktionen benötigt; einheimische Arbeitskräfte übernehmen dann ihre Aufgaben, natürlich zu wesentlich niedrigeren Löhnen.»

GUATEMALA

Centro Nacional de Promcion de Las Exportaciones:

«Die Industrieentwicklungsfreizone Santo Tomas de Castilla und das ‹Drawback-System›» –

«Das entscheidende Merkmal derjenigen Industriebetriebe, die im Rahmen des *draw back*-Systems produzieren, ist, daß sie die praktisch im Überfluß vorhandene und ökonomisch preiswerte Arbeitskraft nutzen, was für arbeitsintensive Produktionen *internationaler Unternehmen im höchsten Maße vorteilhaft ist.*»

HAITI

UNIDO, Training Workshop in Industrial Free Zones as Incentives to Promote Export-Oriented Industries, 24. März 1972, Bernhard Fatton, Haiti:

«In den letzten zehn Jahren, hauptsächlich aber seit 1967, ist ein neuer Typ von Industrie im wirtschaftlichen Panorama von Haiti entstanden. Es handelt sich um arbeitsintensive Industrie, die auf der Basis von importierten Zulieferungen Exportprodukte herstellt und deshalb als Reexportindustrie bezeichnet wird. Die Entwicklung der Reexportindustrie in Haiti hat mehrere Gründe: a) das Vorhandensein eines großen Reservoirs billiger Arbeitskräfte (der gesetzliche Mindestlohn beträgt 1 US-Dollar für einen achtstündigen Arbeitstag); b) die Nähe Haitis zum US-Markt und das Vorhandensein ausreichender Transportverbindungen zwischen Haiti und den USA; c) die allgemeine Tendenz, arbeitsintensive Industrie angesichts internationaler Konkurrenz in unterentwickelte Länder zu verlagern.»

MEXIKO

Inter-American Economic Affairs 1, 1975,
Peter G. van der Spek (Manager, International Economic Research, Brunswick Corporation):

«Mexikos Grenzzone: ein Magnet für arbeitsintensive amerikanische Fabriken» –

«Seit der Initiierung des Industrialisierungsprogramms für Mexikos Grenzzone im Jahre 1965 hat eine große Zahl von US-Unternehmen, die durch die erheblich niedrigeren Löhne angezogen worden sind, Montagewerke in Mexiko, hauptsächlich entlang der Grenze zu den USA, errichtet. Zur Zeit gibt es über 470 Grenzfabriken (*maquiladoras*), deren Gesamtinvestition auf 1 Milliarde US-Dollar geschätzt wird. Außerdem gibt es ungefähr 60 Zollfabriken im Innern Mexikos, die erst kürzlich errichtet worden sind. Auf elektrotechnische und elektronische Erzeugnisse entfallen 40 Prozent und auf Textilien 20 Prozent der Gesamtproduktion. Eine Anzahl von Fabriken stellt Holzwaren, Nahrungsmittel, Sportartikel und Spielzeuge und eine Reihe anderer Erzeugnisse her. Die Hauptursache für die Errichtung von Montagewerken in Mexiko durch US-Unternehmen sind im Vergleich mit den USA niedrigere Lohn- und günstige Produktivitätsraten.»

Die vorstehenden Auszüge belegen hinreichend, daß bei der Verlagerung von Weltmarktproduktionen in freie Produktionszonen (unter Berücksichtigung sonstiger investitionspolitischer Standortbedingungen) vier Momente im Vordergrund stehen,

1. die Verfügbarkeit einer praktisch unbegrenzten Menge von Arbeitskräften,
2. die Nutzung der leistungsfähigsten Arbeitskraft,
3. die Nutzung der billigsten Arbeitskraft und
4. die Nutzung der willigsten Arbeitskraft,

insgesamt also, um es zu wiederholen, die Nutzung solcher Arbeitskraft, die bei Strafe des Verhungerns gezwungen ist, sich um jeden Preis für jede Arbeit zu verkaufen.

Aber auch die billigste Arbeitskraft ist nur soweit industriell nutzbar, soweit ihre qualitative Struktur den Anforderungen entspricht, die der industrielle Fertigungsprozeß an die Arbeitskraft stellt. Die unbeschäftigte Arbeitskraft an den Standorten freier Produktionszonen ist in erster Linie ungelernt oder angelernt. In den freien Produktionszonen ist entsprechend eine Produktionsstruktur entstanden und im Entstehen, die überwiegend durch eine Produkt- und Prozeßtechnologie gekennzeichnet ist, die nur ungelernte/angelernte Arbeitskraft erfordert. Das ist keineswegs, wie häufig behauptet wird, notwendig arbeitsintensive Fertigung. Kapitalintensive Fertigung läßt sich vielfach längst ebenso mit ungelernter/angelernter Arbeitskraft betreiben – ein hervorragendes Beispiel ist die Textilindustrie. Das ist ferner keineswegs nur Montage oder nur Teilefertigung. Die moderne Fertigungstechnologie erlaubt die Separation solcher Tätigkeiten, für die nur ungelernte/angelernte Arbeitskraft benötigt wird, auf allen Produktionsstufen. Das ist schließlich vielfach gerade die Fertigung, die alternativ kapitalintensiv – automatisiert – oder arbeitsintensiv – manuell durch ungelernte Arbeitskraft – betrieben werden kann, da Automation wie die Beschäftigung ungelernter Arbeitskraft in gleicher Weise die Zerlegung des Arbeitsprozesses in seine elementaren Bestandteile erfordern.[43]

2.2. Industrielle Monostrukturen

Tabelle III–11 weist aus, welchen Erzeugnishauptgruppen (ISIC Major Groups) die Produktion in freien Produktionszonen (1975) zuzuordnen ist. Detailliertere Angaben über die Zuordnung zu Erzeugnisgruppen und Erzeugnissen sind teilweise in Übersicht III–1 zu finden (nicht systematisch, sondern so, wie in dem Quellenmaterial bezeichnet). Von den 29 Hauptgruppen der verarbeitenden Industrie (Manufacturing) der «International Standard Industrial Classification» sind bis auf zwei (Getränke und Tabakwaren) in der Produktionsstruktur der freien Produktionszonen alle vertreten. Diese Übersicht täuscht jedoch ein Spektrum vor, das auf der Ebene der einzelnen Zonen tatsächlich nicht existiert. Innerhalb der meisten Erzeugnishauptgruppen entfallen auf einzelne Zonen jeweils nur wenige Erzeugnisgruppen, für die überwiegend nur spezifische Teilfertigungen vorgenommen werden. Letzteres gilt insbesondere für die Hauptgruppen 381 (Metallwaren), 382 (Maschinenbauerzeugnisse), 383 (elektrotechnische Erzeugnisse) und 384 (Transportausrüstungen). Andererseits zeigt die Übersicht, daß es Ansätze zur Nutzung der billigen Arbeitskraft unterentwickelter Länder in fast allen Industriezweigen gibt.

Der größere Teil der Produktion in freien Produktionszonen – sowohl der einzelnen Fabriken als auch der Zonenfabriken insgesamt – ist als nichtkomplex zu bezeichnen. Ansätze zur komplexen Produktion oder integrierte komplexe Fertigungsprozesse sind in der Textil- und Bekleidungsindustrie und nur vereinzelt in anderen Industriezweigen und nur in wenigen Zonen zu beobachten.[44] Zu den wichtigsten Erzeugnisgruppen und Erzeugnissen, für die in freien Produktionszonen Teilfertigungen stattfinden – Teileferti-

43 «Using the low-cost labor of the LDCs for manufacturing is simply a way to capitalize fully on these other competitive strengths. In this perspective, locating a factory in an LDC which permits minimum production costs is no different from choosing the most efficient manufacturing technology – a practice which firms take for granted.» Nathaniel H. Left, International Sourcing Strategy. In: Columbia Journal of World Business 3 (1974), S. 72 (Hervorhebungen nicht im Original).

44 Beispiele für technisch anspruchsvolle, teilweise integrierte Produktionsprozesse sind die Herstellung von Uhren (Singapore Time PTE. LTD.), Bohrinseln (Marathon LeTourneau Offshore PTE. LTD.), Werkzeugmaschinen (Hilgepore PTE. LTD.) in Singapur und die Herstellung von Röntgengeräten (Kehrli X-Ray SDN. BHD.) in Malaysia. Die Singapore Time PTE. LTD. ist die erste integrierte Weltmarktfabrik des japanischen Unternehmens Seiko. In der Singapur-Fertigung sollen sämtliche Produktionsprozesse von der Herstellung einfacher Ausgangsmaterialien, wie Messing- oder Stahlstäbe und -spulen, bis zur Endmontage vereinigt sein.

gung, Weiterverarbeitung, Montage –, zählen Textilien und Bekleidung, Metallwaren, elektrotechnische Erzeugnisse, feinmechanische und optische Erzeugnisse, Spielwaren und Sportgeräte. Der größere Teil der Produktion ist der Konsumgüterindustrie zuzuordnen. Auf Textilien und Bekleidung und elektrotechnische Erzeugnisse entfällt ein überragender Anteil an der Gesamtproduktion in freien Produktionszonen (Tabelle III–13). Allein in den Zonen von fünf Ländern, für die Zahlen über die Verteilung der Beschäftigten nach Industriezweigen vorliegen – Hongkong, Taiwan, Tunesien, El Salvador und Mexiko – sind 1975 59000 Arbeitskräfte im Bereich Textilien und Bekleidung und 108000 Arbeitskräfte im elektrotechnischen Sektor tätig gewesen. Beide Sektoren beschäftigten in den Zonen der genannten Länder 167000 Personen von insgesamt 226500 Gesamtbeschäftigten. Damit entfielen in diesen Zonen 74 Prozent von den Gesamtbeschäftigten auf die Bereiche Textilien und Bekleidung (26 Prozent) und elektrotechnische Erzeugnisse (48 Prozent).

Bemerkenswert ist, daß auch die Beschäftigung in den Auslandsbetrieben von Hongkong und in der nördlichen Grenzzone von Mexiko eine solche Verteilung aufweist. In der mexikanischen Grenzzone entfallen sogar 80 Prozent aller Beschäftigten in Zonenbetrieben auf die Bereiche Textilien und Bekleidung und elektrotechnische Erzeugnisse. Beide Länder gehören zur Gruppe derjenigen unterentwickelten Länder, in denen die weltmarktorientierte Industrialisierung relativ früh begann und relativ weit fortgeschritten ist. Wenn dennoch keine andere Struktur der Produktion zu beobachten ist, als in den Zonen anderer unterentwickelter Länder, so zeigt das, daß der Prozeß der weltmarktorientierten Industrialisierung auch an Standorten, an denen die Voraussetzungen für komplexe Produktionen in Ansätzen gegeben sind, diese nicht entstehen läßt, wenn die spezifischen Kalkulationen der Unternehmen diese nicht als strategisch günstigste Standorte für komplexe Produktionen erscheinen lassen.

In einer von der United States Tariff Commission veröffentlichten systematischen Untersuchung[45] der Lohnveredelungsproduktion US-amerikanischer Unternehmen in Entwicklungsländern werden die folgenden Fertigungen als charakteristisch für die Produktion in freien Produktionszonen und Weltmarktfabriken angegeben: Teilmontage und Endmontage von Radiogeräten und Radioteilen und von Fernsehgeräten und Teilen von Fernsehgeräten, Montage von Tonabnehmern für Plattenspieler, Montage von Spielzeug, Montage von wissenschaftlichen Instrumenten, Zusammennähen von vorgeschnittenen Handschuhteilen, Zusammennähen von Sportbällen[46]

45 United States Tariff Commission, Economic Factors Affecting the Use of Items 807.00 and 806.30 of the Tariff Schedules of the United States, Report to the President, TC Publication 339, Washington, September 1970, S. 91–149.

46 «Leather covers, centers, cotton yarn, thread, cement, and latex are manufactured in U.S. plants, then shipped to plants in Haiti and/or Jamaica where the covers are

und Zusammennähen und -nieten der vorgeschnittenen Materialien und Metallrahmen in der Kofferherstellung.[47]

2.3. Produktionsverlagerungen in der elektrotechnischen Industrie: Das Beispiel der Produktion von Bauelementen für die Elektronik

Wie allein aus den oben genannten Zahlen über die Beschäftigung in Betrieben der elektrotechnischen Industrie in freien Produktionszonen von fünf Ländern hervorgeht, hat die Produktionsverlagerung in diesem Industriezweig in unterentwickelte Länder ein erhebliches Ausmaß erreicht. Auf der Basis der Angaben der Tabellen III–11 und III–12 und der Übersicht III-Ü1 ist eine grobe Abschätzung der Gesamtbeschäftigung in Weltmarktfabriken der elektrotechnischen Industrie in unterentwickelten Ländern möglich. 1975 unterhielt die elektrotechnische Industrie in dreiundzwanzig Ländern Weltmarktfabriken, darunter in vierzehn Ländern in freien Produktionszonen. Die nachgewiesene Gesamtbeschäftigung in Weltmarktfabriken in diesen Ländern betrug 1974 691160 Personen. Nimmt man eine gleiche Verteilung der Beschäftigung an wie bei den erstgenannten fünf Ländern (48 Prozent in der elektrotechnischen Industrie), ergibt sich eine Gesamtzahl der Beschäftigten in elektrotechnischen Betrieben (Weltmarktfabriken insgesamt: 1975) in unterentwickelten Ländern von 332000 Personen. Daß die Annahme nicht unrealistisch ist, kann zum Teil aus der Zahl der Fabriken (Übersicht III–Ü1, Spalte 5) abgelesen werden. Zum anderen gibt es Hinweise für eine Reihe anderer Länder (darunter Malaysia, Singapur und Südkorea), die die Annahme grob bestätigen.

332000 Arbeitskräfte entsprechen 6 Prozent der Gesamtbeschäftigung in der elektrotechnischen Industrie der EG-Länder[48], der USA und Japans (zusammen 5,5 Millionen, 1972).[49] Dabei ist zu berücksichtigen, daß die

sewn on. The balls are then returned to the United States plants for further minor processing . . . The principle reason reported for the use of foreign assembly facilities for the production of baseballs and softballs is the reduction in the product cost through the use of foreign labor.» United States Tariff Commission, Economic Factors, S. 120.

47 «The U.S. producer of luggage . . . chose to use foreign production facilities as an alternative to expanding its U.S. plant. Taking account of the cost of all factors of production, it was found to be somewhat less costly to assemble the articles abroad than to produce them wholly in the United States in an expanded facility.» United States Tariff Commission, Economic Factors, S. 121.

48 Ohne Belgien und Niederlande.

49 Die Zahlen der Beschäftigung in der elektrotechnischen Industrie in den USA, den EG-Ländern und Japan sind der folgenden Quelle entnommen: United Nations, Yearbook of Industrial Statistics, 1974 Edition, Vol. 1, New York 1976.

erste Weltmarktfabrik in unterentwickelten Ländern in der elektrotechnischen Industrie 1966 ihren Betrieb aufnahm.

Die elektrotechnische Industrie ist einer der wenigen Industriezweige, über den erste Untersuchungen über die Struktur der Produktion in Weltmarktfabriken (in freien Produktionszonen und an sonstigen Standorten) vorliegen. Zu verweisen ist hier in erster Linie auf die schon erwähnten Arbeiten von Chang und Moxon und auf eine Untersuchung des Sekretariats der UNCTAD.[50]

Die UNCTAD-Analyse enthält eine Liste der Auslandsbeschäftigung führender Unternehmen der elektrotechnischen Industrie der USA, Westeuropas und Japans (Tabelle III–14) in Weltmarktfabriken in unterentwickelten Ländern (*Offshore Operations*) im Fertigungsbereich Bauelemente für die Elektronik. Von 1971 bis 1974 hat die Beschäftigtenzahl in der Herstellung elektronischer Bauelemente in Weltmarktfabriken in unterentwickelten Ländern von 22000 auf 80000 zugenommen. Diese Entwicklung ist ein geradezu klassisches Beispiel des Zusammenhangs von technischer Entwicklung und Verwertungsprozeß und seinen Auswirkungen auf die weltweite ökonomische und soziale Entwicklung.

Zwei Momente in der Produkt- und Prozeßtechnologie von Halbleiterbauelementen für die Elektronik spielen für die weitgehende Verlagerung bestimmter Fertigungsschritte in unterentwickelte Länder eine wesentliche Rolle:

1. Die Entwicklung von drei Generationen von Halbleiterbauelementen für die Elektronik innerhalb weniger Jahre: Diskrete Halbleiter, integrierte Schaltungen (die Kombination von diskreten Halbleitern) und großintegrierte Schaltkreise (die Kombination von Hunderten von integrierten Schaltungen); und

2. die Entwicklung eines Produkts, dessen Fertigung einerseits weitgehende Mechanisierung und Automatisierung erfordert und dessen Herstellung andererseits Phasen aufweist, die schwierig zu mechanisieren sind.

Es lassen sich grob drei Fertigungsprozesse bei der Herstellung diskreter Halbleiter unterscheiden: Herstellung der Masken, Herstellung der «Wafer» (Diffundieren der Siliziumscheibe) und Kontaktieren und Einbau in das Gehäuse. Die ersten beiden Fertigungsphasen sind zum großen Teil notwendig mechanisiert/automatisiert durchzuführen, während die dritte schwierig zu mechanisieren ist.

Das Anbringen der Kontakte und der Einbau in die Kapsel ist zunächst ein

50 Y. S. Chang, The Transfer of Technology: Ecconomics of Offshore Assembly, The Case of Semiconductor Industry; Richard W. Moxon, Offshore Production in the Less Developed Countries, A Case Study of Multinationality in the Electronics Industry; UNCTAD, International subcontracting arrangements in electronics between developed market-economy countries and developing countries, New York 1975, TD/B/C. 2/144/Supp. 1.

wesentlicher Teil des Fertigungsprozesses, der in unterentwickelte Länder ausgelagert wurde.

«Der Wafer, das Herzstück der Schaltung, wird in den Vereinigten Staaten hergestellt. Zusammen mit anderen Bauelementen wird er dann per Luftfracht zum Beispiel nach Singapur gebracht, wo die Arbeitskosten für die Montage ein Zehntel der amerikanischen betragen. Unter dem Mikroskop werden die Goldfäden angelötet, und die fertige Schaltung wird in die Vereinigten Staaten zurückgeflogen.»[51]

Der Anteil solcher schwierig zu mechanisierenden Phasen des Fertigungsprozesses hat mit der zweiten und dritten Generation kaum abgenommen. Bei den Phasen des Fertigungsprozesses, die alternativ mechanisiert/automatisiert oder manuell ausgeführt werden können, geschieht angesichts der außerordentlich raschen Veränderungen in der Halbleitertechnik und des damit verbundenen Verwertungsrisikos bei mechanisierter/automatisierter Fertigung auch ein erheblicher Teil dieser Fertigung, soweit er mit angelernter Arbeitskraft durchgeführt werden kann, vorwiegend manuell.

«... selbst wenn Automation die kostengünstigste Alternative zu sein scheint, wird sie nicht eingeführt, solange das Management nicht sicher ist, daß sich die erheblichen Investitionskosten über eine längere Produktionsperiode desselben Produktes mit derselben Fertigungstechnik amortisieren ... Ein Unternehmen, das seine Halbleiterproduktion Ende der fünfziger Jahre automatisierte, war Philco. Damals hatte das Unternehmen einen technischen Vorsprung, aber die Technologie war rasch obsolet geworden, und die Produktionseinrichtungen hatten nur noch einen geringen Nutzwert. Allerdings ist Automation wirtschaftlich bei einigen, in großen Stückzahlen gefertigten, standardisierten Produkten. Ein Unternehmen erklärte auf Befragung, daß es jetzt Produkte in automatisierten US-Fertigungen herstellen würde, die es vordem in Weltmarktfabriken außerhalb der USA gefertigt hätte.»[52]

«Die Anwendung manueller Produktionsverfahren ist in der Halbleiterfertigung wichtig für solche Unternehmen, die sich rasch verändernde Märkte beliefern, für die neue Technologien, Produktinnovationen und frühes Obsoletwerden von Produkten kennzeichnend sind. Von solchen Unternehmen wird festgestellt, daß rasche Veränderungen auf den Märkten eine Automation der Herstellung wirtschaftlich unmöglich machten. Automation der Produktion würde 1. angesichts der nötigen Investitionen die Produktinnovation behindern und 2. der Fortentwicklung der Technologie, die lebenswichtig ist, um die Wettbewerbsposition, insbesondere auch im Hinblick auf Importe, zu halten, hinderlich sein.»[53]

Entscheidend für den vorzufindenden hohen manuellen Fertigungsanteil bei der Herstellung von Halbleiterbauelementen sind also sowohl technische Gründe als auch Verwertungszwänge (Vermeidung des Risikos des raschen

51 UNCTAD, International subcontracting arrangements in electronics, S. 7.
52 Richard W. Moxon, op. cit., S. 48 und 49.
53 United States Tariff Commission, Economic Factors, S. 128.

moralischen Verschleißes von Anlageinvestitionen). Entscheidend für die hohe Verlagerungsquote in unterentwickelte Länder ist die Verwertungsmaxime, billige Arbeitskraft zu nutzen.

«Niedrige Arbeitskosten sind ganz offensichtlich der wichtigste Grund für die Auswahl eines bestimmten Landes. Die Lohneinsparungen sind am höchsten in Korea; es folgen Taiwan, Singapur, Hongkong und Mexiko. Die Produktivität der Fließbandarbeiter erreicht die in den USA und ist nach einer kurzen Einarbeitungszeit nicht selten höher.»[54]

«Diejenigen US-Firmen, die Zollvergünstigungen bei der Herstellung von Halbleitern in Anspruch nehmen, gaben an, daß der Hauptgrund für Auslandsfertigung die Ausnutzung billiger ausländischer Arbeitskraft sei. Sie gaben an, daß die zunehmende Konkurrenz ausländischer Produzenten von Halbleitern US-Firmen gezwungen habe, mit den gleichen Lohnkosten zu produzieren, mit denen ausländische Firmen fertigen.»[55]

Welche Selektionskriterien für die spezifische Standortwahl maßgeblich sind, machen die folgenden Auszüge aus den Untersuchungen von Moxon und der UNCTAD deutlich:

«Firmenmanager wiesen darauf hin, daß sie häufig auf der Suche nach einer spezifischen Arbeitskraft sind. So gaben zum Beispiel Manager von Unternehmen, die Speicher für Computer herstellen, häufig an, daß sie in den Vereinigten Staaten nicht genügend Arbeiter finden konnten, die zu stumpfsinniger Montagearbeit bereit waren. Solche Produzenten benötigen eine größere Zahl von Arbeitern, die über eine gute Fingerfertigkeit und gute Augen verfügen und die richtige geistige Einstellung haben. Sie gaben als Gründe für die Produktionsverlagerung hohe Fluktuationsraten, geringe Produktivität und einen geringen Qualitätsstandard ihrer US-Arbeitskräfte an. Ähnliche Aussagen waren von einigen Produzenten zu hören, die Komponenten und Produkte der Unterhaltungselektronik herstellen. Alle Manager, die interviewt wurden, stimmten darin überein, daß die Arbeiter in Weltmarktfabriken besser für diese Tätigkeiten geeignet seien, produktiver seien und geringere Fehlerquoten aufwiesen.»[56]

«Maßgeblich für die Errichtung von Weltmarktfabriken in der Elektronikproduktion ist die unmittelbare Verfügbarkeit von Arbeitskraft am jeweiligen Standort. Dabei ist nicht nur die Zahl der Arbeitskräfte von Bedeutung. Die Arbeitskraft muß eine Grundausbildung haben, sie muß leicht anlernbar sein und sie darf nicht über eine zu große Fläche verteilt sein. In Hongkong und Singapur sind die Arbeitskräfte in besonderen Arbeiterwohnstädten in der Nähe der Produktionszentren konzentriert.

Schließlich ist darauf hinzuweisen, daß die Elektronikindustrie in den Entwicklungsländern vorwiegend weibliche Arbeitskraft beschäftigt. Das hat zwei Gründe:

Erstens, die Löhne für weibliche Arbeitskräfte sind gewöhnlich niedriger als für

54 T. S. Chang, The Transfer of Technology, S. 26.
55 United States Tariff Commission, Economic Factors, S. 127.
56 Richard W. Moxon, op. cit., S. 29.

männliche Arbeitskräfte der gleichen Ausbildung und Profession;

zweitens erscheint es so, daß diese Art von Arbeit – zum Beispiel Halbleitermontage – von weiblichen Arbeitskräften mit einem höheren Effizienzgrad als von männlichen Arbeitskräften ausgeführt wird.»[57]

Moxon bringt in seiner Untersuchung das Beispiel einer Fertigungsaufteilung eines großen US-Unternehmens der Halbleiterindustrie. Masken und Wafer werden für alle Schaltungen ausschließlich in Produktionsstätten in den USA gefertigt. Das Kontaktieren und der Einbau in die Gehäuse geschieht für einfache Halbleiter und integrierte Schaltungen fast ausschließlich in Südostasien, während diese Produktionsschritte für großintegrierte Schaltungen ausschließlich in den USA stattfinden. Die Testarbeiten werden für einfache Schaltungen überwiegend, für integrierte Schaltungen nur zu einem Bruchteil in Auslandsfabriken durchgeführt, während sie für großintegrierte Schaltkreise ausschließlich in US-Fabriken durchgeführt werden (Erhebungszeitpunkt: 1973).[58]

Die Fertigung von Bauelementen für die Elektronik in unterentwickelten Ländern besteht also tatsächlich zu einem großen Teil in der Durchführung einzelner, wiederum in ihre Bestandteile zerlegter Arbeitsgänge, für die profitabel (kostenminimierend) Maschinen durch Arbeitskraft substituiert werden. Was in den Statistiken als Herstellung eines technisch höchst anspruchsvollen Produkts in unterentwickelten Ländern erscheint, ist tatsächlich Ausführung weniger Routinehandgriffe pro Arbeitskraft (allerdings in höchstem Maße physisch und psychisch anstrengend: Löten unter dem Mikroskop, Montage unter dem Mikroskop etc.) durch angelernte billige Arbeitskraft.

Technisch anspruchsvolle integrierte Produktionsprozesse bei der Herstellung von Bauelementen für die Elektronik finden in unterentwickelten Ländern nicht statt und zeichnen sich in der Tendenz nicht ab. Entsprechende Bemühungen beispielsweise Singapurs, im Halbleitersektor integrierte Produktionsprozesse zu fördern, haben bisher lediglich zu einer beschränkten Vorwärtsintegration (Testen, Verpacken, direkter Versand zum Abnehmer) geführt. Die technisch anspruchsvolle Herstellung der Wafer und Masken findet in Singapur nach wie vor nicht statt.[59] Die Entwicklung der Halbleitertechnik – Großintegration und Miniaturisierung – deutet statt

57 UNCTAD, International subcontracting arrangements in electronics, S. 20–21.

58 Vgl. Tabelle III–15.

59 «The Economic Development Board in Singapore has been trying to promote the upgrading of skills and technology in the electronics industry. In the semiconductor sector, forward integration into testing, finishing, warehousing and direct shipping to customer instead of via the U.S. parent is becoming more common. But the policy of encouraging backward integration into wafer manufacture has not been successfull because of economic and technological consideration.» The Financial Times, 8. Oktober 1976: «Singapore».

dessen lediglich auf eine Ausdehnung der Produktion in Weltmarktfabriken in unterentwickelten Ländern in der bisher vorzufindenden Struktur hin. Die Ersetzung von Elektromechanik durch Elektronik, wie sie sich in vielen Industriezweigen abzeichnet, wird einerseits zu einer stark steigenden Zunahme der Fertigung und des Verbrauchs von Bauelementen für die Elektronik führen und andererseits, soweit sie nicht in Rationalisierung der Produktion an den traditionellen Industriestandorten mündet, mit der Verlagerung der Fertigung von traditionellen Standorten (bisher: Elektromechanik, für die qualifizierte Arbeitskraft benötigt wurde: Schlosser, Dreher, Fräser, Elektriker etc.) in Weltmarktfabriken an neuen Produktionsstandorten in unterentwickelten Ländern (künftig: Montage von elektronischen Bauelementen, die mit ungelernter oder angelernter Arbeitskraft ausgeführt werden kann) verbunden sein.

Kapitel 3
Arbeitsmarkt und Arbeitsbedingungen

3.1. Arbeitslosigkeit und Unterbeschäftigung in unterentwickelten Ländern

Die Arbeitsbedingungen in freien Produktionszonen und Weltmarktfabriken sind nur im Zusammenhang mit den Bedingungen auf den Arbeitsmärkten der unterentwickelten Länder (als Teilarbeitsmärkte des integrierten kapitalistischen Weltarbeitsmarktes) zu begreifen. Es ist deshalb notwendig, sich ein Bild über diese Teilarbeitsmärkte, insbesondere über das Ausmaß von Arbeitslosigkeit und Unterbeschäftigung, zu verschaffen. Das Internationale Arbeitsamt, Genf, hat erstmals in einem Bericht für die «Weltkonferenz über Beschäftigung, Einkommensverteilung und sozialen Fortschritt und die internationale Arbeitsteilung» aggregierte Schätzzahlen über den Umfang der Arbeitslosigkeit und Unterbeschäftigung in Entwicklungsländern vorgelegt.[60] Demnach waren 1975 von der potentiell ökonomisch aktiven Bevölkerung der Entwicklungsländer[61] – ungefähr 700 Millionen – ungefähr 5 Prozent als arbeitslos registriert und 36 Prozent unterbeschäftigt. In absoluten Zahlen waren danach 1975 in den unterentwickelten Ländern Asiens, Afrikas und Lateinamerikas ungefähr 33 Millionen als arbeitslos registriert und ungefähr 250 Millionen unterbeschäftigt, darunter insgesamt 55 Millionen in städtischen Gebieten. Die Zahl der Arbeitslosen und Unterbeschäftigten in Entwicklungsländern (zusammen 283 Millionen) war damit ungefähr doppelt so hoch wie die geschätzte Zahl der Beschäftigten in der verarbeitenden Industrie der (westlichen) Industrieländer und Entwicklungsländer insgesamt (1970: 141 Millionen) oder ungefähr dreieinhalbmal so hoch wie die geschätzte Zahl der in der verarbeitenden Industrie der westlichen Industrieländer Beschäftigten (1970: 77 Millionen).[62]

Angaben über Arbeitslosigkeit und Unterbeschäftigung in einzelnen Ländern, wie sie sowohl als Schätzungen als auch als Census-Ergebnisse für einzelne Länder vorliegen, lassen erkennen, daß durch die vorstehenden globalen Schätzzahlen der Arbeitslosigkeit und Unterbeschäftigung in un-

60 Internationales Arbeitsamt, Beschäftigung, Wachstum und Grundbedürfnisse: Ein weltweites Problem. Bericht des Generaldirektors, Genf 1976, S. 18–19; vgl. Tabelle III–16.

61 Ohne Volksrepublik China und die anderen sozialistischen Länder Asiens.

62 Die Zahlen über die Beschäftigung in der verarbeitenden Industrie entstammen der folgenden Quelle: UNCTAD, Handbook of International Trade and Development Statistics 1976, S. 386.

terentwickelten Ländern allenfalls die untere Grenze angegeben wird. So wurde die Arbeitslosigkeit in Indien im Jahre 1971 von der indischen Regierung auf 18,7 Millionen geschätzt.[63] In Indonesien betrug 1974 die (geschätzte) Arbeitslosigkeit 4 Millionen, die (geschätzte) Unterbeschäftigung 28 Millionen.[64] Von einer arbeitsfähigen Bevölkerung von 45 Millionen waren nur 27 Prozent vollbeschäftigt. Die Arbeitslosigkeit und Unterbeschäftigung in der Dominikanischen Republik wurde für 1975 auf 40 Prozent geschätzt[65], die «offene Arbeitslosigkeit» in El Salvador betrug 1971 20 Prozent[66], die Arbeitslosigkeit in Kolumbien wurde 1975 auf 10 bis 15 Prozent geschätzt[67]; die Arbeitslosigkeit in Puerto Rico betrug 1974 13,9 Prozent und die Unterbeschäftigung zusätzlich 19,5 Prozent.[68] Jeweils ungefähr 15 Prozent betrug die Arbeitslosigkeit 1975 in Mauritius[69] und Tunesien.[70]

Die Trennung der freien, unbeschäftigten Arbeitskraft von den Produktionsmitteln – als Ergebnis der Durchsetzung kapitalistischer Produktionsverhältnisse – und die damit verbundenen Verhältnisse äußerster Armut in unterentwickelten Ländern zwingen die unbeschäftigte Arbeitskraft, um jeden Preis (für jeden Lohn) zu arbeiten. Sie bildet heute in der weltweit integrierten kapitalistischen Ökonomie eine jederzeit mobilisierbare industrielle Reservearmee. Ihre Zahl übertrifft, um es zu wiederholen, die Zahl der in der Industrie der westlichen Welt gegenwärtig beschäftigten Arbeitskräfte um ein Mehrfaches.

Die Ware Arbeitskraft, ihre industrielle Nutzung in freien Produktionszonen und Weltmarktfabriken, wird von den Regierungen vieler unterentwickelter Länder mit den Methoden der modernen Werbung wie jede andere Ware auf dem Weltmarkt (hier: auf dem Weltmarkt für Arbeitskräfte) zu vermarkten versucht. Produktivität, Loyalität, Mobilität und Qualität sind in der Konkurrenz der Länder um den Verkauf ihrer Arbeitskraft die Hauptschlagworte, soweit Menge und Preis der Arbeitskraft nicht allein als hinreichende Gründe für ihre Nutzung angepriesen werden.

63 Vgl. United Nations, Economic and Social Commission for Asia and the Pacific (ESCAP), Economic and Social Survey of Asia and the Pacific 1974, Bangkok 1975, S. 130.

64 Vgl. Bundesstelle für Außenhandelsinformation, Mitteilungen (Weltwirtschaft zur Jahresmitte 1975): Indonesien, August 1975, S. 4.

65 Vgl. The Financial Times, 24. September 1975: «Dominican Republic».

66 Vgl. Bundesstelle für Außenhandelsinformation, Marktinformationen: El Salvador, Oktober 1975, S. 2.

67 Vgl. Economic Development Administration, Puerto Rico Labor Profile, Februar 1975, S. 4 u. 5.

68 Vgl. Statistisches Bundesamt, Länderkurzberichte, Kolumbien, 1975, S. 7.

69 Vgl. Nachrichten für Außenhandel, 30. Juli 1975: «Mauritius erwartet deutsche Investoren».

70 Vgl. The Financial Times, 16. Juni 1976: «Tunisia».

In einer Broschüre «Malaysia: Möglichkeiten für Europäische Investitionen» wirbt die Federal Industrial Development Authority (von Malaysia) mit folgenden Argumenten für Investitionen in Malaysia:

«Die Löhne in Malaysia gehören zu den niedrigsten in dieser Region; weibliche Arbeitskräfte können zu einem Tageslohn von ungefähr 1,50 US-Dollar beschäftigt werden. Die Arbeitskräfte sprechen im allgemeinen Englisch, und der Alphabetisierungsgrad ist überdurchschnittlich hoch. Große multinationale US-Konzerne, wie Hewlett Packard, Motorola und National Semiconductor, die arbeitsintensive Produktionen nach Malaysia verlagert haben, haben erfahren, daß die Arbeitskräfte leicht anlernbar und produktiv sind, so daß sie schon nach weniger als zwölf Monaten ihre Produktion in Malaysia nicht nur ausgedehnt haben, sondern auch neue Fabriken für die Produktion von anspruchsvolleren Erzeugnissen errichtet haben.»[71]

In einer ganzseitigen Anzeige der Regierung der Philippinen in der *Times* heißt es unter der Überschrift: «Sieben gute Gründe, warum Sie sich jetzt für die Philippinen interessieren sollten»:

«Unsere Arbeitskraft spricht Ihre Sprache. Es spielt keine Rolle, ob Sie in der Elektronik-, Bekleidungs- oder Automobilindustrie tätig sind. Die Alphabetisierungsrate betrug 1973 83,4 Prozent (Englisch ist Unterrichtssprache). Unter allen asiatischen Ländern ist die Alphabetisierungsrate der Philippinen der japanischen am nächsten. Das allgemein hohe Niveau der Ausbildung des philippinischen Arbeiters macht ihn sehr anpassungsfähig und leicht anlernbar. (Sie können sogar über Arbeitskräfte verfügen, die die Regierung in ihren Ausbildungszentren für Sie besondes vorbereitet hat.)»[72]

Die Investitionsbehörde von Thailand wirbt in einer Broschüre «fünfzehn wichtige Gründe, warum Sie in Thailand investieren sollten» mit dem folgenden Text:

«Einer der Hauptgründe für Investoren, Thailand vor anderen Ländern dieser Region den Vorzug zu geben, ist die praktisch im Überfluß vorhandene billige Arbeitskraft. Der Mindestlohn für ungelernte Arbeitskräfte in Bangkok und in sechs angrenzenden Industriegebieten war Ende 1974 auf 20 Baht pro Tag (1 US-Dollar) festgesetzt worden. Obwohl dies noch ein extrem niedriger Lohn ist, war er doch um 20 Prozent höher als Ende 1973; dies zeigt, daß sich sowohl der öffentliche als auch der private Sektor der steigenden Lebenshaltungskosten der thailändischen Arbeiter bewußt sind. Der Mindestlohn beträgt außerhalb Bangkoks 16 Baht pro Tag in den Nord- und Nordostprovinzen und 18 Baht im Süden von Thailand. Die thailändischen

71 Federal Industrial Development Authority, Malaysia: Opportunities for European Investments, S. 2.

72 The Times, 12. Juni 1975.

Arbeitskräfte sind manuell sehr geschickt. Sie sind in der Lage, neue Produktionsprozesse rasch zu lernen, auch wenn diese ein hohes Maß an Konzentration, Anpassungsfähigkeit und Initiative verlangen . . .

Thailändische Frauen sind in jeder Hinsicht so befähigt wie Männer; sie werden häufig wegen ihrer höheren Ausdauer bevorzugt. Männer und Frauen führen an vielen Arbeitsplätzen die gleichen Arbeiten aus; in dieser Hinsicht gibt es keine Unterschiede, wie sie in manchen anderen Ländern vorhanden sein mögen. Generell erhalten sie für gleiche Arbeit den gleichen Lohn. Ausländische Investoren sollten wissen, daß der Buddhismus und Thailands Geschichte das Verhältnis von Arbeitgeber und Arbeitnehmer in besonderer Weise beeinflußt haben; es ist eher eines von Vormund und Mündel als eines von Herr und Knecht. Mit anderen Worten, es ist sehr leicht, sich die Loyalität der Arbeitskraft zu sichern, vorausgesetzt, daß sie mit Freundlichkeit und Höflichkeit behandelt wird.»[73]

Die Behörde für Wirtschaftsplanung von Südkorea bietet die Arbeitskraft von Südkorea in einem Investitionsführer mit den folgenden Argumenten an:

«Koreas Arbeitskraft ist eine der Hauptressourcen des Landes. Ein umfassendes Ausbildungssystem sorgt dafür, daß über 90 Prozent der Bevölkerung alphabetisiert sind. Soweit eine generelle Charakterisierung erlaubt ist, könnte man sagen, daß die Koreaner äußerst intelligent, aufstrebend und individualistisch sind. Unterbeschäftigung ist ein Hauptproblem in Korea. Ein beträchtlicher Teil der Arbeitskräfte findet nur saisonale oder Teilzeitbeschäftigung. Dies hat zu einem, im Vergleich mit westlichen Maßstäben, niedrigen Durchschnittslohnniveau geführt. Infolge des raschen Ausbaus von Berufsschulen und technischen Ausbildungsstätten sind Facharbeiter fast aller Berufsgruppen verfügbar.»[74]

Der folgende Text ist ein Auszug aus einer Anzeige des Ministeriums für Handel und Industrie von Mauritius in der *Financial Times*:

«Die Exportfabrikationszonen in Mauritius sind ideale Standorte für arbeitsintensive Produktionen der Leichtindustrie. Mauritius verfügt über eine große Reserve von Arbeitskräften, die leicht für neue und moderne Produktionsverfahren anlernbar sind. Die Lohntarife sind wesentlich niedriger als in vergleichbaren Kategorien in entwickelten Ländern.»[75]

Die Verwaltung der Industriefreizone von Santiago, Dominikanische Republik, wirbt mit dem folgenden Text:

73 The Office of the Board of Investment, 15 powerful reasons why you should invest in Thailand, S. 13.

74 Economic Planning Board, Guide to Investment in Korea 1975, S. 45–46.

75 The Financial Times, 18. Juni 1976.

«Santiago ist vor allem wegen seiner Arbeitskraft ein idealer Standort für eine Industriefreizone. Die Arbeitskräfte dieser Region, Männer wie Frauen, sind intelligent, kooperativ, diszipliniert und leicht anlernbar. Dies ist darauf zurückzuführen, daß Santiago eine jahrhundertealte industrielle Tradition hat.»[76]

Die Verwaltung der freien Zone von Cartagena, Kolumbien, stellt in den Mittelpunkt ihres Werbetextes einen Lohnvergleich:

«Billige Arbeitskraft: Dies ist zweifellos der Hauptanreiz, den die Industrie- und Handelsfreizone anbieten kann. Die Löhne sind mehr oder weniger die gleichen, die in den Industriezonen des Fernen Ostens gezahlt werden (2,10 US-Dollar pro Tag einschließlich der Beiträge zur Sozialversicherung). Die Arbeitskräfte sind leicht anlernbar; befähigte Ausbilder stehen zur Verfügung. Infolge der hohen Arbeitslosenrate, des raschen Bevölkerungswachstums und der Abwanderung aus den ländlichen Gebieten können männliche und weibliche Arbeitskräfte praktisch in jeder Zahl sofort eingestellt werden.»[77]

Der folgende Text ist einer Werbeschrift der Zentralbank von Nicaragua entnommen:

«In Nicaragua ist billige Arbeitskraft im Überfluß vorhanden. Zum Teil ist dies darauf zurückzuführen, daß die Schaffung von Arbeitsplätzen hinter dem Wachstum der urbanen Bevölkerung zurückgeblieben ist. Die Löhne sind relativ niedrig. Der Mindestlohn pro Tag ist niedriger als der Mindestlohn pro Stunde in den USA.»[78]

In deutscher Sprache wirbt die Puerto Rico Economic Development Administration mit dem folgenden Text:

«Puerto Rico hat 921 000 Arbeitskräfte, von denen fast die Hälfte weniger als 35 Jahre alt ist. Der Vorrat an Arbeitskräften zählt in der Tat zu den reichsten Industrieressourcen der Insel. Gegenwärtig stehen mehr als 100 000 Personen zur *sofortigen* Einstellung zur Verfügung – Arbeitgeber überall in Puerto Rico berichten, daß sich wenigstens fünf Kandidaten für jede angebotene Stelle bewerben. Die Arbeitskräfte der Insel zeichnen sich durch eine große Mobilität aus; sie gehen dahin, wo sich Arbeitsplätze befinden.»[79]

Die Folge solcher Zitate könnte für eine große Zahl von Ländern fortgesetzt werden.

a) Sie macht deutlich, zu welchen Bedingungen die Arbeitskräfte der unterentwickelten Länder auf dem Weltmarkt für Arbeitskraft angeboten werden;

76 Corporacion Zona Franca Industrial de Santiago, INC., S. 3.
77 Zona Franca Industrial y Comercial de Cartagena, Investor's Guide, S. 1.
78 Banco Central de Nicaragua, Nicaragua – a market for off-shore assembly, S. 5.
79 Commonwealth of Puerto Rico Economic Development Administration, Arbeitskräfte, Berufsausbildung, Löhne.

INDUSTRIEANSIEDLUNGEN

Jetzt noch mehr Arbeitskraft für Ihre DM

FÜR NUR 1,- US-DOLLAR

arbeitet sie gerne für Sie 8 Stunden, und viele, viele hundert ihrer geschickten Freundinnen warten auf Sie.

Sie haben außerdem:

Steuer- und Zollfreiheit – freien Transfer – gute Luftfrachtverbindungen – ruhiges Arbeitsklima – naher US-Markt – Baugelände für eigene Investitionen oder freie Kapazitäten für Lohnveredelungs-Aufträge.

Bauelemente – Sportartikel – Spielwaren – Bekleidung – Handarbeiten usw. Schreiben Sie an:

HAITI + THIRD WORLD INVESTMENT-BUREAU

P.O.B. 297 – Port-au-Prince/Haiti WI

Aus: *Handelsblatt* vom 31. August 1973

b) sie zeigt, daß die Arbeitskraft der unterentwickelten Länder als industrielle Reservearmee weltweit organisiert wird;

c) sie läßt die Konkurrenz der Arbeitskräfte auf dem Weltarbeitsmarkt erkennen;

d) sie ist selbst ein Ausdruck der weltweiten Integration des Arbeitsmarktes.

3.2. Struktur der Beschäftigung in freien Produktionszonen und Weltmarktfabriken

Die Beschäftigungsstruktur in freien Produktionszonen und Weltmarktfabriken wird im folgenden nur hinsichtlich einiger ihrer hervorstechenden Merkmale analysiert. Eine systematische Behandlung aller wesentlichen Elemente der Arbeitskraft- und Arbeitsplatzstruktur aller freien Produktionszonen und Weltmarktfabriken ist auf Grund unzureichenden empirischen Materials nicht möglich.

Die hervorstechenden Merkmale der Struktur der Beschäftigung in freien Produktionszonen und Weltmarktfabriken sind mit wenigen Sätzen genannt:

1. Ein überwiegender Anteil der Beschäftigten besteht aus Frauen.
2. Ein überwiegender Anteil der Beschäftigten gehört zur Altersgruppe der 16- bis 25jährigen.
3. Ein überwiegender Anteil der Beschäftigten besteht aus beruflich ungelernten oder angelernten Arbeitskräften.
4. Ein überwiegender Anteil der Beschäftigten ist unmittelbar in der Produktion tätig.
5. Die Investitionen pro Arbeitsplatz sind im Durchschnitt sehr niedrig.
6. Größere Veränderungen in der Beschäftigungsstruktur zeichnen sich auch in solchen freien Produktionszonen nicht ab, die seit Jahren in Betrieb sind.

Der Anteil der Frauen an den Gesamtbeschäftigten beträgt in der Mehrzahl der freien Produktionszonen mehr als 70 Prozent. Über verschiedene Länder liegen einzelne Angaben vor. Von 13874 Beschäftigten der freien Zone Bayan Lepas, Malaysia, am Jahresende 1974 waren 11533 Frauen (83 Prozent) und 2341 Männer.[80] In der Exportzone Masan (MAFEZ), Südkorea, waren im April 1975 von 20212 Arbeitskräften 14434 Frauen (71 Prozent).[81] In den Exportfabrikationszonen von Taiwan, Kaohsiung, Nantze und Taichung, waren im September 1975 von 62143 Beschäftigten 49080 Frauen (79 Prozent). Der Anteil der Frauen ist in den drei Zonen unabhängig von der absoluten Beschäftigungshöhe fast gleich hoch. Er beträgt in Kaohsiung 80

80 Statistik der Penang Development Corporation.
81 Vgl. Business Asia (11. Juli 1975), S. 222.

Prozent (32892 Frauen von 41017 Arbeitskräften insgesamt), in Nantze 78 Prozent (10328 Frauen von 13160 Arbeitskräften insgesamt) und in Taichung 74 Prozent (5860 Frauen von 7966 Arbeitskräften insgesamt).[82] In den Exportfabrikationszonen von Mauritius beträgt der Anteil der Frauen an den Beschäftigten verschiedenen Quellen zufolge mehr als 80 Prozent.[83] In den Weltmarktfabriken der nördlichen Grenzzone von Mexiko beträgt der Anteil der Frauen an der Gesamtbeschäftigung ungefähr 80 Prozent.[84] Ein ähnlich hoher Anteil der Frauen an der Gesamtbeschäftigung ist von den freien Produktionszonen und Weltmarktfabriken in fast allen anderen Ländern anzunehmen. Das geht einmal aus einer großen Zahl einzelner Hinweise, wie Firmenberichten, Branchenanalysen, Einstellungsanzeigen etc. hervor; zum anderen sind gleiche Produkt- und Fertigungsstrukturen in den meisten Zonen und Weltmarktfabriken ein entsprechender Indikator.

Wie die folgende Statistik der Altersstruktur der Beschäftigten in den freien Produktionszonen von Taiwan deutlich macht[85], gehört ein hoher Anteil der beschäftigten Frauen als auch der Beschäftigten insgesamt zur Altersgruppe der 14- bis 24jährigen. Von 46145 Arbeiterinnen in der Produktion in den drei Zonen Taiwans im September 1975 gehörten 2016 der Altersgruppe der 14- bis 15jährigen, 20836 der Altersgruppe der 16- bis 19jährigen und 17285 der Altersgruppe der 20- bis 24jährigen an. Auf die Altersgruppe der 14- bis 24jährigen entfiel damit ein Anteil von 87 Prozent an den insgesamt beschäftigten Produktionsarbeiterinnen. In der Zone von Kaohsiung machte dieser Anteil sogar 91 Prozent aus (28262 der Altersgruppe der 14- bis 24jährigen von 31152 Produktionsarbeiterinnen insgesamt). Der Anteil der 14- bis 24jährigen an den männlichen Produktionsarbeitern betrug zum gleichen Zeitpunkt in den drei Zonen 61 Prozent (5481 von 9054 männlichen Arbeitskräften insgesamt); der Anteil der Altersgruppe der 14- bis 29jährigen an den männlichen Produktionsarbeitern betrug 81 Prozent (7328 Arbeitskräfte). Nicht viel anders sieht die Altersstruktur der Beschäftigten aus in der Exportfabrikationszone Masan (Südkorea) und in den freien Zonen von Malaysia. So gehörten 80 Prozent der in Masan beschäftigten Arbeitskräfte der Altersgruppe der 18- bis 30jährigen an.[86] Von den weiblichen Arbeitskräften in der freien Zone Bayan Lepas, Malaysia, gehörten 1974 80 bis 85 Prozent der Altersgruppe der 18- bis 24jährigen an. Der Anteil dieser Altersgruppe an den unmittelbar in der Produktion

82 Vgl. Export Processing Zone Administration, Kaohsiung, Export Processing Zones Essential Statistics, September 1975, S. 20–22.

83 Vgl. The Financial Times, 26. Juni 1974; The Financial Times, 18. Juni 1976; Frankfurter Allgemeine Zeitung, 20. Dezember 1976.

84 Vgl. The Times, 17. August 1976.

85 Vgl. Export Processing Zone Administration, Essential Statistics, S. 20–22.

86 Vgl. A Fact Finding Survey on the Masan Free Export Zone. In: AMPO, Japan-Asia Quarterly Review, Heft 2 (1976), S. 67.

Beschäftigten (*operators*) betrug in verschiedenen Unternehmen 100 Prozent.[87]

Die folgenden Zahlen über den Anteil der unmittelbar in der Produktion Beschäftigten an der Gesamtbeschäftigung in den freien Produktionszonen von Taiwan und Malaysia zeigen, daß ein überdurchschnittlich hoher Anteil der Beschäftigten in freien Produktionszonen und Weltmarktfabriken unmittelbar in der Produktion tätig ist. In den drei Zonen von Taiwan[88] waren im September 1975 von insgesamt 62143 Beschäftigten 55199 Produktionsarbeiter(-innen). Das ist ein Anteil von 89 Prozent. In der Zone von Kaohsiung betrug der Anteil der Produktionsarbeiter(-innen) an der Gesamtbeschäftigung sogar 90 Prozent (37008 Produktionsarbeiter[-innen] von 41017 Beschäftigten insgesamt). In den drei Freizonen von Penang, Bayan Lepas, Prai und Prai Wharf (einschließlich Pulau Jerejak), waren Ende 1973 von 14028 Beschäftigten insgesamt 11885 Arbeitskräfte unmittelbar in der Produktion tätig (84 Prozent).[89]

Die Investitionen pro Arbeitsplatz sind, wie die folgenden Zahlen zeigen, in Fabriken in freien Produktionszonen und sonstigen Weltmarktfabriken überdurchschnittlich niedrig. In den Exportfabrikationszonen von Taiwan hatten 260 Unternehmen insgesamt 118,8 Millionen US-Dollar investiert. Das entspricht einem durchschnittlichen Kapitalaufwand pro Arbeitsplatz in Höhe von 1912 US-Dollar (alle Angaben beziehen sich auf den Stand September 1975).[90] Darunter waren in der Elektronikindustrie Investitionen pro Arbeitsplatz in Höhe von 1822 US-Dollar, in der elektrotechnischen Industrie (ohne Elektronik) von 2875 US-Dollar, in der Textilindustrie von 1163 US-Dollar, in der Bekleidungsindustrie von 763 US-Dollar, in der Metallwarenindustrie von 4314 US-Dollar, in der Herstellung von Präzisionsinstrumenten von 4552 US-Dollar, in der Herstellung von Kunststofferzeugnissen von 1727 US-Dollar und im Maschinenbau von 5233 US-Dollar zu verzeichnen. In den Auslandsunternehmen der verarbeitenden Industrie in Hongkong waren von 256 Unternehmen, die 70421 Arbeitskräfte beschäftigen, insgesamt 295 Millionen US-Dollar investiert worden (alle Angaben beziehen sich auf den Stand Februar 1975).[91] Das entspricht einem durchschnittlichen Kapitalaufwand pro Arbeitsplatz in Höhe von 4189 US-Dollar. Darunter waren in der Elektronikindustrie Investitionen pro Arbeitsplatz von 1961 US-Dollar, in der elektrotechnischen Industrie (ohne Elektronik) von 5653 US-Dollar, in der Textil- und Bekleidungsindustrie von 5279 US-Dollar, in der Metallwaren herstellenden Industrie von 5602 US-Dollar und in der

87 Statistik der Penang Development Corporation.
88 Vgl. Export Processing Zone Administration, Essential Statistics, S. 20–22.
89 Vgl. Statistik der Penang Development Corporation.
90 Vgl. Export Processing Zone Authority, Essential Statistics, S. 6–7.
91 Vgl. Far Eastern Economic Review, 28. März 1975: «Hong Kong '75: Industrial Investment».

Herstellung von Kunststofferzeugnissen und Spielwaren von 2470 US-Dollar zu verzeichnen. In den Weltmarktfabriken der nördlichen Grenzzone von Mexiko waren 1974 pro Arbeitsplatz durchschnittlich 840 US-Dollar investiert, darunter in der elektrotechnischen und elektronischen Industrie 690 US-Dollar, in der Bekleidungs- und Schuhindustrie 890 US-Dollar und in der Möbelherstellung 1100 US-Dollar.[92]

Die Beschäftigungsstruktur in freien Produktionszonen und Weltmarktfabriken ist, wie die vorstehenden Angaben über die Geschlechterstruktur, Altersstruktur und Qualifikationsstruktur erkennen lassen, außerordentlich unausgewogen. Aus einem praktisch unbegrenzten Angebot unbeschäftigter Arbeitskräfte wird von den Fabriken in freien Produktionszonen und von sonstigen Weltmarktfabriken eine spezifische Arbeitskraft ausgewählt: vorwiegend Frauen der jüngeren Altersgruppen. Die Selektionskriterien sind eindeutig: Es wird

a) die Arbeitskraft beschäftigt, für die der geringste Lohn zu zahlen ist, es wird

b) die leistungsfähigste Arbeitskraft beschäftigt (unverbrauchte Arbeitskraft, von der die höchste Arbeitsintensität zu erwarten ist) und es wird

c) vorwiegend ungelernte/angelernte Arbeitskraft beschäftigt.

Auch – insbesondere auch – in unterentwickelten Ländern ist der Preis der Ware weibliche Arbeitskraft niedriger als der der Ware männliche Arbeitskraft. So sind in der verarbeitenden Industrie (vgl. Abschnitt 3.3) die Löhne der Frauen häufig bis um die Hälfte geringer als die der Männer. Der Zwang der Frauen, sich zu den niedrigsten Löhnen als Arbeitskraft verkaufen zu müssen, hat letztlich keine andere Ursache, als daß Frauen unter den Bedingungen der Unterentwicklung noch weniger als Männer Möglichkeiten haben, ihre Lebensbedingungen zu verändern, brutaler gesprochen, ihr Überleben zu sichern. Neben den unterschiedlichen Löhnen sind höhere Arbeitsintensitäten Hauptursache für die Beschäftigung von Frauen, was, wie die folgenden Beispiele zeigen, in der Wirtschaftspresse selbst in aller Deutlichkeit festgestellt wird.

> «Spezifische Arbeitskraft wird zum Beispiel gebraucht für die Verdrahtung von Speicherelementen unter dem Mikroskop (für die Computerfertigung) und für Lötarbeiten in der Rundfunk- und Fernsehgeräteherstellung. Für die Arbeiten werden Arbeitskräfte mit guter Sehkraft und geschickten Händen benötigt. Unter der Bedingung der Minimierung der Lohnkosten ist die nachgefragte Arbeitskraft dann eine junge Frau in einem Land Asiens, in dem Lohnunterschiede zwischen männlichen und weiblichen Arbeitskräften existieren.»[93]

92 Vgl. Secretaría de Indústria y Comericio. Zitiert nach Victor Manuel Bernal Sahagún, The Impact of Multinational Corporations on Employment and Income: The Case of Mexico, Working Paper, ILO, Genf, Juli 1976, S. 183–184.

93 Masami Tamaoki, The Role of Industrial Free Zones. Case Studies in Asian Countries, UNIDO, ID/WG. 112/30, 7. Juni 1972, S. 12.

«Die meisten Hersteller bevorzugen weibliche Arbeitskräfte, da sie sich eher an lange Arbeitszeiten am Fließband anpassen können und längere Zeit zu konzentrierter Arbeit fähig sind. Außerdem akzeptieren sie niedrigere Löhne. Schließlich heißt es, daß sie geschicktere Hände haben, was in der Elektronikindustrie besonders wichtig ist.»[94]

«. . . die meisten Industrien in der Zone, besonders aber Textil- und Elektronikfabriken, beschäftigen hauptsächlich Frauen. 85 Prozent der Arbeitskräfte sind Frauen. Allerdings wird versucht, diesen Anteil zu verringern . . .

Der hohe Anteil ist nicht notwendig darauf zurückzuführen, daß Frauen in Mauritius niedrigere Löhne erhalten als Männer, sondern eher darauf, daß die Unternehmen herausgefunden haben, daß Frauen bei den meisten Tätigkeiten eine bessere Anpassungsfähigkeit als Männer zeigen.»[95]

Natürlich heißt «bessere Anpassungsfähigkeit», ebenso wie «Bereitschaft» zu niedrigeren Löhnen zu arbeiten, nichts anderes, als daß Frauen eine höhere Arbeitsintensivität und niedrigere Löhne als männliche Arbeitskräfte akzeptieren müssen.

Die weiter oben vorgestellten Zahlen über die Investitionen pro Arbeitsplatz sind im Zusammenhang mit der Beschäftigungsstruktur wie folgt zu interpretieren: In freien Produktionszonen und Weltmarktfabriken werden überwiegend ungelernte/angelernte Arbeitskräfte mit wenigen Teilarbeiten eines in seine Elemente zerlegten Fertigungsprozesses beschäftigt, für deren Ausführung bis auf Ausnahmen eine geringe Kapitalausstattung (Maschinenausstattung) pro Arbeitsplatz erforderlich ist. Abgesehen von Werkhallen, Reparatur- und Versorgungseinrichtungen und von Arbeitstischen und -stühlen und Fließbändern sind das zum Beispiel in der Halbleiterfertigung pro Arbeitsplatz Mikroskop und Lötkolben und wenige Kleinwerkzeuge. Auch in der Radio- und Fernsehgerätemontage beschränkt sich die Ausstattung der meisten Arbeitsplätze auf wenige Kleinwerkzeuge und Testgeräte. Die Fertigung geschieht in einem hohen Grade manuell (Stecktechnologie). In der Bekleidungsindustrie besteht die maschinelle Einrichtung der meisten Arbeitsplätze aus der Nähmaschine. Eine relativ hohe Kapitalausstattung ist in freien Produktionszonen nur in wenigen Industrien zu verzeichnen, so in der Textilindustrie und in Einzelfällen sonstiger integrierter Produktion, wie im Schiffbau, im Maschinenbau und in der feinmechanisch-optischen Industrie. Während in der Textilindustrie gleichfalls fast ausschließlich ungelernte/angelernte Arbeitskraft beschäftigt wird, ist lediglich in den Fabriken mit komplexer Fertigung im Schiffbau, im Maschinenbau und in der feinmechanisch-optischen Industrie ein relativ hoher Anteil von Facharbeitern beschäftigt. Wesentliche Veränderungen in der Beschäftigungsstruktur in freien Produktionszonen zeichnen sich nicht ab. Die Ausdehnung der Produktion in Weltmarktfabriken ist nicht zuletzt eine Funktion der weiteren

94 Far Eastern Economic Review, 2. Juli 1976: «Pressure on Wages in Taiwan».
95 The Financial Times, 18. Juni 1976: «Mauritius».

Anwendung der Fertigungstechnologie der weitgehenden Zerlegung der Fertigung bei weiteren Produktgruppen und in weiteren Industriezweigen, gerade um der profitablen Nutzung ungelernter Arbeitskraft willen. Eine Ausdehnung der Produktion ist entsprechend vor allem mit zusätzlicher Beschäftigung von ungelernter/angelernter Arbeitskraft verbunden. So ist der Anteil der ungelernten/angelernten Arbeitskraft an den Gesamtbeschäftigten in Weltmarktfabriken auch in den Regionen, in denen der weltmarktorientierte Industrialisierungsprozeß weit vorangeschritten ist, zum Beispiel in Hongkong, Singapur und Taiwan, ähnlich hoch wie in anderen freien Produktionszonen. Die Nachfrage nach der spezifischen Arbeitskraft, Frauen der jüngeren Altersgruppen, ist nach wie vor auch in diesen Ländern der bestimmende Faktor auf den Arbeitsmärkten.[96]

Auch in den Regionen, in denen eine Konzentration von Weltmarktfabriken dazu geführt hat, daß unbeschäftigte Frauen der jüngeren Altersgruppen auf den entsprechenden Arbeitsmärkten nicht mehr zur Verfügung stehen, zeichnen sich kaum Veränderungen in der Beschäftigungsstruktur ab. Die Unternehmen reagieren fast ausnahmslos mit der Verlagerung an neue Standorte, an denen wiederum nur diese spezifische Arbeitskraft beschäftigt wird.[97]

96 So heißt es 1976 beispielsweise über die Elektronikindustrie in Hongkong: «Posters advertising job vacancies are again appearing in large numbers in working-class housing estates. These, however, generally seek the services of young female workers, indicating an increased labour demand in manufacturing (and particularly in the expanding denim factories).» – Far Eastern Economic Review, 5. März 1976: «Hong Kong '76».

Über die Nachfrage nach Arbeitskräften 1976 in der Exportfabrikationszone Taichung, Taiwan, heißt es in einem Bericht von *Business Asia*:

«In the Taichung export processing zone alone, some 37 plants manufacturing electronics, timepieces, optical goods, garments, machinery, musical instruments, and plastic products are undertaking expansions. This already has created 2600 new jobs, of which 2300 are for women and only 300 are for men.» – Business Asia, 26. März 1976, S. 100.

97 Wie die Auswahl der Arbeitskraft auf Unternehmensebene stattfindet, macht ein Beispiel deutlich, das Baerresen – in einer Untersuchung der Weltmarktfabriken in der Grenzzone von Mexiko – anführt:

«Die Erfahrung eines Managers in Ciudad Juárez ist bezeichnend für diese Situation. Als die Produktion beginnen sollte, erschien an drei Tagen eine Anzeige in einer lokalen Tageszeitung. Am ersten Tag erschienen 2000 Bewerber. Der Manager wählte aus den Bewerbern 300 Personen aus, deren Geschicklichkeit getestet wurde. 280 Personen erreichen eine Punktzahl von über 20, welche als hoch anzusehen ist, 90 Arbeiter, die er benötigte, wurden eingestellt. Dieser Manager hatte bereits in fünf ähnlichen Fabriken in den USA die Produktion vorbereitet; in diesen Fabriken liegt das Durchschnittsergebnis der Bewerber im Geschicklichkeitstest zwischen 14 und 16 Punkten – so daß er dort froh ist, wenn er Arbeiter einstellen kann, die eine Punktzahl von über 16 erreichten.

3.3. Die Überausbeutung der Arbeitskraft

Tabelle III–17 enthält eine Übersicht über die Stundenlöhne der verarbeitenden Industrie in ausgewählten Ländern in Asien, Afrika und Lateinamerika. Die Löhne in freien Produktionszonen und Weltmarktfabriken entsprechen im Durchschnitt den dort angegebenen Sätzen.[98] Aus der Tabelle wird deutlich, wie außerordentlich niedrig die Löhne sind, die an den neuen Produktionsstandorten in unterentwickelten Ländern gezahlt werden. Für acht- bis zehnstündige Arbeitstage und 48stündige Arbeitswochen wurden 1975 an ungelernte/angelernte Arbeitskräfte Tageslöhne von ein bis zwei US-Dollar und Monatslöhne von häufig weniger als 50 US-Dollar gezahlt. Die Stundenlöhne für ungelernte/angelernte Arbeitskräfte betrugen 1974/75 in zahlreichen Ländern, darunter in Indien, Indonesien, Südkorea, Malaysia, Philippinen, Taiwan, Thailand, Mauritius, Brasilien, Guatemala, Haiti, Honduras und Kolumbien, weniger als 0,25 US-Dollar.

Die folgenden Beispiele illustrieren im einzelnen, welche Löhne in freien Produktionszonen und Weltmarktfabriken gezahlt werden. 1974 betrugen die *Tages*löhne in Hongkong in der Bekleidungsindustrie 3,15 US-Dollar, in der Elektronikindustrie für weibliche Arbeitskräfte 2,36 US-Dollar, in der Kunststoffindustrie für weibliche Arbeitskräfte 2,56 US-Dollar und in der Spielzeugherstellung 3,34 US-Dollar.[99] In der freien Produktionszone von Bombay wurden 1976 für ungelernte Arbeitskräfte Brutto-*Monats*löhne (einschließlich Lohnnebenkosten) in Höhe von durchschnittlich 25 US-Dollar, für angelernte Arbeitskräfte in Höhe von durchschnittlich 33 US-Dollar

Das große Angebot verfügbarer mexikanischer Arbeiter gibt den Arbeitgebern die Möglichkeit, Arbeiter mit Verhaltensweisen und physischen Fähigkeiten so auszuwählen, daß eine Senkung der Kosten für Ausrüstungen möglich wird. Elektronikunternehmen können zum Beispiel junge Frauen einstellen, deren Sehvermögen ausreicht, um ohne Hilfsmittel schwierige Montagearbeiten durchzuführen. In den USA stehen für diese Arbeiten gewöhnlich nur ältere Frauen zur Verfügung, für die Vergrößerungsgläser bereitgestellt werden müssen.» – Donald B. Baerresen, The Border Industrialization Programme of Mexico, Lexington 1971, S. 32–33.

98 Es ist ein häufig angeführtes, aber so gut wie nicht belegtes Argument, daß Auslandsunternehmen in unterentwickelten Ländern über dem jeweiligen Lohndurchschnitt liegende Löhne zahlen. Berücksichtigt man die Organisation der Produktion in Auslandsunternehmen, die die Nutzung der Arbeitskraft über die volle Länge des Arbeitstages sichert, und den hohen Intensitätsgrad der Arbeit in Auslandsunternehmen, so ist anzunehmen, daß ein nominal höherer Lohn häufig ein real niedrigerer Lohn (Reproduktion der stärker verbrauchten Arbeitskraft) ist. In Weltmarktfabriken, die um der industriellen Nutzung der billigen Arbeitskraft in unterentwickelten Ländern errichtet werden, werden jedoch selbst nominal häufig Löhne gezahlt, die unter den jeweiligen Löhnen in der inländischen Industrie liegen.

99 Vgl. Trade Development Council, Industrial Investment in Hong Kong, Hongkong 1974, S. 25.

und für Facharbeiter in Höhe von durchschnittlich 50 US-Dollar gezahlt.[100] In den freien Produktionszonen von Malaysia betrugen die *Tages*löhne für angelernte Arbeitskräfte in der Elektronikindustrie 1974 1,45 bis 1,75 US-Dollar und in der Textilindustrie 1,30 bis 1,54 US-Dollar.[101] In der Exportfabrikationszone Bataan, Philippinen, wurden 1975 *Monats*löhne von durchschnittlich 36 US-Dollar gezahlt. Ungelernte Arbeitskräfte erhielten *Tages*löhne von 1,20 US-Dollar, angelernte Arbeitskräfte 1,48 bis 1,77 US-Dollar und Facharbeiter 1,77 bis 2,22 US-Dollar.[102] Die *Tageslöhne* in der Elektronikindustrie in Südkorea betrugen 1976 ungefähr 1,50 US-Dollar für ungelernte/angelernte Arbeitskräfte und ungefähr 5,20 US-Dollar für Vorarbeiter und Werkzeugmacher.[103] In Thailand erhielten ungelernte Arbeitskräfte in Weltmarktfabriken Ende 1974 einen *Tages*lohn von 1 US-Dollar.[104] In Nicaragua wurden 1975 in Weltmarktfabriken der elektrotechnischen Industrie an ungelernte/angelernte Arbeitskräfte *Stunden*löhne von 0,27 US-Dollar gezahlt; Facharbeiter erhielten einen *Stundenlohn* von 0,90 US-Dollar.[105] In der Exportindustrie von Costa Rica erhielten ungelernte/angelernte Arbeitskräfte *Tages*löhne von 3,14 bis 3,35 US-Dollar; Facharbeiter verdienten *Tages*löhne von durchschnittlich 4,31 US-Dollar.[106] In den freien Produktionszonen der Dominikanischen Republik wurden an ungelernte/angelernte Arbeitskräfte 1974 *Stunden*löhne zwischen 0,25 bis 0,40 US-Dollar gezahlt.[107] Die niedrigsten Löhne wurden in den freien Produktionszonen von Mauritius gezahlt. 1975 erhielten ungelernte weibliche Arbeitskräfte einen *Tageslohn* von 0,70 US-Dollar und angelernte weibliche Arbeitskräfte einen *Tageslohn* von 0,88 US-Dollar.[108]

Tabelle III–17 macht zum Teil die Diskrepanzen zwischen den Löhnen für Frauen und Männer deutlich.[109] So erhielten in den Weltmarktfabriken von Südkorea die weiblichen Arbeitskräfte 1974 einen Durchschnittslohn (0,21 US-Dollar pro Stunde), der weniger als die Hälfte des Lohnes der männli-

100 Vgl. Santa Cruz Electronics Export Processing Zone, Investment Opportunities in Electronics Export, Bombay 1976, S. 7.

101 Statistik der Penang Development Corporation.

102 Vgl. Export Processing Zone Authority, Bataan Export Processing Zone: An Introduction.

103 Vgl. Deutsche Gesellschaft für wirtschaftliche Zusammenarbeit, Reisebericht Korea, S. 8.

104 Vgl. The Office of the Board of Investment, 15 powerful reasons, S. 13.

105 Vgl. Banco Central de Nicaragua, Nicaragua – a market for off-shore assembly, S. 5.

106 Oficina de Planificación y Política Económica, 9. Oktober 1975.

107 Vgl. Corparación Zona Franca Industrial de Santiago, Inc., Zona Franca Industrial, S. 4–5.

108 Vgl. Ministry of Commerce and Industry, Factor Costs, Januar 1975.

109 Soweit Tabelle III–17 nur einen Lohnsatz ausweist (in der Mehrzahl der Fälle), gilt dieser in der Regel nur für männliche oder nur für weibliche Arbeitskräfte, ohne daß dies im einzelnen angebbar ist.

chen Arbeitskräfte (0,43 US-Dollar pro Stunde) betrug. In Mauritius erhielten ungelernte und angelernte weibliche Arbeitskräfte 1975 einen Lohn, der gleichfalls weniger als die Hälfte des Lohnes für männliche Arbeitskräfte betrug. Für Taiwan und Südafrika weist die Tabelle eine Differenz zwischen den Löhnen von Frauen und Männern von einem Viertel bis zu einem Drittel aus. In Singapur lag der Durchschnittslohn der Frauen 1975 58 Prozent unter dem Durchschnittslohn der Männer.

«Im Durchschnitt verdient eine weibliche Arbeitskraft in Singapur weniger als ihr männlicher Kollege. Die Lohndifferenz ist erheblich. Zum Beispiel macht eine gerade herausgekommene umfassende Untersuchung der Lohnstruktur deutlich, daß 1975 Männer im Durchschnitt 1,78 S-Dollar[110] pro Stunde verdienten, während Frauen einen um 42 Prozent geringeren Lohn erhielten. In keinem Industriezweig verdienten Frauen mehr als Männer. Zum Beispiel ... (erhielten Frauen) in der traditionell von weiblichen Arbeitskräften dominierten Textilindustrie einen Stundenlohn in Höhe von 1,04 S-Dollar, 43 Prozent unter dem Lohntarif der Männer in Höhe von 1,49 S-Dollar; in der Bekleidungsindustrie – 0,96 S-Dollar pro Stunde, 34 Prozent unter dem Lohntarif der Männer ... und in der pharmazeutischen Industrie – 50 Prozent unter dem Lohntarif der Männer.»[111]

Was den Arbeitskräften in Weltmarktfabriken in freien Produktionszonen und an sonstigen Standorten in unterentwickelten Ländern an Löhnen gezahlt wird, reicht vielfach nicht hin, um die Reproduktion der Arbeitskraft zu sichern.[112] Dies bedarf kaum einer Beweisführung. Monatslöhne in einer Größenordnung von 30 bis 100 US-Dollar reichen «auch» in unterentwickelten Ländern, wie allein ein Vergleich mit der benötigten Kaufkraft für den Kauf der Grundnahrungsmittel rasch deutlich machen würde, nicht hin, um die Reproduktion – die physische Wiederherstellung (von der psychischen ganz zu schweigen) – einer Arbeitskraft, die sich in industrieller hochintensiver Arbeit verbraucht, zu finanzieren. Gelingt es der Arbeitskraft nicht, ihre Reproduktion anderweitig zu sichern – zum Beispiel durch Nahrungsmittelzuschüsse der Familie oder durch allgemeine Subvention der industriellen Arbeitskraft aus dem ländlichen Sektor – wird sie nach notwendig frühem Verschleiß durch andere Arbeitskraft, entweder am gleichen Standort oder an neuen Standorten, ersetzt. Ersteres zeigt sich in hohen Fluktuationsraten; letzteres zeigt sich als Standortwechsel der Unternehmen.

Tabelle III–18 enthält Angaben über die durchschnittlichen Arbeitszeiten in der verarbeitenden Industrie in unterentwickelten Ländern. In der Mehr-

110 1 US-Dollar = 2,51 S-Dollar (Singapur-Dollar).

111 Asia Research Bulletin 1 (28. Februar 1977), S. 293.

112 Die tatsächlich gezahlten Löhne liegen nicht selten sogar noch unter den behördlich festgesetzten Mindestlöhnen oder vertraglich vereinbarten Lohnsätzen. Lohnabzüge werden für Transportdienste, Arbeitskleidung, Ausbildungszeiten etc. «berechnet» und häufig selbst rechtswidrig oder vertragsbrüchig vorgenommen.

zahl der Länder, in denen freie Produktionszonen und Weltmarktfabriken in Betrieb sind, beträgt die reguläre wöchentliche Arbeitszeit 48 Stunden. Der Unterschied zwischen dieser durchschnittlichen Wochenarbeitszeit und der regulären durchschnittlichen Wochenarbeitszeit in den Industrieländern von 40 bis 44 Stunden spiegelt jedoch nur unvollständig das Ausmaß des verlängerten Arbeitstages an den neuen Produktionsstandorten in den unterentwickelten Ländern wider. Eine hohe Zahl von Arbeitswochen pro Jahr, Überstunden und wenige Feiertage verlängern die Jahresarbeitszeit der Arbeitskräfte in freien Produktionszonen und Weltmarktfabriken im Vergleich zu der an den traditionellen Industriestandorten an einigen Standorten um mehr als 50 Prozent. So beträgt die Arbeitszeit in der verarbeitenden Industrie von Hongkong häufig mehr als 60 Stunden pro Woche.[113] In den Weltmarktfabriken in Südkorea beträgt die Wochenarbeitszeit für Produktionsarbeiter in der Regel 60 Stunden.[114] Im Jahr werden ungefähr «2800 produktive Stunden gefahren (zum Vergleich BRD: Durchschnitt 1860 Stunden)»[115].

Selbst sieben Arbeitstage pro Woche mit insgesamt 84 Arbeitsstunden, mit anderen Worten, Zwölf-Stunden-Arbeitstage ohne Unterbrechung, werden in der südkoreanischen Industrie verlangt.[116] In Betrieben der verarbeitenden Industrie in Thailand müssen Arbeitskräfte häufig neun Stunden pro Tag bei nur einem freien Tag im Monat arbeiten.[117] Wenn auch die vorstehend genannten Arbeitszeiten die Ausnahme sein mögen, so gilt doch allgemein, daß die Arbeitskräfte in freien Produktionszonen und Welt-

113 «There is no legal restriction on the hours of work for men over the age of 18 years. Consequently many men work ten hours a day, with a rest period of one to two hours although three-shift working, enabling machinery to be used 24 hours a day, is common . . . Women and young persons aged 16 and 17 may work eight hours a day plus two hours overtime up to an aggregate of 300 hours overtime per year. Working hours for these persons are limited to 48 hours per week» (Trade Development Council, Industrial Investment Hong Kong, S. 25).

114 «The standard work week is 48 hours; eight hours a day for six days. The working hours may be extended to 60 hours per week by mutual agreement. An extended work week has become a common practice in manufacturing and export industries.» Economic Planning Board, Guide to Investment in Korea, S. 48.

115 Deutsche Gesellschaft für wirtschaftliche Zusammenarbeit, Reisebericht Korea, S. 8.

116 Vgl. Herald Tribune, 13. Februar 1976: «7-Day, 84 Hour Work Weeks: Seoul's economic miracle is a heavy burden on workers»; Handelsblatt, 22. Juni 1976: «Korea braucht Auslauf zum Europa-Markt»: «Eine auch in der Industrie übliche sechs-, oft auch siebentägige Arbeitswoche, mit täglich bis zu 12 Stunden, wird als nationale Tat gepriesen».

117 «In manufacturing a 48 hour week is commonly worked, but this is not standard. Some industries and trades work nine hours a day with only one day off each month for labourers.» Board of Investment, Investing in the Dynamic Growth of Thailand, Juli 1974, S. 46.

marktfabriken in unterentwickelten Ländern in der Regel

a) mindestens 48 Stunden pro Woche zu arbeiten haben,
b) mindestens 50 Wochen im Jahr arbeiten müssen,
c) nur in den Genuß weniger Feiertage kommen und
d) häufig Überstunden zu arbeiten haben.

Die Jahresarbeitszeit liegt daher in den meisten unterentwickelten Ländern um mindestens 20 bis 30 Prozent höher als an den Produktionsstandorten in den traditionellen Industrieländern. So beträgt nach Angaben der DEG die Jahresarbeitszeit einer Arbeitskraft in der Produktion in Malaysia 2288 Stunden[118], in Tunesien 2226 Stunden[119] und in Ecuador – bei einer regulären Arbeitswoche von 44 Stunden – 2152 Stunden.[120]

Wie sowohl aus der Berichterstattung einzelner Unternehmen als auch aus Analysen einzelner Industriezweige hervorgeht, ist die Arbeitsproduktivität in Weltmarktfabriken in freien Produktionszonen und auch an sonstigen Standorten – gemessen als quantitative Leistung pro Arbeitskraft – pro Zeiteinheit nur geringfügig niedriger, pro Jahresarbeitszeit häufig aber wesentlich höher, als die an den traditionellen Industriestandorten. So heißt es beispielsweise in verschiedenen Investitions-Merkblättern der DEG, daß die Produktivität der Arbeitskraft in Weltmarktfabriken in unterentwickelten Ländern nur wenig unter der in vergleichbaren Produktionen in Westeuropa liege, jedoch angesichts der höheren Jahresarbeitszeit die Jahresleistung der Arbeitskraft in unterentwickelten Ländern häufig weit über der in vergleichbaren westeuropäischen Produktionen liege. Die Produktivität der Arbeitskräfte in den Weltmarktfabriken US-amerikanischer Unternehmen entspricht nach Untersuchungen der US-Tariff Commission ungefähr derjenigen der Arbeitskräfte gleicher Beschäftigungsgruppen in den Vereinigten Staaten.[121] Für die Bekleidungsindustrie wird festgestellt, daß mexikanische und karibische Arbeiter vielfach die gleiche Zahl von Kleidungsstücken pro Arbeitskraftstunde herstellen wie US-Arbeiter.[122] Für den Bereich der elektrotechnischen Industrie heißt es, daß ausländische Arbeitskräfte in Welt-

118 Vgl. Deutsche Gesellschaft für wirtschaftliche Zusammenarbeit, Malaysia: Eckdaten für Privatinvestitionen 1 (1976).

119 Vgl. Deutsche Gesellschaft für wirtschaftliche Zusammenarbeit, Tunesien.

120 Vgl. Deutsche Gesellschaft für wirtschaftliche Zusammenarbeit und Bundesstelle für Außenhandelsinformation, Ecuador: Investitionsbedingungen, Köln 1976, S. 27. Für die Bundesrepublik wird die Jahresarbeitszeit von der DEG mit 1760 Stunden (Schuhindustrie), 1840 Stunden (Durchschnitt) und 1860 Stunden (elektrotechnische Industrie) angegeben.

121 Vgl. United States Tariff Commission, Economic Factors, S. 171 («Productivity of workers in foreign establishments assembling or processing products of U.S. origin generally approximates that of workers in the same job classifications in the United States»).

122 Vgl. ebd., S. 172 («Mexican and Caribbean workers in many cases produced as many comparable garments per man-hour as did U.S. workers»).

marktfabriken 8 Prozent mehr Arbeitskraftstunden als US-Arbeiter in der Montage und Teilmontage solcher Erzeugnisse wie Radios, Plattenspieler, Fernsehgeräte, Geräteteile und Bauelemente benötigen.[123] Eine Produktivität, die lediglich 3 Prozent unter derjenigen von US-Arbeitskräften liegt, wurde für die Arbeitskräfte in Weltmarktfabriken in unterentwickelten Ländern in der Herstellung solcher verschiedenartiger Artikel wie Koffer, Sportbälle, Spielzeug, Schuhe, Handschuhe, Fotoausrüstungen und wissenschaftlichen Instrumenten berichtet.[124]

Baerresen berichtet, daß in US-Weltmarktfabriken in Mexiko die Produktivität pro Arbeitskraft teilweise wesentlich höher ist als in vergleichbaren US-Fabriken. In der Metallwarenproduktion würde teilweise eine Produktivität erzielt, die um 40 Prozent höher ist als in vergleichbaren Produktionen in den USA; in Fabriken der elektrotechnischen Industrie würde die Produktivität um 10 bis 25 Prozent höher sein als in vergleichbaren Werken in den USA; die Produktivität von Näherinnen sei bis zu 30 Prozent höher als in US-Fabriken.[125] Manager amerikanischer Weltmarktfabriken in Mexiko, die zeitweilig in US-Weltmarktfabriken in Südkorea tätig waren, berichteten – so Baerresen, daß die Produktivität südkoreanischer Arbeitskräfte die der mexikanischen noch um 20 bis 40 Prozent übertrifft.[126] Die Produktionsleiter US-amerikanischer und westdeutscher Textil-, Bekleidungs- und elektrotechnischer Weltmarktfabriken in freien Produktionszonen in Malaysia berichteten in Gesprächen mit den Verfassern übereinstimmend, daß die Produktivität pro Arbeitskraft nach einer Anlaufzeit von wenigen Monaten derjenigen in vergleichbaren US-amerikanischen und westdeutschen Produktionen entspricht. Die Produktionsleitung einer japanischen integrierten Textilfabrik in Malaysia, in der 1974 1900 Arbeitskräfte (darunter 80 Prozent Frauen) beschäftigt wurden, berichtete, daß nach einer Anlernzeit von nicht mehr als zwei Wochen die Produktivität der Arbeitskräfte derjenigen in japanischen Fabriken entspricht. Im Bereich der Elektronikindustrie ist – so Moxon – in Weltmarktfabriken in unterentwickelten Ländern eine allgemein höhere Produktivität als in vergleichbaren Produktionen in den USA zu verzeichnen.[127]

123 Vgl. ebd. («On the average [based on 30 reported instances in 9 foreign countries] foreign labor required 8 per cent more man-hours than the man-hour required by U.S. workers to assemble such articles as radios, phonographs, television receivers and subassemblies and semiconductors»).

124 Vgl. ebd., S. 173 («On the average [based on 12 reported instances in 6 foreign countries] foreign labor required three percent less man-hours than was required by U.S. workers to assemble such diverse articles as luggage, baseballs, toys, footwear, gloves, photographic equipment and scientific instruments»).

125 Vgl. Donald B. Baerresen, The Border Industrialization Programme, S. 33.

126 Vgl. ebd.

127 Richard W. Moxon, Offshore Production in the Less Developed Countries, S. 61 («The great majority of American electronics companies with offshore plants have

Was jedoch als Produktivität der Arbeitskraft (gemessen als pro Arbeitskraft produzierte Menge) erfaßt und komparativ zur Produktivität der Arbeitskraft in Fabriken an traditionellen Industriestandorten als annähernd gleich oder sogar höher ausgewiesen wird, ist – angesichts einer häufig anderen technischen Organisation der Produktion – de facto oft der Ausdruck einer wesentlich höheren Arbeitsintensität, zu der die Arbeitskraft in unterentwickelten Ländern vielfach gezwungen ist. Bei verschiedenartiger Organisation des Produktionsprozesses – in unterentwickelten Ländern häufig Substitution von teilmechanisierter oder teilautomatisierter Fertigung durch manuelle – heißt gleiche Produktivität pro Arbeitskraft nichts anderes als ungleiche, nämlich höhere Arbeitsintensität in den mehr manuell organisierten Produktionsprozessen.

Die sonstigen Arbeitsbedingungen in freien Produktionszonen und Weltmarktfabriken werden wesentlich durch drei Merkmale – soziale Unsicherheit, Schichtarbeit und unzureichenden Arbeitsschutz – bezeichnet.

Wenn auch de jure gewisse Einrichtungen der sozialen Sicherheit in den meisten Ländern existieren, so ist doch de facto ein solcher Schutz für Arbeitskräfte in freien Produktionszonen und Weltmarktfabriken nicht gegeben. Statt sozialer Sicherheit sind die Arbeitskräfte in freien Produktionszonen und Weltmarktfabriken weitgehend sozialer Unsicherheit ausgesetzt. Die soziale Sicherung im Krankheitsfall beschränkt sich in den meisten Fällen auf eine Fortzahlung der Tageslöhne bis zu einer Dauer von vierzehn, höchstens dreißig Tagen. Ein Fernbleiben vom Arbeitsplatz wegen Krankheit über einen solchen Zeitraum hinaus ist fast überall mit dem Verlust des Arbeitsplatzes verbunden. Völlig unzureichend ist die soziale Sicherheit der Arbeitskräfte in freien Produktionszonen und Weltmarktfabriken, die älter werden. Sie werden einmal durch jüngere Arbeitskräfte ersetzt und erhalten zum anderen so gut wie keinen Versicherungsschutz. Obwohl von den Unternehmen in den meisten freien Produktionszonen Beiträge für die soziale Sicherung der Arbeitskräfte zu zahlen sind, entsteht angesichts des frühen Verschleißes der Arbeitskräfte und außerordentlich niedriger absoluter Beiträge (durchschnittlich weniger als 10 Prozent von einem Monatslohn von häufig weniger als 50 US-Dollar) de facto kein Versicherungsschutz. In einigen freien Produktionszonen sind Unternehmen darüber hinaus selbst von der Zahlung solcher Minimalbeträge für die soziale Sicherheit der Arbeitskräfte befreit.[128] Irgendeine Art von Arbeitslosenversiche-

been very satisfied with the results obtained, and have continued to expand their offshore operations. They have generally found a low-cost source of workers who are more productive than those in the United States, and have been able to manufacture products of the required quality»).

128 So heißt es im Merkblatt Faktorkosten des Ministeriums für Handel und Industrie von Mauritius (Januar 1975) in der Rubrik indirekte Kosten für soziale Sicherheit schlicht: «Keine».

rung gibt es nirgendwo für Arbeitskräfte in freien Produktionszonen und Weltmarktfabriken. Arbeitskräfte, die arbeitslos werden, erhalten im Höchstfall eine Abfindung in Höhe von einem Monatslohn pro Arbeitsjahr, die allerdings den Arbeitskräften teilweise auch noch vorenthalten wird.[129]

Auf niedrige Lohnnebenkosten, eben auf die Befreiung der Unternehmen in freien Produktionszonen von Zahlungen für eine ausreichende soziale Sicherung der Arbeitskräfte, wird sowohl in Ausschreibungen der freien Produktionszonen als auch in Investitions-Merkblättern, beispielsweise der UNIDO und der DEG, deutlich verwiesen. Die Lohnnebenkosten, insbesondere Sozialversicherungsbeiträge, bezahlte Urlaubs- und Feiertage sowie Zuschüsse zur Arbeitskleidung, zum Werksessen und zu den Transportkosten betragen in den meisten freien Produktionszonen lediglich 20 bis 30 Prozent des Arbeitslohnes. Sie betragen beispielsweise in Korea 15 Prozent, in Senegal 25 Prozent, in Tunesien 38 Prozent, in der Dominikanischen Republik 28 Prozent, in Haiti 8 bis 14 Prozent und in Nicaragua 25 Prozent der Lohnsumme. Lediglich in den freien Produktionszonen von Kolumbien sind Lohnnebenkosten in Höhe von 83 Prozent der Lohnsumme zu zahlen, ein Satz, der ungefähr dem der sogenannten Lohnnebenkosten in Industrieländern entspricht. Angesichts eines Durchschnittsstundenlohnes in Höhe von 0,24 bis 0,40 US-Dollar in den freien Produktionszonen von Kolumbien gewährleistet aber selbst hier der absolute Betrag der Lohnnebenkosten keineswegs die soziale Sicherheit der Arbeitskräfte.

Schichtarbeit – im 24-Stunden-Betrieb an allen Tagen der Woche, also auch an Sonn- und Feiertagen – ist eine vorherrschende Erscheinung in freien Produktionszonen und Weltmarktfabriken. Von der Nachtarbeit sind auch Frauen selbst in denjenigen Ländern nicht ausgeschlossen, in denen die Arbeitsgesetzgebung ein Verbot der Nachtarbeit für Frauen in Industriebetrieben vorsieht.[130]

129 So wurden beispielsweise bei Massenentlassungen in Taiwan 1974 Arbeitskräfte um ihre Abfindung gebracht, indem sie durch verschiedene Mittel gezwungen wurden, selbst der Arbeit fernzubleiben, zum Beispiel dadurch, daß der Transport der Arbeitskräfte zum Arbeitsplatz eingestellt wurde. Vgl. Far Eastern Economic Review, 2. Juli 1976: «Pressure on Wages in Taiwan».

130 Zum Beispiel heißt es in der «Beschäftigungsverordnung» von Malaysia: «Women may be employed to work up to 10.00 p.m. Women shift workers may work between 10.00 p.m. and 5.00 a.m. with the approval of the Minister of Labor. Where a woman has worked a night shift she must have 11 hours' consecutive rest before she is required to assume work on the following day.» – Federal Industrial Development Authority, Labor and Wages Rates (1973), S. 7.

Das Arbeitsgesetz von Thailand sieht unter der Rubrik Arbeitsschutz folgende Bestimmung vor:

«Mit Ausnahme von Schichtarbeit dürfen Frauen nicht zwischen 0.00 und 6.00 mit gefährlichen und anstrengenden Tätigkeiten beschäftigt werden.» – Thai Trade and Investment Center, Frankfurt a. M., Wirtschaftsrecht in Thailand (1976), S. 48.

Der Erlaß über die Exportfabrikationszonen von Mauritius enthält die folgende

Auf vielfach unzureichende Arbeitsräume und Arbeitsschutzeinrichtungen in freien Produktionszonen und Weltmarktfabriken weisen einzelne Berichte hin. Unzureichende Ventilation, insbesondere auch an gesundheitsgefährdenden Arbeitsplätzen, zum Beispiel in der Bleiverarbeitung, Raumtemperaturen von 35 bis 38 Grad Celsius, die Hauterkrankungen unter Produktionsarbeitern entstehen lassen, total überfüllte Fabrikräume, unzureichende Schutzvorrichtungen in der Asbestverarbeitung etc. werden aus Fabriken in der Exportfabrikationszone Masan, Südkorea, berichtet.[131] Ungenügender Lärmschutz und unzureichende Ventilation sind in Textilfabriken in den freien Produktionszonen von Südkorea[132] und Malaysia[133] Hauptursache verbreiteter Frühinvalidität der Arbeitskräfte. Die im Bereich der Elektronikindustrie häufig übliche schichtlange Arbeit am Mikroskop sowie unzureichende Beleuchtung der Arbeitsplätze rufen in einem hohen Maße Augenschäden hervor.[134] Die betroffenen Arbeitskräfte verlieren fast immer ihren Arbeitsplatz und werden durch unverbrauchte Arbeitskräfte ersetzt.

Betrachtet man die vorstehend beschriebenen Arbeitsbedingungen – niedrige Löhne, lange Arbeitszeiten, hohe Arbeitsintensitäten, soziale Unsicherheit und in vielen Fällen Erschwernisse wie Schichtarbeit (Nachtarbeit) und mangelnde Arbeitsschutzeinrichtungen – in ihrem Zusammenhang, so wird deutlich, daß die industrielle Nutzung der Arbeitskraft in freien Produktionszonen und Weltmarktfabriken in unterentwickelten Ländern *Überausbeutung* dieser Arbeitskraft ist.

Die Reproduktion der Arbeitskraft, das heißt die physische und psychische Wiederherstellung der im Arbeitsprozeß verbrauchten Arbeitskraft ist angesichts der niedrigen Löhne, langen Arbeitszeiten und hohen Arbeitsintensitäten nicht gesichert. In vielen Fällen reichen die Löhne nicht einmal hin, um die für das Existenzminimum notwendigen Lebensmittel zu finanzieren. Darüber hinaus führen lange Arbeitszeiten und hohe Arbeitsintensitäten (häufig auch Arbeit unter gesundheitsgefährdenden Bedingungen) zu einem frühzeitigen Verschleiß der Arbeitskraft. Für die Erholung der Ar-

Bestimmung:
«A woman may be required to work between the hours of ten at night and five in the morning, but she shall not be required to assume work before a lapse of 12 hours.» – The Export Processing Zones Act (1970), S. 7.

131 A Fact-Finding Survey on the Masan Free Export Zone, S. 66.

132 Vgl. The Times, 26. September 1975: «Textiles: Controversy over older Industry»: «Some of the factory noise levels are frighteningly high and unless rapidly improved, will create permanent disability among workers.»

133 Eigene Feststellungen.

134 Vgl. zum Beispiel Far Eastern Economic Review, 2. Juli 1976: «Pressure on Wages in Taiwan»: «Bad lighting in electronics factories has reportedly caused myopia and other eye diseases, though the personnel director of one American firm contends that conditions in most of the larger factories are acceptable.»

beitskraft notwendige Unterbrechungen (Arbeitspausen, Erholungsurlaub etc.) werden so gut wie nicht gewährt. Die Reproduktion der frühzeitig verschlissenen und entlassenen Arbeitskraft ist auch nicht in Ansätzen durch Lohn und Nebenlohnleistungen gesichert.

Daß die industrielle Nutzung der Arbeitskraft in freien Produktionszonen und Weltmarktfabriken Überausbeutung ist, wird in besonderer Weise deutlich, wenn man die Arbeit und Arbeitsbedingungen an den neuen Produktionsstandorten in unterentwickelten Ländern mit der Arbeit und den Arbeitsbedingungen an den traditionellen Industriestandorten vergleicht. Für gleiche Arbeit, häufig aber schwerere, schmutzigere, eintönigere und gefährlichere Arbeit als in der verarbeitenden Industrie an den traditionellen Industriestandorten, durch die ein Produkt oder Teilprodukt entsteht, das auf dem Weltmarkt konkurrenzfähig ist mit Produkten oder Teilprodukten, die an traditionellen Industriestandorten gefertigt werden, und für eine Arbeitsproduktivität und Arbeitsleistung, die häufig über derjenigen an den traditionellen Industriestandorten liegt, erhalten die Arbeitskräfte in freien Produktionszonen und Weltmarktfabriken einen Lohn, der im Durchschnitt nur ein Zehntel bis zu einem Fünftel des Lohnes beträgt, der an den traditionellen Industriestandorten zu zahlen ist.

Durch Arbeitsbedingungen, die eine Synthese aus Manchesterkapitalismus und kapitalistischer Arbeitsorganisation im letzten Drittel des 20. Jahrhunderts darstellen, wird die Arbeitskraft in freien Produktionszonen und Weltmarktfabriken in unterentwickelten Ländern einerseits zu einer Produktivität und Intensität gezwungen, die dem gegenwärtig fortgeschrittensten Stand im Weltmaßstab entspricht und andererseits mit einer Entlohnung abgefunden, die zu Zeiten des Manchesterkapitalismus kaum geringer war.

3.4. Die Durchsetzung der besonderen Arbeitsbedingungen in freien Produktionszonen und Weltmarktfabriken

Die Aufrechterhaltung der Arbeitsbedingungen in freien Produktionszonen und Weltmarktfabriken, die, wie vorstehend ausgeführt wurde, die Arbeitskräfte einerseits zu einer außerordentlich hohen Arbeitsleistung zwingen und andererseits ihre unmittelbare Reproduktion nicht gewährleisten, erfolgt im wesentlichen durch

a) die Konkurrenz der Arbeitskräfte untereinander, mit anderen Worten, durch die Existenz einer unbegrenzten industriellen Reservearmee;

b) eine restriktive Arbeitsgesetzgebung und durch die Unterdrückung von Gewerkschaften und Streiks;

c) wenn die vorstehenden Mechanismen versagen, durch den Einsatz militärischer Gewalt.

Die Existenz einer praktisch unbegrenzten industriellen Reservearmee in den unterentwickelten Ländern heißt, daß ständig hinreichend viel Arbeitskraft vorhanden ist, die gezwungen ist, sich um jeden Preis, zu jeder (Arbeits-)Bedingung zu verkaufen. Ein Indikator des Arbeitskräfteaustausches und der ständigen Nutzung neuer Arbeitskräfte sind die hohen Fluktuationsraten in Weltmarktfabriken in freien Produktionszonen und an sonstigen Standorten. Fluktuationsraten von 5 bis 10 Prozent pro Monat, das heißt ein Austausch der Arbeitskraft in Höhe der Gesamtbelegschaften im Zeitraum von ein bis zwei Jahren, sind eine weitverbreitete Erscheinung.[135]

Können am jeweiligen Standort von den Unternehmen nicht hinreichend viele Arbeitskräfte zu den gesetzten Bedingungen rekrutiert werden, so wird die industrielle Reservearmee an neuen Standorten ausgeschöpft.[136]

Wenn auch die Existenz einer praktisch unbegrenzten industriellen Reservearmee an den neuen Industriestandorten dafür sorgt, daß immer wieder neue Arbeitskraft trotz niedrigster Löhne, langer Arbeitszeiten und hoher Arbeitsintensitäten zur Verfügung steht, so kann sie nicht verhindern, daß die in der Fabrik vereinigten Arbeitskräfte sich organisieren und gemeinsam diese Bedingungen zu verändern suchen. Weitgehende Behinderung und Unterdrückung von Gewerkschaften und sonstigen Arbeiterorganisationen, Verbot und Unterdrückung von Streiks und eine für die Arbeiterschaft restriktive Arbeitsgesetzgebung zählen daher auch an den neuen

135 Die folgenden Beispiele aus der elektrotechnischen Industrie und Textil- und Bekleidungsindustrie in Singapur belegen, daß selbst an einem Standort mit regional begrenzter Reservearmee ein ständiger Austausch der Arbeitskräfte stattfindet:

«Mister John Lu, director of the Singapore Textiles Industries (the only fully integrated textile factory in Singapore) and South Grant Textilex estimates that his labour turnover rate is five to ten per cent a month. ‹We need to get new people at all times›, he says.» – The Financial Times, 8. Oktober 1976: «Textiles, a major employer».

«One leading local electronics manufacturer told Business Asia that high absenteeism and staff turnover are the company's major problems. Absenteeism runs at an estimated 10 per cent – but with a monthly turnover of around 7 per cent of the 2500 workers, the firm cannot afford to discipline the regular absentees because of difficulties in finding replacements.» – Business Asia, 16. Juli 1976, S. 227.

136 «Mild tremors shook the electronics industry here this month when National Semiconductors sacked 1000 of its 4000 employees. Workers caught by the retrenchments were shocked as their employers had only recently agreed to implement in full the National Wages Council (NWC) recommendations for 1974 . . . That the axe fell on Singapore and not elsewhere indicates that local factors were uppermost in the retrenchment. National Semiconductors possesses a chain of factories in Southeast Asia, including Bangkok, Penang, Malacca and Indonesia, but thus far, no news of any similar sackings has been reported. In fact, the very day when the *Straits Times* reported the sackings, National Semiconductors' sister company in Malacca [Malaysia, d. V.] was advertising for more workers and, as the advertisement put it, this was due to ‹rapid expansion›. A few days later, Malacca plant manager Peter Pang announced that the company intended to increase the number of workers from the present 2800 to 5000 next year.» – Far Eastern Economic Review, 23. August 1974: «Singapore's victims of success».

Industriestandorten zu den entscheidenden Mechanismen, um solche Veränderungen zu verhindern. Es ist infolgedessen nicht überraschend, daß die Liste derjenigen Länder, in der freie Produktionszonen und Weltmarktfabriken in Betrieb oder im Aufbau sind, in einem hohen Maße einer Liste derjenigen Länder gleicht, in denen Gewerkschaften entweder verboten sind oder stark behindert werden und in denen Streiks und sonstige Maßnahmen des organisierten Arbeitskampfes weitgehend unterdrückt werden. Gewerkschaften oder gewerkschaftliche Aktivitäten sind entweder verboten, wie in Bahrain, Iran oder Thailand, oder politisch zersplittert und behindert wie in Hongkong, Indien, Malaysia, Philippinen und Südkorea, oder politisch korrumpiert oder gleichgeschaltet wie in Indonesien, Singapur und Ägypten. Streiks sind verboten und werden unterdrückt in der größeren Zahl der Länder, in denen freie Produktionszonen und Weltmarktfabriken in Betrieb sind, darunter in Indien, Indonesien, Malaysia, Philippinen, Singapur, Südkorea, Ägypten, Tunesien, Brasilien und Haiti. Die folgenden Auszüge aus amtlichen Texten, aus der Wirtschaftspresse und aus Gewerkschaftsdarstellungen zur Lage der Gewerkschaften, zum Streikrecht und zur Arbeitsgesetzgebung in Südkorea, Malaysia und Thailand belegen beispielhaft das Ausmaß der Behinderung einer organisierten Interessenwahrnehmung der industriellen Arbeitskraft an den neuen Produktionsstandorten in unterentwickelten Ländern.

«Die Geschichte der Arbeiterbewegung in Korea ist kurz: In dieser Zeit hat es dort wenige Streiks gegeben. Dennoch, da sich die Ökonomie entwickelt und der Lebensstandard ansteigt, sind mehr Forderungen nach höheren Löhnen zu erwarten. Trotzdem sind in Korea Streiks, Sabotageakte, Aussperrungen und andere Formen von Arbeitskämpfen sehr selten, denn sobald sich Arbeitsauseinandersetzungen entwikkeln, übernehmen Einrichtungen wie Arbeitsamt und zentrale und lokale Arbeitskomitees auf Wunsch einer oder beider Parteien die Vermittlung, so wie es im Gesetz über die Beilegung von Arbeitskämpfen festgelegt ist. Dieses Gesetz verbietet gewaltsame und zerstörerische Aktionen in Arbeitskämpfen.

In diesem Zusammenhang sollte erwähnt werden, daß die Regierung in spezieller Weise dafür Sorge trägt, eine faire und rasche Schlichtung herbeizuführen, wenn derartige Auseinandersetzungen in ausländischen Unternehmen aufkommen sollten. Zum Beispiel hat kürzlich die Regierung ein spezielles Gesetz in Kraft gesetzt, das der Gewerkschaftsbewegung Regeln auferlegt und Streitigkeiten schlichtet, die in diesen Unternehmen entstehen. Dieses Gesetz legt fest, daß die Organisation einer Gewerkschaft in einem ausländischen Unternehmen dem Arbeitsamt gemeldet werden muß; im Falle von Streitigkeiten wird das Amt Maßnahmen ergreifen, um eine schnelle und angemessene Schlichtung herbeizuführen. So übernimmt die Regierung direkte Verantwortung und Kontrolle für Aktivitäten der Gewerkschaften und Arbeitskämpfe in ausländischen Unternehmen. Es ist deshalb zu hoffen, daß die Probleme im Zusammenhang mit Gewerkschaften sich verringern oder möglicherweise sogar verschwinden.»[137]

137 Fine Instruments Center, Guide to Electronics Industry Investment in Korea, S. 26–27.

«Wenn auch Südkoreas Arbeitskraft von 11 Millionen einen Schlüssel für die Entwicklung des Landes darstellt, ist sie zugleich eine mögliche Quelle von Unruhen. Die Löhne sind mit die niedrigsten in der Welt, Streiks sind gesetzlich verboten und die Gewerkschaften sind ein Schatten ihrer westlichen Gegenstücke ...

Es gibt heute siebzehn Industriegewerkschaften, aber ihre gesamte Mitgliederzahl beträgt nur etwa 550000. Die strikten Arbeitsgesetze erlauben der Regierung, jede Gewerkschaft aufzulösen, von der sie annimmt, daß sie zu einer Gefahr für die öffentliche Ordnung wird ... Am 27. Dezember 1971 hat die Regierung eine Serie von Notstandsverordnungen erlassen einschließlich der Ungesetzlichkeitserklärung von Streiks. Seit diesem Tag wird Streik mit Gefängnis bis zu sieben Jahren bestraft.»[138]

Die weitgehende Rechtlosigkeit der Arbeitskräfte in freien Produktionszonen und Weltmarktfabriken, wie sie durch eine spezifische Arbeitsgesetzgebung kodifiziert ist, machen die folgenden Auszüge aus der Arbeitsgesetzgebung Malaysias exemplarisch deutlich.

«Die Regierungspolitik hat hinsichtlich der industriellen Beziehungen zum Ziel, Gerechtigkeit industriellen Frieden und Harmonie zu erhalten, um ein günstiges Klima für Investitionen, industrielles Wachstum und eine Vergrößerung der Beschäftigungsmöglichkeiten zu schaffen.

Einige der Hauptmerkmale des Industrial Relations Act, 1967, der diese Ziele zu erreichen sucht, sind:

a) Schutz der gesetzlichen Rechte der Arbeitgeber und Arbeiter;

b) prozedurale Vorschriften für die Anmeldung von Forderungen und für Tarifverhandlungen;

c) Vorkehrungen für eine schnelle und angemessene Schlichtung von Auseinandersetzungen durch Schiedsgerichtsverfahren, wenn die Streitigkeiten nicht direkt durch Verhandlungen beigelegt werden können;

d) Machtbefugnis für den Arbeitsminister, bei Streitigkeiten einzuschreiten und sie kraft Gesetz dem dafür eingerichteten Gericht zu überweisen. Entscheidungen dieses Gerichts sind gesetzlich bindend;

e) Verbot von Streiks und Aussperrungen in Verbindung mit Angelegenheiten, welche Gegenstand von Verhandlungen der Gewerkschaft sind, oder mit Angelegenheiten, die die Betriebsleitung betreffen;

f) Maßnahmen der Betriebsleitung bezüglich Beförderungen, Versetzungen, Entlassungen etc. sind kein möglicher Gegenstand von Verhandlungen;

g) Schutz für Pionierindustrien während der ersten fünf Jahre ihres Bestehens oder während jeder Verlängerungsperiode gegenüber unbegründeten Forderungen der Gewerkschaften.»[139]

«Es bestehen auch gesetzliche Vorkehrungen (Industrial Relations Act, 1967), welche die Unternehmen mit Pionierstatus vor unvernünftigen Forderungen der

138 The Times, 26. September 1975: «Electronics: Cheap Labour Attracts Foreigners».

139 Federal Industrial Development Authority (Malaysia), Labour and Wage Rates, S. 13–14.

Arbeiter nach besseren Arbeitsbedingungen, die über das gesetzlich festgelegte Minimum hinausgehen, schützen. Solcher Schutz besteht normalerweise über eine Periode von fünf Jahren; er kann auf Regierungsbeschluß hin auch verlängert werden. Diese Schutzmaßnahmen zielen darauf ab, einheitliche Arbeitsbedingungen festzulegen, wodurch den Unternehmen eine größere Gewähr für eine zufriedenere und fleißigere Arbeiterschaft gegeben wird, was wiederum zu größerer Stabilität und Produktivität beiträgt. Den Arbeitern wird dafür ein Minimum an Sicherheit und Leistungen garantiert.»[140]

Obwohl Gewerkschaften in Malaysia gesetzlich zugelassen sind, werden ihre Bemühungen um eine Interessenvertretung der Arbeitskräfte in den freien Zonen von Malaysia praktisch schon im Ansatz durch staatliche Maßnahmen, wie Nichtzulassung von Gewerkschaften in neuen Industrien und Behinderung jeder gewerkschaftlichen Aktivität im Bereich der Zonen, verhindert.

«Als wir in der Sungei Way Free Trade Zone damit beschäftigt waren, die Arbeiter zu organisieren, schritt der staatliche Registrat der Gewerkschaften ein und forderte, daß wir jedesmal, wenn wir eine Fabrik organisieren wollten, seine Genehmigung einholen sollten. Wir taten dies nicht, weil wir meinten, daß der staatliche Registrat sich unnötigerweise in unsere Angelegenheiten einmischte und daß wir darüber hinaus, wenn der Arbeitgeber vorzeitig von unseren Plänen etwas erfahren sollte, unnötige Schwierigkeiten bekommen würden.

Das nächste Mal, als wir die Arbeiter in Penang zu einer Versammlung einluden, sagte uns der staatliche Registrat, wir hätten kein Recht, die Versammlung abzuhalten. Dennoch führten wir die Versammlung wie geplant durch, und annähernd 1500 Arbeiter nahmen daran teil. Da der offizielle Beschluß uns nicht einschüchtern und den Enthusiasmus der Arbeiter nicht mindern konnte, entschied der staatliche Registrat schließlich, daß die EIWU nicht die Arbeiter in der Elektronikindustrie vertreten kann.»[141]

«Die Regierung unseres Landes hat einen Mythos um Gewerkschaften gewoben, der nach außen hin ziemlich attraktiv ist; aber wenn dieser Mythos analysiert wird, findet man, daß Gewerkschaften in unserem Lande keineswegs die Freiheit haben, sich zu organisieren und zusammenzuschließen. Wann immer sich die Gelegenheit ergibt, wird gepredigt, daß man die Gründung einer einzigen Gewerkschaft für einen speziellen Industriezweig ermutigt. Aber unseres Wissens hat so etwas bis heute nicht stattgefunden.»[142]

Am 23. Juli 1976 hatte *Business International Corporation* unter der

140 The Hon. Datuk Lee Sun Choon, Minister of Labour and Manpower (Malaysia), Technical Manpower, Labour Availability and Stability. In: Federal Industrial Development Authority of Malaysia, Investment Opportunities in Malaysia. Proceedings of International Seminar 27.–29. Oktober 1975, S. 44.

141 Electrical Industry Workers' Union (Malaysia), Problems faced by the E.I.W.U. in organizing the unorganized electrical workers, 10. Juni 1974.

142 Electrical Industria Workers' Union (Malaysia), Country Report Submitted at 1st Asian Electrical Multinational Seminar, Mai 1974, S. 7–9.

Überschrift «Continued Labour Unrest In Thailand Poisons The Investment Climate» über Streiks in der Elektronik- und Textilindustrie wie folgt berichtet:

«Obgleich Thailands Inflationsrate auf rund 5 Prozent pro Jahr gesunken ist und damit eine Hauptursache für die Unzufriedenheit in der Arbeiterschaft beseitigt worden ist, werden Betriebe in und um Bangkok weiterhin laufend von Streiks heimgesucht. Zweifellos wird eine derartige Streiklust das bereits sehr heruntergebrachte Investitionsklima dieses Landes weiter verschlechtern. Darüber hinaus machen die ständig steigenden Lohnforderungen die vormals bestehenden Kostenvorteile zunichte, so daß exportorientierte Produktion in Thailand weniger attraktiv wird.

Der vielleicht tragischste und schädlichste Streik der letzten Zeit ereignete sich bei NS Electronics (NSE), einem zu 100 Prozent in US-Besitz befindlichen Unternehmen zur Produktion von Elektronikkomponenten ausschließlich für den Export. 1973 gegründet, beschäftigt NSE jetzt 3700 Arbeitskräfte; es plante, Ende 1976 weitere 2000 Arbeiter einzustellen.

Fast in jeder Hinsicht ist NSE ein Modellunternehmen, mit Vorteilen und Vergünstigungen für die Arbeiter, wie nur in wenigen anderen Fabriken in Thailand. Während Arbeiter in den meisten hiesigen Fabriken in schmutzigen, ungesunden Räumen für viel weniger als den Mindestlohn von B 25[143] ohne jegliche Zuwendungen arbeiten müssen, sorgt NSE für saubere, klimatisierte Arbeitsräume und zahlt seinen größtenteils weiblichen Beschäftigten B 28–30 pro Tag mit zahlreichen zusätzlichen Nebenleistungen. Dennoch wurde bei NSE ein Streik ausgerufen mit der Forderung nach einem Lebenskostenzuschlag von B 500 pro Monat, einem Jahresbonus in Höhe zweier Monatslöhne und einer fünfprozentigen Abführung in eine Pensionskasse. Als die Verhandlungen ins Stocken gerieten, sah sich die Fabrik gezwungen, ihre Tore zu schließen. Der Fall wurde vor die Schiedsstelle gebracht. Schließlich mußte ein Lebenskostenzuschuß von B 120 pro Monat und ein Einmonatsbonus gewährt werden, aber die NSE-Betriebsleitung resignierte, und das Unternehmen warf die Erweiterungspläne über Bord.

Ein anderes häufiges Streikziel ist Lucky Textile Co. (Luckytex), die eine Gesamtbeschäftigung von etwa 5000 aufweist. Knapp aus dem letzten Streik im Februar dieses Jahres herausgekommen, wurde Luckytex kürzlich mit erneuten Forderungen konfrontiert. Jetzt verlangten die Arbeiter B 10 zusätzliche Aufbesserung ihres Tageslohns von B 28. Da das Gesetz Streiks innerhalb eines Jahres nach dem Abschluß eines Tarifvertrags verbietet, beschloß die Unternehmensleitung, diesmal einen harten Standpunkt einzunehmen. Aufgebracht durch die Weigerung der Firma, zu verhandeln, griffen die Arbeiter wieder zum Streik; die Spannungen wuchsen, und die Regierung mußte 500 Mann Bereitschaftspolizei einsetzen, um die Lage unter Kontrolle zu bringen. Nach einem Verhandlungsstillstand von einem Monat versuchte die Unternehmensleitung, die Fabrik unter Polizeischutz wieder zu öffnen. Hart gebliebene Streikende hielten etwa 1000 Arbeiter unter Androhung von Gewalt davon ab, zur Arbeit zurückzukehren. Schließlich sah die Unternehmensleitung keinen anderen Weg mehr, als nachzugeben und eine Lohnaufbesserung von B 3 pro Tag zu gewähren.»[144]

143 20,375 Baht = 1,00 US-Dollar.
144 Business Asia, 23. Juli 1976, S. 233.

Durch die Streiks konnten also – bei einem Basistageslohn von 1,37 bis 1,47 US-Dollar – in einem Fall eine Erhöhung des Monatslohnes von ungefähr 40 auf 49 US-Dollar, im anderen Fall eine Erhöhung des Tageslohnes von 1,37 auf 1,52 US-Dollar durchgesetzt werden, Lohnerhöhungen, die, wie vorstehendes Zitat zeigt, nach Einschätzung von *Business International Corporation* geeignet waren, «exportorientierte Produktionen in Thailand weniger attraktiv werden zu lassen».

Am 7. Dezember 1975 heißt es im *Handelsblatt*:

«Die neue thailändische Regierung unter Ministerpräsident Thanin hat eine Reihe von Reformen angekündigt, die das Vertrauen in die wirtschaftliche Stabilität des Landes stärken sollen. Um das Investitionsklima zu verbessern, hat die neue Regierung unmittelbar nach dem Militärputsch Streiks verboten, die in den letzten Jahren vor allem die Textil- und die elektronische Industrie heimgesucht hatten.»[145]

Über erste Ergebnisse berichtet am 4. Februar 1977 das Wirtschaftsmagazin *Far Eastern Economic Review*:

«Seit dem Putsch häufen sich die Berichte, daß Tarifverträge gebrochen werden, sowohl im privaten Sektor als auch in staatlichen Unternehmen. Die Unternehmensleitungen haben offensichtlich in einem erheblichen Ausmaß solche Lohnbestandteile, wie Bezahlung von Überstunden, Urlaub, Krankengeld und Mutterschaftsgeld beseitigt. Es gibt Beispiele, daß in ein und derselben Fabrik Arbeiter entlassen wurden und die verbleibenden gezwungen wurden, eine Extraschicht zu arbeiten. In anderen Fällen wurden Beschäftigte ohne Angabe von Gründen entlassen. Ein Beispiel für die veränderte Haltung der Arbeitgeber seit dem Putsch ist die kürzliche Bemerkung des Präsidenten der thailändischen Handelskammer, Obwasurat, in einer lokalen Zeitung, daß die gesetzliche Festlegung des Mindestalters für solche, die arbeiten, auf fünfzehn Jahre zu hoch ist. Obwohl alle diese Sachen vorkommen, sind die Gewerkschaften zu schwach, um zu reagieren – die drei Arbeitsauseinandersetzungen, die es seit Mitte Januar gegeben hat, sind alle unabhängig von den Gewerkschaften geschehen – und es gibt vermehrt Anzeichen, daß ihre schlichte Existenz bald in Frage gestellt sein wird. Streiks sind verboten, und die Dachgewerkschaft ist beseitigt worden. Achtzehn Gewerkschaftssekretäre sind unmittelbar nach dem Oktoberputsch wegen ‹Gefährdung der Gesellschaft› verhaftet worden; acht sind immer noch in Haft, darunter der ehemalige Präsident des jetzt verbotenen Dachverbandes der Gewerkschaften.»[146]

145 Handelsblatt, 7. Dezember 1976: «Bangkoks Junta will durchgreifen».

146 Far Eastern Economic Review, 4. Februar 1977: «Thailand: Trade Unions under the Microscope».

Der Einsatz militärischer Gewalt zur Aufrechterhaltung bestehender Arbeitsbedingungen – obwohl nur letztes Instrument – ist immer häufiger sowohl in einzelnen Arbeitskämpfen[147] als auch zur Verhinderung grundlegender Veränderungen an der Tagesordnung. Der Einsatz des Militärs in Thailand im Oktober 1976 zur Wiederherstellung profitabler Investitionsbedingungen ist nur das vorläufig letzte Ereignis in einer langen Kette solcher Entwicklungen.

147 So heißt es beispielsweise am 15. Juni 1976 in einer Meldung: «Das philippinische Militär nahm etwa 400 streikende Arbeiter und Arbeiterinnen einer Textilfabrik in Manila fest, die gegen die Verhaftung mehrerer Gewerkschaftsführer protestiert hatten.» – Süddeutsche Zeitung, 15. Juni 1976.
Nach einem Bericht von Amnesty International werden in mindestens sechzehn Ländern Gewerkschafter ohne reguläre Anklage oder Gerichtsverfahren in Haft gehalten, «einige unter unmenschlichen Bedingungen». «In den sechzehn Ländern – Argentinien, Bahrain, Brasilien, Zentralafrikanische Republik, Chile, Indien, Indonesien, Mali, Marokko, Pakistan, Paraguay, Philippinen, Rhodesien, Singapur, Tunesien und Uruguay – seien insgesamt 167 Gewerkschaftler inhaftiert oder verschwunden.» – Süddeutsche Zeitung, 15. Juni 1976.

Kapitel 4
Auswirkungen der weltmarktorientierten Industrialisierung auf die sozio-ökonomische Entwicklung der unterentwickelten Länder

4.1. Deklarierte Ziele und tatsächliche Ergebnisse der weltmarktorientierten Industrialisierung

Wie in Kapitel 1 gezeigt worden ist, haben freie Produktionszonen die Funktion, für die industrielle Nutzung der Arbeitskraft unterentwickelter Länder für weltmarktorientierte Produktion die technischen, organisatorischen und legislativen Voraussetzungen zu erfüllen. Erst durch die Bereitstellung von industrieller Infrastruktur und industriellen Vorleistungen an den Standorten billiger Arbeitskraft in unterentwickelten Regionen sowie durch die Gewährleistung handels-, währungs- und steuerpolitischer Voraussetzungen für den unbehinderten Waren- und Kapitalverkehr sind die spezifischen Randbedingungen erfüllt, die die Nutzung der billigen Arbeitskraft unterentwickelter Länder in weltmarktorientierter verarbeitender Industrie profitabel werden lassen. Der Aufbau und der Betrieb freier Produktionszonen stellt insoweit nichts anderes dar, als die Erfüllung von ökonomischen Funktionen für die Kapitalverwertung sowohl durch nationalstaatliche als auch durch internationale öffentliche Institutionen. Wie durch zahlreiche Textauszüge belegt worden ist, wird die Wahrnehmung dieser Funktionen im Interesse der Kapitalverwertung durch die entsprechenden nationalstaatlichen und internationalen Institutionen selbst so ausgewiesen.[148] Gleichzeitig wird jedoch die Wahrnehmung dieser Funktionen als eine Politik zur Überwindung von Unterentwicklung angesehen. Freie Produktionszonen und Weltmarktfabriken haben danach eine Vehikelfunktion, deren Erfüllung der Erreichung übergeordneter entwicklungspolitischer Ziele dienen soll. In den entsprechenden Erklärungen der Regierungen fast aller unterentwickelter Länder, in denen sich freie Produktionszonen im Aufbau oder in Betrieb befinden oder in denen Weltmarktfabriken an sonstigen Standorten angesiedelt werden sollen oder angesiedelt sind, und in den entsprechenden Erklärungen der wichtigsten internationalen Institution, die in diesem Bereich aktiv ist, der UNIDO, werden im wesentlichen drei entwicklungspolitische Ziele genannt, die durch die Erfüllung der Vehikelfunktion erreicht werden sollen: Die Ansiedlung weltmarktorientierter verarbeitender Industrie in freien Produktionszonen und Weltmarktfabriken an sonstigen Standorten soll

148 Vgl. Abschnitt 1.1.

a) der Schaffung von Arbeitsplätzen und damit der Beseitigung von Arbeitslosigkeit dienen;

b) die Ausbildung einer industriellen Facharbeiterschaft und den Zugang zu moderner Technologie sichern;

c) den Ländern zusätzliche Deviseneinnahmen und eine Verbesserung ihres außenhandelspolitischen Spielraumes verschaffen.

Von der UNIDO werden die entwicklungspolitischen Ziele, die durch freie Produktionszonen erreicht werden sollen, im einzelnen wie folgt angegeben:

«Die Errichtung einer Industriefreizone wird im allgemeinen auf Grund einer Kombination von verschiedenen Gründen erwogen werden, darunter:

a) als Teil eines übergreifenden industriellen Entwicklungsprogramms des Landes oder einer gewissen Region des Landes;

b) als eine Maßnahme, um das Beschäftigungsproblem durch die Schaffung neuer Arbeitsplätze zu lösen;

c) zur Förderung der Entwicklung exportorientierter Industrien, um das Exportvolumen und die Deviseneinnahmen zu steigern;

d) zur Erleichterung des Zugangs zu modernen Industrietechniken aus dem Ausland, um das inländische industrielle Niveau anzuheben;

e) zur Anregung neuer Industrieinvestitionen, sowohl inländischen als auch ausländischen Kapitals;

f) als Mittel zur konzentrierten und rationellen Entwicklung von Infrastruktur, indem die Industriefreizone als ein industrieller Pol wirkt.»[149]

Für die größtenteils identische Charakterisierung der entwicklungspolitischen Ziele der Exportindustrialisierung, wie sie von den Regierungen derjenigen Länder gegeben wird, in denen sich freie Produktionszonen und Weltmarktfabriken an sonstigen Standorten im Aufbau und in Betrieb befinden, sind die folgenden Textauszüge aus Erklärungen des Vorsitzenden des Boards of Investments der Philippinen und der Industrial Estates Administration von Südkorea exemplarische Belege:

«Die Zwecke, die mit der Förderung und Entwicklung des Exportsektors erreicht werden sollen, sind ziemlich eindeutig:

1. Arbeitsplätze zu schaffen und die Arbeitslosigkeit und Unterbeschäftigung des Landes zu verringern;

2. die Zahlungsbilanzposition zu verbessern, insbesondere Deviseneinnahmen zur Erfüllung der Erfordernisse des Entwicklungsplanes zu verschaffen;

3. die inländische Quote an den philippinischen Exporten durch die Förderung der inländischen Verarbeitung von Rohstoffen, die bisher exportiert wurden, zu erhöhen;

149 UNIDO, Industrial Free Zones as Incentives to Promote Export Oriented Industries, S. 7.

4. die Märkte für philippinische Exporte zu erweitern.»[150]

«Zweck der Errichtung einer freien Produktionszone ist es, Auslandsinvestitionen anzuregen, den Export zu fördern, Arbeitsplätze zu schaffen und die Technologie zu entwickeln – alles Beiträge zur Entwicklung der nationalen Volkswirtschaft.»[151]

Im folgenden wird versucht, eine Antwort darauf zu geben, ob die genannten Ziele – Beseitigung von Arbeitslosigkeit, Ausbildung von Fachkräften und Zugang zu moderner Technologie, Steigerung der Deviseneinnahmen – durch eine exportorientierte Industrialisierung, wie sie sich in freien Produktionszonen und Weltmarktfabriken abzeichnet, erreicht werden. Die bisher vorliegenden Erfahrungen wie auch die sich abzeichnenden Entwicklungen lassen im Hinblick auf alle drei Ziele insgesamt nur eine negative Antwort zu.

Negativ ist die Antwort selbst im Hinblick auf die Beseitigung von Arbeitslosigkeit, obwohl es hier vordergründig so scheint, als ob die Erreichung des Zieles gewährleistet wäre. Die Schaffung und Besetzung von Arbeitsplätzen in der weltmarktorientierten Industrie ist – bis auf Ausnahme weniger Länder – jedoch keineswegs mit einem allgemeinen Abbau von Arbeitslosigkeit identisch. Durch die außerordentlich einseitige Beschäftigungsstruktur in freien Produktionszonen und Weltmarktfabriken – wie gezeigt worden ist, werden vorwiegend Frauen vorwiegend der Altersstufe 16 bis 30 Jahre beschäftigt[152] – wird eine Reduzierung der Arbeitslosigkeit sowohl der männlichen Bevölkerung allgemein als auch der älteren weiblichen und männlichen Bevölkerung nicht erreicht.

Wenn die spezifische Arbeitskraftreserve ausgeschöpft ist, wird die Produktion an anderen Standorten ausgedehnt oder an andere verlagert, an denen die spezifische Arbeitskraft verfügbar ist. Eine Änderung in der Beschäftigungsstruktur zeichnet sich infolgedessen nicht ab.

Wichtiger in seinen negativen Beschäftigungswirkungen ist jedoch der Enklavencharakter der weltmarktorientierten Produktion. Ihre vertikale Integration in den Weltmarkt und ihre horizontale Desintegration von den nationalen Volkswirtschaften ist im jeweiligen Inland mit stark entwicklungshemmenden Beschäftigungswirkungen verbunden. Die Enklavenindustrien lösen innere Migrationsbewegungen der Arbeitsbevölkerung aus, insbesondere eine Abwanderung jugendlicher Arbeitskräfte an die Standorte der weltmarktorientierten Produktion, die einerseits dazu führen, daß die Arbeitslosigkeit an den neuen Industriestandorten nicht abnimmt und ande-

150 Paper Submitted by Governor Conrado Sanchez, jr., Board of Investments, Philippines, for the Meeting of Experts on «Improved Cooperation for the Development and Promotion of Exports from Developing Countries», OECD Development Centre, Paris, 25.–28. März 1974.

151 The Industrial Estates Administration, Masan, A Case Study of the Masan Free Export Zone. Regional Expert Working Group Meeting on Industrial Free Zones (UNIDO), Barranquilla, 23. Sept.–1. Okt. 1974, ID/WG. 185/2, S. 4.

152 Vgl. Abschnitt 3.2.

rerseits mit verstärkter Unterentwicklung der ländlichen Regionen verbunden ist. Ein Multiplikatoreffekt der weltmarktorientierten Produktion im Hinblick auf eine Schaffung zusätzlicher Arbeitsplätze in anderen Bereichen der jeweiligen Volkswirtschaften ist nur sehr beschränkt gegeben. Auf Grund der horizontalen Desintegration der weltmarktorientierten Produktion werden sonstige Produktionen in den jeweiligen nationalen Volkswirtschaften nur in einem geringen Maß ausgelöst. Eine Ausnahme bildet lediglich die notwendig lokale Bereitstellung von industriellen Vorleistungen und von Infrastruktur. Soweit hier Beschäftigungseffekte der weltmarktorientierten Produktion wirksam sind, haben jedoch gerade diese teilweise negative volkswirtschaftliche Auswirkungen. Dazu zählt sowohl der Abzug von technischen Fachkräften aus anderen Wirtschaftssektoren für den Versorgungsbereich der freien Produktionszonen als auch die – häufig notwendige – Beschäftigung ausländischer Fachkräfte.

Im übrigen ist selbst die partielle Beseitigung von Arbeitslosigkeit, soweit diese durch die Beschäftigung spezifischer Arbeitskraft gegeben ist, häufig nicht einmal kurzfristig, geschweige denn dauerhaft gewährleistet. Die Integration der Produktion in den Weltmarkt, ihre Abhängigkeit von – von den jeweiligen nationalen Volkswirtschaften her gesehen – externen Unternehmensstrategien, die wiederum abhängig sind von Veränderungen der Randbedingungen des Weltmarkts, ist an den jeweiligen Standorten weltmarktorientierter Produktion mit stark schwankender Beschäftigung von Arbeitskräften verbunden.[153]

153 So hatte beispielsweise die Gesamtbeschäftigung in den ausländisch kontrollierten Weltmarktfabriken von Hongkong innerhalb von zehn Monaten, nämlich zwischen Februar 1975 und Dezember 1975 um 15 Prozent abgenommen, von 70421 auf 59607 Beschäftigte. Darunter hatte die Beschäftigung in der Elektronikindustrie von 34668 auf 24146 abgenommen, während sie in der Uhrenindustrie gleichzeitig von 4668 auf 5391 und in der sonstigen elektrotechnischen Industrie von 1769 auf 3847 Beschäftigte zugenommen hatte. Vgl. Far Eastern Economic Review vom 28. März 1975, «Hong Kong '75» und Far Eastern Economic Review vom 5. März 1976, «Hong Kong '76».

In den Weltmarktfabriken in Mexiko waren, einem Bericht von *Business Week* zufolge, von Mitte 1974 bis Mitte 1975 17000 Arbeitskräfte entlassen worden. Ab Anfang 1976 wurden dann wieder in größerem Umfang Arbeitskräfte eingestellt. Business Week, 23. Februar 1976: «New duty-free zones that aid U.S. industry».

Welchen Schwankungen die Beschäftigung auch in sogenannten Wachstumsbranchen unterliegt, zeigt der folgende Bericht über die Entwicklung der Beschäftigung in der Elektronikindustrie von Singapur: «The electronics industry, worldwide, is highly competitive, particularly at the semiconductor end which embodies the core of electronic technology. Market and technological developments have subjected the industry to wide cyclical fluctuations every three years or so. From the second half of 1974 to almost the end of 1975, the downturn in the industry coincided with the general world recession to hit the industry with its severest recession so far. Singapore was perhaps the worst affected offshore location. Some twothirds of the 20000

Zusammenfassend ist festzustellen: Obwohl die Beschäftigung in freien Produktionszonen und in Weltmarktfabriken in unterentwickelten Regionen insgesamt quantitativ eine bedeutende Größenordnung erreicht hat, obwohl insgesamt eine weitere Zunahme zu erkennen ist und obwohl an den jeweiligen Standorten die Beschäftigung zeitweilig erheblich sein mag, stellt die weltmarktorientierte Industrialisierung in ihren Beschäftigungswirkungen keine Lösung des Beschäftigungsproblems, oder anders ausgedrückt, des Arbeitslosigkeitsproblems in unterentwickelten Ländern dar. Auch bei rasch wachsender weltmarktorientierter Industrialisierung ist – auf Grund ihrer strukturellen Defizite – keine *volkswirtschaftliche* Entwicklung induziert, die notwendig wäre, um die Probleme von Arbeitslosigkeit und Unterbeschäftigung in den unterentwickelten Ländern einer Lösung näher zu bringen – führt man sich vor Augen, welche Dimension diese Probleme haben. Die Beschäftigungswirkungen freier Produktionszonen und Weltmarktfabriken sind einseitig, sie führen zu entwicklungshemmenden inländischen Wanderungen, sie sind mit nur geringen, häufig sogar volkswirtschaftlich störenden Multiplikatoreffekten verbunden und sie sind an den einzelnen Orten selbst kurzfristig nicht stabil, sondern den Veränderungen der Randbedingungen des Weltmarktes unterworfen.

Die Ausbildung industrieller Fachkräfte und der Transfer moderner Technologie findet durch weltmarktorientierte Produktion in freien Produktionszonen und Weltmarktfabriken nur in einem sehr eingeschränkten Maße statt. Die Ausnutzung der modernen Fertigungstechnologie, die es möglich macht, auch hochkomplexe Produktionen in ihre Elementarbestandteile zu zerlegen und in einem hohen Maß mit ungelernter Arbeitskraft auszuführen, führt gerade dazu, daß die ungelernte Arbeitskraft unterentwickelter Länder in freien Produktionszonen und Weltmarktfabriken überwiegend mit Elementartätigkeiten beschäftigt wird, von denen kaum Qualifikationswirkungen ausgehen. Wie die Zahlen über die Qualifikationsstruktur belegen, ist der überwiegende Teil der Arbeitskräfte auch in den Zonen, in denen seit Jahren produziert wird, überwiegend ungelernt und nur für die jeweiligen Tätigkeiten angelernt. Die Anlerninhalte sind dabei auf eher eng begrenzte Arbeitsfunktionen beschränkt.

Aus den folgenden Angaben über die Qualifikation der Arbeitskräfte und über die Ausbildungsinhalte und -methoden in einzelnen Weltmarktfabriken geht im einzelnen hervor, welche Ausbildungseffekte von der Produktion in freien Produktionszonen und Weltmarktfabriken in unterentwickelten Ländern ausgehen. Die Beispiele sind einer Untersuchung von *Busi-*

workers retrenched in Singapore during this period were from the electronics industry. Figures for 1975 are not yet out, but a recent newspaper report estimated the size of the work force in September 1976 at 32000, down from a peak in early 1974 of nearly 50000, and after nearly six months of upturn and heavy rehiring.» The Financial Times, 8. Oktober 1976: «Electronics sector shows resilience».

ness International Corporation entnommen.[154] Es handelt sich um authentische Berichte, ungeachtet dessen, daß Firmennamen, Ortsangaben und einige andere Details hier, wegen der von *Business International Corporation* geforderten Vertraulichkeit, nicht angegeben sind. Die Unternehmen gehören den Industriezweigen Textilien, Bekleidung, Elektrotechnik, Metallverarbeitung und Schiffbau an. Sie sind in freien Produktionszonen in Südostasien lokalisiert. Die Angaben beziehen sich in der Regel auf das Jahr 1975.

«*Fabrik A* stellt Textilgarn, Strickwaren und Bekleidung (hauptsächlich Blusen und Hemden) aus synthetischen Fasern (hauptsächlich Polyester und Nylon) her. 50 Prozent des Garns wird in den Mittleren Osten, nach Afrika, Mittel- und Südamerika und Südostasien exportiert, während die gesamte Blusen- und Hemdenproduktion nach Australien, Kanada, Europa, Japan und in die Vereinigten Staaten exportiert wird.

Insgesamt werden 761 Leute beschäftigt, davon vier im Management, 26 in der Verwaltung, neun als Techniker, 671 als Produktionsarbeiter und 51 im Transport-, Betriebs- und Reparaturbereich. Ein neuer Arbeiter erhält gewöhnlich eine ein- bis zweiwöchige Ausbildung am Arbeitsplatz, die sich als ausreichend erwiesen hat. Das Unternehmen hat kürzlich ein drei- bis sechsmonatiges Ausbildungsprogramm für sechs bis sieben Vorarbeiter und Techniker in einer neuen Druckabteilung durchgeführt.»

«*Fabrik B*, eine Spinnerei, beschäftigt insgesamt 1200 Leute. Es wird in drei Acht-Stunden-Schichten an sieben Tagen in der Woche gearbeitet. Die Arbeiter werden so eingesetzt, daß sie nur die durch das Arbeitsgesetz erlaubten maximal 48 Stunden pro Woche arbeiten. 80 Prozent der Beschäftigten sind Frauen. Die Firma schickte eine größere Zahl von Vorarbeitern und Ingenieuren zur Ausbildung in Spinnereien ins Ausland. Sogar Buchhaltungspersonal wurde zur Ausbildung ins Ausland geschickt. Die ungelernten Arbeiter wurden jedoch unmittelbar am Arbeitsplatz angelernt. Ursprünglich war eine Gruppe von achtzehn Ausbildern eingeflogen worden, um die Produktion in Gang zu bringen, und sie schafften es innerhalb von vier Monaten. Jetzt wird auch das Anlernen durch einheimisches Personal gehandhabt. Das Unternehmen ist mit den Leistungen seiner Arbeitskräfte sehr zufrieden. Alle mußten sich einem Eignungstest unterziehen; auf dem unteren Niveau betrug die Durchfallquote 90 Prozent. Diejenigen, die eingestellt wurden, können jedoch, den Arbeitserfordernissen angemessen, lesen und schreiben. Die angelernten Arbeitskräfte sind ziemlich zuverlässig, und ihre Produktivität ist sehr hoch. Sie erreicht oder übertrifft die in Hongkong oder Singapur erzielte Produktivität. Diese Arbeiter sind leicht

154 Bussiness International Asia/Pacific/Ltd., Asian Manufacturing Sites to Serre World Markets. Vol. I, II, Hongkong o. J.

anzulernen, schon nach zwei Wochen können sie in der Produktion eingesetzt werden; nach sechs Monaten erreichen sie ihre volle Leistungskraft.»

«*Fabrik C* produziert Transistoren und integrierte Schaltungen. Die Zahl der Beschäftigten übersteigt 5000. Die Fabrik beschäftigt am Standort nur drei ausländische Fachleute – den Betriebsleiter, den Leiter der Qualitätskontrolle und einen Produktionsleiter. Wenn neue Fertigungsprozesse eingeführt werden, schickt das Unternehmen leitendes Personal zur Ausbildung ins Ausland; umgekehrt werden Firmeningenieure eingesetzt, um Seminare über firmeneigene Produkt- und Prozeßtechnologie abzuhalten, als Teil eines laufenden Fortbildungsprogramms. Neu eingestelltes Personal wird acht Wochen lang angelernt, bevor es in der Produktion eingesetzt wird. Nach Abschluß der Anlernperiode werden sie nach der staatlichen Berufsklassifikation als ‹Angelernte› eingestuft.»

«*Fabrik D* produziert elektronische Bauelemente. Das Unternehmen beschäftigt eine große Anzahl von angelernten Arbeitern und von Fließbandarbeitern. Die Fließbandarbeiter, hauptsächlich weibliche Arbeitskräfte im Alter von siebzehn bis achtzehn Jahren, wechseln oft ihren Arbeitsplatz und haben keine langfristige Anstellung im Sinn. Die Arbeitskräfte sind sehr jung und interessieren sich kaum für eine Altersversorgung etc. Das Unternehmen hatte Schwierigkeiten, qualifizierte Sekretärinnen, Buchhalter, einheimische Manager und Vorarbeiter zu finden. Das Unternehmen fing 1970 mit nur einem ausländischen Fachmann an. Heute beschäftigt es sechs Ausländer, alle in leitenden Positionen – Betriebsleiter, Finanzmanager, Produktionsleiter etc. – Das Unternehmen würde einheimische Fachkräfte bevorzugen, um die Ausgaben für ausländisches Personal zu minimieren. Bisher war es jedoch nicht möglich, geeignete Kandidaten zu finden. Maschinisten und Facharbeiter werden weitgehend in der Fabrik ausgebildet; hierfür kann das Unternehmen staatliche Zuschüsse erhalten.»

«*Fabrik E* produziert elektronische Bauelemente. Die Firma beschäftigt fünf Ausländer – Betriebsleiter, Produktionsleiter, den Leiter der Fertigungstechnik und den Leiter der Qualitätskontrolle.

Die Politik des Unternehmens besteht jedoch darin, so schnell wie möglich einheimische Fachkräfte einzusetzen, um die Kosten niedrig zu halten. Die Firma beschäftigt insgesamt 1250 Leute und arbeitet in drei Acht-Stunden-Schichten.

Die ersten Arbeiter waren in Fabriken des Unternehmens an anderen Orten angelernt worden. Anschließend war eine Ausbildungsabteilung eingerichtet worden, die mit einheimischem Personal besetzt ist, das jetzt den größten Teil des Anlernens übernommen hat. Das Anlernen erfolgt ohne Problem, da das einheimische Personal eine schnelle Auffassungsgabe besitzt.

Ein Teil der Arbeitskräfte hat eine höhere Produktivität erreicht, als Arbeitskräfte in Firmen anderer Unternehmen in Südostasien. Ungelernte Arbeitskräfte müssen sich – Grundschulausbildung wird verlangt – einem Eignungstest unterziehen. Es gab kein Problem, ihnen das Lesen von Instruktionen, englische Anweisungen und einfache Arithmetik beizubringen. Das Unternehmen geht jetzt sehr sorgfältig bei der Auswahl von Ingenieuren und Technikern vor und ist sehr zufrieden mit denen, die es eingestellt hat. Sie haben ein solides Grundwissen, das auf eine gute Ausbildung hinweist, und sie haben ihre spezifische Arbeit schnell gelernt.»

«*Fabrik F* produziert Miniatur- und andere Präzisionsbauteile, die in der Flugzeugindustrie, in der Computerherstellung, in der Fabrikation medizinischer Instrumente usw. verwendet werden. Die Gesamtbelegschaft besteht aus 300 Leuten, von denen 50 in der Verwaltung beschäftigt sind, der Rest als (Produktions-)Fabrikarbeiter, Qualitätskontrolleure und Reparaturpersonal etc. Gegenwärtig gibt es ungefähr 180 Produktionsarbeiter. Die meisten sind Fließband- oder Maschinenarbeiter.

Die Zahl der ausländischen Fachleute beträgt vierzehn: Produktionsmanager, Finanz- und Planungsleiter, Marketingleiter und elf Techniker.

Zu Beginn waren 22 Ausländer beschäftigt, die allmählich durch Inländer ersetzt wurden, sobald sie das notwendige Wissen und hinreichend Erfahrung erworben hatten.

Die einheimischen Arbeitskräfte, die von Berufsschulen oder höheren Schulen kommen, erhalten eine sechsmonatige Ausbildung am Arbeitsplatz. Das Unternehmen hat um Ausbildungszuschüsse von der Regierung weder gebeten noch welche erhalten. Für Tätigkeiten, die Fachkenntnisse erfordern, ist eine laufende Fortbildung üblich. Verwaltungspersonal wird zu einem sechsmonatigen Ausbildungslehrgang in das Stammunternehmen geschickt. Die praktische Ausbildung schließt auch Maschinenreparaturen ein.»

«*Fabrik G* produziert Metallwaren. Das Werk beschäftigt sechs Ausländer – Betriebsleiter, Qualitätskontrolleur, Produktionsleiter und drei Techniker. Die Produktion war mit über 30 Ausländern begonnen worden, vor allem technisches Personal, aber die meisten gingen nach ungefähr einem Jahr zurück. Die Gesamtzahl der Arbeitskräfte beträgt 800, davon sind ein Drittel männliche und der Rest weibliche Arbeitskräfte. Für eine große Abteilung, die Maschinen und -teile produziert, sind männliche Arbeitskräfte erforderlich.

Das Unternehmen lernt die Arbeitskräfte am Arbeitsplatz an, was bis zu drei Monate dauern kann, soweit spezielle Fachkenntnisse erforderlich sind. Die Ausbildung beginnt in der ersten Woche mit allgemeinen Instruktionen, dann kommen die Arbeiter in verschiedene Produktionsabteilungen und werden während der Arbeit angelernt.»

«*Fabrik H* produziert Ausrüstungen für die Meerestechnik. Das Unternehmen beschäftigt ungefähr 850 Leute. Ungefähr 75 Prozent der Arbeitskräfte sind in der Produktion eingesetzt, der Rest ist Verwaltungs- und Hilfspersonal. 60 Prozent der Arbeiter sind Facharbeiter oder angelernte Arbeiter.

Während das Unternehmen 1973 noch insgesamt sechzehn Ausländer beschäftigte, sind es jetzt nur noch neun.

Zu Beginn hatte das Unternehmen eine Lehrstätte für die Ausbildung von Schweißern. Nachdem dieser Personalbedarf gedeckt ist, werden die Arbeitskräfte überwiegend am Arbeitsplatz angelernt.»

In der überwiegenden Zahl der Weltmarktfabriken in freien Produktionszonen und an sonstigen Standorten sind die Ausbildungseffekte auf folgende Bereiche begrenzt:

a) Der größere Teil der Arbeitskräfte wird lediglich für spezifische Teiloperationen, die wiederum nur in begrenzten Tätigkeitsfeldern anwendbar sind, angelernt. Zu solchen Tätigkeiten zählen beispielsweise die Montage von Bauelementen, die Kontrolle von Webautomaten und die Bedienung von Stanzmaschinen. Anlerntätigkeiten, die über den spezifischen Arbeitsplatz hinaus verwendbar sind, wie zum Beispiel Schweißen, werden in weit geringerem Umfang vermittelt.

b) Im Produktionssektor werden Facharbeiter überwiegend nur in Nebenbereichen, zum Beispiel in der Werkzeugmacherei und in Reparaturabteilungen, beschäftigt. Soweit keine ausgebildeten Arbeitskräfte lokal verfügbar oder abwerbbar sind, werden die notwendigen Ausbildungsinhalte vermittelt. Nur insoweit sind Ausbildungseffekte gegeben. Diese sind im übrigen fast ausschließlich auf männliche Arbeitskräfte beschränkt.

c) Auch eine Ausbildung technischen und kaufmännischen Personals findet nur in sehr begrenztem Ausmaß statt. Technisches Personal wird vorwiegend für Funktionen wie Produktionsüberwachung, Arbeitseinteilung, innerbetriebliches Transportwesen, Instandhaltung der Anlagen usw., kaufmännisches Personal vorwiegend für Tätigkeiten wie Buchhaltung, Lohnabrechnung usw., wie sie auf der Ebene der jeweiligen Einzelfabrik ausgeübt werden müssen, ausgebildet. Die Ausbildung ist auf den Bereich des Teilfertigungsprozesses der jeweiligen Einzelfabrik begrenzt. Eine Vermittlung von technischem und kaufmännischem Wissen, welches die Gesamtheit der produktionstechnischen und kaufmännisch-organisatorischen Tätigkeiten auf Unternehmens- oder Konzernebene umfassen würde – beispielsweise Materialversorgung, Marketing, Transportwesen –, findet nicht statt.

d) Forschung und Entwicklung findet in Weltmarktfabriken nicht statt. Entsprechend findet auch keine Ausbildung in dem wichtigsten Bereich moderner Produkt- und Prozeßtechnologieentwicklung statt.

Ausnahmen sind in einzelnen Fabriken in einzelnen Industriezweigen, zum Beispiel im Maschinenbau und im Schiffbau festzustellen. Hier erzwingt die Produktion in einzelnen Fällen notwendig die Ausbildung einer prozentual größeren Facharbeiterschaft. Jedoch ist nicht zu erkennen, daß sich für die Mehrheit der Weltmarktfabriken eine andere als die typische Produktionsstruktur der Teilfertigung – Produktion um der industriellen Nutzung der billigen Arbeitskraft willen – mit außerordentlich geringen Ausbildungseffekten abzeichnet.

Was hinsichtlich der Ausbildungseffekte der Produktion in freien Produktionszonen und Weltmarktfabriken festzustellen ist, gilt in ähnlicher Weise für den Bereich des Technologietransfers. Der als Ziel deklarierte Zugang unterentwickelter Länder zu moderner Technologie wird über weltmarktorientierte verarbeitende Industrie in freien Produktionszonen und Weltmarktfabriken so gut wie nicht eröffnet. So ist dieser Zugang – wie im Bereich der Ausbildung – von vornherein in dem Maße beschränkt, in dem in Weltmarktfabriken nur Teiloperationen ausgeführt werden.[155]

Selbst wenn komplexe moderne Technologie in Weltmarktfabriken verwendet wird, ist das nicht notwendig gleichbedeutend mit der Möglichkeit des Zugangs des jeweiligen Entwicklungslandes zu dieser Technologie. Auch hier ist ein Hauptgrund, daß die Entwicklung solcher Technologie (wie ihre Fortentwicklung: Forschung und Entwicklung) nicht an Ort und Stelle

155 In einer entsprechenden Untersuchung der (Technologie-)Transfereffekte US-amerikanischer Investitionen in Südostasien kommt Thomas W. Allen zu dem folgenden Ergebnis:

«When process-technology is examined, it is apparent most projects are mainly assembly in character or require only general machinery. Significant existence of major processes requiring complex or developed machinery and techniques was apparent in only 16 out of the 39 metal-based projects examined, and in 32 of all 100 projects. However, all plants did involve subsidiary operations requiring general machinery of one type or another. The electronic industry yields a similar picture – a precision product with mainly assembly facilities. This is determined to a considerable extent by the nature of the processes, with pre-assembly stages involving very high technology which normally needs to be close to the main research and development centres. Some of the projects appeared to have extended the process-mix however, and these were mainly producers of components for television, transistors, etc. Such industries seem to have a good technological impact . . . On the whole, however, product- and process-embodied technology transfer does not appear to have been of great significance in United States operations. Where product-technology is involved in the complex products, the product-lines are normally limited and assembly operations only are involved. Most of the processes adopted also involve machinery/techniques which can readily be obtained from other sources, although the actual inputs (e.g. the wafers for semi-conductors) in some cases could come from the involvement of a foreign company. The assembly state is only the culmination of the underlying research and development.» – Thomas W. Allen, Direct Investment of United States Enterprises in Southeast Asia, A Study of Motivations, Characteristics and Attitudes. The Economic Cooperation Centre for the Asian and Pacific Region, Bangkok, März 1973, S. 32–34.

stattfindet.[156] Der Zugang ist ferner nicht gegeben, wenn die Kontrolle über solche Technologie extern bleibt. Die hohe Zahl von ausländischem Personal bei komplexen Produktionen ist jedoch ein starker Indikator für die Aufrechterhaltung externer Kontrolle.

Der nachstehende Bericht über die technische Abhängigkeit der südkoreanischen Industrie von Japan läßt erkennen, daß selbst in einem Land, daß zu denjenigen zählt, in denen die weltmarktorientierte verarbeitende Industrie signifikante Bedeutung hat, die technische Abhängigkeit nicht abgenommen, sondern eher zugenommen hat.

«Die technische Abhängigkeit der koreanischen Industrie von Japan habe in den letzten Jahren zugenommen, gab ein Sprecher des Economic Planning Board (EPB) in Seoul der Presse gegenüber bekannt. Die Summe der von Korea (Rep.) an Japan gezahlten Lizenzgebühren im Zeitraum 1962/75 bezifferte der Sprecher auf 36,72 Millionen Dollar. Das entspräche 55,4 Prozent der gesamten von Korea an das Ausland bezahlten Abgaben. Dieser Anteil war von 50,9 Prozent im Jahre 1970 auf 45,4 Prozent (1973) zurückgegangen; 1974 dann aber, so der Sprecher, wieder auf 59 Prozent und 1975 sogar auf 63,6 Prozent gestiegen.

Diese Entwicklung wird in Seoul vor allem deshalb bedauert, weil, wie der EPB-Sprecher sagte, Japan überwiegend Lizenzen für ältere technische Verfahren an die koreanische Industrie vergebe. Diese Entwicklung könne jedoch zur Schwächung der koreanischen Exportindustrie führen. Das EPB ermuntert aus diesem Grunde die koreanische Industrie zur Diversifizierung ihrer Lizenzimporte. Von den 581 im Zeitraum 1962 bis 1975 importierten Lizenzen für technische Verfahren seien 93,3 Prozent im Bereich der koreanischen industriellen Verarbeitung und des Bergbaus,

156 «In the developing countries there is hardly ever any decentralisation of research, and new manufacturing processes are handled centrally by the parent company. Research and development in multinational enterprises is run on the assumption that scientific knowledge is for internal circulation only, so that international dissemination of technology only takes place within the firm.» – «The concentration of research and development in multinational enterprises and its further concentration in the parent companies of these enterprises are accounted for by the economies of scale in research and development, the desire to reduce the technical and commercial risks of experimental work on new products, and the availability of research facilities. This explains why in 1966 only about 6 per cent of total research and development expenditure by American multinational enterprises in the manufacturing sector was done abroad; probably almost none of the 6 per cent was done in subsidiaries in developing countries.» ILO, The Impact of multinational enterprises on employment and training, Genf 1976, S. 25.

In einer Untersuchung des Technologietransfers in der Elektronikindustrie von Südkorea kommt Kun Mo Chung zu dem Ergebnis, daß ein Technologietransfer durch Weltmarktfabriken so gut wie nicht stattfindet: «The technology transfer through offshore activities by foreign firms has not been effective until now. The main reason was that most offshore operations have been through wholly owned subsidiaries which carry out only routine assembling and testing.» Kun Mo Chung, Commercial Transfer of Foreign Technology to the Electronics Industry in Korea. In: Asian Economies, Heft 13 (1975), S. 22–23.

1,2 Prozent in den Sektoren Landwirtschaft und Fischerei sowie 5,5 Prozent im Dienstleistungs- und Infrastrukturbereich eingesetzt worden, gab der EPB-Sprecher bekannt.

Die bedeutendsten Importe japanischer Technologie finden sich in der koreanischen Textilindustrie, Elektro- und Elektronikindustrie, der chemischen Industrie und im Maschinenbau.»[157]

Wie die Handels- und Zahlungsbilanzentwicklung derjenigen Länder, in denen freie Produktionszonen und Weltmarktfabriken seit längerem in Betrieb sind, zeigt, macht sich ein positiver Effekt auf Handels- und Zahlungsbilanzen durch die spezifische weltmarktorientierte Produktion in freien Produktionszonen und Weltmarktfabriken an sonstigen Standorten nicht bemerkbar. Deviseneinnahmen versprechen sich die unterentwickelten Länder von der weltmarktorientierten verarbeitenden Industrie, deren Produktion auf den inländischen Märkten nicht verkauft werden kann (100 Prozent Exportproduktion) durch den damit auf die Unternehmen ausgeübten Zwang, in Höhe der zu zahlenden Löhne, in Höhe der zu zahlenden Gebühren und Tarife für industrielle Vorleistungen und für die Inanspruchnahme von Infrastruktur und in Höhe der Zahlungen für den Kauf lokaler Rohmaterialien, Devisen aufzuwenden (ausländische Währung gegen inländische Währung einzutauschen). Den Deviseneinnahmen für Löhne, Tarife und Rohmaterialien stehen jedoch Devisenausgaben im Zusammenhang mit dem Aufbau und Betrieb von freien Produktionszonen gegenüber. Per saldo sind an Stelle von positiven häufig negative Zahlungsbilanzeffekte zu verzeichnen.

Die Deviseneinnahmen aus allen drei Positionen sind insgesamt sehr gering. Angesichts der niedrigen Löhne bleiben die Deviseneinnahmen in Höhe der Lohnsummen auch bei hohen Beschäftigungszahlen insgesamt niedrig. Subventionierte Gebühren, Tarife und Preise für industrielle Vorleistungen und für die Inanspruchnahme von Infrastruktur (Subventionen werden gerade als Investitionsanreize angeboten) lassen auch hier keine hohen Deviseneinnahmen entstehen. Die notwendigen Devisenausgaben für den Aufbau und den Betrieb der entsprechenden Einrichtungen übersteigen die Einnahmen häufig beträchtlich. Schließlich sind keine nennenswerten Deviseneinnahmen durch den Verkauf inländischer Rohmaterialien an Weltmarktfabriken zu verzeichnen. Die Möglichkeit zur unbegrenzten zoll- und abgabenfreien Einfuhr von Rohmaterialien (wiederum ein Hauptmerkmal der freien Produktionszonen) sowie die transnationale Organisation der Produktion steht einer hohen Verwendungsquote inländischer Rohmateria-

157 Nachrichten für Außenhandel, 14. Juli 1976: «Zunehmende technische Abhängigkeit von Japan».

lien entgegen. In einem hohen Maße, häufig ausschließlich, werden Rohmaterialien eingeführt.[158]

Devisen*ausgaben* entstehen nicht nur für den unmittelbaren Aufbau und Betrieb der freien Produktionszonen – Erschließung der Industriegelände, Aufbau und Betrieb der Infrastruktureinrichtungen, Bereitstellung von Fa-

Freie Exportzone Masan, Gesamtinvestitionen: Ende 1973

Millionen US-Dollar

Geländeerschließung	7,064
Industriewasser	0,488
Hafenbau	2,103
Bohrungen	1,161
Öffentliche Einrichtungen	1,007
Standardfabrikgebäude	3,095
Wohnheime	0,787
Sonstige Einrichtungen	0,557
Insgesamt	16,262

Quelle: The Industrial Estates Administration, Masan, A Case Study of the Masan Free Export Zone, S. 9

brikgebäuden –, sondern entstehen auch für den mittelbaren Bereich der Versorgung der freien Produktionszonen und Weltmarktfabriken mit industriellen Vorleistungen (insbesondere Energie- und Wasserversorgung) und der Bereitstellung sonstiger Infrastruktureinrichtungen wie Straßen, Häfen, Flughäfen, Containerdienste usw.[159]

158 Nicht zuletzt ist auch die Zollpolitik der Industrieländer von Einfluß auf den Anteil der verwendeten inländischen Rohmaterialien. Da zahlreiche Länder bei passiver Lohnveredelung auf den in Einfuhrerzeugnissen enthaltenen Anteil reimportierter Rohmaterialien und Halbfabrikate keinen Zoll erheben, sind Unternehmen häufig veranlaßt, in der Weltmarktproduktion in unterentwickelten Ländern auf die Verwendung inländischer Rohmaterialien zu verzichten, um beim Import in die Industrieländer keinen Zoll zahlen zu müssen. (In ihrer Wirkung ist dies eine Zollschutzpolitik der Industrieländer.)

159 Wie das folgende Beispiel zeigt, schließt das selbst den Bau von Kernkraftwerken ein:

«The Philippines Government announced last week that contracts have been signed by the state-owned national Power Corporation with Westinghouse Electric Corp. to construct two nuclear power stations near Manila. The reactors, which will produce a total of 1240 megawatts when completed, are to be built in Bataan Province. Although it was announced as a means of reducing Philippines oil dependency, it is likely that most of the power will be used to serve the needs of foreign multinationals, including Ford and Exxon, who are located in the nearby Mariveles Free Export Zone and surrounding industrial areas.» – The Elements (April 1976), «Nuclear Export».

Die Größenordnungen von Deviseneinnahmen aus der Zahlung von Löhnen und die Größenordnungen von Devisenausgaben für die Erschließung und die Unterhaltung von Produktionsstandorten machen die folgenden Aufstellungen annäherungsweise deutlich. In der freien Exportzone Masan, Südkorea, ist von den in der Zone ansässigen Weltmarktfabriken bei einer jahresdurchschnittlichen Gesamtbeschäftigung von 21000 Arbeitskräften (21100 im September 1975) und bei einem durchschnittlichen Tageslohn von 2 US-Dollar eine Jahreslohnsumme in Höhe von 14,7 Millionen US-Dollar zu zahlen. Für die Erschließung des Industriegeländes sowie für Infrastruktureinrichtungen hatte die Industrial Estates Administration von Masan bis Ende 1973 Investitionen in Höhe von 16,3 Millionen US-Dollar vorgenommen. Schätzt man den Anteil der Devisenausgaben konservativ auf ungefähr ein Drittel, so entspricht das Devisenausgaben in Höhe von ungefähr 5 Millionen US-Dollar.

Für Erschließung und Einrichtung der Exportfabrikationszone Bataan, Philippinen, betrugen die staatlichen Investitionen bis März 1973 ungefähr 700 Millionen Pesos (100 Millionen US-Dollar). Die gesamten staatlichen Investitionen für die Ausstattung der Zone werden auf eine Milliarde Pesos (140 Millionen US-Dollar) geschätzt.[160] Bei einer jährlichen Gesamtbeschäftigung von 10000 Arbeitskräften (8177 im März 1976) und bei einem durchschnittlichen Tageslohn von 2 US-Dollar ist von den in der Zone ansässigen Weltmarktfabriken eine Jahreslohnsumme von insgesamt 7 Millionen US-Dollar zu zahlen. Der Devisenanteil an den staatlichen Investitionen ist mit hoher Wahrscheinlichkeit auf ein Mehrfaches der Jahreslohnsumme zu schätzen. Vorstehende Angaben betreffen, wie gesagt, ausschließlich die Investitionskosten für die Erschließung und für die Einrichtung der Produktionszonen. Auch bei den laufenden Ausgaben für Betrieb und Unterhaltung der Infrastruktur- und Dienstleistungseinrichtungen ist die Devisenquote nicht unerheblich.

Auch die Finanzierung der Erstinvestitionen für den Aufbau und die Einrichtung der Weltmarktfabriken ist nicht notwendig mit einem entsprechenden Kapitalzufluß aus dem Ausland verbunden, da Investitionsmittel häufig am inländischen Kapitalmarkt aufgenommen werden können und nicht selten staatlicherseits subventioniert zur Verfügung gestellt werden (Investitionsanreize).

Von entscheidendem Einfluß auf die Höhe der staatlichen Devisenerlöse aus der Produktion in freien Produktionszonen und Weltmarktfabriken ist jedoch die Tatsache, daß auch bei wachsenden Ausfuhren aus den Zonen und Weltmarktfabriken nicht notwendig in gleicher Höhe Deviseneinnahmen für die Staaten entstehen müssen. Wie sich das Verhältnis von Ausfuhren aus den Zonen zu Einfuhren in die Zonen entwickelt, ist wesentlich von der

160 Teodoro Q. Peña, Export Processing Zone Authority, Industrial Free Zone Activities in the Philippines, S. 45.

Intra-Unternehmensverrechnung zwischen den Fabriken in den Zonen und ihren Unternehmens- oder Konzernzentralen abhängig. Es wird durch die Gesamtunternehmens- oder Konzernstrategie bestimmt, wie die Intra-Unternehmensaktivitäten verrechnet werden, mit anderen Worten, welche Eingangspreise für importierte Rohmaterialien, Zwischenprodukte usw. und welche Ausgangspreise für weiterverarbeitete Produkte festgelegt werden. Auch wenn es innerhalb der Gesamtunternehmensstrategien profitabel sein sollte, niedrige Eingangspreise und hohe Ausgangspreise zu verrechnen, was sich in der Bilanz der Einfuhren von Rohmaterialien in die Zonen und den Ausfuhren von weiterverarbeiteten Produkten aus den Zonen in einem hohen aktiven Saldo zeigen würde, ist das kein Hinweis auf entsprechende staatliche Devisennettoerlöse, da den Unternehmen ein unbeschränkter Transfer der Gewinne aus der Produktion in den Zonen garantiert ist. Ein positiver Saldo in der «Handelsbilanz der Zonen und Weltmarktfabriken» und ein entsprechender positiver Saldo in der Handelsbilanz des Landes würde, bei vollständigem Gewinntransfer, mit einem entsprechenden negativen Saldo in der Kapitalverkehrsbilanz bilanzieren. Da auch eine Besteuerung der Gewinne nicht stattfindet (zeitweilige oder unbefristete Steuerbefreiung), ist auch eine Abschöpfung von Devisen aus Gewinnen nicht möglich.

Es stehen den Ländern somit nur drei Quellen für Deviseneinnahmen aus diesem Typus der weltmarktorientierten Produktion zur Verfügung, aus dem Verkauf von Arbeitskraft, aus dem Verkauf von Dienstleistungen und aus dem Verkauf von Rohmaterialien. Aus dem Verkauf billiger Arbeitskraft und subventionierter Dienstleistungen sind allenfalls Deviseneinnahmen in einer Größenordnung zu erwarten, die die notwendigen Devisenausgaben kompensieren werden, kaum aber in einer Größenordnung, die zu einer generellen Verbesserung der Zahlungsbilanzsituation führen könnte. Lediglich die zunehmende Verwendung inländischen Rohmaterials könnte von größerer Bedeutung für zusätzliche Deviseneinnahmen sein, jedoch ist eine entsprechende Entwicklung von den spezifischen Randbedingungen des jeweiligen Standortes abhängig.

4.2. Übereignung von Grund und Boden, Verbrauch von Kapital und Arbeitskraft

Im vorstehenden Abschnitt ist gefragt worden, welche unmittelbaren Auswirkungen von der weltmarktorientierten Industrialisierung durch freie Produktionszonen und Weltmarktfabriken auf den Arbeitsmarkt, auf die technische Entwicklung und auf die Zahlungsbilanzsituation der unterentwickelten Länder ausgehen. Wie die Analyse deutlich gemacht hat, ist eine Lösung der Beschäftigungsprobleme: Verringerung der Arbeitslosigkeit, der Technologieprobleme: Zugang zu und Beherrschung moderner Technologie und der Zahlungsbilanzprobleme: Erhöhung der Nettoerlöse im internationalen Zahlungsverkehr, durch weltmarktorientierte Industrialisierung auch bei weiterer rascher globaler Ausdehnung des Prozesses nicht zu erwarten. Darüber hinaus ist jedoch zu fragen, welche Auswirkungen die weltmarktorientierte Industrialisierung durch freie Produktionszonen und Weltmarktfabriken auf die sozio-ökonomische Entwicklung der unterentwickelten Länder insgesamt hat.

Weltmarktorientierte Industrialisierung heißt für die unterentwickelten Länder zunächst nichts anderes als die Bereitstellung von Grund und Boden, Kapital und Arbeitskraft.

Der Aufbau freier Produktionszonen beginnt mit der Bereitstellung (Enteignung) und Erschließung von Grund und Boden als Industriegelände. Die Auswahl der Standorte ist vor allem bestimmt vom Standort der Arbeitskraft: Nähe urbaner Konglomerate, von der geographischen Lage zu Hauptabsatzmärkten und von dem Vorhandensein oder der Möglichkeit der Errichtung internationaler Transportverbindungen: vor allem Seehäfen und Flughäfen. Die Auswahl der Standorte erfolgt häufig ohne jede Rücksicht auf vorhandene ökonomische Strukturen und ökologische Auswirkungen. Sie ist in vielen Fällen mit der zwangsweisen Vertreibung bäuerlicher Bevölkerung von landwirtschaftlich genutzten Flächen verbunden.

Die folgenden Auszüge sind einem Bericht von Emmanuel O. Fernandez über die Erschließung der Phividec-Industriezone in der Provinz Misamis Oriental, Südphilippinen, und über die Konsequenzen dieser Erschließung für die dort lebende Bevölkerung entnommen. Bei der Phividec Industrial Estate handelt es sich um eine im Aufbau befindliche freie Produktionszone, in der sowohl Leicht- als auch Schwerindustrie angesiedelt werden soll. Im Bau ist ein Sinterwerk des japanischen Konzerns Kawasaki, für das eine Fläche von 138 Hektar benötigt wird. In einer Broschüre der Phividec Industrial Estate Authority wird der Zweck der Produktionszone wie folgt beschrieben: «Hauptzweck des Industriegebietes ist die Ansiedlung exportorientierter Industrien und die Nutzung der einheimischen Arbeitskräfte und Rohmaterialien.»

«Entlang dem Küstenstreifen von Nord-Mindanao in der Provinz Misamis Oriental überrollen riesige Erdbewegungsmaschinen einen Ort, der einst Nabacaan heiß und in dem 143 Familien wohnten. Diese Szene wird sich so oft wiederholen, bis zwei Städte dem Erdboden gleichgemacht worden sind, um für 3000 Hektar ‹Fortschritt›, bekannt unter dem Namen PHIVIDEC Industrial Estate, Platz zu machen. In der Zwischenzeit werden mit aller Wahrscheinlichkeit menschliche Rechte, Wohlergehen und Würde ebenso überrollt sein wie die Erde von Nabacaan.

Misamis Oriental ist zufälligerweise gerade weit genug entfernt von den Moslem-Rebellen und nahe genug dran an der Quelle billiger Energie des Wasserkraftwerks der Maria Cristina-Fälle. Zufälligerweise sind die Städte Tagaloan und Villanueva ideales Gelände für industrielle Entwicklung. Zufälligerweise sind aber Tagaloan und Villanueva auch die Heimat von 29000 Menschen.

Für die Umsiedlung dieser Leute wurde die Gegend Kalingagan schließlich ausgewählt. Daß die Wahl auf diese Gegend fiel, basiert angeblich darauf, daß die Mehrheit der Betroffenen diesem Ort den Vorzug gab. Kalingagan liegt sieben Kilometer von der Hauptstraße entfernt und 500 Meter über dem Meeresspiegel, ein hügeliges, felsiges Plateau. Landwirtschaftlich ist das Land kaum zu nutzen. Der saure Boden ist so unfruchtbar, daß darauf nicht einmal Tomaten wachsen können. Wenn also die Wahl der Leute auf Kalingagan fiel, ist es in der Tat kaum vorstellbar, wie es um die anderen sieben vorgeschlagenen Gegenden bestellt sein muß . . .

Es ist ein langer Weg von der Hauptstraße nach Kalingagan, der ganze Weg ist eine Kletterpartie. Bevor die IATF (Planungsbehörde für das Industriegebiet) kam, hatte kein Personenfahrzeug die Erdstraße jemals befahren. Den Leuten ist versprochen worden, daß sie bevorzugt Arbeitsplätze in dem Sinterwerk erhalten werden. Im Moment sind viele beim Bau des Werkes beschäftigt. Zwei Busse sind angeschafft worden, um die Leute zu transportieren, wenn das Ansiedlungsgebiet bezugsfertig sein wird. Doch die Bereitschaft der Leute, gegen diese willkürliche Behandlung Widerstand zu leisten, ist sehr stark. Ihre letzte Versammlung schloß mit den mutigen Worten: ‹. . . dies ist unser Land . . . wir sind es gewohnt, auf unserem Land zu arbeiten . . . wir sind es nicht gewohnt, als Lohnarbeiter zu arbeiten . . . deshalb werden wir lieber heute sterben als morgen verhungern! Möge Gott Kawasaki verbieten, sich bis auf unser Gebiet auszubreiten! . . . Unser großes Problem ist, daß viele von uns kein Land besitzen – diejenigen, auf deren Land wir arbeiten – verkaufen es, was sollen wir dagegen tun? Wir müssen stark werden! Wir müssen für unsere Rechte kämpfen! Wir müssen uns vereinigen – so daß wir stark sind in unserem Kampf gegen das, was uns die Regierung und Kawasaki aufgebürdet haben.›»[161]

Die Bereitstellung von Kapital findet statt für die Erschließung der Industriegelände, für die Ausstattung der Zone mit Infrastruktur und für den Aufbau von Versorgungs- und sonstigen Infrastruktureinrichtungen wie Energie- und Wasserversorgung, Straßenbau, Seehäfen, Flughäfen und Dienstleistungseinrichtungen. Die Bereitstellung von Kapital erfolgt a) aus der Umverteilung von volkswirtschaftlichen Überschüssen, die insbesondere im landwirtschaftlichen Sektor und im Bergbau erzeugt werden, und b) durch die Aufnahme von Krediten insbesondere bei internationalen Finanzierungsinstitutionen wie der Weltbank und regionalen Entwicklungsbanken. Sie bindet in zahlreichen Ländern einen hohen Teil der insgesamt für ökonomische Entwicklung zur Verfügung stehenden staatlich umverteilten volkswirtschaftlichen Überschüsse.

Die Bereitstellung von Arbeitskraft ist in erster Linie die staatlich organisierte Zuführung der nachgefragten spezifischen Arbeitskraft aus der industriellen Reservearmee. Die staatliche Mobilisierung der industriellen Reservearmee für weltmarktorientierte Industrie beginnt mit der Anpreisung der Arbeitskraft der jeweiligen Standorte auf dem Weltmarkt für Arbeitskraft; sie setzt sich fort in der Vermittlung der Arbeitskraft durch staatliche

161 Emmanuel O. Fernandez, Relocation – Marcos Style. In: Japan-Asia Quarterly Review 1 (1976), S. 54 und 56.

Rekrutierungs- und Arbeitsvermittlungsbüros; sie wird ergänzt durch die Organisation der schulischen und industriespezifischen Ausbildung der Arbeitskraft; und sie schließt ihre organisierte Unterbringung in Wohnheimen und Arbeiterwohnstätten ein. Sie beinhaltet sogar, wenn nötig, ihre zwangsweise Rekrutierung.

4.3. Minimale (inländische) volkswirtschaftliche Erträge, maximale (ausländische) betriebswirtschaftliche Gewinne

Eine Analyse der Auswirkungen der weltmarktorientierten Industrialisierung auf die sozio-ökonomische Entwicklung der unterentwickelten Länder insgesamt hat zwischen ihren volkswirtschaftlichen und betriebswirtschaftlichen Effekten zu unterscheiden. Während die volkswirtschaftlichen Erträge für die jeweilige Region überwiegend gering, teilweise sogar negativ ausfallen, werden auf betriebswirtschaftlicher Ebene außerordentlich hohe Gewinne erzielt. Der Enklavencharakter der weltmarktorientierten Industrie bewirkt, daß die betriebswirtschaftlichen Ergebnisse auch indirekt kaum zu volkswirtschaftlichen Erträgen werden – zum Beispiel durch Reinvestition von Gewinnen – und bewirkt umgekehrt, daß sich negative volkswirtschaftliche Auswirkungen auf betriebswirtschaftlicher Ebene kaum bemerkbar machen.

Zu den volkswirtschaftlichen «Erträgen» der unterentwickelten Länder aus der weltmarktorientierten Produktion in freien Produktionszonen und Weltmarktfabriken zählt, wie weiter oben ausgeführt, die Schaffung von Arbeitsplätzen – jedoch nur für spezifische Gruppen der Bevölkerung im ökonomisch aktiven Alter. Die Beschäftigung ist mit nur geringen Einkommenseffekten verbunden. Zu den volkswirtschaftlichen Erträgen sind ferner, allerdings sehr geringe Effekte des Transfers von Ausbildung und Technologie zu zählen. Schließlich mag man den Ausbau industrieller Infrastruktur hinzurechnen, auch wenn sie überwiegend inländisch finanziert ist.

So gut wie nicht vorhanden sind Multiplikatorwirkungen der weltmarktorientierten Produktionen, die sich in anderen volkswirtschaftlichen Sektoren als Einkommens- und Beschäftigungseffekte zeigen würden. Das gilt sowohl für den binnenwirtschaftlichen als auch – terminologisch paradox – für den außenwirtschaftlichen Bereich.

Die binnenwirtschaftliche Integration der weltmarktorientierten Produktion ist überwiegend auf den Verbrauch von Arbeitskraft und Infrastruktur beschränkt. Sogenannte Rückwärtsintegration ist sehr gering; sie beschränkt sich bis auf Ausnahme weniger Industriezweige auf partielle Zulieferung von Rohmaterialien.[162] Vorwärtsintegration, mit anderen Worten,

162 Auf den Zusammenhang zwischen nichtkomplexer Teilfertigung und weitgehendem Ausbleiben von Integrationsprozessen wird in der UNCTAD-Analyse

die inländische Weiterverarbeitung von Erzeugnissen aus der Produktion in freien Produktionszonen und Weltmarktfabriken kann per Funktion – auf Grund der Weltmarktorientierung der Produktion – nicht stattfinden. Selbst zwischen den Weltmarktfabriken eines jeweiligen Standortes sind Beziehungen der Vorwärts- und Rückwärtsintegration nur ansatzweise vorhanden.[163]

Die weltmarktorientierte Produktion in freien Produktionszonen und Weltmarktfabriken findet auf Grund ihrer Enklavenbedingungen – wie gesagt, terminologisch paradox – de facto außerhalb des außenwirtschaftlichen Bereichs der Volkswirtschaften der unterentwickelten Länder statt. Was terminologisch und statistisch als Export erfaßt wird, ist tatsächlich von der Volkswirtschaft und der Außenwirtschaft des jeweiligen Landes abgelöste ökonomische Aktivität. Exporte aus den Zonen und Weltmarktfabriken sind keine Exporte der jeweiligen Volkswirtschaften, sondern Intra-Unter-

der Elektronikproduktion hingewiesen: «The ‹spill over› effects of international subcontracting in electronics depend partly on the nature of the operation and the type of subcontract involved, and partly on the policy environment in which it is carried out. On the whole, subcontracting of single processes is likely to have the least ‹spill over› effects. Foreign firms that are transferring such processes to developing countries for the essential purpose of lowering their costs are normally not concerned with forward or backward linkages with local industries of the host country. They are essentially concerned with maintaining the linkages with their own international production and marketing network. It would appear that the assembly of semicondutors – or other highly specialized components – has not led, so far, to many direct linkage effects in developing countries. There are, however, important exceptions: in Hong Kong and Singapore, completely local production of transistors and even some integrated circuits is now commencing.» UNCTAD, International Subcontracting Arrangements in Electronics, S. 26.

163 «Since many labour-intensive manufacturing activities using unskilled or semiskilled labour are transferred to export-processing free zones in developing countries by foreign manufacturers for the essential purpose of lowering costs for a specific industrial process, ‹linked› industrial activities in the zone country are not likely to develop spontaneously (except for those related to finish products, as mentioned above). Within the zone itself, ‹interrupted› production techniques usually result in an isolation of the different industries and a lack of inter-industrial linkages. In particular, the multinational corporations which operate within the zones are concerned with maintaining the linkages within their own international production and marketing network. To the extent that the industries situated in the zone are free to purchase their inputs wherever they wish, they will not choose locally produced inputs, unless these can be supplied at world prices. Thus, while there have been a certain number of cases – for example in the fields of electronics – in which component assembly has led on to component fabrication, such developments would normally result only from deliberateefforts to this end by the government of the country.» UNCTAD, The use of free zones as a means of expanding and diversifying exports of manufactures from the developing countries, TD/B/C. 2/125, 18. Juni 1975, S. 11.

nehmensverkehre. Nur in dem Maße, in dem die aus den Zonen und Weltmarktfabriken ausgeführten Erzeugnisse Rohmaterialien, Zulieferungen und Vorleistungen aus den jeweiligen inländischen Volkswirtschaften enthalten, und nur in dem Maße, in dem Arbeitskraft von den Unternehmen in den freien Produktionszonen und Weltmarktfabriken gekauft wird, finden Exporte des jeweiligen Landes statt, Exporte von Waren und Dienstleistungen und Exporte der Ware besonderer Art: Arbeitskraft. Und nur in dem Maße, in dem für den Verkauf dieser Waren und Dienstleistungen Deviseneinnahmen erzielt werden und Devisenüberschüsse entstehen, sind außenwirtschaftliche Effekte gegeben.

Den geringen volkswirtschaftlichen und außenwirtschaftlichen Erträgen stehen außerordentlich hohe betriebswirtschaftliche Gewinne gegenüber,

Durchschnittserträge auf Anlagekapital (nach Steuern) (Prozent)	39,2	(5)*
Amortisationsperiode – tatsächlich oder letzte verfügbare Schätzung (Jahre)	3,9	(12)*
Geschätzter Zeitraum, in dem der ausländische Kapitalanteil repatriiert wird (Jahre)	3,8	(10)*
Kapitalfinanzierung im Entwicklungsland (Prozent)	31	
Kapitalfinanzierung durch Kredite (Prozent)	66	
Verwendung der Erträge		
Reinvestiert (Prozent)	34	
Dividenden (Prozent)	25	
Lizenzgebühren (Prozent)	1	
Ausgezahlt auf anderen Wegen (Prozent)	40	

* Zahlen in Klammern geben die Anzahl der Firmen an

die jedoch überwiegend nicht im Inland verbleiben, sondern ins Ausland transferiert werden. Soweit Analysen der Profitabilität der weltmarktorientierten Produktion in freien Produktionszonen und Weltmarktfabriken vorhanden sind, weisen sie ausnahmslos auf überdurchschnittliche hohe Gewinnraten hin.

Die folgende Analyse[164] der Profitabilität exportorientierter Investitionen beruht auf Daten von 80 Auslandsbetrieben transnationaler Unternehmen in unterentwickelten Ländern, darunter 21 exportorientierten Betrieben. Sechs der exportorientierten Betriebe waren in Lateinamerika, zwölf in Südostasien und drei in anderen Regionen lokalisiert.

«Exportorientierte Projekte sind im allgemeinen sehr profitabel und benö-

164 Harold Crookell, Investing in Development – A Corporate View. In: Columbia Journal of World Business 1 (1975), S. 82.

tigen weniger Anlagekapital als andere Projekte. Das Grundkapital kann schneller repatriiert werden, und ein hoher Prozentsatz des Profits wird unmittelbar im Stammland realisiert ... Unter den beiden Investitionsbereichen, in denen Ausländer initiativ sind (inlandmarktorientierte und exportorientierte), können exportorientierte Investitionen als ausbeuterisch bezeichnet werden.

Die Deutsche Gesellschaft für wirtschaftliche Zusammenarbeit und das Sekretariat der Konferenz für Handel und Entwicklung der Vereinten Nationen führen für die Herstellung von Schuhen und von Bauelementen für die Elektronik die nachstehenden Kostenvergleiche vor.

«Das nachfolgend dargestellte Rechenbeispiel geht von einer angenommenen Schuhproduktion von 1000 Paar/Tag (220000 Paar Schuhe/Jahr) aus; für diese werden in Deutschland 100, in Tunesien – trotz geringerer Produktivität – nur 93 Lohnempfänger benötigt, da eine wesentlich höhere effektive Stundenleistung im Jahr erbracht wird. Das gesamte Vormaterial wird importiert. Es entstehen die folgenden Herstellkosten:

Gesamtkosten pro Jahr	Deutschland DM	in %	Tunesien DM	in %
Gehälter Angestellte	249 600	9,3	241 254	26,5
Löhne	2 125 200	79,2	329 870	36,3
Abschreibungen	116 250	4,3	135 000	14,8
Betriebskosten	101 084	3,8	118 864	13,0
Finanzierungskosten	91 000	3,4	84 500	9,4
	2 683 134	100,0	909 488	100,0

Die Belastung pro Paar Schuhe durch die aufgeführten Kostenarten beträgt daher:

in Deutschland DM 12,20, in Tunesien DM 4,13.

Hinzu treten für die Produktion in Tunesien Transportkosten. Zum Beispiel entsteht bei einem Transport von 13 Tonnen Vormaterial nach Tunesien und 18000 Paar in Kartons verpackter Schuhe nach Deutschland eine Gesamtbelastung von DM 1,10 pro Paar Schuhe.»[165]

Bauelemente für die Elektronik: Kostenvergleich bei einer Jahresproduktion von 3 Millionen Einheiten für den europäischen Markt[166] (US-Dollar pro 1000 Einheiten)

165 DEG, Schuhproduktion Tunesien. Köln, Januar 1975.

166 UNCTAD, International subcontracting arrangements in electronics, S. 40

Kostenart	Produktion in Westeuropa (Material aus Westeuropa)	Herstellung in Südostasien (Material aus Westeuropa)	(Material aus einem Drittland)
1. Material	378	378	363
2. Fracht / Versicherung	7	37	30
3. Zoll	–	–	–
4. Produktionskosten	670	188	188
5. Betriebskosten	22	22	22
6. Anteilige Kosten für Forschung und Entwicklung	86	86	86
7. Gesamtkosten	1 163	711	689

Wenn auch aus diesen Kostenvergleichen keine unmittelbaren Schlüsse auf Extraprofite in Höhe der eingesparten Kosten gezogen werden dürfen, so sind sie doch ein Hinweis auf die Dimension möglicher Extraprofite.[167]

Die Deckungsungleichheit von volkswirtschaftlicher und betriebswirtschaftlicher Rentabilität auf Grund des Enklavencharakters der weltmarktorientierten Produktion in freien Produktionszonen und Weltmarktfabriken heißt also für die Länder, die Standorte dieses Typs von weltmarktorientierter Produktion sind, hohe Kosten, die aus Überschüssen aus anderen volkswirtschaftlichen Bereichen finanziert werden, und minimale Erträge, während sie den Unternehmen, die unter Enklavenbedingungen produzieren, niedrige Kosten und maximale Erträge sichert. Die betriebswirtschaftlichen Erträge aus der weltmarktorientierten Produktion werden in einem hohen Maße direkt, soweit unbeschränkte Transfermöglichkeiten gegeben sind,

167 Über Gewinnraten in Brasilien und in den Philippinen berichtete die *Frankfurter Allgemeine Zeitung* wie folgt:

«Und auch wenn das Investitionsrisiko im Ausland naturgemäß immer größer sei, bei einer Amortisationszeit von Investitionen von drei Jahren, die als Faustregel bei Eingeweihten gilt, bei Gewinnen von 15 und mehr Prozent und bei einem gesicherten Wachstum erscheine das Wagnis nicht tollkühn.» Frankfurter Allgemeine Zeitung/ Blick durch die Wirtschaft, 28. Juni 1975: «Fast ein Eldorado für tüchtige Leute – Erfahrungen einer Informationsreise mittelständischer Unternehmer nach Brasilien.»

«Insgesamt gelten die Investitionsbedingungen bei den deutschen Firmen in Manila als recht günstig. Besonders bei arbeitsintensiven Betrieben, die mit nur relativ wenig Kapital arbeiten, sind Dividenden von 40 Prozent keine Seltenheit, und es ist ein hoher Kapitalumschlag erreichbar. Gewinntransfer sowie Zins- und Tilgungsüberweisungen für ausländische Kredite sind erlaubt.» Frankfurter Allgemeine Zeitung, 28. März 1977: «Die Philippinen suchen deutsche Investoren».

oder indirekt, auf dem Wege der Intra-Unternehmensverrechnung, vom jeweiligen Ort ihrer Produktion ins Ausland transferiert und damit sowohl einer konsumtiven als auch produktiven volkswirtschaftlichen Konsumtion der jeweiligen Standortländer entzogen.

4.4. Abhängige und ungleiche Entwicklung

Weltmarktorientierte Industrialisierung der unterentwickelten Länder, wie sie durch freie Produktionszonen und Weltmarktfabriken stattfindet, ist die Entwicklung einer Industriestruktur, deren Reproduktion abhängig ist vom Reproduktionsprozeß des Kapitals, dessen Reproduktion weitgehend abhängig ist von der Reproduktion der Ökonomien der Industrieländer. Weltmarktorientierte Industrialisierung ist insofern eine Entwicklung, die den historischen Prozeß der abhängigen Entwicklung der unterentwickelten Länder Afrikas, Asiens und Lateinamerikas manifest verstärkt.

Die strukturelle Abhängigkeit der weltmarktorientierten Industrie erstreckt sich auf sämtliche Bereiche des industriellen Reproduktionsprozesses: Struktur der Produktion, Investitionsgüter-, Rohmaterial- und Ersatzteilversorgung, Produkt- und Prozeßtechnologie, Management, Verfügung über Marketing und Absatzmärkte. Darüber hinaus verstärkt die weltmarktorientierte Industrialisierung als abhängige industrielle Entwicklung die strukturelle Abhängigkeit der gesamten volkswirtschaftlichen Reproduktion – und das nicht nur linear.

Die Struktur der Produktion ist überwiegend durch Teilfertigung im Rahmen transnational organisierter, auf verschiedene Fabriken an verschiedenen Orten aufgeteilte, Fertigung eines Erzeugnisses gekennzeichnet. Die Produktion ist in die jeweilige nationale Ökonomie nur durch den Verbrauch von Vorleistungen und Arbeitskraft integriert, im übrigen jedoch desintegriert und im Rahmen transnationaler Unternehmensorganisation vertikal in den Weltmarkt integriert. Was im (weltmarktorientierten) Industriesektor produziert wird, ist weder von den jeweiligen nationalen Bedarfsstrukturen noch von den jeweiligen nationalen Kapazitätsstrukturen her bestimmt. Was produziert wird und wie produziert wird, diktieren externe Unternehmenskalküle und Verwertungsstrategien, die wiederum von der Entwicklung der globalen Randbedingungen des Weltmarktes determiniert sind.

Die Reproduktion der weltmarktorientierten Industrie ist nur in beschränktem Maße auf die Versorgung durch inländische Rohmaterialien und Halbfabrikate orientiert; sie ist in einem hohen Maße abhängig von externen Zulieferungen. Die Organisation der Produktion als vertikal strukturierte Teilfertigung bedeutet, daß industrielle Verflechtungen kaum entstehen und die Produktionsstruktur systematisch als eine entwickelt wird, die von essentiellen extern erzeugten Inputs abhängig bleibt.

Die weltmarktorientierte Industrie läßt kaum einen Zugang der unterentwickelten Länder zu moderner Produkt- und Prozeßtechnologie, zu Organisation und Management industrieller Großproduktion und zu Exportmärkten entstehen.

Forschung und Entwicklung, sowohl im Bereich der Produktentwicklung als auch im Bereich der Prozeßtechnologie, findet in der weltmarktorientierten Industrie in unterentwickelten Ländern ausschließlich nicht statt. Die Organisation des Produktionsprozesses wird von den Unternehmens- oder Konzernzentralen der vertikal integrierten Fabriken extern kontrolliert und ausgeübt. Ein Zugang der jeweiligen Länder zu Absatz-, das heißt Exportmärkten, wird entgegen allem Anschein nicht eröffnet.

Am deutlichsten zu erkennen ist die strukturelle Abhängigkeit der weltmarktorientierten Industrie der unterentwickelten Länder im Absatzbereich. Die strukturelle Abhängigkeit von den Absatzmärkten in den Industrieländern (sowohl im Produktions- als auch im Konsumtionsbereich) ist in dreifacher Hinsicht gegeben:

a) durch die Struktur der Teilprodukte, Produkte, Teilfertigungen oder Fertigungen, die überwiegend nur einen Markt in den Industrieländern haben;

b) durch die ausschließliche Kontrolle der Teilmärkte und Märkte durch Unternehmens- und Konzernzentralen und Handels- und Absatzorganisationen in den Industrieländern;

c) durch die Abhängigkeit des Absatzes von der Marktentwicklung in den Industrieländern.

Wie weit die Reproduktion des weltmarktorientierten industriellen Sektors der unterentwickelten Länder abhängig ist von der Absatzentwicklung in den Industrieländern, hat die Krise 1974/75 auf diesen Absatzmärkten gezeigt.

Die Auswirkungen waren am stärksten in den Ländern, in denen der weltmarktorientierte Industrialisierungsprozeß am weitesten vorangeschritten ist, zum Beispiel wie in

Hongkong[168],

Singapur[169],

168 «Die weltweite Rezession hat Hongkong, das 80 bis 85 Prozent seiner Güter exportiert, hart getroffen. Insbesondere die Textil- und Bekleidungsindustrie, auf die die Hälfte aller Exporte entfällt und die knapp die Hälfte aller Industriearbeiter beschäftigt, spürt die Absatzflaute. Die Kapazitäten der meisten Unternehmen in Hongkong sind heute nicht mehr ausgelastet.» Frankfurter Allgemeine Zeitung, 17. März 1975: «Hongkongs Unternehmen kämpfen um ihre Konkurrenzfähigkeit am Weltmarkt».

169 «Der tropische Stadtstaat Singapur hat es bei seiner konsequenten Öffnung zur Weltwirtschaft besonders schwer, sich gegen Erkältungen im eisigen Durchzug

Südkorea[170] und

Taiwan[171].

Schwerwiegender in ihren langfristigen Auswirkungen als im Absatzbereich ist die strukturelle Abhängigkeit durch weltmarktorientierte Industrialisierung jedoch im Produktionsbereich, da sie auch in der Tendenz das Potential einer alternativen weltmarktunabhängigen Produktionsstruktur nicht entstehen läßt und gleichzeitig Restsektoren mit autonomer Reproduktion in den unterentwickelten Ländern verdrängt.

Im übrigen ist weltmarktorientierte Industrialisierung, wie sie in freien Produktionszonen und Weltmarktfabriken entsteht, auch im politisch-rechtlichen Sinn abhängige Entwicklung, da sie faktisch die teilweise Aufgabe von Souveränität über die territorialen Enklaven Produktionszonen und Zollfabriken bedeutet.

Weltmarktorientierte Industrialisierung als Entwicklung einer strukturell abhängigen Industriestruktur ist zugleich strukturell ungleiche Entwicklung. Die strukturell ungleiche Entwicklung ist regional ungleiche, sektoral ungleiche und sozial ungleiche Entwicklung. Regional ungleiche Entwicklung findet statt, wie gehabt, als weltweit ungleiche Entwicklung zwischen unterentwickelten Ländern und Industrieländern, zwischen Stadt und Land, zwischen den industriellen Enklaven und den nichtindustriellen Regionen;

der drohenden internationalen Rezession zu schützen . . .

Schon seit Monaten spüren vor allem arbeitsintensive Elektronikbetriebe, Textilienhersteller, Luxusbootwerften, holzverarbeitende Industrien die nachlassende internationale Nachfrage, und Berichte über Entlassungen von insgesamt mehreren tausend Arbeitskräften in diesen Branchen beunruhigen die Bevölkerung, die allerdings von den führenden Politikern der Regierung seit Ende 1973 mit warnenden Erklärungen auf harte Zeiten vorbereitet worden war.» Handelsblatt, 11. Dezember 1974: «Singapur».

170 «According to Labour Office sources, fifteen foreign-controlled companies, mostly US and Japanese electronics manufactures, have retrenched about 4000 workers in recent weeks.

Hardest hit by the slowdown are the electronics and textile manufacturers which expanded during the 1975 export boom. The authoritarian Administration's determination to restrain wage increases and union activity in order to keep the country's allimportant export industries competitive and to attract foreign investment, has meant that labour has had little redress. When workers recently sought wage hikes in the Masan Free Export Zone (South Korea), some Japanese employers closed their factories.» Far Eastern Economic Review, 4. Oktober 1974: «Growing unrest on the factory floor».

171 «Die Weltrezession hat das Land (Taiwan) von der Größe Hollands mit seinen 15,8 Millionen Einwohnern gezwungen, seine Außenwirtschaftsziele niedriger zu schrauben. Wichtige, fest im Fünfjahresplan, der jetzt neu durchgerechnet werden mußte, eingeplante Marktanteile gingen verloren. Das gilt besonders im Handel mit Japan und den USA. Hier beliefen sich die Exporteinbußen auf 15 bzw. 20 Prozent gegenüber 1974.» Handelsblatt, 14. Juli 1976: «Taiwan sorgt sich um sein Image».

sektoral ungleiche Entwicklung zeigt sich sowohl zwischen Industrie und Landwirtschaft als auch innerhalb des industriellen Sektors; sozial ungleiche Entwicklung ist nicht nur auf die Überausbeutung der Arbeitskraft in der Produktion und externer Akkumulation der Überschüsse beschränkt, sondern sie ist das Ergebnis weitgehender Subsumtion sonstiger Lebensbereiche unter das Modell der weltmarktorientierten Akkumulation. Sie beginnt mit der Vertreibung der Landbevölkerung aus den Restbezirken autonomer Reproduktion und endet mit der Verelendung und Desintegration der in der Produktion verschlissenen Arbeitskraft.

Die weltmarktorientierte Industrialisierung in freien Produktionszonen und Weltmarktfabriken reduziert die industrielle Entwicklung auf nichtkomplexe, horizontal desintegrierte, außerordentlich unausgewogene Teilfertigung. Es entsteht keine Produktionsbasis, die eine Sicherung der Bedürfnisbefriedigung der Masse der Bevölkerung gewährleisten würde. Weltmarktorientierte industrielle Produktion um der Nutzung der billigen Arbeitskraft willen ist in zweifacher Weise mit dem Abzug von Überschüssen aus der Landwirtschaft zugunsten des industriellen Sektors verbunden. Überschüsse aus dem landwirtschaftlichen Sektor finanzieren a) den Aufbau der industriellen Infrastruktur und b) laufend einen Teil der Reproduktionskosten der im Industriesektor unter ihren Reproduktionskosten bezahlten Arbeitskraft. Der im industriellen Sektor entstehende Überschuß wird auch in diesem Sektor kaum reinvestiert, sondern zum überwiegenden Teil ins Ausland transferiert. Die fortgesetzte Abschöpfung von Überschüssen aus der Landwirtschaft führt hier zu Stagnation und Unterentwicklung. Die Verwendung dieser Überschüsse für den Aufbau der Infrastruktur zugunsten des Industriesektors ist mit einseitiger und unausgewogener Infrastrukturentwicklung verbunden. Während im landwirtschaftlichen Sektor Infrastruktur nicht entsteht, erzwingt die weltmarktorientierte Industrialisierung eine Infrastrukturentwicklung – insbesondere Energie- und Wasserversorgung, Straßen-, Hafen- und Flugplatzeinrichtungen –, die die Finanzierungsmittel unterentwickelter Volkswirtschaften auch bei totaler Abschöpfung der Überschüsse aus landwirtschaftlicher Produktion häufig weit übersteigen. Verschuldung bei internationalen Finanzierungsinstituten, wie Weltbank und regionale Entwicklungsbanken, sind die Konsequenz.

Weltmarktorientierte Industrialisierung bedeutet keine Ablösung, sondern eine Fortsetzung des historischen Prozesses der abhängigen und ungleichen Entwicklung der Länder Afrikas, Asiens und Lateinamerikas. Die Reproduktion des industriellen Sektors ist abhängig vom Reproduktionsprozeß der Ökonomien der entwickelten Länder. Ungleiche Entwicklung ist das Ergebnis der unvermeidbar mit der abhängigen Reproduktion verbundenen Subsumtion aller sonstigen Lebensbereiche unter das Modell der weltmarktorientierten Akkumulation.

4.5. Mobilität der Unternehmen, Konkurrenz der Länder

1975 waren in insgesamt 25 Ländern Asiens, Afrikas und Lateinamerikas insgesamt 79 freie Produktionszonen als Standorte von weltmarktorientierter verarbeitender Industrie in Betrieb. Außerdem waren in zehn dieser Länder und in weiteren elf Ländern insgesamt 39 freie Produktionszonen im Aufbau. In weiteren sechzehn Ländern waren potentielle Standorte für freie Produktionszonen ausgewiesen, und die Errichtung von Zonen befand sich im Planungsstadium.[172] Die Zahlen belegen, in welchem Ausmaß neue Produktionsstandorte für weltmarktorientierte verarbeitende Industrie in den unterentwickelten Ländern entstanden sind oder im Entstehen sind.[173]

Jeder solche Produktionsstandort trägt nicht nur zu einer Erweiterung des Weltmarktes für Produktionsstandorte bei, sondern gleichzeitig, insofern er die Voraussetzungen für die industrielle Nutzung der Arbeitskraft unterentwickelter Länder erfüllt, zu einer Vergrößerung des Weltmarktes für Arbeitskraft. Beide Erweiterungstendenzen sind latent und aktuell Faktoren jeder Unternehmenskalkulation.

Längst wandern Unternehmen der verarbeitenden Industrie auf der Suche nach den günstigsten Produktionsstandorten keineswegs mehr nur von den traditionellen Standorten in den Industrieländern in die unterentwickelten Länder, sondern ebenso von schon «traditionell» gewordenen Standorten in unterentwickelten Ländern an immer neue Standorte in anderen unterentwickelten Ländern. Nicht nur das, längst wandern auch schon Unternehmen von den neuen Produktionsstandorten in den unterentwickelten Ländern an die traditionellen in Industrieländern und in unterentwickelten Ländern wieder zurück, sobald veränderte Bedingungen an den traditionellen und neuen Standorten wie sonstige veränderte Bedingungen der Produktion, darunter insbesondere Möglichkeiten der Rationalisierung, dies profitabel werden lassen.

Zwei Produktionsverlagerungen, die von *Business International Corporation* vorgestellt und kommentiert worden sind, sind geeignet, die globalen Unternehmensbewegungen zu illustrieren:

> «Das erste Unternehmen, das die Produktion in der Freizone La Romana (Dominikanische Republik) aufgenommen hatte, Delta Brush Co., ein Tochterunternehmen von Binney & Smith, scheint mit seiner Entscheidung zufrieden zu sein. In dem Tochterunternehmen wird eine breite Palette von Künstler- und Schülerpinseln hergestellt, für die die Rohmaterialien fast ausschließlich importiert werden. Delta exportiert die gesamte Produktion in die USA ... Die Firma beschäftigt ungefähr 350 Arbeitskräfte ... sie war 1972 erweitert worden, um die Kapazität zu verdoppeln.

172 Vgl. Abschnitt 1.3.

173 An anderer Stelle ist belegt worden, daß dies durchaus auch eine von nationalstaatlichen und internationalen Institutionen geplante und organisierte Entwicklung ist (vgl. Abschnitt 1.1).

Delta machte keinen Gebrauch von der Möglichkeit, Steuerbefreiungen in Anspruch zu nehmen. Die Entscheidung für den Produktionsstandort La Romana und für die Erweiterung der Produktion in der Dominikanischen Republik war gefällt worden, um die niedrigen Produktionskosten in der freien Zone zu nutzen. Bis vor zwei Jahren produzierte Delta auch in Puerto Rico. Mit der Entscheidung, die dominikanische Produktion auszuweiten und die karibische Produktion generell zu rationalisieren, wurde die Produktion in Puerto Rico aufgegeben. Auf Grund beträchtlicher Nachfragesteigerungen hatte Delta eine Entscheidung zu treffen, in welchem der beiden Werke die Produktion auszudehnen war. Da das Angebot von Arbeitskräften in Arecibo (Puerto Rico) nicht adäquat war und puertorikanische Löhne im raschen Ansteigen begriffen waren und im übrigen alle Erzeugnisse aus Puerto Rico bei der Lieferung in die USA auf US-Schiffen zu transportieren waren, hielt das Unternehmen es für wirtschaftlicher und effizienter, die gesamte Produktion in die Dominikanische Republik zu verlagern. Delta ist mit seiner Erfahrung in La Romana ‹zufrieden›. Das Unternehmen berichtet, daß es keine Arbeitskraftprobleme hat. Es hat nur ein paar Stromausfälle gegeben.»[174]

«Während der letzten Jahre hat National Semiconductor (NS), eine US-Firma, eine globale Asienstrategie entwickelt, die, obwohl teilweise durch besondere Umstände bedingt, wesentlich bestimmt ist von der Absicht, sowohl Wachstum als auch Risiken regional aufzufächern. Die Aufnahme der Produktion von elektronischen Komponenten in Thailand stellt die jüngste Initiative des Unternehmens in dieser Region dar. Damit hat die Firma in einer vierten Nation Asiens (nach Hongkong, Malaysia und Singapur) eine Weltmarktfabrik errichtet und an einem weiteren Standort im Fernen Osten die Elektronikproduktion eingeführt. NS hatte auch die Philippinen, Indonesien und Taiwan als Produktionsstandorte erwogen, konnte aber der Attraktion von Thailand[175] nicht widerstehen.

Drei Gründe haben NS veranlaßt, einem neuen Produktionsstandort den Vorzug vor einem Standort zu geben, an dem bereits produziert wird: Die bestehenden Werke der Firma in Singapur und Hongkong hatten Steigerungen der Lohnkosten erfahren und hatten mit weiteren Lohnsteigerungen zu rechnen. NS machte ferner die Erfahrung, daß es an den beiden Standorten selbst bei Zahlung der höheren Löhne schwierig war, hinreichend Arbeitskräfte zu finden, insbesondere für Schichtarbeit. Die Intention der Regierung von Singapur, technisch anspruchsvolle Industrien aufzubauen und arbeitsintensive Produktionen, wie Kontaktieren von integrierten Schaltungen, nicht mehr besonders zu fördern, war ein klarer Hinweis für die US-Firma, sich anderswo umzusehen. Die US-Firma hält im übrigen die Strategie, in der weltmarktorientierten Produktion an Stelle weniger großer Werke eine größere Zahl von kleineren aufzubauen, für besser.»[176]

174 Business Latin America, 8. Mai 1974, S. 151.

175 Die Attraktionen Thailands werden von *Business International* im gleichen Text wie folgt angegeben: «Ein bedeutender Flughafen, wesentlich in der Marketing-Strategie von NS, da die Produktion per Luftfracht nach Europa, Japan und in die USA exportiert wird ... Ein Paket von Anreizen ... Reichliche, anlernbare, billige Arbeitskraft, die gewerkschaftlich nicht organisiert ist. Minimale Einflußnahme der Regierung auf die Unternehmensaktivitäten.» Business International, 8. Juni 1973, S. 182.

176 Business International, 8. Juni 1973, S. 182.

Es sind erstens die veränderten Randbedingungen des Weltmarktes selbst, darunter insbesondere die Verfügung über moderne Kommunikations- und Fertigungstechnologien, die die Mobilität und Flexibilität der Unternehmen außerordentlich stark erhöht haben.

Es sind zweitens produktionsspezifische Gründe, die es den Unternehmen der verarbeitenden Industrie möglich machen, auch auf marginale Veränderungen der globalen Standortbedingungen flexibel zu reagieren.

Anders als beispielsweise in weiten Bereichen der Rohstoffproduktion, ist die weltmarktorientierte Produktion der verarbeitenden Industrie weitgehend unabhängig von Restriktionen der Natur, wie zum Beispiel ungleiche Verteilung von Rohstoffvorkommen.

Produktion um der industriellen Arbeitskraft willen findet heute an vielen Stellen weltweit eine praktisch unbegrenzte industrielle Reservearmee vor.

Anders als in der Rohstoffindustrie findet weltmarktorientierte Produktion auch komplexer, jedoch weltweit aufgeteilter Produktion am jeweiligen Standort häufig mit einem nur geringen Produktionsmittelaufwand statt. In immer größerem Maße tragen schließlich standortspezifische Entwicklungen dazu bei, die Mobilität und Flexibilität der Unternehmen zu erhöhen. Das beginnt mit dem Angebot von Produktionsgebäuden – eine Standardausstattung vieler freier Produktionszonen –, die es den Unternehmen schlicht ermöglicht, praktisch über Nacht mit der Produktion an einem Ort auszuziehen und an einem anderen Ort, Tausende von Kilometern entfernt, wieder einzuziehen, und endet mit einem finanzpolitischen Spielraum, in dem die staatliche Subvention der Verlagerungskosten längst zu einer Kalkulationsposition der Unternehmen geworden ist.

Der Mobilität und Flexibilität der Unternehmen steht die Konkurrenz der Länder auf dem Weltmarkt für Produktionsstandorte um die Produktion der Unternehmen gegenüber. In dem Bemühen, weltmarktorientierte Produktionen an die jeweils eigenen Standorte zu ziehen, wirkt sich die Konkurrenz und die Ausnutzung dieser Konkurrenz durch die flexibel und mobil reagierenden Unternehmen dahingehend aus, daß die jeweiligen Standorte mit immer stärkeren Anreizen ausgestattet werden müssen, um Produktionsverlagerungen an den jeweils eigenen Standort zu erreichen und die Verlagerung an andere Standorte zu verhindern. Zum Arsenal der Mittel gehören vor allem:

Erstens die Verstärkung der finanzpolitischen Anreize; zweitens die Kontrolle des Lohnniveaus und drittens der Aufbau neuer Standorte selbst.

Beispielsweise sah sich die Regierung von Singapur veranlaßt, auf die Abwanderung von Unternehmen aus Singapur mit weiteren Steuererleichterungen[177], Investitionskrediten[178], insbesondere aber auch mit staatlicher Verhinderung von Lohnsteigerungen[179] zu reagieren. Senkung der Sozialabgaben, Erleichterung von Verwaltungsangelegenheiten, wie Zollabfertigung, und die Errichtung neuer Freizonen werden von der mexikanischen Regierung eingesetzt, um Mexiko als Standort für weltmarktorientierte Produktion konkurrenzfähig zu halten.[180] Selbst unmittelbare Subvention der Lohnkosten, das heißt die teilweise Finanzierung der Löhne, der in den Weltmarktfabriken tätigen Arbeitskräfte, werden in der Konkurrenz der Länder um weltmarktorientierte Industrie von einzelnen Regierungen angeboten.[181]

Während staatliche Maßnahmen zur «Verbesserung des Investitionsklimas» am jeweiligen Standort keineswegs die Fortführung oder Erweiterung

177 «To this end the government has introduced additional fiscal measures which have been well received. The original tax holiday of up to five years for pioneer plants has been increased to 10 years, the period of grace depending on the technology and skill-intensity potential which the new plant offers. At the same time, pioneer status is now possible even for new commitments which do not exceed one million dollars each.» The Financial Times, 8. Oktober 1976: «Singapore».

178 «Export promotion is coming in for increasing official support in Singapore as the government increases the incentives package for firms to set up export-oriented businesses. Recent steps include a scheme for rediscounting of export bills and special export financing to tide firms over the present economic difficulties.» Business Asia, 12. September, S. 291.

179 «While the National Wage Council (NWC) has unanimously recommended a wage increase of 7 per cent for all workers, there are so many exceptions and strings attached that it is not clear how much, if anything, the workers will actually receive . . .

The NWC recommendation had other limitations welcome to employers. The council especially emphasized that 'there are certain export-orientated manufacturing industries in the republic in which the labour content is high and where competition from low wage centres in other countries is particularly stiff. For these industries, the guidelines need not to be implemented either in part or in full.» Far Eastern Economic Review, 9. Juli 1976.

180 «The Mexicans are competing with Taiwan, El Salvador, and Haiti for assembly business. So, to make things more attractive for the in-bond operators, new rulings were effected last month that should streamline the paperwork involved in shipping materials and machinery across the border, facilitate immigration for in-bond personnel, and lower the Social Security taxes paid by in-bond plant owners. In addition, the Mexicans hope to open up new dutyfree areas in the interior where unemployment is high and wages low.» Business Week, 23. Februar 1976: «Mexico: New duty-free zones that aid U.S. industry».

181 «Puerto Rico macht weitere Anstrengungen, um an neuen Direktinvestitionen für den Markt in den Vereinigten Staaten zu partizipieren . . . So erhalten Unternehmen mit 300 Beschäftigten und mehr in den ersten zwei Jahren eine Subvention von 25 Prozent der Lohnsumme.» Frankfurter Allgemeine Zeitung/Blick durch die Wirtschaft, 19. Mai 1976: «Sprungbrett Puerto Rico».

von weltmarktorientierter Produktion zur Folge haben müssen – da sie durch Veränderungen an anderen Standorten im globalen Kalkulationsschema der Unternehmen längst entwertet sein mögen –, genügt seitens der Unternehmen häufig allein die Drohung zur Produktionseinstellung oder -verlagerung, um am jeweiligen Ort, sowohl gegenüber den Regierungen als auch gegenüber den Arbeitskräften, gewinnsteigernde Maßnahmen durchzusetzen. Nicht nur die Produktionsverlagerung an neue billigere Standorte kann als permanente Drohung benutzt werden, sondern ebenso die Alternative der Rationalisierung und Rückverlagerung an traditionelle Industriestandorte.

Die Konkurrenz der Länder und die Mobilität der Unternehmen tragen in gleicher Weise zur Dynamik des globalen Prozesses bei. Auf der Suche nach neuen Reserven industriell nutzbarer billiger Arbeitskraft werden an immer neuen Orten in den unterentwickelten Ländern weltmarktorientierte Produktionen aufgebaut. In der Konkurrenz der Länder auf dem Weltmarkt für Produktionsstandorte werden an immer neuen Orten in den unterentwickelten Ländern Produktionsstandorte für weltmarktorientierte Industrie angeboten. Die Rationalität der globalen Kapitalverwertung ist allerdings zugleich die Anarchie der regionalen Entwicklung. Während sich im globalen Prozeß eine neue internationale Arbeitsteilung herausbildet und der gesellschaftliche Charakter der Produktion in einer bisher nicht dagewesenen Weise in ihrer transnationalen Organisation zutage tritt, ist die regionale Entwicklung an den jeweiligen Produktionsstandorten zugleich mehr denn je durch Anarchie, durch den Wechsel von aggressiver und regressiver Entwicklung und durch immer stärker abnehmende Fähigkeit zur autonomen Reproduktion gekennzeichnet.

Kapitel 5
Berichte von Managern, Beschäftigten und Gewerkschaftssekretären

Besser als jede wissenschaftliche Analyse es leisten könnte, machen die nachstehenden Berichte deutlich, was die Produktion in freien Produktionszonen und Weltmarktfabriken für Unternehmen (Kapital) und Beschäftigte (Arbeitskraft) bedeutet. Wie die Aktivitäten von Weltmarktfabriken erfahren und beurteilt werden, hängt von der Stellung der Beteiligten in der Produktion ab.

Die Weltmarktfabriken, auf die sich die nachstehenden Berichte beziehen, befinden sich alle in freien Produktionszonen von Malaysia. Die Berichte der Unternehmensmanager sind dem Protokoll einer Veranstaltung zum Thema Auslandsinvestitionen der «Malaysischen Behörde für industrielle Entwicklung» entnommen. Die in indirekter Rede wiedergegebenen Berichte von Beschäftigten und Gewerkschaftern sind von den Verfassern in Gesprächen mit den Betreffenden aufgezeichnet worden. Die Berichte der Beschäftigten beziehen sich ausschließlich auf andere Unternehmen als die in den Berichten der Unternehmensmanager genannten.

Managing Director Economics, Robert Bosch Malaysia Sdn. Bhd.[182]:

«Die Bosch-Gruppe ist in den schnell wachsenden Märkten Ostasiens vertreten durch ein hundertprozentiges Tochterunternehmen in Japan, durch eine Vertriebsgesellschaft in Singapur mit einem Zweigbüro in Malaysia und durch einige Vertretungen an anderen Ländern. Außerdem hält sie eine Minderheitsbeteiligung in drei japanischen Unternehmen. Seit 1971 stellt die Fotokino-Abteilung der Bosch-Gruppe mit unserem Schwesterunternehmen Bauer & Sun Optical Co. Ltd. in Taiwan hochwertige Zoom-Linsen für Super-8-mm-Filmkameras her. Dieses Schwesterunternehmen hat gegenwärtig 500 Beschäftigte. Der Bedarf nach weiterer Produktionskapazität, insbesondere für Filmkameras und elektronische Erzeugnisse und die Aussichten auf den rasch wachsenden Fernostmärkten veranlaßten uns, eine Fabrik in dieser Region zu errichten. Voruntersuchungen ergaben folgende Alternativen: Singapur, Malaysia oder Hongkong. Bekanntlich sind die grundlegenden Kriterien für die Wahl eines Produktionsstandortes die fol-

182 Proceedings of International Seminar «Investment Opportunities in Malaysia» (Federal Industrial Development Authority), Kuala Lumpur, 27.–29. Oktober 1975, S. 89–91.

genden:

1. Der Markt für die jeweiligen Erzeugnisse,
2. die Herstellungskosten,
3. die Verfügbarkeit von Arbeitskräften,
4. die Qualität der Infrastruktur des Landes, speziell ein effizientes Kommunikations- und Verkehrssystem,
5. die Beschaffungsmöglichkeiten für die erforderlichen Rohmaterialien und Halbfabrikate.

Unsere endgültige Entscheidung im Januar und Februar 1972 hieß Malaysia und dort die freie Zone Bayan Lepas auf der Insel Penang wegen ihrer ausschlaggebenden Vorteile, insbesonderes:

1. Die gut ausgerüstete freie Zone,
2. die Arbeitskraftressourcen von Penang,
3. eine stabile Wirtschaftslage,
4. keine Zollprobleme,
5. die relativ niedrigen Aufbaukosten,
6. günstige Finanzierungsmöglichkeiten durch lokale Banken
7. und schließlich und vor allem die große Bereitschaft der malaysischen Regierung und ihrer Behörden, uns zu helfen und unser Projekt zu fördern.

Begünstigt durch eine zuverlässige und unbürokratische Verwaltung, durch die effiziente Unterstützung durch Beratungsbüros und durch erfahrene flexible Architekten, wurde unsere Fabrik innerhalb von fünf Monaten entworfen, gebaut und mit den nötigen Maschinen installiert.

- Im Februar 1972 reichten wir unseren Investitionsantrag bei FIDA (Behörde für industrielle Entwicklung in Malaysia) ein.
- Im März wurde die Genehmigung erteilt und der Pionierstatus gewährt.
- Im April begannen wir mit dem Bau unserer Fabrik in der Freizone Bayan Lepas, Penang.
- Im Juni fingen wir an, unsere Beschäftigten anzulernen.
- Im Juli nahmen wir auf einer Fläche von 4000 Quadratmetern die Produktion an unseren Fließbändern auf.

Dank der außerordentlich guten Zusammenarbeit mit der malaysischen Regierung und ihrer Behörden war es uns möglich, ein halbes Jahr nach unserer diesbezüglichen Entscheidung die Produktion in einem neuen, klimatisierten Gebäude zu beginnen. Am Anfang stellten wir zwei Typen von Belichtungsmessern für unsere Filmkameras her. Im November 1972 erweiterten wir die Produktion und begannen die Montage von Super-8-mm-Kameras der Handelsmarke ‹Bauer›. Heute produzieren wir in Penang auf einer Fläche von 8000 Quadratmetern mit über 700 Beschäftigten zehn verschiedene Arten von Filmkameras und für eine der Robert Bosch-Abteilungen Autoausrüstungen, Magnetzünder und -schalter.

In Übereinstimmung mit unserer mittelfristigen Planung wird das Produktionsprogramm von Robert Bosch (Malaysia) noch erweitert werden, allerdings nicht so rasch wie in der letzten Zeit. Zwischen Ende 1976 und

Mitte 1977 beabsichtigen wir, mit der Herstellung auch hochwertiger Filmkameras zu beginnen, die im Augenblick in unserem Werk in Deutschland produziert werden.

Ungeachtet der bekannten, normalen Anfangsschwierigkeit sind die bisherigen Ergebnisse unseres Unternehmens in Penang als gut zu bezeichnen – ich darf das ohne jegliche Einschränkung sagen. Ohne Probleme und reibungslos wurden unsere Beschäftigten – Malayen, Chinesen und Inder – angelernt. Die Fortschritte unserer angelernten Arbeitskräfte waren bemerkenswert; die hohe Qualität der von ihnen hergestellten Artikel entspricht der vergleichbarer Erzeugnisse, die in der Bundesrepublik Deutschland produziert werden. Diese Tatsache ist ein klarer Beweis für die Bereitschaft der Leute zu lernen und für den Erfolg unserer Ausbildungsbemühungen. Die Lernfähigkeit und Bereitschaft der Menschen von Penang, hart zu arbeiten, war für uns von großem Vorteil, besonders in der Anfangsphase. Jedoch sollte ich erwähnen, daß jeder ausländische Investor in Malaysia seine Beschäftigten selbst ausbilden muß zu qualifizierten Facharbeitern wie Werkzeugmachern, Vorarbeitern und Vorgesetzten, wenn beabsichtigt ist, Produkte von hervorragender Qualität herzustellen. Obgleich es im allgemeinen keinen Mangel an Arbeitskraft gibt, kann man keinen Überfluß an erfahrenem hochqualifiziertem technischem Personal erwarten. Andererseits haben wir mit unseren von uns selbst ausgebildeten Leuten gute Erfahrungen gemacht. Die örtlichen Ausbildungsprogramme der Universitäten und Fachschulen für Techniker und Ingenieure sind gut. Man braucht ihnen nur Zeit zu lassen, Erfahrungen zu sammeln und ihnen Aufgaben zu stellen, um sie zeigen zu lassen, was sie können. Zum Beispiel wurde in unserer Entwicklungsabteilung die Aufgabe, für neue Probleme neue Lösungen zu erarbeiten, sehr oft unerwartet gut gelöst, was wir zu jenem Zeitpunkt nicht erwartet hatten. Dies ist offensichtlich das Ergebnis der guten theoretischen Ausbildung an den Universitäten und Fachschulen und ihrer praktischen Bezüge. Ein anderes Beispiel ist unsere Werkzeugabteilung, in der ein deutscher Ausbilder in einem Ausbildungsprogramm für mindestens 20 Werkzeugmacher eingesetzt ist. Heute ist es uns möglich, die meisten unserer Werkzeuge, Formen und Geräte selbst herzustellen. Ein weiterer positiver Aspekt der stürmischen industriellen Entwicklung in Südostasien ist die wachsende Möglichkeit, Materialien und Bauteile sogar von inländischen Herstellern zu kaufen und als Folge davon, den vergleichsweise teueren Transport von Europa zu reduzieren. Dennoch müssen wir auch den negativen Aspekt dieser industriellen Entwicklung in Betracht ziehen, vor allem die inflationären Tendenzen. Die Lebenshaltungskosten stiegen von Dezember 1972 bis Dezember 1973 um 18 Prozent und von Dezember 1973 bis Dezember 1974 um 12 Prozent, hauptsächlich der steigenden Lebensmittelpreise wegen. Leider steigen die Preise weiter, wenngleich die Steigerungsrate gesunken ist.

Als Folge davon mußte Robert Bosch (Malaysia) 1974 die Löhne um etwa

25 Prozent und 1975 um etwa 16 Prozent erhöhen. Diese gewaltige Steigerung der Lohnkosten kann nicht vollständig kompensiert werden durch Rationalisierungsmaßnahmen. Entsprechende Preiserhöhungen für unsere Erzeugnisse sind daher unvermeidlich. Trotzdem hoffen wir, daß der zukünftige Trend sich so gestalten wird, daß unsere in Malaysia hergestellten Waren wettbewerbsfähig bleiben werden auf dem Weltmarkt.»

Managing Director, Italasia Malaysia Sdn. Bhd.[183]:

«Unser Unternehmen hat ein Beteiligungsunternehmen zusammen mit der Malacca State Development Corporation errichtet. Die Auslandsbeteiligung beträgt 60 Prozent. Das Unternehmen liegt in der freien Zone Malacca und ist ein exportorientierter Betrieb für die Produktion von Schuhen. Wir haben eine Beschäftigungskapazität von etwa 600 Personen.

Wir sehen unsere Erfahrungen in Malaysia bis heute als positiv und ermutigend an. Das bedeutet nicht, daß wir nicht mit Problemen konfrontiert gewesen wären oder daß alles reibungslos für unser Unternehmen abgelaufen wäre, aber es bedeutet, daß wir, wenn wir rückschauend unsere Erfahrungen hier in den letzten zwei Jahren abschätzen, sagen können, daß das Für bei weitem das Wider überwogen hat. Wir haben hier relativ kurze Erfahrungen, aber wir konnten innerhalb der letzten zwei Jahre das Unternehmen aufbauen und ein auf dem internationalen Markt wirklich wettbewerbsfähiges Produkt herstellen. Wir exportieren jetzt erfolgreich in die USA, nach Deutschland, in die skandinavischen Länder und wir beabsichtigen, nach Australien zu exportieren . . .

Wir wurden von der FIDA aufgefordert, freimütig unseren Eindruck vom Investitionsklima in Malaysia zu schildern, insbesondere hinsichtlich solcher Fragen, die den Aufbau einer exportorientierten Fabrik in Malaysia betreffen. Es ist unsere gut überlegte Auffassung, daß das Investitionsklima in diesem Land gut ist und daß es so bleiben wird in der vorhersehbaren Zukunft, was nicht bedeutet, daß die Dinge nicht besser werden können. Malaysia ist ein Land mit einem großen Potential für weitere Entwicklung und mit einem großen Reichtum bisher unangetasteter Ressourcen. Insofern ist dieses Land außerordentlich interessant für Investitionen. Warnend muß allerdings gesagt werden, daß die Geschwindigkeit, mit der neue Investitionen vorgenommen worden sind und mit der die industrielle Entwicklung in Malaysia während der letzten fünf Jahre stattgefunden hat, jetzt Probleme und Schwierigkeiten hervorruft. Die Schaffung von Infrastruktur und die Leistungsfähigkeit staatlicher Stellen, spezifische Probleme zu bewältigen, die diese neuen Industrien verursacht haben, ist zurückgeblieben.

Malaysia ist eine einzigartige Gelegenheit, eine rasche industrielle Ent-

183 Proceedings of International Seminar «Investment Opportunities in Malaysia», S. 86–87.

wicklung zu beeinflussen, zu fördern und zu unterstützen. Es besteht die begründete Wahrscheinlichkeit, daß die jetzt stattfindende und in Zukunft geplante industrielle Entwicklung die richtige Entwicklung für dieses Land ist. Um sie Wirklichkeit werden zu lassen, muß es eine viel engere Zusammenarbeit zwischen den staatlichen Zentral- und Provinzbehörden und den Investoren geben, als sie gegenwärtig besteht. Bestimmte Schwierigkeiten werden immer wieder berichtet von Unternehmen, die sich hier neu etablieren, Schwierigkeiten verschiedenster Ursachen, aber keine von ihnen unüberwindlich. In vielen Fällen waren die Schwierigkeiten jedoch nicht vorherzusehen von den für den betreffenden Bereich zuständigen Behörden und haben einige Zeit beansprucht zu ihrer Bewältigung, insbesondere auf Grund mangelnder Zusammenarbeit. Am Ende kann das die betreffenden Unternehmen teuer an Zeit und Geld zu stehen kommen . . .

Investoren, die nach Malaysia eingeladen werden, sollten in Zukunft mehr die Gelegenheit haben, bei der Planung von Industriegebieten, in denen ihre Fabriken errichtet werden sollen, mitzuwirken. Auf diese Weise können viele Probleme von Anfang an vermieden werden, und die Entwicklung kann reibungsloser und mit weniger Kosten verbunden erfolgen. Ich würde sehr die Einrichtung eines mit weitgehenden Entscheidungsbefugnissen ausgestatteten Komitees sowohl auf zentraler als auch auf örtlicher Ebene zur Unterstützung der industriellen Entwicklung in verschiedenen Gebieten des Landes begrüßen. Ein solches Komitee könnte regelmäßig zusammentreten, um Probleme der industriellen Entwicklung in den betreffenden Gebieten zu diskutieren, Lösungen ausarbeiten und den betreffenden Regierungsstellen die dazu nötigen Schritte empfehlen. Solche Komitees sollten die Kompetenz haben, dieses zu tun. Positive Ergebnisse könnten auf diese Weise schnell erreicht werden, und eine Verzögerung der Lösung derartiger Probleme würde der Vergangenheit angehören.

Zum Schluß muß ich sagen, daß unser Unternehmen weitere Investitionen in diesem Land plant, und das bedeutet, daß unsere ursprüngliche Meinung über dieses Land sich nicht verändert hat. Wir hatten keinerlei Anlaß, unsere Meinung zu ändern, und das ist schließlich das wichtigste Moment. Wir empfehlen daher Investitionen in Malaysia für die nächsten Jahre, weil die grundlegenden Vorteile, die Investoren geboten werden, attraktiv und großartig sind und Malaysia über Jahre hinaus zu einem vorrangigen Entwicklungsgebiet machen. Ich bin sicher, daß verbesserte Zusammenarbeit auf den Gebieten, die ich oben erwähnt habe, Malaysia in Zukunft sogar noch attraktiver machen werden, und ich glaube, daß die Ökonomie weiter wachsen und sich ausdehnen wird mit Hilfe zunehmender Auslandsinvestitionen.»

Manager, Kanematsu – Gosho Ltd.[184]:

«An dieser Stelle möchte ich einen kurzen Abriß meiner Erfahrungen geben, die ich hauptsächlich bei der Vorplanung und dem Aufbau der Malaysian Topmaking Mills Sdn. Bhd. gemacht habe. Es handelt sich dabei um einen Wollverarbeitungsbetrieb, der zunächst zu meinem Aufgabenbereich gehörte und eine Investition unserer Gesellschaft darstellt.

Es war Ende 1972, als ich Südkorea, Taiwan, Hongkong, die Philippinen, Thailand, Indonesien und schließlich Malaysia besuchte mit dem Ziel, den besten Standort für dieses Projekt auszuwählen. Die wollverarbeitende Industrie, die in Japan stark vertreten ist, hat sich dort, wie viele andere land- und wasserintensive Industrien, einer Verknappung der Arbeitskräfte, hohen Land- und Wasserkosten und daraus resultierenden Schwierigkeiten bei der Fortführung der Betriebe und der Verteidigung von Exportmärkten gegenübergesehen. Unsere Niederlassung in jedem Land gab mir vorbereitende Berichte und Daten über Investitionsklima und mögliche Standorte für dieses Projekt, mit deren Hilfe ich die ersten detaillierten Studien durchführte. In den meisten Ländern blieb ich ein bis zwei Wochen, in Indonesien verbrachte ich fast einen Monat. Dennoch war ich von keinem Land voll befriedigt. Neben allgemeinen und grundlegenden Voraussetzungen wie stabiler politischer Lage und ausreichenden Arbeitskräften benötigt eine hundertprozentige Exportindustrie sowohl eine vielseitige Infrastruktur wie effiziente Hafeneinrichtungen und ein fortschrittliches Verkehrssystem als auch gesetzliche Exportvergünstigungen. Sie verlangt außerdem niedrige Energie- und Wasserkosten und ebenso eine gute Arbeiterreserve. Einige Länder können mit billiger Arbeitskraft dienen, aber nicht mit der erforderlichen Infrastruktur. Andere besitzen Arbeitskräfte und einen leistungsfähigen Hafen, aber kein Wasser. Wieder andere können all das bieten, aber die Exportvergünstigungen und die Behörden lassen zu wünschen übrig. In Malaysia dagegen habe ich alles gefunden . . . Dieser mein erster Eindruck ist bis heute unverändert geblieben. Außer mir haben viele andere Leute die vielseitigen Vorteile betont, die Malaysia bietet, wie: politische Stabilität unter parlamentarischer Demokratie und neutrale Diplomatie; Stabilität von Wirtschaft und Währung; reiche Bodenschätze; gut geplante Infrastrukturanlagen, die so hoch entwickelt sind wie in fortschrittlichen Industrieländern; reichlich vorhandene Arbeitskräfte, die schnell angelernt werden können und gewillt sind, hart zu arbeiten; verlockende, gesetzlich festgelegte Investitionsvergünstigungen, um neue Investoren im industriellen Sektor anzuziehen.

In unserem Fall jedoch, wegen der spezifischen Natur der exportorientierten Industrie, muß ich besonderes Gewicht auf folgende Aspekte legen:

1. Produktivität der Arbeitskraft:

184 Proceedings of International Seminar «Investment Opportunities in Malaysia», S. 92–94.

Unsere Industrie ist auf Exporte auf den Weltmarkt angewiesen, einschließlich Europa, Hongkong und Japan, was bedeutet, daß unsere Produkte in diesen Ländern hinreichend wettbewerbsfähig sein müssen. Herstellungskosten hängen sehr stark von der Produktivität der Arbeitskräfte ab. Auch bei vergleichsweise niedrigen Löhnen kann unser Preis niemals wettbewerbsfähig sein, wenn es uns nicht gelingt, die Leute hier in Technologie und Administration in der vorgesehenen Zeit und auf den vorgesehenen Standard hin anzulernen. Wenn die Effizienz sowohl der Behörden als auch der Dienstleistungsbetriebe des privaten Sektors zu wünschen übrig läßt, wird unser Exportgeschäft niemals den internationalen Anforderungen genügen.

2. Vergünstigungen für die Exportindustrie:

Außer gesetzlichen Exportvergünstigungen wie Exportvergütungen, beschleunigte Abschreibung, zusätzliche Steuerabzüge für Überseeaktivitäten, ist die freie Produktionszone für jene, die 100 Prozent ihres Rohmaterials importieren und 100 Prozent ihrer Produktion exportieren, ein guter Standort. Ein noch attraktiverer Anreiz ist in unserem Fall zu sehen in Form der zollfreien Fabrik, da wir unseren Produktionsstandort in einer ländlichen Gegend wählten, wodurch wir in der Lage waren, Bergwerkswasser als Prozeßwasser und unbeschäftigte junge Arbeitskräfte dieser Gegend zu nutzen. Ich habe erfahren, daß zollfreie Fabriken nur in dieser Gegend in Malaysia eingerichtet sind. Dies kann ein einzigartiger Vorteil für die Exportindustrie sein. Dies ist, so glaube ich, Ausdruck der speziellen und zur Tradition gehörenden Pflege des Exportgeschäftes in diesem Land.

3. Hohe Effizienz der Bevölkerung:

Wie ich schon erwähnt habe, stellen einige Länder Arbeitskräfte zur Verfügung, andere bieten Arbeitskräfte und Infrastruktur, aber das genügt eben noch nicht. Unsere Wünsche sind anspruchsvoll auch in bezug auf die Mentalität und die kulturellen Aspekte, wie es bei fast jeder international tätigen Firma der Fall ist. Um ein Projekt durchzuführen und eine Fabrik in Betrieb zu halten, brauchen wir die Mithilfe vieler Menschen und einer Gesellschaft, wie man sie in fortgeschrittenen Ländern vorfindet, vor allem wenn die Exportindustrie in den Markt dieser fortgeschrittenen Länder eindringen muß. Alles, was wir verlangt haben: Sehr leistungsfähige und korrekte Regierungsbehörden; eine lernbegierige Arbeiterschaft mit der Bereitschaft, hart zu arbeiten; gut organisierte Liefer- und Vertriebsorganisationen und ein großes Reservoir an technischen Fachkräften – alles haben wir gefunden; Aufbau und Betrieb unserer Fabrik haben uns große Freude gemacht. All dies ist wohl dem reichen Erbe dieses Landes mit seinem hochentwickelten Erziehungssystem, seinem sozialen Verantwortungsbewußtsein und seinem gut funktionierenden Behördenapparat zu verdanken. All dies sind sehr wichtige zusätzliche Faktoren in dem Komplex von Ressourcen, die Malaysia zu bieten vermag.»

Bericht eines Gewerkschaftssekretärs, dessen Aufgabe es zum Zeitpunkt des Berichtes (1974) war, die Beschäftigten in den Elektronikfabriken in der freien Produktionszone Bayan Lepas, Penang, Malaysia, gewerkschaftlich zu organisieren:

Die freie Produktionszone Bayan Lepas (Free Trade Zone) sei auf einem Gelände errichtet worden, das vordem im Besitz von selbständigen Bauern gewesen sei, die sowohl für den Eigenverbrauch als auch für den Markt (Georgetown) produziert hätten und die unter relativ guten Bedingungen gelebt hätten (*decent standard of living*). Die Regierung hätte das Land enteignet und die Bauern in abgelegene Regionen umgesiedelt, wo jedoch keine gleichwertigen landwirtschaftlich nutzbaren Flächen vorhanden seien. Die Bauern hätten sich zunächst der Enteignung nicht beugen wollen, seien jedoch auf Grund eines Gesetzes, das die Enteignung von Grund und Boden im öffentlichen Interesse erlaube, zum Verlassen des Landes gezwungen worden. Die Regierung habe eine geringe Entschädigung von ungefähr 2000 malaysischen Dollar pro Familie gezahlt.[185]

Die umgesiedelten Familien wären auf Grund der Umsiedlung teilweise gezwungen, ihren Lebensunterhalt außerhalb des landwirtschaftlichen Sektors zu verdienen. Die jüngeren weiblichen Familienmitglieder seien die ersten Arbeitskräfte in der freien Produktionszone gewesen. Die Löhne in Bayan Lepas seien bei Produktionsaufnahme – 1972 – zunächst niedriger gewesen als an anderen Produktionsstandorten in Malaysia. Sie hätten durchschnittlich 1,80 malaysische Dollar pro Tag betragen. Bis 1974 hätten sie sich etwas erhöht. Die Arbeitsbedingungen in Bayan Lepas seien jedoch nach wie vor sehr schlecht. Dazu zählten insbesondere

1. generell niedrige Löhne;
2. vielfach überbesetzte Arbeitsräume;
3. lange Wegezeiten der Beschäftigten und hohe Preise für die Benutzung von öffentlichen Verkehrseinrichtungen (Bussen);
4. teures Kantinenessen (0,80 bis 1 malaysischer Dollar pro Essen);
5. Überschreitungen der gesetzlich vorgeschriebenen Arbeitszeiten. Der Acht-Stunden-Tag würde eingehalten werden, aber der gesetzliche Urlaubsanspruch nicht gewährt werden (an Stelle von sieben Tagen Jahresurlaub würden nur drei bis vier Tage gewährt), und die Beschäftigten würden um die gesetzlichen fünf bezahlten Feiertage gebracht werden (wenn die Arbeit am Feiertag ruhen würde, ließen die Betriebe an den Sonntagen zuvor zu normalen Löhnen vorarbeiten);
6. unzureichende medizinische Versorgung in den Betrieben;
7. schlechte Behandlung der Beschäftigten im Krankheitsfall. Ärztliche Bescheinigungen würden als Gefälligkeitsbescheinigungen betrachtet werden. Die Arbeiterinnen seien nicht in der Lage, sich gegen entsprechende Vorwürfe wehren zu können. Die Betriebsleitungen würden für die Krank-

185 2,40 Malays. Dollar = 1,00 US-Dollar.

heitstage keine Löhne zahlen.

In den Fabriken würden vorwiegend Frauen im Alter von 18 bis 24 Jahren beschäftigt werden. Einer der Gründe sei, daß Frauen dieser Altersgruppe, um sich von den Familienfesseln zu befreien, zu jeder Arbeit bereit seien. Im übrigen spiele eine Rolle, daß sie politisch unerfahren seien und kaum gewerkschaftlich organisiert seien. Die Gewerkschaft der Arbeiter der Elektroindustrie (Electrical Industry Workers Union) habe versucht, die Arbeitskräfte in den Elektronikfabriken in Bayan Lepas gewerkschaftlich zu organisieren. Sie habe vor den Fabriktoren Flugblätter verteilt, Diskussionen veranstaltet und zu einer großen Versammlung eingeladen. Als sich mehrere tausend Frauen zu der Gewerkschaftsversammlung angemeldet hätten, habe die Regierung (die Bundesregierung von Malaysia) eine Gegenbewegung organisiert. Angesehene malaysische Persönlichkeiten seien zu Diskussionen nach Bayan Lepas geschickt worden und hätten die Frauen eingeschüchtert und vor den Gewerkschaften gewarnt. Trotz solcher Einschüchterungsversuche seien zu der Versammlung doch noch dreitausend Beschäftigte gekommen. Als die Anwesenden begonnen hätten, sich als Mitglieder der Gewerkschaft registrieren zu lassen, hätte der Regierungsbeauftragte für die Gewerkschaften (Registrar) dies unterbunden mit der Einlassung, daß die Gewerkschaft der *Elektro*industrie Beschäftigte der *Elektronik*industrie nicht aufnehmen dürfte. Die Regierung verfolge damit die Absicht, erstens eine gewerkschaftliche Organisation der Beschäftigten der Elektronikindustrie zunächst zu verhindern – in neuen Industriezweigen könnten Beschäftigte erst nach einer Dauer von drei Jahren eine Gewerkschaft gründen – und zweitens die Gewerkschaftsbewegung zu zersplittern – in diesem Fall die Beschäftigten der elektrotechnischen Industrie in solche der Elektro- und solche der Elektronikindustrie aufzuteilen. In Malaysia gäbe es gegenwärtig schon dreihundert Einzelgewerkschaften, infolgedessen sei die Gewerkschaftsbewegung sehr geschwächt.

1974 habe es Entlassungen in der freien Produktionszone Bayan Lepas gegeben; einige Firmen hätten Kurzarbeit ohne Lohnausgleich eingeführt. Die Gewerkschaft befürchte, daß die Unternehmen, wenn ihr Pionierstatus abgelaufen sei (vier- bis siebenjährige Steuerbefreiung), die Produktion in Bayan Lepas einstellen und an neuen Standorten aufnehmen würden. Selbst wenn die Regierung durch Gewährung neuer Anreize versuchen würde, einer Produktionsverlagerung entgegenzuwirken, sei mit einem Verbleiben der Unternehmen am bisherigen Standort nicht zu rechnen. In den ersten fünf Jahren würden die Unternehmen an den jeweiligen Standorten auf Grund der zunächst extrem niedrigen Löhne derartig hohe Profite erzielen, daß auch neue oder zusätzliche Anreize die langsam, aber doch allmählich steigenden Löhne und die damit entsprechend abnehmenden Profite nicht kompensieren könnten.

Die allgemeine Armut der Massen sei sehr groß. Viele Menschen würden ihres Lebens nicht froh werden. Sie wüßten morgens nicht, wie sie das Geld beschaffen sollten, um die für den Tag benötigten Nahrungsmittel zu kaufen und um die Kinder zur Schule schicken zu können.

Bericht einer Vorarbeiterin in einer Fabrik, in der Taschenrechner montiert werden:

In der Fabrik würden ungefähr 1900 Arbeitskräfte beschäftigt (1974). Ursprünglich habe die Produktion sowohl die Montage von Bauteilen für die Herstellung von Taschenrechnern als auch die Endmontage von elektronischen Taschenrechnern umfaßt. Die Montage von Komponenten sei seit Anfang 1974 eingestellt worden. Das Management habe über die Gründe der Einstellung nicht informiert; es habe sich jedoch herumgesprochen, daß der Produktionsbereich Montage von Komponenten nach Mauritius verlagert worden sei. Die Aufgabe dieses Produktionsbereiches in dem Werk in Bayan Lepas habe jedoch nicht zur Entlassung von Arbeitskräften geführt. Die Endmontage von Taschenrechnern sei ausgedehnt worden. In der Produktion würden ausschließlich Frauen beschäftigt werden. Von den Gesamtbeschäftigten seien 90 Prozent Frauen. Die Löhne wären allgemein sehr niedrig. Die Beschäftigten würden vermuten, daß in dem Betrieb hohe Profite erzielt würden, jedoch gäbe es keine Möglichkeit, Forderungen nach höheren Löhnen durchzusetzen, da die Betriebsleitung jederzeit mit Entlassungen reagieren könnte. Die Furcht vor Entlassungen und die Furcht aufzufallen, bestimme die Situation der Beschäftigten. Die Tageslöhne der Produktionsarbeiterinnen (*operators*) würden bei Arbeitsaufnahme 3,10 malaysische Dollar betragen. Sie würden nach sechs Wochen Tätigkeit auf 3,30 malaysische Dollar angehoben werden. Eine Produktionsarbeiterin könnte nach ein- bis zweijähriger Tätigkeit einen Tageshöchstlohn von sechs malaysischen Dollar erreichen. Vorarbeiterinnen erhielten einen durchschnittlichen Tageslohn von 4,90 malaysischen Dollar. Von den Arbeiterinnen würde eine hohe Arbeitsintensität verlangt werden. Wer nicht die vorgeschriebene Stückzahl produzieren würde, erhielte eine Verwarnung. Sollte die vorgeschriebene Stückzahl danach nicht erreicht werden, würde die betroffene Arbeiterin nach einer Frist von zwei weiteren Tagen entlassen werden. Die Arbeit sei vorwiegend manuell auszuführen. In der ganzen Fabrik gäbe es kaum Maschinen. Die Vorarbeiterinnen hätten die Arbeit von 30 Produktionsarbeiterinnen zu überwachen. Sie haben sie ständig anzutreiben. Sie würden ihrerseits von *supervisors* angetrieben werden, die wiederum von den Assistenten des Produktionsmanagers angetrieben werden würden («Assistant supervisor is in charge for about 30 operators. She has to push them. She gets pushed by supervisor who gets pushed by an assistant production manager etc.»). Im Betrieb werde keine gewerkschaftliche Tätigkeit geduldet. Komitees für Beschäftigtenangelegenheiten (*employees' relations committees*) seien von der Betriebsleitung organisiert worden. Sie könnten Beschwerden und Wünsche der Beschäftigten entgegennehmen und der Betriebsleitung vortragen. Die Betriebsleitung würde monatliche

Besprechungen mit den Komitees durchführen. Sie verfüge so über eine Informationsquelle und sei über Stimmungen bei den Arbeiterinnen etc. unterrichtet. Folgende Wünsche hätten durchgesetzt werden können: Statt eines traditionellen Musikprogramms würde die Lautsprechermusik (*piped music*) in den Produktionshallen jetzt vorwiegend aus Popmusik bestehen. Die Betriebsleitung hätte ferner auf Beschwerden über die unzureichenden Linienbusse durch die Bereitstellung von Charterbussen reagiert.

Bericht einer ehemaligen Produktionsarbeiterin in einer Fabrik der Halbleiterfertigung:

Sie sei elf Monate (1974) in der Fabrik als Produktionsarbeiterin (*operator*) tätig gewesen. Sie habe gekündigt, da die Arbeitsbedingungen unerträglich gewesen seien. «Sie haben uns wie den letzten Dreck behandelt.» (They have treated us like garbage.) Die Betriebsleitung würde ständig bemüht sein, die Arbeitsintensität zu steigern. Von jeder Arbeitskraft seien pro Tag 700 Komponenten unter dem Miskroskop zu bearbeiten gewesen. Während der Arbeit hätte es keine Pausen gegeben. Ein Entfernen vom Arbeitsplatz sei nicht erlaubt gewesen. Sprechen sei nicht erlaubt gewesen. Ständig wären die Arbeiterinnen kritisiert worden. Sowohl die Quantität der Arbeit als auch die Qualität der Ausführung sei ständig bemängelt worden. Dauernd habe es Verwarnungen und Kündigungen gegeben. Wer etwas gegen die Arbeitsbedingungen, insbesondere das Arbeitstempo und die niedrigen Löhne geäußert hätte, wäre entlassen worden. Wer die geforderte Arbeitsintensität nicht erreicht hätte, wäre entlassen worden. Vierteljährlich sei der Lohn um 0,30 malaysische Dollar pro Tag erhöht worden. Anläßlich solcher Erhöhungen habe es jeweils eine halbstündige Lektion gegeben, in der den Beschäftigten durch die Betriebsleitung zu verstehen gegeben worden sei, daß die Lohnerhöhungen durch ganz besonders hohe Leistungssteigerungen gewürdigt werden müßten. Spontane Streiks seien ausgebrochen, als es ihnen eines Tages zuviel geworden sei. Die Erfüllung einiger ihrer Forderungen sei durch die Streiks erkämpft worden. Die Arbeit am Mikroskop sei sehr anstrengend. Acht Stunden Mikroskoparbeit würden Augenschmerzen und totale Erschöpfung verursachen. Wer in der Nachtschicht über dem Mikroskop eingeschlafen sei, wäre verwarnt worden und bei einem zweiten Mal entlassen worden. Die Anlernzeit habe 14 Tage betragen, danach wäre auch nichts mehr zu erlernen gewesen. Der Durchschnittsverdienst der Produktionsarbeiterinnen habe 100 malaysische Dollar im Monat betragen. Viele Arbeiterinnen hätten trotz anderslautender schriftlicher Erklärungen gegenüber der Betriebsleitung heimlich der Gewerkschaft angehört. Die Unternehmen seien um der billigen Arbeitskraft hier und behandelten sie wie den letzten Dreck. (The companies are here for cheap labor and treat us like garbage.)

Bericht eines Arbeiters, der in einem Betrieb mit hoher Fertigungstiefe, in dem Maschinen produziert werden, zum Facharbeiter ausgebildet worden ist:

«Wir sind zufrieden.» (We are happy.) Der Manager lasse mit sich reden. In dem Betrieb könnte man etwas lernen. Er habe keine formale Ausbildung gehabt. In zweijähriger Tätigkeit sei er zum Facharbeiter ausgebildet worden und würde jetzt in der Qualitätskontrolle tätig sein. «Wir sind alle wirklich zufrieden in der Fabrik. Es ist ein feiner Platz.» (We are all really happy at the factory. It's a fine place.)

Auszüge aus einem Bericht der Gewerkschaft der Elektroindustriearbeiter, Malaysia:

«Die Kampagne unseres Organisationskomitees bestand darin, Informationsblätter oder -literatur an nichtorganisierte Arbeiter zu verteilen, ihre Aufmerksamkeit auf ihre Rechte als Arbeiter zu lenken und auch auf die Notwendigkeit gewerkschaftlicher Mitgliedschaft. In vielen Fällen haben die Arbeitgeber ihren Werkschutz veranlaßt, das Informationsmaterial, welches von unserem Organisationskomitee verteilt wurde, den Beschäftigten wegzunehmen. Angesichts dieses antigewerkschaftlichen Verhaltens der Industriellen haben wir unsere Strategie verändert. Das Organisationskomitee verteilte Informationsblätter an nichtorganisierte Elektronikarbeiter nur noch dann, wenn diese auf dem Heimweg von der Arbeit waren. Sie wurden auf eine Versammlung aufmerksam gemacht, auf der über die Notwendigkeit wie über die Vorteile gewerkschaftlicher Mitgliedschaft informiert werden sollte.

Als die Arbeitgeber über die veränderte Strategie Kenntnis erhielten, gingen sie dazu über, ihre Beschäftigten einzuschüchtern und vor einer Teilnahme an der Versammlung mit der Drohung der Entlassung zu warnen. Darüber hinaus versuchten sie, die Beschäftigten zu irritieren, indem sie die Mitteilung ausgaben, daß Arbeiter, die in freien Produktionszonen tätig waren, keine gewerkschaftliche Mitgliedschaft erwerben dürften. Die Arbeiter wurden im übrigen in kleinen Gruppen darüber informiert, daß es die Politik der Unternehmen ist, keine gewerkschaftliche Mitgliedschaft ihrer Arbeiter zu dulden, und sollten sie trotzdem eintreten, würden die *godfathers* keine andere Alternative haben, als die Produktion aufzugeben und in ein Nachbarland zu verlagern. Da die meisten Arbeitskräfte in der Elektronikindustrie frisch von der Schule kommen, überwiegend aus ländlichen Gegenden stammen, wenig über das Arbeitsleben wissen und kaum Kenntnisse über die Gewerkschaftsbewegung haben, sind sie leicht zu verunsichern. Sie schrecken davor zurück, sich mit unseren Sekretären zu unterhalten, und sie sind sogar dahingehend beeinflußt worden zu glauben, daß wir Personen sind, die Unsicherheit für ihre Beschäftigung bringen werden.

Es ist kein Geheimnis, daß die Elektronikarbeiter zu denjenigen im Lande gehören, die die geringsten Löhne erhalten und die am stärksten ausgebeutet werden. Unsere Gewerkschaft sieht nicht ein, daß die Arbeiter dem Götzen Auslandsinvestitionen geopfert werden müssen. Das ist der Hauptgrund, warum wir uns um die Elektronikarbeiter bemühen . . .

Die Elektronikunternehmen, die gegenwärtig in den freien Zonen von Malaysia ein Paradies vorfinden, haben die asiatische Region überzogen. Sie begannen ihre Produktion in Japan, verlagerten sie konsequent nach Taiwan, Hongkong, Singapur und haben mittlerweile Malaysia erreicht. Die Zukunft in diesen Industrien sieht trostlos aus. Hauptgrund ist die Tatsache, daß die Arbeiter vom Kapital wie Sklaven behandelt werden. Hauptzweck der Unternehmen ist es, ein Maximum an Profit mit einem Minimum an Investitionen in einem kürzest möglichen Zeitraum herauszuholen. Die Unternehmen haben uns auch wissen lassen, daß sie im Fall von Arbeitsauseinandersetzungen und Lohnforderungen die Produktion innerhalb von einem Monat einstellen können und in ein anderes Nachbarland des asiatischen Raumes mit billiger Arbeitskraft verlagern können.»[186]

Schlußbemerkung

Die Analyse der weltmarktorientierten Industrialisierung unterentwickelter Länder durch freie Produktionszonen und Weltmarktfabriken hat gezeigt, daß dieser Industrialisierungsprozeß, der durch die Veränderung der weltweiten Kapitalverwertung bestimmt ist, die Tendenz zu ungleicher und abhängiger Entwicklung der unterentwickelten Länder verschärft.

Je stärker sich dieser Prozeß der weltmarktorientierten Industrialisierung durchsetzen wird – und es gibt keine Hinweise darauf, daß sich diese Tendenz in der absehbaren Zukunft abschwächen wird –, um so mehr wird die Entwicklung der unterentwickelten Länder fortgesetzte Unterentwicklung sein.

In der klassischen internationalen Arbeitsteilung war der Prozeß der Unterentwicklung der Länder Afrikas, Asiens und Lateinamerikas bestimmt von der Entwicklung ihrer Ökonomien als Plantagen- und Rohstoffökonomien. Der jetzt hinzukommende und zunehmend dominierende Prozeß der weltmarktorientierten Industrialisierung der unterentwickelten Länder, der einerseits eine neue internationale Arbeitsteilung hervorbringt, stellt andererseits keine Ablösung, sondern eine Vertiefung des historischen Prozesses der Unterentwicklung dar. Die sozio-ökonomische Entwicklung der unterentwickelten Länder ist insofern nicht mehr nur abhängige und ungleiche Entwicklung von Plantagenwirtschaft und Bergbau, sondern abhängige und ungleiche Entwicklung von Plantagenwirtschaft, Bergbau *und* Industrie.

186 Electrical Industry Workers' Union, Malaysia, Country Report, S. 12–14.

Zunächst kaum von Bedeutung ist, wie sich diese Entwicklung in den einzelnen Ländern quantitativ auf die einzelnen Sektoren verteilt. Zunächst entscheidend ist, daß sie insgesamt dieselben Auswirkungen hat. Diese Auswirkungen sind auch dadurch bestimmt, daß der globale Prozeß der Kapitalverwertung in den unterentwickelten Ländern nach wie vor ein anderes Ergebnis hervorbringt als in den Industrieländern. Die Hierarchie in der transnationalen Organisation der Produktion, deren Spitze eine kleine Gruppe von Industrieländern ist, bedeutet insbesondere auch, daß sich die materiellen Lebensbedingungen der Bevölkerung in unterentwickelten Ländern und Industrieländern nach wie vor außerordentlich unterschiedlich entwickeln.

Obwohl der Prozeß der weltmarktorientierten Industrialisierung der unterentwickelten Länder zu erkennen ist als ein Prozeß, in den eine immer größere Zahl von Arbeitskräften integriert wird, obwohl zu erkennen ist, daß dieser Prozeß in verstärktem Maße die Verlagerung von Teilindustrien und Teilproduktionen aus den Industrieländern in die unterentwickelten Länder bedeutet, und obwohl zu erkennen ist, daß ein zunehmender Anteil der Weltindustrieproduktion auf die neuen Standorte in den unterentwickelten Ländern entfallen wird, ist nicht zu erkennen, daß dieser Prozeß eine Verbesserung der materiellen Lebensbedingungen der Bevölkerung der unterentwickelten Länder herbeiführen wird. Eher zeichnet sich das Gegenteil ab, soweit eine Verschlechterung überhaupt noch möglich sein kann.

Auch wenn ein erheblicher Teil der Industrie von den traditionellen Industriestandorten an die neuen Standorte in unterentwickelten Ländern verlagert sein sollte, würde dies nur bedeuten, daß nur ein relativ kleiner Teil der Menschen der unterentwickelten Länder in diesen Prozeß unmittelbar integriert werden würde. Dieser Prozeß hat nicht das Potential, Arbeitslosigkeit und Unterbeschäftigung in den unterentwickelten Ländern zu beseitigen; er hat nur das Potential, einen Teil der heute arbeitslosen Massen von Hunderten von Millionen Menschen zu niedrigsten Löhnen zu absorbieren; er hat andererseits die Konsequenz, den größeren Teil dieser Menschen zur industriellen Reservearmee zu degradieren.

Die Auswirkungen des weltmarktorientierten Industrialisierungsprozesses auf die unterentwickelten Länder sind also keineswegs nur darin zu sehen, daß die Produktion Beschäftigung nur für einen Teil der Arbeitslosen und Unterbeschäftigten bietet (zu Bedingungen, die häufig nicht einmal die Reproduktionskosten der Arbeitskraft sichern), sondern sie sind vor allem darin zu sehen, daß dieser Prozeß eine Perpetuierung der Strukturen von Abhängigkeit und ungleicher Entwicklung und damit eine Perpetuierung des Prozesses der Marginalisierung eines großen Teils der Bevölkerung der unterentwickelten Länder bedeutet, ohne daß auch nur im Ansatz die Voraussetzungen einer alternativen Entwicklung hervorgebracht werden.

Wenn somit dieser Prozeß für die unterentwickelten Länder keine Überwindung von Unterentwicklung bedeutet, bleibt die Frage zu beantworten, warum er gerade auch aus diesen Ländern heraus, von den Regierungen zahlreicher Länder, in besonderer Weise gefördert wird. Eine Antwort kann hier nur angedeutet werden. Wenn man von dem Problem absieht, das durch die Begriffe «Provision» und «Korruption» bezeichnet werden könnte, so ist eine Erklärung, daß viele Menschen mit diesem Prozeß doch die Hoffnung verbinden, daß er, die unmittelbare Ausbeutung der Arbeitskraft zugegeben, doch eine Industriestruktur hervorbringt, die das Potential zu einer (autonomen) Entwicklung im Interesse dieser Arbeitskraft enthält. Diese Hoffnung basiert auf der Annahme, daß diese industrielle Entwicklung, anders als abhängige Landwirtschafts- und Rohstoffproduktion, aus sich selbst heraus eine zur unabhängigen Fortentwicklung fähige Industriestruktur entstehen läßt. Diese Illusion, welche die Verfasser einmal geteilt haben, zu zerstören, mag ein Beitrag dieser Untersuchung sein.

Die hier untersuchte Entwicklung, die Herausbildung einer neuen internationalen Arbeitsteilung und ihre Implikationen für Industrie- und Entwicklungsländer – strukturelle Arbeitslosigkeit in den Industrieländern, fortgesetzte Unterentwicklung in den unterentwickelten Ländern – (was, allerdings in einem weit höheren Ausmaß, auch Arbeitslosigkeit heißt) –, die als Konsequenz der Veränderung der Randbedingungen der Kapitalverwertung erklärt wurde, ist – das ist Teil dieser Erklärung – insofern allerdings keine Frage der Moral von Unternehmen. Unternehmen sind gezwungen, sich im Verwertungsprozeß den neuen Randbedingungen entsprechend zu verhalten. Allerdings hat dieser Prozeß unausweichlich die mit den Begriffen Arbeitslosigkeit und Unterentwicklung angedeuteten Konsequenzen.

Wer diese Konsequenzen nicht wünscht, wer eine alternative Entwicklung wünscht, sollte nicht die Unternehmen für nicht erwünschte Entwicklungen verantwortlich machen, sondern sollte versuchen, die Struktur und Rationalität einer Gesellschaftsformation zu begreifen, in der Unternehmen im wesentlichen nur so agieren können, wie sie tatsächlich agieren. Alternative Entwicklungen sind also eine Frage einer alternativen Gesellschaftsformation.

In diesem Zusammenhang ist auf die wichtigste Auswirkung der neuen internationalen Arbeitsteilung hinzuweisen. An den neuen Produktionsstandorten in unterentwickelten Ländern entsteht eine disziplinierte – für industrielle Arbeit disziplinierte – Arbeiterklasse, deren Organisation am Fließband auch die Möglichkeit ihrer sozialen und politischen Selbstorganisation im Interesse ihrer eigenen Entwicklung einschließt. Unsere Analyse hat gezeigt, welche immensen Hindernisse einer solchen Selbstorganisation entgegenstehen. Es wird daher nicht zuletzt von der Arbeiterbewegung in den entwickelten Ländern abhängen, ob diese Hindernisse überwunden werden können. Gerade die Auswirkungen der neuen internationalen Arbeitsteilung in den traditionellen Industrieländern sollten es den Arbeitern in diesen Ländern erleichtern, aus ihrer wirklichen oder vermeintlichen Rolle einer weltweiten Arbeiteraristokratie herauszutreten und zu erkennen, daß ihr Schicksal auf dem weltweiten Markt für Arbeitskraft unlösbar mit dem ihrer Kolleginnen und Kollegen in unterentwickelten Ländern verknüpft ist.

Die Entwicklung einer neuen internationalen Arbeitsteilung enthält so auch die *Möglichkeit* der Entwicklung einer internationalen Solidarität der Arbeiter. Ob diese Möglichkeit zu einer selbstbewußten Rekonstitution der menschlichen Gesellschaft zur Wirklichkeit wird, hängt wesentlich davon ab, ob sich die Arbeiter nicht durch vermeintliche oder wirkliche Gratifikationen für einen Teil von ihnen fraktionieren lassen.

III–L 1
Liste der in die Untersuchung einbezogenen Länder

Asien und Ozeanien	Afrika	Lateinamerika
Afghanistan	Ägypten	Argentinien
Bahrain	Äthiopien	Barbados
Bangla Desh	Algerien	Bolivien
Burma	Angola	Brasilien
Fidschi	Benin	Chile
Hongkong	Botswana	Costa Rica
Indien	Burundi	Dominikanische Republik
Indonesien	Elfenbeinküste	Ecuador
Irak	Gabun	El Salvador
Iran	Gambia	Guatemala
Jemen, Arabische Republik	Ghana	Guayana
Jemen, Demokratische Volksrepublik	Guinea	Haiti
Jordanien	Guinea-Bissau	Honduras
Katar	Kamerun	Jamaika
Korea, Republik	Kenia	Kolumbien
Kuwait	Kongo, Volksrepublik	Mexiko
Libanon	Lesotho	Nicaragua
Malaysia	Liberia	Niederländische Antillen
Malediven	Libyen	Panama
Nepal	Madagaskar	Paraguay
Oman	Malawi	Peru
Pakistan	[illegible]li	Puerto Rico
Papua-Neuguinea	[illegible]kko	St. Lucia
Philippinen	[illegible]tanien	Trinidad und Tobago
Saudi-Arabien	[illegible]s	Uruguay
Singapur	[illegible]que	Venezuela
Sri Lanka	[illegible]ger	
Syrien	Nigeria	
Taiwan	Obervolta	
Thailand	Ruanda	
Türkei	Sambia	
Vereinigte Arabische Emirate	Senegal	
West Samoa	Sierra Leone	
	Somalia	
	Sudan	
	Südafrika	
	Swasiland	
	Tansania	
	Togo	
	Tschad	
	Tunesien	
	Uganda	
	Zaire	
	Zentralafrikanische Republik	

Tabelle III–1
Freie Produktionszonen in Asien, Afrika und Lateinamerika: 1975

Land	Freie Produktionszonen in Betrieb Anzahl	Freie Produktionszonen in Betrieb Bezeichnung	Freie Produktionszonen im Aufbau Anzahl	Freie Produktionszonen im Aufbau Bezeichnung
Asien				
Bahrain	1	Industrial Area Port Mina Sulman	1	Industrial Area Sitra Island
Hongkong		Free Port Hong Kong		
	2	Industrial Townships Kwung Tong Tsuen Wan/Kwai Chung	2	Industrial Districts Shatin Tuen Mun
	5	Industrial Districts Sam Ka Tsuen San Po Kong Cheung Sha Wan Chai Wan Wong Chuk Hang		
Indien	2	Kandla Free Trade Zone (KAFTZ)	3	Readymade Garment Export Processing Zone Gurgaon
		Santa Cruz Electronics Export Processing Zone (SEEPZ)		Knitwear Export Processing Zone Ludhiana
				Multi Product Export Processing Zone Dum Dum
Indonesien			2	Bonded Zone Pulo Gadung Jakarta
				Bonded Zone Rungkut Surabaya
Jemen, Demokratische Volksrepublik			1	Free Zone Port of Aden
Jordanien	1	Free Zone Aqaba Port	1	Jordan-Syrian Free Zone

Tabelle III–1 (Fortsetzung)

Land	Freie Produktionszonen in Betrieb Anzahl	Bezeichnung	Freie Produktionszonen im Aufbau Anzahl	Bezeichnung
Korea, Republik	9	Masan Free Export Zone (MAFEZ)		
		Iri Free Export Zone (IFEZ)		
		Gumi Export Industrial Estate (GEIE)		
		Gurudong, Korea Export Industrial Estate (KEIE)		
		Gurudong, Korea Export Industrial Estate (KEIE)		
		Gurudong, Korea Export Industrial Estate (KEIE)		
		Bupyong, Korea Export Industrial Estate (KEIE)		
		Juan, Korea Export Industrial Estate (KEIE)		
		Juan, Korea Export Industrial Estate (KEIE)		
Libanon	1	Zone Franche du Port de Beyrouth		
Malaysia	8	Prai Free Trade Zone	2	Pasir Gudang Free Trade Zone
		Prai Wharves Free Trade Zone		Senai Free Trade Zone
		Bayan Lepas Free Trade Zone		
		Sungei Way Free Trade Zone		
		Ulu Klang Free Trade Zone		

Tabelle III–1 (Fortsetzung)

Land	Freie Produktionszonen in Betrieb Anzahl	Freie Produktionszonen in Betrieb Bezeichnung	Freie Produktionszonen im Aufbau Anzahl	Freie Produktionszonen im Aufbau Bezeichnung
Malaysia (Fortsetzung)		Telok Panglima Free Trade Zone		
		Batu Berendam Free Trade Zone		
		Tanjong Kling Free Trade Zone		
Philippinen	1	Bataan Export Processing Zone (BEPZ)	1	Phividec Industrial Estate
Singapur		Free Port Singapore		
	14	Industrial Estates		
		Bukit Timah		
		Jurong Town		
		St. Michael's		
		Tiong Bahru		
		Redhill		
		Ayer Rajah		
		Tangling Halt		
		Kallang Basin		
		Toa Payoh		
		Ang Mo Kio		
		Chai Chee		
		Bedok		
		Indus Road		
		Woodlands		
Syrien	1	Old Free Zone Damascus	5	New Free Zone Adra
				Free Zone Lattakia
				Free Zone Tartous
				Free Zone Aleppo
				Free Zone Deraa
				(Jordan-Syrian Free Zone)

Tabelle III–1 (Fortsetzung)

Land	Freie Produktionszonen in Betrieb: Anzahl	Bezeichnung	Freie Produktionszonen im Aufbau: Anzahl	Bezeichnung
Taiwan	3	Kaohsiung Export Processing Zone (KEPZ)		
		Nantze Export Processing Zone (NEPZ)		
		Taichung Export Processing Zone (TEPZ)		
Thailand			1	Export Processing Zone Klong Toey
West Samoa			1	Industrial Free Zone Vaitele
Afrika				
Ägypten	1	Free Zone Port Said	3	Free Zone Alexandria
				Free Zone Cairo
				Free Zone Suez
Liberia			1	Free Zone Monrovia Port
Mauritius	2	Mauritius Export Processing Zone Plaine Lauzun	4	Mauritius Export Processing Zone Curepipe
		Mauritius Export Processing Zone Coromandel		Mauritius Export Processing Zone Vacoas-Phoenix
				Mauritius Export Processing Zone Mer Rouge
				Mauritius Export Processing Zone Mahébourg
Senegal	1	Zone Franche Industrielle de Dakar		
Togo	1	Zone Industrielle Franche du Port de Lomé		

Tabelle III–1 (Fortsetzung)

Land	Freie Produktionszonen in Betrieb Anzahl	Bezeichnung	Freie Produktionszonen im Aufbau Anzahl	Bezeichnung
Tunesien	2	Zone Industrielle de Mégrine		
		Zone Industrielle de Ben Arous		
Lateinamerika				
Brasilien	1	Zona Franca de Manaus		
Chile			2	Zona Franca de Iquique
				Zona Franca de Punta Arenas
Dominikanische Republik	3	Zona Franca de La Romana		
		Zona Franca Industrial de San Pedro de Macorís		
		Zona Franca Industrial de Santiago de los Caballeros		
El Salvador	1	Zona Franca Industrial de San Bartolo		
Guatemala	1	Zona Libre de Industria y Comercio Santo Tomás de Castilla		
Haiti	1	Parc Industriel Metropolitain Port-au-Prince (PIM)		
Honduras			1	Zona Franca Industrial de San Pedro Sula
Jamaika			1	Kingston Free Zone
Kolumbien	4	Zona Franca Industrial y Comercial de Barranquilla	2	Zona Franca Industrial y Comercial de Cartagena
		Zona Franca Industrial y Comercial de Buenaventura		Zona Franca Santa Marta

Tabelle III–1 (Fortsetzung)

Land	Freie Produktionszonen in Betrieb Anzahl	Bezeichnung	Freie Produktionszonen im Aufbau Anzahl	Bezeichnung
Kolumbien (Fortsetzung)		Zona Franca Industrial y Comercial Manuel Carvajal Sinisterra de Palmaseca		
		Zona Franca de Cucúta		
Mexiko		Zona Fronteriza		
	11	Industrial Parks		
		Tijuana		
		Mexicali		
		Nogales		
		Cd. Juárez (2)		
		Cd. Acuña		
		Piedras Negras		
		Nuevo Laredo		
		Reynosa		
		Matamoros (2)		
Nicaragua			1	Airport Export Manufacturing Zone (APEX)
Panama	1	Zona Libre de Colón		
Puerto Rico	1	Mayaguez Foreign Trade Zone		
Uruguay			2	Zona Franca de Colonia
				Zona Franca de Nueva Palmira
Venezuela			2	Estado Nueve Esparta de Margarita
				Zona Franca Industrial de Paraguaná

Quelle: Eigene Erhebungen

Tabelle III–2
Freie Produktionszonen nach Regionen: 1975

Region	Freie Produktionszonen in Betrieb		Freie Produktionszonen im Aufbau			
	Anzahl der Länder	Anzahl der Zonen	Anzahl der Länder	dar. Länder, in denen bis 1975 freie Produktionszonen nicht in Betrieb waren	Anzahl der Zonen	dar. Länder, in denen bis 1975 freie Produktionszonen nicht in Betrieb waren
Asien	11	48*	11	4	20	5
Afrika	5	7	3	1	8	1
Lateinamerika	9	24**	7	6	11	9
Insgesamt	25	79*,**	21	11	39	14

Quelle: Eigene Erhebungen

* Einschließlich Industriegebiete in Hongkong (7) und Singapur (14)
** Einschließlich Industrieparks in der Grenzzone im Norden Mexikos (11)

Tabelle III–3
Standorte von Weltmarktfabriken (außerhalb von freien Produktionszonen) in Asien, Afrika und Lateinamerika: 1975

Betriebsstatus	Asien	Afrika	Lateinamerika
Weltmarktfabriken in Betrieb	Indien Indonesien Iran Malaysia Philippinen Taiwan Thailand Türkei	Elfenbeinküste Marokko Swasiland Tunesien	Barbados Brasilien Costa Rica Haiti Jamaika Mexiko Nicaragua Niederländische Antillen Puerto Rico St. Lucia Trinidad und Tobago
Weltmarktfabriken im Aufbau*		Botswana Ghana Lesotho Südafrika	Ecuador

Quelle: Eigene Erhebungen

* Aufgeführt sind nur Länder, in denen bis 1975 Weltmarktfabriken nicht in Betrieb waren

Tabelle III–4
Standorte von Weltmarktfabriken (außerhalb von freien Produktionszonen) nach Regionen: 1975

	Weltmarktfabriken in Betrieb Anzahl der Länder	darunter Anzahl der Länder, in denen bis 1975 freie Produktionszonen nicht in Betrieb waren	Weltmarktfabriken im Aufbau in Ländern, in denen bis 1975 Weltmarktfabriken (inner- und außerhalb von freien Produktionszonen) nicht in Betrieb waren Anzahl der Länder
Asien	8	4	–
Afrika	4	3	4
Lateinamerika	11	7	1
Insgesamt	23	14	5

Tabelle III–5
Standorte von freien Produktionszonen und Weltmarktfabriken (außerhalb von freien Produktionszonen) nach Regionen: 1975

Kategorie	Anzahl der Länder Insgesamt	Asien	Afrika	Lateinamerika
1 Freie Produktionszonen in Betrieb	25	11	5	9
2 Weltmarktfabriken in Betrieb	23	8	4	11
3 darunter: In Ländern, in denen bis 1975 freie Produktionszonen nicht in Betrieb waren	14	4	3	7
4 Summe 1 + 3	39	15	8	16
5 Freie Produktionszonen im Aufbau*	11	4	1	6
6 darunter: In Ländern, in denen bis 1975 Weltmarktfabriken nicht in Betrieb waren	7	2	1	4
7 Weltmarktfabriken im Aufbau**	5	–	4	1
8 Summe 6 + 7	12	2	5	5
9 Summe 4 + 8	51	17	13	21
10 Weltmarktfabriken (inner- oder außerhalb von freien Produktionszonen) in Planung***	11	6	5	–
11 Summe 9 + 10	62	23	18	21

Quelle: Eigene Erhebungen

* Nur Länder, in denen bis 1975 freie Produktionszonen nicht in Betrieb waren
** Nur Länder, in denen bis 1975 Weltmarktfabriken nicht in Betrieb waren
*** Nur Länder, die nicht in den Gruppen 1 bis 9 enthalten sind

Tabelle III–6
Unterentwickelte Länder in Asien, Afrika und Lateinamerika: Freie Produktionszonen, Weltmarktfabriken, Bevölkerung, Pro-Kopf-Bruttosozialprodukt: 1974, 1975*

	Asien			Afrika			Lateinamerika		
	Land	Bevölkerung 1974 (Mill.)	Bruttosozialprodukt pro Kopf 1974 (US-$)	Land	Bevölkerung 1974 (Mill.)	Bruttosozialprodukt pro Kopf 1974 (US-$)	Land	Bevölkerung 1974 (Mill.)	Bruttosozial produkt pro Kopf 1974 (US-$)
Freie Produktionszonen in Betrieb 1975	Bahrain	0,2	2 250	Ägypten	36,4	269	Brasilien	104,2	799
	Hongkong	4,2	1 409	Mauritius	0,9	369	Dominikanische Republik	4,6	539
	Indien	586,0	116	Senegal	4,3	259	El Salvador	4,0	354
	Jordanien	2,6	267	Togo	2,2	191	Guatemala	5,2	466
	Korea, Rep.	33,5	401	Tunesien	5,6	494	Haiti	4,5	142
	Libanon	2,8	893				Kolumbien	24,0	425
	Malaysia	11,7	572				Mexiko	58,1	891
	Philippinen	41,5	250				Panama	1,6	909
	Singapur	2,2	2 015				Puerto Rico	3,0	2 182
	Syrien	7,1	397						
	Taiwan	15,8	...						
Weltmarktfabriken in Betrieb 1975**	Indonesien	128,0	120	Elfenbeinküste	4,8	552	Barbados	0,2	837
	Iran	32,0	1 034	Marokko	16,9	295	Costa Rica	1,9	791
	Thailand	41,0	231	Swasiland	0,5	319	Jamaika	2,0	875
	Türkei	38,3	539***				Nicaragua	2,1	524
							Niederländische Antillen	0,2	1 530****
							St. Lucia	0,1	480***
							Trinidad/Tobago	1,0	1 244

Tabelle III–6 (Fortsetzung)

	Asien			Afrika			Lateinamerika		
	Land	Bevölkerung 1974 (Mill.)	Bruttosozialprodukt pro Kopf 1974 (US-$)	Land	Bevölkerung 1974 (Mill.)	Bruttosozialprodukt pro Kopf 1974 (US-$)	Land	Bevölkerung 1974 (Mill.)	Bruttosozialprodukt pro Kopf 1974 (US-$)
Freie Produktionszonen im Aufbau 1975	Jemen, D. V	1,6	109	Liberia	1,7	252	Chile	10,4	796
	West Samoa	0,2	280				Honduras	2,9	282
							Uruguay	3,0	873
							Venezuela	11,6	1 374
Weltmarktfabriken im Aufbau 1975**				Botswana	0,7	353	Ecuador	7,0	416
				Ghana	9,6	289			
				Lesotho	1,0	102			
				Südafrika	24,9	1 142***			
Freie Produktionszonen / Weltmarktfabriken in Planung 1975	Bangla Desh	75,0	100	Gambia	0,5	188			
	Fidschi	0,6	720	Kenia	12,9	172			
	Jemen, Arab. Republik	6,5	73	Malawi	4,9	113			
	Pakistan	13,7	125	Nigeria	61,3	274			
	Sri Lanka	68,2	196	Sierra Leone	2,7	165			
	Ver. Arab. Emirate	0,2	13 500						
Keine freien Produktionszonen und keine sonstigen Standorte für *(Anschluß nächste Seite)*	Afghanistan	18,8	81	Äthiopien	27,2	83	Argentinien	25,1	1 317
	Burma	30,3	83	Algerien	16,3	510	Bolivien	5,5	210
	Irak	10,8	675	Angola	5,8	501	Guyana	0,8	423
	Katar	0,1	5 830	Benin	3,0	126	Paraguay	2,6	423
	Kuwait	0,9	6 710	Burundi	3,7	73	Peru	15,4	639
	Malediven	0,1	90	Gabun	0,5	1 289			
	Nepal	12,3	93	Guinea	4,3	147			
	Oman	0,7	1 250	Guinea-Bissau	0,5	283			

Tabelle III–6 (Fortsetzung)

	Asien			Afrika			Lateinamerika		
		Bevölkerung 1974 (Mill.)	Bruttosozialprodukt pro Kopf 1974 (US-$)		Bevölkerung 1974 (Mill.)	Bruttosozialprodukt pro Kopf 1974 (US-$)		Bevölkerung 1974 (Mill.)	Bruttosozialprodukt pro Kopf 1974 (US-$)
Weltmarktfabriken, in Betrieb, im Aufbau und in Planung oder keine Hinweise 1975	Papua-Neuguinea	2,7	368	Kamerun	6,3	247			
	Saudi-Arabien	8,7	1 877	Kongo, V. R.	1,3	445			
				Libyen	2,3	3 568			
				Madagaskar	6,8	176			
				Mali	5,6	76			
				Mauretanien	1,3	203			
				Moçambique	9,0	344			
				Niger	4,5	130			
				Obervolta	5,9	81			
				Ruanda	4,1	68			
				Sambia	4,8	513			
				Somalia	3,1	81			
				Sudan	17,3	123			
				Tansania	14,8	123			
				Tschad	3,9	94			
				Uganda	11,2	134			
				Zaire	24,2	153			
				Zentralafrik. R.	1,6	175			

Quellen: United Nations, Demographic Yearbook 1974, New York 1975; UNCTAD, Handbook of International Trade and Development Statistics 1976, New York 1976; eigene Erhebungen

* Jedes Land ist, der Reihenfolge der vertikalen Unterteilung folgend, nur einmal angeführt
** Weltmarktfabriken außerhalb von freien Produktionszonen
*** Bruttoinlandsprodukt pro Kopf für 1973
**** Schätzung für 1973

Tabelle III–7
Freie Produktionszonen in Betrieb in Asien, Afrika und Lateinamerika: Jahr der Betriebsaufnahme, Zahl der Beschäftigten

Land	Freie Produktionszone	Betriebs-aufnahme	Beschäftigte (Jahr	Anzahl)
Asien				
Bahrain	Mina Sulman	1972[1]	1975	2 770
Hongkong	Hongkong	1965[2]	1975	59 607[3]
	Kwung Tong			
	Tsuen Wan/Kwai Chung			
	Sam Ka Tsuen			
	San Po Kong			
	Cheung Sha Wan			
	Chai Wan			
	Wong Chuk Hang			
Indien	Kandla	1965	1975	649
	Santa Cruz	1974	1975	600
Jordanien	Aqaba Port	...		...
Korea, Republik	Masan	1972	1975	21 100
	Iri	1974	1975	50
	Gumi	1973	1975	11 100
	Gurudong	...		
	Gurudong	...		
	Gurudong	...		
	Bupyong	...	1975	80 000
	Juan	...		
	Juan	...		
Libanon	Beyrouth	...		...
Malaysia	Prai	1973	1975	6 823
	Prai Wharves	1972		
	Bayan Lepas	1972	1975	15 608
	Sungei Way	1972	1975	6 446
	Ulu Klang	1974	1975	4 414
	Telok Panglima	...	1975	1 918
	Batu Berendam	1972	1975	3 307
	Tanjong Kling	1972	1975	1 949
Philippinen	Bataan	1973	1976	8 177
Singapur	Singapore	1967[4]	1974	105 000[5]
	Bukit Timah			
	Jurong Town			
	St. Michael's			
	Tiong Bahru			
	Redhill			
	Ayer Rajah			
	Tangling Halt			
	Kallang Basin			
	Toa Payoh			
	Ang Mo Kio			
	Chai Chee			
	Bedok			
	Indus Road			
	Woodlands			

Tabelle III–7 (Fortsetzung)

Land	Freie Produktionszone	Betriebsaufnahme	Beschäftigte (Jahr	Anzahl)
Syrien	Damascus	...	1975	231
Taiwan	Kaohsiung	1966	1975	41 017
	Nantze	1970	1975	13 160
	Taichung	1971	1975	7 966
Afrika				
Ägypten	Port Said	1976		...
Mauritius	Plaine Lauzun	1971	1975 }	9 952
	Coromandel	1976		
Senegal	Dakar	1976	1976	150
Togo	Lomé	...		...
Tunesien	Mégrine	...		...
	Ben Arous	...		...
Lateinamerika				
Brasilien	Manaus	1968	1973	27 650
Dominikanische Republik	La Romana	1969	1975 }	6 500
	San Pedro de Macorís	1973		
	Santiago	1974		
El Salvador	San Bartolo	1975	1975	6 143
Guatemala	Santo Tomás de Castilla	1975		...
Haiti	Port-au-Prince	1974		...
Kolumbien	Barranquilla	1969	1974	5 000
	Buenaventura	1973		...
	Palmaseca	1973	1975	600
	Cucúta	1974		...
Mexiko	Zona Fronteriza	1966[6]	1975	74 676
	Tijuana			...
	Mexicali			...
	Nogales			...
	Cd. Juárez (2)			...
	Cd. Acuña			...
	Piedras Negras			...
	Nuevo Laredo			...
	Reynosa			...
	Matamoros (2)			...
Panama	Colón	1974[7]	1975	1 300
Puerto Rico	Mayaguez	1964	1975	481

Quelle: Eigene Erhebungen

[1] Freihafen seit 1960 in Betrieb. [2] Exportindustrialisierung seit Beginn der fünfziger Jahre, Weltmarktproduktion durch Auslandsunternehmen seit Mitte der sechziger Jahre. [3] Beschäftigte nur in Auslandsunternehmen. [4] Weltmarktproduktion durch Auslandsunternehmen seit 1967. [5] Schätzung. [6] Beginn der Weltmarktproduktion durch Auslandsunternehmen. [7] Freihafen seit 1948 in Betrieb. [8] Kommerzielle Aktivitäten seit 1961.

Tabelle III–8

Beschäftigte in freien Produktionszonen und in Weltmarktfabriken in Asien, Afrika und Lateinamerika: Letztes verfügbares Jahr

Land	insgesamt	Beschäftigte in freien Produktionszonen	Beschäftigte in Weltmarktfabriken	Jahr
Asien				
Bahrain	2 770	2 770	–	1975
Hongkong	59 607	59 607	–	1975
Indien	1 249	1 249	...	1975
Indonesien	11 191	–	11 191	1975
Iran	...	–	...	
Jordanien	...	...	–	
Korea, Republik	112 250	112 250	–	1975
Libanon	...	...	...	
Malaysia	40 465	40 465	...	1975
Philippinen	9 827	8 177	1 650	1976
Singapur	105 000	105 000	–	1974
Syrien	231	231	–	1975
Taiwan	62 143	62 143	...	1975
Thailand	16 700	–	16 700	1974
Türkei	...	–	...	
Afrika				
Ägypten	...	...	...	
Elfenbeinküste	2 800	–	2 800	1974
Marokko	...	–	...	
Mauritius	9 952	9 952	–	1975
Senegal	150	150	–	1976
Swasiland	2 500	–	2 500	1976
Togo	...	...	–	
Tunesien	24 000	...	...	1974
Lateinamerika				
Barbados	3 000	–	3 000	1975
Brasilien	27 650	27 650	...	1973
Costa Rica	...	–	...	
Dominik. Republik	6 500	6 500	–	1975
El Salvador	6 143	6 143	–	1975
Guatemala	...	...	–	
Haiti	25 000	...	...	1973
Jamaika	6 100	–	6 100	1971
Kolumbien	5 600	5 600	–	1975
Mexiko	84 308	74 676	9 632	1974
Nicaragua	...	–	...	
Niederl. Antillen	...	–	...	
Panama	1 300	1 300	–	1975
Puerto Rico	96 726	481	96 245	1975
St. Lucia	3 500	–	3 500	1976
Trinidad und Tobago	...	–	...	
Asien	~ 420 000			
Afrika	~ 40 000			
Lateinamerika	~ 265 000			
Insgesamt	~ 725 000			

Quelle: Eigene Erhebungen

Tabelle III–9
Freie Produktionszonen in Betrieb in Asien, Afrika und Lateinamerika, Infrastruktureinrichtungen: 1975

Freie Produktionszone	Hafen	Flughafen	Container-einrich-tungen	Produk-tions-gebäude	Elektri-zität	Wasser
Asien						
Bahrain						
Mina Sulman	Mina Sulman	Bahrain	+		+	+*
Hongkong						
Industriegebiete	Hongkong	Hongkong	+		+	+
Indien						
Kandla	Kandla	Bhuj		+	+**	+
Santa Cruz	Bombay	Santa Cruz	+	+**	–	–
Jordanien						
Akaba	Akaba Port	Akaba	+		+	+
Korea, Republik						
Masan	Masan	Pusan	+	+	+**	+
Iri	Gunsan			+	+**	+
Gumi		Daegu		+	+**	+
Industriegebiete	Incheon	Kimpo	+		+**	+
Libanon						
Beirut	Beirut	Beirut	+		+	+
Malaysia						
Prai	Penang	Penang	+	+	+	+
Prai Wharves	Penang	Penang	+		+	+
Bayan Lepas	Penang	Penang	+	+	+	+
Sungei Way	Port Klang	Kuala Lumpur	+	+	+	+
Ulu Klang	Port Klang	Kuala Lumpur	+	+	+	+
Telok Panglima						
Batu Berendam			+	+	+	+
Tanjong Kling			+		+	+
Philippinen						

Tabelle III–9 (Fortsetzung)

Freie Produktionszone	Hafen	Flughafen	Container-einrich-tungen	Produk-tions-gebäude	Elektri-zität	Wasser
Bataan	Mariveles		+	+	+	–
Singapur						
Industriegebiete	Singapur	Singapur	+	+	+	+
Syrien						
Damaskus		Damaskus		+	+	+
Taiwan						
Kaohsiung	Kaohsiung	Kaohsiung	+	+	+	+
Nantze	Kaohsiung	Kaohsiung	+	+	+	+
Taichung	Taichung	Shuinan		+	+	+
Afrika						
Ägypten						
Port Said	Port Said	Port Said			+	+
Mauritius						
Plaine Lauzun	Port-Louis	Plaisance	+	+	+**	+
Coromandel	Port-Louis	Plaisance	+	+	+**	+
Senegal						
Dakar	Dakar	Dakar	+	+	+	+
Togo						
Lomé	Lomé	Lomé			+	+
Tunesien						
Mégrine	Tunis	Tunis	+	+	+	+
Ben Arous	Tunis	Tunis	+	+	+	+
Lateinamerika						
Brasilien						
Manaus	Manaus	Manaus	+		+	+
Dominikanische Republik						
La Romana	La Romana	La Romana	+	+	+	+

Tabelle III–9 (Fortsetzung)

Freie Produktionszone	Hafen	Flughafen	Container-einrich-tungen	Produk-tions-gebäude	Elektri-zität	Wasser
San Pedro de Macorís	San Pedro de Macorís	Las Américas	+	+	+	+
Santiago de los Caballeros		Santiago	+	+	+	+
El Salvador						
San Bartolo	Acajutla	Ilopango		+	+	+
Guatemala						
Santo Tomás de Castilla	Santo Tomás de Castilla			+	+	+*
Haiti						
Port-au-Prince	Port-au-Prince	Port-au-Prince	+	+	+	+
Kolumbien						
Barranquilla	Barranquilla	Barranquilla	+	+	+	+*
Buenaventura	Buenaventura	Palmaseca	+	+	+	+
Palmaseca	Buenaventura	Palmaseca	+	+	+	+
Cucúta		Cucúta		+	+	+
Mexiko						
Grenzzone		***	+		+	+
Panama						
Colón	Colón	Colón	+	+	+	+
Puerto Rico						
Mayaguez	Mayaguez	Mayaguez	+	+**	+	+

Quelle: Eigene Erhebungen

+ = vorhanden – = unzureichend *im Ausbau **subventioniert ***zahlreiche Flughäfen vorhanden

Tabelle III–10
Freie Produktionszonen in Betrieb in Asien, Afrika und Lateinamerika, Investitionsbedingungen und Investitionsanreize: 1975

Freie Produktionszone	Zulassung von Auslandskapital	Gewinntransfer, Kapitalrepatriierung	Kontingente Zölle Abgaben	Steuervergünstigungen	Subventionen	Sonstige Investitionsanreize	Investitionsauflagen
Asien							
Bahrain Mina Sulman	Beteiligungsunternehmen	uneingeschränkt	keine	keine Einkommensteuer			
Hongkong Industriegebiete	uneingeschränkt	uneingeschränkt	keine	niedrige Steuertarife			hoher Ausnutzungsgrad der Produktionsfläche
Indien Kandla	uneingeschränkt	uneingeschränkt	keine	50 % ermäßigte Einkommensteuer	verbilligte Elektrizität	Kredite	100 % Ausfuhr
Santa Cruz	uneingeschränkt	uneingeschränkt	keine	5 Jahre keine Einkommensteuer	verbilligte Elektrizität; Produktionsgebäude		Elektro-, Elektronikindustrie; 100 % Ausfuhr
Jordanien Akaba	uneingeschränkt	uneingeschränkt	keine	6–9 Jahre keine Einkommensteuer			

Tabelle III–10 (Fortsetzung)

Freie Produktionszone	Zulassung von Auslandskapital	Gewinntransfer, Kapitalrepatriierung	Kontingente Zölle Abgaben	Steuervergünstigungen	Subventionen	Sonstige Investitionsanreize	Investitionsauflagen
Korea, Republik Masan Iri	uneingeschränkt	Gewinntransfer uneingeschränkt; Repatriierung nach 3 Jahren	keine	5 Jahre keine Einkommensteuer, Körperschaftsteuer, Vermögensteuer	verbilligte Elektrizität	keine Registrierung; Exportkredite	Mindestinvestition 50000 US-$; 100 % Ausfuhr
Gumi	uneingeschränkt	wie oben	keine	wie oben	wie oben		Elektro-, Elektronikindustrie; 100 % Ausfuhr
Exportindustriegebiete	Beteiligungsunternehmen	wie oben	keine	wie oben	Industriegrundstücke	Exportkredite	100 % Ausfuhr
Libanon Beirut	...	...	...	...	...	...	...
Malaysia Prai Prai Wharves Bayan Lepas Sungei Way Ulu Klang Telok Panglima Batu Berendam Tanjong Kling	uneingeschränkt	uneingeschränkt	keine	4–7 Jahre keine Einkommensteuer		für «Pionier»-unternehmen	100 % Ausfuhr

Tabelle III–10 (Fortsetzung)

Freie Produktionszone	Zulassung von Auslandskapital	Gewinntransfer, Kapitalrepatriierung	Kontingente Zölle Abgaben	Steuervergünstigungen	Subventionen	Sonstige Investitionsanreize	Investitionsauflagen
Philippinen Bataan	uneingeschränkt	uneingeschränkt	keine	keine Gemeinde- und Provinzsteuern			100 % Ausfuhr, Ausnahmen: > 70 %
Singapur Industriegebiete	uneingeschränkt	uneingeschränkt	keine	5–15 Jahre keine Profitsteuern		Kredite; Zuschüsse zu Ausbildungsprogrammen	
Syrien Damaskus	uneingeschränkt	uneingeschränkt	keine				100 % Ausfuhr, Ausnahmen
Taiwan Kaohsiung Nantze Taichung	uneingeschränkt	uneingeschränkt	keine	5 Jahre keine Einkommensteuer, Körperschaftsteuer		Kredite	Mindestinvestition 150000 US-$; 100 % Ausfuhr
Afrika Ägypten Port Said	uneingeschränkt	Gewinntransfer uneingeschränkt; Repatriierung nach 5 Jahren	1 % vom Umsatz	vollkommene Steuerfreiheit			75 % ägyptische Arbeitskräfte; 100 % Ausfuhr

Tabelle III–10 (Fortsetzung)

Freie Produktionszone	Zulassung von Auslandskapital	Gewinntransfer, Kapitalrepatriierung	Kontingente Zölle Abgaben	Steuervergünstigungen	Subventionen	Sonstige Investitionsanreize	Investitionsauflagen
Mauritius Plaine Lauzun Coromandel	uneingeschränkt	uneingeschränkt	keine	10–20 Jahre keine Einkommensteuer: 5 Jahre keine Dividendensteuer	verbilligte Elektrizität; kostenlose Benutzung von Hafenanlagen für Importmaterialien	Kredite	100 % Ausfuhr
Senegal Dakar	uneingeschränkt	uneingeschränkt	keine	vollkommene Steuerfreiheit			150 Arbeitsplätze; Mindestinvestition 33 000 US-$; 100 % Ausfuhr
Togo Lomé			keine				
Tunesien Mégrine Ben Arous	uneingeschränkt	uneingeschränkt	keine	10 Jahre keine Gewinngewerbesteuer			100 % Ausfuhr

Tabelle III–10 (Fortsetzung)

Freie Produktionszone	Zulassung von Auslandskapital	Gewinntransfer, Kapitalrepatriierung	Kontingente Zölle Abgaben	Steuervergünstigungen	Subventionen	Sonstige Investitionsanreize	Investitionsauflagen
Lateinamerika							
Brasilien Manaus	uneingeschränkt	uneingeschränkt	keine	10 Jahre keine Einkommensteuer, Industrieproduktsteuer, Warenzirkulationsteuer		Kredite	> 20 % Inlandsanteil an der Wertschöpfung; 100 % Ausfuhr
Dominikanische Rep. La Romana San Pedro de Macorís Santiago de los Caballeros	uneingeschränkt	uneingeschränkt	keine	20 Jahre vollkommene Steuerfreiheit			100 % Ausfuhr
El Salvador San Bartolo	uneingeschränkt	uneingeschränkt	keine	10 Jahre keine Einkommensteuer		Exportkredite	80 % Ausfuhr außerhalb des Zentralamerikanischen Gemeins. Marktes
Guatemala Santo Tomás de Castilla	uneingeschränkt	uneingeschränkt	keine	10 Jahre keine Einkommensteuer			100 % Ausfuhr
Haiti Port-au-Prince	uneingeschränkt	uneingeschränkt	keine	8 Jahre keine Einkommensteuer			100 % Ausfuhr

Tabelle III–10 (Fortsetzung)

Freie Produktions-zone	Zulassung von Auslands-kapital	Gewinntrans-fer, Kapital-repatriierung	Kontin-gente Zölle Abgaben	Steuer-vergünstigungen	Subventionen	Sonstige Investitions-anreize	Investitions-auflagen
Kolumbien Barranquilla Buenaventura Palmaseca Cucúta	uneinge-schränkt	uneinge-schränkt	keine		Transport-zuschüsse	Exportkredite	100 % Ausfuhr
Mexiko Grenzzone	uneinge-schränkt	uneinge-schränkt	keine		verbilligte Frachttarife		100 % Ausfuhr
Panama Colón	uneinge-schränkt	uneinge-schränkt	keine	15–20 Jahre keine Ein-kommensteuer, Vermögensteuer, Umsatzsteuer, Exportsteuer			100 % Ausfuhr
Puerto Rico Mayaguez	uneinge-schränkt	uneinge-schränkt	keine	10–30 Jahre keine Einkommensteuer	2 Jahre 25 % der Lohnsumme (Bei > 300 Beschäftigten)	Kredite	100 % Ausfuhr

Quelle: Eigene Erhebungen

Tabelle III–11
Freie Produktionszonen in Asien, Afrika und Lateinamerika, Struktur der industriellen Produktion nach ISIC-Hauptgruppen: 1975

ISIC-Haupt-gruppe	Kategorie	Fertigung in freien Produktionszonen		
		Asien	Afrika	Lateinamerika
311 312	Nahrungsmittel	Hongkong Indien Singapur Syrien	Mauritius Tunesien	Brasilien Mexiko
321	Textilien	Hongkong Indien Korea, Republik Malaysia Philippinen Singapur Taiwan	Mauritius Tunesien	Brasilien Dominikanische Republik El Salvador
322	Bekleidung	Hongkong Korea, Republik Malaysia Philippinen Singapur Syrien Taiwan	Ägypten Mauritius Togo Tunesien	Brasilien Dominikanische Republik Haiti Kolumbien Mexiko Panama Puerto Rico
323	Lederwaren	Singapur Taiwan	Mauritius	Kolumbien Puerto Rico
324	Schuhe	Korea, Republik Malaysia Philippinen		Kolumbien Mexiko
331	Holz, Holzwaren	Malaysia Philippinen Singapur		Brasilien
332	Möbel	Taiwan	Mauritius	Haiti Mexiko
341	Papierwaren	Korea, Republik Singapur		Brasilien
342	Druckereierzeugnisse	Hongkong		
351 352	Chemische Erzeugnisse	Hongkong Indien Singapur Syrien	Tunesien	Kolumbien Panama Puerto Rico
354	Mineralölerzeugnisse	Singapur		
355	Gummiwaren	Bahrain Malaysia Singapur	Mauritius	
356	Kunststofferzeugnisse	Bahrain Indien Korea, Republik Philippinen Singapur Taiwan	Mauritius	
361	Feinkeramische Erzeugnisse			Haiti
362	Glas, Glaswaren	Korea, Republik	Tunesien	

Tabelle III–11 (Fortsetzung)

ISIC-Haupt-gruppe	Kategorie	Fertigung in freien Produktionszonen Asien	Afrika	Lateinamerika
369	Sonstige nichtmetallische mineralische Erzeugnisse	Singapur		
371 372	Metallische Grundstoffe	Bahrain Hongkong Singapur		
381	Metallwaren	Bahrain Hongkong Indien Korea, Republik Malaysia Philippinen Singapur Taiwan	Tunesien	Haiti Kolumbien
382	Maschinenbauerzeugnisse	Bahrain Indien Korea, Republik Malaysia Philippinen Singapur Taiwan		Kolumbien Mexiko
383	Elektrotechnische Erzeugnisse	Hongkong Indien Korea, Republik Malaysia Philippinen Singapur Taiwan	Mauritius Tunesien	Brasilien El Salvador Haiti Mexiko Panama
384	Transportausrüstungen	Korea, Republik Philippinen Singapur	Mauritius	Kolumbien Mexiko Panama
385	Feinmechanische, optische Erzeugnisse, Uhren	Hongkong Indien Korea, Republik Malaysia Singapur Taiwan	Ägypten Mauritius	Brasilien Kolumbien Puerto Rico
390	Sonstige Erzeugnisse Musikinstrumente Spielwaren Sportgeräte Schmuckwaren Kunstgewerbliche Gegenstände	Hongkong Korea, Republik Malaysia Philippinen Taiwan	Mauritius	Brasilien Haiti Kolumbien

Quelle: Eigene Erhebungen

Tabelle III–12
Struktur der industriellen Produktion in Weltmarktfabriken an sonstigen Standorten (außerhalb von freien Produktionszonen) nach ISIC-Hauptgruppen: 1975

ISIC-Hauptgruppe	Kategorie	Weltmarktfabriken Asien	Afrika	Lateinamerika
311 312	Nahrungsmittel		Swasiland	Costa Rica Mexiko
321	Textilien	Iran Thailand	Elfenbeinküste Marokko Swasiland	Costa Rica Haiti Puerto Rico
322	Bekleidung	Indonesien Iran Malaysia Philippinen Thailand Türkei	Elfenbeinküste Marokko Tunesien	Barbados Brasilien Costa Rica Haiti Jamaika Mexiko Puerto Rico St. Lucia Trinidad u. Tobago
323	Lederwaren	Indien Iran Thailand		Jamaika
324	Schuhe	Iran Thailand		Mexiko
331	Holz, Holzwaren	Thailand		
332	Möbel	Thailand		
341	Papierwaren			Nicaragua
351 352	Chemische Erzeugnisse	Thailand	Swasiland	Barbados Brasilien Nicaragua Puerto Rico
354	Mineralölerzeugnisse			Puerto Rico
355	Gummiwaren			Brasilien Haiti
356	Kunststofferzeugnisse	Thailand		Haiti St. Lucia
361	Feinkeramische Erzeugnisse	Indien		
371 372	Metallische Grundstoffe			Brasilien
381	Metallwaren	Indien Malaysia		Barbados Haiti Nicaragua Puerto Rico St. Lucia
382	Maschinenbau-erzeugnisse			Brasilien Haiti Mexiko

Tabelle III–12 (Fortsetzung)

ISIC-Hauptgruppe	Kategorie	Weltmarktfabriken		
		Asien	Afrika	Lateinamerika
383	Elektrotechnische Erzeugnisse	Indonesien Malaysia Philippinen Taiwan Thailand	Marokko Swasiland	Barbados Brasilien Haiti Mexiko Nicaragua Niederländische Antillen Puerto Rico St. Lucia
384	Transportausrüstungen		Marokko	Brasilien Mexiko
385	Feinmechanische, optische Erzeugnisse, Uhren			Barbados Puerto Rico
390	Sonstige Erzeugnisse Malerpinsel Spielwaren Sportgeräte	Thailand		Barbados Haiti

Quelle: Eigene Erhebungen

Tabelle III–13

Freie Produktionszonen in ausgewählten Ländern, Anteil der Beschäftigung in den Industriezweigen Textilien und Bekleidung und Elektrotechnik an der Gesamtbeschäftigung in den Zonen: 1975

Land	Beschäftigung in freien Produktionszonen						
	insgesamt	Textilien und Bekleidung ISIC 321–322	Anteil an Gesamtbeschäftg. %	Elektrotechnische Erzeugn. ISIC 383	Anteil an Gesamtbeschäftg. %	ISIC 321–322 und 383	Anteil an Gesamtbeschäftg. %
Hongkong*	59 607	12 372	21	27 993	47	40 365	68
Taiwan	62 143	14 572	23	29 300	47	43 872	70
Tunesien**	24 000	17 700	74	2 600***	11	20 300	85
El Salvador	6 143	660	11	1 900	31	2 560	42
Mexiko	74 676	13 440****	18	46 634	62	60 074	80
Insgesamt	226 569	58 744	26	108 427	48	167 171	74

Quelle: Eigene Erhebungen

* Nur Auslandsbetriebe
** Angaben für 1974, einschließlich Weltmarktfabriken an sonstigen Standorten
*** Einschließlich Metallwaren
**** Einschließlich Schuhe und Lederwaren

Tabelle III–14
Standorte von Weltmarktfabriken wichtiger Unternehmen der Elektronikindustrie und Zahl der Beschäftigten: 1971 und 1974

Unternehmen	Standort in Entwicklungsländern	Zahl der Beschäftigten 1971	1974	Haupterzeugnisse
US-Unternehmen				
Fairchild	Hongkong	2 000	3 000	Halbleiter
	Korea, Republik	2 000	6 000	Widerstände
	Singapur	1 500	3 800	
	Mexiko	650	. . .	
	Indonesien	–	500	
Motorola	Korea, Republik	2 800	4 500	Halbleiter
	Mexiko	1 000	. . .	Testeinrichtungen
	Malaysia	–	3 000	
	Hongkong	–	300	
Texas Instruments	Singapur	1 500	4 000	Halbleiter
	Taiwan	1 000	3 000	Speicher
	Malaysia	–	2 500	Taschenrechner-Komponenten
	El Salvador	–	1 800	Kontrollinstrumente
National	Singapur	1 000	4 000	Halbleiter
	Malaysia	–	2 500	
	Thailand	–	2 000	
	Indonesien	–	1 500	
	Hongkong	–	500	
Hewlett Packard	Singapur	500	1 800	Speicher
	Malaysia	–	800	Halbleiter, Komponenten, Teilmontage/Taschenrechner
Teledyne	Hongkong	–	1 600	Halbleiter
	Singapur	–	1 300	
	Malaysia	–	400	

Tabelle III–14 (Fortsetzung)

Unternehmen	Standort in Entwicklungsländern	Zahl der Beschäftigten 1971	1974	Haupterzeugnisse
Intersil	Singapur	100	400	Halbleiter
Litronix	Malaysia	—	1 500	Halbleiter
	Mauritius	—	850	
	Singapur	—	600	
American Micro	Korea, Republik	—	2 500	Halbleiter
	Mexiko	500	. . .	
Airco	Singapur	850	1 300	Widerstände
	Mexiko	211	. . .	Spulen
Industrial Electronics	Singapur	. . .	1 200	Halbleiter
	Malaysia	—	300	
Monsato	Malaysia	—	1 000	Halbleiter
	Indonesien	—	500	
R.C.A.	Malaysia	—	1 500	Halbleiter
	Taiwan	650	1 500	
	Singapur	600	—	
General Electric	Singapur	500	1 000	Kondensatoren, Halbleiter
Advanced Micro Devices	Malaysia	—	600	integrierte Schaltungen
Westeuropäische Unternehmen				
Siemens	Singapur	250	1 000	Halbleiter
	Malaysia	—	800	
S.G.S.	Singapur	500	2 000	Halbleiter
Carter's	Hongkong	3 000	2 000	Halbleiter
	Philippinen	—	2 000	
	Malaysia	—	1 000	
Philips	Taiwan	850	1 000	
	Hongkong	—	850	

Tabelle III–14 (Fortsetzung)

Unternehmen	Standort in Entwicklungsländern	Zahl der Beschäftigten 1971	1974	Haupterzeugnisse
Plessey	Malaysia	–	...	Halbleiter
Japanische Unternehmen				
Hitachi	Malaysia	–	500	Halbleiter
Toshiba	Korea, Republik	...	800	Halbleiter
	Malaysia	–	150	
Toko Electronics	Korea, Republik	–	...	Transformatoren, Spulen
	Malaysia	–	350	Halbleiter
Matsushita	Malaysia	–	300	Gedruckte Schaltungen, Widerstände Kondensatoren
Sanyo	Korea, Republik	...	1 000	Halbleiter
	Malaysia	–	...	Komponenten/Taschenrechner
Nippon Electronics	Korea, Republik	...	2 000	
Tyodo Electronics	Korea, Republik	...	500	
Naito Electronics	Malaysia	–	180	Halbleiter
Seiko Electronics	Malaysia	–	7	Kondensatoren (Versuchsproduktion)

Quelle: UNCTAD, International subcontracting arrangements in electronics between developed market-economy countries and developing countries, New York 1975, TD/B/C.2/144/Supp. 1, S. 17 und 18

Tabelle III–15
Die Struktur der Weltmarktproduktion eines großen Unternehmens der Halbleiterindustrie

Fertigung	Erzeugnisse						
	Dioden und Transistoren			Integrierte Schaltungen			
	Dioden-Glaskapsel	Transistoren-Plastikkapsel	Transistoren-Metallkapsel	digitale integrierte Schaltungen	analoge integrierte Schaltungen	MOS-Schaltungen	hybride Schaltungen
Herstellung der Masken und der Wafer							
Standort*	USA	USA	USA	USA	USA	USA	USA
Prozent in Weltmarktfabriken**	0	0	0	0	0	0	0
Beginn der Weltmarktproduktion	–	–	–	–	–	–	–
Montage der Scheibe in die Kapsel							
Standort	Fernost	Fernost und USA	Fernost	Fernost und USA	Fernost und USA	USA	Fernost und USA
Prozent in Weltmarktfabriken**	100	80	100	90	80	0	20
Beginn der Weltmarktproduktion	vor 1965	vor 1965	1967–68	1969–70	1969–70	–	1969–70
Testen und Markierung							
Standort*	Fernost	Fernost und USA	Fernost und USA	Fernost und USA	USA	USA	USA
Prozent in Weltmarktfabriken**	100	80	10	10	0	0	0
Beginn der Weltmarktproduktion	1967–68	1969–70	1969–70	1969–70	–	–	–

Quelle: Richard W. Moxon, Offshore Production in the Less Developed Countries. A Case Study of Multinationality in the Electronics Industry, New York 1974, S. 43

* Standort der Fabriken, in der dieser Teil des Fertigungsprozesses durchgeführt wird
** Anteil in Prozent der in Weltmarktfabriken durchgeführten Fertigung an der Gesamtfertigung

Tabelle III–16
Vorläufige Schätzungen der Arbeitslosigkeit und Unterbeschäftigung in Entwicklungsländern, nach Weltregionen: 1976

(in Millionen)

	Arbeitslosigkeit*				Unterbeschäftigung**				Insgesamt			
	Insgesamt		Städtische Gebiete		Insgesamt		Städtische Gebiete		Insgesamt		Städtische Gebiete	
	Zahl	%	Zahl	%	Zahl	%	Zahl	%	Zahl	%	Zahl	%
Asien***	18	3,9	6	6,9	168	36,4	20	23,2	186	40,3	26	30,1
Afrika	10	7,1	3	10,8	53	37,9	7	25,1	63	45,0	10	35,9
Lateinamerika	5	5,1	5	6,5	28	28,9	14	22,8	33	34,0	19	29,3
Ozeanien	—	—	—	—	1	49,0	—	—	1	49,0	—	—
Insgesamt	33	4,7	14	8,0	250	35,7	41	23,3	283	40,4	55	31,3

Quelle: Internationales Arbeitsamt, Beschäftigung, Wachstum und Grundbedürfnisse: Ein weltweites Problem. Bericht des Generaldirektors des Internationalen Arbeitsamtes, Genf 1976, S. 19

* Arbeitsuchende Personen ohne Arbeitsplatz
** Personen, deren Arbeitszeit unter der Normalarbeitszeit liegt und die zusätzliche Arbeit suchen oder annehmen würden, sowie Personen mit unzureichendem Arbeitseinkommen
*** Ohne China und andere asiatische Länder mit Planwirtschaft

Tabelle III–17
Stundenlöhne in der verarbeitenden Industrie, Asien, Afrika und Lateinamerika, ausgewählte Länder: Letztes verfügbares Jahr

Land		Stundenlöhne			Durchschnittslohn (US-$)	Jahr
		Ungelernte (US-$)	Angelernte (US-$)	Facharbeiter (US-$)		
Asien						
Bahrain		...	...	...		
Hongkong		0,43	0,61	...		1975
Indien		0,15	0,21	0,31		1974
Indonesien		0,23	0,34	0,56		1973
Iran		0,34	0,41–0,47	0,93–1,49		1974
Jemen, Demokratische Volksrepublik		...	...	...		
Jordanien		0,50	...	1,88		1975
Korea, Republik	F	...	...	...	0,21	1974
	M	...	...	...	0,43	1974
Libanon				...		
Malaysia		0,16–0,18	0,18–0,23	0,36–0,42		1974
Philippinen		0,15	0,19–0,23	0,23–0,28		1975
Singapur		0,38	0,41	0,72		1974
Syrien		...	...	...		
Taiwan	F	0,23	0,25	...		1974
	M	0,25	0,34	...		1974
Thailand		0,15	0,31	0,61		1975
Türkei		...	...	...	0,63	1974
West Samoa		0,39	...	0,61		1974
Afrika						
Ägypten		...	...	...	0,32	1975
Botswana		0,37	0,51	0,69		1975
Elfenbeinküste		0,41	0,44–0,53	0,57–0,77		1975
Ghana		...	...	...	0,22*	1975
Lesotho		0,19	0,22–0,53	0,79–2,26		1974
Liberia		0,15–0,25	0,25–0,40	0,50–1,00		1975
Marokko		0,34	0,56	0,94–1,31		1975
Mauritius	F	0,09	0,11	0,13		1975
	M	0,20	0,24	0,29–0,46		1975
Senegal		0,45–0,51	0,55–0,65	0,70–0,91		1975
Südafrika	F	0,34	0,38	0,75		1974
	M	0,46	0,60	1,05		1974
Swasiland		0,26	0,34	0,46–1,07		1974
Togo		...	...	...		
Tunesien		0,39	0,43	0,63–0,68		1975
Lateinamerika						
Barbados		0,51–0,58	...	0,73–0,97		1974
Brasilien		0,25–0,36	0,58–0,82	1,17–1,40		1975
Chile		0,39	0,78	1,14		1975
Costa Rica		0,39	0,42	0,54		1975
Dominikanische Republik		...	...	...	0,45	1974
Ecuador		0,39–0,49	...	0,76–0,98		1976

Tabelle III–17 (Fortsetzung)

Land	Stundenlöhne			Durchschnittslohn (US-$)	Jahr
	Ungelernte (US-$)	Angelernte (US-$)	Facharbeiter (US-$)		
El Salvador	0,26–0,50	0,26–0,75	0,50–1,50		1975
Guatemala	0,21–0,38	0,44–0,63	0,50–0,75		1975
Haiti	0,16	0,40–0,50	0,70–0,80		1975
Honduras	0,25	0,35–0,40	0,60–0,80		1975
Jamaika	0,80	...	2,29		1975
Kolumbien	0,16–0,24	0,24–0,40	0,40–0,60		1973
Mexiko	0,56–0,85	...	...		1975
Nicaragua	...	0,27	0,90		1975
Niederländische Antillen	1,65	1,75	2,11		1975
Panama	0,50	...	0,75		1975
Puerto Rico	...	...	...	1,32*	1975
				2,24	1974
St. Lucia	0,31	0,31	1,00		1976
Trinidad und Tobago	...	...	...	0,71	1974
Uruguay	...	...	...	0,44*	1975
Venezuela	...	...	2,96	0,53*	1974
				1,51	1974

Quelle: Eigene Zusammenstellungen

* Mindestlohn

Tabelle III–18

Durchschnittliche Arbeitszeiten in der verarbeitenden Industrie, Asien, Afrika und Lateinamerika, ausgewählte Länder: Letztes verfügbares Jahr

Land	Wochenstunden	Jahr
Asien		
Bahrain	...	
Hongkong	48–60	1974
Indien	48	1974
Indonesien	40	1974
Iran	...	
Jemen, Demok. Volksrepublik	...	
Jordanien	48	1975
Korea, Republik	48–60	1975
Libanon	...	
Malaysia	48	1975
Philippinen	48	1975
Singapur	44	1974
Syrien	...	
Taiwan	48	1974
Thailand	48	1974
Türkei	...	
West Samoa	40	1974
Afrika		
Ägypten	42	1975
Botswana	45	1975
Elfenbeinküste	40	1975
Ghana	45–48	1976
Lesotho	...	
Liberia	...	
Marokko	48	1975
Mauritius	45	1975
Senegal	40	1976
Südafrika	45	1975
Swasiland	48	1974
Togo	...	
Tunesien	48	1975
Lateinamerika		
Barbados	40	1974
Brasilien	48	1975
Chile	...	
Costa Rica	48	1975
Dominikanische Republik	44	1974
Ecuador	44	1976
El Salvador	44	1975
Guatemala	45	1975
Haiti	48	1975
Honduras	44	1975
Jamaika	48	1975
Kolumbien	48	1973
Mexiko	48	1975
Nicaragua	48	1975
Niederländische Antillen	...	
Panama	48	1975
Puerto Rico	48	1974
St. Lucia	40	1976
Trinidad und Tobago	40	1974
Uruguay	48	1975
Venezuela	48	1975

Quelle: Eigene Zusammenstellungen

Übersicht III–Ü 1

Freie Produktionszonen und Weltmarktfabriken in Asien, Afrika und Lateinamerika, Betriebsaufnahme, Größe, Industriestruktur, Beschäftigte, Auslandskapital: Letztes verfügbares Jahr

Freie Produktionszonen und Weltmarktfabriken*	Betriebs-aufnahme	Größe (ha)	Industriestruktur	Produktion	Beschäftigte	Beschäftigte insgesamt		Auslandskapital
Asien								
Bahrain								
Industrial Area Port Mina Sulman	1968	74	(1975)	Aluminium		(1975)	2 770	USA, GB, Bundesrepublik
				Aluminiumpulver				
				Aluminiumprofile				
				Klimaanlagen				
				Metallwaren				
				Kunststofferzeugnisse				
				Gummiwaren				
Industrial Area Sitra Island	im Aufbau (1975)	135						
Hongkong								
Free Port Hong Kong[1]			(1975)	Elektronik	24 146	(1975)	59 607	(1973) 274 Mill. US-$
				Textilien, Bekleidung	12 372			USA (119), Japan
				Uhren	5 391			(55), GB (30),
				Elektrotechnische Erzeugnisse	3 847			Thailand (28),
				Chemische Erzeugnisse	639			Singapur (10),
				Druckereierzeugnisse	1 182			Australien (9),
				Nahrungsmittel	1 533			Frankreich (6),
				Spielwaren	4 412			Taiwan (3),
				Baumaterial	333			Sonstige (14)
				Metallwaren	1 434			
				Walz-, Ziehereierzeugnisse	889			
				Sonstiges	3 429			
Indien								
Kandla Free Trade Zone Kandla, Gujarat	1965	284	(1975)	Elektrische Haushaltsgeräte, Metallwaren	316	(1975)	649	–
				Strickmaschinen	30			
				Textilien	114			
				Pharmazeutische Erzeugnisse	8			
				Brillenfassungen	30			
				Kunststofferzeugnisse	30			
				Nahrungsmittel	109			
				Fotozubehör	12			

Übersicht III–Ü 1 (Fortsetzung)

Freie Produktionszonen und Weltmarktfabriken*	Betriebs-aufnahme	Größe (ha)	Industriestruktur			Beschäftigte insgesamt		Auslandskapital	
				Produktion	Beschäftigte				
Indien (Fortsetzung)									
Santa Cruz Electronics Export Processing Zone Bombay	1974	41	(1975)	Elektronik		(1975)	600		USA
Weltmarktfabriken* (Bonded Facilities)	1976	–	(1976)	Container Lederwaren Porzellan			...		Kanada, Bundesrepublik
Readymade Garment Export Processing Zone Gurgaon	im Aufbau (1975)			Bekleidung					
Knitwear Export Processing Zone Ludhiana	im Aufbau (1975)			Textilien					
Multi Product Export Processing Zone Dum Dum, Kalkutta	im Aufbau (1975)								
Indonesien									
Weltmarktfabriken* (Foreign Offshore Manufacturing)	1975	–	(1975)	Elektronik Bekleidung	2 088 9 103	(1975)	11 191	(1975)	19 Mill. US-$; USA (9), Hongkong (4), Korea, Republik (3), Japan (2), Thailand (1)
Bonded Zone Pulo Gadung, Jakarta	im Aufbau (1975)	...							
Bonded Zone Rungkut Surabaya	im Aufbau (1975)	...							
Iran									
Weltmarktfabriken*	1974	–	(1974)	Schuhe Lederwaren Textilien Bekleidung					USA, Bundesrepublik
Jemen, D. V.									
Free Zone Port of Aden Aden	im Aufbau[2]								

Übersicht III–Ü 1 (Fortsetzung)

Freie Produktionszonen und Weltmarktfabriken*	Betriebs-aufnahme	Größe (ha)	Industriestruktur Produktion	Beschäftigte	Beschäftigte insgesamt	Auslandskapital
Jordanien						
Free Zone Aqaba Port Akaba	...	...	...			
Jordan-Syrian Free Zone Ramtha	im Aufbau (1976)	...				
Korea, Republik				(Fabriken)		
Masan Free Export Zone Masan	1972	175	(1975) Elektronik, elektrotechnische Erzeugnisse	26	(1975) 21 000	(1974) 89 Mill. US-$; Japan (65), USA (3)
			Optische Erzeugnisse	7		
			Metallwaren, Maschinen	25		
			Präzisionsinstrumente	3		
			Fahrräder	1		
			Transportausrüstungen	2		
			Baumaterial, Glaswaren	4		
			Kunststofferzeugnisse	4		
			Spielwaren, Sportgeräte	9		
			Textilien, Bekleidung	11		
			Schuhe	5		
			Papierwaren	3		
			Boote	2		
			Sonstiges	8		
Iri Free Export Zone Iri	1974	92	...	...	(1975) 90	...
Gumi Export Industrial Estate Gumi	1973	1 044	(1975) Elektronik, elektrotechnische Erzeugnisse	...	(1975) 11 100	Japan, USA
			Textilien, Bekleidung	...		
Korea Export Industrial Estates (6) Seoul, Inchon	1966	372	...	...	(1975) 80 000	Japan, USA
Libanon						
Zone Franche du Port de Beyrouth Beirut	...	...	...	...	...	...
Malaysia						
Prai Free Trade Zone Penang	1973	348	(1975) Elektronik, elektrotechnische Erzeugnisse	1	(1975) 6 823[3]	Japan, Hongkong, Taiwan, Norwegen,

Übersicht III–Ü 1 (Fortsetzung)

Freie Produktionszonen und Weltmarktfabriken*	Betriebs-aufnahme	Größe (ha)	Industriestruktur	Produktion	Beschäftigte	Beschäftigte insgesamt		Auslandskapital
Malaysia (Fortsetzung)					(Fabriken)			
				Textilien	6			Dänemark, GB, Schweiz
				Bekleidung	1			
				Optische Erzeugnisse	1			
				Gummischuhe	1			
				Holzwaren	1			
Prai Wharves Free Trade Zone Penang	1972	17	(1975)	Textilien	1			Japan
Bayan Lepas Free Trade Zone Penang	1972	203	(1975)	Elektronik, elektrotechnische Erzeugnisse	17	(1975)	15 608	USA, Japan, Bundesrepublik, Hongkong, Singapur, Philippinen
				Textilien	2			
				Medizinische Instrumente	1			
				Metallwaren	1			
				Spielwaren	1			
				Gummiwaren	1			
				Filmkameras	1			
Sungei Way Free Trade Zone Selangor	1972	39	(1975)	Elektronik, elektrotechnische Erzeugnisse	8	(1975)	6 446	USA, Japan, Kanada, Schweiz
				Uhren	2			
				Klimaanlagen	1			
				Kameras	1			
				Uhrensteine	1			
				Gießformen	1			
Ulu Klang Free Trade Zone Selangor	1974	17	(1975)	Elektronik	6	(1975)	4 414	USA, Japan, Frankreich, GB
				Textilien	1			
				Bekleidung	1			
Telok Panglima Garang Free Trade Zone	...	20		...		(1975)	1 918	...
Batu Berendam Free Trade Zone Malacca	1972	12	(1975)	Elektronik, elektrotechnische Erzeugnisse	6	(1975)	3 307	USA, Bundesrepublik, Japan, Schweiz
				Röntgenapparate	1			
Tanjong Kling Free Trade Zone Malacca	1972	7	(1975)	Textilien	1			GB, Italien, Bundesrepublik
				Bekleidung	1			
				Schuhe	1			
				Metallwaren	1			

Übersicht III–Ü 1 (Fortsetzung)

Freie Produktionszonen und Weltmarktfabriken*	Betriebs-aufnahme	Größe (ha)	Industriestruktur Produktion	Beschäftigte (Fabriken)	Beschäftigte insgesamt	Auslandskapital
Weltmarktfabriken* (Bonded Factories)	1972	–	(1975) Elektronik Bekleidung Metallwaren		. . .	Japan, USA, Bundesrepublik
Pasir Gudang Free Trade Zone Johor	im Aufbau (1975)	131				
Senai Free Trade Zone Johor	im Aufbau (1975)	40				
Philippinen Bataan Export Processing Zone Mariveles, Bataan	1973	1 300	(1975) Textilien Bekleidung Schuhe Kunststofferzeugnisse Kompressoren Metallwaren Elektronik, elektrotechnische Erzeugnisse Fahrzeugkarosserien Schiffbau, Schiffreparatur Holzwaren Sportgeräte	1 10 3 1 1 2 1 1 1 1 1	(1976) 8 177	(1975) 42 Mill. US-$; USA, GB, Kanada, Japan, Hongkong, Taiwan, Australien
Weltmarktfabriken*	1975	–	(1975) Elektronik Bekleidung	2 2	(1975) 1 650	USA, Bundesrepublik, Hongkong, Australien
Phividec Industrial Estate Misamis Oriental, Mindanao	im Aufbau (1975)	3 000	Gießereierzeugnisse			Japan
Singapur Free Port Singapore[4]			(1975) Nahrungsmittel Textilien, Bekleidung Holzwaren, Papierwaren Leder-, Gummiwaren Chemische Erzeugnisse Mineralölerzeugnisse		(1974) 105 000[5]	(1974) 1 178 Mill. US-$; USA (422), GB (167), Niederlande (162), Japan (119), Bundesrepublik (46), Sonstige (262)

Übersicht III–Ü 1 (Fortsetzung)

Freie Produktionszonen und Weltmarktfabriken*	Betriebs-aufnahme	Größe (ha)	Industriestruktur Produktion	Beschäftigte	Beschäftigte insgesamt	Auslandskapital
Singapur (Fortsetzung)			Nichtmetallische mineralische Erzeugnisse			
			Gießereierzeugnisse			
			Metallwaren, Maschinen			
			Elektronik, elektrotechnische Erzeugnisse			
			Transportausrüstungen			
			Kunststofferzeugnisse			
			Präzisionsinstrumente, Optische Erzeugnisse			
			Sonstiges			
Syrien						
Old Free Zone Damascus Damaskus		1	(1975) Bekleidung	155	(1975) 231	. . .
			Aromatische Wasser	18		
			Süßwaren	30		
			Zahnpasten	28		
New Free Zone Adra Adra	im Aufbau (1975)	20				
Free Zone Lattakia Lattakia	im Aufbau (1975)	8				
Free Zone Tartous Tartous	im Aufbau (1975)	3				
Free Zone Aleppo Aleppo	im Aufbau (1975)	10				
Free Zone Deraa Deraa	im Aufbau (1975)	4				
Taiwan						
Kaohsiung Export Processing Zone Kaohsiung	1966	68	(1975) Elektronik	17 704	(1975) 41 017	(1975) 62 Mill. US-$; Japan, USA
			Metallwaren	1 969		
			Kunststofferzeugnisse	2 296		
			Maschinen	214		
			Möbel	734		
			Kunstgewerbliche Gegenstände	2 339		
			Elektrische Haushaltsgeräte	460		
			Lederwaren	923		
			Spielwaren	571		

Übersicht III–Ü 1 (Fortsetzung)

Freie Produktionszonen und Weltmarktfabriken*	Betriebs-aufnahme	Größe (ha)	Industriestruktur	Produktion	Beschäftigte	Beschäftigte insgesamt		Auslandskapital	
Taiwan (Fortsetzung)				Textilien	3 684				
				Bekleidung	9 136				
				Sonstiges	987				
Nantze Export Processing Zone Nantze	1970	90	(1975)	Präzisionsinstrumente	39	(1975)	13 160	(1975)	57 Mill. US-$; Japan, USA
				Elektronik	6 847				
				Optische Erzeugnisse	97				
				Metallwaren	478				
				Kunststofferzeugnisse	1 107				
				Maschinen	187				
				Möbel	309				
				Kunstgewerbliche Gegenstände	431				
				Elektrische Haushaltsgeräte	27				
				Lederwaren	1 011				
				Textilien	445				
				Bekleidung	1 007				
				Musikinstrumente	928				
				Sonstiges	247				
Taichung Export Processing Zone Taichung	1971	23	(1975)	Präzisionsinstrumente	1 301	(1975)	7 966	(1975)	32 Mill. US-$; Japan, USA, Bundesrepublik
				Elektronik	4 262				
				Optische Erzeugnisse	437				
				Metallwaren	126				
				Kunststofferzeugnisse	535				
				Maschinen	287				
				Möbel	197				
				Kunstgewerbliche Gegenstände	55				
				Lederwaren	310				
				Bekleidung	300				
				Musikinstrumente	85				
				Sonstiges	71				
Weltmarktfabriken*	...	...		Elektronik	...		...		Japan, USA
Thailand Weltmarktfabriken*	...	–	(1975)	Elektronik	3 700	(1975)	16 700[5]		USA, Japan, Bundesrepublik
				Textilien					
				Bekleidung					
				Malerpinsel					
				Kunststofferzeugnisse					

Übersicht III–Ü 1 (Fortsetzung)

Freie Produktionszonen und Weltmarktfabriken*	Betriebs-aufnahme	Größe (ha)	Industriestruktur Produktion	Industriestruktur Beschäftigte	Beschäftigte insgesamt	Auslandskapital
Thailand (Fortsetzung)			Möbel Schuhe, Lederwaren Holzwaren Chemische Erzeugnisse			
Export Processing Zone Klong Toey Klong Toey	im Aufbau (1975)	18				
Türkei Weltmarktfabriken*	...		...	...	...	...
West Samoa Industrial Free Zone Vaitele Vaitele	im Aufbau (1975)	40				
Afrika Ägypten Free Zone Port Said Port Said	1976	...	(1976) Medizinische Instrumente Bekleidung	...	...	Frankreich, Italien
Free Zone Alexandria Alexandria	im Aufbau (1976)	126	(1976) Bereifung			
Free Zone Cairo Kairo	im Aufbau (1976)	84				
Free Zone Suez Suez	im Aufbau (1976)	...				
Botswana Weltmarktfabriken*	im Aufbau (1975)	–	Elektronik, elektrotechnische Erzeugnisse			Brasilien
Elfenbeinküste Weltmarktfabriken*	1976	–	(1976) Textilien Bekleidung	...	(1976) 2 800	Frankreich, USA, Japan, Niederlande, Bundesrepublik
Ghana Weltmarktfabriken*	im Aufbau (1976)	–				
Lesotho Weltmarktfabriken*	im Aufbau (1975)	–	(1976) Elektronik, elektrotechnische Erzeugnisse			Bundesrepublik

Übersicht III–Ü 1 (Fortsetzung)

Freie Produktionszonen und Weltmarktfabriken*	Betriebs-aufnahme	Größe (ha)	Industriestruktur Produktion	Beschäftigte	Beschäftigte insgesamt	Auslandskapital
Liberia Free Zone Monrovia Port Monrovia	im Aufbau (1975)	32				
Marokko Weltmarktfabriken*		–	Elektronik Textilien, Bekleidung Kraftfahrzeugteile			Frankreich, Bundesrepublik
				(Fabriken[6])		
Mauritius Mauritius Export Processing Zone Plaine Lauzun, Port Louis	1971	44	(1975) Textilien	4	(1975) 9 952[6]	Südafrika, Hongkong, Frankreich, Bundesrepublik, Indien, Réunion
			Bekleidung	20		
			Elektronik	4		
			Kunststofferzeugnisse	2		
			Gummiwaren	1		
			Spielwaren	1		
			Lederwaren	1		
			Möbel	2		
			Bearbeitete Diamanten	2		
			Nahrungsmittel	4		
			Brillenfassungen	1		
			Boote	1		
			Sonstiges	4		
Mauritius Export Processing Zone Coromandel	1976	25				
Mauritius Export Processing Zone Curepipe	im Aufbau (1975)	20				
Mauritius Export Processing Zone Vacoas-Phoenix	im Aufbau (1975)	15				
Mauritius Export Processing Zone Mer Rouge	im Aufbau (1975)	55				

Übersicht III–Ü 1 (Fortsetzung)

Freie Produktionszonen und Weltmarktfabriken*	Betriebsaufnahme	Größe (ha)	Industriestruktur	Produktion	Beschäftigte	Beschäftigte insgesamt		Auslandskapital	
Mauritius Export Processing Zone Mahébourg	im Aufbau (1975)	...							
Senegal Zone Franche Industrielle de Dakar Dakar	1976	650	(1976)	Baumaterial	150	(1976)	150		USA
Südafrika Weltmarktfabriken*	im Aufbau (1976)	–		Uhren Textilien Metallwaren					Bundesrepublik, Italien
Swasiland Weltmarktfabriken*			(1976)	Nahrungsmittel Pharmazeutische Erzeugnisse Textilien Elektronik Sonstiges	(Fabriken) 1 1 1 1 8	(1976)	2 500		Finnland
Togo Zone Industrielle Franche du Port de Lomé Lomé	...	50		Bekleidung	...		...		
Tunesien Zone Industrielle Mégrine Mégrine, Tunis	...	100	(1974)[7]	Nahrungsmittel Baumaterial, Glas Elektrotechnische Erzeugnisse Metallwaren Chemische Erzeugnisse Textilien, Bekleidung Sonstiges	1 400 100 2 600 500 17 700 1 700	(1974)	24 000[7]	(1974)	206 Mill. US-$[7]; Bundesrepublik (83), Italien (52), Niederlande (28), GB (17), Frankreich (15), Sonstige (11)
Zone Industrielle de Ben Arous Ben Arous, Tunis	...	200							
Weltmarktfabriken*	...	–							

Übersicht III–Ü 1 (Fortsetzung)

Freie Produktionszonen und Weltmarktfabriken*	Betriebs-aufnahme	Größe (ha)	Industriestruktur Produktion	Industriestruktur Beschäftigte	Beschäftigte insgesamt	Auslandskapital
Lateinamerika						
Barbados				(Fabriken)		
Weltmarktfabriken* (Enclave Enterprises)	...	–	(1975) Bekleidung	5	(1975) 3 000	USA
			Metallwaren	1		
			Elektronik	7		
			Spielwaren	1		
			Sportgeräte	1		
			Pharmazeutische Erzeugnisse	1		
			Brillenfassungen	1		
			Sonstiges	2		
Brasilien						
Zona Franca de Manaus Manaus	1968	1 600	(1975) Schmuckwaren	...	(1973) 27 650	USA, Japan, Niederlande
			Textilien, Bekleidung			
			Spielwaren			
			Uhren			
			Elektronik, elektrotechnische Erzeugnisse			
			Holzwaren			
			Papierwaren			
			Nahrungsmittel			
Weltmarktfabriken* (Drawback System, Entreposto Industrial, Entreposto Aduaneiro)			(1976) Kraftfahrzeuge	...	...	USA, Bundesrepublik, Japan, Niederlande, Italien, Schweden, Frankreich
			Kraftfahrzeugteile			
			Maschinen			
			Chemische Erzeugnisse			
			Pharmazeutische Erzeugnisse			
			Bekleidung			
			Bereifung			
			Büromaschinen			
			Elektrotechnische Erzeugnisse			
			Gießereierzeugnisse			
Chile						
Zona Franca de Iquique Iquique	im Aufbau (1975)	...				
Zona Franca de Punta Arenas Punta Arenas	im Aufbau (1975)	...				

Übersicht III–Ü 1 (Fortsetzung)

Freie Produktionszonen und Weltmarktfabriken*	Betriebs-aufnahme	Größe (ha)	Industriestruktur Produktion		Industriestruktur Beschäftigte	Beschäftigte insgesamt		Auslandskapital
Costa Rica Weltmarktfabriken* (Drawback System)	...	–	(1975)	Textilien Bekleidung Nahrungsmittel	...		...	USA
Dominikanische Republik Zona Franca de La Romana La Romana	1969	93	(1975)[8]	Textilien Bekleidung Sonstiges		(1975)	6 500[8]	USA
Zona Franca Industrial de San Pedro de Macorís San Pedro de Macorís	1973	30						
Zona Franca Industrial de Santiago Santiago de los Caballeros	1974	60						
Ecuador Weltmarktfabriken* (Drawback System)	im Aufbau (1976)							
El Salvador Zona Franca Industrial de San Bartolo San Salvador	1975	54	(1975)	Elektronik Textilien Sonstiges	1 900 660 3 583	(1975)	6 143	USA
Guatemala Zona Libre de Industria y Comercio Santo Tomás de Castilla Santo Tomás de Castilla	1975	...		...	...		...	...
Haiti Parc Industriel Metropolitain Port-au-Prince Port-au-Prince	1974	25	(1975)	Bekleidung Elektronik Metallwaren Dentalerzeugnisse Möbel Angelruten Baumaterial	...		...	USA

Übersicht III–Ü 1 (Fortsetzung)

Freie Produktionszonen und Weltmarktfabriken*	Betriebs-aufnahme	Größe (ha)	Industriestruktur Produktion		Beschäftigte	Beschäftigte insgesamt	Auslandskapital
Haiti (Fortsetzung) Weltmarktfabriken*		–		Textilien	. . .	25 000[9]	USA
				Bekleidung			
				Elektronik			
				Metallwaren			
				Kunststofferzeugnisse			
				Gummiwaren			
				Spielwaren			
				Sportgeräte			
				Elektrotechnische Erzeugnisse			
				Büromaschinen			
Honduras							
Zona Libre de Puerto Cortes San Pedro Sula	im Aufbau (1975)	40					
Jamaika					(Fabriken)		
Weltmarktfabriken*	1971	–	(1973)	Bekleidung	(1973) 11	(1971) 5 100	. . .
				Lederwaren	6		
				Sonstiges	14		
Kingston Free Zone Kingston	im Aufbau (1975)	. . .					
Kolumbien							
Zona Franca Industrial y Comercial de Barranquilla Barranquilla	1965	100	(1974)	Bekleidung	14	(1974) 5 000	USA
				Lederwaren	5		
				Kraftfahrzeugteile	2		
				Nähmaschinen	1		
				Kessel	1		
				Sonstiges	5		
Zona Franca Industrial y Comercial de Buenaventura Buenaventura	1973	34		. . .	. . .	. . .	. . .
Zona Franca Industrial y Comerc. Manuel Carvajal Sinisterra de Palmaseca Palmaseca	1973	48	(1975)	Schuhe	160	(1975) 600	USA
				Bekleidung	180		
				Medizinische Instrumente	100		
				Schmuckwaren	120		
				Chemische Erzeugnisse	40		

Übersicht III–Ü 1 (Fortsetzung)

Freie Produktionszonen und Weltmarktfabriken*	Betriebs-aufnahme	Größe (ha)	Industriestruktur Produktion		Beschäftigte	Beschäftigte insgesamt		Auslandskapital
Kolumbien (Fortsetzung) Zona Franca Cucúta Cucúta	1974	25		. . .	. . .		. . .	. . .
Zona Franca Industrial y Comercial de Cartagena Cartagena	im Aufbau (1975)			Chemische Erzeugnisse Spielwaren Boote Aufzüge Nahrungsmittel				
Zona Franca Santa Marta Santa Marta	im Aufbau (1975)	–						
Mexiko Zona Fronteriza[10] Zonas Perimetros Libres	1966		(1974)	Nahrungsmittel (1974) Bekleidung, Schuhe Möbel Maschinen, Transport-ausrüstungen Elektronik, elektrotechnische Erzeugnisse Sonstiges	1 633 13 440 1 480 1 939 46 634 1 612	(1975)	74 676	USA
Weltmarktfabriken* (Empresas Maquila-doras de Exportación, Interior del Pais)	1972	–	(1974)	Nahrungsmittel (1974) Bekleidung, Schuhe Maschinen, Transportausrüst. Elektronik, elektrotechnische Erzeugnisse	200 384 443 3 885	(1975)	9 632	USA
Nicaragua Weltmarktfabriken* (Offshore Assembly Operations)	. . .	–	(1975)	Elektrotechnische Erzeugnisse Chemische Erzeugnisse Papierwaren Metallwaren	. . .		. . .	. . .
Airport Export Manu-facturing Zone Las Mercedes	1975 im Aufbau	. . .						
Niederländische Antillen Weltmarktfabriken*	. . .	–	(1975)	Elektronik	(Fabriken) 3		. . .	. . .

Übersicht III–Ü 1 (Fortsetzung)

Freie Produktionszonen und Weltmarktfabriken*	Betriebs-aufnahme	Größe (ha)	Industriestruktur Produktion	Beschäftigte	Beschäftigte insgesamt	Auslandskapital
Panama Zona Libre de Colón Colón	1974[11]	48[12]	(1975) Bekleidung Elektronik Pharmazeutische Erzeugnisse Fahrräder Sonstiges	...	(1975) 1 300[13]	USA, Japan, Bundesrepublik
Puerto Rico Mayaguez Foreign Trade Zone Mayaguez	1964[14]		(1970) Lederwaren Pharmazeutische Erzeugnisse Bekleidung Präzisionsinstrumente	2 2 1 1	(1975) 481	USA
Weltmarktfabriken*	...	–	(1975) Mineralölerzeugnisse Pharmazeutische Erzeugnisse Elektronik, elektrotechnische Erzeugnisse Präzisionsinstrumente Optische Erzeugnisse Textilien Bekleidung Metallwaren	...	(1975) 96 245	USA, Frankreich, GB, Bundesrepublik, Kanada, Schweiz, Venezuela, Japan, Niederlande
St. Lucia Weltmarktfabriken* (Bonded Factories)	...	–	(1976) Bekleidung Elektronik Metallwaren Kunststofferzeugnisse	...	(1976) 3 500	...
Trinidad und Tobago Weltmarktfabriken* (Enclave Industries)	...	–	Bekleidung	...	...	...
Uruguay Zona Franca de Colonia Colonia	im Aufbau[15] (1975)	...				
Zona Franca de Nueva Palmira Nueva Plamira	im Aufbau[15] (1975)	...				
		...				

Übersicht III–Ü 1 (Fortsetzung)

Freie Produktionszonen und Weltmarktfabriken*	Betriebs-aufnahme	Größe (ha)	Industriestruktur Produktion	Industriestruktur Beschäftigte	Beschäftigte insgesamt	Auslandskapital
Venezuela						
Zona Franca Industrial de Paraguaná Paraguaná	im Aufbau (1975)	. . .				
Zona Franca de Margarita Margarita	im Aufbau[16] (1975)					

Quelle: Eigene Erhebungen

[1] Free Port Hong Kong, 2 Industrial Townships, 7 Industrial Districts; die Angaben über Industriestruktur und Beschäftigte beziehen sich nur auf Auslandsunternehmen in Hongkong. Produktion für den Weltmarkt durch Auslandsunternehmen seit Mitte der sechziger Jahre. [2] Industriezone im Aufbau, Freihafen in Betrieb. [3] Einschließlich Beschäftigte Prai Wharves Free Trade Zone. [4] Free Port Singapore: 14 Industrial Estates: Produktion für den Weltmarkt durch Auslandsunternehmen seit 1967. [5] Schätzung. [6] Einschließlich Export Processing Zone Coromandel. [7] Freie Produktionszonen, Industriezonen und Weltmarktfabriken außerhalb von freien Produktionszonen insgesamt. [8] Einschließlich Zona Franca Industrial de San Pedro de Macorís und Zona Franca Industrial de Santiago. [9] Einschließlich Beschäftigte Parc Metropolitain Port-au-Prince. [10] 11 Industrial Parks. [11] Freihafen seit 1948 in Betrieb. [12] Größe des industriellen Bereichs. [13] Beschäftigte in der verarbeitenden Industrie (Gesamtbeschäftigung in der Zone: 8 405). [14] Kommerzielle Aktivitäten seit 1961. [15] Kommerzielle Aktivitäten seit 1949. [16] Zollfreizone seit 1971.

* Weltmarktfabriken außerhalb von freien Produktionszonen

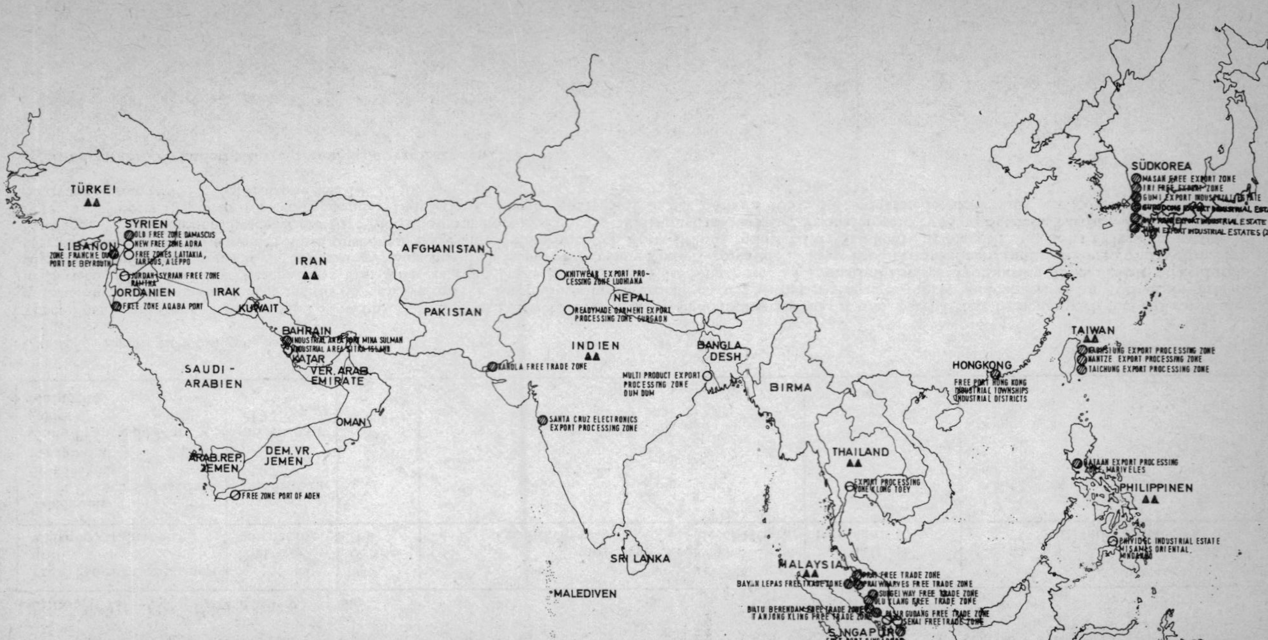

WESTASIEN, SÜDASIEN, SÜDOSTASIEN: 1975

- ● FREIE PRODUKTIONSZONE IN BETRIEB
- ○ FREIE PRODUKTIONSZONE IM AUFBAU
- ▲▲ WELTMARKTFABRIKEN (AN SONSTIGEN STANDORTEN) IN BETRIEB
- △△ WELTMARKTFABRIKEN (AN SONSTIGEN STANDORTEN) IM AUFBAU

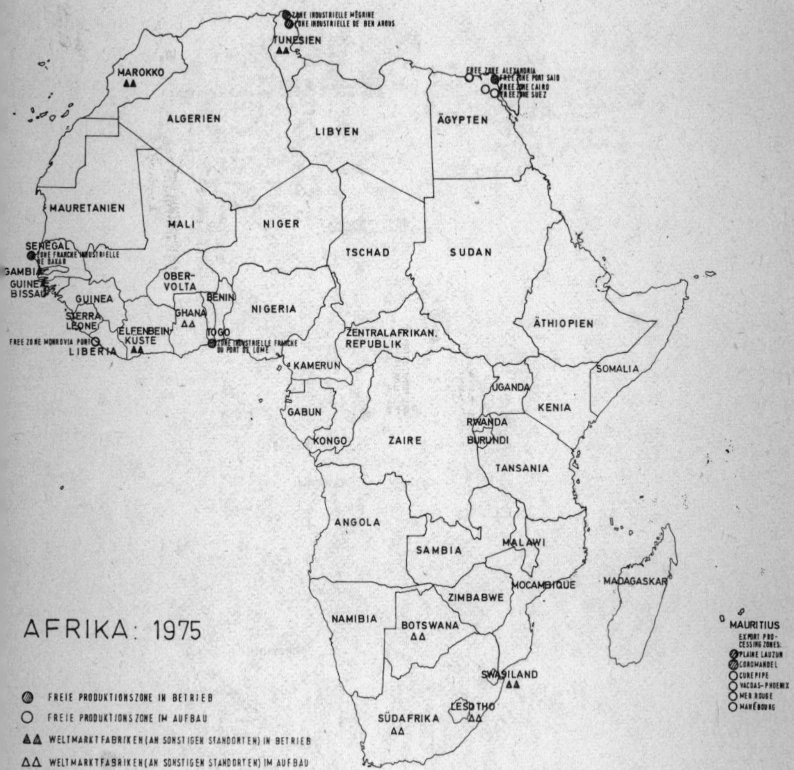
AFRIKA: 1975
FREIE PRODUKTIONSZONE IN BETRIEB
FREIE PRODUKTIONSZONE IM AUFBAU
WELTMARKTFABRIKEN (AN SONSTIGEN STANDORTEN) IN BETRIEB
WELTMARKTFABRIKEN (AN SONSTIGEN STANDORTEN) IM AUFBAU
ZONE INDUSTRIELLE MÉGRINE
ZONE INDUSTRIELLE DE BEN AROUS
TUNESIEN
MAROKKO
ALGERIEN
LIBYEN
FREE ZONE ALEXANDRIA
FREE ZONE PORT SAID
FREE ZONE CAIRO
FREE ZONE SUEZ
ÄGYPTEN
MAURETANIEN
MALI
NIGER
TSCHAD
SUDAN
SENEGAL
ZONE FRANCHE INDUSTRIELLE DE DAKAR
GAMBIA
GUINEA-BISSAU
GUINEA
OBER-VOLTA
BENIN
NIGERIA
SIERRA LEONE
GHANA
TOGO
ZONE INDUSTRIELLE FRANCHE DU PORT DE LOME
ELFENBEIN-KÜSTE
FREE ZONE MONROVIA PORT
LIBERIA
ZENTRALAFRIKAN. REPUBLIK
ÄTHIOPIEN
KAMERUN
SOMALIA
UGANDA
KENIA
GABUN
RWANDA
KONGO
ZAIRE
BURUNDI
TANSANIA
ANGOLA
SAMBIA
MALAWI
MOCAMBIQUE
MADAGASKAR
ZIMBABWE
NAMIBIA
BOTSWANA
SWASILAND
LESOTHO
SÜDAFRIKA
MAURITIUS
EXPORT PROCESSING ZONES:
PLAINE LAUZUN
COROMANDEL
CUREPIPE
VACOAS-PHOENIX
MER ROUGE
MAHÉBOURG

LATEINAMERIKA: 1975

- FREIE PRODUKTIONSZONE IN BETRIEB
- FREIE PRODUKTIONSZONE IM AUFBAU
- ▲▲ WELTMARKTFABRIKEN (AN SONSTIGEN STANDORTEN) IN BETRIEB
- △△ WELTMARKTFABRIKEN (AN SONSTIGEN STANDORTEN) IM AUFBAU